Jane Roberts

Gespräche mit Seth

Von der ewigen Gültigkeit der Seele

Aus dem Amerikanischen übertragen
von Dr. phil. Sabine Lucas

GOLDMANN

Originaltitel: Seth Speaks
Originalverlag: Prentice-Hall, Inc., Englewood Cliffs, New Jersey, USA

Im Ariston Verlag sind von Jane Roberts noch folgende Werke erschienen:

»Die Natur der Psyche – Ihr menschlicher Ausdruck in Kreativität, Liebe, Sexualität«

»Die Natur der persönlichen Realität – Ein neues Bewußtsein als Quelle der Kreativität«

»Das Seth-Material – Ein Standardbuch esoterischen Wissens«

»Individuum und Massenschicksal – Der Mensch als Urheber allen Weltgeschehens«

»Träume, ›Evolution‹ und Werterfüllung«
Band 1: Das Erwachen des Bewußtseins zum existentiellen Sein
Band 2: Das Erwachen des Selbst zur multidimensionalen Existenz«

Gerne schickt Ihnen auf Anforderung der Ariston Verlag (CH-8280 Kreuzlingen, Hauptstr. 14, Tel. 07 / 6 72 72 18, Fax 07 / 6 72 72 19) das 52seitige, farbige Magazin zu Ihrer Information.

Begeisterte Leser von Jane Roberts' Seth-Büchern haben sich zum Zweck der Diskussion in der »Vereinigung der SETH-Freunde« zusammengeschlossen. Dieser politisch und konfessionell neutral und nicht auf Gewinn gerichtete Verein hat die Anschrift: Hubstr. 18, CH-8942 Oberrieden.

Umwelthinweis:
Alle bedruckten Materialien dieses Taschenbuches
sind chlorfrei und umweltschonend.
Das Papier enthält Recycling-Anteile.

Der Goldmann Verlag
ist ein Unternehmen der Verlagsgruppe Bertelsmann

Vollständige Taschenbuchausgabe Januar 1986

Umschlaggestaltung: Design Team München
Druck: Elsnerdruck, Berlin
Verlagsnummer: 11768
Ba · Herstellung: Sebastian Strohmaier/sc
Made in Germany
ISBN 3-442-11768-2

19 20 18

Inhaltsverzeichnis

Vorwort der Übersetzerin

Endlich – sieben Jahre nach Erscheinen der amerikanischen Originalausgabe – kann das Buch nun auch in deutscher Sprache veröffentlicht werden. Die Frage »Warum erst jetzt?« ist interessant und wird sicher nur halb beantwortet, wenn man auf die Schwierigkeit hindeutet, einen Verleger und einen Übersetzer dafür zu finden. Wahrscheinlich liegt es einfach in der Natur eines solchen Werkes, sein Publikum zu erreichen, wenn die Zeit dafür reif ist. Was es bewußtmachen will, ist in der Psyche der künftigen Leser bereits konstelliert. Dieses kann sich sogar, wie auch im vorliegenden Fall, an mehreren Stellen gleichzeitig manifestieren: Während im Frühjahr 1970 die Diktate für das vorliegende Buch begannen, kam bei MacMillan »Jonathan Livingston Seagull« (deutscher Titel *Die Möwe Jonathan)* heraus, ein Buch, das von Richard Bach zwar nicht in Trance, aber immerhin visionär konzipiert worden war. Beide Bücher wurden in Amerika Bestseller, und beide übermittelten, obschon in sehr unterschiedlicher Form, eine überraschend ähnliche Botschaft von der Freiheit, Mächtigkeit und Unzerstörbarkeit der menschlichen Seele. Und das in einem Augenblick unserer Entwicklungsgeschichte, da die Menschheit sich nichts anderem als materialistischer Weltsicht und moderner Verhaltenspsychologie auszuliefern bereit zu sein schien!

Um dieser Botschaft willen hat die Verantwortung der Übersetzung schwer auf mir gelastet. Ging es doch darum, ihren Inhalt möglichst rein und unverfälscht weiterzugeben. Und doch schien unter den gegebenen Umständen eine gewisse Entstellung fast unvermeidbar zu sein. Ortega y Gasset hat sehr zu Recht die Arbeit des Übersetzens ein utopisches Unternehmen genannt. Sprachen folgen ihren eigenen, inhärenten Gesetzen, die zutiefst in den psychischen und kulturellen Eigenheiten des Volkscharakters verwurzelt sind. So ist das Englische von Natur aus konkreter, bildhafter und irrationaler als das Deutsche, das einen präzisen, scharfumrissenen Ausdruck und logische Konstruktionen bevorzugt. Im vorliegenden Fall wird diese sprachliche Kluft noch dadurch vertieft, daß wir es mit einer Trancesprache zu tun haben, die, obgleich sie logisch einwandfreie Gedankengänge gestaltet, doch eher nur skizzenhaft andeutet und durch begriffliche Offenheit evoziert, als durch eine straffe Durchformulierung der Phantasie feste Grenzen zu stecken. Wie es am Schluß des Anhangs heißt, sind hier nicht nur die gedruckten Worte Bedeutungsträger, sondern auch »gewisse Verbindungen, die zwischen ihnen bestehen und, ohne offen zutage zu treten, andere Persönlichkeitsschichten ansprechen«.

Dieser Hinweis hätte mich von der Unübersetzbarkeit des Buches vollends überzeugt, hätte meine eigene Psyche nicht bereits durch einen Traum einem solchen Verzweiflungsschluß vorgebeugt: Mir hatte geträumt, ich sei im Begriff, eine öffentliche Ausstellung eigener Zeichnungen zu veranstalten. Ich wußte, daß ich sie zwar selber ausgeführt hatte, daß sie aber Tiefen meines Unbewußten entstammten, von denen ich keine Kenntnis besaß. Als ich mir eines der Blätter näher betrachtete, erkannte ich darauf Motive aus Seth. Aus meinem Traum erwachend begriff ich zum ersten Mal, daß ich nicht bloß als Mittlerin zwischen zwei Sprachen fungierte, sondern daß ich, um das Buch übersetzen zu können, aus ähnlichen Quellen wie Jane Roberts schöpfen mußte.

Das gleiche gilt für den Leser. Wer bei der Lektüre der *Gespräche mit Seth* nicht die Verbindung zu seiner eigenen inneren Bilderwelt herzustellen vermag, liest am Wesentlichen vorbei. Jane Roberts drückt das, für Seth sprechend, an anderer Stelle so aus:

»Ich spreche für jene Teile eures Seins, die schon verstehen. Meine Stimme erhebt sich aus Bereichen der Psyche, in denen auch ihr bewandert seid. Horcht daher auf euer eigenes Wissen.«

Sabine Lucas

Für Rob

Einführung

Dieses Buch schrieb eine Persönlichkeit namens Seth, die sich selber als einen »Energiepersönlichkeitskern« bezeichnet, der nicht mehr in der physischen Form zentriert ist. Er spricht jetzt seit sieben Jahren durch mich in zweimal wöchentlichen Trancesitzungen.

Meine eigentliche Psi-Initiation begann jedoch an einem Abend im September 1963, während ich saß und schrieb. Plötzlich verließ mein Bewußtsein den Körper, und mein Geist wurde mit Vorstellungen bombardiert, die für mich damals überraschend und neu waren. Als mein Bewußtsein in meinen Körper zurückkehrte, entdeckte ich, daß meine Hände eine automatische Schrift verfertigt hatten, welche viele der Vorstellungen, die mir eingegeben worden waren, erklärte. Die Aufzeichnungen trugen den Titel: *Das physische Universum als Gedankenkonstruktion.*

Es war dieses Erlebnis, das mich veranlaßte, über Psi-Phänomene zu forschen, und ich nahm mir vor, ein Buch darüber zu schreiben. In diesem Zusammenhang experimentierten mein Mann Rob und ich mit dem Ouija-Brett. Nach ein paar Sitzungen fing der Zeiger an, Botschaften zu buchstabieren, die angeblich von einer Persönlichkeit namens Seth stammten. Weder Rob noch ich waren spiritistisch erfahren, und als ich begann, die Antworten des Brettes im voraus zu wissen, nahm ich als selbstverständlich an, daß sie aus dem Unbewußten kamen. Nicht viel später verspürte ich jedoch den inneren Drang, die Wörter laut auszusprechen, und nach Ablauf eines Monats sprach ich für Seth im Trancezustand.

Die Botschaften schienen den Faden dort wieder aufzunehmen, wo die *Gedankenkonstruktion* ihn hatte fallenlassen, und später sagte Seth, daß mein damaliges Erlebnis einer Bewußtseinserweiterung den ersten Versuch einer Kontaktaufnahme dargestellt hätte. Seither hat uns Seth ein fortlaufendes Manuskript geliefert, das jetzt über sechstausend Schreibmaschinenseiten umfaßt. Wir nennen es das Seth-Material. Es behandelt Themen wie die Natur der physischen Materie, Zeit, Realität, den Gottesbegriff, wahrscheinliche Universen, Gesundheit und Reinkarnation. Von Anfang an waren wir über das offensichtliche Niveau des Materials verwundert, und dies war der Grund, warum wir weitermachten.

Nach dem Erscheinen meines ersten Buches über dieses Gebiet kamen Briefe von Fremden, die um Seths Hilfe baten. Für die Bedürftigsten hielten wir Sitzungen ab. Viele dieser Leute konnten nicht anwesend sein, weil sie in anderen Teilen des Landes wohnten, und dennoch half ihnen Seths Ratschlag, und die Auskünfte, die er über die individuellen Hintergründe brieflich erteilte, stimmten.

Rob hat schon immer eine wörtliche Mitschrift von den Seth-Sitzungen gemacht unter Verwendung seiner eigenen Kurzschrift. Am Ende der Woche schreibt er sie in die Maschine und fügt sie unserer Seth-Material-Sammlung bei. Robs ausgezeichnete Notizen zeigen den lebendigen Kontext auf, in dem die Sitzungen stattfinden. Seine Unterstützung und Ermutigung sind unschätzbar.

Unserer Vorstellung nach haben wir sechshundert Verabredungen mit dem Kosmos eingehalten – obgleich Rob selber dies nie so ausdrücken würde. Diesen Verabredungen dient unser gut beleuchtetes, großes Wohnzimmer als Kulisse, aber in tieferem Sinne finden sie in den raumlosen Bereichen der menschlichen Persönlichkeit statt.

Dies soll nicht etwa besagen, daß wir den Eckstein zur Wahrheit besäßen oder den Eindruck erwecken möchten, uns würden so die unverfälschten Geheimnisse aller Zeiten zuteil. Jeder Mensch hat, das weiß ich wohl, Zugang zu intuitivem Wissen und kann sich Einblicke in seine innere Realität verschaffen. Das Universum spricht in dieser Hinsicht zu jedem von uns. In unserem Falle sind die Seth-Sitzungen der Rahmen, in welchem diese Art von Kommunikation stattfindet.

In meinem 1970 erschienenen Buch *The Seth Material** habe ich diese Vorgänge erklärt und Seths Ansichten über eine Vielfalt von Themen mit Auszügen aus den Sitzungsprotokollen mitgeteilt. Ich habe auch unsere Begegnungen mit Psychologen und Parapsychologen geschildert, während wir unsere Erlebnisse zu verstehen und ihnen einen Platz im Kontext des normalen Lebens zu geben versuchten. Die Tests, die wir durchführten, um Seths hellseherische Fähigkeiten auf die Probe zu stellen, sind gleichfalls beschrieben. Was uns betrifft, so hat er mit Ehren bestanden.

Es war äußerst schwierig, aus Seths wachsendem Gesamtwerk ein paar Auszüge über bestimmte Themen auszuwählen. Infolgedessen ließ das erwähnte Buch viele Fragen offen und viele Themen unerör-

*Das (bis heute nicht ins Deutsche übersetzte) amerikanische Original ist bei Prentice-Hall Inc., Englewood Cliffs, New Jersey, USA, erschienen.

tert. Zwei Wochen nach seiner Fertigstellung diktierte uns Seth jedoch den Entwurf zu dem vorliegenden Manuskript, das ihm Gelegenheit geben sollte, seine Gedanken auf seine eigene Weise in Buchform niederzulegen.

Hier ist meine Abschrift dieses Entwurfs, der uns in Sitzung 510 am 19. Januar 1970 vorgelegt wurde. Wie man sieht, nennt Seth mich Ruburt und Rob Joseph. Diese Namen sind repräsentativ für unsere Gesamtpersönlichkeit im Gegensatz zu unseren gegenwärtigen, körperlich orientierten Ich.

»Ich arbeite momentan an anderem Material, das ich euch mitteilen werde, und so müßt ihr euch ein wenig gedulden. Beispielsweise möchte ich euch eine ungefähre Vorstellung von meinem eigenen Buch geben. Es wird viele strittige Fragen aufwerfen. Das Buch wird eine Beschreibung der Art seines Zustandekommens mit einschließen und der Vorbereitungen, die notwendig sind, damit meine eigenen Gedanken von Ruburt ausgesprochen und überhaupt ins stimmliche Medium übersetzt werden können.

Ich habe keinen physischen Leib und werde trotzdem ein Buch schreiben. Das erste Kapitel wird erklären, wie und warum.

Das nächste Kapitel wird schildern, was man meine jetzige Umwelt nennen könnte; meine gegenwärtigen ›Charakteristika‹ und meinen Umgang. Hiermit meine ich die anderen, zu denen ich in Beziehung stehe.

Das nächste Kapitel wird meine Arbeit beschreiben und die Dimensionen der Realität, in die sie mich führt; denn so wie ich eure Realität bereise, so bereise ich auch andere Realitäten, um jene Aufgabe zu erfüllen, die mir obliegt.

Das nächste Kapitel wird von meiner Vergangenheit in eurem Sinne handeln und von einigen der Persönlichkeiten, die ich gewesen bin oder gekannt habe. Gleichzeitig werde ich klarstellen, daß es keine Vergangenheit, Gegenwart oder Zukunft gibt und daß dazu nicht in Widerspruch steht, wenn ich von früheren Existenzen rede. Dies wird sich möglicherweise über zwei Kapitel hinziehen.

Das nächste Kapitel wird die Geschichte unserer Begegnung – von dir, Ruburt und mir – enthalten, natürlich von meinem Standpunkt aus betrachtet, und wird erzählen, auf welche Weise ich, bereits lange bevor ihr beide irgend etwas von paranormalen Phänomenen oder von meiner Existenz wußtet, zu Ruburts innerem Bewußtsein Kontakt aufnahm.

Das nächste Kapitel wird von den Erlebnissen der Persönlichkeit im Augenblick des Todes handeln mit den vielen Abwandlungen dieses fundamentalen Abenteuers. Ich werde einige meiner eigenen Tode als Beispiel anführen.

Das nächste Kapitel wird vom Leben nach dem Tode handeln mit seinen vielen Abwandlungen. Beide Kapitel werden auf die Reinkarnation in ihrer Beziehung zum Tode eingehen, und einiger Nachdruck wird auf den Tod *am Ende* der letzten Inkarnation gelegt werden.

Das nächste Kapitel wird von den Gefühlsrealitäten der Liebe und Blutsverwandtschaft handeln – von dem, was daraus in den aufeinanderfolgenden Inkarnationen wird, denn einige gehen verloren und andere werden aufrechterhalten.

Das nächste Kapitel wird von eurer physischen Realität handeln, so wie sie mir und meinesgleichen erscheint. Dieses Kapitel wird ein paar recht faszinierende Punkte enthalten, denn nicht nur formt ihr die physische Realität, die ihr kennt, sondern ihr baut auch andere, vollkommen gültige Seinsformen in anderen Realitäten durch eure augenblicklichen Gedanken, Wünsche und Gefühle auf.

Das nächste Kapitel wird von der ewigen Gültigkeit der Träume als Brücke zu diesen anderen Realitäten handeln und als offene Stellen, durch die das »innere Selbst« flüchtige Eindrücke von seinen vielen Facetten empfängt und mit anderen Realitätsebenen kommuniziert.

Das nächste Kapitel wird sich noch weiter mit diesem Thema befassen, indem ich über die verschiedenen Weisen berichte, wie ich andern im Traum erschienen bin, sowohl als Lehrer als auch als Seelenführer.

Das nächste Kapitel wird von den grundlegenden Kommunikationsweisen handeln, die jegliche Form von Bewußtsein ihrer Entwicklungsstufe entsprechend verwendet, unabhängig davon, ob sie körperlich ist oder nicht. Dies leitet über zu der für die menschliche Persönlichkeit in eurem Sinne typischen Kommunikation, wobei ich diese innerlichen Kommunikationsweisen in ihrer Unabhängigkeit von den körperlichen Sinnesfunktionen zeigen werde, die nichts als physische Verlängerungen der inneren Wahrnehmung sind.

Ich werde den Leser darüber aufklären, wie er sieht, was er sieht, oder hört, was er hört, und warum. Ich hoffe, dem Leser durch das ganze Buch hindurch zeigen zu können, daß er selber von seinem körperlichen Erscheinungsbild unabhängig ist, und ich hoffe, ihm Methoden an die Hand zu geben, die ihm meine These beweisen werden.

Das nächste Kapitel wird darüber berichten, welche Erfahrungen ich in all meinen Existenzen mit jenen ›Pyramiden-Gestalten‹ gesammelt habe, und über mein eigenes Verhältnis zu der Persönlichkeit, die ihr Seth Zwei nennt, sowie zu multidimensionalen Bewußtseinswesenheiten, die viel höher entwickelt sind als ich.

Meine Botschaft an den Leser wird sein: ›Grundsätzlich bist du keine physischere Persönlichkeit als ich, und indem ich von meiner Realität spreche, spreche ich auch von deiner.‹

Es wird ein Kapitel über die Weltreligionen geben, über die Entstellungen und die Wahrheit in ihnen; die *drei* Christi; sowie einige eine verlorengegangene Religion betreffende Daten, die einem Volk angehört hat, von dem ihr keinerlei Kenntnis besitzt. Diese Leute bewohnten einen Planeten, der den selben Raum, den heute eure Erde einnimmt, besetzt hielt, ›bevor‹ euer Planet existierte. Sie zerstörten ihn durch einen Fehler, den sie begingen, und wurden reinkarniert, als euer Planet sich in Vorbereitung befand. Ihre Erinnerungen wurden zur Grundlage für die Geburt der Religion, wie ihr sie heute kennt.

Es wird ein Kapitel über wahrscheinliche Götter und wahrscheinliche Realitätssysteme geben.

Es wird ein Frage-und-Antwort-Kapitel geben.

Es wird ein Schlußkapitel geben, in dem ich den Leser auffordere, die Augen zu schließen und sich der Realität, in der ich existiere, und seiner eigenen inneren Realität bewußt zu werden. Ich werde die Methoden aufzeigen. In diesem Kapitel werde ich den Leser einladen, von seinen ›inneren Sinnen‹ Gebrauch zu machen, um mich auf seine eigene Weise zu sehen.

Obgleich meine Kommunikationen immer und ausschließlich durch Ruburt gehen, damit die Integrität des Materials gewahrt bleibt, werde ich den Leser auffordern, sich meiner als Persönlichkeit bewußt zu werden, so daß er auf diesem Wege erkennt, daß Kommunikationen von anderen Realitätssystemen möglich sind und daß er selber darum auch für Wahrnehmungen offen ist, die nicht an die äußeren Sinne physischer Natur gebunden sind.

Dies also ist mein Entwurf für das Buch, doch enthält er mein Vorhaben nur ganz skizzenhaft. Ich gebe deshalb keinen genaueren Überblick, weil ich nicht will, daß Ruburt mir vorgreift. Die Schwierigkeiten, die solchen Kommunikationen im Wege stehen, werden gründlich besprochen werden. Es wird klargestellt werden, daß sogenannte paranormale Kommunikationen von verschiedenen Realitätsebenen kommen und daß jene Kommunikationen die Realität beschreiben, innerhalb derer sie ihre Existenz haben. Ich werde also die meinige beschreiben und andere, von denen ich Kenntnis besitze.

Dies soll nicht heißen, daß es keine anderen Dimensionen gäbe, von denen ich nichts weiß. Ich werde das Buch während unserer Sitzungen diktieren.

Dies ist der Titel für unser Buch: *Gespräche mit Seth – Von der ewigen Gültigkeit der Seele.*

Ich verwende den Ausdruck Seele, weil er den meisten Lesern etwas sagt. Ich schlage vor, daß ihr euch mit ein paar guten Schreibgeräten ausrüstet.«

Gerade weil ich weiß, wieviel Mühe es kostet, ein Buch zu schreiben, war ich vorsichtig, als Seth davon sprach, daß er sein eigenes Buch schreiben wolle. Obwohl mir vollkommen klar war, daß er dazu imstande sein würde, nörgelte doch etwas in mir: »Vorausgesetzt, das Seth-Material ist wirklich bedeutsam, wie steht es aber mit Seths Begabung, Bücher zu schreiben? Mit dem Organisationstalent, das erforderlich ist? Oder mit seiner Fähigkeit, das Publikum anzusprechen?«

Rob riet mir ständig, mir deshalb keine Sorgen zu machen. Freunde und Schüler schienen verwundert, daß ausgerechnet ich in Zweifel sein sollte; doch ich dachte mir: Wer, wenn nicht ich, sollte denn Zweifel haben? Hier war eine Inhaltsangabe. Würde Seth sie durchführen können?

Seth begann in unserer nächsten, der 511ten Sitzung am 21. Januar 1970 das Buch zu diktieren und schloß es in der 591ten Sitzung am 11. August 1971 ab. Die dazwischenliegenden Sitzungen waren jedoch nicht sämtlich dem Diktat des Buches gewidmet. Einige wurden auf persönliche Dinge verwendet, einige zugunsten hilfsbedürftiger Individuen abgehalten, und einige brachten Antwort auf philosophische Fragen, die mit dem Buch nichts zu tun hatten. Außerdem habe ich mehrmals »kleine Ferien« gemacht. Trotz solcher Arbeitspausen nahm Seth das Diktat immer genau an der Stelle wieder auf, wo wir unterbrochen hatten.

Im Zuge meiner Arbeit an seinem Buch schrieb ich gleichmäßig vier Stunden täglich an einem eigenen Buch, gab ich meine allwöchentliche ASW-Stunde*, versuchte ich meiner Korrespondenz Herr zu werden, hielt ich einmal jede Woche mein Literaturseminar ab.

Aus Neugier sah ich ein paar Anfangskapitel von Seths Buch durch; danach wahrte ich Abstand. Gelegentlich erzählte mir Rob von einigen Textstellen, von denen er glaubte, daß sie für meine Schüler von besonderem Interesse sein würden. Ansonsten kümmerte ich mich nicht

---

* ASW: Außersinnliche Wahrnehmung, parapsychologisches Fachwort.

um das Buch, froh, es Seth überlassen zu können. Ganz allgemein gesprochen vergaß ich bewußt seine Arbeit, und oft vergingen Monate, ohne daß ich das Manuskript auch nur zu Gesicht bekam.

Das fertige Buch zu lesen, war ein Erlebnis. Als Ganzes war es mir vollkommen neu, obwohl jedes Wort darin über meine Lippen gegangen war und ich viele Abende in Trance seiner Herstellung gewidmet hatte. Dies kam mir besonders seltsam vor, weil ich selber Schriftstellerin und daher gewohnt bin, mein eigenes Material zu sichten und es im Auge zu behalten.

Aufgrund meiner schriftstellerischen Erfahrung bin ich mir auch des Umwandlungsprozesses sehr wohl bewußt, der erforderlich ist, um unbewußtes Material in bewußte Realität zu übersetzen. Ich bin mir dessen besonders bewußt, wenn ich schreibe. Was immer sonst bei Seths Buch im Spiel sein mag, hier läuft jedenfalls unbewußte Aktivität in irgendeiner Form auf Hochtouren. Es ist daher ganz natürlich, wenn ich unwillkürlich mein eigenes bewußtes, kreatives Erlebnis mit den Vorgängen in Trance bei Seths Buch verglich. Ich wollte herausfinden, warum ich empfand, daß Seths Buch *seines* war, und gesondert von meinem. Wenn beide von demselben Unbewußten herstammten, warum dann der subjektive Unterschied in meinen Gefühlen?

Dieser Unterschied war von Anfang an klar. Wenn ich mich beim Schreiben im Zustand der Inspiration befinde, etwa wenn ich ein Gedicht schreibe, dann bin ich animiert, aufgeregt, von Gefühlen der Dringlichkeit und der Entdeckerfreude erfüllt. Kurz bevor dies geschieht, kommt mir jedoch eine Idee, scheinbar aus dem Nichts. Sie wird mir »eingegeben«. Sie taucht einfach auf, und daraus ergeben sich neue kreative Verbindungen.

Ich bin hellwach, aber offen und rezeptiv – in einem Schwebezustand merkwürdiger psychischer Elastizität, der Aufmerksamkeit und Passivität in ausgewogener Weise umfaßt. Das betreffende Gedicht oder der Einfall ist in diesem Augenblick das einzige, das für mich in der Welt existiert. Das hohe Maß an innerer Beteiligung, Arbeit und Spiel, während man den Einfall »entbindet«, all das macht das Gedicht zu meinem eigenen.

Diese Art Erlebnis ist mir seit früher Kindheit vertraut. Es ist der Grundstein meiner Existenz. Wenn dieser fehlt oder wenn ich mich mit meiner Arbeit nicht generell innerhalb dieses Rahmens halte, werde ich gleichgültig und traurig. Zu einem gewissen Grade habe ich dasselbe Gefühl persönlicher Kreativität in diesem Augenblick, da ich diese Einleitung schreibe. Es ist »meine« Einleitung.

Mit Seths Buch war ich nicht auf die gleiche Weise verbunden und hatte keine Vorstellung von dem schöpferischen Prozeß, der ihm zugrunde lag. Ich ging in Trance wie bei unseren regulären Sitzungen. Seth diktierte das Buch durch mich, sprach durch meinen Mund. Die kreative Arbeit vollzog sich in solcher Distanz von mir, daß ich in dieser Hinsicht das Produkt nicht mein eigenes nennen kann. Statt dessen erhielt ich das fertige Produkt in Gestalt von Seths – ausgezeichnetem – Buch als Geschenk, wofür ich natürlich zutiefst dankbar bin.

Ich habe jedoch die Erfahrung gemacht, daß nur meine eigene Schriftstellerei mir die besondere Art kreativer Befriedigung zu geben vermag, die ich brauche – die bewußte Beschäftigung mit unbewußtem Material, das Abenteuer der »Jagd«. Daß Seth seine Sache macht, entbindet mich nicht davon, meine Sache zu machen. Ich würde Mangel leiden, wenn ich meine eigene Arbeit nicht fortsetzte.

Man könnte natürlich sagen, daß bei Seths Buch der verborgene, schöpferische Prozeß von meinem normalen Bewußtsein derart abgespalten ist, daß das Endprodukt von einer anderen Persönlichkeit herzustammen *scheint*. Ich kann nur wiederholen, was mein eigenes Gefühl mir sagt, und betonen, daß Seths Buch und das ganze sechstausend Seiten umfassende Manuskript des Seth-Materials mein eigenes kreatives Ausdrucksbedürfnis und meine diesbezügliche Verantwortlichkeit nicht befriedigen. Wenn beides von demselben Unbewußten herrührte, so würde es kein Defizit geben, das gutgemacht werden müßte.

Nichtsdestoweniger bin ich mir der Tatsache bewußt, daß ich für das Zustandekommen von Seths Buch notwendig war. Er braucht meine Sprachfertigkeit, vielleicht sogar, denke ich mir, meinen geistigen Zuschnitt. Auf jeden Fall ist meine schriftstellerische Vorbildung dabei behilflich, sein Material zu übersetzen und ihm Form zu geben, wie unbewußt dies auch immer geschehen mag. Ich könnte mir vorstellen, daß auch bestimmte Charaktereigenschaften wesentlich sind – wie beispielsweise die Leichtigkeit, mit der ich den Brennpunkt meines Bewußtseins umlenken kann.

Seth deutet das in Kapitel vier an, indem er sagt: »Nun werden die Mitteilungen in diesem Buch zu einem gewissen Grade durch die inneren Sinne der Frau geleitet, die sich in Trance befindet, während ich spreche. Solch ein Unternehmen ist das Resultat einer hochorganisierten inneren Präzision und von Übung. Sie könnte diese Mitteilungen nicht von mir empfangen – dieselben könnten nicht übersetzt oder gedeutet werden –, wenn sie auf ihre körperliche Umgebung intensiv konzentriert wäre.«

Als reines Produkt des Unbewußten betrachtet, zeigt Seths Buch deutlich, daß Systematik, Unterscheidungsvermögen und logisches Denken entschieden nicht nur Vorzüge unseres Bewußtseins sind, und es hält uns die Spannweite und Aktivität vor Augen, derer das innere Selbst fähig ist. Ich glaube nicht, daß ich etwas Seths Buch Entsprechendes allein zustandebrächte. Bestenfalls könnte ich bestimmte Höhepunkte anpeilen, vielleicht in vereinzelten Gedichten oder Aufsätzen, und diesen würde dann die umfassende Einheitlichkeit, Kontinuität und Systematik fehlen, die Seth hier automatisch mitliefert.

Im übrigen habe ich gewisse einzigartige Erlebnisse während der Sitzungen, von denen es scheint, daß sie den Mangel an bewußter, kreativer Beteiligung kompensieren. Oftmals habe ich beispielsweise an Seths ungeheurer Energie und an seinem Humor teil; ich habe dann ein Gefühl großen inneren Reichtums und begegne Seth auf einer sehr fremdartigen Ebene. Ich spüre deutlich seine Stimmung und Vitalität, obwohl diese nicht auf mich gerichtet sind, sondern auf den, an welchen sich Seth in dem Augenblick gerade wendet. Ich fühle sie durch mich hindurchgehen.

Wie Robs Aufzeichnungen zeigen, habe ich auch noch Erlebnisse anderer Art, während ich für Seth spreche. Manchmal habe ich zum Beispiel innere Visionen. Diese können das, worüber Seth gerade redet, veranschaulichen, so daß ich also auf zwei verschiedene Weisen Informationen empfange, oder sie können auch vom Manuskript völlig unabhängig sein. Ich habe in den Sitzungen auch Erlebnisse außerkörperlicher Erfahrung* oder Astralwanderungen erlebt, während derer ich Vorgänge mit ansah, die tatsächlich mehrere tausend Meilen von mir entfernt abliefen.

Mit diesem Buch demonstriert Seth auf seine Weise, daß die menschliche Persönlichkeit multidimensional ist, daß wir in verschiedenen Realitäten zugleich existieren, daß die Seele oder das innere Selbst nicht etwas Separates ist, sondern der Nährboden selber, in dem wir wurzeln. Er betont, daß man die »Wahrheit« nicht dadurch findet, daß man von Lehrer zu Lehrer, Kirche zu Kirche oder Disziplin zu Disziplin geht, sondern indem man in sich hineinschaut. Das tiefinnerste Wissen unseres Bewußtseins, die »Geheimnisse des Universums« sind keine esoterischen Wahrheiten, die man vorm Volk verbergen muß.

---

* AKE: Außerkörperliche Erfahrung, parapsychologisches Fachwort; Astralwanderung: dasselbe Phänomen in spiritualistischer Terminologie.

Solches Wissen ist dem Menschen so natürlich wie die Luft, die er atmet, und ebenso zugänglich denen, die ernstlich danach suchen, indem sie sich der Quelle im eigenen Innern zuwenden.

Meiner Meinung nach hat Seth ein Buch geschrieben, das auf seine Art klassisch ist. Nachdem ich vorsichtig von ihm als einer »Persönlichkeit« gesprochen habe, kann ich nicht umhin hinzuzufügen, daß Seth ein scharfsinniger Philosoph und Psychologe ist, zutiefst vertraut mit der menschlichen Natur und vollbewußt des Triumphes und Dilemmas des menschlichen Bewußtseins.

Ich bin natürlich selber verwundert, daß dieses Buch durch mich entstanden ist, ohne daß mein bewußter Verstand ständig anwesend war, ängstlich das Geschriebene überprüfend, sichtend und kritisierend, wie dies bei meinen eigenen Arbeiten zutrifft. Dann hat nämlich, bei aller Freiheit, die ich meinen kreativen und intuitiven Fähigkeiten lasse, mein Bewußtsein entschieden die Zügel in der Hand. Und doch ist dieses Buch nicht »von selbst« entstanden, wie es bei manchen Gedichten der Fall zu sein scheint. Oft hört man einen Schriftsteller sagen, daß ein bestimmtes Buch »sich von selbst geschrieben hat«, und ich weiß, was das bedeutet. In diesem Fall jedoch hatte das Buch einen bestimmten Ursprung, es kam nicht einfach »von da draußen« irgendwoher, und es trägt den Stempel der Persönlichkeit seines Autors, der nicht ich bin.

Das ganze kreative Wagnis könnte die Initiation einer Persönlichkeit namens Seth sein, die dann Bücher schreibt. Seth könnte ebenso eine Schöpfung sein wie sein Buch. In diesem Fall hätten wir ein glänzendes Beispiel multidimensionaler Kunst vor uns, ausgeführt auf einer so reichen Ebene des Unbewußten, daß die »Künstlerin« sich ihrer eigenen Arbeit unbewußt und darüber ebenso verwundert ist wie alle anderen.

Dies ist eine interessante Hypothese. Tatsächlich spricht Seth in seinem Buch über multidimensionale Kunst. Aber Seth leistet mehr, er schreibt nicht nur Bücher. Er ist eine vollentwickelte Persönlichkeit mit einer Vielfalt von Interessen: schreiben, lehren, andern helfen. Sein Humor ist völlig individuell und ganz anders als meiner. Er ist weltklug, seine Art sich zu geben eher erdhaft als ätherisch. Er versteht es, komplexe Theorien auf einfache Weise zu erklären in der Mensch-zu-Mensch-Begegnung. Was vielleicht noch wichtiger ist, er kann diese Theorien auf das gewöhnliche Leben beziehen.

Seth erscheint auch häufig in den Träumen meiner Schüler und gibt ihnen Anleitungen, die nutzbringend sind – entweder indem er ihnen

Methoden nennt, wie sie ihre Fähigkeiten am besten einsetzen oder wie sie bestimmte Ziele verwirklichen können. Fast alle meiner Schüler haben außerdem »Klassen-Träume«, in denen Seth sie als Gruppe anspricht und Traumexperimente einleitet. Manchmal sehen sie ihn, wie er auf dem Porträt erscheint, das Rob von ihm gemalt hat. Gelegentlich spricht er auch durch meine Gestalt wie in normalen Sitzungen. Ich bin oftmals während solcher Traumsitzungen erwacht mit dem Nachklang von Seths Worten im Ohr.

Es ist natürlich nichts Außergewöhnliches, daß die Schüler von Seth träumen oder auch von mir. Aber Seth hat in ihren Augen einen unabhängigen Status erreicht und ist zum Wissensvermittler selbst im Traumzustand geworden. Mit anderen Worten: Seth ist, neben seiner fortlaufenden Produktion des Seth-Materials und des vorliegenden Buches, zum Gegenstand der Gedanken und des Bewußtseins vieler Menschen geworden.

Dies ist innerhalb eines Zeitraums von sieben Jahren eine beachtliche Leistung für jede Persönlichkeit, unabhängig von ihrem Status. Bei einer Persönlichkeit, die keinen Körper hat, ist es besonders erstaunlich. All diese Aktivität einem Produkt des Unbewußten zuschreiben zu wollen, scheint mir ein bißchen weitzugehen. (In der gleichen Zeit habe ich zwei Bücher veröffentlicht, ein drittes abgeschlossen und ein viertes begonnen. Ich erwähne dies bloß, um zu zeigen, daß Seth nichts von meiner eigenen Kreativität absorbiert hat.)

Rob und ich sprechen von Seth nicht als von einem »Spirit«*; wir mögen die Konnotationen des Wortes nicht. Wogegen wir eigentlich sind, ist die konventionelle Vorstellung von einem »Geist«, die eine Erweiterung einer sehr beschränkten Sicht von der menschlichen Persönlichkeit darstellt, welche mehr oder weniger intakt auf ein Leben nach dem Tode projiziert wird. Man kann sagen, daß Seth eine Dramatisierung des Unbewußten oder eine unabhängige Persönlichkeit ist. Ich sehe nicht ein, warum die Aussagen sich widersprechen müssen. Seth kann eine Dramatisierung sein, die eine sehr reale Rolle spielt – und ihre größere Realität in der einzigen Form erklärt, die wir verstehen können. Dies ist meine gegenwärtige Meinung.

Zu allererst scheint mir auch der Ausdruck »Unbewußtes« äußerst unzulänglich zu sein; er vermittelt nur eine schwache Vorstellung eines eigentlich offenen psychischen Systems mit tiefen, ineinandergreifenden Wurzeln, das alle Formen von Bewußtsein vereinigt; ein Netz-

* Spirit: englisch Geist.

werk, durch das wir alle miteinander verbunden sind. Unsere Individualität wächst daraus hervor und trägt gleichzeitig dazu bei, es zu bilden. Dieser Ursprung enthält vergangene, gegenwärtige und zukünftige Information; nur das Ich erfährt Zeit, wie wir sie kennen. Ich glaube auch, daß dieses offene System noch andere Formen von Bewußtsein enthält als das unsere.

Aufgrund meiner eigenen Erfahrungen, insbesondere der außerkörperlichen, bin ich überzeugt, daß unser Bewußtsein nicht von der körperlichen Materie abhängig ist. Natürlich ist der Ausdruck meiner Körperlichkeit *meine* vorwiegende Existenzweise momentan; aber ich schließe daraus nicht, daß alles Bewußtsein solchermaßen orientiert sein muß. Nur der blindeste Egoismus, scheint mir, könnte es wagen, die Wirklichkeit vermittels seiner eigenen Kategorien zu definieren oder seine eigene Beschränktheit und Erfahrung auf den Rest der Schöpfung zu projizieren.

Ich akzeptiere Seths Gedanken von der multidimensionalen Persönlichkeit, wie beschrieben in diesem Buch, weil meine eigene Erfahrung und die meiner Schüler dies zu bestätigen scheinen. Ich bin auch der Ansicht, daß es innerhalb jenes offenen Systems mit seinen unbegrenzten Möglichkeiten einen unabhängigen Seth gibt, der auf eine völlig andere Weise funktioniert als wir.

Auf welche Weise? Offengesagt, ich weiß es nicht. Einer subjektiven Erklärung bin ich wohl am nächsten gekommen in einer kurzen, intuitiven Aussage, die ich im Zuge des ASW-Trainings meiner Schüler schrieb, in einem Versuch, meine eigenen Gedanken darüber für mich selbst und für meine Schüler zu klären. Rob hatte mir über die »Sprecher«, wie Seth sie in diesem Buch nennt, erzählt – Persönlichkeiten, die durch alle Zeitalter im kontinuierlichen Gespräch mit dem Menschen stehen, ihn an tiefinneres Wissen erinnernd, damit es niemals wirklich vergessen werde. Diese evokative Vorstellung hat mich dazu inspiriert, folgende Skizze zu schreiben, die ich hier einfüge. Sie zeigt das Koordinatensystem auf, innerhalb dessen Seth und andere gleich ihm ihren Ort haben könnten.

»Wir kommen zustande auf Wegen, die wir nicht verstehen. Wir sind aus Elementen, Chemikalien, Atomen zusammengesetzt und nennen uns doch bei Namen. Wir arrangieren um unsere innere Substanz eine äußere Substanz, die sich zu Fleisch und Knochen verdichtet. Unsere Identität oder Persönlichkeit hat ihren Ursprung in etwas, das wir nicht kennen.

Vielleicht hat das, was wir sind, schon immer gewartet, in den Möglichkeiten der Schöpfung verborgen, verstreut und seiner selbst nicht bewußt – in Wind und Regen, der im dreizehnten Jahrhundert über Europa hinfegte – in den wogenden Bergketten – in den Wolken, die durch die Himmel anderer Orte und Zeiten eilten. Als Staubkörnchen hat uns der Wind vielleicht an griechischen Torbögen vorbeigeblasen. Vielleicht sind wir millionenmal zu Bewußtsein entzündet und wieder ausgelöscht worden, bewegt von Verlangen und von einer Sehnsucht nach Kreativität und Vollkommenheit, die wir kaum begriffen.

Und so kann es auch solche geben (wie Seth) ohne körperliche Erscheinung, aber mit Wissen – solche, die gewesen sind, was wir sind und mehr –, solche, die sich erinnern, wo wir vergaßen. Vielleicht haben sie durch eine Steigerung ihres Bewußtseins andere Daseinsformen oder Wirklichkeitsdimensionen entdeckt, an denen auch wir teilhaben.

So geben wir ihnen, die namenlos sind, Namen, obgleich wir eigentlich selber namenlos sind. Und wir hören ihnen zu, aber meistens zwängen wir ihre Botschaft in Vorstellungsformen, die wir verstehen können, sie hinter abgenutzten, stereotypen Bildern verbergend. Und dennoch sind sie überall um uns, in Wind und Bäumen, gestaltet und ungestaltet, vielleicht in mancher Hinsicht lebendiger als wir selbst – die Sprecher.

Durch diese Stimmen, diese Intuitionen, diese blitzhaften Einsichten und Botschaften spricht das Universum zu uns, zu jedem von uns persönlich. Es redet mit euch, wie mit mir. Ihr müßt lernen, eure eigenen Botschaften aufzunehmen, nicht zu entstellen, was ihr hört, und es in alte Alphabete zu übersetzen.

In unserer Gruppe (und allgemein auch im Leben) reagieren wir, glaube ich, auf solche Botschaften; manchmal leben wir sie aus mit fast kindlicher Weisheit und formen sie um in Dramen, die originell und individuell sind – Dramen, die tiefere Sinnzusammenhänge durchblikken lassen, als man mit Worten ausdrücken kann.

Vielleicht ist dies die Art von Spiel, wie die Götter es lieben und aus dem die Schöpfung hervorwächst, sich in alle Richtungen ausbreitend. Vielleicht antworten wir den Göttern in uns – jenen inneren Weisheitsfunken, die unseres dreidimensionalen Wissens spotten.

Vielleicht führt uns Seth aus unserer normalen Beschränktheit heraus in ein anderes Reich, das uns von Rechts wegen zusteht – auf eine elementare Weise, ob wir inkarniert sind oder nicht. Vielleicht ist es die Stimme der Totalität unserer aller Selbst, die spricht: ›Während ihr bewußte Körper seid, denkt daran, wie es war und wie es sein wird, keinen Körper zu haben, frei schweifende Energie zu sein ohne Namen, doch mit einer Stimme begabt, die keiner Zunge bedarf, mit einer Kreativität, die das Fleisch nicht braucht. Wir sind ihr, nach außen gekehrt.‹«

Meiner Ansichten über Seth oder das Wesen der Realität ungeachtet muß dieses Manuskript als Buch für sich allein stehen. Es trägt das Gepräge von Seths Persönlichkeit, so wie einfach jedes Buch den unaustilgbaren Stempel seines Verfassers trägt. Die Ideen darin verdienen, gehört zu werden, trotz ihres Ursprungs und wegen ihres Ursprungs.

Ganz am Anfang unserer Sitzungen habe ich daran gedacht, das Material als mein eigenes zu veröffentlichen, so daß man es seinem Wert entsprechend würdigen könnte, ohne viel nach seiner Herkunft zu fragen. Dies schien mir jedoch nicht richtig, weil die Art und Weise, wie das Seth-Material zustande kommt, ein Teil seiner Botschaft ist und diese verstärkt.

Seths Diktat wird wiedergegeben, wie wir es empfangen haben, der Reihenfolge nach und ohne eigene Zusätze oder Abstriche. Ganz entschieden kennt er den Unterschied zwischen gesprochener und geschriebener Sprache. Seine Sitzungen vor der Klasse sind weniger förmlich, mit einer Menge beiderseitigen Austauschs. Dieses Buch hingegen ist unsern privaten Sitzungen ähnlicher, wo das Gesamtmaterial übermittelt wird. Das Schwergewicht liegt entschieden auf dem Gehalt, der Akzent auf dem geschriebenen statt dem gesprochenen Wort.

Seths Satzstruktur ist gleichfalls unverändert geblieben, abgesehen von einigen Ausnahmefällen. (Bisweilen machte ich zum Beispiel zwei Sätze aus einem langen Satz.) Die Interpunktion wurde großenteils von Seth angegeben. In diesem Fall haben wir einfach die Bindestriche, Semikolons, Klammern und Zitatzeichen nach seiner Anweisung gesetzt, ohne jedoch die Anweisung selber zu bringen, weil dies den Leser abgelenkt hätte. Außerdem wurden, wie Seth es wünschte, bestimmte Wörter gesperrt geschrieben.

Seths Sätze sind oft lang, besonders für mündliche Übermittlung, und trotzdem verwirrt er sich nie, noch verliert er den syntaktischen oder sinngemäßen Zusammenhang. Wann immer eine Schwierigkeit in diesem Sinne aufzutauchen schien, haben wir auf die ursprüngliche Sitzung zurückgegriffen, nur um zu entdecken, daß an irgendeiner Stelle ein Fehler in der Abschrift gemacht worden war. (Mir fiel dies besonders auf, nachdem ich mit herzlich wenig Erfolg Briefe in ein

Diktaphon zu diktieren versucht hatte. Nach den ersten paar Sätzen hatte ich große Mühe, mich zu erinnern, was ich gesagt und wie ich es ausgedrückt hatte.)

Die Korrektur bestand in erster Linie in der Überarbeitung von Robs Notizen, die präsentierbarer gemacht werden mußten. In einigen Fällen wurde Material, das ursprünglich nicht zum Buch gehörte, aufgenommen, wenn es relevant schien, Licht auf die Darbietungsmethode warf oder einen Einblick in Seth selber verschaffte. Robs Aufzeichnungen zeigen auch, daß Seth mit dem Diktat des Anhangs begann, sobald das Buch fertig war. Lustigerweise merkte ich nicht, daß Seth den Anhang begonnen hatte, und zerbrach mir tagelang den Kopf, wer dafür wohl zuständig wäre und, falls Seth es war, wann er damit anfangen würde.

Zum Schluß noch eine Anmerkung, die in diesem Zusammenhang interessiert. Ich schreibe zu meinen eigenen Arbeiten drei Entwürfe, und manchmal bin ich am Ende trotzdem noch nicht zufrieden. Dieses Buch wurde in seiner endgültigen Fassung diktiert. Seth hat sich auch sehr viel enger an sein Konzept gehalten, als ich es je tue. In einigen Fällen ist er auch davon abgewichen, aber das ist das Vorrecht jedes Autors.

Von hier an spricht Seth für sich selbst.

Jane Roberts
Elmira, New York
Am 27. September 1971

Erster Teil

1
Ich habe keinen physischen Körper und schreibe trotzdem dieses Buch

Sitzung 511, Mittwoch, den 21. Januar 1970

(Bevor ich mit diesen Aufzeichnungen beginne, möchte ich erwähnen, daß entschiedene Veränderungen mit Jane vorgehen, während sie sich in Trance befindet.

Gewöhnlich geht sie bemerkenswert schnell in Trance und kommt ebenso schnell wieder heraus. Ihre Augen sind während der Sitzungen nicht geschlossen, abgesehen von relativ kurzen Perioden – aber sie können geradeso eben offen oder halb offen oder weit offen sein und viel dunkler als gewöhnlich. Die Sitzungen verbringt sie in ihrem Schaukelstuhl, aber gelegentlich steht sie auch auf und geht umher. Sie raucht in Trance und nimmt ein Schlückchen Wein, Bier oder Kaffee. Manchmal, nach einer sehr tiefen Trance, braucht sie ein paar Minuten, um »richtig herauszukommen«, wie sie es ausdrückt. Fast immer ißt sie eine Kleinigkeit mit mir nach der Sitzung, gleichgültig, wie spät es ist.

Janes Stimme in Trance kann fast Unterhaltungston haben, auch was Volumen und Sprechtempo betrifft, aber sie hat in allen Richtungen eine große Variationsbreite. Gewöhnlich ist sie etwas tiefer und stärker als ihre »eigene« Stimme. Dann und wann ist die »Seth-Stimme« ausgesprochen laut, viel klangvoller als sonst mit entschieden männlichen Obertönen, und man hat das Gefühl, daß eine enorme Energie hinter ihr steht. Die meisten unserer Sitzungen sind jedoch ziemlich ruhig.

Seth spricht mit einem Akzent, der sich schwer einordnen läßt. Man hat ihn russisch, irisch, deutsch, holländisch, italienisch und französisch genannt. Seth hat einmal die humorvolle Anmerkung gemacht, seine Sprechweise ließe sich auf sein »kosmopolitisches Vorleben« zurückfüh-

ren und sei das Resultat von vielen Inkarnationen. Jane und ich halten sie einfach für individuell und sind der Meinung, daß sie bei den verschiedenen Leuten ihren eigenen ethnischen und emotionalen Voraussetzungen entsprechende Reaktionen auslöst.

Es gibt zwei weitere Veränderungen, die Jane in Trance regelmäßig aufweist. Die eine ist eine eckigere Art, sich zu bewegen, die andere eine neue Anordnung ihrer Gesichtsmuskeln; eine Straffheit, die, wie ich glaube, eine Folge des Energiezustroms ist – oder größerer Bewußtheit. Bisweilen ist diese Veränderung stark ausgeprägt, und ich kann dann mit Leichtigkeit die unmittelbare Nähe Seths spüren.

Meiner Ansicht nach werden diese Veränderungen in Jane während der Sitzungen durch ihre kreative Aufnahme jenes Teils einer Wesenheit, einer Essenz, die wir Seth nennen, hervorgerufen, wie auch von ihrer eigenen Vorstellung von dessen Beschaffenheit, während sie es als männlich verkörpert. Ihre Verwandlung in Seth ist einmalig, und es ist fesselnd, dem zuzusehen und daran teilzuhaben. Gleichgültig in welchem Grade er sich manifestiert, Seth ist immer unverwechselbar und gütig anwesend. Ich höre einer anderen Persönlichkeit zu und bin im Dialog mit ihr.

Vor der Sitzung sagte Jane, sie sei ziemlich aufgeregt; sie glaube, Seth würde heute abend sein eigenes Buch anfangen. Solche Aufgeregtheit ist bei ihr in diesen Sitzungen ganz außergewöhnlich. Ich beruhigte sie und riet ihr, sie solle die ganze Sache vergessen und das Buch auf seine eigne Weise herauskommen lassen. 21.10 Uhr.)

Nun, Joseph, wünsche ich dir einen guten Abend.

(»Guten Abend, Seth.«)

Unser Freund Ruburt hat tatsächlich Lampenfieber, und bis zu einem gewissen Grade ist dies auch begreiflich; ich habe also Nachsicht mit ihm.

Jetzt aber wollen wir mit dem ersten Kapitel beginnen. *(Lächeln.)* Ruburt kann eine Einleitung schreiben, wenn er möchte. *(Pause.)*

Ihr habt von Schattenbildern gehört. Mich könnte man im wahrsten Sinne des Wortes einen Schattenautor nennen, obgleich ich den Ausdruck »Schatten« nicht mag. Es ist zwar wahr, daß ich gewöhnlich auf physischer Ebene nicht sichtbar werde. Das Wort »Geist« gefällt mir ebenfalls nicht; und doch, wenn eure Definition die Vorstellung einer Persönlichkeit ohne Körper enthält, dann müßte ich zugeben, daß sie auf mich zutrifft. Ich spreche zu einem unsichtbaren Publikum. Ich weiß jedoch, daß meine Leser existieren, und ich werde deshalb nun jeden von ihnen ersuchen, mir das gleiche Privileg zu gewähren.

Ich schreibe dieses Buch mit dem Beistand einer Frau, die ich recht liebgewonnen habe. Andern mag es sonderbar vorkommen, daß ich sie mit »Ruburt« anrede und von ihr als »er« spreche; aber Tatsache ist, daß ich sie zu andern Zeiten und an andern Orten gekannt habe unter anderen Namen. Sie ist sowohl Mann als auch Frau gewesen, und die gesamte Identität, die diese verschiedenen Leben gelebt hat, läßt sich mit dem Namen Ruburt beschreiben.

Namen sind jedoch nicht wichtig. Mein Name ist Seth.* Namen sind nichts als Kennzeichen, Symbole; und trotzdem, da ihr euch ihrer bedienen müßt, werde ich es gleichfalls tun. Ich schreibe dieses Buch in Zusammenarbeit mit Ruburt, der die Worte für mich spricht. In diesem Leben heißt Ruburt Jane, und ihr Mann, Robert Butts, bringt die Worte, die Jane spricht, zu Papier. Ich nenne ihn Joseph.

Meine Leser könnten annehmen, daß sie physische Wesen sind, gebunden an einen Körper, gefangen in Knochen, Fleisch und Haut. Wenn ihr glaubt, daß eure Existenz von dieser körperlichen Erscheinungsform abhängt, dann fühlt ihr euch von der Gefahr der Vernichtung bedroht, denn keine physische Form dauert; und kein Körper, wie schön er auch immer in der Jugend sein mag, behält die selbe Vitalität und den selben Charme bis ins hohe Alter bei. Wenn ihr euch mit eurer eigenen Jugend identifiziert, oder Schönheit, oder Intelligenz, oder Leistung, dann ist da das ständige, nagende Wissen, daß diese Eigenschaften verschwinden können und werden.

Ich schreibe dieses Buch, um euch zu versichern, daß die Dinge anders liegen. Grundsätzlich seid ihr nicht mehr körperliche Wesen als ich, und ich habe mich mit mehr Körpern bekleidet, als aufzuzählen mir lieb wäre. Persönlichkeiten, die nicht existieren, schreiben keine Bücher. Ich bin völlig unabhängig von der körperlichen Erscheinungsform, und ihr seid es auch.

---

* Ich weiß nicht, ob es nach dieser Aussage noch erlaubt ist, über Herkunft und Bedeutung des Namens Seth Mutmaßungen anzustellen. Drei Möglichkeiten bieten sich an: Im alten Ägypten repräsentierte der Gott Seth die kosmische Macht des Dunkeln und Zerstörerischen. In der Genesis wird Seth als einer der Söhne Adams genannt, dessen Samen Gott als Ersatz für den ermordeten Abel gepflanzt hatte. In der Gnosis figuriert Seth als einer der sieben Archonten, der sieben welterschaffenden Mächte, die, der Gattung der Engel zugehörig, die letzte und niedrigste Emanation der Gottheit darstellen. Eine der frühesten Sekten nannte sich Sethianer. Da die Gnostiker sich als Empfänger direkter geheimer Offenbarung verstanden, scheint hier vielleicht eine Spur zum Verfasser dieses Buches zu führen. (Anm. der Übersetzerin.)

Das Bewußtsein schafft die Form; nicht umgekehrt. Alle Persönlichkeiten sind unkörperlich. Es ist bloß, weil ihr in eure täglichen Belange so geschäftig vertieft seid, daß ihr nicht wahrnehmt, daß es einen Teil in euch gibt, der weiß, daß seine Kräfte denjenigen haushoch überlegen sind, über die euer gewöhnliches Ich verfügt.

Ihr habt sämtlich andere Leben gelebt, und dieses Wissen ist in euch, obwohl ihr euch dessen nicht bewußt seid. Ich hoffe, daß dieses Buch dazu beitragen wird, das zutiefst intuitive Selbst in jedem meiner Leser freizusetzen und in den Vordergrund des Bewußtseins zu rücken, was immer die Einsicht sein mag, die ihm am dienlichsten ist.

Während ich dieses Buch zu diktieren beginne, ist es Ende Januar, eurer Zeitrechnung nach 1970. Ruburt ist jetzt eine schlanke, dunkelhaarige, lebhafte Frau, die in einem Schaukelstuhl sitzt und diese Worte für mich spricht.

(Lange Pause um 21.35 Uhr.) Mein Bewußtsein ist leidlich gut in Ruburts Körper zentriert. Es ist eine kalte Nacht. Dies ist unsere erste Erfahrung mit dem Schreiben eines vollständigen Buches in Trance, und Ruburt war etwas aufgeregt vor dem Beginn der Sitzung. Es ist nicht einfach eine Frage davon, diese Frau für mich sprechen zu lassen. Viele Manipulationen und psychologische Anpassungen sind nötig. Wir haben etwas zwischen uns errichtet, was ich als psychologische Brücke bezeichnen würde – d.h. zwischen Ruburt und mir.

Ich spreche nicht durch Ruburt, wie man etwa durch ein Telephon spricht. Statt dessen ist eine psychologische Ausweitung vorhanden, eine Projektion von Charakteristika auf beiden Seiten, und dies mache ich mir bei meinen Kommunikationen zunutze. Später werde ich noch erklären, wie dieses psychologische Gerüst errichtet und wie es aufrecht erhalten wird, denn es ist wie eine Straße, die von Schotter freigehalten werden muß. Ihr würdet beim Lesen dieses Buches weit besser daran tun, euch zu fragen, wer ihr seid, als, wer ich bin; denn ihr könnt nicht begreifen, was ich bin, wenn ihr nicht zuerst das Wesen der Persönlichkeit und die Eigenschaften des Bewußtseins verstehen gelernt habt.

Wenn ihr fest daran glaubt, daß euer Bewußtsein irgendwo in eurem Schädel eingesperrt und außerstande ist, ihm zu entfliehen, wenn ihr meint, daß euerm Bewußtsein die Grenzen durch den Körper gesteckt sind, dann verkauft ihr euch zu billig, und ihr werdet mich für eine Einbildung halten. Ich bin nicht mehr eine Einbildung als ihr eine seid, und das ist ein Satz mit doppeltem Boden.

Ich kann dies zu jedem meiner Leser in aller Ehrlichkeit sagen *(Lächeln)*: Ich bin älter als ihr, zumindest nach euern Begriffen von Alter.

Wenn ein Autor bloß aufgrund seines Alters sich als Autorität auf irgendeinem Gebiet ausweisen könnte, dann hätte ich einen Orden verdient. Ich bin ein Energiepersönlichkeitskern, der nicht länger in der physischen Materie zentriert ist. Als ein solcher bin ich mir einiger Wahrheiten bewußt, die viele von euch vergessen haben.

Ich hoffe, euch an sie zu erinnern. Dabei spreche ich weniger zu dem Teil von euch, den ihr für euer Selbst haltet, als zu dem Teil von euch, den ihr nicht kennt, den ihr teils verleugnet und teils vergessen habt. Dieser Teil von euch liest dieses Buch, ebenso wie »ihr«.

Ich spreche zu denen, die an Gott glauben, und zu denen, die es nicht tun, zu denen, die glauben, daß die Naturwissenschaft alle Fragen über das Wesen der Realität beantworten wird, und zu denen, die es nicht tun. Ich hoffe, euch Ansatzpunkte zu geben, die euch in die Lage versetzen werden, das Wesen der Realität für euch selbst zu ergründen auf eine Weise, wie ihr es nie zuvor getan habt.

Es gibt verschiedene Dinge, die verstanden sein wollen. Ihr seid nicht in die Zeit eingeschlossen, wie die Fliege in einer Flasche, deren Flügel deshalb keine Funktion mehr haben. Ihr könnt euch nicht darauf verlassen, daß eure physischen Sinne euch ein getreues Bild der Wirklichkeit vermitteln. Sie sind schöne Lügner, die eine so phantastische Geschichte erzählen, daß ihr sie, ohne zu fragen, glaubt. Ihr seid manchmal klüger, schöpferischer und viel kenntnisreicher, wenn ihr träumt, als wenn ihr wacht.

Diese Behauptungen mögen euch jetzt höchst zweifelhaft vorkommen; aber wenn wir miteinander fertig sind, werdet ihr hoffentlich eingesehen haben, daß dies eine einfache Feststellung von Tatsachen ist.

Was ich euch sagen werde, ist im Verlauf der Jahrhunderte schon gesagt und jeweils wiederholt worden, wenn es in Vergessenheit geriet. Ich hoffe, viele Punkte klären zu können, die mit der Zeit entstellt wurden. Zu anderen werde ich meine eigene Interpretation liefern, denn kein Wissen existiert im luftleeren Raum, und jede Mitteilung muß durch die Persönlichkeit, die sie speichert und weitergibt, gedeutet und gefärbt werden. Darum beschreibe ich die Realität, wie ich sie kenne, und meine Erfahrungen in vielen Schichten und Dimensionen.

Dies besagt nicht, daß andere Realitäten nicht existierten. Ich hatte ein Bewußtsein, bevor eure Erde geschaffen wurde. Um dieses Buch zu schreiben, bediene ich mich – wie bei den meisten meiner Kommunikationen mit Ruburt – solcher Charakteristika aus dem Fundus meiner vergangenen Persönlichkeiten, die mir angemessen erscheinen. Es gibt viele von uns, Persönlichkeiten gleich mir, die in der physischen Materie oder Zeit nicht zentriert sind. Unsere Existenz kommt euch nur deswegen sonderbar vor, weil ihr das wahre Potential der Persönlichkeit nicht kennt und von euren eigenen beschränkten Vorstellungen hypnotisiert seid.

(Pause, dann mit Humor:) Ihr dürft unterbrechen.

(»Danke.«)

(22.18 Uhr. Jane kam ziemlich leicht aus der Trance, obgleich diese gut gewesen war. Sie war ganz erstaunt, wieviel Zeit vergangen war. Sie war auch sehr erleichtert, daß Seth das Buch begonnen hatte, indem er sie schön untenhielt. »O, er ist schlau«, lachte sie. »Er hat es hinter den Ohren.«)

(Seth nahm das Diktat um 22.34 Uhr wieder auf.)

Ich bin hauptsächlich ein Lehrer, obwohl ich nie im eigentlichen Sinne ein Gelehrter gewesen bin. Ich bin hauptsächlich eine Persönlichkeit mit einer Botschaft: Ihr schafft die euch bekannte Welt. Euch ist vielleicht die furchtbarste Gabe von allen verliehen worden: die Fähigkeit, eure Gedanken in physischer Form nach außen zu projizieren.

Die Gabe bringt Verantwortung mit sich, und viele von euch sind in Versuchung, euch zu den Erfolgen in eurem Leben zu gratulieren und Gott, dem Schicksal und der Gesellschaft die Schuld an den Fehlschlägen zuzuschieben. In ähnlicher Weise hat die Menschheit die Neigung, ihr eigenes Verschulden und ihre eigenen Irrtümer auf das Gott-Vater-Bild zu projizieren, das nachgerade all dieser Anschuldigungen überdrüssig werden muß.

Tatsache ist, daß jeder von euch sich seine eigene physische Realität selber schafft; und en masse schafft ihr sowohl den Glanz als auch den Schrecken, der innerhalb eures irdischen Erfahrungsbereichs existiert. Bevor ihr nicht erkennt, daß ihr die Schöpfer von alledem seid, werdet ihr euch weigern, die Verantwortung dafür zu übernehmen. Ihr könnt auch das Unglück der Welt nicht dem Teufel anlasten. Ihr seid heute differenziert genug, um zu erkennen, daß der Teufel eine Projektion eurer eigenen Psyche ist; aber ihr seid heute auch noch nicht weise genug, um zu wissen, wie man seine Kreativität in konstruktive Bahnen lenkt.

Die meisten meiner Leser werden mit dem Ausdruck »Muskelstarre« vertraut sein. Euer Geschlecht hat statt dessen eine »Ich-Starre« entwickelt; ihr seid von einer geistigen Starrheit befallen, wobei die intuitiven Teile des Selbst entweder verleugnet oder bis zur Unkenntlichkeit entstellt werden.

Es wird spät. Meine beiden Freunde müssen morgen früh aufstehen. Ruburt arbeitet an zwei eigenen Büchern und braucht seinen Schlaf. Bevor ich jedoch die Sitzung schließe, möchte ich euch bitten, euch unsere Umgebung hier vorzustellen, denn Ruburt hat mir gesagt, daß ein Schriftsteller den Schauplatz der Handlung sorgfältig darstellen muß. *(Mit Humor.)*

Ich spreche zweimal wöchentlich, montags und mittwochs, durch Ruburt in diesem großen *(Wohn-)*Zimmer. Das Licht ist immer eingeschaltet. Heute abend macht es mir Freude, mit Ruburts Augen auf die winterliche Szene dort hinten zu blicken.

Die physische Realität hat schon immer etwas Erfrischendes für mich gehabt, und unter Ruburts Mitwirkung und während ich dieses Buch schreibe, sehe ich, wie Recht ich hatte, seinen einzigartigen Charme so zu schätzen. Noch eine Person der Handlung muß vorgestellt werden: der Kater Willy, ein vielgeliebtes Ungeheuer, das momentan schläft.

(Willy schlief – oder schnarchte vielmehr – oben auf unserem altmodischen Fernsehgerät. In dieser Position befand er sich gerade hinter Janes Kopf, während sie in ihrem Schaukelstuhl saß.)

Die Natur des Bewußtseins der Tiere ist als solches ein hochinteressantes Thema und eines, dem wir uns später zuwenden werden. Die Katze ist sich meiner Gegenwart bewußt und hat verschiedentlich sichtbar darauf reagiert. Ich hoffe, in diesem Buch den ständigen Austausch zu zeigen, der zwischen allen Bewußtseinseinheiten stattfindet, die Kommunikation, welche die Schranken der Spezies überspringt; und bei diesen Erörterungen werden wir Willy manchmal als Beispiel anführen.

Wir können unterbrechen oder die Sitzung beenden, ganz wie ihr wollt.

(»Gut, dann beenden wir sie.«)

Meine herzlichsten Wünsche euch beiden.

(»Es ist sehr interessant.«)

(Pause und Lächeln.) Ich hoffe, es macht euch Freude.

(»Gute Nacht, Seth.«)

(23.00 Uhr. Jane kam schnell aus der Trance. Sie hatte die ganze Sitzung hindurch ein zügiges Tempo aufrechterhalten. Sie sagte, sie sei froh, daß Seth mit der Arbeit an seinem Buch begonnen habe. »Lange

Zeit habe ich mich immer davor gefürchtet«, sagte sie, »Seth sein eigenes Buch anfangen zu lassen.«

Jane überlegte nun, ob sie das Buch lesen sollte, während es entstand. Es würde doch eindrucksvoll sein, sagen zu können, sie habe das Manuskript vor seiner Fertigstellung nicht zu Gesicht bekommen. Wir kamen jedoch zu dem Schluß, daß dieser Gesichtspunkt unwesentlich sei, und sie wird das Material lesen, nachdem ich es in die Maschine geschrieben habe.)

Sitzung 512, Dienstag, den 27. Januar 1970

Guten Abend.

(»Guten Abend, Seth.« Es ist 21.02 Uhr.)

Wenden wir uns unserem neuen Manuskript wieder zu. Da von Tieren die Rede war, wollte ich noch hinzufügen, daß sie eine Art von Bewußtsein haben, das ihnen nicht so viel Freiheit läßt, wie ihr sie besitzt. Andererseits sind sie bei dessen Gebrauch nicht durch gewisse Charaktereigenschaften behindert, die oft das praktische Potential des menschlichen Bewußtseins blockieren.

Das Bewußtsein ist ein Instrument, das die verschiedenen Dimensionen der Realität registriert. Das Bewußtsein, wie ihr es kennt, ist hochgradig spezialisiert. Die physischen Sinnesorgane vermitteln die Wahrnehmung der dreidimensionalen Welt, aber sie können aufgrund ihrer eigentümlichen Beschaffenheit auch die Wahrnehmung anderer, ebenso gültiger Dimensionen verhindern. Die meisten von euch sind mit eurem alltäglichen, körperlich orientierten Selbst identifiziert. Es würde euch nie einfallen, euch mit nur einem Teil eures Körpers zu identifizieren und alle anderen Teile zu ignorieren, und dennoch tut ihr nichts anderes *(Lächeln)*, wenn ihr euch einbildet, das egoistische Selbst trüge die Last eurer Identität.

Ich sage euch, ihr seid kein kosmisches Fleisch- und Knochen-Paket, zusammengewürfelt aus einer Mischung von Chemikalien und Elementen. Ich sage euch, euer Bewußtsein ist nicht das feurige Endprodukt eines rein zufälligen Zusammentreffens chemischer Bestandteile.

Ihr seid weder ein im Stich gelassener Ableger der physischen Materie, noch ist euer Bewußtsein dazu bestimmt, wie eine Seifenblase zu verpuffen; sondern ihr formt den physischen Leib, den ihr kennt, auf einer Ebene des tief Unbewußten mit großem Differenzierungsvermögen, wundervoller Klarheit und intimster Kenntnis jeder einzelnen Zelle, aus der dieser zusammengesetzt ist. Dies ist nicht etwa symbolisch gemeint.

Da nun aber euer Bewußtsein, wie ihr es versteht, sich dieser Tätigkeit unbewußt ist, so identifiziert ihr euch nicht mit diesem inneren Teil eurer selbst. Ihr identifiziert euch vielmehr mit demjenigen Teil von euch, der fernsieht, kocht oder arbeitet – dem Teil, von dem ihr glaubt, daß er weiß, was er tut. Aber dieser scheinbar unbewußte Teil eurer selbst hat ein viel umfassenderes Wissen, und von seinem reibungslosen Funktionieren hängt eure ganze physische Existenz ab.

Dieser Teil ist bewußt, wissend und wachsam. Es liegt an euch, an eurem Ausgerichtetsein auf die physische Realität, daß ihr seine Stimme nicht hört und nicht begreift, daß er der große Kraftquell ist, in dem euer physisch orientiertes Selbst wurzelt.

Ich nenne dieses scheinbar Unbewußte das »innere Ich«, weil es die inneren Vorgänge lenkt. Es kombiniert Informationen, die euch nicht durch die körperlichen Sinne, sondern über andere, innere Kanäle erreichen. Es ist ein innerer Beobachter der Realität, der jenseits der Dreidimensionalität existiert. Es bewahrt in sich die Erinnerung an jede eurer früheren Existenzen. Sein Blick ist auf subjektive Dimensionen gerichtet, die buchstäblich unendlich sind, und aus diesen subjektiven Dimensionen fließt alle objektive Realität. *(Lange Pause.)*

Alle notwendigen Informationen werden euch durch diese inneren Kanäle zugänglich, und unglaubliche innere Vorgänge spielen sich ab, bevor ihr auch nur einen Finger heben, mit der Wimper zucken oder diesen Satz in diesem Buch lesen könnt. Dieser Teil eurer selbst ist von Natur aus hellsichtig und telepathisch, so daß ihr vor Katastrophen gewarnt werdet, bevor sie eintreten, ob ihr nun die Botschaft bewußt registriert oder nicht; und jegliche Kommunikation findet statt, lange bevor sie in Worte gefaßt wird.

(Leise:) Ich kann ab und zu eine Pause einlegen, damit ihr euch ausruhen könnt.

(»Mir geht es gut.«)

Das »äußere Ich« und das innere Ich arbeiten zusammen. Das eine befähigt euch, mit der bekannten Welt umzugehen, das andere trägt euch jene feineren inneren Wahrnehmungen zu, ohne die eine physische Existenz nicht aufrechterhalten werden kann.

Es gibt aber auch einen Teil eurer selbst, jene tiefere Identität, die sowohl euer inneres als auch euer äußeres Ich formt und deren Beschluß ihr verdankt, daß ihr als ein körperliches Wesen an diesem Ort und zu dieser Zeit in Erscheinung getreten seid. Dies ist der Kern eurer Identität, der psychische Samen, aus dem ihr entsprangt, die multidimensionale Persönlichkeit, von der ihr ein Teil seid.

Für diejenigen unter euch, die sich fragen, wo ich das Unbewußte, von dem die Psychologen reden, ansetzen würde, sei gesagt, daß man es sich sozusagen als einen Treffpunkt vorstellen muß, wo die äußeren und die inneren Ich zusammenkommen. Ihr müßt wissen, daß es innerhalb des Selbst keine fest umgrenzten Bereiche gibt; wir sprechen also von den verschiedenen Teilen nur, um die Grundidee klarerzumachen.

Da ich mich an ein Publikum wende, das sich mit dem »normalerweise bewußten Selbst« identifiziert, erwähne ich dieses gleich im ersten Kapitel, denn ich habe die Absicht, von der Terminologie an späterer Stelle Gebrauch zu machen, und möchte die Tatsache der multidimensionalen Persönlichkeit so früh wie möglich festgestellt haben.

Ihr könnt euch nicht selber verstehen, und ihr könnt die Unabhängigkeit meiner Existenz nicht akzeptieren, bevor ihr euch nicht von der Vorstellung freigemacht habt, daß die Persönlichkeit ein »Hier-und-jetzt-Attribut« des Bewußtseins sei. Manches, was ich in diesem Buch über die physische Realität sagen werde, könnte euch in Bestürzung versetzen, aber denkt daran, daß ich alles von einem völlig anderen Standpunkt aus sehe.

(Jane pausierte hier häufig, für Seth sprechend. Ihre Augen waren oftmals geschlossen.) Ihr seid momentan völlig in ihr befangen und fragt euch vielleicht, was es außerhalb ihrer noch geben mag. Ich befinde mich außerhalb und kehre für den Augenblick in eine Dimension zurück, die mir vertraut ist und die ich geliebt habe. Ich bin jedoch nicht in eurem Sinne in ihr seßhaft. Obgleich ich einen paranormalen »Reisepaß« habe, gibt es Probleme der Übersetzung und der Einreise, mit denen ich mich herumschlagen muß.

Man sagt, daß viele Leute, die seit Jahren in New York leben, niemals das Empire State Building besichtigt haben, während zahlreiche Ausländer bestens damit vertraut sind. Auf ähnliche Weise kann ich euch, die ihr eine körperliche Adresse habt, auf ein paar sehr seltsame und wundersame paranormale und psychologische Strukturen innerhalb eures eigenen Realitätssystems hinweisen, die ihr übersehen habt.

Offen gesagt, habe ich mehr vor als das. Ich beabsichtige, euch durch die verschiedenen euch zugänglichen Ebenen der Realität zu führen und euch den Weg zu zeigen durch die Dimensionen eurer eigenen psychologischen Struktur – ganze Bereiche eures eigenen Bewußtseins neu erschließend, die euch bisher relativ unbewußt waren. Ich habe also nicht nur die Absicht, die multidimensionalen Aspekte der Persönlichkeit zu erklären, sondern dem Leser auch einen Einblick in jene größere Identität zu verschaffen, die zu ihm gehört.

(Leise:) Ihr könnt jetzt Pause machen.

(22.07 Uhr. Jane kam leicht und schnell aus der Trance. Sie hatte, wie sie sagte, keinerlei Vorstellung von ihrem Tempo, ob schnell oder langsam, oder von der Zeit, die vergangen war. Sie sagte, sie habe den Eindruck, daß das Material von Seth hochkonzentriert und auf den Leser gemünzt und zugeschnitten sei, daß er versuche, seine Gedanken so klar und präzise wie möglich zu formulieren.

Jane sagte mir jetzt, daß sie vor der Sitzung sehr müde gewesen sei. Sie fuhr um 22.29 Uhr im gleichen Stil fort.)

Das euch bekannte Selbst ist nur ein Fragment eurer Gesamtidentität. Diese Selbstfragmente sind jedoch nicht aneinandergereiht wie die Perlen an einer Schnur. Sie gleichen eher den verschiedenen Häuten an einer Zwiebel oder den Segmenten einer Orange, die, verbunden durch ein und dieselbe Lebenskraft, in verschiedene Realitäten hinauswachsen, aber denselben Ursprung haben.

Ich will die Persönlichkeit nicht mit einer Orange oder Zwiebel vergleichen, aber ich möchte betonen, daß so, wie diese Dinge von innen nach außen wachsen, auch jedes Fragment des Gesamtselbst von innen nach außen wächst. Ihr seht die Außenaspekte der Dinge. Eure physischen Sinne gestatten es euch, die äußeren Formen wahrzunehmen, auf die ihr dann reagiert, aber eure physischen Sinne zwingen euch auch bis zu einem gewissen Grad, die Realität auf diese Weise zu sehen, während die innere Vitalität, die in Materie und Form steckt, euch weniger durchsichtig wird.

Ich kann euch beispielsweise sagen, daß selbst ein Nagel Bewußtsein hat, aber wenige meiner Leser werden mich ernst genug nehmen, um dem nächstbesten Nagel, den sie in einem Stück Holz steckend finden, einen guten Morgen oder guten Abend zu wünschen.

Gleichwohl besitzen die Atome und Moleküle in dem Nagel ihre eigene Form von Bewußtsein. Die Atome und Moleküle, aus denen die Seiten dieses Buches aufgebaut sind, sind gleichfalls auf ihrer eigenen Ebene bewußt. Nichts existiert – weder Mineral, Pflanze, Tier noch Luft –, das nicht von seiner eigenen Form von Bewußtsein erfüllt wäre. So steht ihr also inmitten eines ständigen, lebensprühenden Tumultes, einer »Gestalt« bewußter Energie, und ihr seid physisch selber aus bewußten Zellen zusammengesetzt, die die Erkenntnis ihrer eigenen

Identität in sich tragen und durch willentliche Kooperation die körperliche Struktur bilden, die euer physischer Leib ist.

Ich sage damit natürlich, daß es keine tote Materie gibt. Es existiert nichts, was nicht durch Bewußtsein hervorgebracht würde, und jedes Bewußtsein, unabhängig von seinem Entwicklungsgrad, erfreut sich eigener Empfindungen und eigenen schöpferischen Vermögens. Ihr könnt niemals begreifen, wer ihr seid, wenn ihr das nicht begreift. Aus Bequemlichkeit schirmt ihr euch gegen die Vielfalt innerer Kommunikationen, die zwischen den winzigsten Teilen eures Fleisches hin und her laufen ab, und doch seid ihr selber als physische Wesen zu einem gewissen Grad Teil eines anderen Bewußtseins. Das Selbst kennt keine Schranken. Sein Potential kennt keine Schranken. *(Pause.)* Ihr könnt jedoch durch eure eigene Unwissenheit künstliche Schranken errichten. Ihr könnt euch zum Beispiel ausschließlich mit eurem äußeren Ich identifizieren und solche Fähigkeiten abspalten, die euch mitgegeben sind. Ihr könnt die Tatsachen leugnen, aber nicht ändern. Die Persönlichkeit ist multidimensional, obwohl viele Leute, metaphorisch gesprochen, ihren Kopf in den Sand dreidimensionaler Existenz stecken und so tun, als sei das alles.

(Humorvoll:) In diesem Buch hoffe ich ein paar Köpfe aus dem Sand zu ziehen. *(Lange Pause.)* Wir können die Sitzung hier abbrechen oder unterbrechen, ganz nach Belieben.

(»Unterbrechen wir.« 22.59 bis 23.10 Uhr.)

Nun also: In Kürze werden wir unser erstes Kapitel abschließen. Es bleibt nur noch wenig zu tun übrig. *(Amüsiert:)* Dies ist nicht für das Buch bestimmt.

Es liegt nicht in meiner Absicht, das äußere Ich zu unterschätzen. Ihr habt es einfach überschätzt. Auch ist seine wahre Natur nicht erkannt worden.

Wir werden auf diesen Punkt noch näher eingehen; vorerst soll die Einsicht genügen, daß euer Identitäts- und Kontinuitätsgefühl nicht vom Ich abhängig ist. Übrigens werde ich im Zusammenhang mit der physischen Welt, mit der das äußere Ich verkehrt, manchmal den Ausdruck »Tarnung« verwenden, denn die physische Form ist eine der Tarnungen, derer die Realität sich bedient. Zwar ist die Tarnung real, aber hinter ihr steht eine viel größere Realität – die Lebenskraft, die ihr Form gab. Eure physischen Sinne gestatten es euch, diese Tarnung wahrzunehmen, weil sie auf eine hochspezialisierte Weise auf diese eingestellt sind. Will man jedoch in der Form die Realität erkennen, so sind hierfür eine andere Art von Aufmerksamkeit und feinere Manipulationen erforderlich, als die physischen Sinne sie leisten können.

Das Ich ist ein eifersüchtiger Gott, der auf der Wahrung seiner Interessen besteht. Es ist nicht bereit, die Realität anderer Dimensionen anzuerkennen als solcher, in denen es sich selber behaglich fühlt und die es versteht. Es war als eine Stütze gedacht und ist zum Tyrannen geworden. Immerhin ist es viel elastischer und lernbegieriger, als man allgemein annimmt. Seine Neugier kann von großem Vorteil sein.

Wenn ihr eine beschränkte Vorstellung von der Natur der Realität habt, dann wird euer Ich sein Bestes tun, um die Schranken dieses eng umgrenzten Raumes der von euch zugelassenen Realität aufrechtzuerhalten. Wenn ihr hingegen eurer Intuition und eurem schöpferischen Instinkt freien Spielraum laßt, dann teilen diese jenem am stärksten physisch orientierten Teil eurer Persönlichkeit ein Wissen um größere Dimensionen mit.

(23.35 Uhr. Die Sitzung wurde unterbrochen, weil Rooney, eine unserer zwei Katzen, für die Nacht ausgehen wollte. Seth hatte gute Arbeit geleistet. Jane kam schnell aus der Trance. Nachdem ich die Katze hinausgelassen hatte, wartete Jane einen Augenblick und beschloß dann, Feierabend zu machen, bevor Seth zurückkehren konnte. Es hat den Anschein, daß Kapitel eins deshalb nicht ganz fertig geworden ist.)

Sitzung 513, Donnerstag, den 5. Februar 1970

Guten Abend.

(»Guten Abend, Seth.« 21.10 Uhr.)

Fahren wir also fort.

Die Tatsache dieses Buches ist ein Beweis, daß das Ich nicht die Gesamtheit der Persönlichkeit für sich beanspruchen kann, denn es steht außer Zweifel, daß es von jemand anderem als der unter dem Namen Jane Roberts bekannten Autorin geschrieben wird. Da diese Jane Roberts über keine anderen Fähigkeiten verfügt als die dem Menschengeschlecht insgesamt angeborenen, so muß man zumindest einräumen, daß die menschliche Persönlichkeit sehr viel mehr Anlagen besitzt, als man ihr allgemein zubilligt. Ich hoffe, noch zu erklären, um welche Fähigkeiten es sich hierbei handelt, und die Mittel und Wege aufzuzeigen, die jedem Individuum offenstehen, um dieses Potential freizusetzen.

Die Persönlichkeit ist eine »Gestalt« stets im Wandel begriffener Wahrnehmungen. Sie ist derjenige Teil der Identität, der wahrnimmt.

Ich dränge meine Wahrnehmungen weder der Frau auf, durch die ich spreche, noch ist ihr Bewußtsein während unserer Kommunikation ausgelöscht. Statt dessen findet eine Ausweitung ihres Bewußtseins und eine Projektion der Energie in außerhalb der dreidimensionalen Realität gelegene Bereiche statt.

Diese auf außerhalb des physischen Systems zielende Konzentration könnte den Eindruck erwecken, als wäre ihr Bewußtsein ausgelöscht. In Wirklichkeit wird es aber vermehrt. Ich, von meinem eigenen Realitätsbereich her, richte meine Aufmerksamkeit auf diese Frau, aber die Worte, die sie spricht – diese auf diesen Seiten aufgezeichneten Worte –, sind ursprünglich gar keine Worte.

Einmal ist die euch bekannte Sprache eine langsame Angelegenheit: Buchstabe reiht sich an Buchstabe, um ein Wort, und Wort an Wort, um einen Satz als Resultat linearer Gedankenmuster zu bilden. Die euch bekannte Sprache ist teilweise und grammatikalisch das Endprodukt eurer physischen Zeitsequenzen. Ihr könnt euch nur auf eine beschränkte Anzahl von Gegenständen gleichzeitig konzentrieren, und eure Sprachstruktur ist für die Mitteilung von verwickelten Simultanerlebnissen nicht geeignet.

Ich bin mir einer Erlebnisform bewußt, die nicht linear ist, und bin imstande, mich auf eine unendliche Vielfalt gleichzeitiger Geschehnisse einzustellen. Ruburt könnte diese nicht ausdrücken, und so muß man sie, wenn man sie mitteilen will, auf die lineare Ausdrucksform nivellieren. Diese Fähigkeit, eine unbegrenzte Anzahl gleichzeitiger Geschehnisse wahrzunehmen und darauf zu reagieren, ist eine grundlegende Eigenschaft eines jeden Gesamtselbst oder jeder Wesenheit. Ich kann sie deshalb nicht als Besonderheit für mich in Anspruch nehmen.

Wie bereits erwähnt, kennt jeder meiner gegenwärtig in physischer Form verborgenen Leser *(humorvoll)* nur einen kleinen Teil seiner selbst. Die Wesenheit ist jene Gesamtidentität, von der seine Persönlichkeit eine Manifestation – einen unabhängigen und ewig gültigen Teil – darstellt. Bei diesen Kommunikationen erweitert sich daher Ruburts Bewußtsein und stellt sich doch auch wieder auf eine andere Dimension ein, eine Dimension zwischen seiner Realität und meiner, ein Bereich, der relativ störungsfrei ist. Hier präge ich ihm mit seiner Erlaubnis und Zustimmung bestimmte Begriffe ein. Diese sind, insofern jedes Wissen und jede Information den Stempel der Persönlichkeit tragen, die sie speichert und weitergibt, nicht neutral.

Ruburt macht mir seinen Wortschatz zugänglich, und so bringen wir beide gemeinsam ganz automatisch die verschiedenen Worte hervor, die gesprochen werden. Es können dabei Störungen auftreten, so wie jede Information entstellt werden kann. Wir sind jedoch jetzt an die Zusammenarbeit gewöhnt, und Störungen begegnen daher höchst selten.

Ein Teil meiner Energie wird auch durch Ruburt projiziert, und seine Energie und meine zusammen animieren ihn physisch während der Sitzungen, so wie auch jetzt, da ich diese Sätze ausspreche. Es gibt noch viele andere Verästelungen, auf die ich später noch eingehen werde.

Ihr könnt Pause machen.

(21.46 bis 21.55 Uhr.)

Ich bin daher ebensowenig ein Produkt von Ruburts Unterbewußtsein, wie er ein Produkt *meines* Unterbewußtseins ist. Auch bin ich keine sekundäre Persönlichkeit, die ein prekäres Ich hinterlistig zu unterminieren versucht. Ich habe vielmehr dafür gesorgt, daß alle Teile von Ruburts Persönlichkeit profitieren und daß deren Integrität gewahrt und gewürdigt wird.

Seine Persönlichkeit verfügt über eine ziemlich seltene Anlage, die unsere Kommunikationen ermöglicht. Ich will dies so einfach wie möglich auszudrücken versuchen: es gibt in meiner Psyche etwas, das einer transparenten, dimensionalen Ausbuchtung gleichkommt und fast wie ein offenes Fenster wirkt, durch das andere Realitäten wahrgenommen werden können; eine multidimensionale Öffnung, die zu einem gewissen Grad der Überschattung durch die physische Zentrierung entgangen ist.

Die physischen Sinne machen euch gewöhnlich blind für diese offenen Kanäle, denn ihr nehmt die Realität nur ihrem Bild entsprechend wahr. Teilweise betrete ich daher eure Realität durch eine psychologische Ausbuchtung in eurem Raum-Zeit-Gefüge. Ein solcher Kanal dient sozusagen als Brücke zwischen Ruburts Persönlichkeit und meiner eigenen, so daß Kommunikation möglich wird. Solche psychologischen und medialen Ausbuchtungen zwischen den existentiellen Dimensionen kommen nicht selten vor. Sie werden bloß als solche selten erkannt und noch seltener nutzbar gemacht.

(Lange Pause, eine von vielen. Doch war Janes Tempo insgesamt schneller und sicherer als in den ersten zwei Sitzungen, die mit Seths Buch zu tun hatten. Ihr gefiel auch, was Seth bisher an seinem Buch gearbeitet hatte.)

Ich will versuchen, euch eine Vorstellung von meiner eigenen nichtphysischen Existenz zu geben. Möge es dazu dienen, euch daran zu erinnern, daß eure eigene Identität grundsätzlich ebenso unphysisch ist wie die meine.

Das ist das Ende von Kapitel eins.

(»O. k.«)

2
Meine Umwelt, Arbeit und Tätigkeiten

Fortsetzung der Sitzung 513 vom 5. Februar 1970

(Es war 22.16 Uhr. Jane hielt inne und rieb sich die geschlossenen Augen.)

Wir beginnen Kapitel zwei.

Obgleich meine Umwelt sich in ziemlich wesentlichen Punkten *(humorvoll)* von der meiner Leser unterscheidet, kann ich euch doch mit einem ironischen Understatement versichern, daß sie so lebendig, mannigfaltig und vital ist wie die physische Existenz. Sie ist angenehmer – obwohl sich meine Vorstellungen von dem, was angenehm ist, seit ich ein körperliches Wesen war, etwas geändert haben –, da sie verlohnender ist und schöpferischer Tätigkeit weit größere Möglichkeiten bietet.

Meine gegenwärtige Existenz ist von allen, die ich gekannt habe, die anspruchsvollste; und ich habe viele Existenzen gekannt, physische sowohl wie nichtphysische. Es gibt ebensowenig nur eine Dimension, die von nichtphysischem Bewußtsein bewohnt ist, wie es auf eurem Planeten nur ein Land gibt oder nur einen Planeten in eurem Sonnensystem.

Meine jetzige Umwelt ist nicht die gleiche wie die, in der ihr euch unmittelbar nach dem Tode wiederfindet. Ich kann nicht anders, als hier scherzhaft mit euch zu reden, aber ihr müßt viele Tode sterben, bevor ihr in diese besondere Existenzebene eingeht. (Die Geburt ist ein weit größerer Schock als der Tod. Manchmal merkt ihr es nicht, wenn ihr sterbt, aber die Geburt bringt fast immer ein heftiges, plötzliches Erkennen mit sich. Ihr braucht daher den Tod nicht zu fürchten. Und ich, der ich mehr Tode gestorben bin, als mir zu erwähnen lieb ist, schreibe dieses Buch, um euch das zu sagen.)

Meine Arbeit in dieser Umwelt bringt viel größere Aufgaben mit sich, als ihr es euch vorstellen könnt, und sie macht eine Manipulation von schöpferischen Materialien nötig, die fast außer Reichweite eures gegenwärtigen Verständnisses liegen. Ich werde in Kürze noch mehr darüber sagen. Zuerst müßt ihr wissen, daß es keine objektive Realität gibt außer der durch das Bewußtsein geschaffenen. Das Bewußtsein bringt immer die Form hervor und nicht umgekehrt. So ist also meine Umwelt eine existentielle Realität, die von mir und meinesgleichen geschaffen wird und die eine Manifestation unserer Entwicklungsstufe darstellt.

Wir verwenden keine permanenten Strukturen. Es gibt zum Beispiel keine Stadt oder Kleinstadt, in der ich lebe. Damit will ich nicht sagen, daß wir der Leere ausgesetzt sind. Einmal haben wir eine andere Raumvorstellung als ihr, und dann formen wir die jeweiligen Bilder, mit denen wir uns zu umgeben wünschen, selber.

Sie werden durch unsere Gedankenmuster hervorgebracht, ganz so wie eure eigene physische Realität als ein vollkommenes Abbild eurer inneren Wünsche und Gedanken erzeugt wird. Ihr glaubt, daß die Gegenstände unabhängig von euch existieren, und merkt gar nicht, daß sie vielmehr die Manifestationen eurer eigenen psychologischen und paranormalen Selbst sind. Wir sind uns dessen bewußt, daß wir unsere eigene Realität schaffen, und tun es daher mit sehr viel Lust und schöpferischer Hingabe. In meiner Umwelt würdet ihr euch völlig verloren vorkommen, denn sie würde euch einen zusammenhanglosen Eindruck vermitteln.

Wir sind uns der inneren Gesetzmäßigkeiten, die allen Materialisierungen zugrunde liegen, jedoch bewußt. Ich kann Tag oder Nacht haben, ganz nach Wunsch – oder, sagen wir, jede beliebige Epoche eurer Geschichte. Diese sich wandelnden Formen würden meinesgleichen in keiner Weise stören, denn sie würden diese als Schlüssel zu meiner Stimmung, meinen Empfindungen und Vorstellungen erkennen.

(Während Jane diesen Absatz diktierte, wanderte sie, noch in Trance, in die Küche, um nach einem Streichholzheftchen zu stöbern; sie wollte sich eine Zigarette anzünden.)

Dauer und Beständigkeit haben grundsätzlich nichts mit Form zu tun, sondern mit der Integrierung von Freude, Entschluß, Leistung und Identität. Ich »bereise« viele andere Existenzebenen, um meinen Pflichten zu obliegen, die vornehmlich die eines Lehrers und Erziehers sind, und ich mache von jenen Hilfsmitteln und Techniken Gebrauch, die mir innerhalb dieser Systeme am zweckdienlichsten sind.

Mit anderen Worten: ich kann die gleiche Lektion auf viele verschiedene Weisen erteilen, entsprechend den Fähigkeiten und Voraussetzungen, die in dem jeweiligen System, wo ich arbeiten muß, gelten. Ich mache Gebrauch von einem meiner vielen Persönlichkeitsteile, die mir für diese Kommunikationen, wie auch bei diesem Buch, zur Verfügung stehen. In anderen Realitätssystemen würde diese besondere Seth-Persönlichkeit, die ich hier annehme, nicht verstanden.

Nicht alle Realitätssysteme sind physisch orientiert, müßt ihr wissen, und manche kennen die physische Form überhaupt nicht. Auch ist die Geschlechtlichkeit, wie ihr sie kennt, nicht Teil ihrer Natur. Deshalb würde ich ihnen nicht als Persönlichkeit männlichen Geschlechts, die viele körperliche Existenzen durchgemacht hat, gegenübertreten, obgleich dies auf eine legitime und gültige Weise zu meiner Identität gehört.

Sind deine Finger müde?

(»Nein, ich bin o. k.« 22.54 Uhr.)

Nun: In meiner eigenen Umwelt nehme ich jede mir beliebige Gestalt an, und diese kann sich verändern und verändert sich auch entsprechend der Natur meiner Gedanken. Ihr dagegen formt euer körperliches Erscheinungsbild auf unbewußter Ebene mehr oder weniger auf die gleiche Weise wie ich, allerdings mit einigen wichtigen Unterschieden. Ihr seid euch gewöhnlich nicht dessen bewußt, daß euer physischer Leib in jedem Augenblick von euch selber geschaffen wird als direktes Ergebnis eurer inneren Vorstellung von euch selbst oder daß er wichtige chemische und elektromagnetische Veränderungen durchmacht im Rhythmus eurer ewig-veränderlichen Gedanken.

Da wir seit langem die Abhängigkeit der Form vom Bewußtsein erkannt haben, sind wir einfach in der Lage gewesen, unsere Gestalt vollkommen zu verändern, so daß sie jede Nuance unseres inneren Erlebens getreuer mitvollziehen kann.

Ihr könnt eine Pause einlegen oder die Sitzung beenden, ganz wie ihr wollt.

(»Machen wir Pause.«)

(23.00 Uhr. Janes Trance war gut gewesen, obwohl sie etwas schnell herauskam. Sie sagte, sie sei sich während der Sitzung jedes Wortes bewußt gewesen, habe aber alles sofort wieder vergessen. Um 23.05 Uhr merkte sie aber, daß sie während der Pause »nicht ganz da« gewesen war. Fortsetzung um 23.07 Uhr.)

Nun ist diese Fähigkeit, die Gestalt zu verändern, j e d e r Bewußtseinsform angeboren. Nur der Grad dieser Fertigkeit und ihrer Anwendung ist unterschiedlich. Ihr könnt eine verlangsamte Version dessen innerhalb eures eigenen Systems finden, wenn ihr die sich wandelnden Formen beobachtet, die lebende Substanzen im Laufe ihrer Evolutionsgeschichte annehmen.

Wir sind in der Lage, verschiedene Gestalten gleichzeitig anzunehmen, aber ihr seid es auch, obschon ihr das in der Regel nicht wißt. Eure körperliche Gestalt kann schlafend und regungslos auf dem Bett liegen, während euer Bewußtsein im Traumzustand ganz abgelegene Gegenden bereist. Gleichzeitig könnt ihr eine »Gedanken-Gestalt« von euch selber erzeugen, die in jeder Hinsicht mit euch identisch ist, und diese kann im Zimmer eines Freundes erscheinen, ohne daß ihr euch dessen bewußt seid. Dem Bewußtsein sind also hinsichtlich seiner Fähigkeit, Formen hervorzubringen, keine Schranken gesetzt.

Praktisch gesprochen sind wir auf diesem Gebiete nur fortgeschrittener als ihr, und wenn wir solche Gestalten erzeugen, dann tun wir es mit vollem Bewußtsein. Ich teile meine Existenzweise mit anderen, die mehr oder weniger die gleichen Aufgaben zu bewältigen und das gleiche Gesamtentwicklungsmuster haben wie ich. Einige sind mir von früher bekannt und andere nicht. Wir verständigen uns auf telepathischem Wege, aber Telepathie ist ja auch Grundlage für eure Sprachen, deren Symbolik ohne dieselbe bedeutungslos wäre.

Die Tatsache, daß wir uns auf diesem Wege verständigen, bedeutet nicht, daß wir gedankliche Worte gebrauchen. Wir verständigen uns vielmehr durch etwas, das sich nur als thermische und elektromagnetische Bilder bezeichnen läßt, und das in einem »Arbeitsgang« ein viel weiteres Bedeutungsfeld darstellen kann. Die Intensität der Kommunikation hängt von der Gefühlsintensität ab, die hinter ihr steht, obgleich der Ausdruck »Gefühlsintensität« irreführend sein kann.

Wir empfinden eine Entsprechung zu dem, was ihr Gefühle nennt, nur ist es nicht die Liebe oder der Haß oder Ärger, die ihr kennt. Eure Gefühle lassen sich am besten als dreidimensionale Materialisierungen von weit größeren psychologischen Ereignissen und Erfahrungen, die mit den »inneren Sinnen« zu tun haben, beschreiben.

Ich werde euch die inneren Sinne später, am Ende des Kapitels, erklären. Hier genügt es zu sagen, daß wir starke Gefühlserlebnisse haben, obgleich sich diese von den euren in hohem Maße unterscheiden. Sie sind viel umfassender und viel weniger begrenzt insofern, als wir uns gleichzeitig des gesamten »Gefühlsklimas« bewußt sind und darauf reagieren. Wir haben viel größere Freiheit in unserem Empfinden und Erleben, weil wir nicht solche Angst haben, von unseren Gefühlen überwältigt zu werden.

Unsere Identität fühlt sich zum Beispiel von den starken Empfindungen eines anderen nicht bedroht. Wir sind in der Lage, durch Gefühle hindurchzugehen auf eine Weise, die eurer jetzigen Natur nicht entspricht, und sie in andere, als die euch bekannten Facetten der Kreativität umzusetzen. Wir haben kein Bedürfnis danach, Gefühle zu verbergen, denn wir wissen, daß dies grundsätzlich weder möglich noch wünschenswert ist. Innerhalb eures Systems können sie sich störend auswirken, weil ihr noch nicht gelernt habt, mit ihnen umzugehen. Wir selber erfahren erst jetzt ihr volles Potential und die schöpferischen Kräfte, die mit ihnen verbunden sind.

Wir wollen unsere Sitzung beenden.

(»Gut.«)

Meine herzlichsten Grüße euch beiden und einen schönen guten Abend.

(»Guten Abend, Seth. Es war sehr schön.«)

(Noch als Seth sprach, beugte sich Jane scherzend vor:) Ihr seid meine ersten Leser. *(23.37 Uhr.)*

(»Ja. Und es ist ein Vergnügen.«)

(Jane war wirklich weg gewesen, wie sie später sagte. Sie wußte nur, daß Seth über Gefühle gesprochen hatte.)

Sitzung 514, Montag, den 9. Februar, 1970

(Carl und Sue Watson mit ihrem Baby, dem kleinen Sean, wohnten dieser Sitzung bei. Carl und Sue sind Mitglieder von Janes ASW-Gruppe. 21.35 Uhr.)

Guten Abend.

(»Guten Abend, Seth.«)

Auch unseren Freunden einen guten Abend. Ihr seid gekommen, um einen Autor bei der Arbeit zu sehen, und so werden wir, wenn ihr mit uns Geduld haben wollt, mit Kapitel zwei fortfahren.

Nun: Da wir erkennen, daß unsere Identität nicht von der Form abhängig ist, haben wir natürlich keine Angst davor, sie zu verändern; können wir doch jede Gestalt annehmen, die wir wünschen.

Wir kennen keinen Tod in eurem Sinn. Unsere Existenzweise führt uns in viele andere Umwelten, und wir verschmelzen *(Geste)* mit diesen. Wir passen uns den Formgesetzen an, die in diesen Umwelten gelten. Alle von uns hier sind Lehrer, und wir richten deshalb unsere Methoden so ein, daß sie von Persönlichkeiten mit unterschiedlichen Realitätsvorstellungen verstanden werden.

Das Bewußtsein ist, wie gesagt, nicht von der Form abhängig, und dennoch strebt es immer danach, Formen hervorzubringen. Wir leben ohne Zeitstruktur, wie ihr sie kennt. Minuten, Stunden oder Jahre haben sowohl ihre Bedeutung wie ihre Faszination für uns verloren. Wir sind uns jedoch der Zeitverhältnisse anderer Systeme vollkommen bewußt und wissen, daß wir sie bei unseren Kommunikationen in Betracht ziehen müssen. Sonst würde, was wir sagen, nicht verstanden.

Die Systeme, von denen die Rede ist, sind nicht durch wirkliche Schranken voneinander getrennt. Die einzige Schranke, die existiert, wird durch die unterschiedliche Befähigung der Persönlichkeiten, wahrzunehmen und zu manipulieren, gesetzt. Ihr existiert beispielsweise inmitten von vielen anderen Realitätssystemen, aber ihr nehmt sie nicht wahr. Und selbst wenn einmal ein Geschehnis von diesen Systemen in eure dreidimensionale Existenz durchbricht, seid ihr nicht imstande, dieses zu deuten, denn es wird durch den Durchbruch als solchen entstellt.

Ich habe gesagt, daß wir euren Zeitablauf nicht erleben. Wir durchwandern viele verschiedene Intensitäten. Unsere Arbeit, unsere Entwicklung und unser Erleben finden sämtlich innerhalb dessen statt, was ich den »Augenblickspunkt« nennen möchte. Hier, innerhalb des Augenblickspunktes, wird der kleinste Gedanke fruchtbar gemacht, die schwächste Möglichkeit untersucht, die Wahrscheinlichkeit gründlich sondiert, die schwächste wie die stärkste Empfindung gehegt. Es fällt schwer, dies genau zu erklären, und doch ist der Augenblickspunkt der Rahmen, innerhalb dessen wir unsere psychologischen Erfahrungen machen. In diesem Rahmen laufen gleichzeitige Handlungen »ungehemmt« ab, gemäß assoziativen Mustern. Nehmen wir einmal an, ich denke an dich, Joseph. Dann erlebe ich dabei sofort – und zwar erschöpfend – deine Vergangenheit, Gegenwart und Zukunft (in eurem Sinne) sowie alle jene starken, entscheidenden Gefühle und Motivationen, die dich beherrschen. Ich kann diese Erlebnisse gemeinsam mit dir durchwandern, wenn ich will. Wir können ein Bewußtsein, zum Beispiel, durch alle seine Formen verfolgen, und zwar in einem Augenblick.

Es braucht natürlich Lernprozesse, Entwicklung und Erfahrung, bevor eine Identität es lernt, ihr Gleichgewicht angesichts solcher ständigen Reize zu bewahren; und viele von uns sind in die Irre gegangen und haben sogar vergessen, wer wir waren, bevor wir erneut zu uns selber fanden. Vieles davon ist uns inzwischen zur zweiten Natur geworden. Bei all der unendlichen Vielfalt bewußter Formen sind wir uns dennoch der kleinsten Quantität im Gesamtvorrat an Persönlichkeiten bewußt. »Urlaub« machen wir bei den ganz einfachen Lebensformen, indem wir mit ihnen eins werden.

In diesem Sinn genießen wir Entspannung und Schlaf, denn wir sind imstande, ein ganzes Jahrhundert als Baum oder als eine andere unkomplizierte Lebensform in einer anderen Realität zuzubringen. Wir lockern unsere Bewußtheit mit den Freuden einfachen Lebens auf. Wir sind übrigens imstande, den Wald, in dem wir wachsen, selbst zu erschaffen. Für gewöhnlich sind wir jedoch höchst aktiv, und unsere gesamte Energie ist dann auf unsere Arbeit und auf neue Bewährungsproben gerichtet.

Wir können aus uns selber, aus unserer eigenen psychologischen Ganzheit neue Persönlichkeiten erschaffen, wann immer wir wollen. Diese müssen sich dann allerdings von uns gesondert, unter Nutzung der ihnen angeborenen schöpferischen Fähigkeiten, entwickeln. Sie sind frei, ihre eigenen Wege zu gehen. Wir tun dies jedoch nicht leichtfertig.

Ihr könnt jetzt zum erstenmal Pause machen, und wir fahren dann fort.

(22.02 Uhr. Janes Trance war tief. Sie sagte, sie sei vor der Sitzung erschöpft gewesen. Wir hatten den Nachmittag damit verbracht, Möbel umzustellen. Nichts schien Seth jedoch an diesem Abend zu stören, nachdem er einmal begonnen hatte, nicht einmal, daß Sean gestillt wurde. Fortsetzung im gleichen raschen Tempo um 22.20 Uhr.)

Nun: Jeder meiner Leser ist ein Teil seiner eigenen Wesenheit und entwickelt sich auf die gleiche Existenzweise zu, die ich jetzt kenne. In der Kindheit und im Traumzustand ist sich jede Persönlichkeit einigermaßen der wahren Freiheit bewußt, die zu ihrem eigenen, inneren Bewußtsein gehört. Diese Fähigkeiten, von denen ich spreche, sind demnach charakteristisch für das Bewußtsein schlechthin und damit für jede Persönlichkeit.

Meine Umwelt ist, wie schon gesagt, in ständigem Wandel begriffen, aber die eure ist es nicht minder. In solchen Augenblicken rationalisiert ihr völlig legitime, intuitive Wahrnehmungen weg. Wenn euch beispielsweise ein Zimmer plötzlich klein und beengt vorkommt, so setzt ihr als selbstverständlich voraus, daß diese Dimensionsveränderung nur in eurer Einbildung besteht und daß der Raum unabhängig von eurer Empfindung tatsächlich unverändert geblieben ist.

Tatsache ist, daß der Raum sich in solchen Fällen ganz entschieden wirklich und in ganz wesentlicher Hinsicht verändert hat, obwohl seine räumlichen Maße die gleichen geblieben sind. Die gesamte psychologische Wirkung des Raumes ist eine andere geworden, und nicht nur ihr, sondern auch andere werden dies spüren. Er wird bestimmte Ereignisse vorzugsweise anziehen und eure eigene psychologische Struktur und Hormonproduktion verändern. Ihr werdet auf den veränderten Zustand des Raumes sogar körperlich reagieren, obgleich seine in Zentimetern oder Metern meßbare Breite oder Länge scheinbar unverändert geblieben ist.

Ich habe unsern Freund, Joseph, gebeten, das Wort »scheinbar« gesperrt zu schreiben, weil eure Meßgeräte keine physischen Veränderungen anzeigen würden – denn die Meßgeräte würden sich in einem solchen Raum bereits selber in gleichem Umfang verändert haben.

Ihr verändert dauernd Form, Gestalt, Umriß und Ausdrucksgehalt eures physischen Leibes und eurer engsten Umgebung, obwohl ihr euer Möglichstes tut, um diese ständigen Veränderungen zu ignorieren. Wir dagegen lassen ihnen freien Lauf, weil uns bewußt ist, daß wir uns Spontaneität und Schöpfung aufgrund unserer eigenen inneren Stabilität leisten können, und weil wir erkannt haben, daß alle geistige und psychologische Identität auf kreativem Wandel beruht.

Unsere Umwelt ist daher aus den subtilsten Labilitätsverhältnissen aufgebaut, wo der Wandlung freier Spielraum gewährt wird. Eure spezifische Zeitstruktur verführt euch zu der Annahme einer relativen Beständigkeit der Materie und macht euch blind für die dauernden Veränderungen, die sich in ihr vollziehen. Eure physischen Sinne beschränken euch nach bestem Vermögen auf die Wahrnehmung einer höchst formalisierten Realität. Nur mit Hilfe eurer Intuition und in Traum- und Schlafzuständen könnt ihr in der Regel die erfreulich wandelbare Natur eures Bewußtseins und des Bewußtseins schlechthin erkennen.

Es gehört zu meinen Pflichten, euch über diese Dinge aufzuklären. Wir müssen uns dabei solcher Begriffe bedienen, die euch zumindest halbwegs vertraut sind. Wir setzen deshalb solche Persönlichkeitsteile von uns ein, zu denen ihr bis zu einem gewissen Grad eine Beziehung herstellen könnt.

Unsere Umwelt ist unendlich. Euren Begriffen nach gibt es bei uns Raum und Zeit in Hülle und Fülle, in denen wir uns betätigen können.

Dies würde jede Bewußtseinsform ohne entsprechenden Background und angemessene Entwicklung erheblich belasten. Wir haben kein simples, gemütliches Universum, in dem wir uns verkriechen können. Wir sind sogar ganz fremdartigen Realitätssystemen, die an den Grenzen des uns bekannten Bewußtseins wetterleuchten, wachsam gegenüber. Es gibt viel mehr verschiedene Bewußtseinsformen als körperliche Formen, jede mit ihren eigenen Wahrnehmungsmustern und mit ihrem eigenen Tarnungssystem ausgestattet. Und dennoch teilen alle diese Bewußtseinsformen ein inneres Wissen um die hinter aller Tarnung verborgene Realität miteinander, die Realität, aus der jegliche Wirklichkeit aufgebaut wird, wie immer sie auch heißen mag.

Jetzt könnt ihr Pause machen.

(22.44 bis 22.56 Uhr.)

Nun sind euch viele dieser Freiheiten im Traumzustand ganz selbstverständlich, und oftmals gestaltet ihr eure Traumszenerie absichtlich so, daß ihr diese latenten Kräfte üben könnt. Später werde ich wenigstens ein klein wenig darüber sagen müssen, wie man seine eigenen Traumleistungen zu erkennen und diese mit seinen Fähigkeiten im physischen Alltag zu vergleichen vermag.

Ihr könnt also lernen, eure physische Umwelt zu verändern, indem ihr eure Traumumwelt zu manipulieren und zu verändern lernt. Ihr könnt euch auch spezifische Träume suggerieren, in denen sich eine gewünschte Veränderung zeigt, und unter bestimmten Voraussetzungen wird dann diese in eure physische Realität übertreten. Übrigens tut ihr das oft schon, ohne es zu wissen.

Das Gesamtbewußtsein nimmt verschiedene Formen an. Diese müssen nicht immer gestalthaft sein. Nicht alle Formen sind physisch. Es gibt daher Persönlichkeiten, die niemals physisch gewesen sind. Sie haben sich nach anderen Richtlinien entwickelt, und ihre Strukturen würden den euren fremd sein.

Bis zu einem gewissen Grade bereise ich auch solche Umwelten. Das Bewußtsein muß sich jedoch manifestieren. Es kann nicht n i c h t s e i n. Es ist nicht physisch und muß sich daher auf andere Weise aktualisieren. In manchen Systemen bildet es beispielsweise hochgradig integrierte mathematische und musikalische Muster, die ihrerseits anderen Universalsystemen als Stimulanz dienen. Ich bin mit diesen jedoch nicht gut vertraut und kann nicht mit großer persönlicher Kenntnis über sie sprechen.

Wenn meine Umwelt, wie ich gesagt habe, keine permanente Struktur aufweist, so gilt das auch für die eure. So wie ich mir jetzt bewußt bin, durch Ruburt mit euch zu verkehren, so verkehrt jeder von euch auf telepathischem Wege mit anderen und über andere Persönlichkeiten, obwohl mit wenig Kenntnis von dieser Leistung.

Ich werde jetzt die Sitzung beenden. Ich würde – dies ist nicht für das

Buch bestimmt – unserm kleinen Freund hier gerne ein Wiegenlied singen, bin aber leider nicht bei Stimme.

Meine herzlichsten Wünsche euch allen. Einen schönen guten Abend. *(Amüsiert und mit Nachdruck:)* Und dies ist in der Tat mein erster und letzter Entwurf.

(»Gute Nacht, Seth. Und vielen Dank – es war sehr interessant.«)

(23.08 Uhr. Seths abschließende Bemerkung war die Antwort auf eine Frage, die Sue früher am Abend gestellt hatte: Wieviel Überarbeitung sein Buch beanspruchen würde. Jane war bislang der Ansicht gewesen, daß das Buch keinerlei Bearbeitung brauche, abgesehen von der gelegentlichen Abänderung einer ungeschickten Wendung etc.)

Sitzung 515, Mittwoch, den 11. Februar 1970

Guten Abend.

(»Guten Abend, Seth.« 21.20 Uhr.)

Kehren wir zurück zu unserem zweiten Kapitel.

Nun: Die Sinnesorgane, derer ihr euch auf sehr reale Weise bedient, bringen die Umwelt, die ihr wahrnehmt, hervor. Eure physischen Sinne machen die Wahrnehmung einer dreidimensionalen Realität notwendig. Das Bewußtsein ist jedoch mit inneren Wahrnehmungsorganen ausgestattet. Diese sind allem Bewußtsein immanent, ohne Rücksicht auf seine Entwicklung. Diese Wahrnehmungsorgane funktionieren ganz unabhängig von jenen, die man voraussetzen kann, wenn ein gegebenes Bewußtsein eine spezialisierte Form, wie den physischen Leib, annimmt, um sich innerhalb eines spezifischen Systems zu verwirklichen.

Jeder meiner Leser hat demnach innere Sinnesorgane und macht ständig von ihnen Gebrauch, obgleich er sich dessen auf der Ich-Stufe nicht bewußt ist. Wir selber bedienen uns dieser inneren Sinnesorgane in freier Bewußtheit. Tätet ihr das auch, so würdet ihr die Umwelt wahrnehmen, innerhalb der ich existiere. Ihr würdet eine ungeschminkte Situation erleben, in welcher Ereignisse und Gestalten frei sind und nicht in einer gallertartigen Zeitform gefangen. Ihr könntet zum Beispiel euer Wohnzimmer hier nicht nur als ein Konglomerat von dauerhaft scheinenden Möbeln sehen, sondern euren Blickwinkel umlenken und den gewaltigen, anhaltenden Tanz der Moleküle und Teilchen beobachten, aus denen die verschiedenen Gegenstände zusammengesetzt sind.

Ihr könntet das phosphoreszierende Leuchten, die Aura, der elektromagnetischen »Struktur« sehen, aus der die Moleküle sich aufbauen. Ihr könntet, wenn ihr wolltet, euer Bewußtsein verdichten, bis es klein genug ist, um durch ein einzelnes Molekül zu gehen, und von der Eigenwelt der Moleküle aus das Universum dieses Wohnraumes und die gigantische Milchstraße aufeinander bezogener, stets bewegter, sternenartiger Formen besichtigen. Jede dieser Möglichkeiten stellt eine legitime Realität dar. Die eure ist nicht legitimer als jede andere, aber sie ist die einzige, die ihr wahrnehmt.

Indem wir von unseren inneren Sinnen Gebrauch machen, werden wir zu bewußten Schöpfern, zu Mitschöpfern. Ihr hingegen seid unbewußte Mitschöpfer, ob ihr es wißt oder nicht. Wenn unsere Umwelt euch unstrukturiert erscheint, so nur deswegen, weil ihr die wahre Natur der Ordnung verkennt, die nichts mit der Dauerhaftigkeit der Form zu tun hat, wie es aus eurer Sicht erscheint.

Es gibt kein Vier-Uhr-nachmittags oder Neun-Uhr-abends in meiner Umwelt. Ich will damit sagen, daß ich nicht an einen Zeitablauf gebunden bin. Wenn ich jedoch einen solchen Zeitablauf erleben wollte, so gäbe es nichts, was mich daran hindern könnte. Wir erfahren Zeit, oder was ihr als deren Äquivalent ansehen würdet, in Form von Erlebnisintensitäten – eine psychologische Zeit, die ihre eigenen Höhen und Tiefen hat.

Diese ähnelt in etwa eurer eigenen Empfindung, wenn euch die Zeit als beschleunigt oder verlangsamt erscheint, ist aber auch wieder grundverschieden davon. Psychologische Zeit ließe sich umweltmäßig mit den Wänden eines Zimmers vergleichen, aber in unserem Fall würden die Wände ihre Farbe, Größe, Höhe, Tiefe und Weite dauernd verändern.

Unsere psychologischen Strukturen sind, praktisch gesprochen, insofern anders, als wir ständig eine multidimensionale psychologische Realität, die auch in euch angelegt ist, von der ihr aber auf der Ich-Stufe nichts wißt, bewußt nutzen. Es ist demnach ganz folgerichtig, daß unsere Umwelt über multidimensionale Eigenschaften verfügt, die von den physischen Sinnen niemals erfaßt werden könnten.

Nun projiziere ich, indem ich dieses Buch diktiere, einen Teil meiner Realität auf eine undifferenzierte Ebene zwischen zwei Systemen, die relativ frei von Tarnung ist. Es ist dies eine relativ stille Zone. Vom Standpunkt der physischen Realität aus könnte man diese Region mit der unmittelbar oberhalb eurer Erdatmosphäre befindlichen Zone vergleichen. Ich spreche jedoch von psychologischen und paranormalen

Sphären, und diese sind weit genug von Ruburts physisch orientiertem Selbst entfernt, um Kommunikation relativ möglich zu machen.

In gewisser Hinsicht sind sie auch von meiner eigenen Umwelt entfernt, denn in meiner eigenen Umwelt hätte ich Mühe, Informationen auf physisch orientierte Weise weiterzugeben. Ihr müßt übrigens wissen, daß ich unter Entfernung keine räumliche Entfernung verstehe.

Ihr könnt eine Pause einlegen.

(21.56 Uhr. Janes Trance war gut gewesen. Sie war aber fast sofort wieder draußen. Fortsetzung um 22.22 Uhr.)

Schöpfung und Wahrnehmung sind viel enger miteinander verquickt, als eure Wissenschaftler vermuten.

Es ist tatsächlich so, daß eure physischen Sinne die Realität erschaffen, die sie wahrnehmen. Ein Baum ist etwas ganz anderes als eine Mikrobe, ein Vogel, ein Insekt oder ein Mensch, der unter ihm steht. Ich will damit nicht sagen, daß der Baum nur anders zu sein s c h e i n t. Er i s t anders. Ihr nehmt seine Realität vermittels einer Reihe hochspezialisierter Sinnesorgane wahr. Das bedeutet nicht, daß seine Realität in dieser Gestalt auf eine fundamentalere Weise existierte, als in der Gestalt, in der die Mikrobe, das Insekt oder der Vogel ihn wahrnimmt. Ihr könnt die völlig gültige Realität jenes Baumes in keinem anderen als eurem eigenen Kontext erfahren. Dies gilt für alles, was in dem euch bekannten physischen System existiert.

Es ist nicht etwa so, daß die physische Realität unwahr wäre. Es ist vielmehr so, daß das physische Bild, das ihr euch macht, eine unter unendlich vielen Möglichkeiten darstellt, die verschiedenen Kostümierungen zu sehen, in denen Bewußtsein erscheint. Die physischen Sinne zwingen euch, Erfahrung in körperliche Wahrnehmung umzusetzen. Die inneren Sinne erweitern euren Wahrnehmungsradius, erlauben euch, Erfahrung um vieles freier zu deuten und neue Formen und neue Kanäle zu schaffen, mit Hilfe derer ihr oder das Bewußtsein als solches zur Selbsterkenntnis gelangen kann.

Bewußtsein ist unter anderem eine spontane Kreativitätsübung. Ihr lernt gegenwärtig, wie eure emotionale und psychische Existenz im Kontext der Dreidimensionalität eine Vielfalt physischer Formen hervorbringen kann. Ihr stellt innerhalb der psychischen Umwelt Manipulationen an, und diese Manipulationen prägen dann automatisch die physische Form. Nun ist unsere Umwelt auf andere Weise schöpferisch als eure. Eure Umwelt ist schöpferisch insofern, als die Bäume Frucht tragen, als es ein selbsterhaltendes Prinzip gibt, als die Erde ihre Kinder ernährt, zum Beispiel. Diese natürlich-kreativen Phänomene sind Materialisationen tiefster seelischer, geistiger und körperlicher Bedürfnisse des Menschengeschlechts, euren Zeitbegriffen nach vor Äonen begründet und ein Teil des Gesamtvorrats an psychischem Wissen, über das die Menschheit verfügt.

Wir verleihen den Elementen, die uns umgeben, eine noch größere Kreativität, die sich jedoch schwer beschreiben läßt. Bei uns wachsen beispielweise keine Blumen. Aber die Intensität, die konzentrierte psychische Kraft unserer psychologischen Natur bringt neue Tätigkeitsdimensionen hervor. Wenn ihr innerhalb der Dreidimensionalität ein Bild malt, so muß das Bild flächig sein; es kann das nicht darstellbare, vollständige dreidimensionale Erlebnis nur andeutungsweise wiedergeben. In unserer Umwelt hingegen könnten wir jede gewünschte dimensionale Wirkung erzielen. All diese Fähigkeiten gehören aber nicht uns allein. Sie sind auch euer Erbteil. Wie ihr später noch sehen werdet, macht ihr von euren inneren Sinnen häufigeren Gebrauch, als es scheint, und zwar in anderen Bewußtseinszuständen als dem normalen Wachzustand.

Da meine eigene Umwelt nicht aus leicht definierbaren, physischen Elementen besteht, werdet ihr deren Natur aus dem, was ich in diesem Buch über verwandte Gebiete sagen werde, ableiten müssen.

Eure eigene physische Welt erscheint euch so, wie sie es tut, aufgrund eurer psychologischen Struktur. Würdet ihr euer persönliches Kontinuitätsgefühl vorwiegend aus dem Assoziationsprozeß, statt aus dem Vertrautheitserlebnis des sich durch die Zeit bewegenden Selbst schöpfen, dann würdet ihr die physische Realität vollkommen anders erleben. Gegenwärtiges und Vergangenes könnten dann gleichzeitig erfaßt, und ihre Gegenwärtigkeit könnte durch assoziative Verknüpfungen gerechtfertigt werden. Nehmen wir an, euer Vater hätte in seinem Leben acht Lieblingsstühle besessen. Wären nun eure Wahrnehmungsmechanismen vorwiegend auf intuitiver Assoziation und nicht auf Zeitablauf begründet, so würdet ihr diese acht Stühle alle gleichzeitig sehen; oder wenn ihr einen sehen würdet, so würden die andern auch dabei gegenwärtig sein. Somit ist also die Umwelt kein separates Ding an sich, sondern sie ist das Resultat von Wahrnehmungsmustern, die ihrerseits durch die psychologische Struktur bestimmt sind.

Wenn ihr also wissen wollt, wie meine Umwelt beschaffen ist, so müßt ihr begreifen, was ich bin. Um das zu erklären, muß ich über die Natur des Bewußtseins als solches reden. Und dies wird letzten Endes darauf hinauslaufen, daß ich euch eine Menge über euch selber erzähle. Der innerliche Teil eurer Identität weiß bereits viel von dem, was ich euch sagen werde. Ein Teil meiner Aufgabe wird darin bestehen, euer Ich mit Sachverhalten bekannt zu machen, die einem Großteil eures Bewußtseins bereits vertraut sind, vom Ich aber lange Zeit ignoriert wurden.

Ihr blickt in das physische Universum hinaus und deutet die Realität entsprechend den Informationen, die euch durch eure »äußeren Sinne« zufließen. Ich werde, metaphorisch gesprochen, mich in die physische Realität stellen und stellvertretend für euch nach innen schauen, um jene Realitäten des Bewußtseins und der Erfahrung zu beschreiben, die ihr momentan aufgrund eurer Fasziniertheit nicht sehen könnt. Denn ihr seid von der physischen Realität fasziniert und befindet euch gegenwärtig in einer ebenso tiefen Trance wie die Frau, durch die ich dieses Buch schreibe.

Eure gesamte Aufmerksamkeit ist in hochspezialisierter Weise auf einen glänzenden, hellen Punkt fixiert, den ihr Realität nennt. Es gibt andere Realitäten um euch herum, aber ihr ignoriert sie und blockiert sämtliche Reize, die von ihnen ausgehen. Es gibt gute Gründe für diese Trance, wie ihr noch sehen werdet, aber nach und nach müßt ihr daraus erwachen. Es ist meine Absicht, euch die inneren Augen zu öffnen.

Und damit beende ich unsere Sitzung. Wir sind fast am Schluß des zweiten Kapitels angelangt. Ich wünsche euch einen guten Abend.

(»Gute Nacht, Seth. Es war sehr schön.«)

(23.12 Uhr. Jane kam schnell aus einer tiefen Trance. »Ich kann mich an nichts erinnern.«)

Sitzung 518, Mittwoch, den 18. März 1970

(Jane hatte während etwa eines Monats eine Ruhepause eingelegt. Sie hatte nur zwei Sitzungen abgehalten – eine für Freunde und eine persönliche für uns – und nur eine ihrer wöchentlichen ASW-Stunden gegeben. Gelegentlich hatte Jane sich gefragt, wie und ob sich die Unterbrechung auf Seths Buch auswirken würde. Nachdem mir Seth jedoch ein paar scharfsinnige Beobachtungen über meine Malerei mitgeteilt hatte, nahm er um 21.33 Uhr völlig bruchlos das Diktat wieder auf, so als hätte es zwischen dem 11. Februar und dem 18. März keine Zeitlücke gegeben.)

Gönnt mir einen Augenblick Zeit. Ich werde den letzten Rest von Kapitel zwei nachtragen und dann mit dem folgenden Kapitel beginnen.

Meine Umwelt umfaßt natürlich auch jene anderen Persönlichkeiten, mit denen ich in Berührung komme. Kommunikation, Wahrnehmung und Umwelt lassen sich kaum voneinander trennen. Deshalb ist die Art der Verständigung, die zwischen mir und meinesgleichen stattfindet, von größter Bedeutung für jede Erörterung unserer Umwelt.

Im folgenden Kapitel hoffe ich, euch einen Einblick in die Existenz, die wir führen, die Arbeit, die uns beschäftigt, die Dimension, in der wir leben, die Zwecke, die uns heilig sind, zu verschaffen, vor allem aber auch in die Belange, die unsere Erfahrung ausmachen.

3
Meine Arbeit und die Realitätsdimensionen, in die sie mich führt

Fortsetzung der Sitzung 518 vom 18. März 1970

(21.43 Uhr.) Freunde habe ich genauso wie ihr, obgleich meine Freundschaften älteren Datums sein dürften als eure. Ihr müßt nämlich wissen, daß wir unsere eigene Realität ganz anders erfahren als ihr. Wir sind uns dessen, was ihr unsere ehemaligen Ich nennen würdet, jene Persönlichkeiten, die wir in unseren diversen anderen Existenzen verkörpert haben, bewußt.

Da wir von Telepathie Gebrauch machen, könnten wir, selbst wenn wir dies wollten, kaum etwas voreinander verbergen. Dies wird euch als ein Einbruch in die Privatsphäre vorkommen, aber ich kann euch versichern, daß selbst jetzt keiner eurer Gedanken verborgen bleibt, sondern Familie und Freunden sehr wohl bekannt ist – und ich muß leider hinzufügen, auch denen, die ihr als eure Feinde betrachtet. Ihr seid euch dessen nur nicht bewußt.

Dies soll nicht etwa heißen, daß jeder von uns für die andern ein offenes Buch ist. Ganz im Gegenteil. Es gibt da so etwas wie eine geistige Etikette, Geistesmanieren. Wir sind uns unserer eigenen Gedanken viel stärker bewußt als ihr. Wir machen von unserer Freiheit Gebrauch, die Gedanken zu wählen, und wir wählen sie mit einigem Unterscheidungsvermögen und Taktgefühl aus.

Die Macht der Gedanken ist uns durch die Schicksalsprüfungen früherer Existenzen deutlich geworden. Wir haben entdeckt, daß niemand der gewaltigen Schöpferkraft des geistigen Bildes oder der Gefühle entrinnen kann. Dies bedeutet keineswegs, daß wir nicht spontan wären oder daß wir uns jeden Gedanken im voraus überlegen müßten aus lauter Angst, er könnte destruktiv oder negativ sein. Das liegt, euren Begriffen nach, hinter uns.

Unsere psychologische Struktur bringt es freilich mit sich, daß wir uns auch mit anderen als den euch vertrauten Mitteln untereinander verständigen können. Nehmen wir einmal an, ihr begegnet einem alten Freund aus Kindheitstagen, den ihr längst vergessen hattet, wieder. Ihr habt jetzt vielleicht wenig miteinander gemein. Trotzdem könnt ihr einen netten Nachmittag bei Gesprächen über alte Lehrer und Klassenkameraden verbringen und einen gewissen Rapport zwischen euch herstellen.

Ebenso geht es mir. Wenn ich jemanden »treffe«, so kann es vorkommen, daß ich viel leichter auf der Basis einer bestimmten früheren Lebenserfahrung eine Beziehung zu ihm herstellen kann, da wir im »Jetzt« wenig gemeinsam haben. Wir haben uns vielleicht als vollkommen andere Menschen im vierzehnten Jahrhundert gekannt, und wir können uns bestens miteinander unterhalten, indem wir über diese Erfahrungen sprechen, etwa so, wie ihr und euer angenommener Kindheitsfreund einen Rapport zwischen euch herstellt, indem ihr der Vergangenheit gedenkt.

Wir sind uns dabei aber unserer selbst völlig bewußt – als multidimensionaler Persönlichkeiten, die auf einer bestimmten Ebene unserer Existenz eine mehr oder weniger gemeinsame Umwelt miteinander geteilt haben. Wie ihr noch sehen werdet, ist diese Analogie etwas zu simpel und provisorisch, denn Vergangenheit, Gegenwart und Zukunft gibt es in diesem Sinne in Wirklichkeit nicht.

Die Zeiteinheiten, die ihr kennt, haben keinen Anteil an unserer Erfahrung. Wir haben weit mehr Freunde und Bekannte als ihr, einfach weil wir uns der verschiedenen Verbindungen, was wir vorläufig einmal »vergangene« Inkarnationen nennen wollen, bewußt sind.

Wir haben deshalb natürlich mehr Wissen, sozusagen, parat. Es gibt keine Zeitepoche in eurem Sinne, in der nicht einige von uns zu Hause gewesen wären und die unauslöschlichen Erfahrungen, die in diesem besonderen Kontext gemacht wurden, im Gedächtnis bewahrten.

Wir verspüren keinerlei Bedürfnis, unsere Gefühle oder Gedanken voreinander zu verbergen, weil wir inzwischen alle die kooperative Natur von Bewußtsein und Realität sowie die Rolle, die wir dabei spielen, erkannt haben.

Wir sind stark motiviert *(humorvoll):* wie könnten »Geister« anders sein?

(»Wohl kaum.«)

Einfach weil uns unsere Energien voll zur Verfügung stehen. Sie werden nicht in Konflikten abgeleitet. Wir verzetteln sie nicht, sondern machen sie jenen einzigartigen und individuellen Zwecken dienstbar, die einen fundamentalen Bestandteil unserer Erfahrung ausmachen.

Nun hat jedes Gesamtselbst, jede multidimensionale Persönlichkeit ihre eigene Bestimmung, ihre eigene Mission und schöpferische Aufgabe, die von Anfang an als integrierender Teil ihrer selbst feststeht und jene Eigenschaften prägt, die sie zu einer Ewig-gültigen und Ewig-suchenden machen. Wir sind endlich frei, unsere Energien in dieser Richtung zu nutzen. Wir müssen viele, höchst gewichtige Proben bestehen, und wir erkennen, daß unsere Zwecke nicht nur als solche wichtig sind, sondern auch für die überraschenden Nebenprodukte Bedeutung haben, die im Gefolge unserer zielgerichteten Arbeit entstehen. Indem wir für unsere Ziele arbeiten, finden wir, daß die Wege, die wir geebnet haben, auch von andern benutzt werden können.

Wir haben auch die Vermutung – jedenfalls ich habe sie –, daß die Ziele selber überraschende Ergebnisse zeitigen werden, erstaunliche Konsequenzen, die wir uns nicht haben träumen lassen, und daß sie einfach neue Wege eröffnen werden. Diese Einsicht hilft uns, unsern Sinn für Humor zu bewahren.

Wenn ein Wesen viele Male gestorben ist und wieder geboren wurde, mit jedem Tod Vernichtung erwartend, und wenn diese Erfahrung durch die Erkenntnis abgelöst worden ist, daß man trotz alledem fortexistiert, dann nimmt das Ganze den Charakter einer göttlichen Komödie an.

Wir beginnen, die schöpferische Freude des Spiels zu erlernen. Ich bin zum Beispiel der Meinung, daß Kreativität und Bewußtsein in der Atmosphäre des Spiels, im Gegensatz zur Arbeit, geboren werden, in der lebendigen, intuitiven Spontaneität, die ich als Konstante in allen meinen Existenzen wahrnehme, wie auch in den Erfahrungen derer, die ich kenne.

Ich trete beispielsweise mit eurer Dimension nicht dadurch in Verbindung, daß ich mich auf eure Existenzebene versetzen *will*, sondern indem ich mich zu euch hinphantasiere. Alle meine Tode wären Abenteuer gewesen, hätte ich gewußt, was ich heute weiß. Einerseits nehmt ihr das Leben zu ernst, und andererseits nehmt ihr die spielerische Seinsweise nicht ernst genug.

Wir erfreuen uns einer höchst spontanen Verspieltheit, und doch würdet ihr sie, glaube ich, verantwortungsvoll nennen. Jedenfalls ist unser Spiel schöpferisch. Wir spielen, beispielsweise, mit der Beweglichkeit unseres Bewußtseins, um herauszufinden, wie »weit« wir es aussenden können. Wir sind immer wieder erstaunt über die Produkte unseres Bewußtseins, über die Realitätsdimensionen durch die wir »hickeln« können. Es könnte den Anschein erwecken, als würden wir bei solchem Spiel einen müßigen Gebrauch von unserem Bewußtsein machen, und dennoch existieren die Wege, die wir dabei bahnen, fort und können von andern benutzt werden. Wir lassen für solche, die nach uns kommen, Botschaften, geistige Wegweiser zurück.

Ich schlage vor, wir machen jetzt Pause. *(22.25 bis 22.35 Uhr.)*

Wir können demnach hochgradig motiviert sein und trotzdem etwas von dem schöpferischen Gebrauch des Spiels verstehen, es sowohl als ein Mittel betrachten, uns unseren Zielen und Zwecken näherzubringen, wie auch als ein überraschungsreiches und kreatives Unternehmen per se.

Nun führt mich meine Arbeit als Lehrer in viele existentielle Dimensionen, etwa wie ein reisender Professor in verschiedenen Staaten oder Ländern Vorträge hält. Hier aber hört die Parallele schon auf; denn bevor ich mit meiner Lehrtätigkeit auch nur beginnen kann, muß ich zuerst vorbereitende psychologische Strukturen aufbauen und meine Schüler kennenlernen.

Ich muß eine gründliche Kenntnis des jeweiligen Realitätssystems, wo meine Schüler zu Hause sind, besitzen und mich mit seinem oder ihrem Gedankensystem und den relevanten Symbolen auskennen. Die Stabilität der Persönlichkeit des Schülers muß von mir richtig eingeschätzt werden. Die Bedürfnisse der betreffenden Persönlichkeit dürfen nicht ignoriert, sie müssen einkalkuliert werden.

Der Schüler muß ermutigt, aber darf nicht überfordert werden, während er sich entwickelt. Mein Material muß so dargeboten werden, daß es im Kontext der Realitätserfahrung meines Schülers sinnvoll ist; dies gilt besonders für das Anfangsstadium. Bevor ernsthaft mit dem Lernen begonnen werden kann, muß dafür gesorgt sein, daß alle Ebenen der Persönlichkeit sich mehr oder weniger gleichmäßig entwickeln.

Oftmals übermittle ich mein Material anfangs ohne irgendwie selbst in Erscheinung zu treten, gleichsam als eine überraschende Offenbarung. Denn wie vorsichtig ich auch das Material darbieten mag, es wird doch immer frühere Vorstellungen, die ein integrierender Bestandteil der Persönlichkeit meines Schülers waren, zwangsläufig verändern. Was ich zu sagen habe, ist eine Sache für sich, aber der Schüler wird in psychologische und paranormale Verhaltens- und Erlebnisweisen hineingestoßen, die ihm auf der Bewußtseinsebene völlig fremd sein können.

Die Probleme sind unterschiedlich, je nach Beschaffenheit des Systems, wo mein Schüler daheim ist. In euerm System, zum Beispiel, wurde der erste Kontakt zu der Frau, durch die ich dieses Buch schreibe, lange vor Beginn unserer Sitzungen hergestellt.

Die Persönlichkeit war sich der ersten Begegnung gar nicht bewußt. Sie hatte einfach plötzlich neuartige Gedankengänge, und da sie eine Dichterin ist, hielt sie dies für dichterische Inspiration. Vor mehreren Jahren wurde sie einmal in Umstände verwickelt, die zu ihrer medialen Entwicklung hätten führen können, bevor sie reif dafür war. Das psychologische Klima, das zu diesem Zeitpunkt unter den Beteiligten herrschte, löste diese Vorgänge aus, und ohne zu wissen, was ihr geschah, fiel unsere Freundin in Trance.

(Lange Pause um 23.01 Uhr. 1957 wurde Jane nach dem Verkauf ihrer ersten Kurzgeschichten zu einer Tagung der Science-fiction-Autoren nach Milford, Pennsylvania, eingeladen. Ich selber war wegen meiner eigenen Arbeit nicht abkömmlich; infolgedessen ging Jane zusammen mit einem Freund von uns, dem bekannten (inzwischen verstorbenen) Schriftsteller Cyril Kornbluth, der in unserer Nähe, in Sayre, Pennsylvania, lebte, auf die Tagung.

Eines Abends fiel Jane während einer Diskussion plötzlich in Trance. Dieser Vorfall – den wir jahrelang nicht als Trance erkannten – gab den Anstoß zur Gründung einer Schriftstellergruppe, die sich »Die Fünf« nannte und zu der auch Jane gehörte. Unter den »Fünfen« wurde ein langer und intensiver Schriftwechsel vermittels von Rundschreiben geführt. Die vier anderen Schriftsteller in der Gruppe waren viel bekannter als Jane.)

Ihre mediale Begabung war mir seit ihrer Kindheit bekannt, doch wurden ihr die nötigen Einsichten zunächst durch die Dichtung vermittelt, bis sich ihre Persönlichkeit den in diesem besonderen Fall obligatorischen Background aufgebaut hatte. Bei dem eben erwähnten Vorfall wurde ich informiert und sorgte dafür, daß die Episode beendet und nicht weiter fortgesetzt wurde.

Dieser Auftritt ereignete sich jedoch nicht von ungefähr. Ohne es selber zu wissen, beschloß die Persönlichkeit, bildlich gesprochen, ihre Flügel auszuprobieren. Es ist unter anderem meine Aufgabe gewesen, diese junge Frau seit ihrer Kindheit auf die eine oder andere Weise zu coachen – und all dies als Vorbereitung für die ernsthafte Arbeit, die mit unseren Sitzungen begann.

Dies ist ein Teil meines normalen Aufgabenbereichs auf verschiedenen Existenzebenen. Es ist eine sehr abwechslungsreiche Arbeit, denn die Persönlichkeitsstrukturen sind unterschiedlich. Während es in den Systemen, in denen ich arbeite, gewisse grundlegende Übereinstimmungen gibt, würde ich in manchen Dimensionen einfach deswegen nicht als Lehrer auftreten können, weil die dort geltenden fundamentalen Erfahrungskategorien mir wesensfremd wären, und die Lernprozesse selbst außerhalb meines eigenen Erfahrungsbereiches lägen.

Ihr könnt Pause machen.

(23.09 Uhr. Janes Trance war gut gewesen. »Ich hab' nicht die leiseste Ahnung, worum es ging.« Ihr Tempo hatte gegen Ende zugenommen. Fortsetzung um 23.20 Uhr.)

Nun, wir werden mit unserem Buch in der nächsten Sitzung fortfahren.

(Seth diktierte ein paar Absätze Material für eine Frau, die vor kurzem ihren Mann verloren hatte; sie hatte um eine Sitzung gebeten.)

Und nun wünsche ich euch einen guten Abend.

(»Gute Nacht, Seth.«)

Meine herzlichsten Grüße – und: wenn du keine Notizen zu machen brauchtest, würde ich länger mit dir reden.

(»Danke.« Ende um 23.30 Uhr.)

Sitzung 519, Montag, den 23. März 1970

Guten Abend.

(»Guten Abend, Seth.« 21.10 Uhr.)

Eure Vorstellung vom Raum ist höchst irrig. So fahre ich bei meinen Kontaktaufnahmen mit eurem Lebensbereich nicht etwa wie ein spiritueller Superman durch leuchtend goldene Himmel in eure physische Sphäre hinein.

Ich werde darauf in einem späteren Kapitel noch eingehen. In realem Sinne existiert der Raum, den ihr wahrnehmt, einfach nicht. Diese Raumillusion wird nicht allein durch eure eigenen physischen Selbsttäuschungsmechanismen hervorgerufen, sondern auch durch angenommene geistige Muster – Muster, die das Bewußtsein sich aneignet, sobald es eine bestimmte »Evolutionsstufe« innerhalb eures Systems erreicht.

Wenn ihr in das körperliche Dasein eingeht oder eintretet, dann ist euer Geist nicht nur k e i n e leere Tafel, die der Hieroglyphen harrt, die die Erfahrung auf ihr vermerken wird, sondern ihr seid bereits mit einem Erinnerungsvorrat ausgestattet, der den eines Komputers weit übertrifft. Ihr seht dem ersten Tag auf eurem Planeten mit Fähigkeiten und Fertigkeiten entgegen, die bereits einprogrammiert sind, obwohl sie genutzt oder auch nicht genutzt werden können; und diese sind nicht einfach das Resultat von Vererbung, wie ihr euch das vorstellt.

Ihr müßt euch eure Seele oder eure Wesenheit – obwohl nur vorläufig und um der Analogie willen – als einen bewußten und lebendigen, göttlich inspirierten Komputer denken, der seine eigenen Existenzen und Lebenszeiten programmiert. Aber dieser Komputer ist schöpferisch so hochbegabt, daß alle die vielfältigen Persönlichkeiten, die er entwirft, ins Bewußtsein und Leben treten und ihrerseits wiederum Realitäten schaffen, die der Komputer selber sich nicht hätte träumen lassen.

Jede dieser Persönlichkeiten bringt jedoch eine feste Vorstellung von der Realität mit, in der sie sich betätigen will, und ihre geistige Ausrüstung ist maßgeschneidert für die hochspezialisierte Umwelt, der sie begegnen wird. Sie genießt völlige Freiheit, muß sich aber in den Rahmen der Existenz, auf die sie programmiert wurde, einpassen. In den geheimsten Tiefen der Persönlichkeit ist jedoch in konzentrierter Form das Wissen lebendig, das in dem Komputer als ganzem wohnt. Ich muß betonen, daß ich damit nicht sagen will, daß die Seele oder Wesenheit ein Komputer wäre; ich wollte euch nur dazu bringen, die Sache in diesem Licht zu sehen, um einige Punkte zu verdeutlichen.

In jeder Persönlichkeit ist die Anlage vorhanden, nicht allein innerhalb ihrer Umwelt – in eurem Fall der physischen Umwelt – zu einer neuen Existenzform zu finden, sondern auch die eigene Bewußtseinsqualität schöpferisch so zu heben, daß sie sich durch das spezialisierte System hindurcharbeiten und die Schranken der ihr bekannten Realität durchbrechen kann.

Nun dient das alles einem Zweck, auf den ich gleichfalls noch eingehen werde. Ich schneide das ganze Thema hier deswegen an, weil ich euch zu der Einsicht verhelfen möchte, daß eure Umwelt nicht auf die Weise wirklich ist, wie ihr euch das einbildet. Bei eurer Geburt seid ihr bereits darauf geeicht, die Realität in bestimmter Weise zu sehen und eure Erfahrungen nach einer sehr eng begrenzten, aber intensiven Wertskala zu deuten.

Ich muß dies klarstellen, bevor ich euch ein deutliches Bild meiner Umwelt oder jener anderen Realitätssysteme, in denen ich mich betätige, vermitteln kann. Zwischen eurer Umwelt und meiner gibt es beispielsweise keinen Zwischenraum, und keine physischen Grenzen trennen uns voneinander. In Wirklichkeit haben eure Realitätsvorstellungen, wie sie euch durch eure physischen Sinne, technischen Instrumente oder durch deduktive Schlüsse zugänglich werden, wenig mit den Tatsachen gemein – und die Tatsachen lassen sich schwer erklären.

(21.34 Uhr. Seth-Jane beugte sich weit vor, um dem Nachdruck zu geben, die Augen weit offen und dunkel.)

Eure Planetensysteme existieren zusammen, gleichzeitig in Raum und Zeit. Das Universum, das ihr wahrnehmt, sowohl mit bloßem Auge als auch mit Instrumenten, scheint euch aus Milchstraßen, Sternen und Planeten zusammengesetzt zu sein, die sich in unterschiedlicher Entfernung von euch befinden. Dies ist im Grunde genommen eine Illusion. Eure Sinnesorgane und eure Existenzform als physische Wesen programmieren euch dazu, das Universum auf solche Weise zu sehen. Das euch bekannte Universum ist eure Deutung von Vorgängen, die in eure dreidimensionale Realität hineinragen. Die Vorgänge selber sind geistiger Natur. Dies soll nicht heißen, daß ihr beispielsweise nicht zu andern Planeten innerhalb jenes physischen Universums reisen könntet, noch soll das heißen, daß ihr keine Tische benutzen könnt, um Bücher, Gläser und Orangen daraufzustellen *(wie sie gerade auf unserem Teetischchen standen)*, obgleich der Tisch als solcher keine feste Substanz besitzt.

Wenn ich in euer System eintrete, dann mache ich eine Reihe von geistigen und psychischen Veränderungen durch. Ihr würdet diese Veränderungen als Raum und Zeit d e u t e n, und sooft ich diese Ausdrücke verwende, geschieht es, weil ich mich eurer Sprache anstelle der meinen bedienen muß.

Unter Grundvoraussetzungen verstehe ich jene angeborenen Realitätsbegriffe, von denen die Rede war –, jene Kategorien, auf denen eure Existenzvorstellungen begründet sind. Jedes Realitätssystem hat seinen eigenen Bestand solcher Kategorien. Wenn ich mich innerhalb eures Systems verständlich machen will, so muß ich mit den Grundvoraussetzungen vertraut sein, auf denen es basiert. Es gehört zu meiner Aufgabe als Lehrer, diese zu verstehen und zu verwenden, und ich habe in vielen solcher Systeme existiert als Erfahrungsaspekt, den man meine Grundausbildung nennen könnte, von euch aus gesehen, denn meinesgleichen wie auch ich hätten andere Namen dafür.

Ihr könnt Pause machen.

(21.52 Uhr. Jane war fast augenblicklich aus der Trance. »Ich komme mir vor wie jemand aus dem Fernsehprogramm«, sagte sie, auf ein beliebtes Science-fiction-Programm anspielend, das wir früher am Abend gesehen hatten. Sie versuchte, ein Bild zu beschreiben, das, kurz bevor Seth zu sprechen begann, in ihr aufgestiegen war, sagte aber, man könne es nicht mit Worten ausdrücken: »Ich sah . . . ein Feld von

etwas, das wie Sterne aussah. Eine Idee wurde von uns dorthin projiziert, worauf es zu explodieren schien. Aber in Wirklichkeit ist die Idee genau hier«, sagte sie, indem sie gegen ihre unter dem Kinn verschränkten Hände eine Kopfbewegung machte.

Während der Pause erhielt Jane eine kurze, aber klare Botschaft von Seth: Wir sollten unser Ehebett wieder umkehren, mit dem Kopfende nach Norden, anstatt nach Westen, wie es jetzt stand.

Fortsetzung in langsamen Tempo um 22.02 Uhr.)

Die Wesenheit oder die Seele ist ihrer Natur nach viel schöpferischer und komplexer, als selbst eure Religionen ihr zugestehen.

Sie macht von zahllosen Wahrnehmungsmethoden Gebrauch, und viele andere Bewußtseinsarten stehen ihr zur Verfügung. Eure Vorstellung von der Seele wird in der Tat durch eure dreidimensionalen Begriffe stark eingeschränkt. Die Seele kann den Brennpunkt ihres Bewußtseins verändern, und sie bedient sich des Bewußtseins, wie ihr euch der Augen in eurem Kopf bedient. Nun bin ich auf meiner Existenzebene, so seltsam dies klingen mag, mir einfach dessen bewußt, daß ich nicht mein Bewußtsein bin. Mein Bewußtsein ist eine Eigenschaft, über die ich verfügen kann. Dasselbe gilt für jeden meiner Leser, obgleich ihm das Wissen darum nicht zugänglich ist. Die Seele oder Wesenheit ist demnach mehr als das Bewußtsein.

Wenn ich in eure Umwelt eintrete, so lenke ich daher mein Bewußtsein in eure Richtung. Gewissermaßen übersetze ich das, was ich bin, in ein Ereignis, das ihr bis zu einem gewissen Grad versteht. In viel kleinerem Rahmen tut jeder Maler das gleiche, wenn er das, was er ist, oder einen Teil von dem, was er ist, in ein Bild überträgt. Mindestens gibt es hier eine sprechende Analogie.

Wenn ich in euer System eintrete, dann dringe ich in die dreidimensionale Realität ein, und ihr müßt das, was dann geschieht, im Licht eurer eigenen Grundvoraussetzungen deuten. Ebenso dringt jeder von euch im Traumzustand, ob er das nun weiß oder nicht, ohne volle Beteiligung seines normalen, bewußten Selbst in andere Realitätssysteme ein. In eurem subjektiven Erlebnis laßt ihr eure körperliche Existenz hinter euch, und manchmal handelt ihr im Traum mit einer Zielstrebigkeit und einer schöpferischen Authentizität, die ihr im Augenblick des Erwachens vergeßt.

Wenn ihr an den Sinn eures Lebens denkt, dann denkt ihr daran im Zusammenhang mit eurem täglichen Wachleben. In diesen anderen Traumdimensionen nun dient ihr ebenfalls diesem Sinn, nur daß ihr euch darüber mit anderen Teilen eurer eigenen Wesenheit, die andere, aber ebenso gültige Zielsetzungen haben, austauscht.

Wenn ich mich also mit eurer Realität in Verbindung setze, so ist es, als beträte ich eure Träume. Ich kann mir meiner selbst bewußt sein, während ich dieses Buch durch Jane diktiere, und mir gleichzeitig meiner selbst in meiner eigenen Umwelt bewußtbleiben; denn ich sende nur einen Teil von mir aus, so wie ihr vielleicht einen Teil eures Bewußtseins aussendet, wenn ihr einen Brief an einen Freund schreibt, und euch dennoch des Raumes bewußtbleibt, in dem ihr sitzt. Ich sende weit mehr von mir aus als ihr bei dem Brief, denn ein Teil meiner selbst befindet sich momentan in der entrückten Frau, während ich diktiere; die Analogie stimmt annähernd.

Meine Umwelt ist, wie schon früher erwähnt, nicht die einer nach euren Begriffen kürzlich verstorbenen Persönlichkeit, aber ich werde später darüber berichten, was man unter solchen Umständen erwarten kann. Ein großer Unterschied zwischen eurer Umwelt und meiner liegt darin, daß ihr geistige Taten als physische Materie körperlich verwirklichen müßt. Wir verstehen uns auf die Realität geistiger Taten und erkennen ihre hervorragende Gültigkeit. Wir nehmen sie für das, was sie sind, und deshalb sind wir der Notwendigkeit enthoben, sie zu materialisieren und auf so starre Weise zu interpretieren.

Eure Erde war mir sehr teuer. Ich kann jetzt den Brennpunkt meines Bewußtseins auf sie richten und, wenn ich will, sie auf eure Weise erleben; aber ich kann sie auch auf viele andere Weisen sehen, die euch zu diesem Zeitpunkt nicht zugänglich sind.

Nun werden manche von euch, die dieses Buch lesen, einen unmittelbaren und intuitiven Zugang haben zu dem, was ich sage, denn ihr werdet bereits Verdacht geschöpft haben, daß ihr die Erfahrung durch höchst verzerrende, wenngleich farbenfrohe, metaphorische Brillen seht. Denkt aber daran, daß, wenn die physische Realität auch im weiteren Sinn eine Täuschung *ist*, diese Täuschung jedoch durch eine größere Realität erzeugt wird. Die Täuschung selber hat Sinn und Bedeutung.

Ihr könnt Pause machen.

(22.31 Uhr. Jane kam wieder sehr schnell aus der Trance, konnte sich aber von dem Material an nichts erinnern.

Ohne unbedingt gleich heute abend eine Antwort zu erwarten, hatte ich eine Frage gestellt, von der ich glaubte, daß sie für Jane von Interesse wäre, falls und wenn sie für dieses Buch eine Einführung schreiben würde: Wäre es möglich, das ganze Buch für Seth, sagen wir, innerhalb eines Monats täglicher Sitzungen zu diktieren, oder würde sie eine bestimmte Menge täglicher Lebenserfahrung, vielleicht über Monate hin, brauchen, um in der Lage zu sein, das Buch durchkommen zu lassen?

Fortsetzung im gleichen langsamen Tempo um 22.45 Uhr.)

Vielleicht wäre es besser zu sagen, daß die physische Realität eine der Formen ist, die Realität annehmen kann. In eurem System seid ihr jedoch viel intensiver auf einen relativ kleinen Erfahrungsaspekt eingestellt.

Wir können freizügig durch jede beliebige Anzahl solcher Realitäten reisen. Unser gegenwärtiger Erfahrungsschatz schließt die Arbeit in jeder dieser Realitäten ein. Es liegt nicht in meiner Absicht, die Bedeutung eurer jetzigen Persönlichkeiten oder der physischen Existenz als solcher zu schmälern. Ganz im Gegenteil.

Dreidimensionale Erfahrung ist eine unschätzbare Grundausbildung. Eure Persönlichkeit wird in der Tat so, wie ihr sie jetzt kennt, mitsamt ihren Erinnerungen fortdauern, aber sie ist nur ein Teil eurer Gesamtidentität, ähnlich wie eure Kindheit in diesem Leben einen enorm wichtigen Teil eurer gegenwärtigen Persönlichkeit ausmacht, obwohl ihr heute sehr viel mehr seid als ein Kind.

Ihr werdet weiter wachsen und euch entwickeln, und wie damals, als ihr euer Elternhaus hinter euch ließet, werdet ihr euch anderer Umwelten bewußtwerden. Aber Umwelten sind keine objektiven Dinge, keine Ansammlung von Objekten, die unabhängig von euch existieren. Ihr formt sie vielmehr, und sie sind im buchstäblichen Sinne Verlängerungen eurer selbst; materialisierte, geistige Akte, die von eurem Bewußtsein ausgehen.

Ich werde euch genau schildern, wie ihr eure Umwelt formt. Ich forme die meine nach den gleichen Grundregeln, nur daß ihr am Ende physische Gegenstände habt und ich nicht.

Dort werde ich in unserer nächsten Sitzung mit unserem Buch wieder anknüpfen.

(»Gut.«)

Zu deiner Frage: Das Buch könnte ebensogut an aufeinanderfolgenden Abenden geschrieben werden wie nach der jetzigen Methode. Ein gewisser Spielraum für Spontaneität und Überraschungen würde ja immer bleiben, so daß Einzelheiten aus eurer Erfahrung als Beispiel oder als Ausgangspunkt für ohnehin geplante Erörterungen benutzt werden könnten.

Ich schlage vor, daß Ruburt das Bettarrangement eine Woche lang ausprobiert und dann sieht, was er davon hält.

(»O. k.« Unser Schlafzimmer ist klein, und es ist schwierig, das Bett nord-südlich zu stellen; außerdem kann Jane dann nicht aus dem einzigen Fenster schauen. Wir haben unser Bett nicht nach Seths Vorschlag umgestellt.)

Meine herzlichsten Wünsche euch beiden und einen schönen guten Abend.

(»Gute Nacht, Seth. Dankeschön.«)

(23.00 Uhr. »Ich habe ein komisches Gefühl«, sagte Jane, als sie aus der Trance kam. »Ich habe das Gefühl, als wäre nicht viel Zeit vergangen, seit Seth das Buch begonnen hat. Aber subjektiv bin ich der Meinung, daß eine enorme Menge Information bis jetzt darin ist – daß ich irgendwie eine Anhäufung oder einen Reichtum an Erfahrungen zum Ausdruck bringe. Vielleicht suche ich nach einem verrückten Ausdruck wie konzentrierter Reichtum . . .«

Jane bediente sich dann der Analogie einer Bibliothek, ohne jedoch damit andeuten zu wollen, daß etwa das Material »von irgendeiner Bibliothek« herkäme.)

Sitzung 520, Mittwoch, den 25. März 1970

(Soviel wir wußten, wollte Seth heute abend das Diktat an Kapitel drei seines Buches fortsetzen. Ein paar Minuten bevor die Sitzung begann, sagte mir Jane, daß sie einen »Schimmer« von Seth gehabt hätte – ein paar Sätze. »Dann«, sagte sie, »setze ich mich zurecht und warte auf den Beginn der Sitzung. Aber ich kann immer noch nicht sagen, wie ich das mache.« 21.09 Uhr.)

Guten Abend.

(»Guten Abend, Seth.«)

Zurück zu unserem Buch.

(Mit Pausen:) Eure Naturwissenschaftler entdecken jetzt endlich, was die Philosophen schon seit Jahrhunderten wußten – daß der Geist die Materie beeinflußt. Sie haben noch die Entdeckung zu machen, daß der Geist die Materie erschafft und formt.

Nun ist, physisch betrachtet, euer Leib eure nächste Umwelt. Er ist nicht wie irgendeine Gliederpuppe, in die ihr eingesperrt seid und die unabhängig von euch wie ein Gehäuse existiert. Euer Körper ist nicht schön oder häßlich, gesund oder mißgestaltet, behende oder schwerfällig, einfach weil dies der Körper ist, der euch wahllos bei eurer Geburt zugeteilt wurde. Nein, eure körperliche Gestalt, eure physische, persönliche Umwelt ist die körperliche Materialisation eurer eigenen Gedanken, Gefühle und Interpretationen.

Buchstäblich formt das »innere Selbst« den Leib, indem es auf magische Weise Gedanken und Empfindungen in ihre körperlichen Entsprechungen übersetzt. Ihr laßt euren Leib wachsen. Seine Verfassung reflektiert in jedem Augenblick euren subjektiven Zustand auf die vollkommenste Weise. Unter Verwendung von Atomen und Molekülen baut ihr euch euren Körper auf und formt die Grundelemente in eine Gestalt, die ihr euer eigen nennt.

Intuitiv seid ihr euch dessen bewußt, daß ihr euer Erscheinungsbild selber gestaltet und daß ihr von ihm nicht abhängig seid. Ihr seid euch aber nicht dessen bewußt, daß ihr eure weitere Umwelt und die euch bekannte physische Welt gleichfalls erschafft, indem ihr eure Gedanken und Empfindungen in die Materie hinausschleudert und dadurch einen Durchbruch in das dreidimensionale Leben vollzieht. Das innere Selbst sendet somit, individuell und en masse, seine psychische Energie aus, die dann Fühler ausstreckt, die sich zur Form verdichten.

Jede Empfindung und jeder Gedanke hat seine eigene elektromagnetische Realität, die vollkommen einmalig ist. Sie sind darauf eingerichtet, mit bestimmten anderen Verbindungen einzugehen, den verschiedenen Intensitätsgraden entsprechend, die einbezogen werden. Man könnte sagen, daß dreidimensionale Gegenstände auf ähnliche Weise erzeugt werden wie die Bilder, die ihr auf dem Fernsehschirm seht, mit einem großen Unterschied, allerdings. Und wenn ihr nicht auf jene besondere Frequenz eingestellt seid, dann seht ihr die physischen Gegenstände überhaupt nicht.

(Als Seth beugte sich Jane vor, um dem Gesagten Nachdruck zu geben. Ihre Vortragsweise war heute abend etwas anders als sonst. Ich glaube, sie reagierte auf unsere Umgebung. Geräusche schienen von oben und unten zu uns durchzudringen. Jane trug jetzt einen Satz vor und hielt dann länger als sonst inne, so daß sie aus ihrem gewohnten Rhythmus kam.)

Jeder von euch wirkt unbewußt wie ein Transformator, der automatisch hochentwickelte, elektromagnetische Einheiten in physische Gegenstände umwandelt. Ihr lebt inmitten eines »Materienkonzentrationssystems«, gewissermaßen umgeben von schwächeren Zonen, in denen sich, was ihr »Pseudomaterie« nennen würdet, behauptet. Jeder Gedanke und jedes Gefühl existieren spontan als eine einfache oder komplexe elektromagnetische Einheit – die übrigens von euren Naturwissenschaftlern noch nicht festgestellt wurde.

Die Intensität bestimmt sowohl die Stärke als auch die Dauer des physischen Bildes, in dem Gedanke oder Empfindung sich materialisiert. Bei meinem eigenen Material erkläre ich das noch eingehender. Hier möchte ich euch nur die Einsicht vermitteln, daß die euch bekannte Welt der Reflex einer inneren Realität ist.

Ihr setzt euch grundsätzlich aus denselben Bestandteilen zusammen wie ein Stuhl, ein Stein, ein Salatkopf, ein Vogel. In einem gigantischen Gemeinschaftsunternehmen arbeitet alles Bewußtsein zusammen, um die Formen hervorzubringen, die ihr wahrnehmt. Da uns dieses bekannt ist, sind wir in der Lage, unsere Umwelt und unsere eigene physische Gestalt beliebig zu wechseln, ohne durcheinander zu geraten, denn wir nehmen die ihr zugrunde liegende Realität wahr.

Wir erkennen auch, daß die Dauer der Form eine Illusion ist, weil alles Bewußtsein sich im Zustand der Wandlung befinden muß. Wir können euren Begriffen nach an mehreren Orten gleichzeitig sein, weil wir die wahre Beweglichkeit des Bewußtseins erkennen. Nun ist es so, daß ihr, wann immer ihr mit Gefühl an einen anderen Menschen denkt, ein Gegenstück zu euch selber – zwar unterhalb des Intensitätsgrades der Materie, aber doch von definitiver Gestalt – aussendet. Diese Gestalt, die aus eurem eigenen Bewußtsein hervortritt, entgeht der Aufmerksamkeit eures Ich vollkommen. Wenn ich mit Gefühl an jemand anderen denke, so tue ich das gleiche, nur befindet sich ein Teil meines Bewußtseins in dem ausgesendeten Bild und kann sich mitteilen.

Ihr könnt Pause machen.

(21.37 Uhr. Jane kam schnell aus der Trance. Der Lärm im Haus dauerte fort. Sie hatte sich während des Vortrags davon belästigt gefühlt, und ich war bei meiner Mitschrift gestört worden. Trotzdem war sie erstaunt, daß fast eine halbe Stunde vergangen war.

Um 21.56 Uhr, während sie saß und auf die Rückkunft der Trance wartete, sagte sie: »Entweder bin ich heute abend müde, oder das Haus dringt zu mir durch, jedenfalls ist es jetzt schwieriger, wieder in Gang zu kommen . . .« Fortsetzung um 21.58 Uhr.)

Umwelt ist in erster Linie eine geistige Schöpfung des Bewußtseins, die in eine Vielfalt von Formen hinausprojiziert wird. Ich habe beispielsweise ein Studierzimmer aus dem vierzehnten Jahrhundert, das ich sehr liebe. Euren physischen Begriffen nach existiert es nicht, und ich weiß sehr wohl, daß es mein eigenes, geistiges Erzeugnis ist. Trotzdem habe ich meine Freude daran und nehme oft physische Gestalt an, um an dem Schreibtisch zu sitzen und durch das Fenster in die Landschaft zu blicken.

Nun tut ihr eigentlich das gleiche, wenn ihr in eurem Wohnzimmer sitzt, nur wißt ihr es nicht; und momentan seid ihr etwas eingeschränkt. Wenn ich mit meinesgleichen zusammentreffe, dann übersetzen wir uns oftmals gegenseitig unsere Gedanken in verschiedene Gestalten und Formen, einfach, weil die Übung uns Spaß macht. Bei uns gibt es etwas, das ihr ein Gesellschaftsspiel nennen würdet und das eine gewisse Geschicklichkeit erfordert: wir unterhalten uns damit zu sehen, wer von uns einen beliebigen Gedanken in die mannigfaltigsten Formen übersetzen kann. *(Pause.)*

Es gibt solche subtilen Qualitätsunterschiede, solche Gefühlsabstufungen in der Natur jedes Gedankens, daß keiner je wie der andere ist – *(Lächeln)* und übrigens ist ja auch kein physischer Gegenstand in eurem System je ein genaues Duplikat eines anderen. Die Atome und Moleküle, aus denen jeder Gegenstand sich konstituiert, haben ihre eigene Identität, mit dem sie dem Gegenstand, den sie bilden, Farbe und Charakter verleihen.

Bei der Betrachtung eines Gegenstandes jeglicher Art habt ihr euer gesamtes Augenmerk und eure Empfänglichkeit auf Dauerndes und Gleichartiges gerichtet, und auf sehr radikale Weise schaltet ihr aus jedem gegebenen Wirklichkeitsbereich Ungleichartiges aus und überseht es. Ihr seid also in höchstem Maße selektiv; ihr nehmt bestimmte Eigenschaften wahr und ignoriert andere. Euer Körper verändert sich, zum Beispiel, nicht nur alle sieben Jahre vollständig. Er verändert sich andauernd, mit jedem Atemzug.

In euerm Fleisch sterben Atome und Moleküle immerfort ab und werden durch neue ersetzt. Die Hormone befinden sich in einem dauernden Zustand der Bewegung und Wandlung. Elektromagnetische Eigenschaften von Haut und Zellen springen und verändern sich ständig und kehren sich sogar um. Das physische Material, das noch vor einem Augenblick euren Körper konstituierte, unterscheidet sich in wesentlicher Hinsicht von dem Material, aus dem euer Körper in diesem Augenblick aufgebaut ist.

Würdet ihr der ständigen Veränderung in eurem Körper ebenso große Aufmerksamkeit zuwenden wie seiner scheinbaren Permanenz, dann würdet ihr euch wundern, daß ihr den Körper jemals als eine mehr oder weniger konstante, mehr oder weniger zusammenhängende Wesenheit habt sehen können. Selbst auf subjektiver Ebene seid ihr auf die Vorstellung eines relativ stabilen, relativ beständigen, bewußten Ich fixiert und erzeugt diese Vorstellung sogar selber. Ihr betrachtet solche Ideen und Gedanken und Attitüden aus eurer Vergangenheit, an die ihr euch erinnern könnt, als euch zugehörig und überseht jene anderen vollkommen, die einmal für euch »charakteristisch« waren und die jetzt verschwunden sind. Ihr ignoriert die Tatsache, daß sich die Gedanken nicht festhalten lassen. Der Gedanke von vorhin löst sich eurer Vorstellung nach in nichts auf.

Ihr bemüht euch, ein konstantes, relativ beständiges, physisches und subjektives Selbst aufrechtzuerhalten, um euch eine relativ konstante, relativ beständige Umwelt zu sichern. So kommt ihr ständig in die Lage, vor Veränderungen die Augen zu schließen. Doch ist es gerade das, was ihr euch anzuerkennen weigert, was euch zu einem viel tieferen Verständnis der wahren Natur der Realität, der individuellen Subjektivität und der physischen Umwelt, die euch zu umgeben scheint, verhelfen könnte.

Was wird aus einem Gedanken, nachdem er euer Bewußtsein verlassen hat? Er verschwindet nicht einfach so. Ihr könnt es lernen, ihn zu verfolgen, aber normalerweise habt ihr Angst, eure Aufmerksamkeit aus ihrer intensiven Konzentration auf die dreidimensionale Existenz zu lösen und anderswo hinzulenken. Deshalb sieht es für euch so aus, als verschwinde der Gedanke. Auch scheint es euch, als enthielte eure Subjektivität eine geheimnisvolle, unbekannte Komponente und als gäbe es sogar in eurem geistigen Leben einen heimtückischen Absturzpunkt, eine subjektive Klippe, über die Gedanken und Erinnerungen fallen, um ins Nichts zu verschwinden. Aus Selbstschutz, um eure Subjektivität vor dem Sich-verflüchtigen zu bewahren, richtet ihr, wo ihr Gefahrenzonen vermutet, verschiedene psychologische Barrieren auf. Es wird aber möglich, diese Gedanken und Empfindungen weiterzuverfolgen, wenn ihr den Standpunkt bezieht, daß eure eigene Realität sich einfach in eine andere Richtung hin fortsetzt, neben der, mit der ihr euch vorwiegend identifiziert. Dann werden diese Gedanken und Gefühle, die euer Bewußtsein verlassen haben, euch in andere Regionen führen.

Diese subjektiven Öffnungen, durch welche die Gedanken zu verschwinden scheinen, sind in der Tat so etwas wie außersinnliche Ausbuchtungen, die das euch bekannte Selbst mit anderen Erfahrungsuniversen verbinden – mit Realitäten, wo Symbole zum Leben erwachen und wo man das Potential der Gedanken nicht leugnet.

Im Traumzustand findet ein Austausch zwischen diesen anderen Realitäten und eurer eigenen statt, und eine ständige Wechselwirkung vollzieht sich zwischen beiden Systemen. Wo immer euer Bewußtsein sich zu verflüchtigen scheint oder sich eurer Kontrolle entzieht oder wo ihr an einen Punkt gelangt, da das Bewußtsein an seine Grenzen zu stoßen scheint, dort sind die Stellen, wo ihr euch selber psychologische Barrieren errichtet habt, und das genau sind die Zonen, wo eure Nachforschungen einsetzen sollten. Sonst habt ihr das Gefühl, als wäre euer Bewußtsein in eurem Schädel eingesperrt, unbeweglich und eingeengt, und jeder verlorene Gedanke, jede vergessene Erinnerung wird dann zu einem kleinen symbolischen Tod. Und das ist nicht der Fall.

Ich schlage vor, ihr macht Pause.

(22.36 Uhr. Janes Trance war diesmal tiefer gewesen; keine Geräusche hatten sie gestört. Fortsetzung um 22.52 Uhr.)

So, und damit beenden wir das Diktat für heute abend.

(Seth ging nun kurz auf ein Erlebnis außerkörperlicher Erfahrung ein, das Jane gestern nachmittag gehabt hatte.)

Und damit möchte ich die Sitzung mit meinen herzlichsten Grüßen für euch beide beenden; und darf ich Ruburt noch einmal an meinen Vorschlag bezüglich des Bettes erinnern.

Und nun guten Abend.

(»Gute Nacht, Seth.«)

(23.05 Uhr. Siehe die 519. Sitzung, da Seth vorschlug, daß wir unser Bett in nord-südlicher Richtung umstellen. Wir haben das noch nicht gemacht.

Jane liest immer noch Seths Material für dieses Buch. Ihre Besorgnis hat merklich nachgelassen, doch ihr Interesse ist so lebhaft wie je.)

4
Reinkarnationsdramen

Sitzung 521, Montag, den 30. März 1970

(Jane begann mit ihrer Durchschnittsstimme, in zügigem Tempo und mit einigen Pausen zu sprechen. 21.08 Uhr.) Guten Abend.

(»Guten Abend, Seth.«)

Wir beginnen jetzt unser nächstes Kapitel. Es ist, glaube ich, Kapitel vier.

(»Ja.«)

Eure eigene Umwelt umfaßt weit mehr, als ihr euch vorgestellt habt. Weiter oben sprach ich von eurer Umwelt im Sinne eurer alltäglichen Existenz und der Umgebung, mit der ihr momentan in Verbindung steht. In Wirklichkeit habt ihr von eurer größeren, umfassenderen Umwelt nur wenig Ahnung. Stellt euch euer gegenwärtiges Selbst als einen Schauspieler in einem Theaterstück vor; diese Analogie ist zwar nicht neu, aber treffend. Das Stück spielt im zwanzigsten Jahrhundert. Kulissen, Szenerie und Thema entwerft ihr selber; ja, ihr seid für dieses Stück Autor, Regisseur und Schauspieler in einer Person – ihr und jedes andere Individuum, das mitspielt.

Ihr seid jedoch dermaßen auf eure Rollen fixiert, derart gefesselt von eurer selbstgeschaffenen Realität, so absorbiert von den Problemen, Prüfungen, Hoffnungen und Sorgen eurer jeweiligen Rollen, daß ihr sie nicht mehr als eure eigene Schöpfung erkennt. Mit solch einem tiefbewegenden Drama samt seinen Freuden und Tragödien läßt sich euer gegenwärtiges Leben, eure gegenwärtige Umwelt vergleichen, und zwar individuell wie auch en masse.

Aber gleichzeitig gehen noch andere Stücke über die Bühne, in denen ihr ebenfalls eine Rolle zu spielen habt. Auch diese haben ihre eigenen Kulissen, ihre eigene Szenerie. Sie spielen in anderen Zeitaltern. Eins könnte »Leben im zwölften Jahrhundert«, ein anderes »Leben im achtzehnten Jahrhundert« oder »im Jahre 500 v. Chr.« oder »im Jahre 3000 n. Chr.« heißen. Auch diese Stücke schreibt ihr und spielt eure Rolle darin. Diese Szenerien stellen ebenso eure Umwelt dar, die Umwelt, die eure Gesamtpersönlichkeit umgibt.

Ich spreche jedoch von dem Teil von euch, der an diesem spezifischen Zeitstück teilnimmt, und dieser spezifische Teil eurer Gesamtpersönlichkeit ist derart in dieses Drama verstrickt, daß er die anderen Dramen vergißt, in denen er ebenfalls auftritt. Ihr versteht nichts von eurer eigenen multidimensionalen Realität; darum erscheint es euch sonderbar und unglaubwürdig, wenn ich euch sage, daß ihr viele Leben gleichzeitig lebt. Es fällt euch schon schwer, euch vorzustellen, daß ihr an zwei Stellen zur gleichen Zeit sein könntet, geschweige denn, daß ihr in zwei oder mehr Zeiten oder Zeitaltern lebt.

Um eine einfache Feststellung zu machen: die Zeit ist keine Reihe von Augenblicken. Die Worte, die ihr sprecht, die Handlungen, die ihr begeht, scheinen sich in der Zeit zu entfalten, ebenso wie ein Stuhl oder Tisch Raum einzunehmen scheint. Solche Scheinbarkeiten sind jedoch Teil der komplizierten Bühnenausstattung, die ihr »im voraus« aufgestellt habt und die ihr im Rahmen des Stückes als real annehmen müßt.

Vier Uhr nachmittags ist ein sehr praktischer Bezugspunkt. Ihr könnt zu einem Freund sagen: »Ich werde dich um vier Uhr an der Ecke treffen« oder in einem Restaurant zu einem Drink oder zu einem Schwatz oder einem gemeinsamen Mahl, und euer Freund wird dann genau wissen, wo und wann er euch finden wird. Dies geschieht, obgleich vier Uhr nachmittags eigentlich keine Bedeutung hat und es sich dabei nur um ein »Übereinkommen« oder, wenn ihr so wollt, ein Gentlemen's Agreement handelt. Wenn ihr um neun Uhr abends im Theater einer Aufführung beiwohnt, die Handlung aber in den Morgenstunden spielt und die Schauspieler beim Frühstück gezeigt werden, dann nehmt ihr die Zeit als innerhalb des Theaterstücks gegeben an. Ihr tut dann auch so, als wäre es Morgen.

Jeder von euch ist momentan in eine Aufführung viel größeren Ausmaßes verwickelt, bei der ihr euch alle über gewisse Grundvoraussetzungen einig geworden seid, die den Rahmen abgeben, innerhalb dessen das Stück stattfinden kann. Die Voraussetzungen sind, daß die Zeit eine Reihe von aufeinander folgenden Augenblicken ist, daß eine objektive Welt unabhängig von eurer eigenen Schöpfung und Wahrnehmung existiert, daß ihr an eure physischen Körper, die ihr angelegt habt, gebunden seid und daß euch durch Raum und Zeit Grenzen gesteckt sind.

Zu anderen, aus den gleichen Gründen gemachten Voraussetzungen gehört die Idee, daß euch alle Wahrnehmung durch die körperlichen Sinne zukommt; mit andern Worten: daß alle Information von außen kommt und keine von innen kommen kann. Ihr seid deshalb genötigt, euch auf die Handlung des Stückes mit aller Intensität zu konzentrieren. Diese verschiedenen Schauspiele, diese schöpferischen Zeitstücke repräsentieren nun das, was ihr Reinkarnationsleben nennen würdet. Sie finden grundsätzlich alle zur gleichen Zeit statt. Diejenigen, die noch in diese hochkomplizierten Passionsspiel-Folgen, die sich Reinkarnationsleben nennen, verstrickt sind, haben Mühe, darüber hinauszusehen. Andere, die sich zwischen den Aufführungen sozusagen ausruhen, versuchen, sich den noch am Spiel Beteiligten mitzuteilen; aber auch sie finden sich gewissermaßen nur in den Kulissen und sehen nur so weit und nicht weiter.

Die Stücke scheinen nacheinander über die Bühne zu gehen, und so scheinen diese Mitteilungen die falsche Vorstellung, daß die Zeit eine Reihe von Augenblicken ist und sich in gerader Linie von einem unvorstellbaren Anfang bis zu einem gleichfalls unvorstellbaren Ende erstreckt, noch zu verstärken.

Sind deine Finger müde?

(»Nein.« Es ist 21.42 Uhr.)

Dies verleitet euch dann dazu, im Sinne eines sehr begrenzten Fortschritts zu denken, sowohl was das Einzelindividuum als auch was die Menschheit als ganzes betrifft. Diejenigen unter euch, die Reinkarnation auch nur in Betracht ziehen, denken: »Ganz bestimmt muß die Menschheit seit dem Mittelalter Fortschritte gemacht haben«, obgleich sie insgeheim fürchten, daß dies doch nicht der Fall sein könnte; oder ihr beruft euch auf den technischen Fortschritt und sagt: »Wenigstens in dieser Hinsicht haben wir es weit gebracht.«

Ihr lächelt vielleicht bei der Vorstellung, ein römischer Senator könnte, beispielsweise, die Menge durch ein Mikrophon anreden und seine Kinder könnten seinen Auftritt über das Fernsehen beobachten. Aber dies alles ist irreführend. Es gibt keinen Fortschritt in eurem Sinne, ebensowenig wie es Zeit in eurem Sinne gibt.

In jedem Schauspiel, individuell und en masse, gibt es bestimmte Problemstellungen. Fortschritt kann danach bemessen werden, inwieweit jene Probleme gelöst oder nicht gelöst worden sind. Große Fortschritte sind in bestimmten Epochen erzielt worden. Zum Beispiel hat es da bedeutende Ausläufer gegeben, die euch, von eurem Blickwinkel aus, vielleicht gar nicht als Fortschritt vorkommen würden.

Ihr könnt Pause machen.

(21.51 Uhr. Jane kam schnell aus der Trance. »Uff«, sagte sie, »darüber wird Seth einiges zu sagen haben – ich spüre es hier.« Sie berührte ihre Stirn. »Ich werde immerfort von etwas überflutet, was ich nicht mit Worten ausdrücken kann; verstehst du mich? Aber er wird es für uns aufteilen.«

»Es ist komisch«, fuhr sie fort, »ich fühle mich heute abend medial gar nicht sonderlich stark, aber das Material ist gut. Das ist schon früher so gewesen. Wenn jemand hier ist, den ich nicht mag oder der mir aus irgendeinem Grunde die Stimmung verdirbt, dann gibt es keine Sitzung – das Material kommt nicht durch. Aber wenn wir hier allein sind, muß ich mich nicht medial disponiert fühlen; das Material kommt durch, ganz gleich, was passiert, und es ist immer gut.«

Jane fuhr um 22.15 Uhr in langsamerem Tempo fort.)

Nun – *(humorvoll)* übrigens brauchst du das nicht zu Papier zu bringen. Die »Nun«, mit denen ich meine Sätze beginne, sind meist nur ein Stichwort für dich und müssen nicht unbedingt mit zum Manuskript gehören.

(»O. k. Ich verstehe.«)

Nun *(humorvoll und lauter):* Allgemein gesprochen kann in manchen Stücken jeder Schauspieler an einem scheinbar winzigen Teil einer größeren Problematik arbeiten, die das Stück lösen soll.

Obgleich ich mich hier der Analogie des Dramas bediene, sind diese Stücke höchst spontane Angelegenheiten, bei denen die Akteure innerhalb des Rahmens des Stückes volle Freiheit genießen. Und oben erwähnte Vereinbarungen vorausgesetzt, gibt es keine Theaterproben. Es gibt jedoch Beobachter, wie ihr noch später in unserem Buch sehen werdet. Wie bei jeder guten Schauspielaufführung ist in jedem Stück ein Grundthema vorhanden. So sind große Künstler beispielsweise aus bestimmten Epochen nicht einfach deshalb hervorgegangen, weil sie hineingeboren wurden oder weil die Verhältnisse dafür günstig waren.

(Seth zufolge wählt jedes Individuum Zeit und Ort eines jeden »Lebens« in seinem Reinkarnationszyklus selber aus.)

Das Stück als solches hat dann mit der Verwirklichung intuitiver Wahrheit durch was ihr künstlerische Form nennen würdet zu tun, mit einer Kreativität so gewaltigen und weittragenden Ausmaßes, daß sie in jedem der Akteure latente Fähigkeiten erwecken und vorbildhaft wirken kann.

Zeitalter der Wiedergeburt – geistiger, künstlerischer oder psychischer Art – treten auf, weil die intensive, innere Konzentration der Mitspieler im Drama auf solche Ziele gerichtet ist. Die Aufgabe mag in jedem Stück eine andere sein, doch die großen Themen wirken auf alles Bewußtsein wie Signalfeuer. Sie liefern die Vorbilder.

Fortschritt hat nämlich nichts mit Zeit zu tun, sondern mit psychischer und geistiger Zielrichtung. Jedes Stück ist vollkommen anders als jedes andere. Es ist daher unrichtig zu vermuten, daß eure Handlungen in diesem Leben von einem früheren Leben verursacht werden oder daß ihr in diesem Leben die Verbrechen eines früheren Lebens abbüßen müßt. Die Leben sind gleichzeitig.

Eure eigene multidimensionale Persönlichkeit ist so beschaffen, daß sie durch diese Erfahrungen gehen und dennoch ihre Identität wahren kann. Sie wird natürlich von den verschiedenen Stücken, in denen sie auftritt, in Mitleidenschaft gezogen. Es findet eine augenblickliche Kommunikation oder, wenn euch das lieber ist, ein Feedback statt.

Diese Schauspiele sind schwerlich ohne Sinn. In ihnen lernt die multidimensionale Persönlichkeit aus ihren eigenen Handlungen. Sie probiert eine endlose Reihe von Positionen, Verhaltensmustern, Einstellungen aus und ersetzt sie durch andere, als eine Folge dieser Versuche.

Das Wort »Folge« läßt automatisch an Ursache und Wirkung denken – wobei die Ursache der Wirkung vorausgeht, und dies ist einfach ein kleines Beispiel für das Ausmaß solcher Entstellungen wie für die immanenten Schwierigkeiten, die mit der verbalen Gedankenfolge einhergehen, weil sie immer eine eingleisige Darstellung erfordert.

Ihr seid das multidimensionale Selbst, das diese Leben lebt, das diese kosmischen Passionsspiele hervorbringt und handelnd in ihnen auftritt. Es ist bloß, weil ihr euch jetzt auf diese spezifische Rolle so konzentriert, daß ihr euer ganzes Sein damit identifiziert. Ihr habt euch diese Regeln aus gutem Grunde aufgestellt. Und das Bewußtsein befindet sich im Zustand des Werdens, und infolgedessen zeigt dieses multidimensionale Selbst, von dem ich rede, auch keine für immer fertige, psychologische Struktur. Es ist gleichfalls im Werden begriffen.

Es lernt die Kunst der Verwirklichung. Es verfügt über einen unerschöpflichen Reichtum an Kreativitätsquellen und Entwicklungsmöglichkeiten. Doch muß es erst die Mittel finden, diesen Reichtum zu verwirklichen, und muß in sich die Fähigkeiten entwickeln, jenen unsäglichen Schöpfungen, die in ihm sind, zum Leben zu verhelfen.

Aus diesem Grunde schafft es Bedingungen verschiedenster Art, um sich darin zu bewähren, und stellt sich selber Aufgaben, von denen manche, euren Begriffen nach, zumindest anfänglich zum Scheitern verurteilt sind, weil nämlich erst die Bedingungen geschaffen werden müssen, unter denen Neuschöpfung möglich wird. Und all dies geschieht mit großer Spontaneität und unbändiger Freude.

Ihr bringt demnach viel mehr Umwelt hervor, als ihr wißt. Nun hat jeder Schauspieler, während er seiner Rolle nachgeht und sich auf das Stück konzentriert, eine innere Richtlinie. Er bleibt sich also nicht einfach selbst überlassen in einem Spiel, das er über seiner eigenen Schöpfung vergißt. Es sind ihm Kenntnisse und Informationen zugänglich, die ihm durch was ich die inneren Sinne nennen würde zukommen.

(22.39 Uhr. Lange Pause.) Es stehen somit mehr Informationsquellen zu seiner Verfügung als die im engen Rahmen der Aufführung gegebenen. Jeder Schauspieler weiß dies auch instinktiv, und es sind innerhalb des Schauspiels Ruhepausen eingeplant und vorgesehen, in denen er sich zurückziehen und erholen kann. Während dieser Pausen wird er von seinen inneren Sinnen über seine anderen Rollen ins Bild gesetzt, und er erkennt, daß er viel mehr ist als nur das Selbst, das in dem jeweiligen Stück auftritt.

Zu diesen Zeiten wird ihm klar, daß er beim Verfassen des Stückes seine Hand im Spiel gehabt hat, und er ist befreit von den Vereinbarungen, die, während er am Drama aktiv beteiligt ist, bindend für ihn sind. Solche Zeiten fallen natürlich mit euren Schlaf- und Traumzuständen zusammen; doch gibt es auch andere Zeiten, da jeder Schauspieler klar erkennt, daß er von Bühnenstaffage umgeben ist, und wo die Erkenntnis plötzlich die scheinbare Realität der Aufführung durchbricht.

Dies bedeutet nicht, daß das Stück etwa nicht real wäre, oder daß man es nicht ernst nehmen sollte. Es bedeutet, daß die Rolle – eine wichtige Rolle – gespielt werden muß. Jeder Schauspieler muß jedoch aus sich selbst heraus zu der Einsicht gelangen, welcher Art das Stück ist, das aufgeführt wird, und welche Rolle er darin spielt. Er muß sich innerhalb der dreidimensionalen Schranken der Szenerie des Stückes verwirklichen.

Hinter solchen bedeutenden Aufführungen steht immer sehr viel Kooperation, und, indem der Akteur seine Rolle spielt, verwirklicht er sich innerhalb der dreidimensionalen Realität zuerst einmal selbst. Die multidimensionale Persönlichkeit kann sich innerhalb der dreidimensionalen Realität nicht entfalten, solange sie nicht einen Teil ihrer selbst materialisiert hat. Kannst du mir folgen?

(»Ja.«)

Innerhalb dieser Realität setzt sie dann alle möglichen schöpferischen Entwicklungen in Gang, die andernfalls nicht stattfinden könnten. Dann muß sie jedoch von diesem System mit Hilfe eines weiteren Verwirklichungsaktes auf seiten des Teiles von ihr, der dreidimensional ist, weiter vorstoßen.

Während ihrer dreidimensionalen Existenz hilft sie anderen auf Weisen, die sich anders nicht hätten verwirklichen lassen, und wird in ihrer eigenen Entwicklung auf Weisen gefördert, die sonst unmöglich gewesen wären.

Ich schlage vor, ihr macht Pause.

(22.55 Uhr. Janes Trance war tief gewesen. Fortsetzung um 23.02 Uhr.)

Der Sinn des Stückes liegt daher in euch selber. Es ist nur der bewußte Teil eurer selbst, der so gut schauspielert und sich an die Staffage des Schauspiels so klammert.

Der Sinn des Lebens ist jedem einzelnen zugänglich; unterhalb der Oberfläche seines Bewußtseins weiß er darum. Außerdem werden alle möglichen Winke und Fingerzeige gegeben. Euch steht das Wissen eurer gesamten multidimensionalen Persönlichkeit zur Verfügung. Wenn ihr dies einmal begreift, dann wird euch das in die Lage versetzen, die Probleme und Aufgaben, die ihr euch gestellt habt, in eurem Sinne schneller zu lösen; außerdem werden hierdurch eurer Schaffenskraft weitere Wirkungsbereiche eröffnet, und das ganze Stück oder die Aufführung profitiert davon.

In dem Maße, in dem ihr daher euer bewußtes Selbst eurem intuitiven Wissen um das multidimensionale Selbst öffnet, in dem Maße wird sich nicht nur eure schauspielerische Leistung in dem Stück verbessern, sondern werdet ihr auch die ganze Dimension durch Energien, Einsichten und eigene Schöpfungen bereichern.

Nun kommt es euch natürlich so vor, als wäret ihr der einzige bewußte Teil eurer selbst, denn ihr seid ja mit dem Schauspieler in dieser speziellen Aufführung identifiziert. Die anderen Teile eurer multidimensionalen Persönlichkeit, die in den anderen Reinkarnationsdramen auftreten, sind aber gleichfalls bewußt. Und weil ihr ein multidimensionales Bewußtsein seid, deshalb seid »ihr« auch in anderen Realitäten, neben dieser einen, bewußt.

Eure multidimensionale Persönlichkeit, eure wahre Identität, das wirkliche Selbst ist sich seiner selbst in allen seinen Rollen bewußt.

Diktatende. Nun gebt mir einen Augenblick Zeit.

(Nach einer Pause fuhr Seth fort, indem er uns ein paar persönliche Fragen beantwortete.)

Habt ihr noch weitere Fragen?

(»Nein, ich glaube nicht. Es wird spät.«)

Dann werde ich in der Tat die Sitzung aufheben mit meinen herzlichsten Grüßen für euch beide.

(»Gute Nacht, Seth, und vielen Dank.«)

(23.24 Uhr. Seths Arbeit an seinem Buch war inzwischen ein natürlicher Bestandteil unseres Programmes geworden. Er hatte auch angefangen, von der Gliederung, die er in der 510. Sitzung am 10. Januar

1970 gegeben hatte, leicht abzuweichen, aber das hatten wir erwartet. Seth ist selbstverantwortlich, meinte Jane. Viele Leute wußten inzwischen von seinem Buch.)

Sitzung 522, Mittwoch, den 8. April 1970

(21.13 Uhr.) Guten Abend.

(»Guten Abend, Seth.«)

Fahren wir fort.

Diese »Zeitstücke« dienen allesamt einem bestimmten Zweck. Es liegt in der Natur des Bewußtseins, daß es sich in möglichst vielen Dimensionen zu materialisieren sucht, um aus sich selber immer neue Bewußtseinsebenen, neue Verzweigungen hervorzubringen. Auf solche Weise schafft es alle Realität. Realität ist daher immerfort im Werden begriffen. Die Gedanken, die ihr beispielsweise in euren Rollen als Schauspieler denkt, sind immer vollkommen einmalig und führen zu neuer Kreativität. Gewisse Aspekte eures eigenen Bewußtseins könnten auf keine andere Weise Erfüllung finden.

Wenn ihr an Reinkarnation denkt, so stellt ihr euch eine Reihe von Fortschritten vor. Statt dessen wachsen die verschiedenen Existenzen aus der Substanz eures inneren Selbst hervor. Sie werden nicht durch irgendeine äußere Macht über euch verhängt. Sie stellen eine materielle Entwicklung dar, während euer Bewußtsein sich öffnet und sich auf möglichst viele Weisen auszudrücken versucht. Dies bleibt nicht auf ein dreidimensionales Leben beschränkt, und auch nicht allein auf die dreidimensionale Existenzform.

Euer Bewußtsein nimmt also viele Formen an, und diese Formen brauchen einander nicht ähnlicher zu sein als die Raupe dem Schmetterling. Die Seele oder Wesenheit genießt vollkommene Ausdrucksfreiheit. Sie verändert ihre Gestalt, um dem Ausdruck zu genügen. Sie baut ihre Umgebungen wie Kulissen auf und konstruiert Welten, die ihr zweckdienlich sind. Jede Szenerie, die sie schafft, gibt Anstoß zu neuen Entwicklungen.

(Jane hielt hier sehr viel häufiger inne.) Die Seele oder Wesenheit ist hochindividualisierte geistige Energie. Sie gestaltet jeden Körper, mit dem ihr euch jetzt bekleidet, und ist die treibende Kraft hinter eurer physischen Fortexistenz, denn von ihr kommt all eure Vitalität. Das Bewußtsein kann niemals ruhen, sondern muß immerfort neue Schöpfungen anstreben.

Die Seele oder Wesenheit überträgt also ihre eigenen Merkmale auf die dreidimensionale Realität. Die Fähigkeiten der Wesenheit sind in dem dreidimensionalen Selbst angelegt. Das dreidimensionale Selbst (der Schauspieler) hat Zugang zu deren Wissen und Potential. Indem das dreidimensionale Selbst dieses Potential nutzen lernt und seine Beziehung zu der Wesenheit wiederentdeckt, kann es das Niveau seiner Leistungen, seines Verständnisses und seiner Kreativität heben. Das dreidimensionale Selbst wird dann mehr, als es selber weiß.

Nicht allein wird die Wesenheit hierdurch gestärkt, sondern sie wird auch durch diejenigen Teile ihrer selbst, die sich in der dreidimensionalen Existenz verwirklicht haben, an Qualität und Substanz gemehrt. Ohne diese Kreativität würde das Leben auf eurem Planeten steril sein. Die Seele oder Wesenheit gibt also dem Körper und dem dreidimensionalen Selbst, das dieser beherbergt, den Lebenshauch. Das dreidimensionale Selbst hat dann die Aufgabe, der Kreativität neue Wirkungsbereiche zu erschließen.

Mit andern Worten: die Wesenheit oder Seele sendet Teile ihrer selbst aus, damit sie der Realität neue Wege bereiten, die es sonst nicht gegeben hätte.

Die dreidimensionalen Persönlichkeiten müssen, während sie in diesen Realitäten leben, ihre Aufmerksamkeit völlig darauf konzentrieren. Ein inneres Bewußtsein dient ihnen dabei als Kraft- und Energiequelle. Sie müssen jedoch »am Ende« durch ihre Rollen selber zu einem Verständnis ihrer Schauspielerrolle gelangen und müssen alsdann mit Hilfe eines weiteren Verständnisaktes zur Wesenheit zurückkehren.

Es gibt freilich auch solche, die in diesen Schauspielen völlig bewußt auftreten. Diese Persönlichkeiten übernehmen ihre Rollen freiwillig und in dem Bewußtsein, daß es nur Rollen sind, um andere zu der notwendigen Einsicht und Entwicklung zu führen. Sie bringen die Schauspieler dazu, über ihr selbstgeschaffenes Ich und die selbstgeschaffenen Kulissen hinauszublicken. Diese Persönlichkeiten, die zu euch von anderen Existenzebenen kommen, beaufsichtigen gewissermaßen das Schauspiel, indem sie sich unter die Schauspieler mischen. Ihr Anliegen ist es, dem dreidimensionalen Selbst jene psychologischen Pforten zu öffnen, die ihm den Weg zu weiteren Entwicklungen in einem anderen Realitätssystem freigeben.

Ihr könnt jetzt Pause machen; wir fahren dann fort.

(21.50 Uhr. Janes Trance war relativ leicht gewesen. Fortsetzung um 21.58 Uhr.)

Ihr lernt es jetzt, Mitschöpfer zu sein. Ihr lernt es, Götter zu sein in dem Sinne, wie ihr das Wort heute versteht. Ihr lernt Verantwortlichkeit – die Verantwortlichkeit, die zu jedem individualisierten Bewußtsein gehört. Ihr lernt es, die Energie, die ihr selber seid, schöpferisch einzusetzen.

Ihr werdet auch künftig an die gebunden sein, die ihr liebt und die ihr haßt, aber ihr werdet es lernen, den Haß loszulassen, zu verlieren und zu zerstreuen. Ihr werdet es lernen, selbst den Haß noch schöpferisch zu nutzen, ihn höheren Zwecken zuzuführen und ihn schließlich in Liebe umzuwandeln. Ich werde dies in späteren Kapiteln noch genauer erklären.

Die Szenerie eurer physischen Umwelt, das manchmal reizvolle Drum und Dran, die körperlichen Aspekte des Lebens, das ihr kennt, all das ist Tarnung, und so nenne ich eure physische Realität eine Tarnung. Und dennoch geht diese Tarnung aus der Vitalität des Universums hervor. Felsen und Steine und Berge und Erde sind eine vitale Tarnung, eine sich durchdringende, psychische Gewebestruktur, die aus winzigen Bewußtseinseinheiten zusammengesetzt ist, die ihr als solche nicht wahrnehmen könnt. In ihnen haben Moleküle und Atome ihr eigenes Bewußtsein, genau wie die Moleküle und Atome in eurem eigenen Körper.

Da ihr alle bei dem Aufbau dieser physischen Szenerie eine Hand mit im Spiel habt und da ihr selber in einer physischen Form steckt, so seht ihr, wenn ihr eure physischen Sinne gebraucht, lediglich diese phantastische Bühnenstaffage. Die Realität, die sowohl in ihr als auch über sie hinaus existiert, entgeht euch. Selbst der Schauspieler ist jedoch nicht ausschließlich dreidimensional. Er ist Teil eines multidimensionalen Selbst.

Er hat in sich ein Wahrnehmungssystem, das es ihm erlaubt, durch die Tarnungskulissen hindurch und hinter die Bühne zu sehen. Er macht von diesen inneren Sinnen ständig Gebrauch, obwohl der Schauspieleranteil in ihm sosehr in das Stück vertieft ist, daß er es nicht bemerkt. Im großen und ganzen erschaffen die physischen Sinne die Realität, die sie nur wahrzunehmen scheinen. Sie sind selber ein Teil jener Tarnung, aber sie sind wie Brillengläser, die über eurer natürlichen, inneren Wahrnehmung sitzen und euch dazu zwingen, vorhandene Aktivitätsbereiche als physische Materie zu »sehen«; und so könnt ihr euch auf ihre Wiedergabe der Geschehnisse nur in oberflächlichem Sinne verlassen. Sie werden euch über die Position der anderen Schauspieler oder über die Uhrzeit aufklären, aber sie werden euch nicht verraten, daß die Zeit selber Tarnung ist, oder, daß das Bewußtsein die anderen Schauspieler formt, oder, daß Realitäten, die ihr nicht sehen könnt, über die physische Materie, die sosehr im Vordergrund steht, hinaus existieren.

Ihr könnt jedoch durch den Gebrauch eurer inneren Sinne die Realität, wie sie wirklich und unabhängig von dem Schauspiel und eurer Rolle darin existiert, wahrnehmen. Um dieses aber zu erreichen, müßt ihr zumindest vorübergehend eure Aufmerksamkeit von der ständig sich entfaltenden Aktivität abwenden – die physischen Sinne sozusagen abstellen – und sie jenen Vorgängen zuwenden, die euch sonst entgangen sind.

Stark vereinfacht ausgedrückt, würde die Wirkung eine ähnliche sein, wie wenn ihr eine Brille gegen eine andere austauschen würdet, denn die physischen Sinne sind im Grunde genommen für das innere Selbst ebenso künstlich wie Brille oder Hörgerät für das physische Selbst. Von den inneren Sinnen wird somit nur selten ein vollständig bewußter Gebrauch gemacht.

Ihr wäret beispielsweise mehr als desorientiert, ihr wäret vielmehr zutiefst erschrocken, wenn von einem Augenblick zum anderen eure euch vertraute Umwelt plötzlich verschwände und durch ein anderes Datensystem ersetzt würde, auf das ihr verständnismäßig nicht vorbereitet wäret. Daher muß ein Großteil der Informationen, die euch über die inneren Sinne zukommen, in Begriffe übersetzt werden, die euch verständlich sind. Solche Informationen müssen mit andern Worten für euch als dreidimensionale Wesen irgendwie sinnvoll sein.

Euer besonderes Tarnungssystem ist nämlich nicht das einzige, müßt ihr wissen. Andere Realitäten haben völlig andere Systeme, aber alle Persönlichkeiten sind mit inneren Sinnen ausgestattet, die das Kennzeichen allen Bewußtseins sind, und durch diese inneren Sinne wird eine innere Kommunikation unterhalten, von der das normale, bewußte Selbst wenig weiß. Es gehört zu meinen Obliegenheiten, euch mit einigen dieser Kommunikationsformen bekanntzumachen.

Die Seele oder Wesenheit ist demnach nicht mit dem Selbst, das dieses Buch liest, identisch. Eure Umwelt ist nicht allein die euch vertraute, euch umgebende Welt, sondern sie wird gleichfalls von den Umwelten früherer Leben gebildet, auf die ihr gegenwärtig nicht eingestellt seid. Eure wirkliche Umwelt besteht aus euren Gedanken und Gefühlen, denn aus diesen formt ihr nicht allein diese Realität, sondern jede Realität, an der ihr teilhabt.

Eure wirkliche Umwelt weiß nichts von Raum und Zeit, wie ihr sie kennt. In eurer wirklichen Umwelt werden keine Worte benötigt, denn alle Kommunikation ist unmittelbar. In eurer wirklichen Umwelt schafft ihr die euch bekannte physische Welt.

Die inneren Sinne erlauben es euch, die Realität wahrzunehmen, die von der physischen Form unabhängig ist. Ich werde euch daher alle gleich auffordern, eure Rollen für einen Augenblick niederzulegen und diese einfache Übung zu versuchen.

Jetzt könnt ihr Pause machen.

(22.36 Uhr. Janes Trance war diesmal tiefer gewesen. »Ich weiß, daß ich das erste Mal nicht so tief drin war«, sagte sie, »weil ich die Sirene gehört habe.« Ein Feuerwehrauto war gegen 21.30 Uhr ein paar Straßen von unserem Haus entfernt vorbeigefahren. Erst jetzt dachte sie daran, mir zu sagen, daß sie es gehört hatte. »Ich mache mir Sorgen, wenn ich so etwas höre, während Seth sein Buch schreibt. Ich möchte nichts verpfuschen . . .«

Fortsetzung um 22.53 Uhr.)

Nun stellt euch vor, ihr seid auf einer erleuchteten Bühne, und die Bühne ist der Raum, in dem ihr jetzt sitzt. Schließt die Augen und stellt euch vor, daß die Lichter erloschen, die Kulissen verschwunden sind und ihr allein seid.

Alles ist dunkel. Ihr seid ruhig. Nun stellt euch eure inneren Sinne so lebhaft wie möglich vor. Tut für den Augenblick so, als würden sie euren physischen Sinnen entsprechen. Schiebt alle Gedanken und Sorgen von euch. Horcht ganz behutsam nicht so sehr auf die physischen Laute als auf die Laute, die über die inneren Sinne zu euch dringen.

Stellt euch vor, daß ihr euer ganzes Leben für diese Welt blind gewesen seid und euch jetzt langsam in ihr zu orientieren beginnt. Beurteilt nicht die ganze innere Welt nach den zusammenhanglosen Bildern, die ihr vielleicht zuerst wahrnehmt, oder nach den Lauten, die ihr zuerst hört, denn ihr werdet von euren inneren Sinnen noch einen höchst unvollkommenen Gebrauch machen.

Führt diese einfache Übung ein paar Minuten lang vor dem Einschlafen oder im Ruhezustand durch. Sie kann auch während einer gewöhnlichen Arbeitsverrichtung durchgeführt werden, die nicht eure ganze Aufmerksamkeit erfordert.

Ihr lernt einfach, euch auf eine neue Bewußtseinsdimension einzustellen, so als machtet ihr schnelle Schnappschüsse in unbekannter Umgebung. Denkt daran, daß es sich dabei nur um Augenblicksaufnahmen handeln wird. Nehmt sie einfach hin und versucht nicht, in diesem Stadium Allgemeinurteile zu fällen oder Deutungen vorzunehmen.

Zehn Minuten pro Tag sind für den Anfang vollkommen ausreichend. Nun werden die Informationen in diesem Buch zu einem gewissen Grade durch die inneren Sinne der Frau geleitet, die, während ich es schreibe, sich in Trance befindet. Solch ein Unternehmen ist das Ergebnis von hochorganisierter, innerer Präzision und von Übung. Ruburt könnte diese Informationen nicht von mir empfangen, sie könnten von ihm nicht übersetzt und gedeutet werden, wenn er dabei intensiv auf seine physische Umwelt eingestellt wäre. So sind die inneren Sinne also Leitungen, die verschiedenen Existenzdimensionen als Kommunikationsmittel dienen. Und doch müssen die Informationen zu einem gewissen Grade selbst hierbei entstellt werden, weil sie in physische Begriffe übersetzt werden müssen. Sonst könnten sie gar nicht aufgenommen werden.

Diktatende. Habt ihr Fragen?

(»Nichts Spezielles, glaube ich.«)

Wann immer ihr eine weniger förmliche Sitzung wünscht oder Fragen habt, laßt es mich wissen.

(»Ganz gewiß.«)

(Humorvoll:) Ich bin gerne bereit, mir bei meinen Schriftstellerpflichten eine kleine Pause zu gönnen.

(»Ich weiß.«)

Meine herzlichsten Wünsche denn, und einen schönen guten Abend.

(»Guten Abend, Seth. Und vielen herzlichen Dank.« 23.10 Uhr.)

Sitzung 523, Montag, den 13. April 1970

(21.13 Uhr.) Guten Abend.

(»Guten Abend, Seth.«)

Bringen wir Kapitel vier zum Abschluß.

(»Schön.«)

Ich habe einige Zeit darauf verwendet, die Tatsache zu verdeutlichen, daß jeder von uns seine eigene Umwelt erschafft, nämlich weil ich euch zeigen wollte, daß die Verantwortung für euer Leben und eure Umwelt auf euren eigenen Schultern ruht.

Wenn ihr etwas anderes glaubt, dann engt ihr euch ein; eure Umwelt stellt dann die Gesamtsumme des Wissens und der Erfahrung dar. Solange ihr glaubt, daß eurer Umwelt eine objektive und von euch unabhängige Existenz zukommt, fühlt ihr euch weitgehend unfähig, sie zu verändern, über sie hinauszublicken oder euch andere Alternativen vorzustellen, die weniger auf der Hand liegen. Ich werde an späterer Stelle verschiedene Methoden aufzeigen, mit deren Hilfe es möglich wird, die Umwelt drastisch und positiv umzugestalten.

Ich habe auch die Reinkarnation im Rahmen der Umwelt besprochen, weil nämlich viele philosophische Schulen die Auswirkungen von Reinkarnationsexistenzen überbetonen, indem sie oftmals die Umstände des gegenwärtigen Lebens als ein Ergebnis von starren und kompromißlosen Mustern erklären, die in einem »früheren« Leben festgelegt wurden. Ihr werdet euch relativ unfähig fühlen, mit der jetzigen physischen Realität fertig zu werden, eure Umgebung umzugestalten und auf die Welt verändernd einzuwirken, wenn ihr das Gefühl haben müßt, daß ihr Verhältnissen ausgeliefert seid, über die ihr keine Kontrolle habt.

Die Gründe, die für solche Sklaverei vorgebracht werden, sind auf die Dauer unwesentlich, denn sie ändern sich mit der Zeit und der Kultur. Das Damoklesschwert von Erbsünde, Kindheitserlebnissen oder Erfahrungen früherer Existenzen hängt aber nicht über euch. Euer Leben mag vielleicht weit weniger erfüllt sein, als euch lieb wäre. Ihr seid vielleicht weniger, wo ihr gerne mehr wäret, aber ihr lebt nicht unter einer Wolke, die durch Erbsünde, Freuds frühkindliche Syndrome oder Einflüsse aus früheren Leben über eure Psyche verhängt ist. Ich will versuchen, die Einflüsse aus früheren Leben hier ein bißchen klarerzumachen. Sie haben die gleiche Wirkung auf euch wie jede Art von Erfahrung. Die Zeit ist jedoch nicht abgeschlossen – sie ist offen. Ein Leben ist nicht in der Vergangenheit begraben, abgeschnitten von eurem jetzigen Selbst und eurer Zukunft.

(Hier war die Vortragsweise Janes relativ langsam.)

Wie ich schon früher erklärt habe, finden die Leben oder Theaterstücke gleichzeitig statt. Kreativität und Bewußtsein sind in ihrer Verwirklichung nie linear. In jedem Leben wählt und erschafft ihr euch eure eigene Szenerie oder Umwelt; und in diesem wähltet ihr euch eure Eltern selbst aus und jedwede Kindheitserlebnisse, die euch zustießen. Ihr habt das »Drehbuch« selber geschrieben.

Wie ein richtiger zerstreuter Professor vergißt das Bewußtsein all das jedoch, so daß, wenn Tragödien in dem Skript vorkommen, sich Schwierigkeiten oder Bewährungsproben darin ergeben, das bewußte Selbst nach jemandem oder etwas Ausschau hält, dem es die Schuld zuschieben kann. Ich hoffe, euch vor Ende dieses Buches genau zu zeigen, wie ihr jeden Augenblick in eurem Erleben selber gestaltet, damit ihr endlich anfangen könnt, eure echte schöpferische Verantwortung bewußt – oder nahezu bewußt – wahrzunehmen.

Während ihr dieses Buch lest, laßt euren Blick ab und zu durch den Raum schweifen, in dem ihr sitzt. Stühle und Tische, die Decke und die Fußböden kommen euch vielleicht sehr real und stabil – sehr dauerhaft – vor, während ihr euch im Gegensatz dazu höchst verwundbar und in einem Augenblick zwischen Geburt und Vernichtung gefangen fühlt. Ihr seid vielleicht sogar neidisch bei dem Gedanken, daß das physische Universum lange nach eurem Hinscheiden noch fortexistieren wird. Am Ende unseres Buches werdet ihr jedoch hoffentlich euer eigenes Bewußtsein als ewig gültig und jene physischen Aspekte eurer Umwelt und eures Universums, die euch jetzt so gesichert erscheinen, als nicht dauernd erkannt haben. Hast du das?

(»Ja.«)

Das ist der Schluß von Kapitel vier. Ihr könnt Pause machen.

(21.44 bis 22.02 Uhr.)

5
Wie Gedanken Materie erzeugen – Koordinationspunkte

Fortsetzung der Sitzung 523 vom 13. April 1970

Gönnt mir einen Augenblick Zeit.

(Es folgte eine Pause von zwei Minuten, die um 22.04 Uhr beendet war.)

Während ihr die Worte auf dieser Seite lest, seid ihr euch darüber im klaren, daß die Information, die ihr dabei erhaltet, keine Eigenschaft der Buchstaben der Wörter selber ist. Die gedruckte Zeile enthält keine Information. Sie übermittelt Information. Wo ist dann aber die Information, die übermittelt wird, wenn nicht auf der Seite?

Die gleiche Frage stellt sich natürlich, wenn ihr eine Zeitung lest und wenn ihr mit jemandem redet. Eure Worte selbst vermitteln Informationen, Gefühle und Gedanken. Offenbar sind dabei die Gedanken oder Gefühle mit den Worten aber nicht gleichzusetzen. Die Buchstaben auf der Seite sind Symbole, und ihr habt euch auf verschiedene Bedeutungen im Zusammenhang mit ihnen geeinigt. Ihr setzt es als selbstverständlich voraus, ohne euch viel Gedanken darüber zu machen, daß die Symbole – die Buchstaben – nicht die Realität – die Informationen und Gedanken – selbst sind, die sie zu übermitteln versuchen.

Ich sage euch, daß die Gegenstände gleichfalls für eine Realität stehen, deren Bedeutung sie, wie die Buchstaben, vermitteln. Die wahre Information ist ebensowenig in den Gegenständen enthalten wie der Gedanke in den Buchstaben oder den Wörtern. Worte sind Ausdrucksmittel. Auch physische Gegenstände sind das, nur ist das Material ein anderes. Ihr seid an die Vorstellung gewöhnt, daß ihr euch mit Worten direkt ausdrückt. Ihr könnt euch selber beim Sprechen zuhören. Ihr könnt es spüren, wie sich die Muskeln in eurem Halse bewegen, und wenn ihr aufmerksam seid, dann könnt ihr eine Vielfalt von Reaktionen an eurem eigenen Körper beobachten – lauter Bewegungen, die eure Sprache begleiten.

Physische Gegenstände sind das Resultat einer anderen Ausdrucksform. Ihr bringt sie ebenso sicher hervor wie die Worte. Ich meine damit nicht, daß ihr sie nur mit den Händen oder durch Fabrikation erzeugtet. Ich meine, daß die Gegenstände ebenso natürliche Nebenprodukte der Evolution der Menschheit sind wie die Worte. Überlegt euch einmal kurz, was ihr von euren eigenen sprachlichen Vorgängen wißt. Obwohl ihr die Worte hört und das Angemessene an ihnen erkennt und obwohl sie sich einem Ausdruck eurer Gefühle vielleicht mehr oder weniger annähern, sind sie doch nicht euer Gefühl, und es muß immer eine Kluft zwischen eurem Gedanken und seinem Ausdruck bleiben.

Die Vertrautheit der Sprache schwindet dahin, wenn ihr euch klarmacht, daß ihr selber nicht genau wißt, wie ihr einen begonnenen Satz abschließen werdet oder wie ihr eure Worte überhaupt bildet. Ihr wißt nicht bewußt, wie ihr mit einer schwankenden Pyramide von Symbolen eigentlich umgeht und wie es gelingt, daraus genau dasjenige auszuwählen, was ihr benötigt, um dem jeweiligen Gedanken Ausdruck zu verleihen. Im Grunde genommen wißt ihr nicht, wie ihr denkt.

Ihr wißt nicht, wie ihr die Symbole auf dieser Seite in Gedanken übersetzt und sie sodann speichert oder euch aneignet. Da euch die Mechanismen normalen Sprechens auf bewußter Ebene so wenig vertraut sind, nimmt es nicht wunder, daß ihr euch der Lösung von schwierigeren Aufgaben – wie der fortlaufenden Erschaffung eurer physischen Umwelt als einer Kommunikations- und Ausdrucksform – gleichermaßen unbewußt seid.

Nur von diesem Gesichtspunkt aus läßt sich die wahre Natur physischer Materie begreifen. Es ist einzig durch die Einsicht in das Wesen dieser kontinuierlichen Übertragung von Gedanken und Wünschen – nicht in Worte diesmal, sondern in physische Gegenstände –, daß ihr eure wahre Unabhängigkeit von Umständen, Zeit und Umwelt erkennen könnt.

Jetzt könnt ihr Pause machen. *(Lächeln um 22.36 Uhr.)* Eine Anmerkung: Ich bin sehr zufrieden . . .

(»Womit, Seth?«)

Ich bin mit dem Anfang meines Kapitels zufrieden, weil ich eine Analogie gefunden zu haben glaube, eine echte Analogie, die den Leser von seinen künstlichen Fesseln der physischen Form erlösen wird. Wenn er diese als seine eigene Ausdrucksform erkennt, dann wird er sich seiner eigenen Kreativität bewußtwerden.

(22.38 Uhr. Janes Trance war gut gewesen, ihr Tempo ziemlich langsam. Sie sagte, die Zwei-Minuten-Pause zu Beginn des Diktats sei darauf zurückzuführen, daß sie eine bewußte Sperrung wegen Seths

neuem Kapitelanfang gehabt hätte. Ihr war auch klar, daß, wenn sie »einfach dasitzen« würde, Seth ohne sie zurecht kommen würde.

Jane sah viele Bilder vor sich, während Seth sprach. Er habe eine sehr klare Vorstellung von diesem Kapitel, meinte sie; und er habe ihr mit außergewöhnlicher Lebhaftigkeit seine Vorstellung der Materie als eines Kommunikationsmittels »eingeprägt«. Trotzdem konnte sie die Bilder, die sie gesehen hatte, nicht beschreiben.

Indem sie mir dies erzählte, erinnerte sich Jane plötzlich, einen Teil des Diktats neben dem langen, bis an die Decke reichenden Büchergestell, das unser Wohnzimmer von ihrem Arbeitszimmer trennt, zugebracht zu haben. Das würde von dem Schaukelstuhl, den sie immer bei den Sitzungen benutzt, eine Entfernung von fast zwei Metern betragen.

Jane kam jetzt die »Erinnerung«, daß sie einen Teil von Seths Material von der Gegend um das Büchergestell her diktiert und dabei das Wohnzimmer von einem anderen Blickwinkel aus gesehen hatte. Sie erinnerte sich nicht, ihren Körper verlassen zu haben. »Es kam mir wieder hoch wie ein Traum«, sagte sie. Mehr konnte sie von dieser Episode nicht erinnern. Sie erinnerte sich beispielsweise nicht daran, sich selber in ihrem Stuhl sitzen gesehen zu haben, oder auch mich, wie ich auf dem Sofa saß und Notizen machte. Sie war fasziniert von dem Gedanken, außerhalb ihres Körpers gewesen zu sein und sich selbst dabei zugeschaut zu haben, wie sie für Seth das Material durchgab.

Fortsetzung um 22.56 Uhr.)

Nun ist es zwar leicht einzusehen, daß ihr Gefühle in Worte oder körperlichen Ausdruck oder in Gebärden übersetzt, aber nicht ganz so leicht zu begreifen, daß ihr euren physischen Körper ebenso mühelos und unbefangen e r z e u g t, wie ihr eure Gefühle in Symbole übersetzt, die zu Worten werden.

Ihr habt sicher schon einmal den Ausspruch gehört, daß sich in der Umwelt eines Menschen seine Persönlichkeit ausdrückt. Ich sage euch, daß es sich hierbei nicht um eine symbolische, sondern um eine buchstäbliche Wahrheit handelt. Die Buchstaben auf der Seite besitzen nur die Realität von Tinte und Papier. Die Information, die sie erteilen, ist unsichtbar. Als Objekt ist dieses Buch selbst nichts als Papier und Tinte. Es ist ein Informationsträger.

Ihr könntet dem vielleicht entgegenhalten, daß das Buch auf physischem Wege hergestellt wurde und daß es nicht plötzlich aus dem Haupte Ruburts hervorgesprungen ist, fertig gedruckt und gebunden*. Ihr wiederum mußtet das Buch ausleihen oder kaufen und könntet deshalb denken: »Ich habe das Buch ganz gewiß nicht erzeugt, wie ich meine Worte erzeuge.« Doch bevor wir fertig sind, werdet ihr einsehen, daß grundsätzlich jeder von euch das Buch, das er in der Hand hält, selber erschafft und daß eure gesamte physische Umwelt eurem Geiste ebenso natürlich entspringt wie die Worte eurem Munde und daß der Mensch physische Gegenstände ebenso unbefangen und automatisch erzeugt wie seinen eigenen Atem.

Ende des Diktats für heute abend. *(Lächeln.)*

(»Gute Nacht, Seth, und vielen Dank.« 23.14 Uhr.)

Sitzung 524, Montag, den 20. April 1970

(Jane fühlte sich an diesem Abend nicht sonderlich wohl, entschloß sich aber doch, eine Sitzung zu halten und zu sehen, was dabei herauskommen würde. Als sie zu sprechen begann, war ihr Tempo sehr langsam, und ihre Augen waren fast ständig geschlossen. 21.18 Uhr.)

Guten Abend.

(»Guten Abend, Seth.«)

Nun zu unserem Buch. Die eigentümlichen, spezifischen Aspekte eurer physischen Welt sind von eurer Existenz und Bezogenheit auf sie abhängig. Für Außenstehende enthält das physische Universum, zum Beispiel, keine Gegenstände, die Festigkeit, Weite und Tiefe besäßen.

Andere Bewußtseinsformen koexistieren innerhalb des gleichen »Raumes«, den eure Welt einnimmt. Sie nehmen eure physischen Gegenstände nicht wahr, denn ihre Realität hat eine andere Tarnungsstruktur. Ihr nehmt sie nicht wahr, und im allgemeinen nehmen sie euch nicht wahr. Dies ist jedoch eine verallgemeinernde Aussage, denn verschiedene Punkte eurer Realität können zusammenfallen und tun es gewissermaßen auch.

Diese Punkte werden als solche nicht erkannt, gehören aber einer Sphäre an, die ihr doppelte Realität nennen würdet, und enthalten ein großes Energiepotential; sie sind, in der Tat, Koordinationspunkte, an denen die Realitäten miteinander verschmelzen. Es gibt Hauptkoordinationspunkte, die mathematisch rein und Quellen phantastischer Energie sind, sowie untergeordnete Koordinationspunkte in gewaltigen Mengen.

---

* Scherzhafte Anspielung auf die Geburt der Minerva in voller Rüstung aus dem Haupte des Zeus. (Anm. der Übersetzerin.)

Es gibt vier absolute Koordinationspunkte, in denen sich alle Realitäten schneiden. Diese Koordinationspunkte dienen auch als Leitungssystem für den Durchfluß von Energien und als Ausbuchtungen oder Wege von einer Realität zur anderen. Sie dienen außerdem als Transformatoren und liefern einen Großteil der Zeugungsenergien, die die Schöpfung in eurem Sinne zu einer kontinuierlichen machen.

Euer Raum ist mit diesen untergeordneten Punkten angefüllt; und wie ihr später noch sehen werdet, spielen sie eine entscheidende Rolle bei der Umwandlung eurer Gedanken und Gefühle in physische Materie. Wenn ein Gedanke oder eine Empfindung eine bestimmte Intensität erreicht, so zieht er bzw. sie automatisch die Energien einer dieser untergeordneten Punkte an sich und lädt sich damit auf, so daß er bzw. sie in gewisser Weise zunimmt, obwohl nicht an Größe.

Diese Punkte wirken auf das, was ihr Zeit und Raum nennen würdet, ein. Es gibt daher gewisse Punkte in Zeit und Raum (wieder nach euren Begriffen), die förderlicher sind als andere, wo die Ideen wie auch die Materie energiegeladener sind. In der Praxis würde das heißen, daß Gebäude hier eine längere Lebensdauer haben und daß Ideen mit der Form relativ ewige Verbindungen eingehen. Die Pyramiden sind ein klassisches Beispiel dafür.

Diese Koordinationspunkte – absolute, untergeordnete Punkte und Hauptpunkte – stellen Anhäufungen oder Spuren reiner Energie dar, winziger als winzig, wenn ihr an sie in Größenverhältnissen denkt – kleiner als jedes Elementarteilchen, das euren Wissenschaftlern bekannt ist, aber reine Energie darstellend. Und doch muß diese Energie aktiviert werden. Sonst bleibt sie latent – und sie läßt sich auf physischem Wege nicht aktivieren.

Nun ein paar Anhaltspunkte, die euch oder den Mathematikern helfen könnten. Es gibt in der Nachbarschaft all dieser Punkte, selbst der untergeordneten, eine ganz minimale Veränderung der Schwerkraft, und all die sogenannten physikalischen Gesetze sind hier mehr oder weniger Schwankungen unterworfen. Die untergeordneten Punkte dienen in gewisser Hinsicht auch als Stützen, als strukturelle Verstärkungen innerhalb der unsichtbaren Energiestruktur, die alle Realitäten und Phänomene hervorbringt. Obgleich sie Spuren oder Anhäufungen von reiner Energie sind, unterscheidet sich doch die Energiemenge, die in den verschiedenen untergeordneten Punkten gespeichert ist, beträchtlich von der in den absoluten Punkten und Hauptpunkten vorhandenen.

Ihr könnt Pause machen.

(21.57 Uhr. Fortsetzung um 22.17 Uhr.) Dies sind also Punkte von konzentrierter Energie. Die untergeordneten Punkte kommen viel häufiger vor und wirken sich auf euer praktisches Leben aus. Es gibt Orte, die besser geeignet sind als andere, um Häuser oder Konstruktionen darauf zu errichten – Orte, an denen Gesundheit und Vitalität gestärkt werden und – andere Dinge vorausgesetzt – die Pflanzen wachsen und gedeihen und alle günstigen Umstände zusammenzutreffen scheinen.

Manche Leute haben ein instinktives Gespür für solche Gegenden. Sie treten in gewissen Winkeln auf, die von den Koordinationspunkten gebildet werden. Diese Punkte sind natürlich nicht physischer Natur – d.h. sie sind nicht sichtbar, obgleich sie sich mathematisch ableiten lassen. Sie sind jedoch als intensivierte Energie spürbar.

In jedem beliebigen Raum gedeihen Pflanzen an bestimmten Stellen besser als an anderen, vorausgesetzt, daß für die Lebensnotwendigkeiten, wie den Bedarf an Licht, überall gleichmäßig gesorgt ist. Euer gesamter Weltraum ist mit solchen Koordinationspunkten durchsetzt, so daß sie bestimmte, unsichtbare Winkel zueinander bilden.

Stark vereinfachend gesprochen, liegen manche Winkel mehr »an der Peripherie« als andere und sind für Wachstum und Dynamik weniger förderlich. Ich spreche von diesen Winkeln, als wären sie dreidimensional, obwohl sie natürlich multidimensional sind. Da die Natur dieser Winkel nicht das Hauptthema meines Buches ist, kann ich hier leider nicht näher darauf eingehen. Sie werden zu bestimmten Zeiten stärker als zu andern empfunden, obgleich diese Schwankungen noch mit dem Wesen der Zeit zu tun haben. Andere Faktoren wirken auf sie ein, aber diese sollen uns jetzt nicht kümmern.

Die konzentrierten Energiepunkte werden durch Gefühlsstärken aktiviert, die durchaus innerhalb eurer normalen Gefühlsskala liegen. Eure eigenen Gefühle oder Empfindungen aktivieren diese Koordinationspunkte, ob ihr davon nun wißt oder nicht. Dadurch wird euer ursprünglicher Gedanke oder euer Gefühl mit Energie aufgeladen, und seine Projektion in die physische Materie wird beschleunigt. Dies gilt für jede Art von Empfindung; nur die Intensität des Gefühls ist entscheidend.

Mit andern Worten sind diese Punkte wie unsichtbare Kraftwerke, die, sobald ein Gedanke oder Gefühl von hinreichender Intensität sie berührt, zu arbeiten beginnen. Die Punkte selber intensivieren, was immer sie aktiviert, auf völlig neutrale Weise.

Ich nehme mir ziemlich viel Zeit für dieses Material, weil es neu ist, hauptsächlich aber, weil ich es so exakt wie möglich in Worte übersetzt haben möchte; und ohne einen naturwissenschaftlichen Background bei Ruburt muß ich schon erfinderisch sein.

Ihr könnt unterbrechen.

(22.39 bis 23.14 Uhr.)

Dies ist stark vereinfacht formuliert, aber die subjektive Erfahrung eines jeden Bewußtseins drückt sich automatisch in Form von elektromagnetischen Energieeinheiten aus. Diese existieren »unterhalb« der Schwelle physischer Materie. Sie sind, wenn ihr so wollt, im Entstehen begriffene Kleinstteilchen, die noch keine Materie sind.

Diese Einheiten sind natürliche Emanationen jeder Art von Bewußtsein. Sie sind unsichtbare Gebilde, die die Reaktionen auf jede Form von Reiz darstellen. Sie existieren sehr selten für sich allein, sondern gehen miteinander nach bestimmten Gesetzen Verbindungen ein. Sie verändern sowohl ihre Gestalt als auch ihre Pulsation. Ihre relative »Lebensdauer« hängt von der ursprünglichen Intensität ab, die hinter ihnen steht – d. h. hinter dem ursprünglichen Gedanken, der Empfindung, dem Reiz oder der Reaktion, die sie ins Leben rief.

Wiederum stark vereinfachend kann man sagen, daß sie unter gewissen Bedingungen sich zu Materie verdichten. Jene elektromagnetischen Einheiten von hinreichend starker Intensität aktivieren automatisch die untergeordneten Koordinationspunkte, von denen ich sprach. Sie werden hierdurch beschleunigt und sehr viel rascher – in eurem Sinne – in die Materie vorgetrieben als Einheiten von geringerer Intensität. Moleküle würden diesen Einheiten so groß wie Planeten vorkommen. Atome und Moleküle und diese elektromagnetischen Energieeinheiten sind einfach verschiedene Manifestationen derselben Prinzipien, denen die Einheiten selbst ihr Leben verdanken. Es ist lediglich euer relativer Standort, euer Blickwinkel innerhalb Raum und Zeit, der euch dies so unwahrscheinlich erscheinen läßt.

Jeder Gedanke und jede Empfindung existieren somit als eine elektromagnetische Energieeinheit oder, unter bestimmten Voraussetzungen, als eine Kombination solcher Einheiten, und oftmals werden sie zu Bausteinen für die physische Materie. Dieser Übertritt in die Materie erfolgt als ein neutrales »Ergebnis« ohne Berücksichtigung der Natur des jeweiligen Gedanken oder der jeweiligen Empfindung. Vorstellungsbilder, die von starken Gefühlen begleitet sind, wirken daher wie Lichtpausen, auf denen ein entsprechender physischer Gegenstand oder Zustand oder ein Ereignis in eurem Sinne in Erscheinung treten wird.

Ende des Diktats. Gibt es Fragen?

(»Nein.«)

Wir kommen mit unserem Kapitel fünf gut voran. Meine herzlichsten Grüße und einen schönen guten Abend.

(»Gute Nacht, Seth, und vielen Dank.« 23.32 Uhr.)

Sitzung 525, Mittwoch, den 22. April 1970

(21.14 Uhr. Seths Diktat an seinem Buch gingen heute abend vier Seiten persönlichen Materials vorauf, die wir gestrichen haben. Fortsetzung nach der Pause um 22.03 Uhr.)

Die Intensität eines Gefühls oder Gedankens oder Vorstellungsbildes ist also derjenige Faktor, der bei der nachfolgenden physischen Materialisierung die entscheidende Rolle spielt.

Die Intensität ist der Kern, um den herum sich die elektromagnetischen Energieeinheiten formieren. Nach euern Begriffen: je intensiver der Kern, desto schneller die physische Materialisierung. Dies gilt, gleichgültig, ob es sich bei dem Vorstellungsbild um ein furchterregendes oder freudiges handelt. Hier haben wir nun ein sehr wichtiges Problem: Wenn ihr sehr intensiv veranlagt seid und in lebhaften, gefühlsbetonten Vorstellungsbildern denkt, dann werden diese schnell in physische Ereignisse umgesetzt werden. Wenn ihr außerdem noch besonders pessimistisch veranlagt seid und zu Gedanken und Vorgefühlen von möglichem Unglück neigt, dann werden diese Gedanken sich getreulich als Erfahrungen reproduzieren.

Je intensiver eure Phantasie und euer inneres Erleben sind, desto wichtiger ist es daher, daß ihr erkennt, auf welche Weise diese inneren Erlebnisse physische Wirklichkeit werden. Eure Gedanken und Gefühle treten ihre Reise in die physische Verwirklichung im Augenblick ihrer Geburt an. Solltet ihr zufällig in einer Gegend leben, wo die Koordinationsumwelt stark ausgeprägt ist, eine jener Gegenden, die ich als ungewöhnlich förderlich bezeichnet habe, dann wird es euch vorkommen, als wäret ihr von Krankheit und Katastrophen verfolgt, wenn ihr gedanklich so eingestellt seid, weil eben alle Gedanken in solcher Umwelt Frucht tragen. Wenn dagegen eure Gefühle und subjektiven Erlebnisse einigermaßen ausgeglichen, einigermaßen optimistisch und auf schöpferische Weise konstruktiv sind, dann wird es so scheinen, als wäret ihr besonders vom Glück begünstigt, weil sich eure angenehmen Erwartungen so schnell in die Wirklichkeit umsetzen.

In eurem Land sind es kurz gesagt die Westküste, Teile der Ostküste, Utah, das Gebiet um die Großen Seen, die Gegend um Chicago und Minneapolis sowie ein paar andere, südwestliche Gebiete, die sich in der Nachbarschaft von hervorragender Koordinationsaktivität befinden. Materialisierungen treten hier schnell in Erscheinung, und deshalb ist das Potential sowohl für konstruktive als auch für destruktive Entwicklungen entsprechend hoch.

Gönnt mir einen Augenblick Zeit. Diese Koordinationspunkte regen als solche die Tätigkeit der Atome und Moleküle auf ähnliche Weise an, wie die Sonne das Wachstum der Pflanzen fördert. Die Koordinationspunkte aktivieren das Zeugungsverhalten der Atome und Moleküle und unterstützen in hohem Maße ihre Neigung zur Kooperation, ihre Tendenz, sozusagen zu schwärmen und sich in strukturellen Gruppierungen zusammenzuschließen.

Die Koordinationspunkte verstärken oder intensivieren die latente Spontaneität, die der physischen Materie als Eigenschaft inhärent ist. Sie wirken wie psychische Generatoren, die, was noch nicht physisch ist, in physische Form umwandeln.

Ihr könnt jetzt Pause machen.

(22.25 bis 22.38 Uhr.)

Nun soll dies kein Fachbuch werden; deshalb ist hier nicht der Ort, Tätigkeit, Verhalten und Wirkung dieser Koordinationspunkte oder der elektromagnetischen Energieeinheiten, jener natürlichen Emanationen des Bewußtseins, von denen ich sprach, umständlich zu erörtern. Ich möchte jedoch festgestellt haben, daß Gedanken und Gefühle auf sehr spezifischem Wege und nach durchaus gültigen Gesetzen in physische Materie umgesetzt werden, wenn auch diese gegenwärtig noch unbekannt sind.

Diese Frage habe ich nur deshalb angeschnitten, weil sie sich mit dem multidimensionalen Aspekt der Persönlichkeit berührt. Bevor ich das Thema jedoch fallenlasse, möchte ich noch einmal daran erinnern, daß diese Emanationen in unterschiedlichem Maße von allem Bewußtsein ausgehen, nicht nur von eurem eigenen Bewußtsein. Dies schließt auch das Zellenbewußtsein mit ein, so daß ein unsichtbares Netzwerk von elektromagnetischen Einheiten eure gesamte Umwelt durchzieht; und auf diesem Gewebe und aus ihm werden die Elementarteilchen der physischen Materie aufgebaut.

Man könnte leicht ein ganzes Buch über dieses Thema schreiben. Informationen, die die örtliche Lage der absoluten Koordinationspunkte und Hauptkoordinationspunkte betreffen, könnten zum Beispiel sehr vorteilhaft sein. Ihr seid stolz auf eure Technologie und auf die Konstruktion von dauerhaften Gebrauchsartikeln, Gebäuden und Straßen, und doch sind viele davon unbedeutend im Vergleich mit anderen Schöpfungen der »Vergangenheit«.

Ein echtes Verständnis für die Art und Weise, wie aus der Vorstellung physische Materie wird, würde zu einer totalen Umgestaltung eurer sogenannten modernen Technologie führen und in Gebäuden, Straßen und anderen Konstruktionen resultieren, die eure gegenwärtigen bei weitem überdauern würden. Solange ihr die psychische Realität, die hinter der physischen Materie steht, ignoriert, werdet ihr nicht in der Lage sein, die vorhandenen Methoden wirkungsvoll anzuwenden oder Vorteil aus ihnen zu ziehen. Ihr könnt die psychische Realität, die die wahre Triebfeder eurer körperlichen Existenz ist, nicht voll begreifen, bevor ihr nicht eure eigene psychische Realität und eure Unabhängigkeit von den physischen Gesetzen erkannt habt.

Mein Hauptanliegen ist es deshalb, euch die innere Identität, von der ihr ein Teil seid, ins Bewußtsein zu bringen und etwas von dem intellektuellen und abergläubischen Gerümpel aus dem Wege zu räumen, das euch daran hindert, euer eigenes Potential und eure Freiheit wahrzunehmen. Dann könnt ihr vielleicht mit der Erlernung der mannigfaltigen Methoden beginnen, wie man von dieser Freiheit Gebrauch machen kann.

6
Die Seele und die Natur ihrer Wahrnehmungen

Sitzung 526, Montag, den 4. Mai 1970

(22.00 Uhr. Die Sitzung begann spät, weil ich von meiner Malerei in Anspruch genommen war.)

Guten Abend.

(»Guten Abend, Seth.«)

Wir werden eine kurze Sitzung abhalten und mit dem Diktat dieses neuen Kapitels beginnen.

Mit der dürftigen Grundlage, die wir bisher gelegt haben, können wir wenigstens damit beginnen, das Thema dieses Buches, die ewige Gültigkeit der Seele, in Angriff zu nehmen. Selbst wenn wir andere Fragen aufwerfen sollten, wird es stets darum gehen, den multidimensionalen Aspekt dieses inneren Selbst zu veranschaulichen. Es gibt diesbezüglich viele Mißverständnisse, und zu allererst möchte ich versuchen, diese zu beseitigen.

Erst einmal ist die Seele nicht etwas, das man hat. Sie ist, was man ist. Ich verwende vorzugsweise den Ausdruck »Wesenheit« anstelle von Seele, einfach deswegen, weil die erwähnten Mißverständnisse mit dem Wort »Wesenheit« weniger verknüpft sind und weil hier weniger religiöse Obertöne im institutionellen Sinn mitschwingen.

Die Schwierigkeit ist, daß ihr die Seele oder Wesenheit so häufig als ein vollendetes, statisches »Ding« anseht, das euch gehört, das ihr aber nicht seid. Die Seele oder Wesenheit – mit andern Worten: eure persönlichste, machtvolle innere Identität – wandelt sich ständig und muß sich ständig wandeln. Sie ist lebendig, empfänglich, neugierig. Sie bildet das Fleisch und die Welt, die ihr kennt, und befindet sich im Zustand des Werdens. Nun setzt man in der dreidimensionalen Realität, in der euer Ich hauptsächlich zentriert ist, beim Werden ein Ziel oder einen Bestimmungsort voraus – eine Vollendung dessen, was im Werden begriffen war. Doch die Seele oder Wesenheit ist im Grunde in andern Dimensionen zu Hause, wo die Erfüllung nicht an die Erreichung von Zielen gebunden ist, ob geistiger oder anderer Art.

Die Seele oder Wesenheit befindet sich immer im Fluß, sie geht durch Lernprozesse und Entwicklungen, die mit subjektivem Erleben, statt mit Raum und Zeit, zu tun haben. Dies ist nicht annähernd so mysteriös, wie es klingt. Jeder meiner Leser spielt ein Spiel, in dem das egoistische, bewußte Selbst vorgibt, nicht zu wissen, was das Gesamtselbst mit Sicherheit weiß. Da das Ich aber ebenso entschieden ein Teil des Gesamtselbst ist, muß es zwangsläufig unterschwellig an dessen Wissen teilhaben. In seiner intensiven Einstellung auf die physische Realität tut es jedoch so, als wisse es nichts, bis es sich in der Lage sieht, die Information auf physischer Ebene nutzbar zu machen.

Ihr habt also Zugang zum inneren Selbst. Ihr seid von eurer eigenen Seele oder Wesenheit keineswegs abgeschnitten. Das Ich zieht es vor, sich sozusagen als Kapitän am Steuerrad zu fühlen, da es ja das Ich ist, das am unmittelbarsten mit den manchmal stürmischen Wogen der physischen Realität umgehen muß und sich deshalb nicht gerne von dieser Arbeit ablenken läßt.

Ein Verbindungsnetz psychologischer und paranormaler Art ist stets vorhanden und damit beschäftigt, Kommunikationen zwischen den verschiedenen Ebenen des Selbst hin- und herzuschicken, während das Ich die nötigen Informationen und Daten, die ihm von den inneren Teilen der Persönlichkeit zukommen, vorbehaltlos akzeptiert. Seine Standfestigkeit hängt in der Tat zum großen Teil von dieser vorbehaltlosen Annahme innerer Daten ab. Das Ich oder das »äußere« Selbst, das ihr als euer Selbst betrachtet, dieser Teil von euch kann seine Sicherheit und seine scheinbare Herrschaft eben deshalb aufrechterhalten, weil er von inneren Schichten eurer Persönlichkeit ständig getragen wird, die auch den physischen Leib funktionsfähig erhalten und mit unzähligen Reizen, die sowohl von innen als auch von außen kommen, sich auseinandersetzen. Die Seele oder Wesenheit wird durch die Reinkarnation nicht gemindert, sondern gemehrt. Auch eure Existenz und Erfahrung in wahrscheinlichen Realitäten – etwas, das ich später noch erklären werde – wirkt sich so aus.

Es ist bloß, weil ihr eine so beschränkte Vorstellung von eurer eigenen Wesenheit habt, daß ihr auf ihrer ans Sterile grenzenden Besonderheit besteht. Es gibt Millionen von Zellen in eurem Körper, und doch nennt ihr euren Körper eine Einheit und betrachtet ihn als euch zugehörig. Ihr formt ihn zwar, daß heißt, von innen nach außen, doch formt ihr ihn aus lebendiger Substanz, und jedes kleinste Teilchen davon hat sein eigenes lebendiges Bewußtsein. Es gibt Anhäufungen von Materie, und damit verbunden gibt es auch Anhäufungen von Bewußtsein, alle individuell mit ihrem eigenen Schicksal, ihren Fähigkeiten und Möglichkeiten. Eure Wesenheit ist unbegrenzt, denn Grenzen würden sie einschließen und ihrer Freiheit berauben.

Ihr könnt Pause machen.

(22.24 bis 22.33 Uhr.)

Nun stellt man sich die Seele häufig als einen kostbaren Edelstein vor, den man am Ende Gott als Geschenk präsentiert, oder man schätzt sie, wie manche Frauen früher ihre Jungfräulichkeit einschätzten – als etwas äußerst Wertvolles, das man verlieren muß; wobei der Verlust dem Nutznießer als ein exquisites Geschenk galt.

In vielen philosophischen Schulen wird diese Art von Vorstellung aufrechterhalten – die Seele, die einem ursprünglichen Geber zurückerstattet wird oder die irgendwo zwischen Sein und Nichtsein in einen nebulösen Zustand zerfließt. Die Seele ist jedoch in erster Linie schöpferisch. Man kann sie von vielen verschiedenen Gesichtspunkten aus betrachten. Ihre Eigenschaften lassen sich bis zu einem gewissen Grade ermitteln, und in der Tat könnten die meisten meiner Leser diese Eigenschaften selber herausfinden, wenn sie stark genug motiviert wären und ihr Hauptinteresse in dieser Richtung läge. Die Seele oder Wesenheit ist als solche die am höchsten motivierte, energiegeladenste und gewaltigste Bewußtseinseinheit, die wir in allen Universen kennen.

Sie ist Energie, die in einem euch ganz unvorstellbaren Maße konzentriert ist. Sie hat ein unbegrenztes Potential, muß sich aber ihre eigene Identität erarbeiten und ihre eigenen Welten aufbauen. Sie trägt in ihrem Innern die Bürde allen Seins. Ihr Persönlichkeitspotential übersteigt eure Begriffe. Ich möchte daran erinnern, daß ich hierbei von eurer eigenen Seele oder Wesenheit rede, ebenso wie von der Seele oder Wesenheit ganz allgemein. Ihr seid eine der Manifestationen eurer eigenen Seele. Wie viele von euch würden eure Realität, eure gesamte Realität auf euren jetzigen Erfahrungsbereich beschränken wollen? Das tut ihr aber, wenn ihr euch einbildet, euer gegenwärtiges Selbst mache eure ganze Persönlichkeit aus, oder wenn ihr darauf besteht, daß eure Identität unverändert in alle Ewigkeit aufrechterhalten werde.

Eine solche Ewigkeit wäre in der Tat eine tote. In vieler Hinsicht ist die Seele ein in der Entstehung begriffener Gott, und wir werden auf den »Gottesbegriff« an späterer Stelle des Buches noch eingehen. Momentan sind wir jedoch lediglich mit der Wesenheit der Seele beschäftigt, mit dem höheren Selbst, das auch in diesem Augenblick aus den geheimen Tiefen eines jeden Lesers Erfahrung ihm zuflüstert. Ich hoffe, in diesem Buch euch nicht allein der ewigen Gültigkeit eurer Seele oder Wesenheit zu vergewissern, sondern euch auch ihre vitale Wirklichkeit im Innersten spüren zu lassen. Zuerst müßt ihr jedoch eine Vorstellung von eurer eigenen psychologischen und paranormalen Struktur haben. Wenn ihr bis zu einem gewissen Grade begriffen habt, wer und was ihr seid, dann kann ich auch genauer erklären, wer und was ich bin. Ich hoffe, euch mit den zutiefst schöpferischen Aspekten eurer selbst bekanntzumachen, so daß ihr diese dann dazu verwenden könnt, eure Gesamterfahrung zu erweitern und auszudehnen.

(Leicht scherzhaft:) Dies ist das Ende des Diktats. Nun gönnt mir einen Augenblick Zeit. *(Pause.)*

Ich wollte dieses Kapitel anfangen. Es bekommt Ruburt immer gut *(lächelnd)*, weil es die Spannung wegen des nächsten Kapitels beendet. Aber laßt mir jetzt einen Augenblick Zeit. *(Pause.)*

Vergiß in deinem Porträt nicht das Spielerische und die leichte Hand. Sonst verlierst du deine lebhaften Farben und stehst am Ende mit einer Düsterkeit da, die du nicht beabsichtigt hast. Vergiß nicht, daß die Seele hinter der Fassade, die du siehst, einfach ist – daß selbst der Körper sich im Dauerzustand einer fast magischen Aktivität befindet, obgleich er, wie du ihn im Stuhl darstellst, physisch ohne Bewegung ist.

(Hier nahm Seth unerwarteterweise auf ein großes Porträt Bezug, das ich seit einem Monat in Arbeit habe und mit dem ich heute erhebliche Schwierigkeiten hatte. Es ist das Porträt eines Patienten der Klinik, in der auch mein Vater liegt. Das Modell sitzt schweigend und völlig steif in seinem Rollstuhl. Alles ging gut, bis ich über der Farbe seiner Kleidung in Schwierigkeiten geriet. Ich war deswegen so irritiert, daß ich schließlich noch einmal von vorne anfing.

Wie gewöhnlich waren Seths Bemerkungen über Malerei ausgezeichnet; ich habe das schon oft gesagt. Auch habe ich Jane niemals in ähnlicher Weise über Malerei reden hören. Die beiden Persönlichkeiten gehen das Thema von ganz verschiedenen Seiten an.)

Es geht darum, in dem scheinbar bewegungslosen Zustand das Gefühl einer aufs Höchste gesteigerten, angestauten Aktivität, die sich physisch nicht ausdrücken kann, herauszubringen – das Bild muß dies ausstrahlen, trotz der augenfälligen und illusionären Erscheinung deiner Figur.

Du betonst vielleicht zusehr die Funktion des Stuhles als etwas, das deine Figur mehr oder weniger stillegt und fesselt. Er bringt doch, wie du weißt, den Stuhl selber hervor und damit auch seine eigene Beschränkung. Ich glaube, du hast oder hattest ein Problem mit der unteren rechten Ecke *(sehr wahr!)*; das ist vielleicht eine Frage von mehr transparenten Lichteffekten, die jedoch nicht zu augenfällig angebracht werden sollten. Du arbeitest dich da schon durch. Hast du noch Fragen?

(»Ich glaube nicht. Ich bin zu umnebelt, um nachzudenken.«)

Dann werde ich die Sitzung beenden. Meine herzlichsten Grüße und einen schönen guten Abend.

(»Vielen Dank, Seth. Es war sehr schön.«)

Ich danke dir, daß du trotz deiner Müdigkeit das Diktat aufgenommen hast.

(22.58 Uhr.)

Sitzung 527, Montag, den 11. Mai 1970

(21.12 Uhr.) Guten Abend.

(»Guten Abend, Seth.«)

Wir fahren fort mit dem Kapitel, das wir gerade begonnen haben.

Viele Menschen stellen sich die Seele als ein unsterbliches Ich vor und vergessen dabei, daß das euch bekannte Ich nur einen Teil eures Selbst repräsentiert; dieser Persönlichkeitsteil wird sozusagen einfach ad infinitum fortprojiziert. Da ihr die Dimensionen eurer Realität so wenig begreift, sind eure Vorstellungen zwangsläufig beschränkt. Indem der Mensch die »Unsterblichkeit« in Betracht zieht, erhofft er sich weitere egoistische Entwicklungen, und doch widersetzt er sich dem Gedanken, daß solche Entwicklungen von Wandlungen begleitet sein könnten. Durch seine Religionen bringt er zum Ausdruck, daß er eine Seele hat, dabei fragt er aber nicht einmal, was eine Seele eigentlich ist, und oftmals hat es den Anschein, als betrachte er auch sie noch als sein persönliches Eigentum.

Nun verändert sich die Persönlichkeit, selbst in der Form, wie ihr sie kennt, aber ständig und nicht immer auf Weisen, die sich voraussehen lassen – ja, meistens sogar auf unvorsehbare Weisen. Ihr besteht darauf, euer Augenmerk auf die Ähnlichkeiten, die eure Verhaltensweise durchweben, zu richten; und darauf begründet ihr dann eure Theorie, daß das Selbst sich nach Mustern richtet; dabei habt ihr sie ihm selber untergeschoben. Und die untergeschobenen Muster halten euch davon ab, das Selbst so zu sehen, wie es in Wirklichkeit ist. Die gleiche verzerrte Perspektive verrät sich auch in eurer Auffassung von der Realität der Seele. Ihr seht also die Seele im Lichte der gleichen irrigen Vorstellungen, die ihr euch von der Natur eures sterblichen Selbst macht.

Auch das sterbliche Selbst ist nämlich viel wunderbarer und erstaunlicher, als ihr meint, und besitzt weit mehr Fähigkeiten, als ihr ihm zuschreibt. Ihr begreift nicht einmal die wahre Natur der Wahrnehmungen des sterblichen Selbst, und daher kann man kaum erwarten, daß ihr die Wahrnehmungen der Seele versteht. Denn in erster Linie nimmt die Seele wahr und ist schöpferisch tätig. Denkt daran, daß ihr jetzt eine Seele *seid*. Die Seele in euch nimmt also jetzt wahr. Ihre Wahrnehmungsmethoden sind heute keine anderen als die, die sie vor eurer körperlichen Geburt anwandte und die sie nach eurem körperlichen Tode anwenden wird. So wird also der innere Teil von euch, der Seelenteil, seine Wahrnehmungsmethoden oder seine Eigenschaften nach dem körperlichen Tode nicht plötzlich ändern.

Ihr könnt daher schon jetzt ausfindig machen, was die Seele ist. Sie ist nicht etwas, das euch nach dem Tode erwartet, *noch* ist sie etwas, das ihr retten oder erlösen müßt; sie ist etwas Unverlierbares. Man hat den Ausspruch, »die Seele zu verlieren oder zu retten«, kraß mißgedeutet und entstellt, denn dies ist nun wirklich der Teil von euch, der unzerstörbar ist. Wir werden auf diese spezielle Frage noch in dem Teil des Buches eingehen, der von Religion und der Gottesvorstellung handelt.

Eure eigene Persönlichkeit, wie ihr sie kennt, der Teil von euch, der euch am kostbarsten und am einmaligsten dünkt, auch dieser Teil wird niemals zerstört werden oder verlorengehen. Er ist ein Teil der Seele. Er wird von der Seele weder verschluckt noch von ihr ausgelöscht, noch unterjocht werden, noch kann er andererseits jemals von ihr getrennt werden. Er ist jedoch nur ein Aspekt eurer Seele. Eure Individualität, wie immer ihr sie euch denken mögt, existiert in eurem Sinne fort.

Sie fährt fort, zu wachsen und sich zu entwickeln, doch ist ihr Wachstum und ihre Entwicklung weitgehend von der Einsicht abhängig, daß sie, obgleich sie gesondert und individuell existiert, doch nur eine der Manifestationen der Seele darstellt. In dem Maße, wie sie das einsieht, wird sie lernen, ihre Kreativität zu entfalten und jene Fähigkeiten, die in ihr schlummern, zu nutzen.

Nun wäre es leider viel leichter, euch einfach zu sagen, daß eure Individualität fortexistiert, und es dabei bewenden zu lassen. Während dies eine hinlängliche plausible Parabel ergeben würde, so ist sie in dieser Form doch schon früher erzählt worden, und die Simplizität dieser Geschichte hat ihre eigenen Gefahren. Die Wahrheit ist, daß die Persönlichkeit, die ihr jetzt seid, und die Persönlichkeit, die ihr gewesen seid und euren Zeitvorstellungen nach sein werdet, daß alle diese Persönlichkeiten Manifestationen der Seele, eurer Seele sind.

Eure Seele – die Seele, die ihr seid, die Seele, von der ihr ein Teil seid – diese Seele ist somit ein weit schöpferischeres und wunderbareres Phänomen, als ihr bisher annahmt. Und wenn dies nicht richtig verstanden und der Begriff in obenerwähnter Weise verwässert wird, dann kann die intensive Vitalität der Seele niemals erfaßt werden. Eure Seele verfügt also über die Weisheit, die Information und das Wissen, die zum Erfahrungsschatz all dieser anderen Persönlichkeiten gehören; und ihr habt Zugang dazu, aber nur dann, wenn ihr die wahre Natur eurer Realität begreift. Ich möchte noch einmal betonen, daß diese Persönlichkeiten in der Seele unabhängig und als ein Teil von ihr existieren und daß sie sämtlich frei sind, sich schöpferisch zu betätigen und sich zu entwickeln.

Es gibt jedoch eine innere Kommunikation zwischen ihnen, und das Wissen des einen Teils ist allen Teilen zugänglich – nicht nach dem körperlichen Tod etwa, sondern jetzt in diesem Augenblick. Nun ist die Seele selber, wie schon erwähnt, nicht statisch. Sie wächst und entwickelt sich auch durch die Erfahrungen jener Persönlichkeiten, aus denen sie zusammengesetzt ist, aber sie ist, um es so einfach wie möglich zu formulieren, mehr als die Summe ihrer Bestandteile.

Nun gibt es in Wirklichkeit keine geschlossenen Systeme. Innerhalb eures physischen Systems wird eure Realitätsvorstellung bis zu einem gewissen Grad von der Natur eurer Wahrnehmungen beschränkt, weil ihr euch absichtlich auf eine bestimmte »Lokalität« konzentriert. Aber grundsätzlich gesprochen, kann das Bewußtsein niemals ein geschlossenes System sein, und alle Schranken dieser Art sind illusionär. Ebenso ist auch die Seele selber kein geschlossenes System. Wenn ihr jedoch an die Seele denkt, so seht ihr sie gewöhnlich in diesem Licht – als etwas Unwandelbares, als eine psychische oder geistige Zitadelle. Aber Zitadellen wehren nicht nur Angreifer ab, sie verhindern auch Ausdehnung und Entwicklung.

Vieles läßt sich hier nur schwer mit Worten ausdrücken, weil ihr sosehr um euer Identitätsgefühl besorgt seid, daß ihr gegen die Vorstellung der Seele als eines offenen, geistigen Systems, eines Generators schöpferischer Energien, die in alle Richtungen ausstrahlen, Widerstände entwickelt – und doch entspricht dies den Tatsachen.

Ich sage euch dies und erinnere gleichzeitig daran, daß eure gegenwärtige Persönlichkeit niemals verlorengeht. Nun ist Wesenheit ein anderer Ausdruck für Seele. Es handelt sich nämlich nicht einfach darum, euch eine Definition der Seele oder Wesenheit zu liefern, denn um auch nur eine Ahnung von ihr in logischer Hinsicht zu bekommen, müßtet ihr sie zuerst in geistiger, psychischer und elektromagnetischer Hinsicht verstehen und müßtet außerdem das Wesen von Bewußtsein und Tat grundsätzlich erkannt haben. Doch ist es möglich, die Natur der Seele oder Wesenheit intuitiv zu erfassen, und in vieler Hinsicht ist intuitives Wissen jeder anderen Wissensform überlegen.

Eine Voraussetzung für ein intuitives Verständnis der Seele ist das Verlangen danach. Ist das Verlangen stark genug, dann werdet ihr automatisch zu Erfahrungen hingeführt werden, die ein lebendiges, eindeutiges, subjektives Wissen in euch hervorbringen. Es gibt Methoden, dies zu erleichtern, und ich werde euch gegen Ende dieses Buches ein paar solche mitteilen.

Für den Augenblick nehmt mit dieser recht wirksamen, wenn auch einfachen Übung vorlieb: Wenn ihr dieses Kapitel bis hierher gelesen habt, schließt die Augen und versucht, in eurem Innern den Kraftquell zu spüren, von dem eure Atmung und Lebensenergie ausgeht. Einigen von euch wird dies beim ersten Versuch schon gelingen. Andere werden länger brauchen. Sobald ihr diesen Kraftquell in euch spürt, dann versucht, den Energienstrom durch eure gesamte Körperlichkeit zu verfolgen, ihn durch eure Fingerspitzen und Zehen gehen zu fühlen und euch selber als Mittelpunkt davon zu empfinden. Stellt euch die Ausstrahlungen vor, wie sie ungemindert das Blätterwerk und die Wolken über euch durchdringen, bis zum Mittelpunkt der Erde unter euch vorstoßen und sich bis in die entlegensten Bereiche des Universums erstrecken.

Nun soll dies nicht bloß eine symbolische Übung sein, denn obwohl sie mit einem Akt der Einbildungskraft anfangen mag, ist sie doch auf Tatsachen begründet, und Emanationen eures Bewußtseins und der Schöpferkraft eurer Seele dringen tatsächlich auf solche Weise nach außen. Die Übung wird euch eine Vorstellung von der wahren Natur, Kreativität und Vitalität der Seele vermitteln, von der ihr Energien beziehen könnt und deren individueller und einzigartiger Teil ihr seid.

(Humorvoll:) Ihr könnt Pause machen.

(»Danke.«)

(22.10 Uhr. Jane war in einer tiefen Trance gewesen; ihr Tempo war schnell mit wenig Pausen. Sie sagte, Seth hätte ohne weiteres fortfahren

können. Er hatte die Pause nur deswegen eingeschaltet, weil ich meine müde rechte Hand ostentativ auf die Couch hatte fallen lassen. Fortsetzung im gleichen schnellen Stil um 22.27 Uhr.)

Diese Erörterung soll nicht etwa eine esoterische Darstellung mit wenig praktischer Bedeutung für euer tägliches Leben sein. Tatsache ist, daß ihr, während ihr euch von eurer eigenen Realität beschränkte Vorstellungen macht, von den zahlreichen Fähigkeiten, die euch zugehören, keinen Vorteil zu ziehen vermögt; und solange ihr eine beschränkte Vorstellung von der Seele habt, seid ihr zu einem gewissen Grade von der Quelle eures Seins und eurer Kreativität abgeschnitten.

Nun treten diese Fähigkeiten in Aktion, ob ihr davon wißt oder nicht, aber oftmals müssen sie euch zum Trotz, statt mit eurer bewußten Unterstützung arbeiten; und oftmals, wenn ihr merkt, daß ihr euch ihrer bedient, werdet ihr ängstlich, desorientiert oder verwirrt. Gleichgültig was man euch in der Schule gelehrt hat, müßt ihr nämlich wissen, daß Wahrnehmungen nicht auf die Weise physisch sind, wie man das gewöhnlich versteht. Wenn ihr euch dabei ertappt, daß ihr Informationen von woanders als von euren physischen Sinnen bezieht, dann müßt ihr eben die Tatsache akzeptieren, daß die Wahrnehmung so funktioniert.

Häufig ist es der Fall, daß eure Realitätsvorstellung dermaßen beschränkt ist, daß euch die Angst ergreift, sobald ihr etwas wahrnehmt und erfahrt, das nicht in euren Vorstellungshaushalt paßt. Ich spreche hierbei nicht nur von Fähigkeiten, die locker unter die Rubrik »außersinnliche Wahrnehmung« fallen. Diese Erfahrungen erscheinen euch nur deshalb als außergewöhnlich, weil ihr so lange die Existenz jeglicher Wahrnehmungen, die nicht durch die physischen Sinne kommen, geleugnet habt.

Die sogenannte außersinnliche Wahrnehmung vermittelt euch nur eine grobe und verzerrte Vorstellung von den grundlegenden Methoden, wie sich das innere Selbst informiert; dennoch sind die Gedanken, die mit der außersinnlichen Wahrnehmung verknüpft sind, der Wahrheit wenigstens etwas näher und stellen somit einen Fortschritt gegenüber der Auffassung dar, daß alle Wahrnehmung grundsätzlich physisch sei.

Nun ist es fast unmöglich, eine Erörterung über die Natur der Seele von einer Erörterung über die Natur der Wahrnehmung zu trennen. Laßt mich daher in aller Kürze einige Punkte wiederholen: Ihr formt die physische Materie und die physische Welt, die ihr kennt. Man kann sogar sagen, daß die physischen Sinne die physische Welt erschaffen, insofern sie euch zwingen, ein verfügbares Energienfeld auf physische Weise zu sehen und diesem Realitätsbereich ein hochspezialisiertes Muster aufzuoktroyieren. Wenn ihr eure physischen Sinne gebraucht, könnt ihr die Realität auf keine andere Weise sehen.

Diese physische Wahrnehmung beeinträchtigt nun keineswegs die bodenständige, grundlegende, unbehinderte Wahrnehmung, die das innere Selbst kennzeichnet. Das innere Selbst kennt seine Beziehung zur Seele. Es ist ein Teil des Selbst, der, wie man sagen könnte, als Bote zwischen der Seele und der gegenwärtigen Persönlichkeit vermittelt. Auch müßt ihr wissen, daß, obwohl ich Ausdrücke wie »Seele« oder »Wesenheit«, »inneres Selbst« und »gegenwärtige Persönlichkeit« verwende, dies nur um der Konvenienz willen geschieht, denn jedes ist ein Teil des anderen; es gibt keinen Punkt, wo das eine anfängt und das andere aufhört.

Ihr könnt dies ohne weiteres an der Art und Weise ablesen, wie die Psychologen die Begriffe »Ich«, »Unterbewußtes« oder gar »Unbewußtes« gebrauchen. Was in einem Augenblick unterbewußt zu sein scheint, kann im nächsten Augenblick bewußt sein. Ein unbewußtes Motiv kann vorübergehend auch bewußt sein. Selbst hier sollte euch die Erfahrung zeigen, daß die Wörter und Worte Grenzen abstecken, die in eurem Erleben nicht existieren.

Ihr scheint ausschließlich durch eure physischen Sinne wahrzunehmen, und doch braucht ihr nur eure ichorientierte Realitätsvorstellung zu erweitern, und schon stellt sich heraus, daß sogar euer ichorientiertes Selbst bereitwillig die Existenz nichtphysischer Information akzeptiert.

Dabei verändern sich auch seine Vorstellungen von seiner eigenen Natur ganz automatisch und weiten sich aus, denn ihr habt auf diese Weise die Behinderungen seines Wachstums beseitigt. Nun verändert jeder Wahrnehmungsakt den Wahrnehmenden, und so muß die Seele als Wahrnehmende sich gleichfalls verändern. Es gibt keine echten Grenzen zwischen dem Wahrnehmenden und dem scheinbar Wahrgenommenen. Dies mag euch befremdlich erscheinen, aber alle Handlungen sind geistiger oder, wenn ihr so wollt, psychischer Natur. Dies ist eine äußerst simple Erklärung; aber der Gedanke erschafft die Realität. Darauf nimmt dann der Schöpfer des Gedankens den Gegenstand wahr, ohne die Verbindung zu sehen, die zwischen ihm und diesem scheinbar selbständigen Ding besteht.

Diese Fähigkeit, Gedanken und Gefühle in physische Realität zu verwandeln, ist ein charakteristisches Attribut der Seele. Nun werden in eurer Realität die Gedanken auf physische Weise verwirklicht. In anderen Realitäten können sie auf völlig andersartige Weise »aufgebaut« werden. Eure Seele, das, was ihr seid, baut also täglich eure physische Realität für euch aus den Rohstoffen eurer Gedanken und Erwartungen auf.

Daraus könnt ihr ohne weiteres ersehen, wie wichtig eure subjektiven Gefühle in Wirklichkeit sind. Dieses Wissen – daß euer Universum eine Gedankenkonstruktion ist – kann euch sofort die Mittel an die Hand geben, eure Umwelt und Lebensbedingungen positiv zu verändern. Wenn ihr die Natur der Seele nicht versteht und nicht erkennt, daß eure Gedanken und Gefühle physische Realitäten erzeugen, dann fühlt ihr euch außerstande, etwas zu ändern. In späteren Kapiteln dieses Buches hoffe ich, euch praktische Anleitungen zu geben, die euch in die Lage versetzen werden, die Natur und Struktur eures täglichen Lebens fundamental zu verändern.

(Jane als Seth beugte sich lächeln vor.) Wirst du müde?

(»Ich könnte eine Pause gebrauchen, eine kurze.« Noch in Trance und offensichtlich belustigt fuhr Jane fort mich anzustarren. Ihre Augen waren sehr dunkel. »Ich bin o. k.«, sagte ich. »Willst du weitermachen? An mir soll's nicht liegen.«)

Ich könnte es nicht verantworten. Wir brauchten Reservefinger für dich. Mach nur ruhig Pause. *(Humorvoll:)* Ich habe nicht die Absicht, dich über Gebühr aufzuhalten.

(»Es ist in Ordnung.«)

(Plötzlich laut und kraftvoll:) Ich könnte einmal eine ganze Nacht durchdiktieren, und dann könntest du drei Sitzungen ausfallen lassen.

(»Dazu wärst du durchaus imstande.«)

(23.09 Uhr. Wieder war Janes Trance tief gewesen, und wieder hatte ich einen Schreibkrampf bekommen. Ich hatte absolut keine Zweifel, daß Seth die ganze Nacht lang sprechen könnte. Nur mir waren in dieser Hinsicht Grenzen gesetzt. Jane spürte einen starken Energiezustrom.

Diese Pause setzte dem Diktat an dem Buch für heute ein Ende, wie Seth bei seiner Rückkehr um 23.28 Uhr entschied. Er gab dann etwa eine Seite persönlichen Materials durch für Jane und mich und beendete die Sitzung um 23.35 Uhr in jovialer Stimmung.)

Sitzung 528, Mittwoch, den 13. Mai 1970

(21.03 Uhr.) Guten Abend.

(»Guten Abend, Seth.«)

(Lächeln.) Es ist Autorenstunde, und wir nehmen das Diktat wieder auf.

Die Seele nimmt alle Erfahrung unmittelbar wahr. Die meisten Erfahrungen, derer ihr euch bewußt seid, kommen in physische Hüllen verpackt, und ihr haltet die Hüllen für die Erfahrung selber und denkt nicht daran, darunter zu blicken. Die Welt, die ihr kennt, ist eine Welt unbegrenzter Bewußtseinsmaterialisierungen, und als solche hat sie ihre Gültigkeit.

Die Seele hingegen braucht sich nicht an die Gesetze und Prinzipien zu halten, die für die physische Realität gelten, und sie ist von der physischen Wahrnehmung unabhängig. Die Wahrnehmungen der Seele betreffen geistige Handlungen und Ereignisse, die sozusagen unter der Oberfläche der euch bekannten physischen Ereignisse liegen. Die Wahrnehmungen der Seele sind nicht zeitlich gebunden, denn die Zeit ist eine physische Tarnung und läßt sich auf die nichtphysische Realität nicht anwenden.

Nun ist es schwierig zu erklären, wie diese unmittelbare Erfahrung tatsächlich zustande kommt – existiert sie doch als ein absoluter Wahrnehmungsbereich, unbelastet von den physischen Attributen wie Farbe, Größe, Gewicht und Struktur, in denen sich eure physische Wahrnehmung ergeht.

Man gebraucht Worte, um eine Erfahrung zu schildern, doch offensichtlich sind Worte nicht die Erfahrung, die sie darzustellen versuchen. Eure subjektive physische Erfahrung ist jedoch sosehr an das Wort-Denken gebunden, daß es für euch fast unmöglich ist, euch Erfahrungen vorzustellen, die nicht gedanken-wort-orientiert sind.

Nun ist jedes Ereignis, dessen ihr euch bewußt seid, bereits eine Übersetzung eines inneren Ereignisses psychischer oder geistiger Natur, das von der Seele unmittelbar wahrgenommen, aber von den physisch orientierten Teilen des Selbst in physische Sinnensprache übersetzt wurde.

Es versteht sich von selbst, daß die Seele keinen physischen Leib für ihre Wahrnehmungszwecke benötigt; daß Wahrnehmung nicht an die physischen Sinne gebunden ist; daß die Erfahrung weitergeht, ob ihr in diesem Leben seid oder nicht oder in einem anderen Leben, und gleichfalls daß die fundamentalen Wahrnehmungsmethoden der Seele selbst jetzt in euch wirksam sind, da ihr dieses Buch lest. Folglich ist auch eure Erfahrung innerhalb des physischen Systems tatsächlich an die physische Form und an physische Sinne gebunden, nämlich weil diese die Realität deuten und sie in physische Daten übersetzen. Folglich kann man auch Eindrücke von der unmittelbaren Erfahrung der Seele erhalten, wenn man vorübergehend die physischen Sinne abschaltet – indem man sich weigert, sie als Instrumente der Wahrnehmung einzusetzen und statt dessen auf andere Methoden zurückgreift. Nun tut ihr dies zwar bis zu einem gewissen Grade im Traumzustand, aber selbst dann habt ihr die Neigung, Erfahrung in halluzinatorische, physische Kategorien zu übersetzen. Die Mehrzahl der Träume, an die ihr euch erinnert, ist dieser Art.

Auf gewissen Schlafebenen funktioniert die Wahrnehmung der Seele jedoch relativ unbehindert. Dann trinkt ihr, sozusagen, aus der reinen Quelle der Perzeption. Ihr haltet Zwiesprache mit den Tiefen eures eigenen Seins und mit dem Ursprung eurer Kreativität. Da diese Erfahrungen nicht in physische Kategorien übersetzt werden, halten sie nicht bis zum Morgen vor. Ihr erinnert euch ihrer nicht als Träume. Doch können aufgrund der Information, die ihr während dem, was ich die »Tiefenerfahrung« nennen möchte, erhalten habt, noch in derselben Nacht Träume gebildet werden. Diese stellen dann keine annähernden oder genauen Übersetzungen der Erfahrung dar, sondern befinden sich eher auf der Stufe von Traumparabeln, was etwas vollkommen anderes ist.

Nun ist diese spezielle Bewußtseinsebene, die im Schlafzustand auftritt, von euren Wissenschaftlern nicht gekennzeichnet worden. Es werden hier Energien erzeugt, die den Traumzustand ermöglichen. Zwar stimmt es, daß die Träume dem physisch orientierten Selbst dabei helfen, tägliche Erfahrungen zu verarbeiten, aber es stimmt ebenso, daß die Erfahrung danach auf ihre ursprünglichen Bestandteile reduziert wird. Sie fällt sozusagen auseinander. Teile davon werden als »vergangene« physische Sinnesdaten gespeichert, doch die Erfahrung als Ganzes kehrt in ihren ursprünglichen Zustand der Unmittelbarkeit zurück.

So verbleibt sie in alle »Ewigkeit«, getrennt von dem physischen Gewand, das ihr brauchtet, um sie verstehen zu können. Die physische Existenz ist eine der Weisen, wie die Seele sich selbst verwirklicht. Mit andern Worten schafft die Seele euch eine Welt, damit ihr sie bewohnen und verändern könnt – ein voll ausgestattetes Betätigungsfeld, wo neue Entwicklungen und, in der Tat, neue Bewußtseinsformen auftreten können.

In gewissem Sinne erschafft ihr beständig die Seele, so wie sie euch beständig erschafft.

Ihr könnt Pause machen.

(21.43 bis 22.05 Uhr.)

Nun wird die Seele niemals vermindert, was grundsätzlich auch für alle anderen Teile des Selbst gilt.

Man kann die Seele als ein elektromagnetisches Kraftfeld ansehen, von dem ihr ein Teil seid. In diesem Licht betrachtet, ist sie ein Feld konzentrierter Aktivität – ein Kraftwerk der Wahrscheinlichkeiten oder wahrscheinlicher Handlungen, die nach Ausdruck streben; eine Agglomeration nichtphysischen Bewußtseins, das sich nichtsdestotrotz als Identität erkennt. Seht es einmal von dieser Seite an: Die junge Frau, durch die ich spreche, sagte einmal in einem Gedicht, und ich zitiere: »Diese Atome sind beredt und nennen sich mit meinem Namen.«

Nun ist aber euer physischer Leib ein Kraftfeld von bestimmter Gestalt, und wenn euch jemand nach eurem Namen fragt, dann spricht euer Mund ihn aus – und dennoch gilt der Name nicht den Atomen und Molekülen des Mundes, der die Laute formt. Der Name hat nur für euch selber Bedeutung. Innerhalb eures Leibes könnt ihr den Finger nirgends auf eure Identität legen. Könntet ihr euren Leib durchwandern, dann könntet ihr den Sitz eurer Identität nicht ausfindig machen, und trotzdem sagt ihr: »Dies ist mein Leib« und: »Dies ist mein Name.«

Wenn selbst ihr euch in eurem Körper nicht auffinden könnt, wo ist dann diese eure Identität, die sich anheischig macht, Zellen und Organe zu besitzen? Eure Identität ist offenbar mit eurem Körper verbunden, denn ihr habt keine Mühe, euren Körper von dem eines anderen zu unterscheiden, und ihr habt noch weniger Mühe, euren Körper, sagen wir, von dem Stuhl zu unterscheiden, auf dem ihr sitzt.

Im Prinzip kann man die Seele vom gleichen Gesichtswinkel aus betrachten. Sie weiß, wer sie ist, und sie ist sich, in der Tat, ihrer Identität sehr viel gewisser, als euer physisches Selbst sich der seinen gewiß ist. Und dennoch läßt sich die Identität der Seele als solche in dem elektromagnetischen Kraftfeld nicht ausmachen.

Sie erzeugt sich selber in all ihren Teilen und gibt euch eure persönliche Identität. Und sollte man sie fragen: »Wer bist du?«, dann würde sie einfach erwidern: »Ich bin ich.« Und die Antwort würde für euch mitgelten.

In Begriffen eurer Psychologie gesprochen, könnte man die Seele als eine primäre Identität ansehen, die als solche eine »Gestalt« vieler anderer, individueller Bewußtseinseinheiten darstellt – ein unbegrenztes Selbst, das imstande ist, sich auf mannigfache Weise und durch vielerlei Formen auszudrücken, ohne dabei seine eigene Identität, seine »Ich-bin-heit« aufzugeben und ohne das Bewußtsein zu verlieren, daß seine »Ich-bin-heit« selber ein Teil einer andern »Ich-bin-heit« sein kann. Nun bin ich überzeugt, daß euch dies unvorstellbar erscheinen wird, aber Tatsache ist, daß diese »Ich-bin-heit« intakt bleibt, selbst wenn sie, bildlich gesprochen, sich mit anderen solchen Kraftfeldern verbindet oder durch sie hindurchgeht. Es findet, mit andern Worten, ein Geben und Nehmen unter den Seelen oder Wesenheiten statt, und für ihre Entwicklung sowohl wie für ihre Expansion sind unendliche Möglichkeiten gegeben. Auch hier ist die Seele kein geschlossenes System.

Es ist bloß, weil eure gegenwärtige Existenz auf einen einzigen, engen Bereich so unbedingt eingestellt ist, daß ihr eure Begriffe und eure Vorstellungen vom Selbst so eng definiert und diese dann auf euer Seelenkonzept übertragt. Ihr bangt um eure physische Identität und beschränkt euren Wahrnehmungsbereich aus Angst, darüber Hinausgehendes nicht handhaben zu können, ohne die Selbstheit einzubüßen.

Die Seele hat keine Angst um ihre Identität. Sie ist sich ihrer selbst gewiß. Sie ist eine ewig Suchende. Sie fürchtet nicht, von Erfahrungen oder Wahrnehmungen überwältigt zu werden. Würdet ihr euch mit der Natur der Identität gründlicher auskennen, dann würde euch beispielsweise die Telepathie keine Angst machen, denn hinter der Angst davor steht die Sorge, daß eure Identität durch die Suggestionen oder Gedanken anderer unter den Tisch gefegt werden könnte.

Kein psychologisches System ist geschlossen, kein Bewußtsein ist geschlossen, was auch immer der Augenschein innerhalb eures Systems vortäuschen mag. Die Seele ist tatsächlich ein Wanderer, wie schon so oft gesagt worden ist; aber sie ist auch der Schöpfer aller Erfahrung und aller Zielsetzungen in eurem Sinne. Sie erschafft Welten, könnte man sagen.

Das also ist die wahre Natur des psychologischen Wesens, von dem ihr ein Teil seid. Wie schon an früherer Stelle erwähnt, werde ich weiter hinten im Buch ein paar praktische Vorschläge machen, die es euch ermöglichen sollen, einige eurer eigenen tieferen Fähigkeiten zu erkennen, um für eure Entwicklung, Unterhaltung und Bildung Nutzen daraus zu ziehen.

Das Bewußtsein ist nicht auf jenen Begriffen von Gut und Böse begründet, die euch momentan so beschäftigen. Folglich auch nicht die Seele. Das soll nicht heißen, daß in eurem System und in einigen andern diese Probleme nicht existierten. Es bedeutet nur, daß die Seele weiß, daß Gut und Böse lediglich Manifestationen einer größeren Realität darstellen.

Jetzt könnt ihr Pause machen.

(22.37 bis 22.41 Uhr.)

Ich möchte nochmals betonen, daß, während all dies sich kompliziert anhören mag, es intuitiv klarer wird, sobald ihr beginnt, euch selbst zu erfahren, denn wenn ihr auf der Suche nach eurer Identität auch nicht euern Körper durchwandern könnt, so könnt ihr doch euer psychologisches Selbst durchwandern.

Auf dieser Reise nach innen warten weit größere Wunder auf euch, als ihr vor Antritt der Reise euch hättet träumen lassen. Ihr *seid* eine Seele; ihr seid eine besondere Manifestation einer Seele, und es ist kompletter Unsinn zu glauben, daß ihr euch über die Natur eures eigenen Wesens im unklaren bleiben müßtet. Ihr werdet vielleicht nicht imstande sein, euer Wissen in klare Worte zu fassen, doch das wird den Wert oder die Gültigkeit der Erfahrung, die euch zugehört, sobald ihr nach innen zu schauen beginnt, in keiner Weise in Frage stellen.

Ihr könnt das nach Belieben eine geistige oder psychologische oder paranormale Entdeckungsfahrt nennen. Ihr werdet dabei nicht versuchen, die Seele zu finden. In dieser Richtung gibt es nichts zu finden. Sie ist nicht verloren, und *ihr* seid nicht verloren. Die Worte, die ihr gebraucht, machen vielleicht keinen Unterschied, aber eure Absicht macht einen.

Ende des Diktats. Nun muß ich um einen Augenblick Geduld bitten.

(Wie in der vorigen Sitzung beschloß Seth sein Tagewerk, indem er für Jane und mich eine Seite persönlichen Materials diktierte. Ende um 23.01 Uhr.)

7
Das seelische Potential

Sitzung 530, Mittwoch, den 20. Mai 1970

(21.19 Uhr.) Guten Abend.

(»Guten Abend, Seth.«)

Wir nehmen das Diktat wieder auf und beginnen Kapitel acht. *(Anmerkung: Acht war offenbar ein Versprecher.)*

Es hat den Anschein, als hättet ihr nur eine Gestalt, die physische, die ihr wahrnehmt, und keine andere. Es sieht gleichfalls so aus, als könnte eure Gestalt nicht an mehreren Stellen gleichzeitig sein. Ihr habt aber, in der Tat, andere Gestalten, die ihr nicht wahrnehmt, und außerdem bringt ihr verschiedene Gestaltformen für verschiedene Zwecke hervor, obgleich ihr auch diese physisch nicht wahrnehmt.

Euer Identitätsgefühl ist hauptsächlich an euren physischen Leib gebunden, so daß es euch, beispielsweise, äußerst schwerfällt, euch ohne ihn vorzustellen, oder außer ihm oder auf irgendeine Weise von ihm getrennt. Die Gestalt ist das Produkt konzentrierter Energie; das Muster, das ihr zugrunde liegt, wird durch lebhafte, gezielte emotionale oder mediale Vorstellungsbilder erzeugt. Dabei ist die Intensität von entscheidender Bedeutung. Habt ihr beispielsweise das starke Verlangen, an irgendeinem anderen Ort zu sein, dann kann, ohne daß ihr euch dessen bewußt seid, an dem betreffenden Ort eine pseudophysische Gestalt von euch auftauchen. Das Verlangen wird den Stempel eurer Persönlichkeit und eurer Erscheinung tragen, obwohl ihr euch der Erscheinung und ihres Auftretens an dem anderen Ort unbewußt bleibt.

Obgleich dieses Gedankenbild normalerweise von andern nicht wahrgenommen wird, ist es doch durchaus möglich, daß in Zukunft wissenschaftliche Instrumente es wahrnehmen könnten. Beim gegenwärtigen Stand der Dinge kann ein solches Bild von denjenigen wahrgenommen werden, die ihre inneren Sinne entwickelt haben. Jede intensive geistige Tat – ob emotionaler oder gedanklicher Natur – baut sich nicht allein in physischer oder pseudophysischer Gestalt auf, sondern trägt auch das Gepräge ihres Urhebers.

Es gibt viele solcher im Werden begriffener oder latenter Gestalten. Damit ihr euch besser vorstellen könnt, wovon ich rede, denkt sie euch einfach – obwohl nur analogisch – als geisterhafte oder schattenhafte Bilder, unterschwellige Formen, die noch nicht ganz in die euch bekannte physische Realität übergetreten, aber doch schon lebendig genug sind, um sich aufbauen zu können. Sie würden euch, in der Tat, sehr real vorkommen, wenn ihr sie sehen könntet.

Jeder Mensch sendet tatsächlich häufig solche Nachbildungen seiner selbst aus, obwohl diese sich dem Grade nach unterscheiden und manche schattenhafter als andere ausfallen mögen. Diese Gestalten sind jedoch nicht einfache Projektionen – »flache Bilder«. Sie üben eine entschiedene Wirkung auf die Atmosphäre aus. Sie haben eine Art, sich »Platz zu schaffen«, die sich schwer beschreiben läßt; und zwar obwohl sie manchmal mit physischen Gegenständen oder Gestalten koexistieren oder diese sogar überlagern können. In solchen Fällen findet eine regelrechte Wechselwirkung statt – eine Wechselwirkung, die wiederum unterhalb der Schwelle physischer Wahrnehmung bleibt.

Ihr spürt vielleicht plötzlich ein starkes Verlangen, an einer geliebten, aber entfernten wohlbekannten Meeresküste zu stehen. Dieses intensive Verlangen würde sich dann gleichsam wie ein Energiekern verhalten, den euer Geist nach außen projiziert, indem er ihm Form, eure Form gibt. Der Ort, den ihr euch vorgestellt habt, würde dann diese Form anziehen, und sie würde augenblicklich dort auftauchen. Dies geschieht äußerst häufig.

Unter normalen Umständen würde sie nicht sichtbar werden. Wäre hingegen euer Verlangen noch intensiver, dann wäre der Energiekern größer, und ein *Teil* eures eigenen Bewußtseinsstromes würde sich der Gestalt mitteilen, so daß ihr vielleicht einen Augenblick lang die salzige Meeresluft riechen oder auf irgendeine andere Weise die Umgebung wahrnehmen würdet, in der das Pseudobild gerade steht.

Der Grad der Wahrnehmung wäre hier sehr unterschiedlich. In erster Linie ist eure physische Gestalt das Resultat einer großen Gefühlskonzentration. Die phantastische Energie eurer Psyche zeugte nicht allein euren physischen Leib, sondern erhält ihn auch am Leben. Er hat *keine* Kontinuität, obschon er euch dauerhaft genug vorkommen mag, solange er dauert. Dessenungeachtet befindet er sich im Zustand ständigen Pulsierens, und als natürliche Folge der Beschaffenheit und Struktur der Energie blinkt der Körper tatsächlich in Abständen auf.

Dies ist schwer zu erklären, und für unsere Zwecke ist es nicht unbedingt nötig, daß ihr die Gründe für dieses Pulsieren versteht; doch selbst körperlich seid ihr ebensooft »nicht da« wie da. Eure Gefühlsintensität und -konzentration bringen neben eurem physischen Leib noch andere Gestalten hervor, deren Dauer und Ausprägung jedoch von der Intensität des jeweiligen emotionalen Impulses abhängig ist.

Euer Lebensraum ist infolgedessen mit im Werden begriffenen Gestalten erfüllt, sehr lebendig, aber unterhalb der Schwelle der für euch wahrnehmbaren materiellen Strukturen.

(Jane als Seth langte über das Teetischchen, das zwischen uns stand, um mein halbvolles Bierglas zu ergreifen. Ich notiere dies wegen des Folgenden:)

Ruburt dankt dir. Du brauchst dies nicht zu vermerken. Wir verlangsamen unser Tempo von Zeit zu Zeit, um nach dem passenden Ausdruck zu suchen, denn dieses Material ist teilweise recht schwierig.

(»Sehr interessant.« Mir waren die fast regelmäßigen Geschwindigkeitsschwankungen in Janes Vortragsweise gleich nach Beginn der Sitzung aufgefallen. Jede Phase dieses mal schnellen, mal langsamen Tempos schien sich höchstens über ein paar Absätze zu erstrecken. Dies war heute abend viel spürbarer als sonst.)

Diese Projektionen werden also tatsächlich dauernd ausgesandt. Höherentwickelte wissenschaftliche Instrumente, als ihr sie gegenwärtig besitzt, würden nicht nur die Existenz dieser Formen anzeigen, sondern auch die Schwingungen in den verschiedenen Intensitätswellen messen können, die jene physischen Objekte umgeben, die für euch sichtbar sind.

Um dies klarerzumachen, betrachtet irgendeinen Tisch in eurem Zimmer. Er ist physisch, stabil und leicht zu sehen. Um der Analogie willen stellt euch nun, wo möglich, vor, daß hinter dem Tisch sich ein anderer, genau gleicher befindet, nur nicht ganz so physisch, und hinter diesem noch einer, und ein weiterer dahinter – jeder von diesen ein bißchen schwerer zu sehen, bis zur Unsichtbarkeit hin. Und vor diesem Tisch ist nochmals ein genau gleicher Tisch, nur ein bißchen weniger physisch in seiner Erscheinung als der »wirkliche« Tisch, und dieser hat ebenso ein Gefolge von weniger physischen Tischen, die sich nach vorne erstrecken. Und für jede Seite des Tisches denkt euch das gleiche.

Nun existiert alles, was sich physisch manifestiert, auch auf andere Weisen, die ihr nicht wahrnehmt. Ihr nehmt Realitäten nur wahr, wenn sie eine bestimmte »Tonlage« erreichen, wo sie in Materie überzugehen scheinen. Doch existieren sie tatsächlich und auf völlig gültige Weise auch auf anderen Ebenen.

Jetzt könnt ihr Pause machen und euch auf einer anderen Ebene entspannen.

(22.02 bis 22.20 Uhr.)

Es gibt auch Realitäten *(Pause)*, die »relativ gültiger« sind als eure Realität; im Vergleich damit würde – streng analogisch und exemplarisch gesprochen – euer physischer Tisch schattenhaft wirken, so wie jene sehr schattenhaften Tische, die wir uns vorgestellt haben. Ihr würdet dann eine Art »Supertisch« haben. Euer Realitätssystem wird also nicht von der größtmöglichen Energiekonzentration gebildet. Es ist lediglich ein System, auf das ihr eingestellt und dessen integrierender Bestandteil ihr seid. Nur aus diesem Grunde nehmt ihr es wahr.

Andere Teile von euch, derer ihr euch nicht bewußt seid, hingegen bewohnen was ihr ein »Superrealitätssystem« nennen würdet, wo das Bewußtsein mit weit stärkeren Energiekonzentrationen umgehen, diese wahrnehmen und »Gestalten« völlig anderer Natur aufbauen lernt.

Eure Raumvorstellung ist demnach äußerst verzerrt, da Raum für euch etwas ist, wo es nichts zu sehen gibt. Er ist offensichtlich mit allen möglichen Phänomenen *(Pause)* erfüllt, die auf eure Wahrnehmungsorgane überhaupt keinen Eindruck machen. Nun ist es euch auf verschiedene Weise gelegentlich möglich, euch bis zu einem gewissen Grad in diese anderen Realitäten einzuschalten – und das tut ihr von Zeit zu Zeit auch, obwohl in vielen Fällen die Erfahrung verlorengeht, weil sie physisch nicht registriert wird.

Denken wir wieder an die Gestalt, die ihr an die Meeresküste geschickt habt. Obgleich sie nicht mit euren eigenen physischen Sinnen ausgestattet war, war sie doch bis zu einem gewissen Grad der Wahrnehmung fähig. Ihr habt sie unwissentlich, aber aufgrund einer natürlichen Gesetzmäßigkeit projiziert. *(Pause.)* Das Bild folgt dann seinen eigenen Realitätsgesetzen, und bis zu einem gewissen Grad, der unterhalb eures eigenen liegt, hat es auch Bewußtsein. *(Pause.)*

Nun seid ihr, wieder analogisch gesprochen, von einem Superselbst ausgesandt, das ein starkes Verlangen nach einer Existenz in physischer Form trug. Ihr seid keine Marionette dieses Superselbst. Ihr werdet den Gesetzen eurer eigenen Entwicklung folgen und auf eine Weise, die viel zu kompliziert ist, um sie hier erklären zu können, die Erfahrung des Superselbst mehren und sein Realitätsspektrum erweitern. Dabei fördert ihr gleichzeitig eure eigene Entwicklung und könnt außerdem von den Fähigkeiten des Superselbst Nutzen ziehen.

Auch wird dieses Selbst, das in diesem Sinne so überlegen zu sein scheint, euch niemals verschlucken. Da ihr existiert, sendet ihr selber, wie gesagt, ähnliche Projektionen aus. Das Bewußtsein kennt keine

Grenzen, auch was die Mittel für seine Materialisierung betrifft. Ebenso sind auch den Entwicklungsmöglichkeiten jeglicher Identität keinerlei Schranken gesetzt.

Ich wollte dieses Kapitel heute abend beginnen, damit wir einen guten Start hätten. Ihr sollt aber trotzdem eine gute, leichte Sitzung haben.

(»Ich bin o.k.«)

Du hast öfters gegähnt.

(»Das spielt keine Rolle. Ich fühle mich momentan recht wohl.«)

Mach eine kurze Pause, und dann fahren wir fort.

(22.43 bis 22.54 Uhr.)

Laßt es mich noch einmal klar aussprechen: Eure gegenwärtige Persönlichkeit, wie sie in eurer Vorstellung besteht, ist »unauslöschlich« und fährt nach dem Tode fort, zu wachsen und sich zu entwickeln.

Ich erwähne dies nochmals inmitten unserer gegenwärtigen Erörterung, damit ihr euch nicht verloren, in Frage gestellt oder unwichtig vorkommt. Offensichtlich gibt es endlose Schattierungen bei den Gestaltformen und -typen, von denen die Rede war. Die Energie, die von unserem »Superselbst« projiziert wird, jener Funke intensiver Identität, jener einzigartige Impuls, der euch physisch ins Leben rief, ist in einer Weise dem alten Seelenbegriff sehr ähnlich – nur daß dieser lediglich einen Teil der Wahrheit enthält.

(Lange Pause um 23.01 Uhr. Jane hielt jetzt sehr spürbar nach vielen Sätzen inne, während sie dieses Material durchgab.)

Während ihr fortfahrt, zu existieren und euch zu entwickeln, verfügt euer Gesamtselbst, eure Seele, über ein so gewaltiges Potential, daß sich dieses niemals völlig durch eine Persönlichkeit ausdrücken kann. Ich habe das bereits in einem früheren Kapitel in etwa erklärt.

Nun könnt ihr durch sehr intensive Gefühlskonzentration eine Gestalt erzeugen und diese auf eine andere Person übertragen, die sie dann vielleicht wahrnehmen kann. Dies kann bewußt oder unbewußt geschehen; und das ist nun ziemlich wichtig. Dabei ist hier nicht etwa von dem sogenannten Astralleib die Rede, der etwas vollkommen anderes ist. Der physische Leib ist die Materialisierung des Astralleibs.

Dieser verläßt den Körper jedoch niemals für längere Zeit, und es ist nicht er, was im Falle unserer vorhin verwendeten Meeresküstenanalogie projiziert wird. Ihr seid gegenwärtig nicht nur auf euren physischen Leib eingestellt, sondern auch auf eine bestimmte Frequenz von Geschehnissen, die ihr als Zeit interpretiert. Andere historische Epochen existieren gleichzeitig, in ebenso gültigen Formen; auch andere Reinkarnationsselbst. Wiederum seid ihr einfach auf diese Frequenzen nicht eingestellt.

Ihr seid imstande zu wissen, was in der Vergangenheit passiert ist, und habt Geschichte, weil ihr nach den Spielregeln, die für euch gelten, glaubt, daß die Vergangenheit, aber nicht die Zukunft eurer Wahrnehmung zugänglich ist. Ihr könntet gegenwärtig Zukunftsgeschichte haben, wenn die Spielregeln andere wären. Kannst du mir folgen?

(»Ja.«)

Auf anderen Realitätsebenen verändern sich aber die Spielregeln. Nach dem Tode in eurem Sinne seid ihr, was die Wahrnehmung betrifft, vollkommen frei. Die Zukunft liegt ebenso klar vor euch da wie die Vergangenheit. Selbst dies ist jedoch hochkompliziert, weil es nicht nur eine einzige Vergangenheit gibt. Ihr erkennt nur bestimmte Geschehniskategorien als real an und überseht andere. Wir haben von Geschehnissen gesprochen. Es gibt daher auch wahrscheinliche Vergangenheiten, die völlig außer Reichweite eurer Vorstellungskraft liegen. Ihr wählt aus diesen eine bestimmte Gruppe von Geschehnissen aus und versteigt euch auf diese als die einzig möglichen, dabei entgeht euch, daß ihr aus einer unendlichen Vielfalt vergangener Ereignisse eine Auswahl getroffen habt.

Es gibt somit offenbar wahrscheinliche Zukünfte und wahrscheinliche Gegenwarten. Ich versuche dies mit euren Begriffen zu erklären, denn im Grunde genommen müßt ihr wissen, daß die Wörter »Vergangenheit«, »Gegenwart« und »Zukunft« hinsichtlich ihres wahren Erfahrungsgehaltes ebensowenig Sinn haben wie die Wörter »Ich«, »bewußt« oder »unbewußt«.

Ich beende das Diktat für heute abend. An diesem wahrscheinlichen Abend *(humorvoll)* wähle ich mir diese wahrscheinliche Alternative aus. Euch beiden meine innigsten Wünsche.

(23.20 Uhr. Im Anschluß daran gab uns Seth noch zwei Seiten hochinteressantes Material durch, das einem parapsychologischen Forscher und Schriftsteller und dessen Frau galt; sie waren Zeuge der gestrichenen 529sten Sitzung am vergangenen Montag, dem 18. Mai, gewesen. Die heutige Sitzung endete dann richtig um 23.35 Uhr.)

…g 531, Montag, den 25. Mai 1970

(… Uhr.) Guten Abend.

(»Guten Abend, Seth.«)

Wir nehmen das Diktat wieder auf.

Ihr seid nicht nur ein Teil anderer, unabhängiger Selbst, von denen ein jedes auf seine eigene Realität konzentriert ist, sondern es gibt zwischen euch auch eine Art Wahlverwandtschaft. Dank dieser Beziehung ist beispielsweise eine Begrenzung eurer Erfahrung durch die physischen Sinnesorgane nicht zwingend. Das Wissen, das diesen anderen, unabhängigen Selbst gehört, könnt ihr euch zugänglich machen. Ihr könnt lernen, eure Aufmerksamkeit von der physischen Realität ab- und neuen Wahrnehmungsweisen zuzuwenden, die euch dazu verhelfen, euren Realitätsbegriff zu erweitern und euren eigenen Erfahrungsbereich beträchtlich zu vergrößern.

Es ist bloß, weil ihr die physische Existenz für die einzig gültige haltet, daß ihr es euch nicht einfallen laßt, nach anderen Realitäten Ausschau zu halten. Dinge wie Telepathie und Hellsehen können euch Hinweise auf andere Arten der Wahrnehmung geben, doch seid ihr selber auch entschieden in solche Erfahrungen verwickelt, und zwar im normalen Wachzustand sowohl wie im Schlaf.

Der sogenannte »Bewußtseinsstrom«* ist nichts anderes als dies: ein dünner Strom von Gedanken, Bildern und Impressionen – der einen Bruchteil eines viel tieferen Bewußtseinsstroms darstellt, welcher eure weit größere Existenz und Erfahrung repräsentiert. Ihr bringt eure ganze Zeit damit hin, diesen einen dünnen Strom zu examinieren, so daß ihr von seinem Fluß hypnotisiert und durch seine Bewegung in Trance versetzt werdet. Unterdessen fließen jene anderen Wahrnehmungs- und Bewußtseinsströme unbemerkt vorbei, und doch sind diese ein integrierender Teil von euch, in dem sich durchaus gültige Aspekte, Geschehnisse, Handlungen, Empfindungen darstellen, an denen ihr in anderen Realitätsschichten gleichzeitig teilhabt.

Ihr seid an diesen Realitäten ebenso aktiv und lebhaft beteiligt wie an der Realität, auf die ihr jetzt vorwiegend eingestellt seid. Da ihr euch in der Regel nur um euern physischen Leib und euer physisches Selbst

---

* Englisch »stream of consciousness«; der Ausdruck ist ein auch im Deutschen geläufiges, literarisches Fachwort für eine moderne, epische Darstellungstechnik, die den kontinuierlichen Fluß der Gedanken, Gefühle und Reaktionen der Figuren direkt darzustellen versucht. (Anm. d. Übersetzerin.)

kümmert, richtet ihr eure Aufmerksamkeit auf den einen Bewußtseinsstrom, der scheinbar hiermit zu tun hat. Jene anderen Bewußtseinsströme sind jedoch an andere Selbstformen gebunden, die ihr nicht wahrnehmt. Der Körper ist, anders gesagt, einfach eine Manifestation dessen, was ihr in einer Realität seid, während ihr in andern Realitäten über andere Formen verfügt.

»Ihr« seid von diesen anderen Bewußtseinsströmen nicht etwa grundsätzlich abgeschnitten; einzig und allein eure Aufmerksamkeitsrichtung trennt euch davon und von den Geschehnissen, die sich hier abspielen. Wenn ihr euch euren Bewußtseinsstrom aber durchsichtig vorstellt, dann könnt ihr lernen, durch ihn hindurch und darunter zu schauen in andere Ströme hinein, die in andern Flußbetten der Wirklichkeit liegen. Ebenso könnt ihr lernen, euch über euern gegenwärtigen Bewußtseinsstrom zu erheben und andere Bewußtseinsströme wahrzunehmen, die, analogisch gesprochen, parallel zu dem euren verlaufen. Der springende Punkt ist, daß ihr nur so lange auf das euch bekannte Selbst beschränkt seid, als ihr darauf beschränkt zu sein glaubt und nicht einseht, daß das Selbst weit davon entfernt ist, eure gesamte Identität auszumachen.

Nun schaltet ihr euch oft in jene anderen Bewußtseinsströme ein, ohne es zu merken – sind sie doch ein Teil desselben Flusses eurer Identität. Und alle sind deshalb miteinander verbunden.

Jede schöpferische Tätigkeit verwickelt euch in einen kooperativen Prozeß, in dessen Verlauf ihr lernt, in diese andern Bewußtseinsströme einzutauchen und Einsichten zutage zu fördern, die weit mehr Dimensionen haben als der einzelne, dünne normale Bewußtseinsstrom, den ihr kennt. Aus diesem Grunde ist große Schöpferkraft multidimensional. Sie hat ihren Ursprung nicht in einer Realität, sondern in vielen und zeigt die Regenbogenfarben solchen vielfältigen Ursprungs.

Große Schöpferkraft ist immer umfassender als ihre rein physische Dimension und Realität. Verglichen mit dem sogenannten Normalen wirkt sie fast wie ein Einbruch. Sie benimmt dir den Atem. Solche Schöpferkraft erinnert jeden Menschen automatisch an seine eigene multidimensionale Realität. Das Wort »Erkenne dich selbst« hat daher eine viel weitere Bedeutung, als die meisten Leute sich je träumen lassen.

Nun könnt ihr in einsamen Augenblicken einige dieser anderen Bewußtseinsströme gewahr werden. Ihr hört dann vielleicht Worte oder seht Bilder, die nicht in eure Gedankengänge passen. Eurer Vorbildung, eurem Background und euren Überzeugungen entsprechend, legt ihr diese dann verschieden aus. Übrigens können sie unterschiedlichen Ursprungs sein. In vielen Fällen habt ihr euch jedoch aus Versehen in einen eurer anderen Bewußtseinsströme eingeschaltet und vorübergehend eine Leitung zu jenen anderen Realitätsebenen freigelegt, wo andere Teile von euch beheimatet sind.

Einige von diesen könnten Gedanken betreffen, die das, was Ihr ein Reinkarnationsselbst nennen würdet, in einer – euren Begriffen nach – andern Geschichtsepoche denkt. Ihr könntet statt dessen auch ein Geschehnis »auffangen«, in das ein wahrscheinliches Selbst verwickelt ist – je nachdem, wie es eurer Neigung, eurer psychischen Elastizität, eurem Wissensdrang entspricht.

Mit andern Worten: ihr könnt euch einer weit größeren Realität bewußt werden als der bisher bekannten, könnt von Fähigkeiten Gebrauch machen, von deren Existenz ihr nichts wußtet, und könnt außer allem Zweifel wissen, daß euer eigenes Bewußtsein und eure Identität von jener Welt unabhängig sind, auf die ihr jetzt vorwiegend eingestellt seid. Wenn dies alles nicht wahr wäre, dann würde ich dieses Buch nicht schreiben, und ihr würdet es nicht lesen.

(Mit sanftem Humor:) Jetzt könnt ihr Pause machen.

(»Besten Dank.« 22.01 bis 22.10 Uhr.)

Nun laufen diese anderen Existenzen von euch fröhlich nebenher, ob ihr nun wacht oder schlaft, aber normalerweise blockiert ihr sie, wenn ihr wacht. Im Traumzustand seid ihr euch ihrer viel stärker bewußt, obgleich es einen endgültigen Traumzustand gibt, der intensive psychologische und paranormale Erfahrungen oftmals maskiert, und woran ihr euch gewöhnlich erinnert, ist unglücklicherweise diese endgültige Traumfassung.

In dieser endgültigen Fassung ist die grundlegende Erfahrung so weit wie möglich in physische Begriffe übersetzt. Sie ist daher entstellt. Diese letzte Retusche wird aber nicht von den tieferen Schichten des Selbst vorgenommen, sondern sie stellt in weit höherem Maß, als ihr wißt, einen annähernd bewußten Vorgang dar.

Ein kleiner Punkt mag hier, was ich meine, verdeutlichen. Wenn ihr euch an einen bestimmten Traum nicht erinnern wollt, dann zensiert ihr die Erinnerung auf einer Ebene, die dem Bewußtsein sehr nahe ist. Manchmal könnt ihr euch sogar dabei erwischen, wie ihr absichtlich die Erinnerung an einen Traum fallenlaßt. Die Retusche findet fast auf dieser selben Ebene statt, aber nicht ganz.

Hier wird nun die grundlegende Erfahrung in aller Eile in physische Gewänder gekleidet. Dies geschieht nicht etwa, weil ihr die Erfahrung verstehen wollt, sondern weil ihr euch weigert, sie als grundsätzlich nichtphysisch anzuerkennen. Nicht alle Träume sind dieser Art. Einige Träume finden von sich aus in psychischen oder geistigen Bereichen statt, die mit eurem täglichen Leben verbunden sind, in welchem Fall der Einkleidungsvorgang unnötig wird. Doch in den ganz tiefen Schichten der Schlaferfahrung – die übrigens von euren Wissenschaftlern in ihren sogenannten Traumlabors nicht berührt werden – steht ihr in Verbindung mit anderen Teilen eurer Identität und mit den Realitäten, die sie bewohnen.

In diesem Zustand geht ihr auch Arbeiten und Geschäften nach, die mit euren euch bekannten Interessen zu tun haben können oder auch nicht. Ihr lernt, studiert, spielt; ihr tut alles andere als schlafen *(Lächeln),* wie ihr diesen Ausdruck versteht. Ihr seid hochaktiv. *(Humorvoll:)* Ihr seid im Untertagebau tätig und macht die wirkliche Dreckarbeit.

Nun möchte ich betonen, daß ihr dann einfach nicht unbewußt seid. Es scheint nur, als wäre dem so, weil ihr euch in der Regel am Morgen an nichts erinnert. Bis zu einem gewissen Grad sind sich jedoch einige Menschen dieser Aktivitäten bewußt, und es gibt auch Methoden, die euch helfen können, sie bis zu einem gewissen Grad ins Gedächtnis zu rufen. Ich möchte die Bedeutung eures Bewußtseinszustandes in keiner Weise schmälern – wie beispielsweise für die Lektüre dieses Buches. Vermutlich wacht ihr dabei, doch in mancherlei Hinsicht ruht ihr wachend weit mehr als in eurer sogenannten unbewußten Nachtexistenz. Dann erkennt ihr in vollerem Umfang eure eigene Realität und seid frei, von euren Fähigkeiten Gebrauch zu machen, die ihr tagsüber ignoriert oder verleugnet.

Auf ganz einfacher Ebene, zum Beispiel, verläßt euer Bewußtsein den Körper häufig im Schlafzustand. Auf anderen Realitätsebenen tretet ihr in Verbindung zu Menschen, die ihr gekannt habt; darüber jedoch weit hinausgehend erhaltet ihr euer körperliches Erscheinungsbild schöpferisch aufrecht und erfüllt es mit neuem Leben. Ihr verarbeitet die Erfahrungen des vergangenen Tages, projiziert sie in das, was ihr euch als die Zukunft denkt, wählt aus einer Unendlichkeit wahrscheinlicher Ereignisse diejenigen aus, die ihr physisch verwirklichen wollt, und setzt die geistigen und psychischen Prozesse in Gang, um diese in die materielle Welt überzuführen.

Gleichzeitig macht ihr diese Information all jenen andern Teilen eurer Identität zugänglich, die völlig andere Realitäten bewohnen, und nehmt deren vergleichbare Information in Empfang. Die Verbindung zu eurem gewöhnlichen, wachenden Selbst gebt ihr dabei nicht auf. Ihr stellt euch einfach nicht darauf ein. Ihr wendet eure Aufmerksamkeit davon ab. Tagsüber kehrt ihr diesen Prozeß einfach um. Würdet ihr euch euer normales Alltagsselbst von dem andern Blickwinkel aus betrachten, dann würde nämlich, analogisch gesprochen, euer physisches, wachendes Selbst euch ebenso sonderbar vorkommen wie jetzt euer schlafendes Selbst. Die Analogie hinkt jedoch einfach deswegen, weil dieses euer schlafendes Selbst über viel mehr Wissen verfügt als das wachende Selbst, auf das ihr euch soviel einbildet.

Die scheinbare Trennung ist nicht willkürlich oder euch aufgezwungen. Sie ist einfach eine Folge eures gegenwärtigen Entwicklungsstandes, und sie ist variabel. Viele Leute machen Abstecher in andere Realitäten – schwimmen gewissermaßen durch andere Bewußtseinsströme als Teil ihrer normalen Wachexistenz. Manchmal begegnen ihnen in solchen Wassern seltsame Fische!

Nun bin ich selber, euern Begriffen nach, offenbar auch solch ein Fisch, tauche aus anderen Realitätsdimensionen auf und beobachte eine existentielle Dimension, die nicht zu mir gehört, sondern zu euch. Es gibt daher Verbindungskanäle zwischen all diesen Bewußtseinsströmen, diesen symbolischen Flüssen psychologischer und paranormaler Erfahrung, und es gibt Reiserouten, die von meiner Dimension und von eurer ausgehen.

Nun gehörten Ruburt und ich ursprünglich derselben Wesenheit oder allumfassenden Identität an, und deshalb gibt es, symbolisch gesprochen, mediale Ströme, die uns verbinden. Diese münden alle in etwas, was oft das Meer des Bewußtseins genannt worden ist, ein Urquell, dem alle Wirklichkeit entspringt. Mit einer Bewußtseinsform habt ihr daher theoretisch alle andern auch.

Aber das Ich wirkt oft wie ein Damm, der andere Wahrnehmungen zurückdrängt – nicht, weil das so beabsichtigt war oder weil es in der Natur des Ich läge, sich so zu benehmen, oder weil dies etwa die Hauptfunktion des Ich wäre, sondern einfach deswegen, weil man euch gelehrt hat, daß das Ich eine einengende Funktion hat, statt einer erweiternden. Ihr bildet euch nämlich ein, das Ich sei ein sehr schwacher Teil des Selbst und müsse sich gegen andere Bereiche des Selbst, die weit stärker und überzeugender und, in der Tat, gefährlicher sind, verteidigen; und deshalb habt ihr es auf Scheuklappen dressiert, und zwar völlig entgegen seinen natürlichen Neigungen.

Das Ich *will* die physische Realität begreifen und deuten und zu ihr in Beziehung treten. Es will euch helfen, im Rahmen der physischen

Existenz zu überleben, aber indem ihr ihm Scheuklappen anlegt, hindert ihr seine Wahrnehmung und seine angeborene Flexibilität. Ist es dann inflexibel geworden, dann sagt ihr, das sei seine natürliche Funktion und sei charakteristisch für das Ich.

Es kann zu keiner Realität Beziehungen aufnehmen, die ihr ihm nicht wahrzunehmen erlaubt. Es kann euch beim Geschäft des Überlebens nur wenig behilflich sein, wenn ihr ihm nicht gestattet, seine Fähigkeiten einzusetzen, um jene wahren Bedingungen in Erfahrung zu bringen, unter denen es manipulieren muß. Ihr legt ihm Scheuklappen an und sagt dann, es könne nicht sehen.

Ihr könnt Pause machen.

(22.49 Uhr. Jane war gut dissoziiert gewesen. »Ich war heute abend wirklich weg, das kann ich dir sagen . . .« Fortsetzung um 23.02 Uhr.)

Das war das Ende des Diktats. Nun geduldet euch einen Augenblick.

(Nach dem Schema, das er in letzter Zeit einhielt, beschloß Seth die Sitzung mit ein paar Seiten anderen Materials. Diesmal ging es um die Gründe hinter Janes jahrelangen Erfahrungen als Dichterin und Schriftstellerin. Ich fand es sehr scharfsinnig. Seth erklärte, wie Janes Poesie immer ein »schöpferischer Ableger ihres Verlangens, die Natur der Existenz und Realität zu ergründen, gewesen sei, ihre Weise, psychisch in andere Bereiche vorzudringen, eine Untersuchungsmethode und eine Methode, die Resultate zu überprüfen«.

Ihre Schriftstellerei, fügte Seth hinzu, sei Janes »Art, Wahrscheinlichkeiten zu untersuchen, und ihr Versuch, andere Menschen zu verstehen. Ihre ganze Dichtung ist ein Teil ihres schöpferischen Lebens, aber jetzt untersucht sie die Natur der Realität viel unmittelbarer . . . Es besteht eine große Einheitlichkeit in den Hauptinteressen ihrer Persönlichkeit. Nichts bleibt am Weg liegen. Das schöpferische Selbst, weißt du, ist in voller Aktion – und geht genau dort hin, wo es hingehen will.«

Janes mediale Erfahrungen, sagte Seth, würden ihrerseits weitere schöpferische Unternehmungen in Gang setzen, die sie in noch tiefere, buchstäblich unerschöpfliche, universale Fonds schöpferischer Energie eintauchen lassen würden . . .

Ende um 23.21 Uhr.)

8
Schlaf, Traum und Bewußtsein

Sitzung 532, Mittwoch, den 27. Mai 1970

(21.24 Uhr.) Guten Abend.

(»Guten Abend, Seth.«)

Das Bedürfnis nach Schlaf ist bei verschiedenen Menschen verschieden, und keine Tablette wird den Schlaf jemals völlig ersetzen, weil in diesem Zustand einfach zuviel Arbeit geleistet wird. Allerdings wären zwei Schlafperioden von kürzerer Dauer anstelle von einer Schlafperiode in dieser Hinsicht wirkungsvoller.

Zwei Schlafperioden von je drei Stunden wären für die meisten Menschen vollkommen ausreichend, solange sie sich vor dem Einschlafen die entsprechenden Suggestionen erteilten – Suggestionen, die die völlige Erholung des Körpers gewährleisten würden. In vielen Fällen sind, zum Beispiel, zehn Stunden Schlaf direkt nachteilig und führen zu körperlicher und geistiger Trägheit. Der Geist ist dann einfach zu lange vom Körper abwesend, und ein Verlust an muskulärer Elastizität ist die Folge.

So wie viele kleine Imbisse während des Tages in Wirklichkeit viel besser wären als drei große Mahlzeiten, so wären kurze Nickerchen auch wirkungsvoller als eine lange Schlafperiode. Es wären auch andere Vorteile damit verbunden. Das bewußte Selbst würde sich seiner Traumabenteuer häufiger und mit größerer Selbstverständlichkeit erinnern, und diese würden langsam der Totalität der Erfahrung, wie das Ich sie erlebt, einverleibt werden können.

Bei häufigeren, kurzen Schlafperioden würden auch die Höchstwerte für die Bewußtseinskonzentration steigen, und eine gleichmäßigere Erneuerung physischer und psychischer Tätigkeiten fände statt. Zwischen den verschiedenen Bereichen und Schichten des Selbst würden sich die harten Trennungslinien verwischen. Ein ökonomischerer Energieverbrauch und eine bessere Ausnutzung der Nährstoffe wären die Folge. Das Bewußtsein, das ihr kennt, würde flexibler und beweglicher werden.

Dies würde indessen nicht zu einer Verschleierung des Bewußtseins oder der Konzentrationsfähigkeit führen. Ganz im Gegenteil würde die größere Flexibilität eine Vervollkommnung der Bewußtseinskonzentration mit sich bringen. Die scheinbar so tiefe Kluft zwischen dem wachenden und dem schlafenden Selbst ist hauptsächlich eine Folge der Funktionsteilung, welche die beiden weitgehend auseinanderhält – ein Batzen Zeit wird dem einen zugeteilt und ein größerer Batzen Zeit dem andern. Sie werden also durch eure Zeiteinteilung voneinander getrennt.

Ursprünglich hat sich euer bewußtes Leben nach dem Tageslicht gerichtet. Dank dem künstlichen Licht, das ihr jetzt habt, muß das heute nicht mehr so sein. Eure Technologie bietet euch also Gelegenheiten, von denen ihr momentan keinen Gebrauch macht. Den ganzen Tag zu schlafen und die ganze Nacht zu arbeiten, wäre natürlich keine Lösung; dies wäre lediglich eine Umkehrung eurer gegenwärtigen Gewohnheiten. Aber es wäre um vieles wirksamer und vorteilhafter, die Vierundzwanzig-Stunden-Periode anders aufzuteilen.

Man könnte sich viele Abwandlungen denken, die besser wären als euer jetziges System. Idealerweise solltet ihr fünf Stunden durchgehenden Schlaf haben; dann würdet ihr maximal profitieren, denn alles Darüberhinausgehende ist nicht annähernd so nutzbringend. Diejenigen, die mehr Schlaf benötigen, könnten dann, sagen wir, einen zweistündigen Mittagsschlaf halten. Für andere wäre eine vierstündige, durchgehende Schlafzeit und zwei Schläfchen von größtem Nutzen. Mit den richtig erteilten Suggestionen kann sich der Körper in der Hälfte der jetzt zum Schlafen benötigten Zeit erholen. In jedem Fall ist es viel stärkender und aufbauender, den Körper, sagen wir, acht bis zehn Stunden lang aktiv als inaktiv zu halten.

Ihr habt euer Bewußtsein trainiert, bestimmten Verhaltensmustern zu folgen, die nicht unbedingt seiner Natur entsprechen, und diese Muster vertiefen die Entfremdung zwischen dem wachenden und dem träumenden Selbst. Bis zu einem gewissen Grade betäubt ihr den Körper mit Suggestionen, so daß er meint, eine bestimmte Stundenzahl in einem Stück abschlafen zu müssen. Tiere schlafen, wenn sie müde sind, und erwachen auf viel natürlichere Weise.

Ihr würdet eure subjektiven Erfahrungen viel besser im Gedächtnis bewahren, und euer Körper würde gesünder sein, wenn diese Schlafmuster geändert werden könnten. Insgesamt sechs bis acht Stunden Schlaf würden bei dem angedeuteten Schläfchen-Schema ausreichen. Und selbst diejenigen, die jetzt glauben, mehr Schlaf zu brauchen, würden entdecken, daß dies nicht der Fall ist, wenn die ganze Zeit nicht in einem Stück verschlafen wird. Der gesamte Organismus würde physisch, geistig und psychisch profitieren.

Die Spaltung innerhalb des Selbst würde nicht annähernd so ausgeprägt sein. Körperliche und geistige Arbeit würde leichterfallen, und der Körper würde gleichmäßig verteilte Perioden der Erholung und Ruhe erhalten. Jetzt muß er in der Regel, und zwar ohne Rücksicht auf seinen Zustand, mindestens sechzehn Stunden lang warten. Aus anderen Gründen, die mit den chemischen Reaktionen während des Traumzustandes zu tun haben, würde sich der körperliche Gesundheitszustand bessern; und diese spezielle Zeiteinteilung würde sich auch in Fällen von Schizophrenie bewähren und eine allgemeine Hilfe für Menschen mit depressiver Veranlagung oder mit Geistesstörung bedeuten.

Euer Zeitgefühl würde dann auch weniger rigoros und starr sein. Schöpferische Fähigkeiten würden angeregt, und das große Problem der Schlaflosigkeit, unter dem viele leiden, würde weitgehend überwunden werden – denn was diese Menschen fürchten, ist oftmals die lange Zeitspanne, in der das Bewußtsein, wie sie es sich vorstellen, ausgelöscht zu sein scheint.

Nach dem Aufstehen würden dann kleine Mahlzeiten oder Imbisse eingenommen. Diese Methode, zu schlafen und zu essen, würde verschiedene Störungen des Metabolismus äußerst günstig beeinflussen und würde außerdem der Entwicklung von geistigen und paranormalen Fähigkeiten förderlich sein. Aus vielen Gründen hat physische Aktivität bei Nacht eine andere Wirkung auf den Körper als physische Aktivität bei Tage, und idealerweise sollten beide Wirkungen sich ergänzen.

Zu bestimmten Zeiten während der Nacht sind, zum Beispiel, die negativen Ionen in der Luft viel stärker oder zahlreicher als am Tage; und sich während dieser Zeit zu betätigen, insbesondere spazierenzugehen oder sich in freier Luft zu bewegen, würde vom gesundheitlichen Standpunkt aus höchst förderlich sein.

Nun ist die Zeit kurz vor Sonnenaufgang oft ein kritischer Punkt für Schwerkranke. Das Bewußtsein ist zu lange aus dem Körper abwesend gewesen, und einem solchen wiederkehrenden Bewußtsein fällt es dann schwer, mit den kranken Körperfunktionen fertig zu werden. Der in Krankenhäusern übliche Brauch, den Patienten Medikamente zu geben, damit sie die Nacht durchschlafen, ist aus diesem Grunde von Nachteil. In vielen Fällen bedeutet es eine zu große Kraftanstrengung für das wiederkehrende Bewußtsein, den kranken Organismus erneut zu übernehmen.

Solche Medikamente verhindern auch oft gewisse notwendige Traumzyklen, die dem Körper bei der Genesung behilflich sein könnten, und das Bewußtsein gerät infolgedessen in einen Zustand der Desorientierung. Einige der Spaltungen zwischen verschiedenen Teilen des Selbst sind daher nicht grundsätzlich notwendig, sondern ein Resultat von Brauch und Bequemlichkeit.

In früheren Zeitepochen, obwohl es damals, zum Beispiel, kein elektrisches Licht gab, war der Schlaf nicht so lang und ununterbrochen während der Nacht, denn die Schlafstätten waren weniger sicher. Der Höhlenmensch war beispielsweise auch im Schlaf auf der Hut vor Raubtieren. Insbesondere die geheimnisvollen Aspekte der natürlichen Nacht im Freien hielten ihn munter. Er wachte häufig auf und inspizierte die nähere Umgebung und seinen eigenen Unterschlupf.

Er schlief nicht soviel auf einmal wie ihr. Seine Schlafperioden dauerten vielmehr zwischen Abenddämmerung und Sonnenaufgang jeweils zwei bis drei Stunden, abgelöst von Zeiten äußerster Wachsamkeit und agiler Aktivität. Er schlich sich auch hinaus, um Nahrung zu suchen zu einer Zeit, da er hoffen konnte, daß die Raubtiere schliefen.

Die Folge hiervon war eine Beweglichkeit des Bewußtseins, die sein physisches Überleben sicherstellte, und solche Intuitionen, die ihm während des Traumzustands kamen, wurden im Wachzustand von ihm erinnert und ausgenutzt.

Nun werden viele Krankheiten einfach durch diese Trennung, diese langen Perioden körperlicher Inaktivität und diese verlängerte Aufmerksamkeitsfixierung auf entweder die Wach- oder die Traumrealität verursacht. Euer normales Bewußtsein kann durch Erholungsausflüge in jene anderen Wirklichkeitsbereiche, die ihr mit dem Einschlafen betretet, nur profitieren, und das sogenannte Schlafbewußtsein wird ebenso von häufigen Abstechern in den Wachzustand Nutzen ziehen.

Ihr könnt jetzt Pause machen.

(22.10 Uhr. Janes Trance war tief gewesen, ihr Tempo durchgehend rasch. Trotzdem erinnerte sie sich an Teile des Materials, was gewöhnlich nicht der Fall ist. Sie hatte in letzter Zeit nichts über den Schlaf nachgelesen. »Der ganze Teil geht weit über meinen Horizont«, sagte sie. »Ich habe Vorstellungen dieser Art nicht unterhalten, jedenfalls nicht bewußt.« Fortsetzung im gleichen Stil um 22.22 Uhr.)

Ich führe diese Dinge deshalb hier an, weil eine solche Veränderung eurer Gewohnheitsmuster entschieden zu einem tieferen Verständnis der Natur des Selbst beitragen würde. Der träumende Teil eurer Persönlichkeit erscheint euch nämlich nicht nur deshalb befremdlich, weil ein grundlegender Unterschied in der Bewußtseinseinstellung besteht, sondern auch weil ihr diesen Bereichen des Selbst klar geschiedene, entgegengesetzte Hälften eines Vierundzwanzig-Stunden-Zyklus zuwendet.

Ihr trennt sie so weit wie nur möglich. Dabei scheidet ihr eure intuitiven, schöpferischen und paranormalen Fähigkeiten und eure körperlichen, manipulativen, objektiven Fähigkeiten fein säuberlich voneinander. Gleichgültig wieviel Stunden Schlaf ihr zu benötigen glaubt, ihr wäret in jedem Fall mit mehreren, kürzeren Schlafperioden weit besser dran, und ihr würdet dann auch weniger Zeit brauchen. Die längste Schlafperiode sollte zur Nachtzeit sein. Doch auch dann wird nach sechs bis acht Stunden physischer Inaktivität die Wirksamkeit des Schlafes gemindert, und die Nachteile stellen sich ein.

Die hormonalen und chemischen Prozesse und insbesondere die Adrenalinsekretion würden bei den erwähnten Aktivitätsperioden viel reibungsloser ablaufen. Die Abnutzung des Körpers würde herabgesetzt, während gleichzeitig seine Regenerationsfähigkeit maximal ausgenutzt würde. Leute mit Schilddrüsenüberfunktion und -unterfunktion würden gleichermaßen profitieren.

Die psychischen Zentren würden häufiger aktiviert, und die gesamte Identität der Persönlichkeit würde gestärkt und gestützt. Die hieraus resultierende Beweglichkeit und Flexibilität des Bewußtseins würde euch als Nebenertrag eine gesteigerte Bewußtseinskonzentration einbringen, und der Müdigkeitspegel würde immer unterhalb der Gefahrengrenze bleiben. Eine stärkere Ausgeglichenheit in physischer wie in geistiger Hinsicht wäre die Folge.

Ein solcher Stundenplan könnte mit Leichtigkeit eingeführt werden. Diejenigen, die den amerikanischen Arbeitstag haben, könnten beispielsweise bei Nacht je nach individuellem Bedürfnis zwischen vier und sechs Stunden schlafen und nach dem Abendessen ein Nickerchen machen. Ich möchte nochmals ausdrücklich darauf hinweisen, daß alles, was über einen sechs- bis achtstündigen, durchgehenden Schlaf hinausgeht, sich nachteilig auswirkt und daß eine Zehn-Stunden-Periode zum Beispiel geradezu schädlich sein kann. Beim Erwachen fühlt ihr euch dann oftmals nicht ausgeruht, sondern zerschlagen. Ihr habt nicht gut hausgehalten.

Wenn ihr nicht begreift, daß während der Schlafperioden euer Bewußtsein tatsächlich den Körper verläßt, dann wird, was ich gesagt habe, bedeutungslos für euch sein. Es kehrt indessen manchmal zurück, um die physiologischen Abläufe zu überwachen, und das einfache Bewußtsein der Atome und Zellen – das Körperbewußtsein – verbleibt immer im Körper, so daß er nicht leersteht. Doch die vorwiegend schöpferischen Anteile des Selbst verlassen tatsächlich den Körper, während ihr schlaft, und zwar für lange Zeitspannen.

In einigen Fällen ist stark neurotisches Verhalten auf eure gegenwärtigen Schlafgewohnheiten zurückzuführen. Auch das Schlafwandeln steht in einer gewissen Beziehung dazu. Das Bewußtsein möchte in den Körper zurückkehren, steht aber unter der Suggestion, daß der Körper nicht aufwachen darf. Überschüssige nervöse Energie nimmt dann überhand und setzt die Muskeln in Bewegung, denn der Körper weiß, daß er zu lange inaktiv war und daß sonst starke Muskelkrämpfe auftreten würden.

Das gleiche gilt auch für eure Eßgewohnheiten. Abwechselnd überladet ihr euer Gewebe und hungert es aus. Dies hat entschiedene Rückwirkungen auf euer Bewußtsein, eure Kreativität, euer Konzentrationsvermögen. Auf der gleichen Linie hungert ihr beispielsweise nachts euern Körper buchstäblich aus und tragt zum Altersprozeß bei, indem ihr ihm während dieser langen Stunden die Nahrung entzieht. All dieses wirkt sich auf die Stärke und Natur eures Bewußtseins aus.

Eure Nahrung sollte über die Vierundzwanzig-Stunden-Periode verteilt sein und nicht nur auf die Zeit, da ihr wacht – das heißt, wenn die Schlafgewohnheiten meinem Vorschlag entsprechend geändert würden, dann würdet ihr auch in manchen Stunden der Nacht essen. Ihr würdet jedoch bei den jeweiligen »Mahlzeiten« viel weniger zu euch nehmen. Kleine Nahrungsmengen, häufiger genossen, wären euch viel zuträglicher als eure gegenwärtigen Praktiken, physisch, geistig und psychisch betrachtet.

Mit der Veränderung des Schlafrhythmus würde sich automatisch auch der Eßrhythmus ändern. Ihr würdet euch als eine viel einheitlichere Identität erleben. Ihr könntet eure hellseherischen und telepathischen Fähigkeiten beispielsweise weit besser realisieren und würdet die tiefe Kluft zwischen dem träumenden und dem wachenden Selbst nicht mehr empfinden. Diese Entfremdung würde weitgehend beseitigt.

Ihr würdet auch die Natur voller genießen, denn in der Regel seid ihr mit der Nacht wenig vertraut. Ihr könntet euch das intuitive Wissen des Traumzustandes besser zunutze machen, und im Stimmungszyklus würde das Pendel nicht mehr so weit ausschwingen, wie es das jetzt häufig tut. Ihr würdet euch in allen Lebensbereichen viel sicherer und aufgehobener fühlen.

Das Senilitätsproblem würde dadurch auch reduziert, denn die Reize wären nicht mehr für so lange auf ein Mindestmaß verringert. Und das Bewußtsein würde bei gesteigerter Flexibilität seine eigene Lebensfreude entdecken.

Ihr könnt Pause machen. *(Plötzlich lauter:)* Und wenn ihr das nicht ausprobiert, wie könnt ihr erwarten, daß andere es tun?

(Scherzhaft: »Das weiß ich auch nicht.«)

Eure eigenen Perioden schöpferischer Arbeit würden sich ebenfalls wirksamer und ertragreicher gestalten, wenn ihr diese Ratschläge befolgen würdet.

(»Wir werden sehen, was sich tun läßt.«)

(22.53 Uhr. Janes Trance war auch diesmal tief gewesen, ihr Tempo schnell. Ihre Geschwindigkeit war sogar so beträchtlich, daß meine Schreibhand fast taub war. Wie sich dann herausstellte, war diese Pause das Ende der aufgezeichneten Sitzung.

Zum zweiten Mal in letzter Zeit haben Seth und ich einfach miteinander geschwatzt, ohne daß ich Notizen machte. Er setzte mir detailliert auseinander, wie ein veränderter Schlafrhythmus sich auf meine Malerei vorteilhaft auswirken würde. Hinterher wünschte ich, ich hätte unser Gespräch schriftlich fixiert, denn es enthielt eine Menge Informationsmaterial, das allgemein anwendbar war. Jane beschloß den Abend, indem sie sagte, sie sei »nicht einmal in Stimmung für eine Sitzung gewesen«.

Seit dieser Sitzung – es ist jetzt der 1. Juni, da ich dies niederschreibe – haben Jane und ich etwas mit veränderten Schlafrhythmen experimentiert, und wir müssen sagen, daß Seths Ideen eminent brauchbar sind. Nach einer kürzeren nächtlichen Ruheperiode erwachen wir leicht, munter und startbereit. Wir ergänzen diesen Rhythmus durch ein bis zwei Ruhepausen während des Tages. Mit Hilfe dieses Systems sind alle unsere Tätigkeiten von einer ungewohnten Erlebnisintensität begleitet.)

SITZUNG 533, MONTAG, DEN 1. JUNI 1970

(Vor dem unten wiedergegebenen Material gab Seth, beginnend um 21.20 Uhr, fünf Seiten persönlicher Informationen für Jane und mich durch. Er nahm das Diktat von Kapitel acht seines eigenen Buches nach einer Pause um 22.10 Uhr wieder auf.)

(Humorvoll:) Diktat.

(»Jawohl.«)

Es ist allgemein bekannt, daß im Schlafzustand Schwankungen des Bewußtseins und der Wachsamkeit auftreten. Einige Traumaktivitätsperioden lösen gewisse Wachzustände ab. Doch im normalen Wachbewußtsein gibt es ebenfalls Schwankungen, Rhythmen intensiver Aktivität, die von einer viel weniger aktiven Bewußtseinsperiode gefolgt sind.

Gewisse Bewußtseinszustände nähern sich natürlich dem Schlafzustand weitgehend an. Diese verschmelzen dann so miteinander, daß der Rhythmus oft übersehen wird. Solche Abstufungen des Bewußtseins gehen mit Veränderungen im physischen Organismus einher. In den trägeren Phasen des Wachbewußtseins finden sich Konzentrationsmangel, Reizausschaltung verschiedenen Grades, Unfallneigung und eine allgemeine, verringerte Spannkraft des Körpers.

Wegen eurer Gewohnheit, ausgedehnte Schlafperioden mit anschließenden ausgedehnten Wachperioden abzuhalten, macht ihr von diesen Bewußtseinsrhythmen keinen Gebrauch. Die Höhepunkte werden zum Teil unterdrückt oder bleiben sogar unbeachtet. Die scharfen Kontraste und die hohe Leistungsfähigkeit des natürlichen Wachbewußtseins werden kaum wahrgenommen.

Nun bringe ich hier all dies Material, weil es euch helfen wird, eure vorhandenen Fähigkeiten zu erfassen und auszunutzen. Ihr verlangt zuviel von eurem normalen Wachbewußtsein, indem ihr die Höhen und Tiefen seiner Aktivität einebnet und in manchen Fällen sogar verlangt, daß es mit fliegenden Fahnen voranstürmen soll, wenn es sich eigentlich gerade in einem Tief befindet, und ihr betrügt euch selber um die große Beweglichkeit, die in eurem Bewußtsein angelegt ist.

Die an früherer Stelle dieses Kapitels gemachten, eure Schlafgewohnheiten betreffenden Vorschläge werden euch zu einem natürlichen Gebrauch dieser Rhythmen verhelfen. Die Höhepunkte werden häufiger erlebt werden. Die Konzentration wird erhöht, die Probleme werden klarer gesehen und euer Lernvermögen wird besser genutzt.

(Früher, am gleichen Tag, hatte ich Jane gegenüber geäußert, daß mir das Adverb »weit« ziemlich häufig im Text vorzukommen scheine. Jetzt beugte sich Seth-Jane lächelnd und mit spöttischem Nachdruck vor.)

Ich wollte sagen »weit besser genutzt«.

(»Ja.«)

Nun werden in dieser langen Zeitspanne, die dem Wachbewußtsein ohne Ruhepause zugeteilt wird, chemische Substanzen im Blut aufgebaut, die im Schlaf wieder ausgeschieden werden. Doch in der Zwischenzeit machen sie den Körper träge und erschweren die Bewußtseinskonzentration. Die lange Schlafperiode, an die ihr gewöhnt seid, wird dann nämlich notwendig. Ein Teufelskreis baut sich auf. Dies führt zu Überreizungen während der Nacht, vermehrt die Arbeit des Körpers, indem er gezwungen ist, Reinigungsarbeiten über längere Zeit durchzuführen, die idealerweise während kürzerer Ruhepausen erledigt würden. Das Ich fühlt sich bedroht durch den verlängerten »Urlaub«, den es nehmen muß, bekommt Angst vor dem Schlaf und errichtet Barrieren gegen den Traumzustand. Viele von diesen sind höchst unnatürlich.

Eine scheinbare Dualität ist das Ergebnis von Mißtrauen, das ein Teil des Selbst gegen den anderen hegt. Viel schöpferisches Material von sehr praktischem Wert geht dadurch verloren. Die obengenannten Verfahrensweisen würden den Zugang zu solchen Informationen erleichtern, und das wachende Selbst würde sich frischer fühlen. Die Traumsymbolik würde mit größerer Klarheit hervortreten und würde sich nicht in den vielen Stunden verlieren, die ihr jetzt dem Schlaf widmet.

Die Muskelkraft würde profitieren. Das Blut würde gründlicher gereinigt, als wenn der Körper so lange Zeit ausgestreckt liegt. Vor allem aber würde es eine – entschuldigt den Ausdruck – weit bessere Kommunikation zwischen den subjektiven Schichten des Selbst geben, ein erhöhtes Sicherheitsgefühl und, besonders bei Kindern, eine frühzeitigere Entfachung schöpferischer Fähigkeiten.

Jetzt könnt ihr Pause machen oder die Sitzung beenden, ganz wie ihr wollt.

(»Machen wir Pause.« 22.50 bis 23.04 Uhr.)

Ein klares, aufgeräumtes, aufgewecktes und kraftvolles Bewußtsein benötigt häufige Ruhezeiten, wenn seine Leistungsfähigkeit erhalten bleiben soll und wenn es die Realität korrekt deuten soll. Andernfalls entstellt es, was es wahrnimmt.

Ruhe- oder Schlafkuren – sehr ausgedehnte Schlafperioden – haben sich therapeutisch in manchen Fällen nicht etwa deshalb bewährt, weil ausgedehnter Schlaf als solcher förderlich wäre, sondern weil sich so viele Toxine gebildet hatten, daß solche ausgedehnten Ruheperioden erforderlich wurden. Die Lernprozesse werden ganz entschieden durch eure gegenwärtigen Gewohnheiten behindert, denn es gibt bestimmte Zeiten, da das Bewußtsein auf Lernen eingestellt ist, und trotzdem versucht ihr, das Lernen in unerkannten Minimalperioden zu forcieren. Schöpferische und paranormale Fähigkeiten werden durch diese künstliche Trennung einfach in den Hintergrund gedrängt. Dies hat Dualitäten zur Folge, die alle eure Tätigkeiten beeinträchtigen.

In manchen Fällen zwingt ihr euch buchstäblich zu schlafen, wenn euer Bewußtsein auf einem Höhepunkt sein könnte. Dies ist übrigens in den Stunden vor Sonnenaufgang der Fall. In bestimmten Nachmittagsstunden hat das Bewußtsein einen Tiefstand und braucht Erholung, die ihm verweigert wird.

Würden die Stadien des Wachbewußtseins ähnlichen Untersuchungen unterzogen wie jetzt die Schlafstadien, dann würde man eine viel breitere Funktionsskala finden, als man vermutet. Bestimmte Übergangsstadien werden vollkommen ignoriert. In vieler Hinsicht kann man tatsächlich sagen, daß das Bewußtsein flackert und in seiner Intensität veränderlich ist. Es ist nicht etwa wie ein stetiger Lichtstrahl, zum Beispiel.

Jetzt möchte ich das Diktat beenden. Meine herzlichsten Grüße euch beiden.

(»Danke gleichfalls, Seth.«)

(23.15 Uhr. Jane war erstaunt über die schnelle Beendigung der Sitzung, als sie aus der Trance kam.)

Sitzung 534, Montag, den 8. Juni 1970

(Heute abend, um 22.30 Uhr, sprachen Jane und ich über Seths Fortschritte mit seinem Buch. Jane war etwas besorgt. Sie las zwar das Buch jetzt nicht, hatte aber bemerkt, daß Seth sich nicht genau an den Entwurf hielt, den er uns unterbreitet hatte, bevor er begann, Kapitel für Kapitel zu diktieren. Ich sagte, ich dächte mir, Seth stelle das Material ganz so dar, wie er es haben wolle; sie sah ein, daß es wohl das Beste sei, sich zu entspannen und es einfach herauskommen zu lassen.

Ich möchte jetzt zwei Erscheinungen beschreiben, eine bei mir und eine bei Jane, die sich fast gleichzeitig, ein paar Minuten vor Sitzungsbeginn, bei uns einstellten. Außerdem ging mein Erlebnis kurz nach Sitzungsbeginn noch in ein anderes über – doch davon später.

1. Während wir dasaßen und darauf warteten, daß die Sitzung anfangen sollte, sagte mir Jane, daß das Gesicht von Joseph in meinem Ölgemälde von Ruburt und Joseph von seinem Ort an der Wohnzimmerwand auf sie herablächle. Als Jane sich des Lächel-Effekts bewußt wurde, schaute sie rasch weg und dann noch einmal hin. Wie sie sagte, war der Effekt immer noch da; er hielt etwa zwei Minuten lang an bis kurz vor Sitzungsbeginn um 21 Uhr.*

Jane hatte vom Schaukelstuhl aus das Gemälde vor sich, aber ich saß infolge meiner Position auf der Couch mit dem Rücken dazu. Bei den wiederholten Malen, da ich mich danach umdrehte, fiel mir nichts Ungewöhnliches daran auf. Jane sagte, daß Joseph, der meine eigene Wesenheit darstellt, sie breit angelächelt habe auf eine Weise, wie er es in Wirklichkeit auf dem Gemälde nicht tut. Der Ausdruck der Augen veränderte sich zuerst, und von dort breitete sich das Lächeln bis zum Mund hin aus. Die Stirn blieb unbewegt. Es war, als wäre das Gemälde schlagartig lebendig geworden, ohne daß sich dabei der gemalte Kopf Ruburts verändert hätte.

Jane mag das Gemälde nicht sonderlich und hat diese Veränderung nie zuvor an ihm bemerkt.

2. Meine Erscheinung betrifft eine Sehstörung ohne eigentlichen Verlust des Sehvermögens. An diesem Abend traten keine Nachwirkungen auf, wie auch früher nicht, abgesehen von ganz leichten Kopfschmerzen. Heute abend bekam ich auch die Kopfschmerzen nicht. Seltsamerweise hatte mich diese Erscheinung nie erschreckt. Bei meiner etwas verschlossenen Natur empfand ich selbst als Kind nicht das Bedürfnis, meinen Eltern davon zu erzählen oder einen Arzt aufzusuchen. Die fehlenden Nachwirkungen und meine anhaltende Geistesklarheit dürften mich wohl beruhigt haben.

Die Erscheinung, die mich immer an eine Fata Morgana erinnerte, begann mit einem kleineren, hellen, gezackten Muster gleich rechts von meiner Sehachse. Aus Erinnerungen an halbvergessene Episoden, die jetzt wieder wach wurden, wußte ich, daß dieses glänzende, schimmernde Muster sich weit genug ausbreiten konnte, um den Gegen-

---

* Eine Abbildung des Gemäldes findet sich in: *The Seth Material*, Prentice-Hall, Inc. 1970.

stand, den ich gerade betrachtete, zum Verschwinden zu bringen, obgleich mein peripherisches Sehvermögen erhalten blieb.

Gelegentlich hatte die Störung soweit um sich gegriffen, daß ich zum Beispiel nur mit Mühe das Zeichenpapier vor mir sehen konnte oder den Bleistift, den ich in meiner Hand fühlte. Das Schimmern war von unterschiedlicher Intensität. Einmal hatte ich mich sogar hingelegt und die Augen geschlossen, weil mir dies als das Einfachste erschienen war. Solche Erscheinungen dauerten höchstens eine halbe Stunde, meistens aber darunter.

Ich war von neuem erstaunt über meine gelassene Reaktion während meiner Entwicklungsjahre auf etwas, dessen Ursache weit außerhalb des Wissensbereichs lag, der mir damals zugänglich war. War die Störung stark gewesen und hatte sie nahezu mein gesamtes Gesichtsfeld erfaßt, dann hatte ich ein eigentümliches Gefühl von Licht und Dunkel gehabt, wobei die gegenständliche Welt ununterscheidbar geworden war von etwas, das sich nur als eine begrenzte Fläche gemusterter, alternierender Dunkel- und Helligkeit auf samtener Tiefe beschreiben läßt.

Heute abend war das Erlebnis weniger intensiv. Ich wurde mir gegen 22.50 Uhr zuerst bewußt, daß so etwas bevorstand, und begann sofort mit Selbstsuggestionen, um die Symptome zu drücken, denn ich wollte Jane nicht durch den Aufschub der Sitzung beunruhigen. Gleichzeitig begann aber Jane das Lächeln zu beschreiben, das sie auf dem Bild wahrnahm; ich konnte das Gemälde klar genug erkennen, als sie mich bat, ihren Eindruck zu überprüfen, obwohl meine Sehstörungssymptomatik noch am Zunehmen war. Meine Selbstsuggestionen erwiesen sich jedoch als sehr hilfreich, und bei Sitzungsbeginn um 21.05 Uhr stellte ich fest, daß ich die Symptomatik nicht nur unter Kontrolle hatte, soweit dies möglich war, sondern daß sie sich auch auf dem Rückzug befand. Um 21.15 Uhr waren die letzten Spuren davon verschwunden, und meine Sicht war klar.

Dies war aber erst der Anfang; denn indem diese Erscheinung sich zurückbildete, wurde sie verdrängt durch ein Erlebnis oder ging über in ein solches anderer Art. Dieses war mir neu und hochinteressant. Nachfolgende Anmerkungen und Seth selber erklären die Vorgänge, die sich im Verlauf der Sitzung abspielten. Ich sage schon jetzt, daß die neue Erscheinung einen allmählichen Verlust erst meiner Fähigkeit zu buchstabieren und dann zu schreiben betraf . . .

Jane begann für Seth in recht langsamem Tempo zu sprechen im Gegensatz zu dem rascheren Tempo der letzten Sitzungen. Am Anfang der Sitzung mußte ich mich etwas zusammennehmen, um die Seite klar genug sehen zu können, um mitzuschreiben.)

Guten Abend.

(»Guten Abend, Seth.«)

(Kurz vor der Sitzung hatte ich über den friedlichen Abend, der ein sehr warmer war, eine Bemerkung gemacht.)

Ich hoffe, ich erschüttere nicht euren Frieden.

(»Nein.«)

Wir nehmen das Diktat wieder auf. *(Pause; eine von vielen.)* Das Bewußtsein hat viele Charaktermerkmale, von denen ihr natürlich einige kennt. Viele Charaktermerkmale des Bewußtseins liegen jedoch weniger auf der Hand, weil ihr gegenwärtig euer Bewußtsein weitgehend auf solche Weise gebraucht, daß seine Wahrnehmungen in einer vom »Naturzustand« weit entfernten Verkleidung erscheinen. Mit andern Worten: ihr seid euch eures eigenen Bewußtseins über die Vermittlung eurer eigenen physischen Mechanismen bewußt. Ihr seid euch eures Bewußtseins nicht annähernd so bewußt, wenn es sich nicht primär der Mittlerschaft des Körpers bedient, wie es bei Astralwanderungen und einigen dissoziierten Zuständen der Fall ist.

(Während ich den letzten Satz niederschrieb, merkte ich – wieder ohne daß ich deswegen aus der Fassung geriet –, daß ich ein klein wenig länger brauchte als gewöhnlich, um meine Kurzzeichen oder Symbole für so gebräuchliche Wörter wie »tut«, »als« und »sogar« hervorzubringen. Dieser Vorgang hätte natürlich ganz automatisch sein müssen. Doch die Sehstörung war jetzt weitgehend behoben.

Gegen 21.12 Uhr begann ich gelegentlich ein Wort falsch zu buchstabieren.)

Die Eigenschaften des Bewußtseins bleiben die gleichen, ob ihr nun im Körper oder außerhalb des Körpers seid. Die erwähnten Höhen und Tiefen eures Bewußtseins sind bis zu einem gewissen Grad allem Bewußtsein eigen, unabhängig von der Form, die es nach dem Tod annimmt. Die Natur eures Bewußtseins ist grundsätzlich dann nicht anders als jetzt, nur daß ihr euch gegenwärtig vieler seiner Eigenschaften nicht bewußt sein dürftet.

(Ich ertappte mich dabei, wie ich das Wort »nicht« aus dem letzten Satz wegließ; inzwischen war mir vollkommen klar, daß etwas im Gange war. Immer mehr mußte ich bewußte Anstrengungen machen, um die Mitschrift korrekt zu Papier zu bringen. In dem untenstehenden Material konnte ich mich einiger Symbole nicht mehr erinnern, die ich normalerweise verwende, und mußte die Wörter ausschreiben.)

Nun ist euer Bewußtsein, zum Beispiel, hellseherisch und telepathisch, obwohl ihr das vielleicht nicht erkennt. Im Schlaf, wenn ihr euch oft für bewußtlos haltet, könnt ihr um vieles bewußter sein als jetzt, nur daß ihr euch dann einfach solcher Fähigkeiten des Bewußtseins bedient, die von euch im Wachzustand nicht als wirklich oder gültig anerkannt werden. Ihr schließt sie deshalb aus eurem bewußten Erleben aus. Bewußtsein, eures und meines, ist völlig unabhängig von Raum und Zeit. Und nach eurem Tode seid ihr euch einfach der größeren Kräfte des Bewußtseins bewußt, die schon die ganze Zeit in ihm anwesend waren.

(21.21 Uhr. Ich hatte die größte Mühe, die folgenden Sätze niederzuschreiben. Viele der Wörter waren falsch buchstabiert, einige sosehr, daß ich sie ausstrich und schnell einen erneuten Versuch machte – mit dem ironischen Resultat, daß die Verbesserungen wiederum Fehler enthielten. Meine Sicht war inzwischen sehr klar.

Zum ersten Mal zog ich nun in Erwägung, ob ich Seth vielleicht bitten sollte, das Diktat zu verlangsamen, obwohl ich nur zu gut wußte, daß sein Tempo ohnehin langsam war. Ich fragte ihn nicht, was vor sich ging. Dieser Biedermann starrte mich durch Janes Augen unentwegt an, ohne auch nur das geringste Zeichen zu geben, daß in der Sitzung ungewöhnliche Dinge geschahen . . .)

Da diese aber vorhanden sind, könnt ihr sie natürlich auch jetzt schon entdecken und lernen, von ihnen Gebrauch zu machen. Dies wird euch im Leben nach dem Tode unmittelbar zugute kommen. Ihr werdet nicht annähernd sosehr von der Natur eurer eigenen Reaktionen überrascht sein, wenn euch, zum Beispiel, von vornherein klar ist, daß euer Bewußtsein nicht nur kein Gefangener eures physischen Leibes ist, sondern sich auch beliebig reproduzieren kann. Diejenigen, die sich mit ihrem Körper »überidentifizieren«, können sich ganz unnötigerweise selbstfabrizierte Qualen bereiten, indem sie um den Körper herumlungern. In der Tat ist das dann eine verlorene Seele, die meint, daß sie sonst nirgendwo anders hinkönne.

(Ich machte jetzt einen entschlossenen Versuch, richtig zu buchstabieren und klar zu schreiben. Es half. Mir war, als käme ich aus tiefem Schlaf und mache nun eine gewaltsame Anstrengung, mich auf die physische Realität einzustellen.)

Ihr seid, wie schon früher gesagt, jetzt Geist; und dieser Geist hat ein Bewußtsein. Das Bewußtsein gehört also dem Geist an, aber die zwei sind nicht miteinander identisch. Der Geist kann sein Bewußtsein an- und abschalten. Es entspricht der Natur des Bewußtseins zu flakkern und zu fluktuieren, aber nicht der des Geistes.

Ich mag das Wort »Geist« nicht sonderlich, wegen verschiedener Vorstellungen, die damit verbunden sind, aber es erfüllt seinen Zweck, insofern es eine Unabhängigkeit von der physischen Form andeutet.

Das Bewußtsein erholt sich nicht im Schlaf. Es wird lediglich in eine andere Richtung gekehrt. Das Bewußtsein schläft also in dem Sinn nicht, und obgleich es abgeschaltet sein kann, ist es doch nicht abgeschaltet wie ein Licht.

(21.28 Uhr. Die Schwierigkeiten, die ich mit dem Buchstabieren gehabt hatte, kehrten unvermittelt in gesteigerter Form zurück. Zusätzlich zu den Schreibfehlern und Streichungen hatte ich jetzt die Sorge, ob ich mit dem ziemlich langsamen Tempo Seths würde Schritt halten können. Zum ersten Mal kam es mir in den Sinn, um eine Pause zu bitten, obgleich ich auch jetzt noch nicht beunruhigt war.)

Beim Abschalten löscht man es nicht etwa aus wie ein Licht, das abgedreht wird. Um der Analogie treu zu bleiben, wenn das Bewußtsein wie ein Licht wäre, das euch gehört, auch dann, wenn ihr es abschaltet, dann würde eine Art Zwielicht, aber kein Dunkel zurückbleiben.

(Inzwischen saß ich angespannt auf der Kante der Couch über den Notizblock gebeugt, der vor mir auf dem Teetischchen lag. Dies ist eine Stellung, die ich fast nie einnehme – vielleicht versprach ich mir davon eine Hilfe bei der Bewältigung dieser Situation. Ich bat Seth, einen Augenblick zu warten.)

Der Geist befindet sich also bei abgeschaltetem Bewußtsein niemals im Zustand des Nichtseins. Es ist von größter Wichtigkeit, daß dies erkannt wird, denn es ...

(Der Rest des Satzes in meinen Notizen ist unverständlich. Überrascht bat ich Seth, nochmals zu warten. Mir waren ein paar Sätze entgangen, und ich gab es fast auf mitzuschreiben. Ich wollte jedoch noch einen letzten Versuch machen. Jane saß als Seth ziemlich unverbindlich mit offenen Augen da und wartete.)

Es ist von größter Wichtigkeit, daß man begreift, daß das Bewußtsein niemals ausgelöscht wird ...

(21.35 Uhr. Wieder blieb ich auf der Strecke. Als ich mich dabei erwischte, wie ich »ursgeschös« anstatt »ausgelöscht« schrieb, gab ich es auf und bat Seth um eine Pause. Sie kam sofort. Ich war verdutzt. Ich hatte einen klaren Kopf, war aber buchstäblich außerstande, weiter mitzuschreiben. Trotzdem war ich nicht beunruhigt.

Als ich einen Ansatz machte, Jane zu erklären, warum ich aufhören mußte, stellte sich heraus, daß ich zu allem Überfluß noch Schwierigkeiten hatte, zusammenhängend zu sprechen. Seth kam daraufhin kurz zurück, mit breitem Lächeln:)

Du hast heute abend das Material ausagiert, Joseph . . .

(Nach diesen Worten begriff ich sofort, obwohl die Erscheinungen sich nicht so schnell gaben. Ich machte viele Fehler im Gespräch mit Jane, doch waren die Schwierigkeiten beim Sprechen mit denen beim Buchstabieren oder Schreiben nicht zu vergleichen. Anfangs war Jane sehr besorgt wegen meiner Erlebnisse vor und während der Sitzung; sie sagte mir später, sie sei drauf und dran gewesen, die Sitzung nicht weiterzuführen. Am Ende glaubte sie jedoch meinen wiederholten Versicherungen und sah ein, daß ich körperlich in Ordnung war.

Auf meinen Wunsch hin schob Seth das Diktat an seinem Buch auf, schlug aber während eines kurzen Zwischenspiels vor, daß Jane sämtliche Lampen im Zimmer andrehen solle, sobald sie aus der Trance käme. Ich solle mir dann vorstellen, mein Bewußtsein würde heller und heller und würde den Raum wie mit Licht erfüllen; dann würde ich feststellen, daß alle meine Fähigkeiten schnell zurückkehren würden. An weitere Anweisungen, die er mir gab, konnte ich mich nachher nicht mehr erinnern.

So hatte ich also an diesem Abend veränderte Zustände beim Sehen, Schreiben, Buchstabieren und Sprechen erfahren – alles natürlich Aspekte meines physischen Kommunikationsvermögens. Im grellen Licht des vollbeleuchteten Raumes sitzend schilderte ich Jane dann alles bis ins Kleinste, einschließlich der Sehstörungserscheinungen früherer Jahre.

Danach begann ich langsam wieder an meiner Mitschrift zu arbeiten. Ich war äußerst erpicht darauf, von Seth alles erklärt zu bekommen. Und er hatte recht: gegen 22.30 Uhr fühlte ich mich besser. Mit der Mitschrift schließlich aufholend, konnte ich Jane sagen, ich sei bereit für die Fortsetzung der Sitzung. Nun erhielten wir die interessanteste Information von allen – die Erklärung meines merkwürdigen Mangels an Beunruhigung über die Vorfälle des heutigen Abends. Fortsetzung in schnellerem Tempo um 22.47 Uhr.)

Bei unserer Demonstration, für die sich uns Joseph freundlicherweise zur Verfügung gestellt hat, wurden verschiedene Punkte hervorgehoben, um das dargebotene Material abzurunden.

An früherer Stelle sagte ich, daß ihr nur mit denjenigen Eigenschaften eures eigenen Bewußtseins vertraut seid, von denen ihr über die

Mittlerschaft des Körpers Gebrauch macht. Ihr verlaßt euch darauf, daß der Körper die Wahrnehmungen eures Bewußtseins zum Ausdruck bringt. Ihr habt andererseits die Neigung, den Ausdruck eures Bewußtseins mit dem Körper zu identifizieren.

Bei unserer Demonstration, zu der Joseph selbstverständlich sein Einverständnis gegeben hat, hat er es zugelassen, daß sein Bewußtsein sich ihm entzog, und er hat bis zu einem gewissen Grad angefangen, seinen körperlichen Ausdruck zu drosseln. Er war sich seines Einverständnisses einfach deswegen nicht bewußt, weil eine solche Demonstration nicht stattfinden könnte, wenn das normale Wachbewußtsein davon wüßte. Es würde automatisch in Angst geraten. Während ich von der Trübung des Bewußtseins sprach, hat Joseph sie erfahren.

(22.55 Uhr. Dies könnte ein kritischer Punkt sein oder auch nicht. Seth hatte den Ausdruck »Trübung« gebraucht. Gewiß hatte sich mir meine physische Ausdrucksfähigkeit zum Teil weitgehend entzogen, aber ich war dabei geistig klar und wach geblieben und aus purer Gewohnheit weiter vertieft in den Versuch, das Geschäft ihrer Anwendung fortzuführen . . . Auch war ich mir keines erhöhten Bewußtseinszustandes oder plötzlicher telepathischer oder hellseherischer Fähigkeiten bewußt gewesen.)

Nun geduldet euch einen Moment. Dies war eigentlich eine Übung für die Manipulation des Bewußtseins. Kurz vor dem Tod geschieht in unterschiedlichem Grad dasselbe, wenn nämlich das Bewußtsein erkennt, daß es sich nicht mehr durch die Mittlerschaft des Körpers auszudrücken vermag. Wenn der Sterbende sich mit dem Körper überidentifiziert, dann kann es leicht vorkommen, daß er in Panik gerät, weil er sich von allen Ausdrucksmöglichkeiten abgeschnitten sieht und überdies glaubt, seinem Bewußtsein stehe die Auflösung bevor.

Ein solcher Glaube an die eigene Auflösung, eine solche Gewißheit, daß die Identität im nächsten Augenblick ausgelöscht werden wird, ist eine gravierende psychologische Erfahrung, die als solche unglückliche innere Folgen haben kann. In Wirklichkeit bewahrt ihr euch euer Bewußtsein völlig intakt mit Ausdrucksmöglichkeiten, die um vieles weniger beschränkt sind, als sie es vorher waren. Joseph hat einfach jene Ausdrucksmittel, derer er sich gerade bediente, unbewußt gedrosselt, um durch ihre Beeinträchtigung das Augenmerk auf sie zu lenken.

Wir werden nun, nachdem ich hoffentlich einen angemessenen Background gegeben habe, in etlichen Kapiteln mit der Natur der Existenz nach dem physischen Tode und im Augenblick des Todes sowie mit dem endgültigen physischen Tod am Ende des Reinkarnationszyklusses zu tun haben. Es war wichtig, daß ihr etwas über die Natur und das Verhalten eures eigenen Bewußtseins erfuhrt, bevor wir damit beginnen.

Ihr könnt Pause machen.

(23.06 Uhr. Janes Tempo war diesmal beträchtlich schneller gewesen. Im letzten Abschnitt hatte ich beim Buchstabieren von nur zwei Wörtern Schwierigkeiten gehabt. Fortsetzung um 23.20 Uhr.)

Ich beende jetzt dieses Kapitel und damit auch den ersten Teil meines Buches.

(Doch Seth hatte die Arbeit an seinem Buch noch nicht beendet. Das nachfolgende Material zeigt die Beziehung zwischen meinen Sehstörungserscheinungen und den Ereignissen in der Sitzung selbst.)

Deine früheren Sehstörungserlebnisse stellten mißglückte Versuche dar, auf unbewußter Ebene Eingebungen für deine Gemälde zu konzipieren. In den verschwommenen dunklen Partien wären dann die Eingebungen aufgetaucht. Verstehst du mich?

(»Ja.«)

Die verschwommenen Partien stellten ein Durcheinander von Schwingungen dar. Du konntest dich des Materials nicht visuell im physischen Sinn bemächtigen, obgleich du den Versuch dazu machtest, konntest es aber damals auch noch nicht als innere Vision empfangen. Statt dessen bist du schließlich fast in eine Verschiebung gerutscht. Es hat immer ein hintergründiges Gefühl von Bewegung dabei gegeben, das visuell jedoch als eine Labilität, eine massive Verschwommenheit ausgelegt wurde.

Nun hast du früher heute abend in unser Experiment eingewilligt, während Ruburt und du bei Tisch miteinander spracht. Ruburt war telepathisch über unsere Vereinbarung orientiert, ohne jedoch auf bewußter Ebene davon Kenntnis zu haben. Das lächelnde Porträt, das Jane sah, war im Grunde dein Werk. Ruburt war über die Vereinbarung für die Demonstration orientiert, war aber gleichzeitig über die Art und Weise, wie du die Erfahrung auslegen würdest, beunruhigt. Das lächelnde Porträt sollte sie darüber beruhigen – Jane jetzt mehr als Ruburt. Du selber hast ihr diese Beruhigung zukommen lassen. Ruburt hat sie von Joseph empfangen. Verstehst du mich?

(»Ja.« Und eine sehr wirksame Methode, dachte ich mir.)

Nun schließe ich für heute abend.

(»Es ist sehr interessant gewesen.«)

Ich danke dir für deine Assistenz. Euch beiden einen guten Abend. *(23.36 Uhr.)*

Zweiter Teil

9
Die Todeserfahrung

Sitzung 535, Mittwoch, den 17. Juni 1970

(21.00 Uhr.) Guten Abend.

(»Guten Abend, Seth.«)

Wir beginnen den zweiten Teil, Kapitel neun, und betiteln dieses »Die Todeserfahrung«.

Was geschieht im Augenblick des Todes? Diese Frage ist viel leichter gestellt als beantwortet. Grundsätzlich gibt es keinen spezifischen Todesmoment im eigentlichen Sinne, selbst dann nicht, wenn ein plötzlicher Unfall den Tod verursacht. Ich will jedoch versuchen, euch auf das, was für euch eine praktische Frage ist, eine praktische Antwort zu geben. Für die meisten Menschen bedeutet die Frage in Wirklichkeit dies: Was wird geschehen, wenn ich im physischen Sinne nicht mehr am Leben bin? Was wird in mir vorgehen? Werde ich noch ich selber sein? Werden die Gefühle, die mich zu Lebzeiten umgetrieben haben, dies auch weiterhin tun? Gibt es einen Himmel und eine Hölle? Werden mich Götter oder Dämonen, meine Feinde oder meine Lieben auf der andern Seite begrüßen? Vor allem aber bedeutet die Frage: Wenn ich tot bin, werde ich dann immer noch der sein, der ich heute bin, und werde ich mich derer erinnern, die mir jetzt nahestehen?

Ich werde die Frage also auch in diesem Sinne beantworten; doch bevor ich das tue, gibt es mehrere scheinbar unpraktische, die Natur von Leben und Tod betreffende Überlegungen, die wir anstellen müssen.

Fassen wir zuerst einmal die schon erwähnte Tatsache ins Auge: Es gibt keinen gesonderten, unteilbaren, spezifischen Todesmoment. Das Leben ist ein Zustand des Werdens, und der Tod ist ein Teil dieses Werdeprozesses. Ihr seid gegenwärtig am Leben, seid ein Bewußtsein, das von sich weiß und inmitten eines Trümmerhaufens toter und absterbender Zellen Erkenntnis sprüht; voller Leben, während in eurem Körper Atome und Moleküle sterben und ihre Wiedergeburt erleben. Ihr seid demnach umgeben von kleinen Toden; Teile eures Erscheinungsbildes bröckeln in jedem Augenblick ab, ohne daß ihr einen Gedanken daran verschwendet. So seid ihr also jetzt gewissermaßen inmitten eures eigenen Todes lebendig – lebendig trotz und gerade wegen der mannigfaltigen Tode und Wiedergeburten, die sich in eurem Körper auf physischer Ebene vollziehen.

Stürben die Zellen nicht ab und würden nicht erneuert, so könnte euer körperliches Erscheinungsbild nicht fortbestehen. Auf diese Weise umflackert euer Bewußtsein ein ständig sich wandelndes körperliches Erscheinungsbild.

In mancher Hinsicht läßt sich euer Bewußtsein, wie ihr es gegenwärtig kennt, mit einem Glühwürmchen vergleichen; denn obwohl es kontinuierlich zu sein scheint, ist es das doch in Wirklichkeit nicht. Wie beim Glühwürmchen glimmt euer inneres Licht auf und aus, ohne jedoch, wie gesagt, je zu verlöschen. Seine Diesseitsgerichtetheit ist jedoch nicht annähernd so konstant, wie ihr vermutet. So wie ihr inmitten eurer eigenen, mannigfaltigen kleinen Tode lebendig seid, so seid ihr auch, ohne davon zu wissen, selbst im sprühendsten Leben eures Bewußtseins oft »tot«.

Ich verwende hier eure eigene Terminologie. Unter »tot« verstehe ich deshalb: von der physischen Realität gänzlich abgekehrt. Nun ist euer Bewußtsein einfach nicht immer dann physisch lebendig und orientiert, wenn es physisch lebendig, physisch orientiert ist. *(Als ich dies am 22. Juni in die Maschine schrieb, fragte ich mich, ob ich Seths Worte wohl richtig transkribiert hätte. Jane und ich entschieden uns dann dafür – und es gibt ja auch einen Sinn.)* Das mag im Augenblick verwirrend klingen, ich hoffe aber, es noch klarerzumachen. Es gibt nämlich eine Pulsation des Bewußtseins, obgleich ihr euch dessen wiederum nicht bewußt sein könnt. Nehmen wir einmal folgende Analogie: In einem Augenblick ist euer Bewußtsein »lebendig« auf die physische Realität eingestellt. Im nächsten Augenblick befindet es sich ganz woanders und ist in einem anderen Realitätssystem orientiert. Es ist leblos oder »tot« für eure Begriffe. Gleich darauf ist es wieder »lebendig« und auf eure Realität eingestellt. Doch der dazwischenliegende Augenblick der Leblosigkeit entzieht sich eurer Wahrnehmung. Euer Kontinuitätserlebnis ist also ausschließlich auf jeder zweiten Pulsation des Bewußtseins begründet. Ist das klar?

(»Ja.« Pause um 21.25 Uhr.)

Ich erinnere daran, daß es sich hierbei um eine Analogie handelt und man das Wort »Augenblick« deshalb nicht allzu wörtlich nehmen sollte. Es gibt also etwas, das man die Rückseite des Bewußtseins nennen könnte. Nun existieren Atome und Moleküle auf die gleiche Weise, indem sie in einem Augenblick für euer Realitätssystem »tot« oder inaktiv sind und im nächsten wieder lebendig und aktiv, nur seid ihr nicht imstande, den Augenblick wahrzunehmen, da sie nicht existieren. Weil aber euer Körper und euer gesamtes physisches Universum aus Atomen und Molekülen aufgebaut ist, könnt ihr versichert sein, daß jede Art von Struktur auf die gleiche Weise existiert. Sie glimmt, mit andern Worten, in einem bestimmten Rhythmus auf und aus. Ähnlich wie der Atemrhythmus.

Es gibt allumfassende Rhythmen und innerhalb dieser eine Unendlichkeit individueller Variationen – fast so wie ein kosmischer Metabolismus. In diesem Sinne ist der Tod nichts anderes als eine Verlängerung jener Pulsation, die sich eurer Wahrnehmung entzieht, ein langes Intervall in jener andern Dimension, sozusagen.

Der Tod, sagen wir, des Körpergewebes, ist lediglich ein Teil des Lebensvorgangs, wie ihr ihn in eurem Realitätssystem kennt, ein Teil des Werdeprozesses. Und aus jenem Gewebe geht, wie ihr wißt, neues Leben hervor. Bewußtsein – menschliches Bewußtsein – ist nicht an das Gewebe gebunden, und dennoch gibt es keine physische Materie, die nicht von einem Bewußtseinsanteil ins Leben gerufen würde. Wenn beispielsweise euer individuelles Bewußtsein den Körper verläßt in einer Weise, auf die ich gleich noch eingehen werde, dann bleiben die einfachen Bewußtseinseinheiten der Atome und Moleküle zurück, ohne dadurch vernichtet zu sein.

Ihr könnt Pause machen, und wir fahren dann fort.

(»Hast du schon einen Titel für den ersten Teil deines Buches?«)

Bis jetzt noch nicht. Der Titel, den ich euch gab, ist nur für Kapitel neun. Aber da wir schon einmal bei den Details sind – ich werde die Kapitel einzeln mit Überschriften versehen.

(21.40 Uhr. Jane war gut dissoziiert. Fortsetzung um 21.57 Uhr.)

In eurer gegenwärtigen Situation nehmt ihr willkürlich an, daß ihr von einem gegebenen körperlichen Erscheinungsbild abhängig seid: ihr identifiziert euch mit eurem Körper.

Wie bereits früher erwähnt, sterben zu euren Lebzeiten fortlaufend Teile eures Körpers ab, und der Körper, den ihr heute habt, enthält kein einziges Teilchen der physischen Materie mehr, die »er«, sagen wir, vor zehn Jahren hatte. Euer Körper ist ein völlig anderer jetzt als der vor zehn Jahren. Der Körper, den ihr vor zehn Jahren hattet, liebe Leser, ist tot. Und doch habt ihr offenbar nicht das Gefühl, tot zu sein, und ihr seid durchaus imstande, dieses Buch mit Augen zu lesen, die aus völlig neuer Materie zusammengesetzt sind. Die Pupillen, die »selben« Pupillen, die ihr jetzt habt, haben vor zehn Jahren noch nicht existiert, und trotzdem scheint es in eurer Sicht keine großen Lücken zu geben.

Dieser Prozeß, wißt ihr, läuft so reibungslos ab, daß ihr ihn gar nicht wahrnehmt. Die obenerwähnten Pulsationen sind von so kurzer Dauer, daß euer Bewußtsein fröhlich über sie hinweghüpft; und dennoch kann eure *physische* Wahrnehmung augenscheinlich den Graben nicht überbrücken, sobald der längere Pulsationsrhythmus einsetzt. Und das ist die Zeit, die ihr als Tod erlebt. Was ihr also wissen möchtet, ist, was passiert, wenn euer Bewußtsein von der physischen Realität abgekehrt ist und gerade kein Träger eines Erscheinungsbildes zu sein scheint.

Praktisch gesprochen, gibt es hierauf nicht nur eine einzige Antwort, denn jeder von euch ist ein Individuum. Zwar läßt sich natürlich eine verallgemeinernde Antwort finden, die die Grundzüge dieser Erfahrung umfassen kann, doch die Arten von Tod haben viel mit der individuellen Erfahrung zu tun, die das Bewußtsein jeweils macht. Außerdem spielt dabei noch die Entwicklung des Bewußtseins selbst, seine ganze charakteristische Art, Erfahrung zu verwerten, eine Rolle.

Die Vorstellungen, die ihr euch von der Natur der Realität macht, werden eure Erfahrungen weitgehend färben, denn ihr werdet diese im Lichte eurer Überzeugungen sehen, so wie ihr auch jetzt das tägliche Leben gemäß euren Vorstellungen von dem, was möglich und was unmöglich ist, deutet. Euer Bewußtsein kann sich vom Körper schnell oder langsam ablösen; das hängt von einer Reihe von unbekannten Größen ab.

In vielen Fällen von Senilität, beispielsweise, haben die stark organisierten Persönlichkeitsanteile den Körper bereits verlassen und gehen den neuen Verhältnissen entgegen. Die Todesangst selbst kann eine solche psychologische Panik verursachen, daß ihr aus Selbsterhaltungstrieb und Selbstschutz euren Bewußtseinspegel dermaßen senkt, daß ihr in ein Koma geratet, und dann kann es eine Weile dauern, bis ihr euch davon erholt.

Ein Glaube an das Höllenfeuer kann dazu führen, daß ihr Hades-Verhältnisse halluziniert. Ein Glaube an einen stereotypen Himmel kann Halluzinationen paradiesischer Umstände hervorrufen. Ihr formt eure Realität immer in Übereinstimmung mit euren Vorstellungen und Erwartungen. Dies liegt in der Natur des Bewußtseins, in welcher Realität auch immer es sich befindet. Solche Halluzinationen, dessen könnt ihr sicher sein, gehen jedoch vorüber.

Das Bewußtsein muß von seinen Fähigkeiten Gebrauch machen. Die Langeweile und Stagnation eines stereotypen Himmels können das strebende Bewußtsein nicht für lange befriedigen. Es sind Lehrer vorhanden, um euch die Bedingungen und Verhältnisse dort zu erklären. Ihr bleibt euch also nicht im Irrgarten eurer Halluzinationen selbst überlassen. Es kann sein, daß ihr nicht gleich erkennt, daß ihr im physischen Sinne tot seid, es muß aber nicht so sein.

Ihr werdet euch in anderer Gestalt wiederfinden, mit einem Erscheinungsbild, das euch weitgehend wie physisch vorkommen wird, solange ihr nicht versucht, damit im physischen System zu operieren. Dann allerdings würden die Unterschiede zwischen jenem und dem physischen Leib klar hervortreten.

Wenn ihr fest daran glaubt, daß euer Bewußtsein ein Produkt eures physischen Leibes ist, so könntet ihr versuchen, euch daran zu klammern. Es gibt jedoch eine Körperschaft von Persönlichkeiten, eine Ehrengarde, könnte man sagen, die immer bereit ist, Unterstützung und Hilfe zu bringen.

Nun setzt sich diese Ehrengarde aus Leuten zusammen, die in eurem Sinne sowohl tot als auch lebendig sind. Diejenigen, die in eurem Realitätssystem leben, gehen dieser Tätigkeit in außerkörperlicher Erfahrung nach, während ihr Leib schläft. Sie sind mit der Projektion des Bewußtseins und mit den dazugehörigen Gefühlen vertraut und helfen denen, die nicht in den physischen Leib zurückkehren werden, sich neu zu orientieren.

Diese Leute sind besonders hilfreich, weil sie noch inmitten der physischen Realität stehen und deshalb ein unmittelbareres Verständnis für die Gefühle und Empfindungen aufbringen, die es auf eurer Seite gibt. Solche Individuen können sich an ihre nächtlichen Aktivitäten erinnern oder auch nicht. Erfahrungen mit Bewußtseinsprojektion und ein Wissen um die Beweglichkeit des Bewußtseins sind also eine sehr nützliche Vorbereitung auf den Tod. Ihr könnt die nach dem Tode gegebene Umwelt gewissermaßen im voraus erleben und die Verhältnisse kennenlernen, die ihr dann antreffen werdet.

Dies braucht übrigens keine traurige Angelegenheit zu sein, denn die jenseitige Umwelt ist keineswegs traurig. Ganz im Gegenteil: sie ist allgemein viel intensiver und lebensfroher als die Realität, die ihr heute kennt.

Ihr werdet einfach lernen, euch in einer neuen Umwelt zu betätigen, wo andere Gesetze gelten; und diese Gesetze sind viel weniger einengend als die, denen ihr jetzt untersteht. Mit anderen Worten: ihr müßt neue Freiheiten kennen und mit ihnen umgehen lernen.

Selbst diese Erfahrungen werden sich jedoch unterschiedlich gestalten, denn auch dieser Zustand ist ein Zustand des Werdens, und viele von euch werden in neue physische Leben eingehen. Einige werden in völlig anderen Realitätssystemen leben und sich entwickeln und so eine Weile in diesem »Zwischenstadium« verbleiben.

Jetzt könnt ihr Pause machen.

(22.35 bis 22.48 Uhr.)

(Mit sanftem Humor:) Nun – den Faulenzern unter euch kann ich keine Hoffnung anbieten: der Tod wird euch zu keinem ewigen Ruheort verhelfen. Ihr könnt zwar, falls ihr das wünscht, euch eine Weile verschnaufen. Aber ihr müßt nach dem Tode nicht allein eure Fähigkeiten anwenden, sondern ihr müßt euch auch selber darüber Rechenschaft geben, wenn ihr im vorigen Leben von diesen keinen Gebrauch gemacht habt.

Denen unter euch, die an ein Leben nach dem Tode geglaubt haben, wird es leichterfallen, sich an die neuen Verhältnisse zu gewöhnen. Diejenigen, die einen solchen Glauben nicht haben, können sich ihn mit Hilfe der Übungen aneignen, die ich an späterer Stelle des Buches angeben werde; denn diese befähigen euch, eure Wahrnehmung auf jene andern Realitätsschichten auszudehnen, wenn ihr beharrlich, erwartungsvoll und entschlossen seid.

Nun ist das Bewußtsein, wie ihr es kennt, an solche schmalen Lükken physischer Nichtexistenz, wie ich sie erwähnt habe, gewöhnt. Größere Lücken führen in verschiedenem Grade zur Desorientierung, doch auch sie sind nicht ungewöhnlich. Schläft der physische Leib, dann verläßt das Bewußtsein den Organismus nach euern Begriffen oft für längere Zeit. Aber da das Bewußtsein sich nicht im normalen physischen Wachzustand befindet, nimmt es diese Lücken nicht wahr und ist daher relativ unbekümmert.

Würde das Bewußtsein im normalen physischen Wachzustand ebensolange dem Körper fernbleiben, dann würde es sich selber für tot halten, denn es könnte die Lücke in der Dimension und Erfahrung nicht vernunftgemäß erklären. Daher hat jeder von euch im Schlafzustand – bis zu einem gewissen Grad – dieselbe Art von Bewußtseinsabwesenheit von der physischen Realität, die ihr auch im Tode erlebt, bereits erfahren.

In diesen Fällen kehrt ihr zwar in den Körper zurück, habt aber die Schwelle zu jenen andern Existenzen viele, viele Male schon überschritten und werdet euch deshalb dort nicht so fremd fühlen, wie ihr jetzt meint. Traumerinnerungsexperimente und andere geistige Exerzitien, auf die ich später noch eingehen werde, werden für diejenigen, die sich den von mir vorgeschlagenen Übungen unterziehen, diese Punkte vollkommen klären.

Nun kann es sein, daß ihr nach eurem Tod von Freunden und Verwandten begrüßt werdet, oder auch nicht. Wie alles, ist auch dies eine persönliche Sache. Alles in allem könnt ihr weit stärker an Menschen interessiert sein, die ihr in früheren Leben gekannt habt, als an denen, die euch im jetzigen Leben nahestehen.

Eure wahren Gefühle euern ebenfalls toten Verwandten gegenüber werden ihnen und euch offenbar sein. Heuchelei gibt es nicht. Ihr werdet nicht mehr vorgeben, einen Elternteil zu lieben, der wenig oder nichts dazu getan hat, Liebe oder Respekt zu verdienen. Telepathie herrscht in dieser Zeit nach dem Tod uneingeschränkt vor, also müßt ihr euch mit den wahren Gefühlsbeziehungen, die zwischen euch und euren euch erwartenden Verwandten und Freunden bestehen, auseinandersetzen.

Es kann sich zum Beispiel erweisen, daß jemand, den ihr einfach für euren Feind gehalten habt, in Wirklichkeit eure Liebe und euren Respekt verdient, und dann werdet ihr ihn entsprechend behandeln. Eure eigenen Motive werden euch vollkommen durchsichtig sein. Ihr werdet auf diese Durchsichtigkeit jedoch auf eure Weise reagieren. Ihr werdet nicht automatisch weise sein, wenn ihr es vorher nicht wart, aber es wird auch keine Möglichkeit geben, mit euren eigenen Gefühlen, Empfindungen oder Motiven Versteck zu spielen. Ob ihr minderwertige Motive in euch akzeptiert oder nicht oder ob ihr aus ihnen lernt, steht euch auch dann frei. Die Gelegenheiten zu wachsen und sich zu entfalten sind jedoch überaus reichhaltig und die Lernmethoden, die euch zur Verfügung stehen, sehr wirksam.

Ihr untersucht die Struktur der Existenz, die ihr zurückgelassen habt, und lernt verstehen, wie eure Erfahrungen die Ergebnisse eurer eigenen Gedanken und Empfindungen waren und wie sie auf andere gewirkt haben. Bevor ihr durch diese Untersuchung hindurch seid, kennt ihr die größeren Anteile eurer eigenen Identität noch nicht. Erst wenn ihr Sinn und Bedeutung des Lebens, das gerade hinter euch liegt, erfaßt habt, seid ihr für ein bewußtes Wissen um eure anderen Existenzen bereit.

Darauf werdet ihr euch dann eines erweiterten Bewußtseins bewußt. Was ihr seid, beginnt das mit zu beinhalten, was ihr in anderen Leben wart, und ihr fangt an, für eure nächste physische Existenz Pläne zu machen, insofern ihr euch für eine solche entschieden habt. Ihr könnt statt dessen auch eine andere Realitätsebene betreten und danach, wenn ihr es wünscht, zur physischen Existenz zurückkehren.

Dies ist Diktatende. Ihr könnt mir Fragen stellen oder die Sitzung beenden, ganz wie ihr wollt.

(Ich hatte ein paar die Malerei betreffende Fragen parat, so daß die Sitzung bis 23.26 Uhr dauerte.)

Sitzung 536, Montag, den 22. Juni 1970

(21.18 Uhr.) Guten Abend.

(»Guten Abend, Seth.«)

Euer Bewußtsein, wie ihr es euch vorstellt, kann den Körper natürlich vor dem physischen Tod schon vollkommen verlassen. (Wie bereits früher erwähnt, gibt es k e i n e n präzisen Todesmoment, aber ich spreche hier so, als gäbe es ihn, um eurer Bequemlichkeit willen.)

Euer bewußtes Selbst – Ihr könnt unterbrechen und euren häuslichen Pflichten nachkommen . . .

(Ich hatte bereits meinen Notizblock beiseite gelegt. Unsere schwarze Katze, Rooney, kratzte an der Tür unseres Wohnzimmers. Jane saß halb in Trance da – mit einem Gefühl, das sie mir später als »geisterhaft« beschrieb –, während ich der Katze den Hausflur hinunterfolgte. Bevor ich in die Wohnung zurückkehren konnte, erschien unser Zeitungsjunge; bis ich ihn fertig bezahlt hatte, war Jane aus der Trance. Fortsetzung schließlich um 21.27 Uhr.)

Euer Bewußtsein verläßt den physischen Organismus auf verschiedene Weisen, je nachdem wie die Verhältnisse sind. In manchen Fällen ist der Organismus noch in der Lage, bis zu einem g e w i s s e n Grade weiterzufunktionieren, wenngleich ohne die Führung und Organisation, die er vorher hatte. Das einfache Bewußtsein der Atome, Zellen und Organe existiert eine Zeitlang noch fort, nachdem das Hauptbewußtsein den Körper verlassen hat.

Es kann bei euch zu einer Desorientierung kommen, oder auch nicht. Das hängt von euren Überzeugungen und eurer Entwicklung ab. Damit meine ich nicht unbedingt intellektuelle Entwicklung. Der Intellekt sollte mit den Gefühlen und Intuitionen Hand in Hand gehen; wenn er sich diesen gegenüber jedoch zu weit verselbständigt, so kann es Komplikationen geben, wenn das eben befreite Bewußtsein sich seiner eigenen Vorstellungen von der Realität nach dem Tode bemächtigt, anstatt der spezifischen Realität, in der es sich gerade befindet, ins Auge zu sehen. Es kann mit andern Worten, das Gefühl verleugnen und sogar versuchen, sich die neu erworbene Unabhängigkeit vom Körper auszureden.

Wiederum kann, wie schon früher bemerkt, ein Individuum so fest davon überzeugt sein, daß der Tod alles beendet, daß sich, obwohl nur vorübergehend, eine Selbstvergessenheit einstellen kann. In vielen Fällen kommt natürlich nach dem Verlassen des Körpers ein großes Erstaunen über den Toten und ein Erkennen der wirklichen Situation. Der Körper selber kann zum Gegenstand der Betrachtung werden, und viele Beerdigungen haben einen Ehrengast unter der Trauergesellschaft – und keiner blickt dem Leichnam mit soviel Neugier und Verwunderung ins Antlitz wie er.

Zu diesem Zeitpunkt können viele Verhaltensvariationen auftreten, jede das Ergebnis von individuellem Background, Wissen und Gewohnheit. Die Umgebung, in der sich die Toten befinden, kann große Unterschiede aufweisen. Lebhafte Halluzinationen können zu Erlebnissen führen, die genauso real sind, wie die zu Lebzeiten waren. Nun habe ich euch gesagt, daß Gedanken und Empfindungen die physische Realität formen; ebenso formen sie auch die Jenseitserfahrung. Das soll nicht heißen, daß diese Erlebnisse etwa nicht gültig seien, ebensowenig bedeutet es, daß das physische Leben nicht gültig sei.

Man hat sich bestimmter Bilder bedient, um einen solchen Übergang von einer Existenz in die andere zu symbolisieren, und viele davon sind äußerst wertvoll, insoweit sie einen Rahmen mit verständlichen Bezugspunkten schaffen. Das Überqueren des Styx ist ein solches. Die Sterbenden erwarten bestimmte Geschehensabläufe in geordneter Reihenfolge. Der geographische Ort war im voraus bekannt. Im Augenblick des Todes halluzinierte das Bewußtsein den Fluß auf eine höchst lebhafte Weise. Bereits verstorbene Verwandte und Freunde beteiligten sich an dem Ritual, das auch für sie eine Zeremonie von tiefer Bedeutung war. Der Fluß war so real wie jeder andere Fluß, den ihr kennt, und für den Wanderer, der sich ihm allein, ohne die entsprechenden Kenntnisse näherte, ebenso heimtückisch. Immer fanden sich bei dem Fluß Seelenführer ein, um solchen Reisenden hinüberzuhelfen.

Es geht nicht an, einfach zu sagen, ein solcher Fluß sei Illusion. Das Symbol ist nämlich eine Realität. Der Weg war vorgezeichnet. Nun ist dieser spezifische Reiseplan aus der Mode gekommen. Die Lebenden finden sich darauf nicht mehr zurecht. Die Christenheit glaubt an Himmel und Hölle, an Fegefeuer und Jüngstes Gericht; und so wird in der Stunde des Todes für die, die an diese Symbole glauben, eine andere Zeremonie veranstaltet, bei der die Seelenführer im Gewande der verehrten Figuren christlicher Heiliger und Helden erscheinen.

In diesem Rahmen und mit Hilfe von Begriffen, die ihnen verständlich sind, werden solche Individuen dann über die wirkliche Situation aufgeklärt. Religiöse Massenbewegungen haben seit jeher solchen Zwecken gedient, indem sie dem Menschen einen Reiseplan an die Hand gaben, nach dem er sich richten konnte. Es machte nichts, wenn sich später herausstellte, daß der Plan eine Kinderfibel gewesen war, ein Unterrichtsbuch mit farbenfrohen Geschichten, solange nur der Hauptzweck erfüllt und die Desorientierung vermindert war.

In Zeiten, da solche kollektiven Vorstellungen nicht vorhanden sind, gibt es mehr Desorientierung, und wenn ein Leben nach dem Tode vollständig bestritten wird, so vergrößert sich das Problem etwas. Viele sind natürlich überglücklich, wenn sie entdecken, daß sie noch ein Bewußtsein haben. Andere müssen noch einmal ganz von vorne anfangen und bestimmte Verhaltensregeln erlernen, weil sie keine Vorstellung von der schöpferischen Kraft ihrer eigenen Gefühle und Gedanken besitzen.

Ein solcher Mensch kann sich innerhalb eines einzigen Augenblicks beispielsweise in zehn verschiedenen Umwelten befinden, ohne die geringste Ahnung zu haben, was dieses verursacht. Er wird keinerlei Kontinuität feststellen können und wird sich ohne jeden Sinn und Verstand von einem Erlebnis ins andere gestürzt fühlen, ohne zu erkennen, daß seine eigenen Gedanken es sind, die ihn so umtreiben.

Ich spreche jetzt von den Ereignissen, die sich unmittelbar nach dem Tod abspielen, denn es gibt noch andere Stadien. Seelenführer gliedern sich eurem Halluzinationssystem ein, um euch aus diesem herauszuhelfen, doch zuvor müssen sie sich euer Vertrauen erwerben.

Ich selber bin – nach euren Begriffen – früher einmal ein solcher Seelenführer gewesen, so wie heute Ruburt einer ist, während er schläft. Die Situation ist vom Standpunkt des Führers aus gesehen ziemlich heikel, denn er muß psychologisch mit dem größten Feingefühl vorgehen. Was dem einen sein Moses ist, ist dem andern noch längst nicht sein Moses, mußte ich feststellen. Ich habe verschiedentlich einen recht überzeugenden Moses gespielt – und einmal, erstaunlich genug, sogar für einen Araber.

Dieser Araber war übrigens ein sehr interessantes Individuum, und um einige der hier auftretenden Schwierigkeiten zu veranschaulichen, werde ich euch von ihm erzählen. Er haßte die Juden, war aber irgendwie von dem Gedanken besessen, daß Moses mächtiger sei als Allah, und jahrelang lag ihm das als heimliche Sünde auf dem Gewissen. Er hielt sich zur Zeit der Kreuzzüge eine Weile in Konstantinopel auf. Er wurde gefangengenommen und landete in einer Gruppe von Türken, die alle von den Christen, in diesem Fall auf die gräßlichste Weise, hingerichtet wurden. Als Auftakt wurde sein Mund gewaltsam geöffnet und mit glühenden Kohlen vollgestopft. Er schrie nach Allah und dann in größter Verzweiflung nach Moses, und als sein Bewußtsein dem Körper entwich, war Moses zur Stelle.

Er glaubte an Moses mehr als an Allah, und bis zum letzten Moment wußte ich nicht, welche Gestalt ich annehmen sollte. Er war ein liebenswerter Kerl, und unter diesen Umständen machte es mir nichts aus, als er einen Kampf um seine Seele zu erwarten schien. Moses und Allah mußten um ihn kämpfen. Er konnte sich von der Vorstellung der Gewalt nicht freimachen, obwohl er durch Gewalt umgekommen war, und nichts konnte ihn dazu bewegen, Frieden oder Zufriedenheit in irgendeiner Form zu akzeptieren oder zur Ruhe zu kommen, bevor nicht so etwas wie ein Kampf stattgefunden hatte.

Ein Freund und ich haben darauf in Gemeinschaft mit ein paar andern die Zeremonie veranstaltet, und von gegenüberliegenden Wolken haben Allah und ich uns unsere Ansprüche auf seine Seele entgegengeschrieen – während der Ärmste selber auf dem Boden unter uns kauerte. Obgleich ich euch diese Geschichte auf humorige Weise erzähle, müßt ihr doch wissen, daß der Glaube des Mannes sie schrieb und daß, um ihn freizusetzen, wir sie ausführen mußten.

Ich rief Jehova an, doch ohne Erfolg, denn unser Araber wußte nichts von Jehova – nur von Moses –, und es war Moses, an den er glaubte. Allah zog ein kosmisches Schwert, und ich steckte es in Brand, so daß er es fallen ließ. Es fiel auf die Erde und setzte den Boden in Brand. Unser Araber schrie abermals auf. Er sah eine Gefolgschaft hinter Allah, und so erschien eine Gefolgschaft auch hinter mir. Unser Freund war überzeugt, daß einer von uns dreien zerstört werden müsse, und er berfürchtete sehr, er würde das Opfer sein.

Schließlich rückten die gegenüberliegenden Wolken, in denen wir ihm erschienen, einander näher. Ich hielt in der Hand eine Tafel, auf der geschrieben stand: »Du sollst nicht töten.« Allah hielt ein Schwert. Als wir einander näher kamen, tauschten wir diese Gegenstände aus, und unsere Gefolgsleute verbrüderten sich. Wir trafen uns, formten gemeinsam das Bild einer Sonne und sagten: »Wir sind eins.«

Die zwei einander diametral entgegengesetzten Ideen mußten miteinander verschmelzen, oder der Mann hätte keinen Frieden gefunden, und erst nachdem die Gegensätze vereinigt waren, konnten wir anfangen, ihm seine Situation zu erklären.

Ihr könnt Pause machen.

(22.20 Uhr. Janes Trance war tief gewesen, obgleich sie sich an Teile von Seths Abenteuer erinnerte. Sie sagte, sie habe eine Reihe von Bildern gesehen, die mit dem Material parallel liefen, konnte dieselben jedoch jetzt nicht mehr beschreiben.

Die Kreuzzüge bestanden aus einer Reihe militärischer Expeditionen, die von christlichen Großmächten im elften, zwölften und dreizehnten Jahrhundert veranstaltet wurden, um den Moslems das Heilige Land abzugewinnen. Während Seth die Fakten zum Besten gab, fragte sich Jane, was ein Araber wohl damals im türkischen Konstantinopel zu suchen gehabt hätte. Ich erklärte ihr die Geographie dieser Region. Vermutlich hätte ein solcher Reisender Konstantinopel (das heutige Istanbul) entweder auf dem Landwege durch die Türkei, die sich nördlich von den arabischen Ländern befindet, erreichen können oder indem er durch das östliche Mittelmeer um die Türkei herum und durch die Dardanellen gesegelt wäre und sich von dort in die Stadt eingeschifft hätte. Die Entfernungen sind im Mittleren Osten relativ gering.

Jane besitzt keinerlei Sinn für Geographie oder für Entfernungen, was ihr während der Sitzungen, ohne daß sie es wußte, zugute kam. Andererseits hat sie einen unfehlbaren Ortssinn in lokaler Umgebung und kennt sich mit den Himmelrichtungen weit besser aus als ich. Fortsetzung um 22.43 Uhr.)

Um ein solcher Seelenführer zu sein, braucht es große Disziplin und eine gründliche Ausbildung.

Vor dem eben beschriebenen Vorfall, zum Beispiel, hatte ich viele Leben als Führer unter der Aufsicht eines anderen in meinem nächtlichen Schlaf zugebracht.

Es ist beispielsweise möglich, daß man sich vorübergehend in den sich bildenden Halluzinationen verliert, und dann muß man von einem anderen Lehrer losgeeist werden. Ein feinfühliges Sondieren psychologischer Vorgänge ist notwendig, und die Anzahl der Halluzinationen, in die man verstrickt werden kann, ist endlos. Man kann, zum Beispiel, die Gestalt von einem innig geliebten toten Haustier eines Menschen annehmen.

Alle diese halluzinatorischen Aktivitäten finden normalerweise in der Zeit kurz nach dem Tode statt. Manche Individuen sind sich jedoch aufgrund früherer Ausbildung und Entwicklung über ihre Lage völlig im klaren und sind schon nach einer kurzen Ruhepause soweit, daß sie, wenn sie wollen, in neue Stadien eintreten können.

Sie können sich beispielsweise ihrer vielen eigenen Reinkarnationsselbst bewußt werden und können zu Persönlichkeiten, die sie aus früheren Leben kennen, Kontakt aufnehmen, insoweit diese Persönlichkeiten nicht anderweitig beschäftigt sind. Sie können jetzt willentlich halluzinieren, oder sie können gewisse Phasen früherer Leben »wiedererleben«, falls sie dies wünschen. Dann kommt eine Phase der Selbstprüfung, eine Abrechnung sozusagen, da sie ihre Gesamtleistung überblicken, ihre Fähigkeiten und schwachen Punkte erkennen und sich entscheiden können, ob sie in die physische Existenz zurückkehren wollen.

Nicht jedes Individuum braucht jedoch jedes dieser Stadien zu durchlaufen, und mit Ausnahme der Selbstprüfung lassen sich manche umgehen. Da die Gefühle so wichtig sind, ist es von großem Nutzen, wenn euch Freunde erwarten. In vielen Fällen haben diese Freunde jedoch bereits in andere Tätigkeitsbereiche übergewechselt, und oft wird ein Seelenführer die Gestalt eines Freundes vorübergehend annehmen, damit ihr euch aufgehobener fühlt.

Es ist natürlich nur, weil die meisten Leute glauben, daß man den Körper nicht verlassen könne, daß ihr nicht schon bei Lebzeiten allgemein außerkörperliche Erfahrungen macht. Solche Erfahrungen würden sehr viel besser als Worte in euch das Verständnis für die Verhältnisse wecken, die ihr dort vorfinden werdet.

Bedenkt, daß in gewisser Hinsicht eure physische Existenz das Ergebnis kollektiver Halluzinationen ist. Zwischen der Realität des einen und der Realität des anderen klaffen Abgründe. Nach dem Tod ist eure Erfahrung ebenso geordnet, hochverwickelt und komplex, wie sie jetzt ist. Auch heute habt ihr eure privaten Halluzinationen, nur daß ihr sie nicht als solche erkennt. Solche Halluzinationen, wie ich sie beschrieben habe, solche intensiven, symbolischen Begegnungen können auch während des Schlafzustandes stattfinden, wenn die Persönlichkeit sich entweder in einer Phase großer Wandlung befindet, wenn einander widersprechende Vorstellungen miteinander versöhnt werden müssen oder wenn eine der anderen Platz machen muß. Dies sind bedeutungsschwangere, entscheidende psychologische und paranormale Momente, ob sie nun vor oder nach dem Tod erlebt werden.

Treten sie im Traumzustand auf, dann können sie den Lauf einer ganzen Zivilisation umlenken. Nach dem Tod kann dem Individuum sein (unmittelbar vergangenes, physisches) Leben als ein Tier erscheinen, mit dem es sich auseinandersetzen muß, denn der Mensch muß sich in allen seinen Teilen selbst annehmen. In einem solchen Fall wird jede Alternative, ob nun die Halluzination damit endet, daß er auf dem Tier reitet, sich mit ihm anfreundet, es zähmt, tötet oder von ihm getötet wird . . .*(Jane hustete, hielt inne und nahm einen Schluck Bier)* sorgfältig erwogen, und das Ergebnis, zu dem er gelangt, wird seine künftige Entwicklung weitgehend bestimmen.

Wir machen um Ruburts willen besser Pause.

(»Gut.« Janes Stimme war jetzt ganz heiser und schwach; ich glaube, sie hätte in ein paar Augenblicken ohnehin abbrechen müssen. Dies war eines der wenigen Male in unserer siebenjährigen Sitzungserfahrung, daß stimmliche Störungen bei ihr auftraten. Fortsetzung um 23.20 Uhr mit kräftigerer, aber rauherer Stimme als sonst.)

Wir werden in Kürze die Sitzung beenden.

Diese »Lebenssymbolisierung« kann von denen bevorzugt werden, die sich zu Lebzeiten um Selbstkritik wenig gekümmert haben. Sie ist also ein Teil des Selbstprüfungsprozesses und besteht darin, daß das Individuum sein Leben durch ein Bild ausdrückt und sich dann mit ihm auseinandersetzt. Nicht alle wählen diese Methode. Manchmal ist eine Reihe solcher Episoden vonnöten . . .

Das ist Diktatende; und meine herzlichsten Grüße euch beiden und dem geliebten Ungeheuer an deiner Seite.

(»Gute Nacht, Seth, und vielen Dank.« Unsere Katze Willy lag neben mir auf der Couch und döste. 23.25 Uhr.)

Sitzung 537, Mittwoch, den 24. Juni, 1970

(John Barclay, ein auswärtiger Geschäftsmann, wohnte der Sitzung bei.

Wie so oft, wenn Zeugen anwesend sind, begann Jane ihren Vortrag in schnellem und lebhaftem Tempo. Ihre Augen waren weit offen und sehr dunkel, ihre Stimme stärker als gewöhnlich. Es war, als bezöge sie zusätzliche Energien von John und setze diese unmittelbar um. 21.24 Uhr.)

Guten Abend.

(John und ich: »Guten Abend, Seth.«)

Unserem Freund hier einen guten Abend. Ich hoffe, du wirst verzeihen, wenn ich ein wenig an meinem Buch diktiere. Ich muß ihn *(auf mich zeigend)* nehmen, wenn ich ihn kriegen kann, wenn ich mit meinem Buch fertig werden will.

(In glänzender Laune:) Wir schreiben eine Art Saga. Nehmen wir also das Diktat wieder auf.

Einer von Ruburts Schülern hat wissen wollen, ob die Erfahrungen kurz nach dem Tode irgendwie geordnet sind. Da dies eine Frage ist, die sich für viele stellt, möchte ich hier darauf eingehen.

Erst einmal sollte nach allem, was ich bisher gesagt habe, klar sein, daß es keine *eine* Realität nach dem Tode gibt und daß jede Erfahrung verschieden ist. Allgemein gesprochen, gibt es jedoch Dimensionen, in die sich die individuellen Erfahrungen einordnen. Zum Beispiel gibt es ein Eingangsstadium für die, die noch stark auf die physische Realität eingestellt sind, und für solche, die eine Zeit der Erholung und Ruhe brauchen. Auf dieser Ebene wird es Krankenhäuser und Sanatorien geben. Die Patienten erkennen noch nicht, daß ihnen gar nichts fehlt.

In manchen Fällen ist bei ihnen die Krankheitsvorstellung so fest verwurzelt, daß sie ihr Erdenleben um diesen psychologischen Mittelpunkt aufgebaut haben. Dann projizieren sie ihre Krankheitserscheinungen auf den neuen Körper wie ehemals auf den alten. Bei diesen werden verschiedene paranormale Behandlungsmethoden angewandt, und es wird ihnen klargemacht, daß der Zustand ihres Körpers durch ihren eigenen Glauben erzeugt wird.

Nun müssen viele Individuen diese spezielle Phase nicht durchmachen. Es versteht sich von selbst, daß die Krankenhäuser und Ausbildungszentren nicht in eurem Sinne physisch sind. Sie werden tatsächlich häufig von den Seelenführern kollektiv unterhalten, die auch die erforderlichen Pläne verwirklichen. Nun könnt ihr dies, wenn ihr wollt, eine Massenhalluzination nennen. Tatsache ist, daß für diejenigen, die mit dieser Realität konfrontiert werden, die Ereignisse ganz real sind.

Es gibt auch Ausbildungszentren. In diesen wird das Wesen der Realität dem einzelnen auf eine Weise erklärt, die seinem Verständnis und Wahrnehmungsvermögen angepaßt ist. Die altbekannten Parabeln werden, zumindest am Anfang, einigen auch dann noch serviert, bevor man sie ihrer allmählich entwöhnt. In diesen Zentren gibt es bestimmte Kurse, in denen diejenigen Unterweisung erhalten, die in eine physische Umwelt zurückkehren wollen.

Ihnen wird beigebracht, wie man Gefühle und Gedanken in physische Wirklichkeit übersetzt. Einen zeitlichen Abstand zwischen der Entstehung solcher Gedanken und ihrer Verwirklichung, wie das dreidimensionale System ihn kennt, gibt es hier nicht.

All dieses spielt sich mehr oder weniger auf ein und derselben Ebene ab, obgleich ich zugegebenermaßen die Verhältnisse hier bis zu einem gewissen Grade vereinfache. Einige Individuen machen beispielsweise keine dieser Phasen durch, sondern sind aufgrund ihrer Entwicklung und ihres Fortschritts in früheren Leben soweit, daß sie mit einem anspruchsvolleren Programm einsteigen können.

Nun habe ich von einer solchen Entwicklung schon an früherer Stelle gesprochen. Manche Leser, die vielleicht keine paranormalen Anlagen bei sich festgestellt haben, könnten nun glauben, daß ihnen nach dem Tode ein langwieriges und ausgedehntes Ausbildungsprogramm bevorsteht. Diesen beeile ich mich zu sagen, daß nicht all diese Anlagen notwendigerweise bewußt sind und daß vieles davon sich im Schlafzustand abspielt, wenn man nichts davon weiß.

Nun schlage ich vor, daß wir Pause machen. Ich komme wieder.

(»Hoffentlich!« sagte ich scherzend.)

Ich komme immer wieder. Wie ein falscher Fünfziger, den man nicht loswerden kann.

(21.42 bis 21.58 Uhr.) Nun kann es sein, daß ihr nach dem Tod es absolut nicht wahrhaben wollt, daß ihr tot seid, und fortfahrt, eure Gefühlsenergien auf diejenigen zu richten, die ihr in eurem Leben gekannt habt.

Wart ihr, zum Beispiel, von einem bestimmten Projekt besessen, dann könntet ihr den Versuch machen, es zu vollenden. Es sind zwar immer Seelenführer da, um das Verständnis für eure Lage in euch zu wecken, aber ihr könntet dermaßen in eure Illusionen verbissen sein, daß ihr nicht auf sie hört.

Ich möchte jedoch auf das Thema Geistererscheinungen lieber gesondert eingehen, nicht in diesem Kapitel. Hier genügt es zu sagen, daß eine zu starke Gefühlsbeteiligung an der physischen Realität eure weitere Entwicklung aufhalten kann.

Wenn das Bewußtsein den Körper verläßt und längere Zeit abwesend ist, dann reißt die Verbindung natürlich ab. In außerkörperlichen Zuständen hält sie. Nun kann es vorkommen, daß ein Verstorbener seine Erfahrung vollkommen mißversteht und versucht, in den Leichnam zurückzukehren. Dies kann geschehen, wenn die Persönlichkeit fast ausschließlich mit ihrem körperlichen Erscheinungsbild identifiziert war.

Es kommt nicht oft vor. Nichtsdestoweniger kann unter Umständen ein solches Individuum den Versuch machen, den physischen Mechanismus wieder in Gang zu bringen, und kann dann in Panik geraten, wenn es entdeckt, in welchem Zustand sich der Körper befindet. Manch einer hat seinen Leichnam beweint, lange nachdem die Trauergesellschaft sich zerstreut hatte, ohne zu merken, daß er selber völlig intakt war – während der Körper vielleicht krank gewesen war und die inneren Organe sich in unheilbarem Zustand befanden.

Diese Leute sind wie ein Hund, der einen Knochen nicht losläßt. Denjenigen, die ihr Bewußtsein nicht ausschließlich mit ihrem Körper identifiziert haben, fällt es viel leichter, diesen zurückzulassen. Die, die ihren Körper gehaßt haben, werden paradoxerweise feststellen, daß sie sich kurz nach dem Tod zu ihm hingezogen fühlen.

Alle diese Situationen können eintreten oder auch nicht, je nachdem wie ein Mensch veranlagt ist. In jedem Fall aber werdet ihr, nachdem ihr den physischen Leib verlassen habt, euch sofort in einem neuen Leib wiederfinden. Es ist derselbe Leib, mit dem ihr euch auf Astralwanderungen begebt, und ich möchte meine Leser nochmals daran erinnern, daß jeder von ihnen seinen Körper jede Nacht für eine Weile während des Schlafes verläßt.

Dieser Leib wird euch physisch vorkommen. Er ist jedoch für diejenigen, die noch in einem physischen Leib stecken, im allgemeinen nicht sichtbar. Er kann alles, was ihr heute im Traumzustand könnt. Er kann also fliegen, feste Gegenstände durchdringen, und er gehorcht eurem Willen, indem er euch, sagen wir, von einem Ort zum andern führt, sobald ihr an diese Orte nur denkt.

Wenn ihr euch fragt, was wohl Tante Sally in, sagen wir, Poughkeepsie, New York, treiben mag, dann seid ihr schon dort. Ihr könnt jedoch in der Regel keine physischen Gegenstände manipulieren. Ihr könnt keine Lampe aufheben oder mit Tellern werfen. Dies ist euer erster Leib, doch es wird nicht euer einziger bleiben. Einmal ist dieses Erscheinungsbild kein neues. Gegenwärtig ist es mit eurem physischen Leib verquickt, ohne daß ihr es wahrnehmt. Nach dem Tode wird es der einzige Körper sein, dessen ihr euch fürs erste bewußt sein werdet.

Viel später und auf vielerlei Ebenen werdet ihr lernen, eure Gestalt bewußt und beliebig zu ändern. Auf eine Weise tut ihr das übrigens jetzt schon, indem ihr eure psychologische Erfahrung – eure Gedanken und Gefühle – buchstäblich, wenngleich unbewußt, in physische Gegenstände übersetzt. Nach eurem Tode werdet ihr es erleben, daß ihr, sobald ihr an eure Kindheit denkt, plötzlich die Gestalt des Kindes habt, das ein jeder von euch einmal war. Eine Zeitlang werdet ihr also in der Lage sein, eure Gestalt so zu manipulieren, daß sie euer Aussehen zu jedem beliebigen Zeitpunkt eures gerade vergangenen Erdenlebens reflektiert. Ihr könntet mit achtzig sterben und nach dem Tode an die Jugend und Vitalität zurückdenken, die ihr mit zwanzig hattet, und dann feststellen, daß eure Gestalt sich verwandelt, um diesem inneren Bild zu entsprechen.

Die meisten Menschen wählen jedoch nach dem Tod eine reifere Gestalt. Für gewöhnlich entspricht diese dem Höhepunkt ihrer früheren physischen Vitalität, unabhängig davon, wann dieser erreicht wurde. Manche wählen aber auch die Gestalt, die einen geistigen oder emotionalen Höhepunkt spiegelt, ohne Rücksicht auf Schönheit oder Alter. Ist das klar?

(»Ja.«)

Ihr werdet euch also in der Gestalt wohlfühlen, die ihr dann wählt, und werdet euch ihrer dann bedienen, wenn ihr euch mit andern verständigen wollt, die ihr von früher her kennt; während ihr bei Kommunikationen mit noch Lebenden die Gestalt bevorzugen würdet, in der euch die Person, zu der ihr Kontakt aufnehmen wollt, kannte.

Jetzt könnt ihr Pause machen, und *ich* werde den Kontakt zu euch wieder aufnehmen.

(Als Seth deutete Jane auf John Barclay, der neben mir auf der Couch saß. John hatte während des Nachmittags geschäftlich an einer Versammlung teilgenommen, wo Champagner serviert wurde; jetzt war er schläfrig . . .)

Er befindet sich im Traumzustand.

(»Es sieht so aus.«)

(John, lächelnd: »Ich versuche dir zu folgen, Seth. Mit Mühe.«)

(22.25 bis 22.37 Uhr. Seth unterbrach schließlich ein Gespräch, das

Jane, John und ich während der Pause geführt hatten.)

Nun – kann ich das Diktat fortsetzen?

Diese jenseitige Welt existiert nicht etwa unbedingt auf anderen Planeten. Sie nimmt keinen Raum ein, daher ist die Frage: »Wo passiert das alles?« im Grunde müßig.

Sie ist das Ergebnis eurer falschen Vorstellung vom Wesen der Realität. Es gibt also keinen einen Ort, keine besondere Lokalität. Diese Welt existiert, ohne daß ihr sie wahrnehmt, inmitten der physischen Welt, die ihr kennt. Eure Wahrnehmungsorgane erlauben es euch einfach nicht, euch in diese Wellenlängen einzuschalten. Ihr reagiert auf ein hochspezialisiertes, begrenztes Wahrnehmungsfeld. Wie schon früher erwähnt, koexistieren im Tode andere Realitäten neben der euren. Ihr streift einfach die physischen Hüllen ab, stimmt euch in andere Wahrnehmungsbereiche ein und reagiert auf ein anderes System von Voraussetzungen.

Von diesem anderen Standpunkt aus könnt ihr bis zu einem gewissen Grad die physische Realität noch wahrnehmen. Es gibt jedoch Energiefelder, die sich trennend dazwischen schieben. Eure ganze Raumvorstellung ist derart verzerrt, daß jede wahre Erklärung auf Schwierigkeiten stößt. Geduldet euch einen Moment. *(Pause.)*

So wie eure Wahrnehmungsorgane beispielsweise darauf bestehen, daß Gegenstände massiv sind, so bestehen sie auch darauf, daß es so etwas wie Raum gibt. Nun ist aber, was euch eure Sinne über das Wesen der Materie mitteilen, vollkommen irrig, und was sie euch über den Raum mitteilen, ist nicht weniger falsch – falsch gemessen an der grundlegenden Wahrheit, obwohl natürlich völlig in Übereinstimmung mit dreidimensionalen Begriffen. *(Humorvoll:)* In außerkörperlichen Erfahrungen kann man schon zu Lebzeiten viele der Raumprobleme antreffen, die auch nach dem Tode begegnen. Und in solchen Episoden wird deshalb die Natur von Raum und Zeit durchsichtiger. Nach dem Tode braucht man beispielsweise für eine Reise durch den Raum keine Zeit. Raum existiert nicht im Sinne von Entfernung. Das ist eine Täuschung. Es gibt zwar Schranken, aber diese sind geistiger und physischer Art. Es gibt, zum Beispiel, Erlebnisintensitäten, die in eurer Realität in Meilen gemessen werden.

Nach dem Tode könntet ihr euch in einem Ausbildungszentrum befinden. Theoretisch könnte dieses Zentrum mitten in eurem Wohnzimmer liegen, und trotzdem würde die Entfernung zwischen euch und den Mitgliedern eurer noch lebenden Familie – die vielleicht sitzen und an euch denken oder die Zeitung lesen – nichts mit dem euch bekannten Raum zu tun haben. Ihr würdet von ihnen weiter entfernt sein, als wenn ihr, sagen wir, auf dem Mond wäret.

Ihr könntet vielleicht eure Aufmerksamkeit vom Mittelpunkt abwenden und theoretisch das Zimmer und seine Bewohner betrachten; und dennoch würde diese Entfernung, die nichts mit Meilen zu tun hat, zwischen euch sein.

Ende des Diktats. Ich fürchte, unser Freund dort drüben würde vollends einschlafen. *(Jane zeigte als Seth auf John. Er lachte.)*

(John: »Es tut mir leid, Seth, wenn ich diesen Eindruck erweckt habe.«)

Es war der richtige Eindruck.

(John: »Ich kriege heute abend aber mein Fett.«)

Nun, habt ihr Fragen dazu?

(John: »Nur ganz allgemein. Nichts Spezifisches ...« John und Seth führten dann ein kurzes Gespräch, das um 23.04 Uhr beendet war.)

10
Der »Tod« im Leben

Sitzung 538, Montag, den 29. Juni 1970

(21.07 Uhr.) Guten Abend.

(»Guten Abend, Seth.«)

(Humorvoll:) Kapitel zehn: »Der ›Tod‹ im Leben.« *(Seth wiederholte diesen Titel, um sicherzugehen, daß ich den »Tod« in Anführungszeichen gesetzt hatte.)*

Die Jenseitserfahrung wird euch weniger fremd oder unbegreiflich vorkommen, wenn ihr erkennt, daß ähnliche Situationen einen normalen Bestandteil eurer gegenwärtigen Existenz ausmachen.

Im Schlaf- und Traumzustand habt ihr mit denselben existentiellen Dimensionen zu tun wie in der Jenseitserfahrung. Ihr erinnert euch nicht an den wichtigsten Teil dieser nächtlichen Abenteuer, und das, was ihr euch davon ins Gedächtnis zurückrufen könnt, kommt euch deshalb meistens bizarr und chaotisch vor. Der Grund dafür ist in eurem gegenwärtigen Entwicklungsstadium zu suchen, das euch nicht erlaubt, in mehr als einer Umwelt gleichzeitig zu agieren.

Ihr existiert in der Tat bewußt und auf zusammenhängende, zielbewußte und schöpferische Weise, während euer physischer Leib schläft, und ihr geht dann vielen Beschäftigungen nach, von denen ich gesagt habe, daß sie auch in der Zeit nach dem Tod stattfinden. Dann kehrt ihr einfach den Lichtkegel eures Bewußtseins in eine andere Aktivitätsdimension, eine Dimension, in der ihr euch schon früher ständig bewegt habt.

Ebenso wie ihr für eure Wachexistenz ein Gedächtnis besitzt und wie euch für eure täglichen physischen Begegnungen ein gewaltiger Erinnerungsschatz zur Verfügung steht und wie dieses Gedächtnis der Ursprung eures Kontinuitätsgefühls ist, ebenso hat auch euer träumendes Ich einen entsprechend großen Erinnerungsschatz. Wie euer tägliches Leben Kontinuität zeigt, so zeigt auch euer Traumleben Kontinuität.

Ein Teil von euch ist sich also einer jeden einzelnen Traumbegegnung und -erfahrung bewußt. Träume sind ebensowenig halluzinatorisch wie euer physisches Leben. Vom Standpunkt eures Traum-Ich aus gesehen träumt euer wachendes, physisches Ich. Ihr seid der Träumer, der von ihm ausgesandt wird, und eure täglichen Erlebnisse sind die Träume, die es träumt. Wenn ihr also an euer träumendes Ich denkt oder Betrachtungen darüber anstellt, so geschieht dies mit erheblichen Vorurteilen. Ihr setzt nämlich als selbstverständlich voraus, daß eure »Realität« wirklich und seine Realität Täuschung sei.

Seine Realität ist jedoch eurem Wesen sehr viel natürlicher. Wenn ihr keinen Zusammenhang in eurem Traumzustand seht, dann ist es, weil ihr euch suggeriert habt, daß es einen solchen nicht gibt. Natürlich versucht ihr, eure nächtlichen Abenteuer nach dem Erwachen in physische Begriffe zu übersetzen und strengt euch an, dieselben in das begrenzte und verzerrte Koordinatensystem eures Realitätsverständnisses zu zwängen.

Bis zu einem gewissen Grad ist dies natürlich. Ihr seid nicht ohne Grund im täglichen Leben zentriert. Doch innerhalb dieses Rahmens war es auch vorgesehen, daß ihr wachsen, euch entwickeln und die Grenzen eures Bewußtseins *erweitern* solltet. Es fällt euch nicht leicht einzugestehen, daß ihr im Schlafzustand in vieler Hinsicht tüchtiger und schöpferischer seid als im Wachzustand, und noch schwerer ist für euch einzusehen, daß euer Traumleib tatsächlich fliegen kann und Zeit und Raums spottet. Es ist viel leichter, so zu tun, als wären solche Erlebnisse alle symbolisch und nicht wörtlich zu nehmen und komplizierte psychologische Theorien zu entwickeln, die Flugträume erklären sollen.

Tatsache ist, daß, wenn ihr träumt, ihr fliegt, dies auch häufig der Fall ist. Im Traumzustand untersteht ihr mehr oder weniger den gleichen Bedingungen, die für ein Bewußtsein gelten, das nicht in der physischen Realität zentriert ist. Viele eurer Erfahrungen sind daher genau die gleichen wie jene nach dem Tode. Ihr könntet mit verstorbenen Freunden oder Verwandten sprechen, der Vergangenheit einen Besuch abstatten, alte Klassenkameraden begrüßen, Straßen hinabgehen, die vor fünfzig Jahren physikalischer Zeit existiert haben, Raum durchwandern, ohne physikalische Zeit dafür zu benötigen, Begegnungen mit Seelenführern haben, unterwiesen werden, andere unterweisen, sinnvolle Arbeiten verrichten, Probleme lösen, halluzinieren.

Im physischen Leben findet zwischen der Konzeption einer Idee und ihrer physischen Verwirklichung eine Verzögerung statt. In der Traumrealität ist dies nicht der Fall. Daher ist der beste Weg, sich mit der jenseitigen Realität im voraus vertrautzumachen, die Natur eures eigenen träumenden Selbst zu erforschen und kennenzulernen. Nicht viele Menschen bringen die Zeit oder Energie dafür auf.

Die Mittel dafür stehen jedoch zu eurer Verfügung, und diejenigen unter euch, die davon Gebrauch machen, werden das Gefühl der Verfremdung vermeiden, wenn nach dem Tode ihre ungeteilte Aufmerksamkeit aufs Jenseits gerichtet sein wird.

Jetzt könnt ihr Pause machen.

(21.34 bis 21.47 Uhr.)

Da euer bewußtes Erinnerungsvermögen so stark mit eurem Bewußtsein innerhalb des Körpers verquickt ist, bewahrt euer Wachbewußtsein gewöhnlich keine Erinnerung daran, wenn ihr im Schlaf den Körper verlaßt.

Im Schlafzustand erinnert ihr euch an jeden, der euch einmal im Traum begegnet ist. Ihr könntet so jemanden von eurem täglichen Leben her kennen oder auch nicht. Im Schlafzustand könnt ihr Jahre hindurch im ständigen Kontakt mit intimen Gefährten stehen, die in einem ganz anderen Weltteil beheimatet und im Wachzustand für euch Fremde sind.

So wie eure täglichen Unternehmungen Sinn und Zweck haben, so auch eure Traumabenteuer, und in diesen könnt ihr ebenso euch gesteckte Ziele erreichen. Damit werdet ihr im Leben nach dem Tod fortfahren. Die Vitalität, Kraft, Lebendigkeit und Kreativität, die hinter eurer physischen Existenz stehen, werden in dieser anderen Dimension erzeugt. Mit anderen Worten: ihr seid in vieler Hinsicht eine fleischgewordene Projektion eures Traum-Selbst.

Das Traum-Selbst, wie ihr es euch vorstellt, ist jedoch nur ein Schatten dessen, was es in Wirklichkeit ist: ein psychologischer Bezugspunkt und, in eurem Sinne, ein psychischer Kontinuitätsträger, der sämtliche Teile eurer Identität koordiniert. Seine tiefere Natur erkennen nur die ganz Hochentwickelten. Es stellt, mit anderen Worten, eine stark vereinigende Komponente eurer Gesamtidentität dar. Seine Erlebnisse sind ebenso lebhaft und seine Persönlichkeit ist ebenso reich wie – nein, sogar relativ reicher als die physische Persönlichkeit, die ihr kennt.

Stellt euch einen Augenblick lang einmal vor, ihr wärt ein Kind, und ich würde den Versuch unternehmen, euch zu erklären, wie euer voll entwickeltes, erwachsenes Ich einmal aussehen wird – und in meiner Erklärung würde ich sagen, daß dieses erwachsene Ich bis zu einem gewissen Grad bereits in euch angelegt ist als Auswuchs oder Projektion von dem, was ihr seid. Und das Kind sagt: »Und was wird aus mir?

Muß ich sterben, um dieses andere Ich zu werden? Ich will mich nicht ändern. Wie kann ich jemals dieses erwachsene Ich sein, wenn es nicht das ist, was ich jetzt bin?«

Ich befinde mich in einer ähnlichen Lage, wenn ich versuche, euch die Natur des inneren Selbst zu erklären, denn obwohl ihr euch seiner in Träumen bewußtwerden könnt, seid ihr doch außerstande, Reife und Fähigkeiten dieses inneren Selbst voll zu ermessen; und doch gehören diese auf die gleiche Weise zu euch, wie die Fähigkeiten des Mannes dem Kind schon gehören. Im Traumzustand lernt ihr unter anderem, eure eigene physische Realität täglich neu aufzubauen, so wie ihr nach dem Tode euer nächstes physisches Leben aufbauen lernt.

Im Traum löst ihr eure Probleme. Bei Tag seid ihr euch nur der Lösungen bewußt, die ihr im Schlaf gefunden habt. Im Traum setzt ihr euch eure Ziele, so wie ihr euch nach dem Tode die Ziele für die nächste Inkarnation setzt.

Nun läßt sich eine psychologische Struktur nie leicht mit Worten beschreiben. Nur um das Wesen der Persönlichkeit, wie man sie allgemein kennt, zu erklären, bedient man sich aller möglicher Ausdrücke: Es, Unterbewußtes, Ich, Über-Ich; all das, um die ineinandergreifenden psychischen Funktionen zu beschreiben, welche die physische Persönlichkeit ausmachen. Das Traum-Selbst ist nicht weniger komplex. Man könnte sagen, daß gewisse Teile davon mit der physischen Realität zu tun haben, mit physischer Manipulation und mit Plänen; einige mit tieferen Schichten der Kreativität und Leistung, die euer Überleben sichern; einige mit umfassenderen Aspekten der Persönlichkeit, die bisher allgemein unbekannt sind; einige mit der kontinuierlichen Erfahrung und Existenz dessen, was man die Seele, die individuelle Gesamtidentität oder das multidimensionale Selbst nennen könnte.

Die Seele bringt das Fleisch hervor. Man kann also kaum sagen, daß der Schöpfer auf seine Schöpfung herabblickt. Die Seele bringt das Fleisch und das physische Sein aus gutem Grund hervor; ihr habt also keinerlei Ursache, gegen das Leben Widerwillen zu empfinden oder die Sinnesfreuden, von denen ihr umgeben seid, zu geringschätzen. Jede Reise nach innen sollte bewirken, daß ihr eurem gegenwärtigen Leben mehr Bedeutung, Schönheit und Sinn abgewinnen könnt; denn volle Lebensfreude und Entwicklung bedingt auch, daß ihr alle eure Anlagen entfaltet und eure inneren Dimensionen mit Staunen und Enthusiasmus entdeckt. Mit der richtigen Einstellung ist es euch daher durchaus möglich, die jenseitigen Landschaften und Umwelten schon jetzt kennenzulernen. Ihr werdet sie nicht weniger lebensvoll finden als alle andern, die ihr kennt. Solche Entdeckungsreisen werden alle düsteren Vorurteile über das Leben nach dem Tod vollkommen zerstreuen. Es ist äußerst wichtig, daß ihr euch von allen solchen Vorurteilen weitgehend freimacht, denn diese stehen eurem Fortschritt entgegen.

Ihr könnt eine kurze Pause machen.

(22.23 bis 22.39 Uhr.)

Allgemein gesprochen seid ihr, wenn ihr mit der physischen Realität einigermaßen in Frieden lebt, in einer besseren Ausgangsposition für die Ergründung der inneren Welt.

Fühlt ihr euch in eurem physischen Leben überall von Bösem umgeben und scheint dieses das Gute zu überwiegen, dann seid ihr nicht bereit dafür. Ihr solltet euch auf solche nächtlichen Abenteuer in depressivem Zustand nicht einlassen, denn zu solchen Zeiten ist eure Psyche für deprimierende Erfahrungen prädisponiert, ob im Wach- oder im Schlafzustand. Auch solltet ihr euch auf solche inneren Erlebnisse nicht einlassen, wenn ihr euch einen Ersatz für physisches Erleben davon versprecht.

Bei starren, unbeugsamen Vorstellungen von Gut und Böse besitzt ihr nicht das nötige Verständnis, um in diesen anderen Dimensionen bewußt manipulieren zu können. Mit andern Worten: ihr solltet geistig, psychologisch und spirituell so flexibel wie möglich sein, aufgeschlossen für neue Ideen, schöpferisch und nicht zu abhängig von Organisation und Dogma.

Ihr solltet hinlänglich kompetent und mitfühlend sein. Gleichzeitig solltet ihr extravertiert genug sein, um in der physischen Umwelt euer Leben im Griff zu haben. Ihr braucht alle eure Hilfsquellen. Dies soll eine aktive Studie und Unternehmung sein, nicht ein passiver Rückzug, und vor allem kein feiges Ausweichen. Gegen Ende dieses Buches werden für solche, die interessiert sind, Methoden aufgezeigt werden, mit deren Hilfe diese jenseitigen Verhältnisse bei bewußter Kontrolle über Erfahrung und Fortschritt erforscht werden können.

Hier möchte ich jedoch diese Verhältnisse noch etwas genauer schildern. Im physischen Leben seht ihr, was ihr sehen wollt. Von einem gegebenen Realitätsbereich wählt ihr bestimmte Daten aus – Daten, die euren Vorstellungen von der Realität genau entsprechen. Erst einmal bringt ihr jedoch die Daten selber hervor.

Glaubt ihr, daß alle Menschen schlecht sind, dann werdet ihr einfach das Gute im Menschen nicht erfahren. Ihr werdet euch dagegen völlig verschließen. Die Menschen ihrerseits werden sich euch immer von ihrer schlechtesten Seite zeigen. Ihr werdet telepathisch dafür sorgen, daß andere euch nicht mögen, und werdet e u r e Abneigung auf sie projizieren.

Eure Erfahrung richtet sich, mit anderen Worten, nach euren Erwartungen. Das gleiche gilt auch für die Jenseitserfahrung, die Traumerfahrung und für alle außerkörperlichen Erlebnisse. Seid ihr besessen von der Vorstellung des Bösen, dann wird euch auch das Böse begegnen. Glaubt ihr an Teufel, dann werden euch diese erscheinen. Wie schon erwähnt, gibt es größere Freiheit, wo das Bewußtsein nicht physisch orientiert ist. Gedanken und Gefühle werden ohne zeitlichen Aufschub in Realität umgesetzt. Wenn ihr also einen Dämon zu treffen erwartet, so werdet ihr eine entsprechende Gedankenform hervorbringen, ohne zu merken, daß es sich dabei um eure eigene Schöpfung handelt.

Es ist natürlich auch möglich, daß man der Gedankenform von jemand anders begegnet, aber wenn man erst gar nicht an Dämonen glaubt, dann wird man stets die Natur eines solchen Phänomens erkennen und ungeschoren bleiben.

Handelt es sich um eure eigene Gedankenform, dann könnt ihr daraus lernen, indem ihr euch fragt, was sie darstellt, welches Problem sie repräsentiert, das sich solchermaßen materialisiert hat. Ähnliches könnt ihr auch nach dem Tode halluzinieren, symbolhaft auffassen und dann eine Art spirituellen Kampf ausfechten, der natürlich unnötig wäre, wenn ihr die Sache durchschaut hättet. Ihr werdet eure eigenen Ideen, Probleme und Dilemmas auf einer Ebene verarbeiten, die eurem Verständnis angepaßt ist.

Diktatende für heute abend. Falls ihr keine Fragen habt, werde ich die Sitzung beenden.

(»O. k.«)

Meine herzlichsten Grüße denn, und einen schönen guten Abend.

(»Guten Abend, Seth. Es war sehr interessant.«)

Ich hoffe, euer Interesse an meiner Saga wachzuerhalten. *(23.02 Uhr.)*

SITZUNG 539, MITTWOCH, DEN 1. JULI 1970

(Der Tag war sehr heiß und feucht gewesen. Ein Gewitter war seit Stunden im Anzug. Schließlich begann es um 21.00 Uhr zu donnern, zu blitzen und in Strömen zu regnen. Wir fragten uns, ob eine Sitzung stattfinden würde, denn vor einiger Zeit hatte uns Seth gesagt, daß elektrische Phänomene die Trance beeinträchtigten. Trotzdem begann die Sitzung wie gewöhnlich; Seth zumindest war offenbar nicht beunruhigt. 21.18 Uhr.)

Wir nehmen das Diktat wieder auf.

Jenseitige Welten sind jetzt überall um euch.

Es ist, als würden eure gegenwärtige Situation und alle ihre physischen Erscheinungen von euch nach außen projiziert, so daß ein ständig ablaufender Film entsteht, der euch zwingt, nur solche Bilder wahrzunehmen, die übertragen wurden. Diese erscheinen euch so real, daß ihr nicht anders könnt, als dauernd auf sie zu reagieren.

(Pause um 21.23 Uhr. Inzwischen war das Gewitter so lärmig geworden, daß Seth die Stimme erheben mußte.)

Sie dienen dazu, andere, völlig gültige Realitäten zu maskieren, die koexistieren; und von diesen anderen Realitäten bezieht ihr Macht und Wissen, um die materiellen Projektionen handhaben zu können. Ihr könnt die Maschine sozusagen auf »außer Betrieb« stellen, könnt die augenscheinliche Bewegung stoppen und euer Augenmerk auf diese Realitäten richten.

Erst einmal müßt ihr jedoch wissen, daß es sie gibt. Als Vorbereitung für die Methoden, die ich später aufzeigen werde, wäre es förderlich, wenn ihr euch ab und zu fragtet: »Wessen bin ich mir augenblicklich eigentlich bewußt?« Tut dies mit offenen Augen, und dann wieder mit geschlossenen Augen.

Offenen Auges setzt nicht als selbstverständlich voraus, daß nur die unmittelbar wahrnehmbaren Objekte um euch existieren. Blickt dorthin, wo euch der Raum leer erscheint und lauscht in die Stille. In jedem Zentimeter Leerraum gibt es molekulare Strukturen, aber ihr habt euch dazu erzogen, sie nicht wahrzunehmen. Es gibt andere Stimmen, doch ihr habt eure Ohren geschult, sie nicht zu hören. Ihr macht im Traumzustand von euren inneren Sinnen Gebrauch und ignoriert sie, wenn ihr wacht.

(Das elektrische Licht wurde mehrmals schwächer.)

Die inneren Sinne sind darauf geeicht, nichtphysische Daten aufzunehmen. Sie werden durch die Bilder, die ihr in die dreidimensionale

Realität projiziert, nicht irregeführt, obwohl sie auch physische Gegenstände wahrnehmen können. Eure physischen Sinne stellen Verlängerungen dieser inneren Wahrnehmungsorgane dar, und nach dem Tode werdet ihr euch ausschließlich auf letztere verlassen. Jetzt macht ihr in außerkörperlichen Erfahrungen von ihnen Gebrauch. Auch sind sie unterhalb der Schwelle eures normalen Wachbewußtseins andauernd tätig . . .

(Es hatte nach Ausbruch des Gewitters in unserm Stadtteil einen Unfall gegeben, oder ein Feuer, oder beides. Mit heulenden Sirenen rasten mehrere Autos und Lastwagen die zwei Häuser von uns entfernte Walnut Street hinunter. Ich erwartete, daß all das Getöse Janes Trance unterbrechen würde; dies war aber nicht der Fall; sie hielt einen Augenblick inne und fuhr dann fort.)

. . . so daß ihr euch schon jetzt mit der Natur der Wahrnehmung nach dem Tode vertrautmachen könnt.

Mit anderen Worten: die Umwelt, Bedingungen und Methoden der Wahrnehmung werden euch nicht fremd sein. Ihr werdet nicht plötzlich ins Unbekannte geworfen; dies Unbekannte ist heute bereits ein Teil von euch. Es war vor eurer physischen Geburt ein Teil von euch und wird nach eurem physischen Tode immer noch ein Teil von euch sein. Dieser Umstand ist aus eurem Bewußtsein hauptsächlich durch die physische Geschichte gelöscht worden. Die Menschheit hat einmal eine Reihe von Vorstellungen von ihrer eigenen Realität besessen, von der sie sich aber anscheinend absichtlich im letzten Jahrhundert abgewandt hat. Es gibt viele Gründe dafür, und wir werden versuchen, einige davon zu untersuchen. Macht Pause.

(21.37 Uhr. Die Pause kam diesmal vergleichsweise früh. »Alles ist aus den Fugen«, sagte Jane. »Ab und zu war ich gestört.« Vor allem hatte sie die Sirenen wahrgenommen. Sie sagte, die Trance sei »pulsierend« oder wellenförmig gewesen: sie sei gut »hineingekommen«, habe aber dann in Richtung ihres normalen Bewußtseinszustands oszilliert. Soweit ich sehen konnte, war aber das Material so gut wie immer und ihre Vortragsweise unverändert.

Regen, Donner und Blitz tobten fort; der Krach ging hin und her über der Stadt. Es war die Art von Gewitter, wo selbst dieses große, solide gebaute Haus manchmal in seinen Grundfesten schwankte. Janes Stimme war immer noch stärker als sonst, als sie um 21.52 Uhr in langsamerem Tempo erneut begann.)

In vieler Hinsicht seid ihr also jetzt »tot« – so tot, wie ihr jemals sein werdet.

Während ihr euren täglichen Geschäften und Interessen nachgeht, seid ihr unterschwellig immer auch auf andere Realitäten eingestellt und reagiert auf Reize, derer sich euer physisches, bewußtes Selbst nicht bewußt ist. Ihr nehmt mit euren inneren Sinnen Verhältnisse wahr und erlebt Dinge, die in eurem physischen Hirn nicht einmal registriert werden.

Nach dem Tode seid ihr euch einfach dieser Tätigkeitsdimensionen, die ihr jetzt ignoriert, bewußt. Gegenwärtig dominiert die physische Existenz. Später wird sie das nicht mehr tun. Aber sie wird euch auch nicht verlorengehen; eure Erinnerungen bleiben euch beispielsweise erhalten. Ihr werdet einfach aus einem bestimmten Bezugssystem aussteigen. Unter gewissen Umständen werdet ihr sogar die Freiheit haben, die euch scheinbar geschenkten Jahre auf andere Weise zu nutzen.

Zum Beispiel: Ich habe euch gesagt, daß die Zeit nicht aus einer Reihe von aufeinanderfolgenden Augenblicken besteht, wie es jetzt scheint. Ereignisse sind keine Dinge, die euch passieren. Sie sind materialisierte Erfahrungen, die ihr aufgrund eurer Erwartungen und Überzeugungen selber gestaltet. Innere Anteile eurer Persönlichkeit erkennen dies gegenwärtig. Nach eurem Tode werdet ihr nicht mehr auf die physischen Formen fixiert sein, als die sich Zeit und Ereignisse darstellen. Ihr könnt jedoch dieselben Elemente auf ähnliche Weise verwenden, wie der Maler seine Farben verwendet.

Vielleicht dauert euer Leben siebenundsiebzig Jahre. Nach dem Tode könntet ihr unter bestimmten Voraussetzungen, und wenn ihr dies wünscht, die Ereignisse dieser siebenundsiebzig Jahre gemächlich noch einmal erleben – aber *nicht notwendigerweise* in kontinuierlicher Form. Ihr könnt die Ereignisse verändern. Ihr könnt im Rahmen jener speziellen Tätigkeitsdimension, die eure siebenundsiebzig Jahre darstellen, manipulieren.

Findet ihr grobe Fehlurteile darin, dann könnt ihr sie korrigieren. Ihr könnt, mit andern Worten, vervollkommnen, aber ihr könnt nicht wieder *in das Bezugssystem eintreten* als ein voll beteiligtes Bewußtsein, das, sagen wir, die historischen Tendenzen der Zeit mitmacht und sich der massenhalluzinatorischen Existenz anschließt, die ein Produkt des angewandten Bewußtseins eurer selbst und eurer »Zeitgenossen« war.

Einige ziehen dies der Reinkarnation vor oder benutzen es vielmehr als Studie vor einer neuen Reinkarnation. Diese Leute sind oft im Grunde ihres Herzens Perfektionisten. Sie müssen einfach zurückgehen und neuschöpfen. Sie müssen ihre Fehler wiedergutmachen. Sie benutzen ihr eben vollendetes Leben als »Leinwand« und entwerfen ein besseres Bild. Dies ist eine geistige und psychische Übung, der sich viele unterziehen. Sie erfordert große Konzentration und ist nicht mehr eine Halluzination, wie jede Existenz eine ist.

Jetzt könnt ihr Pause machen.

(22.14 bis 22.31 Uhr.)

Ihr könntet den Wunsch haben, gewisse Episoden in eurem Leben »wiederzuerleben«, um diese besser zu verstehen. Eure Lebenserfahrung gehört somit euch selbst. Eine solche Situation ist euch alles andere als fremd. Wie oft stellt ihr euch nicht im täglichen Leben vor, was gewesen wäre, wenn ihr euch anders verhalten hättet, oder ihr erlebt in Gedanken Vorfälle wieder, um sie besser begreifen zu können. Euer Leben ist eure eigene, persönliche Erlebnisperspektive, und wenn ihr es nach eurem Tode aus seinem physischen Zeitrahmen herausnehmt, dann könnt ihr es auf viele Weisen erleben. Denkt daran, daß Ereignisse und Gegenstände nicht fix, sondern formbar sind. Ereignisse können sowohl vor als auch nach ihrem Eintreten verändert werden. Sie sind niemals stabil oder permanent, obgleich es innerhalb des Kontextes dreidimensionaler Realität so aussieht.

Alles, was ihr in eurer dreidimensionalen Existenz wahrnehmt, ist nur eine Projektion einer größeren Realität in diese Dimension. Die Ereignisse, derer ihr euch bewußt seid, sind nur jene Tätigkeitsfragmente, die in euer Wachbewußtsein hineinragen und in ihm erscheinen. Andere Teile dieser Ereignisse sind euch im Traumzustand vollkommen deutlich und unterhalb der Schwelle des Wachbewußtseins auch während des Tages.

Wollt ihr wissen, wie der Tod ist, dann werdet euch eures eigenen Bewußtseins bewußt, wenn es von physischen Tätigkeiten losgelöst ist. Ihr werdet es hochaktiv finden. Mit etwas Übung werdet ihr entdecken, daß euer normales Wachbewußtsein höchst beschränkt ist und daß das, was ihr vormals als Todesumstände gesehen habt, in Wirklichkeit den Lebensumständen nicht unähnlich ist. Diktatende.

Es liegt heute abend eine Labilität in der Luft, die atmosphärisch bedingt ist. Wir haben die Sitzung trotzdem abgehalten.

(»Ich fand sie gut.«)

Wir wollen sie dennoch beenden. Unter diesen Verhältnissen ist Ruburt zusätzlichem Streß ausgesetzt, und den sollte man nicht unnötig verlängern. Einen schönen guten Abend.

(»Danke, gleichfalls, Seth.« 22.46 Uhr.)

Sitzung 540, Montag, den 6. Juli 1970

(21.29 Uhr. »Guten Abend, Seth.«)

Nun: Wir nehmen das Diktat wieder auf. Solche anderen Existenzen, wie ich sie gerade beschrieben habe, koexistieren mit eurer eigenen Realität, aber im Wachzustand nehmt ihr diese nicht wahr. Zwar könnt ihr oftmals im Traum solche andersartigen Situationen erfahren, jedoch werden sie dann häufig in eure eigenen Traumgespinste verwikkelt, so daß ihr beim Erwachen keine klare Erinnerung mehr daran habt.

Auf gleiche Weise wohnt ihr mitten im Leben mit sogenannten Geistern und Gespenstern zusammen, und erscheint obendrein selber andern als solche Gespenster, insbesondere dann, wenn ihr im Schlafzustand starke Gedankenformen von euch aussendet, oder auch dann, wenn ihr euch unbewußt außerhalb eures physischen Körpers begebt.

Offensichtlich gibt es ebenso viele verschiedene Geister und Gespenster, wie es Menschen gibt. Sie sind sich über ihre Situation ebenso klar oder unklar wie ihr. Sie sind jedoch in der physischen Realität nicht voll zentriert, weder der Persönlichkeit noch der Form nach, und das ist ihr stärkstes unterscheidendes Merkmal. Manche Gespenster sind Gedankenformen, die von lebenden Persönlichkeiten aus anhaltenden, tiefen Angstzuständen heraus projiziert werden. Sie tragen das gleiche Zwangsverhalten zur Schau, das man so oft im täglichen Leben beobachten kann.

Derselbe Mechanismus, der eine psychisch gestörte Frau, sagen wir, Zwangshandlungen, wie ein immer erneutes Waschen der Hände, ausführen läßt, läßt auch eine bestimmte Geistererscheinung immer wieder denselben Ort heimsuchen. In solchen Fällen ist das Verhalten oft aus Wiederholungshandlungen zusammengesetzt.

Aus verschiedenen Gründen hat eine solche Persönlichkeit nicht gelernt, ihre eigenen Erfahrungen zu assimilieren. Die Charaktermerkmale solcher Geistererscheinungen entsprechen denen von psychisch gestörten Persönlichkeiten, allerdings mit einigen Ausnahmen. Das volle Bewußtsein ist nicht vorhanden. Die Persönlichkeit scheint einen Alptraum oder eine Reihe von sich wiederholenden Träumen zu haben, während derer sie in ihre physische Umwelt zurückkehrt. Die Persönlichkeit selber ist »wohlbehalten«, während bestimmte Teile von ihr sich mit ungelösten Problemen auseinandersetzen und auf diese Weise Energien abreagieren.

Sie sind als solche völlig harmlos. Nur eure Interpretation ihrer Handlungen kann Schwierigkeiten bereiten. Nun tretet ihr selber manchmal mitten aus der Lebenssituation heraus auf andern Realitätsebenen als Geister auf, wo eure »Pseudoerscheinung« Aufsehen erregt und zur Mythenbildung führt – und ihr seid euch dessen nicht einmal bewußt.

Ich spreche hier ganz allgemein. Es gibt zwar auch Ausnahmen, da die Erinnerung daran erhalten bleibt, doch in der Regel sind Geister und Gespenster sich ihrer Wirkung auf andere ebensowenig bewußt wie ihr, wenn ihr, ohne es zu wissen, plötzlich als ein Gespenst in Welten erscheint, die euch sehr fremdartig vorkommen würden.

[Die Kombination von] Gedanke, Gefühl und Verlangen bringt Form hervor, hat Energie [und] besteht aus Energie. Sie manifestiert sich auf möglichst mannigfaltige Weisen. Ihr nehmt nur die physischen Materialisierungen wahr, sendet aber, wie bereits früher erwähnt, Pseudoformen von euch selber aus, ohne davon zu wissen; und dies ganz unabhängig von außerkörperlicher Erfahrung – was eine weit kompliziertere Angelegenheit ist.

Bei solcher Erfahrung erscheint ihr in Realitäten, die vergleichsweise fortgeschrittener sind als die eure. Dort werdet ihr gewöhnlich an eurer Desorientierung erkannt. Ihr versteht es nicht zu manipulieren. (*Humorvoll*:) Ihr kennt nicht die Bräuche. Aber ob ihr nun eine physische Form besitzt oder nicht, solange ihr Gefühle und Empfindungen habt, werden diese Gestalt annehmen. Sie besitzen ihre eigene Realität. Wenn ihr an ein Objekt intensiv denkt, dann wird dieses irgendwo auftauchen.

Wenn ihr euch intensiv in Gedanken an einen anderen Ort versetzt, dann wird ein Pseudobild von euch an diesem andern Ort projiziert erscheinen, ob dieses dort nun sichtbar wird oder nicht, und ob ihr euch dessen bewußt seid oder nicht, oder ob ihr euch d a r i n bewußt seid. Dies gilt sowohl für diejenigen, die euer physisches System verlassen haben, als auch für solche, die sich noch in ihm befinden.

Alle diese Formen werden als sekundäre Konstruktionen bezeichnet, weil in der Regel kein volles Bewußtsein in ihnen steckt. Es sind automatische Projektionen.

Bei primären Konstruktionen hingegen nimmt ein gewöhnlich voll bewußtes und waches Bewußtsein eine andere als die ihm »angeborene« Form an und projiziert diese bewußt meistens auf eine andere Realitätsebene. Doch auch dies ist ein ziemlich kompliziertes Unternehmen und eines, das selten für Kommunikationszwecke benutzt wird.

Es gibt andere, sehr viel einfachere Methoden. Ich habe bereits in etwa erklärt, auf welche Weise Bilder aus einem vorhandenen Energiefeld konstruiert werden. Ihr nehmt lediglich eure e i g e n e n Konstruktionen wahr. Wenn sich daher ein »Geist« mit euch in Verbindung setzen will, so kann er dies auf telepathischem Wege tun, und ihr könnt dann selber nach Belieben das entsprechende Bild dazu konstruieren. Oder das Individuum könnte euch gleichzeitig mit der telepathischen Kommunikation eine Gedankenform zukommen lassen. Eure Zimmer sind jetzt mit Gedankenformen erfüllt, die ihr nicht wahrnehmt; und ihr selber seid jetzt eine ebenso geisterhafte Erscheinung wie nach dem Tode. Ihr seid euch dessen nur nicht bewußt.

Ihr tut gewisse Temperaturschwankungen und Luftbewegungen, die in Wirklichkeit solche Gedankenformen anzeigen, als Phantasie ab. Ihr weist telepathische Kommunikationen zurück, die solche Formen oftmals begleiten, und kehrt allen Fingerzeigen den Rücken, die auf eine gleichberechtigte Existenz anderer Realitäten hindeuten und auf die Tatsache, daß ihr inmitten eurer Existenz von ungreifbaren, aber gültigen Beweisen dafür umgeben seid. Die Begriffe »Leben« und »Tod« dienen allein schon dazu, euren geistigen Horizont einzuengen und Schranken dort aufzurichten, wo eigentlich keine sein sollten.

Ihr könnt Pause machen.

(22.07 bis 22.18 Uhr.)

Einige tote Freunde und Verwandte besuchen euch übrigens, indem sie sich von ihrer Realitätsebene in die eure hineinprojizieren. Ihr könnt sie in der Regel jedoch gestalthaft nicht wahrnehmen. Trotzdem sind sie nicht geisterhafter oder »toter« als ihr, wenn ihr euch in ihre Realität hineinprojiziert – wie dies im Schlaf geschieht.

In der Regel können sie euch aber bei solchen Gelegenheiten wahrnehmen. Was ihr häufig vergeßt, ist, daß sich solche Individuen auf verschiedenen Entwicklungsstufen befinden. Manche haben stärkere Beziehungen zum physischen System als andere. Wieviel Zeit seit dem Tode eines Individuums verstrichen ist, hat wenig damit zu tun, ob ihr solchen Besuch erhaltet. Entscheidend ist allein die Intensität der Beziehung.

Wie schon erwähnt, könntet ihr aber im Schlafzustand kürzlich verstorbenen Personen, die euch vollkommen fremd sind, helfen, sich im Jenseits zu akklimatisieren, ohne daß die Erinnerung daran euch am Morgen zugänglich ist. Ebenso können andere, ebenfalls Fremde, während des Schlafes zu euch in Verbindung treten und euch sogar durch verschiedene Phasen eures Lebens geleiten.

Es fällt schon nicht leicht, das Leben, wie ihr es kennt, zu beschreiben; und noch viel schwieriger ist es, mit euch über nicht bewußte Komplexitäten zu reden.

Was ich in diesem Kapitel besonders hervorheben wollte, ist die Tatsache, daß ihr bereits mit allen Verhältnissen, die ihr nach dem Tode vorfinden werdet, vertraut seid, und daß ihr euch ihrer bis zu einem gewissen Grad bewußtwerden könnt. *(Pause, Lächeln um 22.29 Uhr.)* Ende des Kapitels.

11
Jenseitige Alternativen und die Technik des Übergangs

Fortsetzung der Sitzung 540 vom 6. Juli 1970

Es gibt eine unbegrenzte Vielfalt von Erfahrungen, die euch nach dem Tode offenstehen, alle möglich, doch einige weniger wahrscheinlich als andere, je nachdem, wo ihr entwicklungsmäßig seid. Ganz allgemein gesprochen, sind drei Hauptalternativen vorhanden, obwohl in Ausnahmen und außergewöhnlichen Fällen andere Wege eingeschlagen werden können.

Ihr könntet euch für eine neue Reinkarnation entscheiden. Ihr könntet beschließen, euch statt dessen auf euer vergangenes Leben zu konzentrieren, indem ihr es als Material für neue Erfahrungen verwendet und auf obenbeschriebene Weise Abwandlungen der euch bekannten Ereignisse schafft und nach Belieben Verbesserungen vornehmt. Oder aber ihr könntet in ein ganz anderes Wahrscheinlichkeitssystem eintreten, das völlig getrennt von der reinkarnationalen Existenzform wäre. In solchem Falle würdet ihr alle Gedanken an zeitliche Kontinuität hinter euch lassen.

Nun gibt es Persönlichkeiten, die eine Lebensordnung bevorzugen, die an Vergangenheit, Gegenwart und Zukunft in scheinbar logischer Folge gebunden ist, und solche Menschen wählen gewöhnlich die Reinkarnation. Andere ziehen es von Natur aus vor, Erfahrungen auf eine außerordentlich intuitive Weise zu sammeln, wobei das Ordnungsprinzip auf Assoziationsvorgängen beruht. Diese werden als nächstes großes Unternehmen ein Wahrscheinlichkeitssystem wählen.

Einigen behagt das physische System einfach nicht, und sie verlassen es deshalb. Das ist jedoch nicht möglich, bevor sie den einmal gewählten Reinkarnationszyklus vollendet haben. Diese Alternative gilt also für die, die vermittels der Reinkarnation ihre Fähigkeiten so weit entwickelt haben, wie es innerhalb jenes Systems möglich ist.

Einige, die bereits die Reinkarnation hinter sich haben, können in das System noch einmal als Lehrer zurückkehren. In solchen Fällen ist eine gewisse Einsicht in ihre höhere Identität immer vorhanden. Nun gibt es ein Zwischenstadium relativer Unentschiedenheit, eine mittlere

Existenzebene, eine Art Ruhezone; und es ist von dieser Ebene aus, daß die meisten Kommunikationen von Verwandten erfolgen. Dies ist auch normalerweise die Ebene, auf die sich die Lebenden im Traumzustand projizieren.

Jetzt könnt ihr Pause machen.

(22.45 bis 22.54 Uhr.)

Dem Augenblick der Entscheidung geht eine Zeit der Selbstprüfung voraus, da euch eure ganze »Geschichte« zugänglich wird. Dann begreift ihr die Natur der Wesenheit und werdet von »fortgeschritteneren« Teilen von ihr beraten.

Ihr werdet euch beispielsweise eurer anderen, mehreren Reinkarnationsselbst bewußt. Gefühlsbindungen zu andern Persönlichkeiten, die ihr von früheren Leben her kennt, werden erneut aktuell, und einige von ihnen werden Beziehungen eures gerade abgeschlossenen Lebens verdrängen.

Desorientierte werden die nötigen Erklärungen erhalten. Solche, die nicht wissen, daß sie tot sind, werden über ihre wahre Situation ins Bild gesetzt werden, und nichts wird unversucht bleiben, um Lebensenergie und Geist zu regenerieren. Es ist eine Zeit des Lernens und der Einsicht. Es ist aber auch die Zeit, in der einige psychisch gestörte Personen träumenderweise in die physische Umwelt zurückkehren.

In gewissem Sinne ist dies ein Umschlagplatz zwischen den Systemen. Umstände und Entwicklungsstand sind hier entscheidender als die Zeitspanne, die ein Individuum in dieser Sphäre verbringt. Es ist eine Zwischenstufe, aber eine wichtige. In euren Träumen seid ihr schon dort gewesen.

Diktatende. Ich wollte ein Kapitel abschließen und ein neues beginnen. Sofern ihr keine Fragen habt, werde ich jetzt die Sitzung beenden.

(»Ich glaube, wir haben keine.«)

Meine herzlichsten Wünsche euch beiden und einen schönen guten Abend.

(»Gute Nacht, Seth, und vielen Dank.« 23.05 Uhr.)

Sitzung 541, Montag, den 13. Juli 1970

(20.40 Uhr.) Diesmal wünsche ich euch einen f r ü h e n guten Abend.

(»Guten Abend, Seth.«)

Wiederaufnahme des Diktats: Zur Reinkarnation gehört sehr viel mehr als der einfache Beschluß, eine weitere physische Existenz einzugehen. In dieser Zwischenzeit, von der die Rede war, muß daher vieles erwogen werden.

Die meisten Leute stellen sich unter Reinkarnation einen gradlinigen Fortschritt vor, indem die Seele sich in jedem neuen Leben immer weiter vervollkommnet. Das ist eine grobe Vereinfachung. Es gibt endlose Variationen zu diesem einen Thema, individuelle Variationen. Der Reinkarnationsprozeß läßt sich auf viele verschiedene Weisen nutzen, und während der Ruhezeit muß sich das Individuum entscheiden, auf welche ganz spezielle Weise ihm die Reinkarnation weiterhelfen kann.

Manche beschließen, beispielsweise, in einem gegebenen Leben bestimmte Eigenschaften zu isolieren und an diesen fast ausschließlich zu arbeiten, indem sie ihre Existenz auf, sagen wir, ein einziges Thema ausrichten. Vom physischen Standpunkt aus betrachtet würde eine solche Persönlichkeit als sehr einseitig gelten und alles andere als ein gut entwickeltes Individuum sein.

In einem Leben kann der Intellekt absichtlich hochgespielt werden, und diese Geistesgaben können so weit entwickelt werden, wie sie sich entwickeln lassen. Diese Fähigkeiten werden sodann von der Gesamtpersönlichkeit analysiert und die Vor- und Nachteile des Intellekts sorgfältig gegeneinander abgewogen. In den Erfahrungen eines weiteren Lebens könnte dasselbe Individuum sich auf Gefühlsentwicklung spezialisieren und die intellektuellen Fähigkeiten absichtlich unter den Tisch fallen lassen.

Auch in diesem Fall würde das Individuum auf physischer Ebene nicht den Eindruck einer gut entwickelten oder ausgeglichenen Persönlichkeit machen. Bestimmte schöpferische Anlagen können auf ähnliche Weise herausspezialisiert werden. Würde man solche Leben auf die übliche Weise im Lichte einer Reihe von Fortschritten sehen wollen, dann würden viele Fragen offenbleiben. Es findet aber trotzdem Entwicklung statt; nur wählen die Individuen den Weg selber aus, auf welchem sie solche Entwicklung verwirklichen wollen.

Indem sie in einem gegebenen Leben, sagen wir, auf intellektuelle Entwicklung verzichten, lernen die Persönlichkeiten Wert und Zweck von etwas kennen, das ihnen abgeht. Während sie vielleicht vorher den Zweck des Intellekts nicht einsehen konnten, wird dann das Verlangen danach in ihnen geboren. Während der Entscheidungszeit beschließen die Individuen also, auf welche Weise sie in der folgenden Inkarnation sich weiterentwickeln wollen.

Einige werden den Fortschritt auf eine leichtere und ausgeglichenere Weise vorantreiben wollen. Sie werden alle Seiten ihrer Persönlichkeit gleichmäßig entfalten und Menschen, die sie in früheren Leben gekannt haben, immer wieder begegnen. Sie werden ihre Probleme mit leichter Hand, nicht durch gewaltsamen Zugriff lösen. Sie werden wie Tänzer ihren Lebensraum abschreiten.

In dieser Ruhe- und Entscheidungszeit wird an gutem Rat nicht gespart. Manche Persönlichkeiten werden sogar wiedergeboren, bevor man es ihnen rät. Auf kurze Sicht gesehen ist das gewöhnlich ein Unglück, denn die nötige Planung hat dann nicht stattfinden können. Auf die Dauer läßt sich jedoch aus solchem »Fehler« sehr viel lernen. Es gibt keinen Zeitplan. Trotzdem ist es für ein Individuum höchst ungewöhnlich, zwischen seinen Inkarnationen mehr als drei Jahrhunderte verstreichen zu lassen, denn das würde die Orientierung erschweren und die Gefühlsbindung an die Erde schwächen.

Die Beziehungen für das nächste Leben müssen festgelegt werden, was einen telepathischen Austausch mit allen Beteiligten notwendig macht. Es ist dies also eine Zeit, da viele Projektionen stattfinden. Es gibt Einzelgänger, die ohne viel Gefühl für die historischen Epochen der Erde reinkarniert werden. Andere hingegen ziehen es vor wiederzukommen, wenn ihre Zeitgenossen aus einer bestimmten geschichtlichen Epoche auch wiederkommen. Aus diesem Grunde sind mit den Reinkarnationszyklen Gruppenmuster verbunden, an denen viele, aber nicht alle beteiligt sind.

(Zu mir:) Du beispielsweise hast an einem solchen Zyklus nicht teilgenommen. Es gibt aber auch persönliche Zyklen, da Familien reinkarniert werden, und an verschiedenen solchen Zyklen bist du beteiligt gewesen.

Man kann die Reinkarnation in verschiedener Tiefe erfahren. Manche erleben sie »bis zur bitteren Neige«. Solche Persönlichkeiten sind auf die physische Existenz spezialisiert, und ihr Wissen um dieses System ist sehr umfassend. Für sie gibt es auch eine Bewegung durch sämtliche Rassen – etwas, das den meisten nicht abverlangt wird. In solchen Fällen ist die Beschäftigung mit den historischen Epochen sehr intensiv. Viele dieser Persönlichkeiten leben relativ kurz, aber intensiv und machen mehr Inkarnationen durch als die meisten Menschen. Sie kommen, mit andern Worten, in möglichst vielen geschichtlichen Epochen wieder und helfen die Welt, die ihr kennt, gestalten.

Ihr könnt Pause machen.

(21.08 Uhr. Vor einigen Jahren, nicht lange nach Beginn dieser Sitzungen, hatte Seth Jane und mir mitgeteilt, daß wir drei im 17. Jahrhundert in Dänemark gelebt hätten. Ich erwähnte Jane gegenüber jetzt

meine Neugier, ob es zwischen meiner Künstlerlaufbahn und meinem Leben in Dänemark einen Zusammenhang gebe. Auch meine Lebensdaten hätten mich interessiert.

Fortsetzung um 21.20 Uhr.)

Diktat. Auf die eine oder andere Weise wart ihr alle Wanderer, bevor euer erster Reinkarnationszyklus begann. Stark vereinfachend könnte man sagen, daß ihr nicht zwangsläufig denselben Background in das physische Realitätssystem mitbringt. Wie schon früher erwähnt, ist das Erdendasein eine Ausbildungszeit. Trotzdem wäre es mir lieb, wenn ihr eure herkömmlichen Vorstellungen von Fortschritt vergessen könntet.

Vorstellungen von gut, besser, am besten sind beispielsweise irreführend. Ihr lernt, soweit wie möglich zu sein. In einem gewissen Sinne lernt ihr, euch selbst zu erschaffen. Während ihr dies im Laufe des Reinkarnationszyklus bewältigt, stellt ihr eure Hauptfähigkeiten auf das physische Leben ein, entwickelt menschliche Qualitäten und Charaktereigenschaften und erschließt eine neue Tätigkeitsdimension. Das bedeutet nicht, daß das Gute nicht existierte oder daß ihr in eurem Sinne keine Fortschritte machtet, aber eure Vorstellungen von dem, was gut und was Fortschritt ist, sind äußerst verzerrt.

Nun haben viele Individuen außergewöhnliche Begabungen auf bestimmten Gebieten, und diese können sich wieder und wieder in aufeinanderfolgenden Existenzen manifestieren. Sie können modifiziert und in verschiedenartigen Kombinationen auftreten, und trotzdem insgesamt das hervorstechendste Merkmal der individuellen Einmaligkeit einer Persönlichkeit bleiben. Während die meisten Leute während ihres Reinkarnationszyklus verschiedene Gewerbe betreiben, verschiedene Berufe ausüben und Interessen verfolgen, lassen einige jedoch eine klare, durchgehende Linie erkennen. Sie kann zwar gelegentlich unterbrochen werden, ist aber immer vorhanden. So kann man, zum Beispiel, fast ausschließlich Priester oder Lehrer sein.

Ich werde in diesem Buch noch mehr Material unterbreiten, das sich speziell mit Reinkarnation beschäftigt. Hier möchte ich nur darauf hinweisen, daß in dieser Entscheidungszeit zwischen den Inkarnationen sehr viel mehr auf dem Spiel steht als eine prospektive Wiedergeburt.

Gelegentlich kann bei einer Persönlichkeit eine Ausnahme von der Regel gemacht und sie kann von der Reinkarnation (*humorvoll*) vorübergehend beurlaubt werden. Sie macht dann sozusagen einen Abstecher in eine andere Realitätsschicht, bevor sie wiedergeboren wird.

Solche Fälle sind jedoch selten. Auch darüber wird um diese Zeit entschieden. Diejenigen, die dieses System verlassen möchten, deren Reinkarnationszyklen abgeschlossen sind, haben vergleichsweise sehr viel mehr Entscheidungen zu treffen.

Der Eintritt in die Wahrscheinlichkeitssphäre läßt sich mit dem Eintritt in den Reinkarnationszyklus vergleichen. Eine durchgängige Bewußtseinsorientierung und Existenz in einer völlig andersartigen Realität findet statt. Bei der Entscheidung werden latente Kräfte, die in der multidimensionalen Persönlichkeit sonst kaum wahrnehmbar sind, zum Einsatz gebracht.

Die psychologische Erfahrung, die ihr dort macht, weicht beträchtlich von der euch bisher bekannten ab, und doch gibt es Anflüge davon in eurer eigenen Psyche. Die Persönlichkeit muß dann lernen, Ereignisse auf eine völlig neue Weise zu ordnen, ohne Rückgriff auf eure Zeitstruktur.

Wie sonst in keiner andern Realität findet am Ende ein so vollkommenes Zusammenspiel intellektueller und intuitiver Anlagen statt, daß sich der Unterschied zwischen ihnen verwischt. Das Selbst, das über die Reinkarnationsexistenz entscheidet, ist das gleiche, das Erfahrungen im Wahrscheinlichkeitssystem bevorzugen kann. Die Persönlichkeitsstruktur *innerhalb* des Systems ist jedoch eine ganz andere. Die Persönlichkeitsstruktur, mit der ihr vertraut seid, ist nur eine von vielen Bewußtseinsformen, die euch zu Gebote stehen.

Das Wahrscheinlichkeitssystem ist nicht weniger komplex als das Reinkarnationssystem. Nun sagte ich schon, daß alle Handlungen gleichzeitig sind; ihr existiert daher eigentlich in beiden Systemen gleichzeitig. Um jedoch erklären zu können, daß Entscheidungen damit verbunden sind, und um die Vorgänge voneinander zu sondern, muß ich den Sachverhalt bis zu einem gewissen Grad vereinfachen. Drücken wir es folgendermaßen aus: ein Teil des Gesamtselbst stellt sich auf Reinkarnationszyklen ein und lenkt diese Entwicklungen. Ein anderer Teil stellt sich auf Wahrscheinlichkeiten ein und lenkt jene Entwicklungen.

(Es gibt natürlich auch ein Wahrscheinlichkeitssystem ohne Reinkarnationszyklus und einen Reinkarnationszyklus ohne Wahrscheinlichkeiten.) Offenheit und Flexibilität ist von größter Wichtigkeit. Es können Türen in andere Existenzen aufgehen, und das Individuum kann seine Augen davor verschließen.

Andererseits ist jede wahrscheinliche Existenz eine offene, und das Bewußtsein kann Türen schaffen, wo zuvor keine waren. Es gibt zur

Zeit der Wahl und Entscheidung Seelenführer und Lehrer, die auf Alternativen hinweisen und die Natur der Existenz erklären. Die Persönlichkeiten befinden sich aber nicht alle auf der gleichen Entwicklungsstufe. Daher gibt es »höhere« Lehrer und Lehrer für die »Grundstufe«.

Es ist dies aber nicht eine Zeit der Verwirrung, sondern eine Zeit großer Erleuchtung und unglaublichen Ansporns. Später werde ich noch Material unterbreiten, das auf die Gottesvorstellung eingeht und euch Dinge verständlich macht, die in diesem Kapitel ungesagt bleiben.

Denjenigen, die die Ereignisse ihres gerade vergangenen Lebens umkombinieren und neu mischen wollen, auf der Suche nach anderen Wegen, muß Unterricht erteilt werden. In vielen dieser Fälle kommen zu dem obenerwähnten Perfektionismus ein schweres Problem und eine gewisse Starrheit hinzu.

Die Erdenjahre können wiedererlebt werden, aber nicht unbedingt in kontinuierlicher Form. Das Individuum kann über die Ereignisse beliebig verfügen. Es kann sie abändern und sie zum Vergleich wieder in der Form ablaufen lassen, wie sie sich zugetragen haben – wie ein Schauspieler einen alten Film, in dem er auftritt, noch einmal ansehen mag, um daraus zu lernen. Nur, daß in diesem Fall der Schauspieler die Auffassung seiner Rolle oder das Ende des Drehbuchs abändern kann.

Die anderen Schauspieler sind allerdings Gedankenformen, falls sich nicht ein paar Zeitgenossen zu diesem Zweck zusammengetan haben.

Jetzt könnt ihr Pause machen.

(22.00 bis 22.12 Uhr.)

Unter solchen Umständen manipuliert die Persönlichkeit die Ereignisse natürlich bewußt und untersucht die verschiedenen Auswirkungen. Das erfordert intensivste Konzentration.

Man klärt sie über die Natur der Mitwirkenden auf. Sie erkennt, daß dies Gedankenformen, und zwar ihre eigenen sind; doch als Gedankenformen besitzen sie wiederum eine gewisse Realität und Bewußtheit. Es sind keine Pappfiguren, die man beliebig herumschieben kann. Man muß also Rücksicht auf sie nehmen und trägt ihnen gegenüber eine gewisse Verantwortung.

Sie werden an Bewußtsein zunehmen und auf verschiedenen Ebenen ihre eigene Entwicklung durchmachen. Auf eine Weise sind wir alle Gedankenformen. Anhand des Materials, das sich mit der Gottesvorstellung beschäftigt, werde ich das noch näher erklären. Ich möchte jedoch betonen, daß hiermit nicht gesagt sein soll, daß uns eigene Initiative, Individualität und Zielsetzung abginge – und möchte gleichfalls daran erinnern, daß ihr von innen nach außen lebt. So wird diese Feststellung vielleicht mehr Bedeutung für euch gewinnen.

Nun werden in der Entscheidungszeit alle diese Dinge erwogen, und die entsprechenden Vorbereitungen werden getroffen. Die Planung selber ist jedoch ein Teil der Erfahrung und Entwicklung. Die Zwischenexistenz ist demnach ganz genau so wichtig wie die gewählte Zeitepoche. Ihr lernt, mit andern Worten, eure Leben zu planen. Während dieser Ruheperioden schließt ihr auch Freundschaften und macht Bekanntschaften, denen ihr immer wieder – und vielleicht ausschließlich in den Zwischenexistenzen – begegnet.

Mit ihnen könnt ihr eure Erlebnisse während der Reinkarnationszyklen besprechen. Sie sind wie alte Freunde. Die Lehrer selber befinden sich auch in einem Zyklus. Die Fortgeschritteneren unter ihnen sind bereits den Systemen der Reinkarnation und Wahrscheinlichkeit begegnet und treffen Entscheidungen über die »künftige« Natur ihrer eigenen Erfahrung. Ihre Wahl ist jedoch nicht eure Wahl. Obgleich ich in späteren Kapiteln vielleicht noch auf einige der ihnen offenstehenden existentiellen Bereiche eingehen werde, soll uns dies hier nicht weiter beschäftigen.

Jetzt gedulde dich einen Augenblick. Diktatende.

(Pause um 22.27 Uhr.)

(Ich gähnte. Seth belustigt:) Bist du wach und munter, Rob?

(»Ja.«)

Dann gedulde dich einen Augenblick ... Wir haben zwei getrennte Zeitperioden für dich. Eine davon sehr kurze, 1611 bis 1635. Das ist Dänemark. Dann 1638 bis 1674. Für eine von diesen gilt die Information, die ich (vor einigen Jahren) gegeben habe. Ich war ein Gewürzhändler und weitgereist. Ich handelte auch mit Künstlerfarben oder so etwas Ähnlichem. Nun laß mir Zeit. *(Pause.)*

Da war eine Gruppe von drei Männern, Malern. Wir müssen nehmen, was kommt. Meine Aussprache ist mangelhaft. Wir suchen einen Namen, der wie M. A. dann Daimeer *(meine phonetische Interpretation)* lautet. Ich bin nicht sicher, ob das M a daimer heißen muß. *(Gestikulierend:)* Es gibt da irgendeine Verbindung mit Musik und einer Peer-Gynt-Suite. Kannst du mir folgen?

(»Ja.«)

Holz und Holzkohle. Kohlenfeuer. Du arbeitest jetzt, glaube ich, auf dem Boden einer Hütte, mit der Endphase der Holzkohlenherstellung beschäftigt. *(Lange Pause.)*

Eine Verbindung zu Van Elver, obgleich ich nicht weiß, wieweit sie ging.

(Ich habe ein Porträt von Van Elver gemalt, dem Maler aus dem 14. Jahrhundert, Däne oder Norweger, von dem Seth Informationen über Maltechniken erhält.)

Der Name Wedoor *(phonetisch)* und eine deutsche Firma, die damals mit Künstlerzubehör handelte und außerdem einen Namen für Tuch- und Kleiderfärberei hatte.

Die Zusammenstellung des Materials ist schwierig. Nicht der Empfang.

Van Elver der Jüngere. [Die Städte] räumten ihre Häuser für ländliche Kunst, doch weit mehr Maler fertigten Porträts für reiche Bauern und Gemälde von ihrem Land und seinen Einrichtungen an. Diese bekamen natürlich im Haus einen Ehrenplatz.

Selbst die ärmeren Bauern und Grundbesitzer bestellten Porträts bei vielleicht weniger begabten Künstlern, und viele Unbekannte ließen sich ihre Porträts in Form von Tisch und Bett bezahlen und malten desto langsamer.

(Jane als Seth beugte sich lächelnd vor.) Nun, du warst in dieser Epoche ein solcher drittrangiger Maler. Deshalb auch nicht dein Leben lang. Du hast es über Tisch und Bett hinausgebracht und hast Land gekauft, wo du dich niederzulassen wünschtest.

Zwei deiner Freunde wanderten und malten weiter, und ab und zu kamen sie dich besuchen, und du hast sie ein wenig beneidet. Einer von ihnen wurde sogar zu Lebzeiten ziemlich bekannt. Sein Name war Van Dyck, aber nicht der berühmte. Du hast dein Land geliebt, aber auch verwünscht, wenn du daran dachtest, daß du vielleicht ein bekannter Maler geworden wärst, wenn du es nicht erworben hättest.

Du hattest geglaubt, du würdest dich auf deinem netten Bauernhof niederlassen und malen. Statt dessen wurdest du Bauer und obendrein noch ein geiler. Es gibt hier eine Verbindung zu den ambivalenten Gefühlen, die du heute Geld und Besitz gegenüber hast.

Der Familienname lautete ungefähr: Raminkin oder Ra-man-ken *(beides meine phonetische Interpretation).* Die Buchstaben, H, E, I, M. Diese bilden entweder den Vornamen oder waren an den eben erwähnten Namen angehängt. *(Emphatisch:)* Du hast mich damals auch porträtiert.

(»Das ist interessant.« Als Seth wies Jane auf mein Seth-Porträt; es hing an der Wand hinter mir, so daß sie es in ihrem Schaukelstuhl vor sich hatte.)

Diesmal hast du bessere Arbeit geleistet.

(»Das ist gut.«)

Einen Augenblick. Das war meine letzte volle Reinkarnation. Ich hatte sie aus Liebe zur See unternommen und auch deshalb, weil sie mir Gelegenheit gab, Ideen von einem Land zum andern zu tragen. Die Männer, in deren Gesellschaft ich reiste, nahmen an der Aussaat der Ideen ebenfalls teil. Wir verbreiteten sie über die ganze Welt, soweit diese damals bekannt war.

Frank Withers war eine Teilpersönlichkeit von mir. Er wird weiter reinkarniert werden und seiner eigenen Wege gehen. Viele von uns hinterlassen solche Teilpersönlichkeiten, wie ihr Kinder hinterlaßt. Verstehst du?

(»Ja.« Frank Withers war der erste Name, den wir erhielten, als wir Ende 1963 die Sitzungen begannen.)

Und jetzt wünsche ich euch einen schönen guten Abend.

(»Einen guten Abend, Seth. Vielen Dank.«)

Und du mußt mich einmal in Kohle zeichnen.

(»O. k.«)

Es könnte sogar sein, daß ich erscheine, um dir zu sitzen. Aber nur kurz.

(»Gut.« 22.57 Uhr.)

Sitzung 546, Mittwoch, den 19. August 1970

(Seth hatte fünf Wochen mit dem Diktat seines Buches ausgesetzt. Davon gingen zwei Wochen auf Konto unseres Urlaubs. Die vier regulären Sitzungen, die stattfanden, waren vorwiegend Fragen gewidmet, die sich aus der Veröffentlichung von Janes Buch, »The Seth Material« am 4. September ergaben.

Nachdem wir jetzt etwas zur Ruhe gekommen waren, vertrauten wir darauf, daß Seth die Arbeit an Kapitel elf seines Buches ohne Schwierigkeit wieder aufnehmen würde. Und so kam es auch. 21.20 Uhr.)

Guten Abend.

(»Guten Abend, Seth.«)

Wir nehmen das Diktat wieder auf.

Die Entscheidungszeit ist von den Bedingungen und Umständen abhängig, in denen sich das Individuum nach dem Übergang aus dem physischen Leben befindet. Einige brauchen länger als andere, um die wahre Situation zu erfassen.

Andere müssen, wie ich bereits erklärt habe, von mancherlei hinderlichen Vorstellungen und Symbolen befreit werden. Die Entscheidung kann nach euren Begriffen fast unverzüglich fallen, sie kann aber auch längere Zeit hinausgeschoben werden, während die Aufklärung fortschreitet. Das Haupthindernis, das der Entscheidung im Wege steht, sind natürlich die irrigen Ansichten des jeweiligen Individuums.

Ein Glaube an Himmel oder Hölle kann unter gewissen Umständen gleichermaßen nachteilig sein. Einige werden sich weigern, den Gedanken an weitere Arbeit, Entwicklung und Prüfung zu akzeptieren und werden statt dessen an konventionellen Himmelsphantasien als der einzigen Möglichkeit festhalten. Für eine Weile könnten sie, in der Tat, eine solche Umwelt bewohnen, bis sie durch eigene Erfahrungen lernen, daß Existenz Entwicklung verlangt und daß solch ein Himmel steril und langweilig ist.

Dann sind sie reif für die Entscheidung. Andere könnten darauf bestehen, daß sie wegen ihrer Vergehen in die Hölle gehören, und durch die Intensität ihres Glaubens könnten sie tatsächlich eine Weile lang solchen Verhältnissen ausgesetzt sein. In jedem Fall stehen ihnen jedoch Lehrer zur Seite, die bemüht sind, die falschen Glaubensvorstellungen zu durchbrechen.

Unter Hades-Verhältnissen kommen die Individuen etwas schneller zur Besinnung. Ihre eigenen Ängste rufen in ihrem Innern den entsprechenden Erlösungsgedanken hervor. Die Not öffnet, mit andern Worten, die Pforten des Wissens um einiges schneller. Dieser Zustand dauert daher meist nicht so lange wie der Himmelszustand.

Beide Zustände zögern jedoch die Entscheidungszeit und damit die nächste Inkarnation hinaus. Etwas möchte ich hier jedoch hervorheben: in jedem Fall schafft das Individuum seine Erfahrung selbst. Ich sage dies hier noch einmal, auf die Gefahr hin, mich zu wiederholen, denn dies ist ein fundamentales Gesetz, dem alles Bewußtsein und alle Existenz unterstehen. Es sind der Zeit nach dem physischen Tod keine besonderen »Orte« oder Situationen oder Bedingungen vorbehalten, denen eine Persönlichkeit sich aussetzen muß.

Die Kategorie der Selbstmörder, zum Beispiel, erwartet keine besondere »Strafe«, noch ist ihre Lage schlechter als a priori. Sie werden als Individuen behandelt. Probleme, die in diesem Leben ungelöst blieben, werden jedoch in einem späteren Leben gelöst werden müssen. Das gilt aber nicht nur für Selbstmörder.

Ein Selbstmörder mag seinem Leben ein Ende bereiten, weil er die Existenz außer unter ganz bestimmten, von ihm selbst gemachten Bedingungen unannehmbar findet. Ist dies der Fall, dann muß er natürlich umlernen. Viele andere verweigern jedoch Lebenserfahrung mitten im physischen System und begehen ebenso wirkungsvoll Selbstmord, obwohl sie physisch am Leben bleiben.

Die Begleitumstände des Selbstmordes sind ebenfalls wichtig wie auch die innere Realität und Erkenntnis des Individuums im Augenblick der Tat. Ich erwähne das hier, weil viele Philosophien lehren, daß Selbstmörder ein besonders rächendes Schicksal auf sich ziehen, und das entspricht nicht den Tatsachen. Wenn sich jedoch ein Mensch umbringt in der Annahme, daß diese Handlung sein Bewußtsein für immer auslöschen wird, dann kann diese falsche Vorstellung seinem Fortschritt äußerst hinderlich sein, denn sie wird sich durch Schuldgefühle noch intensivieren.

Auch für solche Fälle sind Lehrer da, um die wahre Situation zu erklären. Verschiedene therapeutische Methoden kommen zur Anwendung. Die Persönlichkeit kann beispielsweise zu den Ereignissen, die der Entscheidung vorausgingen, zurückgeführt werden. Man kann eine Amnesie bewirken, so daß der Selbstmord als solcher vergessen wird. Das Individuum wird dann erst später von seiner Tat in Kenntnis gesetzt, wenn es besser imstande ist, sie zu verarbeiten und zu verstehen.

Offensichtlich verzögern solche Umstände die Entscheidungszeit ebenfalls. Es versteht sich von selbst, daß eine Besessenheit von irdischen Belangen sich ähnlich auswirkt. In diesem Fall wird die Persönlichkeit häufig darauf beharren, Wahrnehmungsvermögen und Energien weiterhin auf die physische Existenz zu richten. Das ist eine psychische Weigerung, den Tod anzunehmen. Das Individuum weiß dann recht gut, daß es euren Begriffen nach tot ist, weigert sich aber, die psychische Ablösung zu vollziehen.

Es kommt natürlich auch vor, daß das Individuum den Tod als Tatsache nicht erkennt. Dann ist es keine Frage einer Weigerung, den Tod anzunehmen, sondern einer unzureichenden Wahrnehmung. In solchem Fall wird das Individuum ebenso von irdischen Belangen besessen sein und wird vielleicht in verwirrtem Zustand durch Heim und Umwelt geistern. Die Entscheidungszeit wird dadurch zwangsläufig verzögert.

Die Übergangstechniken sind demnach höchst variabel, so wie die Techniken physischen Lebens auch höchst variabel sind. Viele der Hindernisse, die ich erwähnt habe, stehen dem Fortschritt übrigens nicht nur nach dem Tode, sondern auch während des Erdendaseins im

Wege. Dies sollte bedacht werden. Eine zu starke Identifizierung mit dem eigenen Geschlecht kann den Fortschritt gleichfalls aufhalten. Sieht ein Individuum seine Identität überwiegend im Lichte männlicher oder weiblicher Identität, dann kann es sich gegen die geschlechtlichen Wandlungen, die es im Laufe seiner Reinkarnationsleben durchmachen muß, sträuben. Diese Art geschlechtlicher Identifikation steht aber auch zu Lebzeiten der Persönlichkeitsentwicklung im Wege.

Ihr könnt Pause machen; wir fahren dann fort.

(21.53 bis 22.11 Uhr.)

Während im allgemeinen die erwähnten Umstände sich hinderlich auswirken, gibt es doch immer Ausnahmen. Ein Glaube an das Paradies, der kein zwanghafter ist, kann dem Individuum als Hintergrund oder Ausgangsbasis dienen, von wo aus es oft mit Leichtigkeit die neuen Erklärungen, die ihm angeboten werden, annehmen kann.

Selbst ein Glaube an das Jüngste Gericht gibt in vielen Fällen einen brauchbaren Hintergrund ab, denn obwohl in eurem Sinne keine Strafe verhängt wird, ist doch das Individuum hierdurch auf eine Art spiritueller Prüfung und Beurteilung vorbereitet.

Diejenigen, die gründlich begriffen haben, daß die Realität selbstgeschaffen ist, werden es am leichtesten haben. Die, die gelernt haben, mit den Techniken des Traumzustands umzugehen, werden entschieden im Vorteil sein. Ein Glaube an Dämonen wirkt sich, wie auch zu Lebzeiten, nach dem Tode sehr nachteilig aus. Eine systematisierte Theologie der Gegensätze ist ebenfalls abträglich. Wenn ihr, zum Beispiel, glaubt, daß alles Gute durch Böses aufgewogen werden muß, dann seid ihr an ein Realitätssystem gebunden, das äußerst einschränkend ist und den Keim für große Qualen enthält.

In einem solchen System wird sogar das Gute verdächtig, weil ihm ein entsprechendes Böses auf dem Fuße folgen muß. Gott versus Teufel, Engel versus Dämonen – die Kluft zwischen Tieren und Engeln – all diese Entstellungen sind Hindernisse. In eurem Realitätssystem schafft ihr jetzt große Kontraste und Gegensätze. Diese sind in eurer Realität als Grundvoraussetzungen wirksam.

Sie sind aber überaus oberflächlich und größtenteils das Ergebnis intellektuellen Mißbrauchs. Der Intellekt als solcher kann nicht begreifen, was die Intuition mit Sicherheit weiß. Um der physischen Existenz auf seine Weise Sinn abzugewinnen, hat der Intellekt diese Gegensätze aufgestellt. Der Intellekt spricht: »Wo Gutes ist, da muß auch Böses sein«, denn er möchte die Dinge gerne fein säuberlich verpackt haben.

Wo ein Höhepunkt ist, da muß auch ein Tiefpunkt sein. Die Dinge müssen sich das Gleichgewicht halten. Das innere Selbst weiß jedoch, daß in einem viel umfassenderen Sinn das Böse nichts als Unwissenheit ist und daß Höhe- und Tiefpunkte saubere Begriffe sind, die man auf einen Raum anwendet, der nichts von solchen Richtungen weiß.

Ein starker Glaube an solche Polaritäten ist jedoch äußerst nachteilig, denn er verhindert eine Erkenntnis der wirklichen Gegebenheiten – der Tatsache innerer Einheit und Ganzheit, wechselseitiger Verbindung und Zusammenarbeit. Ein Glaube, ein zwanghafter Glaube an solche Polaritäten ist vielleicht das Schädlichste, was es gibt, und zwar nicht allein für die Zeit nach dem Tode, sondern für jede Existenzform.

Es gibt einige Individuen, die in ihrem physischen Leben niemals Harmonie und Einheit erlebt haben, und damit auch nicht das Verschmelzen der Gegensätze. Solche Individuen müssen nach dem Übergang noch viele Stadien durchmachen. Gewöhnlich haben sie noch viele physische Leben »vor« sich.

So wie ihr eure physische Existenz individuell und kollektiv gestaltet, so schließt ihr euch nach der Entscheidungszeit andern an, die sich für dieselbe allgemeine Erfahrungsform entschieden haben. Ein stark kooperatives Unternehmen kommt dann in Gang, während die nötigen Vorbereitungen getroffen werden. Diese werden der gewählten Existenzform entsprechend verschieden sein. Es gibt also allgemeine Muster. Keine individuelle Realität ist mit der andern identisch, und doch gibt es umfassende Ordnungen.

Ihr könnt Pause machen.

(22.34 bis 22.44 Uhr.)

Ein Glaube an das Gute ohne einen Glauben an das Böse mag euch schlechthin als unrealistisch erscheinen. Ein solcher Glaube ist jedoch die beste Rückversicherung für euer physisches Leben und für die Zeit danach.

Es mag euren Intellekt beleidigen, die Erfahrung eurer physischen Sinne mag aufbegehren und dies eine Lüge nennen, und doch ist ein Glaube an das Gute ohne einen Glauben an das Böse in Wirklichkeit hochrealistisch, weil er zu Lebzeiten eure Gesundheit verbessert, euch psychologisch von neurotischen Problemen befreit und euch ein Gefühl der Leichtigkeit und Spontaneität schenkt, das die Entfaltung eurer Fähigkeiten begünstigt. Nach dem Tode bietet er Schutz gegen den Glauben an Dämonen, die Hölle und gewaltsame Strafe. Er bereitet euch auf die Einsicht in das wahre Wesen der Realität vor. Ich weiß, daß diese Auffassung euren Geist fast beleidigt und daß eure Sinne sie

Lügen zu strafen scheinen, doch ihr solltet allmählich erkannt haben, daß eure Sinne euch manches sagen, was nicht der Wahrheit entspricht; ich aber sage euch, daß eure physischen Sinne eine Realität wahrnehmen, die das Produkt eurer Überzeugungen ist.

Wenn ihr an das Böse glaubt, dann nehmt ihr es natürlich auch wahr. Eure Welt hat das Experiment noch nicht gewagt, das euch erlösen würde. Das Christentum war nur eine verzerrte Form dieser Grundwahrheit – d. h. das organisierte Christentum, das ihr kennt. Ich spreche hier nicht von den ursprünglichen Lehren. Die haben kaum eine Chance gehabt, und es wird noch später in diesem Buch von ihnen die Rede sein.

Das Experiment, das eure Welt verändern könnte, würde auf der Grundanschauung beruhen, daß ihr der Natur eurer Überzeugungen entsprechend eure eigene Realität schafft, daß alle Existenz eine gesegnete ist und daß es das Böse nicht gibt. Würden diese Vorstellungen sich individuell und kollektiv durchsetzen, dann würden die Erfahrungen eurer physischen Sinne dem nicht mehr widersprechen. Eure Sinne würden die Welt und Existenz als gut erleben.

Dies ist ein Experiment, das noch nicht versucht worden ist, und dies sind die Wahrheiten, die ihr nach eurem Tod erkennen müßt. Manche, die nach ihrem Tode diese Wahrheiten erkannt haben, kehren freiwillig in das physische Leben zurück, um sie andern verständlich zu machen. Das geschieht schon seit Menschengedenken. In dem Wahrscheinlichkeitssystem, das in der physischen Realität seinen Ursprung hat, ist das nicht anders.

Es gibt Wahrscheinlichkeitssysteme, die mit eurem System überhaupt nicht verbunden sind, die viel fortgeschrittener sind, als ihr euch gegenwärtig vorstellen könnt, und in diesen sind die Wahrheiten, von denen ich sprach, wohlbekannt. Hier erschaffen die Individuen auf schöpferische und bewußte Weise Realitäten. Sie wissen, was sie tun und lassen den schöpferischen Fähigkeiten ihres Bewußtseins freien Lauf.

Ich erwähne das hier nur, um anzudeuten, daß es viele andere, jenseitige Welten gibt, die nichts mit eurem System zu tun haben. Wenn ihr während der Zwischenzeit bis zur Grenze eures Fassungsvermögens gelernt habt, dann seid ihr reif für die nächste Stufe. Die Zwischenzeit selber enthält jedoch viele Tätigkeitsdimensionen und Teilerfahrungen. Ihr seht also, um es so einfach wie möglich zu sagen, daß dort nicht jeder jeden »kennt«.

An die Stelle von Ländern und physischen Grenzen treten dort psychologische Zustände. Einem Individuum, das sich in einem bestimmten Zustand befindet, kann ein anderes Individuum völlig fremd erscheinen. Bei vielen der Kommunikationen, die euch von in diesen Übergangsstadien befindlichen Individuen durch Medien zukommen, können die Botschaften höchst widersprüchlich lauten. Die Erfahrung der »Toten« ist nicht einheitlich. Die Bedingungen und Situationen sind unterschiedlich. Ein Individuum, das seine Realität beschreibt, kann nur über ihm Bekanntes berichten. Auch hier beleidigt solches Material häufig den Intellekt, der einfache, saubere Antworten verlangt und Schilderungen, die übereinstimmen.

Die meisten Individuen, die sich aus diesen Stadien heraus »lebenden« Verwandten mitteilen, haben die Entscheidungszeit noch nicht erreicht und ihre Fortbildung nicht vollendet.

Es kann sein, daß sie die Realität noch im Lichte ihrer alten Überzeugungen sehen. Fast alle Mitteilungen kommen von dieser Ebene, besonders wenn eine Gefühlsbeziehung in einem unmittelbar vorausgegangenen Leben vorhanden war. Selbst auf dieser Ebene dienen solche Botschaften jedoch einem Zweck. Die sich Mitteilenden können ihre lebenden Verwandten wissen lassen, daß das Leben weitergeht, und können es auf eine Weise tun, die von den Lebenden verstanden wird.

Sie können eine Beziehung herstellen zu den Lebenden, weil ihre Anschauungen oft noch die gleichen sind; im Glücksfall können sie ihr Wissen weitergeben, während sie dazulernen. Allmählich wandeln sich jedoch ihre Interessen. Sie knüpfen in ihrer neuen Existenz Beziehungen an.

In der Entscheidungszeit bereitet sich die Persönlichkeit schon auf ein neues Leben vor. Nach euren Zeitbegriffen *kann* diese Zwischenzeit Jahrhunderte dauern. Sie *kann* aber auch nur ein paar Jahre dauern. Doch auch hier gibt es Ausnahmen. Es kommt vor, daß die Persönlichkeit sehr rasch ein neues Leben eingeht, manchmal innerhalb Stunden. Das ist gewöhnlich ein Unglück und entsteht aus dem zwanghaften Wunsch, in das physische Leben zurückzukehren.

Solch eine schnelle Wiederkehr kann aber auch von einer Persönlichkeit unternommen werden, die von einem höheren Zweck beseelt ist, die einen alten physischen Körper für nichts erachtet und abstreift und fast unverzüglich in einen neuen geboren wird, um ein bereits begonnenes, wichtiges und notwendiges Projekt zu vollenden.

Jetzt werden wir die Sitzung beenden, sofern es keine Fragen gibt.

(»Ich glaube nicht.«)

Von Herzen einen guten Abend euch beiden.

(»Gute Nacht, Seth.«)

Du hättest gestern abend bei der ASW-Sitzung dabei sein sollen. Sie hätte dir gefallen –

(»Ich werde sie lesen.« Die Sitzung war wie gewöhnlich auf Tonband aufgenommen worden. In ein paar Tagen werden wir eine Transkription davon haben.)

– und du hättest keine Notizen zu machen brauchen. *(Pause.)* Ich bin heute abend sehr stark bei euch, und wenn du dir die entsprechenden Suggestionen erteilst, werde ich dir aus dem Körper helfen. Versuche, daran zu denken.

(»O.k. Ich projiziere mich gern.«)

Dann bis später.

(23.18 Uhr. Janes Trance war sehr tief gewesen, und sie hatte länger als gewöhnlich gebraucht, um herauszukommen. Im letzten Teil der Sitzung hatte ich deutlich die unmittelbare Gegenwart Seths gespürt.

Nach dem Schlafengehen versuchte ich mir die von Seth vorgeschlagenen Suggestionen zu geben, hatte aber am Morgen nichts zu berichten. Wenn ich mit den Suggestionen warte, bis ich zu Bett gehe, dann gibt es gewöhnlich Schwierigkeiten; ich schlafe zu schnell ein. Jane nähert sich dem Schlaf auf viel gemächlichere Weise.)

Sitzung 547, Montag, den 24. August 1970

(21.10 Uhr.) Guten Abend.

(»Guten Abend, Seth.«)

Wir nehmen das Diktat wieder auf. *(Jane als Seth richtete einen prüfenden Blick auf mich.)* Es sei denn, du hättest vorher irgendwelche Fragen . . .

(»Nein.«)

Es gibt noch einiges, das ich dem Gesagten hinzufügen möchte. Die Entscheidungszeit ist etwas komplizierter, wenn der letzte Reinkarnationszyklus nach euren Begriffen vollendet ist.

Erst einmal müßt ihr euch erneut klarmachen, daß ihr augenblicklich eure wahre Identität nicht erkennt. Ihr seid vielmehr mit eurem gegenwärtigen Ich identifiziert. Wenn ihr daher an ein Leben nach dem Tod denkt, dann meint ihr in Wirklichkeit das zukünftige Leben des euch bekannten Ich. Am Ende des Reinkarnationszyklus werdet ihr zutiefst begreifen, daß ihr, die fundamentale Identität, euer innerster Wesenskern, mehr ist als nur die Summe eurer Reinkarnationspersönlichkeiten.

Man könnte sagen, daß die Persönlichkeiten dann nur Teile eures jenseitigen Selbst sind. Sie stehen nicht im Wettbewerb miteinander. Sie waren niemals wirklich, sondern nur zum Schein getrennt, während ihr verschiedene Rollen spieltet, diverse Fertigkeiten ausbildetet und lerntet, auf neue und mannigfaltige Weisen schöpferisch zu sein. Diese Reinkarnationspersönlichkeiten fahren fort, sich zu entwickeln, aber in dem Bewußtsein, daß sie ihre Hauptidentität mit euch gemein haben.

Ist der Zyklus zu Ende, dann seid ihr also im Besitz einer totalen Kenntnis eurer vergangenen Leben. Wissen, Erfahrungen und Fähigkeiten stehen voll zu eurer Verfügung. Dies bedeutet lediglich, daß ihr eure multidimensionale Realität in ihrer praktischen Bedeutung erfaßt. Ich habe das Wort multidimensional häufig verwendet, und nun seht ihr, daß ich es wörtlich meine, denn eure Realität existiert nicht nur in Gestalt von Reinkarnationsleben, sondern auch im Rahmen der obenerwähnten Wahrscheinlichkeitsrealitäten.

Kommt die Entscheidungszeit heran, so fällt deshalb die angebotene Auswahl sehr viel reichhaltiger aus als für Persönlichkeiten, die sich noch weiter reinkarnieren müssen. Man hat immer Gelegenheit als Lehrer zu wirken, falls Neigung und Fähigkeit dazu vorhanden sind, doch multidimensionales Lehren ist grundsätzlich anders als das Lehren, das ihr jetzt kennt, und es setzt eine rigorose Ausbildung voraus.

Solch ein Lehrer muß in der Lage sein, verschiedene Teile einer Wesenheit nach euren Begriffen gleichzeitig zu unterrichten. Nehmen wir einmal an, eine Wesenheit habe Reinkarnationen im 14. Jahrhundert, im 3. vorchristlichen, im 3. nachchristlichen Jahrhundert und zur Zeit von Atlantis. Ein Lehrer würde dann gleichzeitig mit diesen verschiedenen Persönlichkeiten in Verbindung stehen und sich ihnen auf Weisen mitteilen, die sie verstehen. Solche Kommunikation erfordert ein umfassendes Wissen über die Grundvoraussetzungen solcher Zeitalter und ihres allgemeinen weltanschaulichen und wissenschaftlichen Klimas.

Die Wesenheit könnte sich durchaus auch noch in verschiedenen Wahrscheinlichkeitssystemen versuchen, und zu diesen Persönlichkeiten würde man gleichfalls Kontakt aufnehmen müssen. Das geforderte Ausmaß an Wissen und Schulung macht ein solches Lehr- und Kommunikationsamt höchst anspruchsvoll. Es ist aber eine Richtung, die eingeschlagen werden kann. Die Aneignung solchen Wissens trägt zwangsläufig zu der Entwicklung des Lehrers und seiner Fähigkeiten bei. Eine feinfühlige Manipulation von Energie ist für diese Arbeit erforderlich und ein ständiges Reisen durch verschiedene Dimensionen. Hat man sich einmal hierfür entschieden, dann beginnt man sofort mit der Ausbildung, die unter der ständigen Kontrolle eines praktischen Experten steht. Der Beruf, denn es ist ein echter Beruf, führt einen solchen Lehrer selbst in Realitätsbereiche, von deren Existenz er zuvor keine Kenntnis hatte.

Andere, die ihre Reinkarnationen hinter sich haben und ein anderes Naturell besitzen, können den langwierigen Werdegang antreten, der zum Beruf des Schöpfers führt. Auf ganz anderer Ebene entsprechen diese den genialen Schöpfern in eurer physischen Realität.

Statt mit Farben, Pigmenten, Worten, Noten experimentieren die Schöpfer mit Wirklichkeitsdimensionen und verbreiten ihr Wissen in möglichst vielen verschiedenen Gestalten – womit ich keine physischen meine. Was ihr Zeit nennen würdet, wird manipuliert, wie ein Künstler Farbe manipulieren würde. Was ihr Raum nennen würdet, wird auf verschiedenen Wegen zusammengetragen.

Kunst wird also geschaffen, indem man, zum Beispiel, die Zeit als Struktur verwendet. Zeit und Raum könnten nach euren Begriffen gemischt erscheinen. Die Schönheiten der verschiedenen Zeitalter, die natürlichen Schönheiten, die Gemälde und Bauwerke werden alle neugeschaffen als Übung für Anfänger. Zu den Hauptbeschäftigungen gehört es, Schönheit zu schaffen, die möglichst viele Realitätsdimensionen durchdringt.

Solch ein Werk würde in eurem System in Erscheinung treten, würde sich aber auch in den wahrscheinlichen Realitäten manifestieren, obschon vielleicht auf ganz andere Weise – eine multidimensionale Kunst so freier und elementarer Art, daß sie sich gleichzeitig in vielen Realitäten ausdrücken kann.

Ein solches Werk läßt sich nicht mir Worten beschreiben. Der Begriff hat keine verbale Entsprechung. Diese Schöpfer inspirieren aber auch andere auf solchen Realitätsebenen, die ihnen zugänglich sind. In eurem System beispielsweise ist Inspiration oftmals das Werk solcher Schöpfer.

Ihr könnt Pause machen, und wir fahren dann fort.

(21.44 bis 22.00 Uhr.)

Nun sind diese »Kunstformen« häufig symbolhafte Darstellungen vom Wesen der Realität. Sie werden auf verschiedene Weisen gedeutet, den Fähigkeiten derer gemäß, die sie wahrnehmen.

Nach euren Begriffen könnten sie lebende Dramen sein. Sie werden aber immer psychische Strukturen bleiben, die gesondert von jedem gegebenen Realitätssystem existieren, obgleich sie in vielen zumindest teilweise wahrnehmbar sind. Einige existieren in einer Sphäre, die ihr als Astralebene bezeichnen würdet, und dann nehmt ihr sie bei euren Besuchen im Schlafzustand wahr.

(Unser Kater Willy sprang plötzlich auf Janes Schoß. Instinktiv fuhr ich ihn ziemlich laut an, aus Angst, er würde Jane aus der Trance schrecken. Ihre Augen flackerten in Antwort auf meine Stimme. Sie sprach aber weiter. Willy sprang von ihrem Schoß.)

Andere werden als optische Eindrücke oder Wahrnehmungsfetzen im Halbschlaf oder in anderen dissoziierten Zuständen von eurem irdischen Geist registriert. Es gibt verschiedene Arten multidimensionaler Kunst und daher auch viele Ebenen, auf welchen die Schöpfer arbeiten. Die ganze Christuslegende war eine solche Schöpfung.

(Ich nieste.)

Es gibt auch solche, die sich aufs Heilen verlegen, und zu diesem Heilen gehört natürlich viel mehr als das Heilen, mit dem ihr vertraut seid. Diese Heiler müssen imstande sein, mit allen Erfahrungsebenen der Wesenheit zu arbeiten und auf direktem Weg allen jenen Persönlichkeiten zu helfen, die Teile von ihr sind. Dies verlangt wiederum eine Manipulation der Reinkarnationsmuster, und obendrein große Vielseitigkeit. Ein Heiler beginnt mit jenen Reinkarnationsselbst, die sich in den verschiedensten Schwierigkeiten befinden . . .

(Ich nieste dreimal.) Möchtest du unterbrechen?

(»Ich glaube nicht. Ich mußte aber einen Augenblick überlegen.«)

Das betreffende Heilen ist immer geistig und spirituell, und diese Heiler sind für jeden da, der Hilfe braucht, in dem euch vertrauten System, hier und jetzt, wie auch in andern Systemen.

In größerem Rahmen und mit gründlicherer Ausbildung sind fortgeschrittene Heiler mit den spirituellen Gebrechen einer riesigen Anzahl von Persönlichkeiten beschäftigt. Es gibt auch solche, die die Eigenschaften des Lehrers, Schöpfers und Heilers in sich vereinigen. Andere schlagen eine Entwicklungsrichtung ein, die ihrer persönlichen Eigenart besonders entspricht.

Ich schlage vor, ihr macht Pause.

(22.15 Uhr. Willy hatte wieder angefangen, Theater zu machen. Ich hatte ihn deshalb in einem andern Zimmer untergebracht und die Tür hinter ihm zugemacht. Jane sagte, sie sei durch ihn und mein Niesen gestört worden. Sie erinnerte sich vage daran, daß ich Willy angefahren hatte. Meine Energien, sagte sie, seien heute abend sehr zerstreut; sie habe das empfunden. Es stimmte allerdings, daß ich nicht in der besten Verfassung war. Ich fuhr fort zu niesen, nachdem die Sitzung um 22.25 Uhr fortgesetzt wurde.)

Ich will in diesem Kapitel jedoch nicht den tieferen Sinn der fortdauernden Existenz oder Entwicklung des Bewußtseins erörtern. Ich möchte nur klarstellen, daß immense Fortschrittsmöglichkeiten gegeben sind, und die Tatsache betonen, daß die Persönlichkeit völlige Freiheit genießt.

Die Entwicklungen des Bewußtseins, die stattfinden, sind natürliche Attribute, natürliche Stadien. Es wird keinerlei Zwang angewendet. Alle Fortentwicklung ist in der Persönlichkeit, die ihr kennt, angelegt, so wie der Erwachsene im Kind angelegt ist.

Nun mögen diese Schilderungen von Vorgängen nach dem Tode sehr kompliziert klingen, besonders wenn ihr an die simple Legende vom Himmel und seiner ewigen Ruhe gewöhnt seid. Unglücklicherweise lassen sich viele der Grundtatsachen, die ich euch begreiflich machen wollte, mit Worten nicht beschreiben. Ihr habt es aber in euch, eure Intuition freizusetzen und inneres Wissen zu empfangen.

Beim Lesen dieses Buches sollen die Worte die intuitiven Fähigkeiten in euch erwecken. Während der Lektüre werden euch eure eigenen Träume zusätzliche Informationen geben, die euch beim Erwachen zugänglich sein werden, wenn ihr darauf achtet. Es gibt für das euch bekannte Leben kein einfaches Ende, so wie im Märchen vom Himmel. Ihr habt die Freiheit, eure eigene Realität zu verstehen, eure Fähigkeiten fortzuentwickeln und eure eigene Existenz tiefer als ein Teil von All-dem-was-ist zu empfinden.

Das ist das Ende des Kapitels und das Ende unserer Sitzung, sofern es keine Fragen gibt.

(»Nein, ich glaube nicht.« Ich war zu müde und zu unwohl.)

Meine herzlichsten Grüße euch beiden und einen schönen guten Abend.

(»Guten Abend, Seth.«)

Eine kleine Anmerkung noch. Ein Teil von dir war vorhin ins Krankenhaus projiziert, wo dein Vater ist. Ruburt hat die Abwesenheit dieses Teils von dir empfunden. Du hast einfach bei ihm hineinschauen wollen. Halb unbewußt fragtest du dich, ob er jetzt wohl wisse, daß er früher einmal Heuschnupfen gehabt hat, und es war dies, was die unbewußte Projektion auslöste.

Dein unbewußtes Selbst hat einen starken Anteil an unseren Sitzungen, und aus diesem Grunde spürte Ruburt dessen Abwesenheit auch. Und nun, guten Abend.

(»Guten Abend, Seth. Vielen Dank.«)

(22.39 Uhr. Aus naheliegenden Gründen endete die Sitzung relativ früh. Seths meine unbewußte Projektion betreffende Mitteilung war hochinteressant. Es gibt eine starke Verbindung zwischen meinem Vater, mir selbst und dem Heuschnupfen.

Obgleich ich heute wenig Schwierigkeiten damit habe, hat er mir doch in früheren Jahren schwer zu schaffen gemacht. Meinen ersten Anfall hatte ich mit drei Jahren. Etwa gleichzeitig wurde mein Vater seinen Heuschnupfen für immer los. Seth hatte mir vor einiger Zeit gesagt, mein Vater hätte mir seinen Heuschnupfen vermacht, und ich hätte aus bestimmten Gründen das »Geschenk« angenommen.)

12
Reinkarnationsbeziehungen

Sitzung 550, Montag, den 28. September 1970

(Vom 7. bis zum 19. September befanden Jane und ich uns auf einer Radio- und Fernsehtournee durch sieben Städte, um für Janes Buch »The Seth Material« zu werben. Es war eine anregende und lehrreiche Erfahrung.

Zwei Sitzungen waren seit unserer Heimkehr abgehalten worden – um Fragen zu beantworten und Dinge zu besprechen, die uns aus dieser Tournee erwachsen waren. Nach Erledigung dieser Arbeit war Jane begierig, daß Seth die Arbeit an seinem Buch fortsetzen sollte.

Carl und Sue Watkins wohnten dieser Sitzung bei. Beginn 21.35 Uhr.)

Guten Abend.

(»Guten Abend, Seth.«)

Und einen guten Abend meinen reisenden Freunden hier. Wir beginnen ein neues Kapitel, das »Reinkarnationsbeziehungen« heißen soll.

Nun: Im Laufe eurer Reinkarnationsleben erweitert ihr euer Bewußtsein, eure Ideen, eure Wahrnehmungen, die Skala eurer Werte. Ihr befreit euch von selbstauferlegten Einschränkungen und wachst spirituell, indem ihr lernt, von einengenden Vorstellungen und Dogmen abzurücken.

Die Geschwindigkeit, mit der ihr lernt, hängt jedoch allein von euch selber ab. Eine begrenzte, dogmatische oder starre Interpretation von Gut und Böse kann euch aufhalten. Eine zu enge Auffassung vom Wesen der Existenz kann euch durch mehrere Leben verfolgen, wenn ihr euch nicht für eine spirituell und psychisch flexiblere Haltung entscheidet.

Solche starren Ideen können tatsächlich dermaßen zur Fessel werden, daß ihr gezwungen seid, wie ein angebundener junger Hund in einem sehr engen Kreis herumzulaufen. In solchem Falle werdet ihr euch vielleicht durch eine Reihe von Existenzen mit der Idee von Gut und Böse herumschlagen müssen, euch im Teufelskreis der Verwirrung, des Zweifels und der Angst drehend.

Eure Freunde und Bekannten werden mit den gleichen Problemen beschäftigt sein, denn ihr werdet Menschen mit den gleichen Anliegen um euch versammeln. Ich sage euch deshalb noch einmal, daß viele eurer Vorstellungen von Gut und Böse in hohem Maße schief sind und daß sie euren Blick für das Wesen der Realität trüben.

Wenn ihr in eurem Geiste eine Schuld erzeugt, dann ist das eine Realität für euch, und ihr müßt euch damit auseinandersetzen. Aber viele von euch bringen Schuldgefühle hervor, für die es keine hinreichende Ursache gibt, und belasten sich grundlos damit. In eurer Aktivitätsdimension scheint es ein wüstes Sammelsurium von Übeln zu geben. Laßt euch aber gesagt sein, daß der, der ein Übel haßt, ein neues schafft.

Nun ist es von eurem Bezugspunkt aus oftmals schwierig zu sehen, daß alle Ereignisse sich gestaltend auswirken und daß ihr euch auf die spontane Kreativität eurer Natur verlassen könnt. In eurem System ist es ein moralisches Vergehen, jemanden zu töten. Doch einen andern dann zur Strafe zu töten, vergrößert nur den ursprünglichen Irrtum. Jemand sehr Bekannter, der eine Glaubenslehre – oder wenn man so will eine Zivilisation – begründet hat, hat einmal geäußert, man solle die andere Wange hinreichen, wenn man angegriffen würde. Der eigentliche Sinn dieser Bemerkung muß jedoch richtig verstanden werden. Ihr sollt deshalb die andere Wange hinreichen, weil ihr erkennt, daß der Angreifer sich im Grunde nur selber angreift.

Dann seid ihr frei, und eure Reaktion ist gut. Reicht ihr die andere Wange jedoch ohne diese Einsicht hin und ärgert euch dabei, oder reicht ihr sie aus einem Gefühl pseudomoralischer Überlegenheit hin, dann ist eure Reaktion alles andere als adäquat. Nun läßt sich das alles auf eure persönlichen Beziehungen in euren Reinkarnationsexistenzen anwenden und ist natürlich auch höchst relevant für euer tägliches Leben. Wenn ihr jemanden haßt, dann kann euch dieser Haß durch ebenso viele Leben an diesen Menschen binden, als ihr euch vor Haß verzehrt. In diesem und in jedem anderen Leben zieht ihr solche Eigenschaften an, auf die ihr eure Aufmerksamkeit richtet. Beschäftigt ihr euch intensiv mit den Ungerechtigkeiten, die euch angetan wurden, dann zieht ihr neue Erfahrungen gleicher Art an, und wenn das so weitergeht, dann wird auch eure nächste Existenz das reflektieren. Obgleich es natürlich stimmt, daß zwischen den Leben »Zeit« vorhanden ist für Einsicht und Kontemplation.

Diejenigen, die in diesem Leben von solchen Gelegenheiten keinen Gebrauch machen, tun es oftmals auch hinterher nicht. Das Bewußtsein will sich erweitern. Es will schöpferisch sein. Es krempelt sich geradezu um zu diesem Zweck. Außer euch selbst gibt es nichts, was euch zwingen könnte, diese Tatsachen zu begreifen und sich ihnen zu stellen.

Es ist zwecklos zu sagen: »Wenn dieses Leben vorbei ist, dann werde ich auf meine Erfahrungen zurückblicken und mich bessern.« Das wäre gerade so, als würde ein junger Mann sagen: »Wenn ich alt und pensioniert bin, dann werde ich alle die Fähigkeiten nutzen, die ich jetzt unentwickelt lasse.« Ihr stellt die Weichen für euer »nächstes« Leben schon jetzt. Die Gedanken, die ihr heute denkt, werden auf die eine oder andere Weise eurer nächsten Existenz als Grundlage dienen. Es gibt keine magischen Worte, die euch weise machen, die euch mit Verständnis und Barmherzigkeit erfüllen, die euer Bewußtsein erweitern können.

In euren Gedanken und eurer täglichen Lebenserfahrung ist die Antwort enthalten. Jeder Erfolg in diesem Leben, jede Fähigkeit, die ihr besitzt, ist in einem vergangenen Leben erarbeitet worden. Sie steht euch rechtmäßig zu. Ihr habt an ihrer Entwicklung gearbeitet. Schaut ihr euch unter euren Verwandten, Freunden, Bekannten und Geschäftspartnern um, so könnt ihr ebenfalls sehen, was für ein Mensch ihr seid, denn ihr fühlt euch von ihnen angezogen und sie sich von euch durch ganz fundamentale Wesensähnlichkeiten.

Kontrolliert ihr eure Gedanken fünf Minuten lang zu verschiedenen Tageszeiten mehrere Male im Monat, dann erhaltet ihr ein akkurates Bild von der Art von Leben, das ihr euch soweit für die nächste Existenz aufgebaut habt. Mißfällt euch das Ergebnis, dann ist es Zeit, eine Veränderung eurer Gedanken und Gefühle vorzunehmen.

Daß dies möglich ist, werdet ihr in diesem Buch noch sehen. Es gibt keine Regel, die vorschriebe, daß ihr in jedem Leben denen wiederbegegnen müßt, die ihr gekannt habt; und doch ist dies aufgrund natürlicher Anziehung häufig der Fall.

Ihr könnt Pause machen.

(»Dankeschön«, sagte ich in neckendem Ton.)

(Humorvoll:) Ich beschäftige dich nicht pausenlos, weil du so ein guter Freund bist.

(»Tausend Dank.«)

(22.04 Uhr. Während der Pause unterhielten wir vier uns über eine gemeinsame Unternehmung vom letzten Samstag abend: nach dem Tanzen hatten wir den Abend mit einem heißen Wurst-Sandwich in »Toby's Bar« beschlossen. Fortsetzung um 23.15 Uhr.)

Nun: ich kann zwar nicht mit einem Wurst-Sandwich konkurrieren – aber ihr habt ja jetzt doch keines. Setzen wir das Diktat also fort.

Ihr könnt in eure jetzige Familie aus verschiedenen Gründen geboren sein. Nach eurem Tode könnt ihr eine weit stärkere Gefühlsbeziehung zu einer Persönlichkeit aus einem früheren Leben entdecken. Seid ihr, zum Beispiel, verheiratet, ohne einen echten Rapport mit eurem Partner zu haben, so kann an seiner Stelle eine frühere Ehefrau oder ein früherer Ehemann euch in der jenseitigen Realität erwarten.

Oftmals schließen sich Mitglieder verschiedener Gruppen – militärischer Organisationen, religiöser Gemeinschaften, Jagdgesellschaften – in einem anderen Leben zu Familienverbänden zusammen, um sich mit alten Problemen auf neue Weisen auseinanderzusetzen. Die Familie muß als »Gestalt« psychischer Aktivität betrachtet werden; sie besitzt eine subjektive Identität, derer sich keines ihrer Mitglieder bewußt sein kann.

Familien verfolgen unbewußte Ziele. Solche Gruppen werden sozusagen im voraus, zwischen den physischen Existenzen, gebildet. Oftmals stellen sich vier oder fünf Individuen eine Aufgabe und verteilen die verschiedenen Rollen auf die diversen Familienmitglieder. In der physischen Existenz werden diese Rollen dann ausgearbeitet.

Das innere Selbst ist sich der verborgenen Mechanismen hinter solchen »Familien-Gestalten« immer bewußt. Diejenigen, die durch Gefühlsbeziehungen eng miteinander verbunden gewesen sind, ziehen es häufig vor, durch viele Leben hindurch in enger oder lockerer physischer Verbindung zu bleiben. Neue Beziehungen sind aber immer erwünscht, denn es kann verwachsene »Reinkarnationsfamilien« geben. Viele von diesen bilden physische Organisationen, die eigentlich Manifestationen von inneren Gruppen darstellen.

Ich sprach vorhin von starren Begriffen von Gut und Böse. Es gibt nur einen Weg, um dieses Problem zu umgehen. Nur wahres Mitgefühl und Liebe können euch Einsicht in die Natur des Guten gewähren, und nur sie sind imstande, euren irrigen Begriff vom Bösen aus der Welt zu schaffen.

Tatsache ist, daß, solange ihr an das Böse glaubt, dieses in eurem System eine Realität bleiben und euch auf Schritt und Tritt begegnen wird. Euer Glaube daran wird euch deshalb als höchst berechtigt erscheinen. Wenn ihr diese Vorstellung von Generation zu Generation und durch eure Reinkarnationen weiterschleppt, dann tragt ihr zur Realität des Bösen bei.

Laßt mich versuchen, etwas Licht in die Sache zu bringen. Zur Liebe gehört immer auch Freiheit. Wenn ein Mann behauptet, er liebe dich, und dich trotzdem deiner Freiheit beraubt, dann wirst du ihn mit Wahrscheinlichkeit hassen. Doch wegen seiner Worte wirst du dich zu diesem Gefühl nicht berechtigt fühlen. Solche Art von Gefühlsverwicklung kann schon an sich zu fortgesetzten Verstrickungen in verschiedenen Leben führen.

Wenn ihr das Böse haßt, dann hütet euch vor des Wortes Bedeutung. Haß engt ein. Er beschränkt eure Wahrnehmung. Er ist in der Tat eine dunkle Brille, die alle eure Erfahrungen überschattet. Ihr werdet mehr und mehr Dinge hassenswert finden und werdet die gehaßten Objekte in euren Erfahrungsbereich ziehen.

Wenn ihr beispielsweise einen Elternteil haßt, dann fällt es leicht, alle Eltern zu hassen, denn aus ihren Gesichtern wird euch die Projektion des ursprünglichen Missetäters entgegentreten. In nachfolgenden Leben könnt ihr dann wieder in Familien gezogen werden, die euch mit den gleichen Gefühlen belasten, denn die Gefühle sind das Problem, nicht das, was sie auslöst.

Haßt ihr die Krankheit, dann kann euch das ein weiteres Leben voll Krankheit eintragen, denn euer Haß zieht sie herbei. Fühlt ihr stattdessen . . .

(22.35 Uhr. Jane als Seth brach ab. Unser Kater Willy, der aus seinem Schläfchen erwacht war, sprang Jane auf den Schoß. Ich hob ihn auf, aber seine Krallen auf Janes Bein holten sie aus der Trance. Ich brachte Willy ins kleine Zimmer. Jane saß ruhig da und nahm das Diktat wieder auf.)

Wenn ihr eure Liebesfähigkeit, euer Gesundheits- und Lebensgefühl entwickelt, dann werdet ihr in diesem und in anderen Leben dieselben auf euch ziehen; und zwar wieder deshalb, weil ihr euch auf sie konzentriert. Eine Generation, die den Krieg haßt (*Jane sah Carl an*), wird keinen Frieden bringen. Eine Generation, die den Frieden liebt, wird Frieden bringen.

Mit Haßgefühlen für eine Sache oder ein Volk zu sterben, ist ein großer Nachteil. Ihr habt jetzt alle möglichen Gelegenheiten, eure persönlichen Erfahrungen vorteilhafter zu gestalten und eure Welt zu verändern. Im nächsten Leben werdet ihr mit den Einstellungen arbeiten, die ihr jetzt habt. Nährt ihr jetzt euren Haß, dann werdet ihr es mit großer Wahrscheinlichkeit auch weiterhin tun. Andererseits wird der Zuwachs an Wahrheit, Intuition, Liebe, Freude, Kreativität und Leistung, der sich jetzt ansatzhaft zeigt, später ebenso für euch arbeiten wie heute.

Dies ist nämlich die einzige wahre Realität, die ihr besitzt. Es ist eure einzige wirkliche Existenzgrundlage. Wie Ruburt einmal gesagt hat, ist es töricht, den Sturm zu hassen, die Faust dagegen zu ballen oder ihn mit Schimpfwörtern zu bedenken. Der Gedanke, daß Kinder oder Primitive so etwas tun, reizt euch zum Lachen. Es ist unsinnig, den Sturm zu personifizieren und ihn als Dämon zu behandeln und ihn nur von seiner destruktiven oder scheinbar destruktiven Seite zu sehen.

Formveränderung ist nicht destruktiv. Die explosive Energie des Sturmes ist etwas höchst Schöpferisches. Der Sturm ist ein Teil der Schöpferkraft. Ihr seht ihn von eurem Standpunkt aus, und doch wird das eine Individuum im Sturm den nimmerendenden schöpferischen Zyklus erleben, und ein anderes wiederum wird ihn als Teufelswerk personifizieren.

Euer ganzes Leben lang werdet ihr die Realität, die ihr vor Augen habt, auf eure eigene Weise interpretieren, und diese Weise wird auf euch selber und damit auch auf andere zurückwirken. Der Mensch, der wirklich haßt, stellt sofort für sich selber die Weichen: er tritt der Realität mit seinen eigenen einschränkenden Vorurteilen entgegen.

Ich habe das Problem des Hasses in diesem Reinkarnationskapitel deshalb hervorgehoben, weil seine Folgen so katastrophal sein können. Ein Mensch, der ständig haßt, glaubt sich im Recht. Er haßt niemals etwas, das er für gut hält. Er meint also in seinem Haß gerechtfertigt zu sein. Doch der Haß selber wird sich seiner bemächtigen und wird ihn so lange durch seine Leben verfolgen, bis er gelernt hat, daß nur der Haß als solcher zerstörerisch ist.

Jetzt könnt ihr Pause machen und euren Schwatz beginnen. Ich höre euch zu.

(»O. k.«)

Kannst du mir bei diesem Material folgen?

(»Gewiß. Warum fragst du?«)

(Humorvoll sich vorbeugend:) Du bist mein erster Leser.

(22.51 Uhr. Fortsetzung um 23.08 Uhr.)

Es liegt mir fern, euer erbauliches Gespräch unterbrechen zu wollen. Behaltet im Gedächtnis, worauf ihr euch konzentriert, und dabei lassen wir es bewenden. Jetzt nehmen wir das Diktat wieder auf.

Ich möchte betonen, daß nichts dabei gewonnen ist, wenn man den Haß haßt. Man geht dann nur in die gleiche Falle. Was not tut, ist ein Grundvertrauen in die Lebenskraft und ein Glaube daran, daß alle Erfahrungselemente einem höheren Zweck dienen, ob ihr nun den Prozeß, der das »Böse« in Kreativität umwandelt, wahrnehmen könnt oder nicht. Was ihr liebt, wird in diesem und in anderen Leben ebenso einen Teil eurer Erfahrung ausmachen.

Ihr solltet eurem Gedächtnis als am wesentlichsten einprägen, daß euch niemand eure jeweilige Lebenserfahrung aufnötigt. Sie gestaltet sich als getreues Abbild eurer Gefühle und Überzeugungen. Die große Macht und Energie, die in der Liebe und Schöpferkraft enthalten sind, gehen schon aus der bloßen Tatsache eurer Existenz hervor. Eine Wahrheit, die man gerne vergißt, ist, daß die Kombination von Bewußtsein und Existenz fortdauert und dabei jene Elemente absorbiert, die euch so destruktiv vorkommen.

Der Haß ist mächtig, wenn ihr daran glaubt, und dennoch könnt ihr das Leben hassen und trotzdem weiterleben. Jeder von euch hat Verabredungen getroffen, die er vergessen hat. Sie waren sozusagen besiegelt, bevor ihr in diese Existenz eintratet. In vielen Fällen standen die, die ihr euch jetzt zu Freunden macht, euch nahe, lange bevor ihr ihnen im jetzigen Leben begegnetet.

Das soll nicht etwa heißen, daß ihr jeden in eurem gegenwärtigen Bekanntenkreis von früher her kennt. Auch läuft die Sache keineswegs ab wie eine langweilige Platte, die immer wieder aufgelegt wird, denn jede Begegnung ist auf ihre eigene Weise wieder neu. Ich möchte hier an das erinnern, was ich über Familien gesagt habe, und es dahingehend erweitern, daß sich auch Städte und Dörfer aus ihren früher inkarnierten Einwohnern zusammensetzen können, die im Kontext neuer Erfahrungen und familiärer Hintergründe neue Experimente versuchen.

Manchmal gibt es auch solche Varianten, daß die Einwohner einer bestimmten Stadt, sagen wir Idaho, die wiedergeborenen Einwohner eines kleinen irischen Dorfes von 1632 sein können.

Diejenigen, die von der Alten Welt in die Neue reisen wollten, können in der Neuen Welt wiedergeboren werden. Ich erinnere auch daran, daß Fähigkeiten aus früheren Leben euch für den jetzigen Gebrauch zur Verfügung stehen. Ihr erntet, was ihr gesät habt. Diesbezügliche Informationen werden euch häufig im Schlaf zuteil, und es gibt eine Art »Gestalt-Traum«, einen Kerntraum, durch welchen die, die sich aus früheren Leben her kennen, einander Mitteilungen machen.

In solchen Träumen wird eine allgemeine kollektive Information erteilt, die von den Individuen beliebig genutzt werden kann. Es können, zum Beispiel, weitreichende Entwicklungspläne gemacht werden, während die Mitglieder einer Stadt über deren Schicksal entscheiden. Manche Individuen ziehen es grundsätzlich vor, als Teil einer Gruppe geboren zu werden – wiedergeboren zu werden in Gesellschaft ehemaliger Zeitgenossen, während andere, solche Gemeinschaftsunternehmen verachtend, in viel isolierteren Positionen wiederkehren.

Dies ist eine Frage psychologischen Geschmacks. Manche Individuen fühlen sich wohler, sicherer und kompetenter, wenn sie mit andern zusammenarbeiten. So wie Lieschen Müller, die ihren Kindergartengefährten bis in die höhere Schule folgt. Im Rahmen der Reinkarnation würde sie es immer vorziehen, mit ihren Gefährten wiederzukehren. Andere dagegen wandern lieber von Schule zu Schule und treten relativ allein, mit größerer Freiheit, mehr Anregungen, aber ohne den beruhigenden, sicheren Rahmen auf, den die andern bevorzugen.

In jedem Fall entscheidet das Individuum nicht nur über jedes seiner aufeinanderfolgenden Leben, über dessen Umwelt und historisches Datum, sondern auch über seinen Gesamtcharakter und die Ausführungsmethoden. Es gibt daher ebenso viele Reinkarnationsarten, wie es innere Selbst gibt, und jedes innere Selbst verwendet seine eigenen charakteristischen Methoden.

Ich werde die Sitzung jetzt beenden, nachdem das Kapitel begonnen ist. Ich habe das Gefühl, daß wir in jedem Fall ein paar Sondersitzungen abhalten werden. Ich wünsche meinen Freunden dort drüben von Herzen einen guten Abend; und wenn ihr zwei *(zu Carl und Sue)* das nächste Mal auf Reisen außerhalb des Körpers geht, dann bringt ihr hoffentlich eure Erinnerungen mit – und *(zu mir)* du auch.

(»O.k. Guten Abend, Seth, und vielen Dank.«)

(23.34 Uhr. Janes Trance war tief gewesen. Ihre Augen waren weit und dunkel. »Seth ist noch in der Nähe«, erklärte sie.

Eine lebhafte Diskussion entspann sich nun zwischen uns vieren. Sue warf die Frage der Überbevölkerung auf. Wie ist das möglich, wollte sie wissen: Wenn eine bestimmte Anzahl von Wesenheiten für die Erschaffung unserer physischen Welt verantwortlich ist, wo kommen dann die zusätzlichen Menschen her? Ich sagte ihr, daß nach Seth jede Persönlichkeit, die eine Wesenheit darstellt, sich physisch so oft manifestieren könne, als sie nur wolle. Seth unterbrach uns um 23.40 Uhr.)

Einen Augenblick mal. *(Pause.)* Erstens habt ihr euer Geschlecht als gesondert von dem Rest der Schöpfung und des Bewußtseins betrachtet.

Euer Interesse hat hauptsächlich eurem eigenen Überleben gegolten. Andere Gattungen habt ihr nur im Lichte ihrer Nützlichkeit für euch selber gesehen. Ihr habt euch keine wahre Vorstellung von der großen Heiligkeit der Hierarchie allen Bewußtseins gemacht, noch von dem Platz, den ihr darin einnehmt. Ihr habt den Zugang zu dieser großen Wahrheit verloren.

Auch in der gegenwärtigen Situation erhaltet ihr diese Vorstellung aufrecht – vom Überleben des menschlichen Geschlechts ohne Rücksicht auf die Folgen, die Idee von der Verwandlung der Umwelt im Dienste eurer eigensüchtigen Zwecke, und das hat euch zur Mißachtung spiritueller Wahrheiten geführt.

Deshalb seht ihr nun an der physischen Realität die Folgen. Die Individuen, die jetzt wiederkehren, tun dies aus verschiedenen Gründen. Einige von ihnen fühlen sich aufgrund dieser Einstellung vom physischen Leben erneut angezogen. Das sind diejenigen, die in der Vergangenheit, in eurem Sinne, ihre physische Existenz ohne Rücksicht auf die Rechte anderer Gattungen behauptet haben. Ihre eigenen Wünsche sind die treibende Kraft hinter ihrer Wiedergeburt.

Das menschliche Geschlecht muß den Wert des individuellen Menschen schätzen lernen. Seine Abhängigkeit von den andern Gattungen lernt es jetzt langsam kennen, und es beginnt zu begreifen, welche Rolle es im Gefüge der physischen Realität spielt.

Einige Individuen werden heute einzig zu dem Zweck wiedergeboren, euch die Augen zu öffnen. Sie forcieren die Problematik und forcieren die Krise, denn noch habt ihr Zeit, eure Gewohnheiten zu ändern. Ihr arbeitet gegenwärtig an zwei Problemen, und beide haben mit der Heiligkeit des Individuums und der Beziehung des Individuums zu andern Individuen und zu a l l e m physisch orientierten Bewußtsein zu tun.

Das Problem des Krieges wird euch früher oder später zu der Einsicht verhelfen, daß, wenn ihr einen anderen Menschen tötet, ihr euch am Ende selber tötet. Das Problem der Überbevölkerung wird euch lehren, daß die Umwelt, in der ihr lebt, wenn ihr von euch keine liebevolle Fürsorge zuteil wird, euch nicht mehr ernähren wird – ihr werdet ihrer dann unwürdig sein. Ihr werdet nämlich nicht den Planeten zerstören. Ihr werdet die Vögel oder die Blumen, das Korn oder die Tiere nicht zerstören. Ihr werdet euch ihrer als unwürdig erweisen und werdet selber von ihnen zerstört werden.

Im Rahmen eures Bezugssystems habt ihr euch das Problem selber geschaffen. Ihr werdet euren Platz in der Ordnung der Natur nicht finden, bis ihr tatsächlich in Gefahr seid, diese zu sprengen. Ihr werdet das Bewußtsein nicht zerstören. Ihr werdet nicht einmal das Bewußtsein eines Blattes zerstören, doch innerhalb eures Kontextes würden, falls das Problem nicht gelöst wird, diese Dinge aus eurem Erfahrungsbereich verschwinden.

Die Krise ist jedoch eine Art Therapie. Es ist eine Lernmethode, die ihr euch selber ausgedacht habt, weil ihr sie braucht. Und ihr braucht sie jetzt, bevor euer Geschlecht sich auf den Weg zu anderen physischen Realitäten macht. Ihr müßt eure Lektion in eurem eigenen Hinterhof lernen, bevor ihr in andere Welten aufbrecht. So habt ihr euch das zu dem Zwecke selber auferlegt, und ihr werdet schon daraus lernen. *(Sitzungsende um 23.55 Uhr.)*

Sitzung 551, Mittwoch, den 30. September 1970

(21.17 Uhr.) Nun, guten Abend.

(»Guten Abend, Seth.«)

Wir nehmen das Diktat wieder auf.

In jedem Leben solltet ihr eure äußere Umwelt daraufhin prüfen, was sie euch über euren inneren Zustand verrät. Das Äußere ist ein Reflex des Inneren.

Ihr solltet eigentlich die Natur eures inneren Selbst erkennen, und dies nach außen hin manifestieren. Dabei sollten sich die äußeren Umstände langsam verbessern, während das innere Selbst sich seiner Natur und seiner Fähigkeiten bewußter wird. Theoretisch solltet ihr also in jedem Leben stärker, reicher und weiser werden. In der Praxis sieht das jedoch anders aus, und zwar aus verschiedenen Gründen. Wie bereits früher erwähnt, nehmen sich viele Persönlichkeiten unterschiedlicher Erfahrungsarten an, indem sie sich auf eine Entwicklung in bestimmten, spezifischen Bereichen konzentrieren und andere während einer Reihe von Leben manchmal ganz außer acht lassen.

Kein Bewußtsein hat dieselben Erlebnisse oder deutet sie ebenso wie ein anderes, und daher nutzt jedes Individuum seine Reinkarnationsgelegenheiten auf seine eigene Weise. Geschlechtswechsel sind, zum Beispiel, notwendig. Manche Individuen wechseln ihr Geschlecht in jedem aufeinanderfolgenden Leben. Andere durchlaufen eine Reihe von weiblichen, und dann von männlichen Leben, oder auch umgekehrt, doch das gesamte Reinkarnationsprogramm muß beide Geschlechtserfahrungen umfassen.

Auf einer eingeschlechtlichen Linie könnten die Fähigkeiten nicht zur Entfaltung gelangen. Die Erfahrung der Mutter- und der Vaterschaft muß gemacht werden. Wenn ihr den Punkt erreicht, wo ihr erkennt, daß ihr euren Alltag und das Leben, das ihr kennt, selber formt, dann könnt ihr damit beginnen, eure eigenen geistigen und psychischen Muster und damit auch eure Umwelt umzugestalten.

Diese Erkenntnis sollte jedoch mit einem tiefen, intuitiven Wissen um die Fähigkeiten des inneren Selbst Hand in Hand gehen. Diese beiden Faktoren zusammen können euch von all den Schwierigkeiten befreien, die aus früheren Leben herstammen. Die Gesamtstruktur eures Daseins wird sich mit dieser Erkenntnis zu wandeln beginnen, und eine Beschleunigung eures spirituellen und psychischen Wachstums wird eintreten.

Eure gegenwärtigen Beziehungen, Einstellungen und Erlebnisse folgen einer inneren Logik. Habt ihr in einem Leben, beispielsweise, Frauen gehaßt, dann ist es gut möglich, daß ihr im nächsten Leben selbst eine Frau sein werdet. Nur auf diese Weise seid ihr nämlich imstande, zu der Erfahrung des Frauseins ein inneres Verhältnis zu finden und euch dann als Frau mit jener Einstellung auseinanderzusetzen, die ihr selber früher Frauen gegenüber an den Tag gelegt habt.

Wart ihr ohne Mitgefühl für die Kranken, dann könntet ihr mit einer schweren Krankheit wieder auf die Welt kommen, ebenfalls freiwillig, um euch dann selber jener Einstellung gegenüberzusehen, die einmal eure eigene war. Eine solche Existenz würde jedoch gewöhnlich noch andere Problemstellungen enthalten. Keine Existenz wird nur aus einem Grunde gewählt, sondern dient immer zugleich mehreren psychologischen Zielen.

Ein chronisch krankes Dasein könnte beispielsweise auch eine disziplinarische Maßnahme sein, die euch dazu verhelfen soll, tiefere Fähigkeiten in euch zu nutzen, die ihr in einem Leben voll guter Gesundheit vernachlässigt habt. Ein vollkommen glückliches Leben kann, zum Beispiel, oberflächlich betrachtet, glänzend erscheinen, es kann aber auch grundsätzlich seicht sein und wenig zur Entwicklung der Persönlichkeit beitragen.

Ein *wahrhaft* glückliches Leben ist aber eines, das zutiefst befriedigt und spontane Weisheit und spirituelle Freude mit einbegreift. Ich will hiermit also nicht sagen, daß Leiden *zwangsläufig* zu spiritueller Erfüllung führt, noch daß jede Krankheit aus solchen Gründen gewählt und angenommen wird, denn das ist nicht der Fall.

Krankheit ist oftmals das Resultat von Unwissenheit und Denkfaulheit. Als disziplinarische Maßnahme kann sie jedoch von bestimmten Persönlichkeiten angewandt werden, die aufgrund von andern Charaktereigenschaften starker Reglementierung bedürfen. Es liegt den menschlichen Beziehungen in den verschiedenen Leben ein Gesamtmuster zugrunde. Das soll aber nicht heißen, daß ihr alle eure Existenzen in Gesellschaft einer begrenzten und vertrauten Anzahl von Freunden und Bekannten durchwandert, die lediglich wie Schauspieler ihre Gesichter und Kostüme verändern.

Gruppen von Individuen kommen in den verschiedenen Leben zu bestimmten Zwecken zusammen, trennen sich dann und können sich zu anderer Zeit und an anderem Ort wieder begegnen oder auch nicht. Auch hierfür gibt es keine starren Regeln. Manche Familien stellen buchstäblich eine Reinkarnation ihrer Vorfahren dar, aber das ist keineswegs die Norm. Tiefe Gefühlsbeziehungen dauern auf die eine oder andere Weise fort. Andere verschwinden einfach von der Bildfläche.

Ich möchte hier klarmachen, daß euch die Gelegenheit für Entwicklung und Einsicht augenblicklich, in diesem Leben, ebenso geboten ist, wie sie es jemals sein wird. Ignoriert ihr die täglichen Gelegenheiten zur Weiterentwicklung heute, dann kann euch niemand zwingen, größere Fähigkeiten nach dem Tode oder zwischen den Leben zu akzeptieren und auszunutzen. Es sind zwar Lehrer da in der Jenseitserfahrung, aber es gibt auch Lehrer in eurer jetzigen Existenz.

Manche Familien kommen in einem bestimmten Leben nicht aufgrund einer starken Anziehung oder Liebe in einem früheren Leben zusammen, sondern aus gegenteiligem Anlaß. Familien können sich also aus Individuen zusammensetzen, die einander in einem früheren Leben nicht mochten und die nun eine enge Beziehung zueinander eingehen, um zusammen für ein gemeinsames Ziel zu arbeiten, einander besser verstehen zu lernen und an ihren Problemen in einem andersartigen Kontext zu arbeiten.

Insgesamt hat jede Generation ihr eigenes Ziel. Es besteht darin, inneres Wissen zu vervollkommnen und dieses so getreulich wie möglich in der Außenwelt materiell umzusetzen. Die sich durch die Jahrhunderte ständig wandelnde physische Szenerie spiegelt die inneren Bilder wider, die im Geiste all jener Individuen aufgetaucht sind, die in den verschiedenen Zeitaltern auf Erden gelebt haben.

Jetzt könnt ihr Pause machen.

(21.48 bis 22.05 Uhr.)

Es besteht für euch keine Notwendigkeit, etwas über eure früheren Leben zu wissen, obgleich es eine Hilfe sein kann, wenn ihr begreift, daß ihr die Umstände eurer Geburt dieses Mal ausgewählt habt.

Wenn ihr euer eigenes Leben heute sorgfältig daraufhin prüft, so werdet ihr die Hürden, die ihr euch selber aufgebaut habt, deutlich erkennen. Das fällt zwar nicht leicht, bleibt aber im Rahmen des Möglichen für jeden von euch. Macht ihr euch selber von Haß frei, dann befreit ihr euch automatisch auch davon für die Zukunft – oder von jeder Art von künftiger Erfahrung, die auf Haß begründet ist.

Eine Kenntnis eures Reinkarnationshintergrundes ohne eine gleichzeitige Einsicht in die wahre Natur eures jetzigen Selbst ist zwecklos. Ihr könnt eure gegenwärtigen Lebensumstände nicht rechtfertigen oder rationalisieren, indem ihr sagt: »Das ist deswegen so, weil ich dies oder jenes in einem früheren Leben getan habe«, denn es steht jetzt in eurer Macht, negative Einflüsse zu verändern. Ihr habt vielleicht die negativen Einflüsse aus bestimmten Gründen in euer Leben gebracht, doch die Gründe haben immer mit Verständnis zu tun, und das Verständnis beseitigt die Einflüsse.

Ihr könnt nicht sagen: »Die Armen sind bloß arm, weil sie die Armut gewählt haben. Darum brauche ich ihnen nicht zu helfen.« Diese Einstellung kann euch leicht ein künftiges Leben in Armut eintragen.

Nicht jedes Individuum erreicht das gleiche Leistungsniveau, selbst nicht am Ende des Reinkarnationszyklus. Einige besitzen gewisse Eigenschaften, für die es innerhalb des menschlichen Erfahrungsbereiches kein Gegenstück gibt. Die physische Existenz als solche hat auf verschiedene Individuen eine verschiedene Wirkung. Einige finden in ihr ein ausgezeichnetes Medium, in dem sie sich ausdrücken und entwickeln können. Sie sind einfach dafür geschaffen. Sie haben den Bogen heraus, wie man sich mit physischen Mitteln ausdrücken und seine innersten Gefühle getreulich objektivieren kann. Andere finden das schwierig, und es ist möglich, daß diese selben Individuen sich auf anderen Realitätsebenen viel besser bewähren.

Dann gibt es noch die »wetterfesten Seelen«, die in der physischen Realität blühen und gedeihen, denen es aber schwerfallen könnte, sich in andere, nichtphysische Aktivitätssphären einzuleben. In keiner dieser Sphären werden tiefe spirituelle oder emotionelle Zusammenhänge jedoch jemals verleugnet. Sehr enge Freunde aus früheren Leben, die in der Lage dazu sind, tauschen sich oft mit euch aus, wenn ihr euch im Traumzustand befindet, und diese Beziehungen dauern fort, obwohl ihr nichts davon wißt.

Auf unbewußter Ebene werdet ihr es gewahr, wenn jemand, den ihr früher gekannt habt, ins physische Dasein geboren wird. Die Fremden, denen ihr in euren Träumen begegnet, sind natürlich oft Leute, die heute am Leben sind – Zeitgenossen, die ihr von früheren Leben her kennt.

Es gibt auch vorübergehende Beziehungen, Kontakte, die aufgenommen und wieder fallengelassen werden. Ein Ehegefährte aus einem gegebenen Leben kann, beispielsweise, jemand sein, mit dem ihr eine tiefe, bleibende Verbindung habt oder auch nicht. Andererseits könnt ihr jemanden aufgrund von höchst ambivalenten Gefühlen heiraten, die aus einem früheren Leben stammen, und könnt eine Ehe wählen, die nicht auf Liebe gegründet ist, obwohl sich Liebe daraus entwickeln kann.

Zwillinge sind übrigens fast immer in sehr tiefe, bleibende psychische Beziehungen, manchmal zwanghafter Natur, miteinander verstrickt. Ich spreche jetzt von eineiigen Zwillingen.

Ich schlage vor, ihr macht Pause.

(22.29 bis 22.37 Uhr.)

Die Reinkarnationsziele sind gleichfalls sehr verschieden. Ich möchte betonen, daß Reinkarnation ein Werkzeug ist, dessen sich die Persönlichkeiten bedienen. Sie verwenden es jeder auf seine Weise. Einige finden an weiblichen Existenzen Gefallen oder bevorzugen männliche Leben. Obgleich man beides erlebt haben muß, gibt es doch reiche Auswahl- und Betätigungsmöglichkeiten. Manche Persönlichkeiten haben in einer bestimmten Hinsicht Schwierigkeiten und entwikkeln sich relativ mühelos in anderen Richtungen.

Vorherbestimmung spielt nie eine Rolle, denn die Bewährungsproben und Lebensumstände sind selbstgewählt. Manche Probleme können, zum Beispiel, für mehrere Existenzen zurückgestellt werden. Einige Persönlichkeiten möchten die Lösung ihrer größten Probleme so schnell wie möglich hinter sich bringen und tun es in einer Reihe recht beschwerlicher Existenzen und unter extremen Umständen.

Andere von ruhigerer Gemütsart lösen ihre Probleme nach und nach. Es können auch Ruhepausen eingelegt werden, und diese sind überaus heilsam. Es kann, zum Beispiel, ein glänzendes, befriedigendes Leben mit einem Minimum an Problemen entweder als Vorspiel zu einem Leben voll konzentrierter Bewährungsproben gewählt werden, oder als eine selbsterteilte Belohnung für ein vorausgegangenes schwieriges Leben. Diejenigen, die sich im physischen Medium durch und durch wohlfühlen, ohne jedoch davon besessen zu sein, profitieren sehr. Die »Gesetze« der Reinkarnation werden von den einzelnen Persönlichkeiten ihren eigenen Bedürfnissen angepaßt.

Ich schlage vor, daß wir die Sitzung beenden, sofern ihr keine Fragen habt.

(»Nein.«)

Meine herzlichsten Grüße.

(»Gute Nacht, Seth.« 22.47 Uhr.)

13
Reinkarnation, Träume und das verborgene Männliche und Weibliche im Selbst

Sitzung 555, Mittwoch, den 21. Oktober 1970

(Seit dem 30. September hat Seth eine Sitzung für unseren Freund John Barclay, der nach Nevada zieht, und zwei Sitzungen zugunsten von Janes und meiner Arbeit im Zusammenhang mit diesem Material abgehalten.

Anfang dieses Monats kauften Jane und ich eine Anthologie, die einen langen Beitrag von Carl G. Jung, dem 1961 verstorbenen Schweizer Analytiker enthielt. Jane hatte diesen Teil des Buches noch nicht fertig gelesen, als Seth in der 554sten Sitzung am 19. Oktober vorschlug, das Buch beiseite zu legen: »Laß Jung für den Augenblick.« Er ging nicht näher darauf ein. Dies war keineswegs Janes erste Berührung mit den Schriften Jungs.

Es ist jedoch interessant, wie in diesem Kapitel Seth das Material Jungs als Ausgangspunkt nimmt, um es unter Zusatz eigener Ideen und Interpretationen weiterzuentwickeln.

Es hatte den ganzen Tag geregnet. Jane war beim Chiropraktiker gewesen und war sehr entspannt – so entspannt, daß ich sie fragte, ob sie für eine Sitzung überhaupt aufgelegt sei. Sie sagte ja. Ihre Augen waren halb offen. Ihre Stimme war sehr ruhig und hatte fast Konversationston, als die Sitzung um 21.30 Uhr begann.)

Guten Abend.

(»Guten Abend, Seth.«)

Wir beginnen mit dem Diktat.

(Ich dachte, es wäre interessant, Seths Reaktion auf Janes körperlichen Zustand zu hören. »Wie fühlst du dich?«)

Ich fühle mich bestens. Doch was unseren Freund betrifft, so wäre es besser, wenn er nicht zum Chiropraktiker ginge, wenn es regnet.

(»Und warum nicht?«)

Teils wegen der vom Chiropraktiker erwähnten Muskelreaktion und teils weil die Heilprozesse im Körper bei klarem Wetter wirksamer ablaufen. Er wird nach einer Behandlung schneller rückfällig. Es ist jedoch ein Gutes dabei: Er hat sich diesmal die volle vorgeschriebene Zeit ausgeruht, weil er ein Bedürfnis danach verspürte.

(»Möchtest du die Sitzung heute abend lieber ausfallen lassen?«)

Wir sind in Form für eine Sitzung. Es wird eine relativ kurze sein, aber eine gute. Ich möchte jedoch diese Behauptungen noch weiter ausführen.

Solch eine *(chiropraktische)* Behandlung bewirkt natürlich eine Manipulation der atomaren Struktur, aus der die Rückenwirbel sich aufbauen. Die elektrischen Reaktionen variieren je nach Wetter und atmosphärischen Bedingungen. Bei Regenwetter ist ein zusätzlicher elektrischer Widerstand in den atomaren Strukturen selber vorhanden – eine Art verlängerter Reaktion, die mit physischen Maßstäben kaum wahrnehmbar ist –, eine zeitliche Verzögerung, bevor die Rückenwirbel, sozusagen, in den gewünschten Positionen wieder zur Ruhe kommen.

Während sie die gewünschte Position einnehmen, sind sie noch weiter aktiv. Bei klarem Wetter ist die verlängerte Reaktion viel weniger ausgeprägt, und die aktivierten, aufgestörten Atome kommen schneller zur Ruhe.

Nun: Dieses Kapitel heißt »Reinkarnation, Träume und das verborgene Männliche und Weibliche im Selbst«.

Wie ich bereits früher erwähnt habe, führt jeder Mensch sowohl männliche als auch weibliche Leben. In der Regel bleibt eine bewußte Erinnerung daran nicht erhalten. Um zu verhüten, daß das Individuum sich mit seinem gegenwärtigen Geschlecht überidentifiziert, lebt im Mann eine innere Personifikation seiner Weiblichkeit. Diese Personifikation des Weiblichen im Mann ist die wahre Bedeutung dessen, was Jung die »Anima« nennt.

Die Anima im Mann ist die psychische Erinnerungsidentifikation mit all den ehemaligen weiblichen Existenzen, in die das innere Selbst verwickelt war. Sie speichert die Erinnerung des gegenwärtigen Mannes an seine früheren weiblichen Lebensgeschichten und weiß intuitiv um all die weiblichen Eigenschaften, die in der Persönlichkeit angelegt sind.

Die Anima ist somit ein wichtiges Sicherheitsventil, das verhindert, daß der Mann sich mit den kulturbedingten männlichen Charaktermerkmalen überidentifiziert, die ihm sein gegenwärtiger sozialer Hintergrund, Umwelt und Erziehung aufnötigen. Die Anima hat aber nicht nur persönlich, sondern auch kollektiv einen kultivierenden Einfluß, indem durch sie stark aggressive Tendenzen gedämpft und sowohl im Verhältnis zu Frauen innerhalb der Familie als auch in den

Künsten und im verbalen Ausdruck kommunikative Brücken gebaut werden.

Der Mann träumt daher oft von sich selber als Frau. Die spezifische Weise, wie er das tut, kann ihm viel über seinen eigenen weiblichen Reinkarnationshintergrund verraten. Männlichkeit und Weiblichkeit sind offenbar keine Gegensätze, sondern haben die Tendenz, miteinander zu verschmelzen. Die Priesterin, die Mutter, die junge Hexe, die Ehegattin, die weise Frau – diese allgemeinen Typen sind eben deshalb archetypisch, weil sie »Grundelemente« darstellen, welche die verschiedenen sogenannten weiblichen Eigenschaften und die verschiedenen weiblichen Seinsweisen, die von Männern erlebt wurden, symbolisieren.

Auch die Frauen haben diese natürlich erfahren, aber sie brauchen an ihre Weiblichkeit nicht erinnert zu werden. Damit aber auch sie sich mit ihrem gegenwärtigen Geschlecht nicht überidentifizieren, gibt es, was Jung den »Animus« nennt oder den verborgenen Mann in der Frau.

Auch dieser stellt die männlichen Existenzen dar, an denen das Selbst teilhatte – der Jüngling, der Priester, der aggressive »Dschungelmann« und der weise Alte. Dies sind Typen, die allgemein und symbolisch die früheren Leben repräsentieren, die von heutigen Frauen gelebt worden sind. Frauen können daher viel über ihre männliche Reinkarnationsvergangenheit lernen, wenn sie auf Träume achten, in denen diese Typen vorkommen oder in denen sie selber als Männer auftreten.

Durch Anima und Animus wird das gegenwärtige Individuum in die Lage versetzt, von dem Wissen, den Intuitionen und dem Background früherer gegengeschlechtiger Existenzen zu profitieren. In manchen Fällen kann, zum Beispiel, die Frau das Kind mit dem Bade ausschütten und die weiblichen Charaktermerkmale übertreiben. Dann kommt ihr der Animus oder der Mann in ihr zu Hilfe und führt ihr durch Traumerlebnisse eine Flut von Wissen zu, das zu kompensatorischen männlichen Reaktionen führt.

Das gleiche gilt für den Mann, wenn er sich mit dem, was er für männliche Reaktionen hält, aus irgendeinem Grunde überidentifiziert. Die Anima oder Frau in ihm wird ihn alsdann zu kompensatorischen Handlungen anreizen, indem sie die intuitiven Fähigkeiten in ihm aufwallen läßt und seiner Aggressivität einen schöpferischen Ausgleich entgegensetzt.

Idealerweise und sich selbst überlassen würde dieser Prozeß individuell und kollektiv zu einem Gleichgewicht führen, in welchem Aggressivität stets schöpferisch genutzt werden könnte, wie es in der Tat möglich und wünschenswert ist.

Ihr könnt Pause machen.

(22.02 Uhr. »Sehr gut«, sagte ich zu Jane, als sie aus der Trance kam. »Ja«, sagte sie, »ich weiß, daß es toll war, denn er hat noch viel darüber zu sagen.« Dabei sah sie so schlaff und schwerlidrig, so benebelt und doch entspannt aus, daß ich mich fragte, ob sie wach genug bleiben könnte, um weiterzumachen. Fortsetzung im gleichen Stil um 22.21 Uhr.)

Animus und Anima sind natürlich psychoenergetisch geladen, doch diese psychische Ladung und innere Faszination sind die Folge einer völlig berechtigten Identifikation mit den personifizierten gegengeschlechtigen Charakteristika.

Sie besitzen jedoch nicht nur innerhalb der Psyche eine Realität, sondern werden von dem inneren Selbst in genetisch kodifizierte Daten eingebettet – als genetische Erinnerung an früheres psychisches Geschehen – und auf das genetische Gedächtnis der Zellen selbst übertragen, aus denen der Körper aufgebaut ist.

Jedes innere Selbst, das einen neuen Körper annimmt, prägt diesem und seiner gesamten genetischen Struktur die Erinnerung an die ehemaligen physischen Formen auf, denen es einmal innegewohnt hat. Nun überschatten gewöhnlich die gegenwärtigen Charakteristika die früheren. Sie sind dominant. Aber die anderen Charakteristika sind latent auch vorhanden und in das Muster eingebaut. Das physische Muster eures gegenwärtigen Leibes verkörpert somit die genetische Erinnerung an die ehemaligen physischen Formen des Selbst mit ihren Stärken und Schwächen.

Ich will versuchen, dies so einfach wie möglich zu sagen. Euer gegenwärtiger Körper baut sich aus Schichten auf, von denen die oberste Schicht, die ihr seht, natürlich eure gegenwärtige physische Form darstellt. Doch verwoben mit ihr sind so etwas wie unsichtbare Schichten, latente »Schattenschichten«, die Körperbilder repräsentieren, die einstmals der Persönlichkeit angehört haben.

Sie werden gewissermaßen in der Schwebe gehalten. Sie sind mit der atomaren Struktur eures gegenwärtigen Körpers elektromagnetisch verbunden. Aus eurer Sicht würden sie als unzentriert gelten. Sie stellen jedoch einen Teil eures psychischen Erbes dar. Oftmals ist es möglich, die Stärke eines ehemaligen Körpers zu mobilisieren, um eine gegenwärtige Schwäche auszugleichen. Der Körper trägt also nicht nur die biologische Erinnerung an seine ehemaligen Zustände in diesem Leben mit sich herum, sondern ebenso unauslöschlich und sogar physisch auch die Erinnerungen anderer Körper, durch welche die Persönlichkeit sich in früheren Reinkarnationen ausgedrückt hat.

Anima und Animus sind mit diesen inneren Körperbildern auf das engste verknüpft. Die Körperbilder sind psychoenergetisch geladen und treten auch im Traumzustand auf. Sie haben eine kompensierende Funktion und sind Gedächtnishilfen, die verhindern, daß ihr euch mit eurem gegenwärtigen physischen Körper überidentifiziert.

Sie sind natürlich sowohl männlich als weiblich. Wenn ihr krank seid, habt ihr im Traumzustand häufig Erlebnisse, wo ihr jemand anderer mit einem völlig gesunden Körper zu sein scheint. Solche Träume sind oft therapeutisch. Euch kommt dann ein »älterer« Reinkarnationskörper zu Hilfe, so daß ihr über die Erinnerung an seine Gesundheit neue Kraft schöpfen könnt.

Wir wollen die Sitzung beenden und mit unserem Material nächstes Mal fortfahren, vorausgesetzt du hast keine Fragen.

(»Nein.«)

Dann also meine herzlichsten Grüße euch beiden und einen schönen Abend.

(»Guten Abend, Seth, und vielen Dank.« 22.45 Uhr.)

Sitzung 556, Montag, den 26. Oktober 1970

(21.08 Uhr.) Guten Abend.

(»Guten Abend, Seth.«)

Wir nehmen das Diktat wieder auf.

Reinkarnationserfahrungen gehören zur Struktur des Selbst dazu und stellen eine Facette der multidimensionalen Realität der lebendigen Psyche dar. Diese Erfahrungen werden sich daher nicht nur im Traumzustand widerspiegeln, sondern auch in anderen Aktivitätsschichten in Erscheinung treten.

Die Struktur eures gegenwärtigen Ich ist von dieser »Reinkarnationsvergangenheit« durchwoben, und diese Reserven ehemaliger Charaktermerkmale, Aktivitäten und Einsichten werden unbewußt vom gegenwärtigen Ich ausgeschöpft. Oftmals dringen Erinnerungen aus früheren Leben an die Bewußtseinsoberfläche, ohne jedoch als solche erkannt zu werden, weil sie in Form von Phantasien oder in Projektion als künstlerische Schöpfung auftreten.

Viele Verfasser von historischen Stücken schreiben, zum Beispiel, aus der unmittelbaren Erfahrung früherer Zeiten heraus. In solchen Fällen findet eine ausgezeichnete Zusammenarbeit zwischen dem gegenwärtigen Ich und dem Unbewußten statt, wobei diese Erinnerungen auf eine Weise zutage gefördert werden, daß sie das gegenwärtige Leben bereichern. Meistens ist sich das Individuum dann der wahren Situation annähernd bewußt und kennt unterschwellig die Quelle seines authentischen Materials.

In Träumen erscheint dieses Reinkarnationsmaterial gleichfalls sehr häufig in dramatischem Gewand. Und hinter den Kulissen findet ein Zusammenspiel zwischen Anima und Animus statt, wobei diese wiederum nicht als Gegensätze, sondern als miteinander verschmelzende Charakteristika auftreten. Zusammen stellen sie natürlich die Quelle jeglicher Schöpferkraft dar, psychisch sowohl als physisch.

Die Anima repräsentiert die notwendige, ursprüngliche »Innerlichkeit«, das Grübelnde, Sorgende, Intuitive, Nach-innen-Gerichtete, die Introversion, aus der die Schöpferkraft stammt.

Das Wort »passiv« kennzeichnet die Anima insofern nur unzureichend, als es einen Mangel an Bewegung andeutet, der nicht wirklich vorhanden ist. Zwar stimmt es, daß die Anima die Dinge auf sich einwirken läßt, doch das dieser Haltung zugrunde liegende Motiv sind das Verlangen und die Notwendigkeit, sich auf andere Kräfte einzustimmen, die überaus gewaltig sind. Der Wunsch, sich mitreißen zu lassen, ist daher in der Anima ebenso stark ausgeprägt wie der entgegengesetzte Wunsch nach Ruhe. Die Eigenschaften des Animus sorgen dann für die aggressive Gegenbewegung, die das Individuum zurück in physische Tätigkeit treibt, wobei die Früchte der Kreativität, die die Animaeigenschaften hervorgebracht haben, als Trophäe mit zurückgebracht werden.

Das Gesamtselbst ist offenbar die Summe dieser Eigenschaften und mehr. Nach der letzten Inkarnation ist die physische, sexuelle Art Kreativität einfach nicht mehr vonnöten. Mit anderen Worten: die physische Zeugung erübrigt sich. Das abgerundete Selbst enthält dann einfach männliche und weibliche Charaktermerkmale in so fein aufeinander abgestimmter und harmonisch verbundener Form, daß wahre Identität entstehen kann – was nicht möglich ist, solange eine Gruppe von Charaktermerkmalen der andern Gruppe gegenüber betont werden muß, wie eure gegenwärtige physische Existenz es erfordert.

Es gibt viele Gründe, warum die Trennung in eurer Dimension eingeführt wurde. Es hat mit der spezifischen Weise zu tun, wie die Menschheit sich zu entwickeln und ihre Fähigkeiten zu nutzen beschlossen hat. Ich werde darüber noch mehr zu sagen haben; aber das gehört nicht in dieses Kapitel.

Die Projektion der Anima oder des verborgenen weiblichen Selbst im Mann auf seine Verwandten ist etwas vollkommen Natürliches und hilft ihm nicht nur, diese besser zu verstehen, sondern auch zu seinen eigenen weiblichen Existenzen in Beziehung zu treten. Das gleiche gilt für die Projektion des Animus in der Frau auf männliche Verwandte und Freunde. Die Realität der Anima und des Animus ist eine viel tiefere als Jung vermutet hat. Symbolisch gesprochen stellen die beiden zusammen das Gesamtselbst mit all seinen Fähigkeiten, Wünschen und Charaktermerkmalen dar. Sie sind wie ein einprogrammierter, unbewußter Stabilisator, der hinter den Kulissen eurer Zivilisation nicht nur individuell, sondern auch kulturell wirksam ist.

Es ist unmöglich, die euch bekannte Persönlichkeit zu verstehen, ohne Anima und Animus zu berücksichtigen. Das Reinkarnationsmuster ist im allgemeinen ein offenes, insofern es euch Spielraum für Varianten läßt. Jedes Gesamtselbst hat seine eigenen individuellen Charaktermerkmale. Es kann seine Leben so einrichten, wie es ihm innerhalb der gegebenen Richtlinien als sinnvoll erscheint. Es kann sich für Serien ununterbrochener männlicher oder weiblicher Existenzen entscheiden. Eine solche Wahl hat aber Nachteile.

Es gibt also keine Regeln, die die sexuelle Entwicklung in den verschiedenen Inkarnationen vorschreiben, außer daß Erfahrungen mit beiden Geschlechtern gemacht und die verschiedenen Charaktermerkmale entwickelt werden müssen. Dies bedeutet nicht, daß eine gleiche Anzahl männlicher und weiblicher Existenzen dafür erforderlich sind. Manchen fällt, zum Beispiel, die Entwicklung in einem der beiden Geschlechter viel leichter, und sie brauchen daher mehr Gelegenheit, das Geschlecht zu erleben, das ihnen Schwierigkeiten bereitet.

Animus und Anima sind besonders wichtig in Fällen, wo eine Serie eingeschlechtiger Existenzen bevorzugt wird. Das ursprüngliche Muster für Animus und Anima wird durch das Gesamtselbst vor den Reinkarnationen bestimmt. Animus und Anima sind dem Individuum bereits beim ersten physischen Leben eingeboren und dienen als ein inneres Muster, das die Persönlichkeit an ihre fundamentale Einheit erinnert. Dies ist ein weiterer Grund für die starke psychische Energetik hinter diesen Symbolen und die gottähnliche Qualität, die sie übertragen und projizieren können.

Den Mann verlangt nach der Anima, weil sie für sein tief Unbewußtes jene anderen Charaktermerkmale des Gesamtselbst repräsentiert, die einerseits latent sind und andererseits nach Erlösung ringen. Die Spannung, die zwischen den beiden herrscht, bewirkt, daß seine Aggressivität durch Kreativität gemildert oder seine Aggressivität schöpferischen Zwecken zugeführt wird.

Nun gibt es einen tiefen Zusammenhang zwischen diesen Symbolen und dem Ringen der Menschheit. Das Bewußtsein, wie ihr es kennt, eure spezielle, gegenwärtige Art von Bewußtsein ist ein Ausdruck geistiger Wachheit, die durch eine bestimmte Art von Spannung erzeugt wird, eine besondere Art von Einstellung, die dem wahren Unbewußten des Gesamtselbst entspringt.

(Jane, für Seth sprechend, hatte seit Beginn der Sitzung um 21.08 Uhr keine Pause gemacht. Es war jetzt 21.54 Uhr.)

Ich weiß, du bist müde.

(»Ich bin o. k.«)

Das wahre Unbewußte ist aber nicht unbewußt. Es ist vielmehr so abgrundtief und unaussprechlich bewußt, daß es davon überquillt. Das euch bekannte Leben ist nurmehr eine von vielen Weisen, auf die es bewußt ist. In jeder Facette seines Bewußtseins muß ein Gleichgewicht gewaltiger Kräfte aufrechterhalten werden, um diese spezielle Bewußtseinserfahrung von allen andern abzusondern.

Eure Realität existiert in einem Aktivitätsbereich, in dem aggressive Eigenschaften nach außen gerichtete Charakteristika von größter Wichtigkeit sind, um ein Zurücksinken in die unendlichen Möglichkeiten, aus denen ihr erst vor kurzem hervorgegangen seid, zu verhüten. Und doch nehmt ihr aus diesem unbewußten Möglichkeitsfonds eure Kraft, eure Kreativität und die zerbrechliche und doch mächtige Art individuellen Bewußtseins, die ihr euer eigen nennt.

Die zweigeschlechtige Trennung wurde gewählt, um diese höchst wichtigen, aber scheinbar entgegengesetzten Tendenzen zum Ausgleich zu bringen. Nur die Anfänge des Bewußtseins haben solche Steuerung nötig. Anima und Animus sind daher zutiefst mit ihren notwendigen, komplementären, aber augenscheinlich gegensätzlichen Tendenzen verquickt und sind für die Aufrechterhaltung eures menschlichen Bewußtseins als solchem überaus wichtig.

Ruhe dich einen Augenblick aus.

(22.03 Uhr. Jane, noch in Trance, saß für kurze Zeit still. Ich ruhte meine Schreibhand aus. Fortsetzung um 22.04 Uhr.)

Es gibt daher auch eine natürliche Spannung zwischen den Geschlechtern, die auf viel tieferen als nur physischen Ursachen beruht. Die Spannung ist eine Folge der Natur eures Bewußtseins, das von der Anima hervorgebracht wird, für seine Fortexistenz jedoch von der »Aggressivität« des Animus abhängig ist. Ich habe in etwa schon die Faszination, die die beiden aufeinander ausüben, mit dem inneren Wissen um das Gesamtselbst erklärt, das seine Identität zu verwirklichen sucht, indem es um eine Vereinigung und Erfüllung scheinbar entgegengesetzter Tendenzen in sich ringt.

Am Ende des Reinkarnationszyklus ist das Gesamtselbst viel entwickelter als vorher. Es hat sich selbst in einer Realitätsdimension verwirklicht und erfahren, die ihm vorher unbekannt war, und es hat auf diese Weise sein eigenes Sein natürlich gemehrt. Es handelt sich also nicht bloß darum, daß ein Gesamtselbst sich aufspaltet, um dann einfach zu sich zurückzukehren.

Nun gibt es vieles die Natur der Empfängnis Betreffendes, das hier zur Sprache kommen sollte. Wiederum ist hier jedoch Spielraum für viele Varianten gegeben. Im allgemeinen wählt ihr zwischen den Leben eure Kinder im voraus aus, und sie wählen euch aus als Eltern.

Kommt ihr als Mann auf die Welt, dann wird die Mutter zum auslösenden Moment, um die Anima in euch zu aktivieren, so daß das Muster eurer eigenen weiblichen Leben ein Teil eurer Existenz werden kann. Insofern ihr eure Mutter von früher her kennt, wird sie bei eurer Geburt einen Ansturm von Träumen über ehemalige Existenzen erleben, in denen ihr beide zusammen wart.

Diese wird sie vielleicht gar nicht bewußt erinnern, aber oftmals wird sie sie erst erinnern und dann vergessen. Ihre eigenen früheren männlichen Leben helfen ihr dann, zu euch als Sohn eine Beziehung herzustellen. In manchen Fällen fühlen sich junge Mütter hochaggressiv und nervös. Diese Gefühle lassen sich manchmal darauf zurückführen, daß das männliche Kind in ihnen den Animus aktiviert, was eine Aufladung mit Aggressionen bewirkt.

Ihr könnt Pause machen. Ich wollte all das durchgeben, solange wir so gut vorankamen.

(»Ich finde es hochinteressant.«)

(22.22 Uhr. »Mensch, bin ich fertig . . . Ich krieg' meine Augen nicht auf«, sagte Jane und bemühte sich gerade, das zu tun. Nach mehreren vergeblichen Versuchen sackte sie in ihren Schaukelstuhl zurück.

Ich glaube, sie schlief fast. Ich rief sie mehrmals an und schlug dann vor, daß sie aufstehen und sich bewegen solle. Da fing sie endlich an umherzublicken. Sie setzte ihre Brille wieder auf, erhob sich und ging im Zimmer umher.

Die Pause erwies sich als das Ende des Materials für das Buch für heute abend. Seth gab noch vier Seiten Material für mich durch. Die Sitzung war viel ertragreicher als gewöhnlich. Sie endete um 23.23 Uhr. Wir hatten ein gutes Tagewerk hinter uns.)

Sitzung 557, Mittwoch, den 28. Oktober 1970

(Kurz vor der Sitzung heute abend stellte ich mir die Frage, wie wohl das vorliegende dreizehnte Kapitel aussehen würde, hätte Jane nicht Anfang des Monats die Anthologie zu lesen begonnen, die den langen Beitrag von Carl G. Jung enthielt. Wie schon erwähnt, schlug Seth am 19. Oktober vor, daß Jane das Buch beiseite legen solle, bevor sie Zeit gehabt hatte, es fertig zu lesen. Keiner von uns beiden hatte seither das Buch wieder angeschaut.

Eine Beimischung von Jung ist natürlich in diesem Kapitel spürbar – obschon in Seths eigener Behandlung. Aber Vorfälle in unserem eigenen Leben haben ohnehin fast jedes Kapitel in diesem Buch beeinflußt. Die spezielle Gestalt, in der die Kapitel erscheinen, dürfte nicht nur vom Stoff selbst, sondern bis zu einem gewissen Grad auch vom Zeitpunkt der Sitzungen bestimmt worden sein. Selbst Unterbrechungen würden dann eine Rolle spielen . . . 21.19 Uhr.)

Guten Abend.

(»Guten Abend, Seth.«)

(Erfreut und amüsiert:) Ich freue mich sehr, daß du von meinem Buch etwas hältst.

(»Ich finde es großartig.«)

Ich habe noch sehr viel mehr auf Lager.

(»Sehr gut.«)

Dies hier ist ein lebendiges Unternehmen, und deshalb machen wir uns Ereignisse in eurem Leben zunutze. Ich selber habe übrigens Ruburt souffliert, das Buch *(das Jung enthielt)* zum ersten Mal in die Hand zu nehmen.

(»Auf den Gedanken bin ich nicht gekommen.« Noch war Jane darauf gekommen, dessen war ich mir sicher.)

Dann wollte ich, als Ruburt bis zu einem bestimmten Punkt darin gelesen hatte, daß er es fürs erste beiseite legte. *(Pause.)* Wir nehmen das Diktat wieder auf.

Die Atome, aus denen der Fötus zusammengesetzt ist, haben ihre eigene Form von Bewußtsein. Die flüchtigen, ätherischen Bewußtseinselemente, die unabhängig von der Materie existieren, bilden Materie je nach Fähigkeit und Grad ihrer Entwicklung. Der Fötus hat daher sein eigenes Bewußtsein, das einfache Bestandteilbewußtsein, das von den Atomen gebildet wird, aus denen er sich zusammensetzt. Dies ist vorhanden, bevor eine Reinkarnationspersönlichkeit in ihn eintritt. Das Bewußtsein der Materie ist in jeder Art Materie vorhanden – ob Fötus, Stein, Grashalm oder Nagel.

Die Reinkarnationspersönlichkeit tritt in den neuen Fötus gemäß ihren eigenen Neigungen, Wünschen und Charaktermerkmalen ein, mit einigen eingebauten Sicherheiten. Es gibt jedoch keine Vorschrift, die verlangt, daß die Reinkarnationspersönlichkeit die neue, für sich vorbereitete Form entweder im Augenblick der Empfängnis, in der ersten Entwicklungsphase des Embryos oder selbst im Augenblick der Geburt übernehmen muß.

Es ist ein langsamer Prozeß, der individuell verschieden verläuft und durch Erfahrungen in früheren Leben bestimmt wird. Er hängt insbesondere von emotionalen Eigenheiten ab, die nicht unbedingt das letzte Reinkarnationsselbst charakterisiert haben müssen, sondern eher in einer emotionalen Spannung bestehen, die das Ergebnis einer Reihe früherer Existenzen ist.

Der Eintritt kann auf verschiedene Weise erfolgen. Ist eine starke Verbindung zwischen den Eltern und dem künftigen Kind vorhanden, dann kann die Persönlichkeit, wenn sie sehr nach Wiedervereinigung verlangt, im Augenblick der Empfängnis eintreten. Doch selbst dann bleibt ein Großteil des Bewußtseins noch weiter in der zwischenexistenzlichen Sphäre aktiv.

Am Anfang ist der Zustand im Schoß der Mutter daher ein traumhafter, denn die Persönlichkeit ist noch vorwiegend in der Zwischenexistenz orientiert. Allmählich kehrt sich das Verhältnis jedoch um, bis eine klare Konzentration auf das zwischenexistenzliche Dasein schwierig wird.

Schließt sich unter diesen Verhältnissen eine Persönlichkeit schon bei der Empfängnis der Mutter an, dann ist fast ausnahmslos eine starke Bindung zwischen Eltern und Kind aus früheren Leben vorhanden, oder aber es steckt ein unentwegtes und fast besessenes Verlangen dahinter, auf die Erde zurückzukehren – sei es zu einem bestimmten Zweck oder weil die reinkarnierende Persönlichkeit zur Zeit auf die irdische Existenz fixiert ist. Das muß nicht unbedingt ein Nachteil sein. Die Persönlichkeit kann einfach erkennen, daß ihr das physische Leben liegt; sie kann momentan auf die Erde eingestellt sein und in der irdischen Atmosphäre einen reichen Nährboden für die Entwicklung ihrer Fähigkeiten finden.

Manche Persönlichkeiten haben bei dem Empfängniseintritt jedoch weniger ehrenwerte Motive – Gier beispielsweise oder ein besessenes Verlangen, das zum Teil auf ungelösten Problemen beruht. Andere Persönlichkeiten, die in der irdischen Existenz nie ganz heimisch werden, können den endgültigen Eintritt eine Weile hinauszögern und können selbst dann noch zeitlebens eine gewisse Distanz zu ihrem Körper aufrechterhalten. Das gleiche gilt für das andere Ende der Skala, die Zeit vor dem Tode, wenn einige Individuen sich vom physischen Leben abwenden und ihr Körperbewußtsein sich selbst überlassen, während andere bis zum letzten Moment bei ihrem Körper ausharren. In der Frühphase des Säuglingsdaseins ist eine beständige Zentrierung der Persönlichkeit im Körper ohnehin nicht vorhanden.

Macht Pause, und wir fahren dann fort.

(21.47 bis 22.00 Uhr.)

Wie schon gesagt werden in allen Fällen die Entscheidungen im voraus getroffen. Die reinkarnierende Persönlichkeit weiß daher, wann die Empfängnis, auf die sie gewartet hat, stattfindet. Und obgleich es ihr freisteht, zu diesem Zeitpunkt einzutreten oder auch nicht, wird sie doch unwiderstehlich von Zeit und Stelle in Raum und Fleisch angezogen.

Gelegentlich stattet die Persönlichkeit, die das künftige Kind werden will, der Umwelt beider künftigen Eltern einen Besuch ab. Auch dies geschieht aufgrund von Anziehung und ist völlig natürlich.

Zwischen den Leben kann ein Individuum blitzartige Eindrücke von seiner künftigen Existenz empfangen. Dabei wird es sich weniger um bestimmte Ereignisse handeln als um das Wesentliche der neuen Beziehung, die angeknüpft werden soll. Die Erwartung erinnert das Individuum dann an die Aufgabe, die es sich selber gestellt hat. In diesem Sinne sind die Gespenster der Zukunft in euren Häusern ebenso wirklich wie die Gespenster der Vergangenheit.

Ihr habt also keine völlig leere Hülle, die darauf wartet, gefüllt zu werden. Die neue Persönlichkeit ist um sie herum, besonders gleich nach der Empfängnis und mit größerer Häufigkeit und Intensität in den späteren Stadien. Der Schock der Geburt hat jedoch seine Folgen, und meistens wird die Persönlichkeit sozusagen mit einem Knuff in die physische Realität expediert. Vorher sind die Umstände recht gleichförmig. Das Körperbewußtsein wird fast automatisch genährt und reagiert kräftig, aber unter äußerst geregelten Umweltsbedingungen.

Bei der Geburt ist das alles plötzlich vorbei, und neue Reize stürmen in einem Ausmaß und Tempo auf das Neugeborene ein, wie es das Körperbewußtsein noch nie erlebt hat.

Ein stabilisierender Faktor wird dringend gebraucht. Bis dahin wurde das Körperbewußtsein bereichert und unterstützt durch eine tiefe biologische und telepathische Identifikation mit der Mutter. Die Kommunikation der lebenden Zellen ist viel profunder, als ihr vermutet. Die Indentifikation vor der Geburt ist, was das Körperbewußtsein als solches betrifft, eine fast absolute.

Vor dem Eintritt der neuen Persönlichkeit betrachtet sich der Fötus als ein Teil des mütterlichen Organismus. Diese Unterstützung wird ihm plötzlich bei der Geburt entzogen. War die neue Persönlichkeit bis dahin nicht vollständig anwesend, so ist sie es gewöhnlich bei der Geburt, um den neuen Organismus zu stabilisieren. Sie tröstet den neuen Organismus. Die neue Persönlichkeit wird die Geburt daher in sehr verschiedenem Maße erleben, je nachdem, wann sie in diese Dimension eintritt.

Tritt sie ein im Augenblick der Geburt, dann ist sie ziemlich unabhängig, ist mit der Form, in die sie eingeht, noch nicht identifiziert und kann gleich eine unterstützende Funktion ausüben. Tritt die Persönlichkeit jedoch schon bei der Empfängnis oder kurz vor der Geburt ein, dann ist sie bis zu einem gewissen Grad mit dem Körperbewußtsein und dem Ungeborenen identifiziert. Sie hat bereits die Steuerung der Wahrnehmung übernommen – obgleich die Wahrnehmung auch ohne Steuerung beginnt – und erfährt den Geburtsschock darum auf eine unmittelbare, direkte Weise.

Dann gibt es keine Distanz zwischen der Persönlichkeit und dem Geburtserlebnis. Die neue Persönlichkeit als Bewußtsein oszilliert anfangs, denn es dauert eine Weile, bis eine Stabilisierung eintreten kann. Wenn, zum Beispiel, ein Kind, besonders ein Kleinkind, schläft, dann verläßt die Persönlichkeit oftmals einfach den Körper. Allmählich schwindet jedoch die Identifikation mit der zwischenexistenzlichen Situation, bis schließlich eine fast vollkommene Zentrierung im physischen Körper erreicht ist.

Offenbar gibt es solche, die sich mit dem Körper viel weitgehender als andere identifizieren. Im allgemeinen hat die Zentrierung in der physischen Realität einen Höhepunkt, eine Periode der Intensivierung, die von unterschiedlicher Dauer sein kann. Sie kann eine Woche oder dreißig Jahre lang dauern, doch danach nimmt die Zentrierung allmählich ab, und das Schwergewicht beginnt sich unmerklich auf andere Realitätsschichten zu verlagern.

Nun kann eine Krise, besonders wenn sie am Anfang oder ganz am Ende des Lebens eintritt, die Identifikation der Persönlichkeit mit ihrem Körper derart erschüttern, daß sie ihn vorübergehend verläßt. Sie kann dann Verschiedenes tun. Sie kann sich so weit entfernen, daß der Körper in ein Koma fällt, vorausgesetzt, das Körperbewußtsein hat ebenfalls einen Schock erlitten. Ist der Schock hingegen psychologischer Natur und das Körperbewußtsein bleibt mehr oder weniger funktionsfähig, dann kann die Persönlichkeit auf ein früheres Reinkarnationsselbst zurückfallen.

In einem solchen Fall handelt es sich oft nur um eine vorübergehende Regression. Hierbei kommen nun Animus und Anima wieder ins Spiel. Glaubt eine Persönlichkeit, in einem männlichen Leben nicht zurechtkommen zu können, dann kann sie ihre Anima-Eigenschaften aktivieren und die Charaktermerkmale einer früheren weiblichen Existenz annehmen, in der sie sich besser bewährt hat. Umgekehrt kann das gleiche auch einer Frau passieren.

Hat eine Persönlichkeit sich andererseits mit ihrem gegenwärtigen Geschlecht so überidentifiziert, daß ihre Individualität dadurch in Frage gestellt wird, dann kann sie ebenfalls die Medaille umkehren und darin soweit gehen, daß sie sich mit einer früheren gegengeschlechtigen Persönlichkeit identifiziert.

Die Herrschaft der Persönlichkeit über den Körper ist in den ersten Lebensjahren noch schwach entwickelt und verstärkt sich erst mit der Zeit. Die Persönlichkeit kann aus bestimmten Gründen einen Körper wählen, der ästhetisch nicht ansprechend ist. Sie kann dann kein Verhältnis zu diesem Körper haben und kann, während sie mit ihrer Existenz bestimmte ihr vorschwebende Ziele verfolgt, eine grundlegende, spürbare Distanz zu demselben zeitlebens aufrechterhalten.

Obenerwähnte Persönlichkeiten, die zum Zeitpunkt der Empfängnis eintreten, sind gewöhnlich auf die physische Existenz sehr erpicht. Sie werden daher voller entwickelt sein und schon frühzeitig individuelle Eigenart zeigen. Sie bemächtigen sich des neuen Körpers und beginnen ihn unverzüglich zu formen. Sie herrschen tatkräftig über die

Materie und bleiben dem Körper meist bis zum Schluß treu, indem sie entweder bei Unfällen sterben, wo der Tod sofort eintritt, oder im Schlaf oder an einer Krankheit, die sie schnell hinrafft. In der Regel haben sie die Materie in ihrer Gewalt.

Sie sind leicht erregbar. Sie lösen ihre Probleme auf rasche, manchmal ungeduldige, greifbare Weisen. Sie arbeiten gut mit Erdmaterialien und übersetzen ihre Ideen mit großer Bestimmtheit in physische Form. Sie bauen Städte, Denkmäler. Sie sind Architekten. Sie haben mit der Formung von Materie zu tun und mit deren wunschgemäßer Gestaltung.

In der Regel sind die, die eure Existenzebene nicht vor dem Augenblick der Geburt betreten, für die Manipulation der Materie weniger begabt. Sie repräsentieren das Mittelmaß oder den Durchschnitt.

Es gibt auch solche, die sich der neuen Existenz, obgleich sie diese gewählt haben, so lange wie möglich wiedersetzen. Bis zu einem gewissen Grad müssen sie zwar bei der Geburt anwesend sein. Trotzdem können sie einer vollen Identifikation mit dem Neugeborenen ausweichen. Sie umschweben die Form zwar, tun es aber halb zögernd. Für ein solches Verhalten kann es verschiedene Gründe geben. Manche Persönlichkeiten ziehen die zwischenexistenzliche Seinsweise einfach vor und sind an der theoretischen Problemlösung weit mehr interessiert als an der dazugehörigen praktischen Verwirklichung. Andere haben die Erfahrung gemacht, daß die physische Existenz ihren Bedürfnissen weniger gerecht wird, als sie erwartet hatten, und diese werden in anderen Realitäts- und Existenzbereichen viel bessere Fortschritte machen.

Aufgrund persönlicher Charakteranlagen ziehen es manche vor, zwischen sich und ihren physischen Existenzen eine gewisse Distanz zu wahren. Sie sind weit mehr an Symbolen interessiert. Sie betrachten die irdische Existenz als in hohem Maße experimentell. Sie sehen sie fast ein wenig scheeläugig an. Sie sind weniger an der Manipulation von Materie interessiert als an der Art und Weise, wie Ideen sich durch die Materie manifestieren.

Im allgemeinen sind sie immer mehr in Ideen, philosophischem Gedankengut und nicht greifbaren Realitäten zu Hause. Sie sind Denker, die immer ein wenig abseits stehen, und ihr Körperbau weist einen Mangel an Muskelentwicklungen auf. Dichter und bildende Künstler, obgleich sie ihnen wesensverwandt sind und viele Charakterzüge mit ihnen gemein haben, wissen im allgemeinen die physischen Werte des Erdendaseins besser zu schätzen.

Die Einstellung zum Körper kann also sehr unterschiedlich sein. Es steht immer eine Auswahl verschiedener Körpertypen zu Gebote, doch wird das Gesamtselbst bestimmte allgemeine Vorlieben an den Tag legen, und gewisse Charakteristika werden ihm als Richtlinie dienen, so daß generell die diversen Leben, die gelebt werden, ihr eigenes individuelles Gepräge zeigen.

Es ist fast unmöglich, von dem Eintritt der Persönlichkeit in den Körper zu sprechen, ohne gleichzeitig zu erörtern, auf welche Weisen sie diesen wieder verläßt, denn all diese Dinge sind in hohem Maße von persönlichen Eigenheiten und Einstellungen zur physischen Realität abhängig. Künftige Leben betreffende Entscheidungen können nicht nur unter zwischenexistenzlichen Verhältnissen, sondern in jedem gegebenen Leben auch in Traumzuständen getroffen werden.

Ihr könnt, zum Beispiel, schon jetzt über die Umstände eurer nächsten Inkarnation entschieden haben. Obgleich eure neuen Eltern euren Begriffen nach jetzt vielleicht noch Säuglinge oder nach euren Zeitkategorien noch nicht einmal geboren sein mögen, kann trotzdem alles bereits arrangiert sein.

Jetzt könnt ihr Pause machen.

(»Das war sehr gut.«)

(23.00 Uhr. Janes Trance war tief gewesen. Sie hatte Schwierigkeiten, ihre Augen offenzuhalten. »Ich hab' es gern, wenn er es auf die Weise macht – wenn ich einfach weg bin«, sagte sie. »Aber wenn ich dann zurückkomme, weiß ich nicht, was ich tue . . .«)

14
Schöpfungsmythen und der multidimensionale Gott

Sitzung 559, Montag, den 9. November 1970

(Die 558ste Sitzung vom 5. November wird hier nicht wiedergegeben, weil sie die Thematik dieses Kapitels nur am Rande berührt. 21.18 Uhr.)

Guten Abend.

(»Guten Abend, Seth.«)

Nun zum Diktat. Wir beginnen das nächste Kapitel. Es heißt »Schöpfungsmythen und der multidimensionale Gott«. *(Sich vorbeugend, lächelnd, aber gespannt:)* Wie gefällt dir das?

(»Es ist sehr gut.«)

So wie das gegenwärtige Leben des Individuums aus verborgenen Dimensionen hervorgeht, die jenseits des durch physische Begriffe Greifbaren liegen, und wie seine Energie und Tatkraft aus unbewußten Quellen gespeist wird, so geht auch das physische Universum, wie ihr es kennt, aus anderen Dimensionen hervor. Auch dieses entspringt und schöpft seine Energien aus tieferen Realitäten.

Die Geschichte, wie ihr sie kennt, gleicht einem einzigen Licht, auf das ihr euch konzentriert. Ihr seht die Ereignisse in dieser Beleuchtung, und auch eure Interpretation möglicher Entwicklungen wird von da her erhellt. So fixiert ist eure Konzentration, daß bei Betrachtungen über das Wesen der Realität eure Fragestellung automatisch auf diesen einen kleinen flackernden Augenblick, den ihr physische Realität nennt, beschränkt bleibt. Denkt ihr über die Aspekte Gottes nach, dann seid ihr gedankenlos genug, nur den Schöpfer dieses einen Lichtes zu sehen. Das Licht i s t einzigartig, und wenn ihr sein Wesen wahrhaft begreifen würdet, dann würde euch die wahre Natur der Realität tatsächlich offenbar werden.

Die Geschichte, wie ihr sie versteht, stellt nur eine dünne Wahrscheinlichkeitslinie dar, auf der ihr momentan euren Ort habt. Sie repräsentiert weder die gesamte Lebensgeschichte der Menschheit noch einen Katalog ihrer physischen Aktivitäten. Sie tut nicht einmal den ersten Schritt: die Geschichte physischer Wesen, ihrer Zivilisationen, Kriege, Freuden, Technologien oder Triumphe aufzuzeichnen. Die Realität ist viel mannigfaltiger, reicher und unaussprechlicher, als ihr gegenwärtig ahnen oder verstehen könnt. Die Evolution, wie ihr sie seht und wie eure Naturwissenschaftler sie heute kategorisieren, stellt nur eine mögliche Evolutionslinie dar, die eine nämlich, auf der ihr steht.

Es gibt demnach viele andere, ebenso gültige, ebenso wirkliche evolutionäre Entwicklungen, die eintraten, eintreten und eintreten werden, sämtlich im Kontext anderer wahrscheinlicher Systeme physischer Realität. Die unendliche Vielfalt der Entwicklungsmöglichkeiten könnte sich im engen Rahmen eurer Realität niemals darstellen.

In köstlicher Unschuld und hochfahrendem Stolz haltet ihr das Evolutionssystem, das ihr kennt, für das einzige und bildet euch ein, daß es physisch kein anderes geben könnte. Es sind jedoch in der euch bekannten physischen Realität Hinweise und Winke vorhanden, die auf andere physische Realitäten deuten. Es gibt in euren eigenen physischen Formen latente, ungenutzte Sinne, die in den Vordergrund hätten treten können, es aber in eurer Wahrscheinlichkeit nicht getan haben. Ich spreche hier von irdischen Entwicklungen, also von Realitäten, die sich um die euch bekannten, irdischen Daseinsaspekte gruppieren.

Eine Evolutionslinie kann nicht absterben. Wenn sie daher aus eurem System verschwindet, so taucht sie in einem anderen System wieder auf. Alle wahrscheinlichen Materialisierungen von Leben und Bewußtsein haben ihre Zeit und bringen solche Verhältnisse hervor, in denen sie gedeihen; und ihre Zeit ist euren Begriffen nach ewig.

Es ist in diesem Kapitel hauptsächlich von eurem eigenen Planeten und eurem Sonnensystem die Rede. Das Gesagte läßt sich jedoch auf alle Aspekte eures physischen Universums anwenden. Ihr seid euch demnach nur eines speziellen, fein ausgewogenen, aber einzigartigen Teils der physischen Existenz bewußt. Ihr seid nicht nur Wesen von körperlicher Beschaffenheit, die Bilder aus Fleisch und Blut erzeugen und in ein spezifisches Raum-Zeit-System eingebettet sind; ihr seid ebenso Wesen, die aus einer gesonderten Wahrscheinlichkeitsdimension stammen und im Schoße von Wirklichkeitsdimensionen reifen, die vor Bedingungen, die eurer Entwicklung, eurer Bereicherung und eurem Wachstum förderlich sind, nur so strotzen.

Wenn ihr euch an diesem Punkt ein intuitives Bild von der Natur der Wesenheit des Gesamtselbst machen könnt, dann wird euch klarwerden, daß es euch an einen Platz gestellt hat, wo bestimmte Fähigkeiten, Einsichten und Erfahrungen verwirklicht werden können und wo eure einmalige Bewußtseinsform Nahrung findet. Die geringste eurer Erfahrungen hat auf diese multidimensionale Umwelt weit größere Rückwirkungen, als euer physisches Gehirn es sich vorstellen kann. Denn wenn ihr mit etwas, das ein unendlich winziger Aspekt der Realität zu sein scheint, intensiv beschäftigt seid, scheinbar völlig davon absorbiert, so sind doch nur die »oberflächlichsten« Schichten des Selbst auf diese Weise fixiert. Mir gefällt der Ausdruck »oberflächlich« in diesem Zusammenhang nicht; ich habe ihn aber trotzdem gewählt, um anzudeuten, daß die mannigfaltigen Teile des Selbst anderweitig beschäftigt sein können – manche davon von ihrer Realität ebenso absorbiert wie ihr von der euren.

Die Wesenheit, das wahre multidimensionale Selbst, ist sich aller seiner Erfahrungen bewußt, und sein Wissen ist den anderen Teilen des Selbst, einschließlich natürlich des physischen Selbst, das ihr kennt, bis zu einem gewissen Grad zugänglich. Diese diversen Teile des Selbst erlangen übrigens am Ende (in eurem Sinne) volle Bewußtheit. Diese Bewußtheit verändert automatisch das, was momentan ihre Natur zu sein scheint, und mehrt die Multiplizität der Existenz.

Ihr könnt Pause machen.

(22.03 Uhr. Janes Tempo war auf weiten Strecken ihres Vortrages recht langsam gewesen. Ich gähnte wiederholt während der Pause. Fortsetzung um 22.15 Uhr.)

Nun: Wir machen es heute kurz.

(»Ich bin o. k.«)

Ich möchte jedoch einiges anmerken. Gedulde dich einen Augenblick.

(Seth gab nun persönliches Material für Jane und eine ihrer Schülerinnen aus der ASW-Gruppe durch.)

Hast du noch weitere Fragen?

(»Nicht, das ich wüßte.«)

Wir haben, in der Tat, ein ausgezeichnetes Material angeschnitten. Von Herzen einen guten Abend.

(»Danke, gleichfalls, Seth.«)

Und liebe Grüße euch beiden.

(»Danke, und gute Nacht.« 22.34 Uhr.)

Sitzung 560, Montag, den 23. November 1970

(Jane hat sich in letzter Zeit etwas erholen wollen. Ein paar Sitzungen entfielen. Beginn heute 21.10 Uhr.)

Einen guten Abend.

(»Guten Abend, Seth.«)

Wir nehmen das Diktat wieder auf.

Es gibt somit viele wahrscheinliche Realitätssysteme, in denen physische Daten überwiegen, doch stellen solche physischen Wahrscheinlichkeiten nur eine kleine Minderheit dar. Jeder von euch existiert gleichzeitig auch in nichtphysischen Systemen, und ich habe bereits gezeigt, wie eure leisesten Gedanken und Gefühle sich nicht nur in eurem Existenzbereich, sondern auch anderweitig manifestieren.

Ihr seid, wie ihr wißt, gegenwärtig nur mit einem Teil eurer Gesamtidentität vertraut. Wenn ihr euch daher die Frage nach einem höchsten Wesen vorlegt, dann schwebt euch dabei eine Persönlichkeit männlichen Geschlechts vor, die Eigenschaften besitzt, wie ihr selber sie habt, und ganz besonders solche, die ihr bewundert. Dieses göttliche Phantasiegebilde hat sich infolgedessen durch die Jahrhunderte verändert und dabei das sich wandelnde Selbstverständnis des Menschen widergespiegelt.

Gott galt als grausam und mächtig, solange der Mensch diese Eigenschaften für erstrebenswert hielt und sie speziell im Kampf um sein physisches Überleben brauchte. Er projizierte dieselben auf seinen Gottesbegriff, weil er andere ihretwegen beneidete und fürchtete. Ihr habt euren Gottesbegriff also nach eurem eigenen Bilde geformt.

In einer Realität, die unvorstellbar multidimensional ist, erscheinen die alten Gottesbegriffe als r e l a t i v sinnlos. Schon der Ausdruck »ein höchstes Wesen« enthält eine Entstellung, denn ihr projiziert natürlich die Eigenschaften der menschlichen Natur in es hinein. Wenn ich euch sagte, Gott sei eine Idee, dann würdet ihr das nicht begreifen, denn ihr seid weder mit Dimensionen vertraut, in denen die Idee Realität besitzt, noch mit der Energie, die sie erzeugen und aussenden kann. Ihr glaubt an Ideen nicht in dem selben Maß, wie ihr an physische Objekte glaubt. Wenn ich euch daher sage, Gott sei eine Idee, dann werdet ihr das mißdeuten und meinen, das heiße, Gott sei weniger als real, er sei nebulos, unwirklich, ohne Absicht und ohne zielgerichtetes Wirken.

Nun ist euer eigenes physisches Erscheinungsbild eine Materialisierung eurer V o r s t e l l u n g von euch selbst im Rahmen der Eigenschaften der Materie. Ohne diese Vorstellung von euch selbst würde euer physisches Erscheinungsbild nicht existieren; und doch ist es häufig das einzige, dessen ihr euch bewußt seid. Die ursprüngliche Kraft und Energie jener Vorstellung erhält euer Erscheinungsbild am Leben. Vorstellungen sind demnach sehr viel wichtiger, als ihr wißt. Wenn ihr euch die Vorstellung, daß eure eigene Existenz multidimensional ist und daß ihr von unendlichen Wahrscheinlichkeiten umgeben seid, aneignen könnt, dann wird es möglich, einen flüchtigen Eindruck von der Realität zu erhaschen, die hinter dem Wort »Gott« steht, und zu begreifen, warum es fast unmöglich ist, ein wahres Verständnis dieser Realität in Worte zu fassen.

Gott ist in erster Linie Schöpfer – nicht eines physischen Universums, sondern einer unendlichen Vielheit möglicher Existenzen, die als solche viel unermeßlicher sind als die Aspekte des physischen Universums, mit denen eure Naturwissenschaftler vertraut sind. Er hat also nicht einfach seinen Sohn ausgesandt, um auf einem kleinen Planeten zu leben und zu sterben. Er ist ein Teil aller Wahrscheinlichkeiten.

Es sind euch Parabeln und Schöpfungsgeschichten erzählt worden. Sie alle stellten Versuche dar, Wissen auf möglichst einfache Weise weiterzugeben. Oftmals sind Antworten auf Fragen erteilt worden, die außerhalb eures eigenen Realitätssystems buchstäblich bedeutungslos sind.

Zum Beispiel: Es gab keinen Anfang und wird kein Ende geben, und doch wurden euch Parabeln des Anfangs und Endes überliefert, einfach weil nach euren verdrehten Zeitbegriffen Anfang und Ende unzertrennliche, gültige Ereignisse darstellen. Selbst dann, wenn ihr lernt, eure Aufmerksamkeit von der physischen Realität abzuwenden, und euch flüchtige Zeugnisse anderer Realitäten erreichen, wird sich euer Bewußtsein doch weiterhin an die alten Vorstellungen klammern, die es euch unmöglich machen, wahre Erklärungen zu akzeptieren. Multidimensionales Bewußtsein ist euch jedoch in Träumen und in einigen Trancezuständen zugänglich und oft sogar halb unterbewußt, während ihr euren täglichen Geschäften nachgeht.

Dieses Bewußtsein verleiht persönlicher Erfahrung multidimensionale Fülle, die ja nicht von eurer physischen Sinnenwelt getrennt existiert, sondern dieselbe durchsetzt und durchdringt. Physisches Leben nicht wirklich zu nennen, hieße die Tatsache leugnen, daß die Realität alle Erscheinung durchdringt und ein Teil aller Erscheinung ist. Auf dieselbe Weise existiert Gott auch nicht getrennt oder gesondert von der physischen Realität, sondern innerhalb dieser und als ein Teil von dieser, ebenso wie er innerhalb und als ein Teil von allen anderen existentiellen Systemen vorhanden ist.

Eure Christusgestalt stellt symbolhaft eure Vorstellung von Gott und seinen Beziehungen dar. Es hat drei verschiedene Individuen gegeben, deren Biographien miteinander verschmolzen und die kollektiv als Christus bekannt wurden – daher die vielen Widersprüche in eurer Überlieferung. Alle drei waren Männer, denn zu jenem Zeitpunkt hättet ihr kein weibliches Gegenstück akzeptiert.

Diese Individuen waren Teile ein und derselben Wesenheit. Ihr konntet euch Gott nur als Vater vorstellen. Es wäre euch nie eingefallen, euch Gott anders als mit menschlichen Attributen zu denken, aufgebaut aus Erdbausteinen. Diese drei Figuren haben, angetrieben von gewaltigen, konzentrierten Energien, ein hochsymbolisches Drama auf die Bühne gebracht.

Die Ereignisse der Überlieferung sind jedoch nicht historisch. Die Kreuzigung Christi war wesentlich ein psychisches, nicht ein physisches Geschehen. Ideen von fast unvorstellbarer Größe waren im Spiel.

Judas war beispielsweise kein Mensch in eurem Sinne. Er war – ebenso wie die anderen Jünger – eine gesegnete, von der Christuspersönlichkeit selber erzeugte »Fragmentpersönlichkeit«. Er verkörperte den Selbstverräter und hat damit einen Teil von euch allen dramatisiert, der auf die physische Realität habgierig reagiert und das innere Selbst aus Habgier verrät. Jeder der Zwölf stellte persönliche Eigenschaften dar, die einem Individuum angehören, und Christus, wie ihr ihn kennt, repräsentierte das innere Selbst. Die Zwölf plus Christus, wie ihr ihn kennt (der sich aus Dreien zusammensetzende Eine), machten zusammen eine individuelle, irdische Persönlichkeit aus – das innere Selbst und zwölf Charaktereigenschaften des Ich. So wie Christus von seinen Jüngern umgeben war, so ist das innere Selbst von diesen physisch orientierten Charaktereigenschaften umgeben, wobei jede von der täglichen Realität nach außen gezogen wird und doch zugleich das innere Selbst umkreist.

Den Jüngern wurde durch das innere Selbst physische Realität verliehen, so wie alle eure irdischen Charaktereigenschaften aus eurer inneren Natur hervorgehen. So war dies eine lebendige, unter euch fleischgewordene Parabel – ein kosmisches Drama, zu eurem Besten aufgeführt, in Begriffen, die euch verständlich waren.

Die Lektion dahinter war deutlich, da sämtliche Ideen personifiziert wurden. Wenn ihr mir den Ausdruck verzeiht, so war es wie ein lokales

Mysterienspiel, das in eurer Ecke des Universums aufgeführt wurde.

Das soll nicht etwa bedeuten, daß es weniger real gewesen sei, als ihr bisher glaubtet. Im Gegenteil soll das hier Gesagte auf die gewaltigeren Aspekte der Gottheit klar hinweisen.

Wenn sich mein Tempo verlangsamt, kannst du dich zwischen den Zeilen ausruhen.

(»Ja.« Es fällt auf, daß Seth bisher keine Pause gemacht hatte. Janes Tempo war zeitweise sehr langsam gewesen.)

Die drei Christuspersönlichkeiten wurden auf eurem Planeten geboren und wurden, in der Tat, unter euch Fleisch. Die zwölf Jünger stellten Materialisierungen der Energien – der gesammelten Energien – dieser drei Persönlichkeiten dar. Sie waren damals zwar mit Individualität voll ausgestattet, doch bestand ihre Hauptaufgabe darin, durch ihre Persönlichkeit bestimmte Fähigkeiten klar zum Ausdruck zu bringen, die allen Menschen gegeben sind.

Die gleiche Art Drama hat sich in anderer Form wiederholt; und obgleich das Drama immer wieder ein anderes ist, ist es doch immer das gleiche. Das soll nicht heißen, daß in jedem Realitätssystem ein Christus erschienen ist. Es heißt vielmehr, daß die Gottesidee sich in jedem System auf eine den Bewohnern verständliche Weise manifestiert hat.

Dieses Drama existiert weiter. Es gehört nicht etwa der Vergangenheit an. Nur ihr habt ihm diesen Platz zugewiesen. Das bedeutet aber nicht, daß es immer erneut stattfindet. Das Drama war also alles andere als bedeutungslos, und der Geist Gottes ist in eurem Sinne etwas ganz Legitimes. Es ist das wahrscheinliche Gottesdrama, das wahrzunehmen ihr euch entschieden habt. Es wurden noch andere wahrgenommen, jedoch nicht von euch, und es gehen auch gegenwärtig solche Dramen über die Bühne.

Ihr könnt Pause machen.

(22.16 Uhr. Janes Trance war tief gewesen. In der Pause konnte sie ihre schweren Augenlider nur langsam öffnen. »Ich spürte, er hielt mich unten, bis ich einen Großteil dieses Materials durchgegeben hatte«, sagte sie. Eine Stunde und sechs Minuten; das war eine ihrer längsten Trancen gewesen. Ich sagte ihr, ich fände das Material ausgezeichnet.

Während wir sprachen, erinnerte sich Jane an ein Bild, das ihr beim Vortrag gekommen war. Sie konnte es nur schlecht erklären, selbst mit Hilfe von Gesten. »Etwas wie Christus als Pfahl inmitten von zwölf um ihn kreisenden Bällen, die nach außen hin eine Ausstrahlung hatten«, sagte sie. »Christus erschuf die Zwölf . . .«

Bisher hat Seth zwei von den drei Persönlichkeiten genannt, die die Christus-Wesenheit ausmachen – Christus selber, natürlich, und Johannes den Täufer. Fortsetzung um 22.37 Uhr.)*

Ob nun die Kreuzigung physisch stattgefunden hat oder nicht, jedenfalls war sie wesentlich ein psychisches Ereignis, das ebenso fortexistiert, wie alles andere mit dem Drama Verbundene.

Vieles davon war physisch, manches nicht. Wie es sich von selbst versteht, hat das psychische Geschehen eure Welt ebenso tief bewegt wie das physische. Das ganze Drama ging aus einem Bedürfnis der Menschheit hervor. Es wurde als Antwort auf dieses Bedürfnis ins Leben gerufen und wuchs daraus hervor. Sein Ursprung lag aber außerhalb eures Realitätssystems.

Anderen Religionen lagen andere Dramen zugrunde, durch welche die Ideen auf andere, den verschiedenen Kulturen angemessene Weisen ausagiert wurden. Leider führten die Unterschiede zwischen den Dramen häufig zu Mißverständnissen, und diese wurden als Vorwand für Kriege benutzt. Die Dramen wurden auch auf persönlicher Ebene im Traumzustand durchgespielt. Die Personifikationen Gottes wurden dem Menschen erstmals im Traumzustand vorgeführt, und danach wurde der Weg bereitet.

Aufgrund von Visionen und Eingebungen wußten die Menschen, daß das Christus-Drama aufgeführt werden würde, und daher erkannten sie es, als es physische Wirklichkeit wurde. Die Gewalt und Energie des Dramas kehrten alsdann ins Traumuniversum zurück. Durch seine physische Materialisierung hatte es einen Zuwachs an Kraft und Intensität erfahren. In persönlichen Träumen traten die Menschen zu den Hauptfiguren des Dramas in Beziehung und erkannten auf diese Weise deren wahre Bedeutung.

Nun ist Gott mehr als die Summe all der wahrscheinlichen Realitätssysteme, deren Schöpfer er ist, und doch ist er ausnahmslos in jedem von diesen vorhanden. Er ist daher in jedem Mann und jeder Frau. Er ist aber auch in jeder Spinne, jedem Frosch und jedem Schatten, und das ist etwas, das der Mensch nicht gerne zugibt.

Gott ist nur durch die eigene Existenz erfahrbar, und ihr erfahrt ihn solchermaßen, ob ihr es wißt oder nicht. Er ist weder männlich noch weiblich, und ich wende diese Begriffe nur der Bequemlichkeit halber an. Im letzten Grunde ist er überhaupt in eurem Sinne nicht menschlich; er ist auch in eurem Sinne keine Persönlichkeit. Eure V o r s t e l-

* In einer Sitzung, die in Kapitel achtzehn von »The Seth Material« geschildert ist.

lung von dem, was eine Persönlichkeit ausmacht, ist zu begrenzt, um die mannigfaltigen Facetten seiner multidimensionalen Existenz zu erfassen.

Andererseits ist er insofern menschlich, als er ein Teil eines jeden Individuums ist; und in dem unermeßlichen Reichtum seiner Erfahrung gibt es eine »Ideengestalt« von ihm als Mensch, zu der ihr eine Beziehung aufnehmen könnt. Er ist buchstäblich unter euch Fleisch geworden, denn euer Fleisch wird von ihm gebildet, insofern er die Energien spendet, die eurem persönlichen, multidimensionalen Selbst Vitalität und Gültigkeit geben; und dieses formt dann wiederum euer Erscheinungsbild in Übereinstimmung mit euren eigenen Vorstellungen.

Dieses persönliche, multidimensionale Selbst, Seele genannt, besitzt alsdann ewige Gültigkeit. Es wird am Leben erhalten, unterstützt und genährt durch die Energien, die unvorstellbare Lebenskraft von All-das-was-ist.

Es ist daher unzerstörbar, euer inneres Selbst, und kann durch nichts gemindert werden. Es hat teil an jenen Fähigkeiten, über die All-das-was-ist verfügt. Es muß daher erschaffen, wie es selber erschaffen wurde, denn so will es das große Geben, das hinter allen Existenzdimensionen steht, die übersprudelnde Quelle von All-das-was-ist.

Jetzt wollen wir unsere Sitzung beenden.

(»O.k. Es war sehr gut.«)

Dieses Material kommt als ein Muster, und wir werden ihm noch andere hinzufügen. Das Diktat ist beendet, und ich schließe die Sitzung, sofern du nicht noch Fragen hast . . .

(Ich hatte ein paar Fragen, Jane und ihre Träume betreffend. Seth gab Antwort darauf und schloß die Sitzung um 23.09 Uhr.)

Sitzung 561, Mittwoch, den 25. November 1970

(Als die Sitzung um 21.15 Uhr gerade anfangen sollte, sagte Jane, sie habe das Gefühl, wir würden irgendwie unterbrochen oder bekämen Besuch. Keine fünfzehn Sekunden später klopfte es an die Tür. Es war Carl Jones. Er gibt an einer höheren Schule in einer Kleinstadt in Connecticut einen Kursus über »Inneren und äußeren Raum«; sein Unterricht stützt sich auf die Lektüre von Janes Buch »The Seth Material«. Carl war auf dem Wege zu seinem Ferienort in der Nähe der Niagara-Fälle. Sitzungsbeginn um 21.55 Uhr.)

Guten Abend.

(»Guten Abend, Seth.«)

Und unserem Freund hier auch einen guten Abend; und ich sehe mit Genugtuung, daß du *(Carl)* heute abend lächelst. Nun, wir werden das Diktat an unserem Buch wiederaufnehmen, damit *(humorvoll zu Carl)* du einmal einen Autor bei der Arbeit siehst – einen authentischen Schattenautor, wenn du so willst.

Ich werde zu gegebener Zeit die Gestalt der dritten Christuspersönlichkeit identifizieren. Im Augenblick bin ich jedoch mit den multidimensionalen Aspekten von All-das-was-ist beschäftigt. Eine solche Realität kann nur erfahren werden. Es lassen sich keine einzelnen Züge hervorheben, mit deren Hilfe man ein auch nur annähernd getreues Porträt von All-das-was-ist und seinen Attributen anfertigen könnte.

Diese Realität und jene Attribute zeigen sich nämlich innerhalb der verschiedenen Wirklichkeitssysteme in einer auf die jeweiligen Tarnungsdaten dieser Systeme abgestimmten Form. Die innere Erfahrung mit dem multidimensionalen Gott kann auf zwei Wegen erfolgen. Der eine Weg führt über die Erkenntnis, daß diese allesbewegende Urgewalt alles durchdringt, was mit euren Sinnen wahrnehmbar ist. Der andere Weg geht durch die Einsicht, daß dieser allesbewegenden Urgewalt eine von ihrer Verbindung mit der Welt der Erscheinungen unabhängige Realität zukommt.

Jede persönliche Berührung mit dem multidimensionalen Gott, jeder Augenblick echten mystischen Erlebens bewirkt eine innerseelische Einheit. Das betroffene Individuum wird dadurch nicht isoliert, sondern vielmehr in die Lage versetzt, seine Wahrnehmungen auf die Realität und Einmaligkeit so vieler Aspekte der Wirklichkeit auszudehnen, als es ihm seine Natur erlaubt.

Es fühlt sich daher weniger isoliert und abgesondert. Es fühlt sich den andern durch diese Erfahrung auch nicht überlegen. Im Gegenteil, es wird von seiner »Gestalt« des Erkennens ergriffen, durch die ihm sein eigenes Einssein mit All-das-was-ist durchsichtig wird.

So wie es Teile der Realität und andere Wahrscheinlichkeitssysteme gibt, die ihr nicht bewußt wahrnehmt, so gibt es auch Aspekte der Urgottheit, die ihr gegenwärtig nicht erfassen könnt. Es gibt daher wahrscheinliche Götter, von denen jeder auf seine Weise die multidimensionalen Aspekte jener Uridentität reflektiert, die als solche so grandios und blendend ist, daß nur eine Realitäts- oder Existenzform sie niemals enthalten könnte.

Ich habe versucht, euch einen Eindruck von den weitreichenden schöpferischen Wirkungen eurer eigenen Gedanken zu vermitteln. Verglichen damit ist es völlig unmöglich, sich die multidimensionale Schöpferkraft vorzustellen, die man All-das-was-ist zuschreiben muß. Das Wort »All-das-was-ist« kann als Sammelbegriff dienen, der alle jene wahrscheinlichen Gottheiten in allen ihren Manifestationen mit umfaßt.

Nun ist es vielleicht für einige von euch leichter, an die einfachen Geschichten und Parabeln des Ursprungs zu glauben, von denen ich bereits sprach. Doch es ist an der Zeit, daß die Menschheit einen Schritt weitergeht und ihr eigenes Bewußtsein erweitert, indem sie sich bemüht, eine tiefere Version der Wirklichkeit zu begreifen. Ihr seid heute über das Alter hinaus, da Kindermärchen am Platze waren. Wenn eure eigenen Gedanken Form und Realität haben, wenn sie selbst in anderen Realitätssystemen, die ihr nicht wahrnehmt, gültig sind, dann ist es nicht schwer einzusehen, warum andere Wahrscheinlichkeitssysteme von euren Gedanken und Gefühlen gleichfalls beeinflußt werden – oder warum das Verhalten der wahrscheinlichen Gottheiten durch das, was in anderen Existenzdimensionen geschieht, nicht beeinflußt wird.

Jetzt könnt ihr Pause machen.

(22.15 Uhr. Auf eine Pause von durchschnittlicher Dauer folgte ein nicht protokolliertes Zwischenspiel, in dem Seth hauptsächlich auf Fragen Carls einging. Dabei kamen ein paar Dinge zur Sprache, die ich später gern schwarz auf weiß gehabt hätte. Einer der Punkte, um die es ging, war Seths Aussage, daß, wann immer ein Mensch intensiv an einen andern denkt, ein Teil des »Denkenden« zum »Gegenstand« seiner Gedanken hingeht.

Es folgte eine weitere Pause, während der Carl sich verabschiedete, um seine Ferienreise nach Westen fortzusetzen . . . Ich hatte mir letztens Gedanken gemacht, weil Jane die mediale Arbeit am Wochenende übertrieb. Wir sprachen jetzt darüber – ohne zu erwarten, daß Seth dazu Stellung nehmen würde – und waren uns einig, daß sie solche außerplanmäßigen Abenteuer einschränken müßte, ganz gleich, wie interessant die »Herausforderung« sein würde.

Fortsetzung um 23.10 Uhr.)

Nun: Ich habe etwas dazu zu sagen. Dein die Wochenenden betreffender Vorschlag ist gut, und Ruburt ist bereit, ihm zu folgen. Wenn ihr reguläre Sitzungen abhaltet, dann wird euch ein gelegentlicher Besuch nicht stören, nur müßt ihr es im voraus wissen.

Ruburt weiß es meistens unbewußt, läßt es aber nur selten in sein Bewußtsein treten, so daß sich lediglich ein Gefühl der Unruhe einstellt. Er fühlt zwar, es werde eine Unterbrechung geben, ist sich aber des Gefühls nicht bewußt, verstehst du.

Ich möchte den Vorschlag machen, daß ihr eure regulären Sitzungen für eine Weile in einem eurer hinteren Räume *(wo sich auch mein Studio befindet)* abhaltet, und zwar aus zwei Gründen. Ihr seid dann sicher, daß bei geschlossenen Türen euch das Telephon nicht unterbricht. Ignoriert es einfach. Macht bekannt, daß jeder, der Privatsitzungen beiwohnen will, dies vorher mit euch vereinbaren muß. Sonst würdet ihr die Tür nicht aufmachen.

Das Hinterzimmerarrangement wird die private Natur der Sitzungen für euch unterstreichen. Alle Arbeit, die mit anderen Menschen zu tun hat, wird generell in den Gruppensitzungen erledigt.

Das Hinterzimmerarrangement wird auch den angemessenen psychologischen Rahmen schaffen für das Sich-Zurückziehen von den alltäglichen physischen Belangen und den Beziehungen mit andern. Damit ist nicht gesagt, daß ihr nicht gewissen besonderen Individuen gelegentlich erlauben solltet, an Privatsitzungen teilzunehmen. Es soll auch nicht heißen, daß die zwei regulären Sitzungen stattfinden müssen, und ich sage dies jetzt, da ich weiß, daß Ruburt fähig und bereit ist, meinen Vorschlägen Folge zu leisten.

Während des Sommers können die hinteren Räume von Vorteil sein oder auch nicht. Es hat natürlich Veränderungen in unserem Arbeitsrhythmus gegeben, und im großen und ganzen hat Ruburt sie richtig gehandhabt. Die Unregelmäßigkeiten unserer Sitzungen waren dadurch bedingt, daß oft drei reguläre Sitzungen von ihm erwartet wurden, statt zwei.

Oft fanden spontan anberaumte Gruppensitzungen statt, und wie du wohl bemerkt haben wirst, ließ er dann unsere nächste Sitzung ausfallen. Er hatte das Gefühl, daß ihm zwei Sitzungen reichten. Unsere regulären Sitzungen werden immer die Quelle des Materials bleiben, und der Akzent wird stets auf ihnen ruhen. Nichtsdestoweniger dienen die Gruppensitzungen einem wichtigen Zweck. Sie sind ein Zweigunternehmen oder ein Ableger, aber sie dürfen nicht an die Stelle unserer eigenen Arbeit treten.

Vorläufig sollten nie mehr als drei Sitzungen pro Woche stattfinden. Nun könnte es den Anschein erwecken, als sei ich einfach nicht verfügbar, wenn ich meine, Ruburt solle keine weiteren Sitzungen haben. *(Das habe ich überhaupt nicht gedacht.)* Ich erinnere jedoch an das, was ich viel früher schon einmal gesagt habe. Manchmal bin ich ganz unmittelbar an einer Sitzung beteiligt, und manchmal bekommt ihr eine Sitzung, die programmiert wurde. Das ist eine Simplifizierung, aber du weißt, was ich meine.

Unter Benutzung der psychologischen Brücke kann Ruburt zu solchen Zeiten eine Sitzung abhalten. Ich habe meine Meinung klar und deutlich gesagt. Ruburts Arbeit mit Impressionen ist dagegen eine ganz andere Sache. Dabei zieht er nicht die gleiche Art Energie an. Es geht nicht darum, daß die Sitzungen Ruburts Kräfte erschöpfen. Es geht darum, daß er sich in die besondere Art Energie einstimmen muß, die wir für unsere Sitzungen brauchen, und aufgrund gegenwärtiger Umstände und erreichten Entwicklungsstandes ist dreimal die Woche genug.

Unsere zweimal wöchentlichen Sitzungen sollten immer beibehalten werden, und die Gruppensitzungen sollten eine Beigabe sein, solange sie Ruburt nicht ermüden. Das Telephon sollte jedoch unbeantwortet bleiben. Fremde, die an euch schreiben, können in die Dienstag-Gruppe eingeladen werden. Bei besonderen Gelegenheiten, die eurem Gutdünken anheimgestellt sind, könnt ihr einen Gast an unseren Sitzungen teilnehmen lassen. Wenn das nur ganz gelegentlich vorkommt, dürften keine Probleme auftreten, solange ihr euch an die von mir gegebenen Richtlinien haltet.

Hast du Fragen?

(»Nein.«)

Dann beenden wir die Sitzung oder machen Pause, ganz wie ihr wollt.

(»Dann machen wir wohl besser Schluß.«)

(23.30 Uhr. Dies war aber trotzdem noch nicht das Ende der Sitzung. Seth kam nach kurzer Pause zurück, und wir führten eine Diskussion über Gruppensitzungen u.a., die bis 23.50 Uhr dauerte.

Seth machte eine Voraussage: Jane würde ein ausgezeichnetes Buch über die Gruppensitzungen schreiben, das viele Leute dazu anregen würde, das reguläre Seth-Material zu lesen. Seth fügte hinzu, daß das Material selbst eines Tages vollständig in Form der Sitzungsprotokolle veröffentlicht werden würde. Letzteres ist ein persönlicher Wunschtraum von mir.)

15
Reinkarnationszivilisationen, Wahrscheinlichkeiten und mehr über den multidimensionalen Gott

Sitzung 562, Montag, den 7. Dezember 1970

(Seths Vorschlag vom 25. November aufgreifend, hielten wir die Sitzung in meinem Studio, im hinteren Teil unserer Wohnung ab. Es ist intimer dort, aber weniger warm, besonders bei geschlossenen Türen. Beginn um 21.05 Uhr.)

Guten Abend.

(»Guten Abend, Seth.«)

Wir nehmen also unser Diktat wieder auf und beginnen das nächste Kapitel. Es heißt »Reinkarnationszivilisationen, Wahrscheinlichkeiten und mehr über den multidimensionalen Gott«.

In gewissem Sinne könnte man sagen, daß es reinkarnierende Zivilisationen ebenso wie reinkarnierende Individuen gibt. Jede Wesenheit, die Fleisch wird, arbeitet an der Entwicklung jener Eigenschaften, die innerhalb der physischen Umwelt am besten gedeihen und sich entfalten. Sie ist für die Zivilisation mitverantwortlich, innerhalb derer sie existiert, denn sie trägt dazu bei, diese durch ihre eigenen Gedanken, Gefühle und Taten zu gestalten.

Sie lernt aus ihren Fehlschlägen wie aus ihren Erfolgen. Ihr nehmt an, daß die physische Geschichte mit dem Höhlenbewohner beginnt und sich bis in die Gegenwart fortsetzt. Es hat aber noch andere große, technische Zivilisationen gegeben; von einigen spricht die Legende, andere sind vollkommen unbekannt – alle sind euren Begriffen nach vom Erdboden verschwunden.

Es will euch scheinen, als hättet ihr als Gattung vielleicht nur eine einzige Chance, eure Probleme zu lösen oder aber an eurer eigenen Aggressivität, eurem Mangel an Einsicht und Geistigkeit zugrunde zu gehen. So wie euch aber viele Leben geschenkt wurden, in denen ihr eure Fähigkeiten entwickeln und entfalten könnt, so wurde dem Menschengeschlecht auch mehr als nur die eine, einzelne, historische Entwicklungslinie, die ihr momentan kennt, zuteil. Die Reinkarnationsstruktur ist lediglich eine Facette in dem Gesamtbild der Wahrscheinlichkeiten. Innerhalb dessen habt ihr buchstäblich soviel Zeit, wie ihr braucht, um jenes Potential zu entwickeln, das ihr entwickeln müßt, bevor ihr die Reinkarnationsexistenzen hinter euch lassen könnt. Menschengruppen haben in verschiedenen Zyklen reinkarnationaler Aktivität Krise um Krise durchlebt, haben euren gegenwärtigen Stand physischer Entwicklung erreicht und sind entweder darüber hinausgewachsen oder haben ihre spezifische Zivilisation zerstört.

In letzterem Falle wurde ihnen auf der Basis ihres unbewußten Wissens, nicht nur um ihres Versagens, sondern auch um dessen Gründe willen, eine weitere Chance zuteil. Sie starteten dann mit einem psychologischen Vorsprung, während sie sich zu neuen, primitiven Gruppen formierten. Andere haben, nachdem ihre Probleme gelöst waren, euren physischen Planeten gegen andere Orte im physischen Universum eingetauscht. Wenn sie diese Entwicklungsstufe erreicht hatten, waren sie jedoch geistig und physisch ausgereift und waren in der Lage, Energien nutzbar zu machen, von denen ihr keine Kenntnis besitzt.

Für sie ist die Erde jetzt eine legendäre Heimat. Sie haben neue Rassen und Gattungen entwickelt, die sich an eure atmosphärischen Bedingungen nicht mehr anpassen können. Sie verblieben jedoch auf der Reinkarnationsstufe, solange sie der physischen Realität treublieben. Einige von ihnen haben aber eine Mutation durchgemacht und den Reinkarnationszyklus hinter sich gelassen.

Diejenigen, die ihn hinter sich ließen, haben sich in jene geistigen Wesenheiten verwandelt, die sie im Grunde immer schon waren. Sie haben das materielle Gewand abgestreift. Diese Gruppe von Wesenheiten bringt der Erde nach wie vor großes Interesse entgegen. Sie stehen ihr bei und verleihen ihr Energie. Auf eine Weise könnten sie heute als Erdgötter gelten.

Auf eurem Planeten waren sie lange vor der Zeit von Atlantis in drei spezifische Zivilisationen verwickelt; während eurer Planet sich noch in einer etwas anderen Position befand.

(»Meinst du in einem anderen »Sonnensystem«?)

Laß für den Augenblick einmal das Wort »Position« stehen. Besonders in bezug auf drei der euch bekannten Planeten. Die Pole waren umgekehrt – was übrigens während drei langen Perioden in der Geschichte eures Planeten der Fall war. Diese Zivilisationen waren hoch technologisch; die zweite davon war der eurigen in dieser Hinsicht haushoch überlegen.

Der Ton wurde viel wirksamer eingesetzt, nicht nur als Heilmittel und in Kriegen, sondern auch zum Antreiben von Fahrzeugen und zum Fortbewegen physischer Materie. Der Ton war ein Beförderer von Gewicht und Masse.

(Als Jane oben das Wort »Kriege« aussprach, schwang in Stimme und Gesichtsausdruck der Unterton »wie man sich denken kann« mit.)

Das Schwergewicht dieser zweiten Zivilisation lag vornehmlich auf den Weltteilen, die heute als Afrika und Australien bekannt sind, obgleich in jenen Zeiten nicht nur das Klima vollkommen anders war, sondern auch die Landverteilung. Es gab eine andere Anziehung der Landmassen, was mit der verschiedenen Position der Pole zu tun hatte. Relativ gesprochen blieb die Zivilisation jedoch auf dieses Gebiet konzentriert; sie machte keinen Versuch, sich auszubreiten. Sie war sehr in sich gekehrt und bewohnte den Planeten gemeinsam mit einer riesigen, unorganisierten, zerstreuten, primitiven Kultur.

Sie machte nicht nur keinen Versuch, den Rest der Welt zu »zivilisieren«, sondern tat sogar alles, was in ihrer Macht stand – und die war lange Zeit sehr erheblich –, um solchem Fortschritt entgegenzuwirken.

Die Mitglieder dieser Zivilisation gehörten überwiegend einer Ausläufergruppe der früheren, erfolgreichen Zivilisation an, deren Mehrheit den Beschluß gefaßt hatte, ihre Existenz in anderen Bezirken eures physischen Universums fortzuführen. Dieselben waren jedoch in die irdische Daseinsform besonders verliebt und hofften auch, das letzte Experiment, in das sie verwickelt gewesen waren, noch zu verbessern, obgleich es ihnen freistand, zu anderen Existenzebenen fortzuschreiten.

Sie hatten kein Interesse daran, am anderen Ort mit einer neuen Zivilisation noch einmal von vorn zu beginnen. Ihr Wissen war infolgedessen zum großen Teil instinktiv, und daher durchlief diese Gruppe, was ihr die verschiedenen technologischen Stadien nennen würdet, überaus rasch.

Anfangs waren sie besonders daran interessiert, einen Menschentyp zu entwickeln, der mit eingebauten Sicherheiten gegen Gewalt ausgerüstet war. Das Friedensbedürfnis war für sie fast, was ihr Instinkt nennen würdet. Es traten Veränderungen im physischen Mechanismus bei ihnen auf. Wenn die Psyche starke Aggression signalisierte, reagierte der Körper nicht. Rudimente davon könnt ihr heute noch in bestimmten Individuen finden, die eher ohnmächtig werden oder gegen ihren eigenen Organismus vorgehen, als daß sie einem andern antun, was sie als Gewalt empfinden.

Diese Zivilisation ließ die Naturvölker, die sie umgaben, in Frieden. Sie sandten jedoch Mitglieder ihrer eigenen ethnischen Gruppe aus, um mit den Naturvölkern zu leben und sich mit ihnen zu vermischen, in der Hoffnung, auf solche friedliche Weise die Physiologie der Spezies zu verändern.

Die Energie, die bei euch heute oft in Gewalt umgesetzt wird, kam anderen Dingen zugute, bevor sie anfing, sich gegen sie selber zu wenden. Sie lernten nämlich nicht wirklich, mit Gewalt und Aggression umzugehen. Sie machten vielmehr den Versuch, durch physischen Kurzschluß deren Ausbruch zu verhindern, und dies, mußten sie feststellen, führt zu Komplikationen.

Ihr könnt Pause machen.

(21.52 bis 22.05 Uhr.)

Nun: Energie muß unter geistiger oder, wenn ihr wollt, psychischer Kontrolle und Lenkung den physischen Organismus frei durchfließen können.

Die physische Veränderung erwies sich für den gesamten Organismus als eine Belastung. Die schöpferische Funktion samt ihrer Basis, die zum Begriff der Aggression verzerrt worden war, der Antrieb zum Handeln, blieb unverstanden. In gewisser Hinsicht ist sogar das Atmen ein Akt der Gewalt. Die eingebaute Hemmung hatte ein verknotetes System wechselseitiger Kontrollen zur Folge, innerhalb dessen die notwendige Stoßkraft der Tat buchstäblich nicht mehr verfügbar war. Geistig machte die Zivilisation freilich Fortschritte. Ihre Technologie lief auf Hochtouren und drängte voran in dem Bestreben, beispielsweise künstliche Nahrung zu entwickeln, damit für den existentiellen Fortbestand nicht etwa getötet werden müßte.

Gleichzeitig bemühte sie sich, die Umwelt unangetastet zu lassen. Sie hat euer Stadium des Automobils und der Fahrzeuge mit Dampfantrieb ganz übersprungen und sich schon früh auf den Ton spezialisiert. Der Ton war für physische Ohren nicht hörbar.

Die Zivilisation nannte sich Lumania *(ausbuchstabiert)*, und der Name als solcher ging in die Legende ein und wurde zu späterer Zeit noch einmal verwandt.

Die Lumanianer waren physisch gesehen ein sehr schmächtiges, schwächliches Volk; in medialer Hinsicht waren sie entweder hoch talentiert oder gänzlich unbegabt. Bei manchen nämlich riefen die eingebauten Kontrollen in so vielen Richtungen Energieblockaden hervor, daß sogar ihre von Natur aus starken telepathischen Anlagen darunter litten.

Sie bauten um ihre Zivilisation herum Energiefelder auf. Deshalb blieben sie von anderen ethnischen Gruppen isoliert. Sie haben sich von der Technologie jedoch nicht zerstören lassen. Dagegen sahen sie mehr und mehr ein, daß ihr Experiment ein Fehlschlag war. Einige schlossen sich nach ihrem physischen Tode den Emigranten aus der früheren, erfolgreichen Zivilisation wieder an.

Die große Masse ließ jedoch ihre Städte im Stich, zerstörte die Energiefelder, durch die sie sich abgeschirmt hatte, und schloß sich den zahlreichen, relativ unzivilisierten Völkerschichten an, mit denen sie sich paarte und Kinder zeugte. Diese Lumanianer wurden nicht alt, denn sie konnten weder Gewalt ertragen noch Gewalt mit Gewalt beantworten. Sie hatten jedoch die Hoffnung, daß ihre Kinder durch Mutation eine Abneigung gegen Gewalt mit auf die Welt bringen würden, ohne die hemmenden nervlichen Kontrollreaktionen zu zeigen, die in ihnen selber wirksam waren.

Physisch starb die Zivilisation einfach aus. Einige wenige der mutierten Nachkommen schlossen sich zu einer kleinen, späteren Gruppe zusammen, die das Gebiet im folgenden Jahrhundert als Nomaden mit großen Herden von Tieren durchstreifte. Sie trugen Sorge für einander, und viele der alten Legenden, die von halb menschlichen, halb tierischen Wesen berichten, gehen auf die Erinnerungen an diese alten Assoziationen zurück.

Dieses Volk, oder vielmehr Überbleibsel des Volkes der ersten großen Zivilisation, hat sich immer starke, unbewußte Erinnerungen an seinen Ursprung bewahrt. Ich spreche jetzt von den Lumanianern. Daher ihr rascher technologischer Aufstieg. Aber da ihre Zielsetzung so ausschließlich auf die Vermeidung von Gewalt, statt, sagen wir, auf die konstruktive, friedliche Entwicklung schöpferischen Potentials gerichtet war, blieben ihre Erfahrungen höchst einseitig. Sie waren so von Angst vor der Gewalt getrieben, daß sie ihrem physischen Organismus nicht einmal erlaubten, diese zum Ausdruck zu bringen.

Die Vitalität der Zivilisation war daher schwach – nicht etwa, weil keine Gewalt existierte, sondern weil Energie und Ausdruck automatisch in bestimmter Richtung blockiert waren, selbst physisch von außen. Sie verstanden zwar sehr viel von den Übeln der Gewalt im irdischen Sinne, verweigerten aber dem Individuum das Recht, eigene Erfahrungen damit zu machen und auf schöpferische Weise persönliche Wege zu finden, um die Gewalt in konstruktive Bahnen zu lenken. Die Willensfreiheit fiel dabei unter den Tisch.

So wie das Kind, nachdem es aus dem Mutterleib geboren ist, noch eine Weile gegen gewisse Krankheiten immun bleibt, so ist es auch für kurze Zeit nach seiner Geburt gegen psychische Katastrophen gefeit, weil es, gleichsam als Trost, die Erinnerung an frühere Existenzen und Orte in sich bewahrt. Auf ähnliche Weisen waren die Lumanianer einige Generationen lang durch tiefe, unbewußte Erinnerungen an die frühere Zivilisation geschützt. Doch mit der Zeit wurden diese schwächer. Sie hatten sich gegen Gewalt geschützt, aber nicht gegen Angst.

Sie waren daher all den üblichen menschlichen Ängsten ausgesetzt, die aber bei ihnen in verstärkter Form auftraten, weil sie nicht einmal der Natur mit Gewalt begegnen konnten. Wenn man sie angriff, mußten sie fliehen. Das Kampf-oder-Flucht-Prinzip galt für sie nicht. Ihnen blieb keine Wahl.

Sie hatten ein männliches Gottessymbol – eine starke, körperlich mächtige Figur, die imstande war, sie zu beschützen, wo sie selbst es nicht konnten. Sie hatte sich langsam, im Laufe der Zeit, im Zusammenhang mit ihrem Glauben entwickelt und war Projektionsträger all jener Eigenschaften, die sie selber nicht auszudrücken vermochten.

Viel später sollte diese die Gestalt des alten Jehova annehmen, des Gottes des Zorns, der sein auserwähltes Volk schützte. Die Angst vor der Natur war aus den erwähnten Gründen anfangs sehr stark ausgeprägt. Dadurch wurden Gefühlsschranken zwischen diesen Menschen und den nährenden Kräften in der Natur errichtet. Sie konnten der Erde nicht trauen, weil sie sich gegen deren gewalttätige Seite nicht schützen durften.

Ihre gewaltige Technologie und ihre große Zivilisation befand sich überwiegend unter der Erde. In diesem Sinne waren sie die ersten Höhlenbewohner und kamen aus ihren Städten auch durch diese Höhlen hervor. Höhlen dienten also nicht nur Primitiven als Unterschlupf. Sie waren häufig auch Eingangstore zu den Städten der Lumanianer. Lange nachdem diese Städte verlassen worden waren, fanden die nachfolgenden Primitiven diese Höhlen vor.

Jetzt könnt ihr Pause machen – und euch aufwärmen.

(22.44 Uhr. Das Studio hatte sich inzwischen merklich abgekühlt – daher Seths Bemerkung. Nach der Pause folgten drei Seiten gestrichenen Materials. Die Sitzung endete um 23.25 Uhr.)

Sitzung 563, Mittwoch, den 9. Dezember 1970

(Wieder fand die Sitzung im Studio statt. Wir saßen wie gewöhnlich gegen 21.00 Uhr bereit, aber Jane hatte nicht gleich das Gefühl, daß »Seth da« sei. Nicht, daß sie sonderlich müde gewesen wäre oder sich durch irgend etwas belästigt gefühlt hätte . . . Beginn um 21.15 Uhr.)

Guten Abend.

(»Guten Abend, Seth.«)

Wir nehmen das Diktat wieder auf.

Obgleich die Zivilisation der Lumanianer stark konzentriert war, insofern man keinen Versuch machte, Land zu erobern oder sich gebietsmäßig sonderlich auszubreiten, wurden doch durch Jahrhunderte hindurch Vorposten aufgestellt, von wo aus man emporsteigen und die anderen Naturvölker im Auge behalten konnte.

Diese Vorposten baute man unter der Erde. Zwischen den ursprünglichen Städten und größeren Siedlungen gab es eine unterirdische Verbindung, ein Tunnelsystem, das höchst kompliziert und technisch wundervoll ausgeführt war. Da dies ein ästhetisch veranlagtes Volk war, waren die Wände mit Gemälden und Zeichnungen geschmückt, und Skulpturen waren längs diesen unterirdischen Straßen aufgestellt.

Man hatte verschiedene Aufzugssysteme, von denen manche Menschen und andere Güter beförderten. Es war jedoch praktisch nicht durchführbar, solche Tunnel zu den vielen Vorposten zu bauen, die aus ziemlich kleinen Gemeinden bestanden und sich wirtschaftlich weitgehend selbst versorgten; einige lagen von den Hauptzentren des Handels und Wandels sehr weit entfernt.

Diese Vorposten waren über weite Gebiete verstreut, aber es gab eine ziemlich große Anzahl davon dort, wo heute Spanien und die Pyrenäen liegen. Das hatte verschiedene Gründe. Einer war der, daß die Gebirgszüge von einer ziemlich gigantischen Menschenrasse bevölkert waren. Aufgrund ihrer schüchternen Veranlagung war die Vorpostenexistenz bei den Lumanianern nicht sehr beliebt, und nur die Tapfersten wurden dorthin entstandt, und immer nur auf Zeit.

(Nachträgliche Anmerkung: Seth gibt keine Daten an für die lumanianische Zivilisation. Es ist jedoch interessant, daß Ende Juli 1971, rund acht Monate nach dieser Sitzung, die Zeitungen einen mit Photographien dokumentierten Bericht brachten über die Ausgrabung eines »massiven« menschenähnlichen Schädels in einer Höhle in den französischen Pyrenäen, ganz in der Nähe der spanischen Grenze.

Der Schädel ist etwa zweihunderttausend Jahre alt und gehört einer bislang unidentifizierten Rasse an. Man nimmt jetzt hypothetisch an, daß es zu jener Zeit mehrere primitive Rassen in Europa gegeben hat. Die Periode fällt in die Zeit vor dem Neandertaler und markiert den Beginn der vorletzten Eiszeit. Diese Gegend Südfrankreichs ist für ihre vielen Höhlen bekannt, die das Wasser aus dem Kalkgestein mit Leichtigkeit hat auswaschen können. Jane besitzt keinerlei paläontologische Vorkenntnisse.)

Die Höhlen dienten den Lumanianern also als Tore zur Außenwelt, und oftmals bestand das, was die Rückwand einer Höhle zu sein schien, aus einem von außen undurchsichtigem Material, das aber von innen durchsichtig war. Die Eingeborenen dieser Gegend, die solche Höhlen als Unterschlupf benutzten, konnten auf diese Weise gefahrlos beobachtet werden. Diese Leute reagierten auf Töne, die für eure Ohren nicht hörbar sind. Ihre eigentümliche Furcht vor der Gewalt schärfte ihre Sinne in einem erstaunlichen Grade. Sie waren ständig wachsam und auf der Hut.

Dies ist schwer zu erklären, aber sie konnten Gedanken auf bestimmten geistigen Wellenlängen aussenden – eine höchst bemerkenswerte Kunst – und dieselben dann am Bestimmungsort in verschiedene Medien übersetzen: in Form oder Farbe, zum Beispiel, oder sogar in eine bestimmte Art Bild. Ihre Sprache war hochdifferenziert auf eine Weise, die euch unverständlich wäre, einfach weil die Abstufungen in Höhe, Frequenz und zeitlichen Abständen so präzis und kompliziert waren.

Kommunikation war überhaupt eine ihrer Hauptstärken, und zwar war diese deshalb so hoch entwickelt, weil sie sich sosehr vor der Gewalt fürchteten und ständig auf der Hut waren. Sie rotteten sich in großen Familienverbänden zusammen, wiederum aus Schutzbedürfnis. Die Eltern-Kind-Beziehung stand auf einer sehr hohen Stufe, und die Kinder gerieten in Unbehagen, sobald die Eltern auch nur einen Augenblick außer Sicht waren.

Aus diesen Gründen befanden sich die Individuen, die für die Vorposten verantwortlich waren, in einer sehr ungemütlichen Lage. Sie waren zahlenmäßig begrenzt und von den Hauptzentren ihrer eigenen Zivilisation weitgehend abgeschnitten. Sie entwickelten deshalb eine noch stärkere telepathische Aktivität sowie einen Rapport mit dem Erdboden über ihnen, so daß das geringste Beben oder ein Schritt oder die leiseste ungewohnte Bewegung dort oben augenblicklich registriert wurde.

Es gab zahlreiche Gucklöcher, könnte man sagen, zur Erdoberfläche hin, durch die man diese beobachten konnte. Es waren dort auch Kameras aufgestellt, die höchst präzise Aufnahmen, nicht allein von der Erdoberfläche, sondern auch von den Sternen machten.

Sie besaßen ein Verzeichnis aller unterirdischen Erdgasquellen und genaueste Kenntnis der inneren Erdschichten, die unter ständiger Beobachtung standen, damit etwaige Erdbewegungen oder -defekte vorausgesehen werden konnten. Sie waren so stolz auf ihren Vorstoß unter die Erde.

Dies war, wie gesagt, die zweite und vielleicht interessanteste der drei Zivilisationen. Die erste bewegte sich im großen und ganzen auf eurer eigenen Entwicklungslinie und mußte sich mit vielen der Probleme auseinandersetzen, die ihr heute habt. Sie waren hauptsächlich in dem Gebiet ansässig, das ihr heute Kleinasien nennt. Sie waren jedoch auch expansiv und bereisten die Außenbezirke. Von diesem Volk stammten die Lumanianer ab.

Ich schlage vor, ihr macht Pause.

(21.43 bis 21.55 Uhr.)

Bevor ich auf die dritte Zivilisation zu sprechen komme, möchte ich zu der zweiten noch einiges nachtragen.

Es betrifft die Kommunikation, wie sie in ihren Zeichnungen und Malereien schöpferisch zum Ausdruck gelangte, und die hochdifferenzierte Weise, in der sie vor sich ging. In vieler Hinsicht war ihre Kunst der eurigen weit überlegen. Sie war nicht so einseitig. Die verschiedenen Künste waren beispielsweise auf eine Weise miteinander verquickt, die euch nahezu unbekannt ist; und da euch die Vorstellung davon als solche so fremd ist, wird es nicht einfach sein, dies zu erklären. Man stelle sich, zum Beispiel, etwas ganz Einfaches – sagen wir eine Tierzeichnung – vor. Ihr würdet das Tier lediglich als ein visuelles Objekt sehen, aber diese Menschen waren leidenschaftliche Liebhaber der Synthese. Eine Gerade war für sie nicht bloß eine visuelle Linie, sondern repräsentierte gemäß einer fast unendlichen Vielfalt von Unterscheidungen und Einteilungen auch gewisse Töne, die man automatisch übersetzte.

Ein Betrachter konnte automatisch die Töne übersetzen, bevor er sich mit dem visuellen Bild abgab, falls er das wünschte. Was eine Tierzeichnung zu sein schien, konnte die gesamte Lebensgeschichte oder den Background des Tieres mitenthalten. Kurven, Ecken, Linien stellten, neben der augenfälligen objektiven Funktion, die sie innerhalb der Zeichnung ausfüllten, eine hochkomplizierte Reihe von Variationen in

Tonhöhe, Tonwert und Klangfarbe dar oder, wenn ihr so wollt, unsichtbare Worte.

Linienabstände wurden als Tonpausen übersetzt und manchmal auch als Zeitabstände. Farbe wurde als eine Art Sprache für Kommunikationszwecke, aber auch in Zeichnungen und Gemälden verwertet; sie stellte, ähnlich wie die Farbe bei euch, gefühlsmäßige Abstufungen dar. Hier dienten die Farbe und ihr Intensitätswert jedoch dazu, die Verfeinerung und Präzision noch zu steigern, indem sie, beispielsweise, die in den objektiven Werten der Linien, Ecken und Kurven enthaltene Botschaft oder die mit den unsichtbaren Wortbedeutungen bereits gegebenen Erklärungen noch unterstrich oder indem sie diese auf die verschiedensten Weisen modifizierte. Kannst du mir folgen?

(»Ja.«)

Das Format solcher Zeichnungen hatte auch seine eigene Sprache. In gewisser Hinsicht war dies eine hochstilisierte Kunst, und dennoch ließ sie große Präzision zugunsten des Details und große Bewegungsfreiheit zu. Es war zweifellos eine höchst komprimierte Kunst. Diese Technik wurde später von der dritten Zivilisation wiederentdeckt, und ein paar Überreste von Zeichnungen, die imitativ entstanden, existieren noch heute. Doch der Schlüssel, der eine Deutung ermöglichen würde, ist unwiederbringlich verloren. Daher wäre alles, was ihr wahrnehmen könntet, eine Zeichnung ohne die multisensuellen Elemente, die diese einst so abwechslungsreich machten. Sie existiert, aber ihr könnt sie nicht zum Leben erwecken.

Ich sollte vielleicht hier erwähnen, daß einige der besonders in bestimmten Gegenden Spaniens und der Pyrenäen befindlichen Höhlen und ein paar noch früher datierte in Afrika künstliche Konstruktionen darstellen. Nun bewegten diese Leute Masse mit Ton und waren, wie ich bereits erwähnt habe, solche Meister in dessen Handhabung, daß sie sogar Materie akustisch transportieren konnten. Auf diese Weise kamen ihre Tunnel zustande, und auch Höhlen wurden mit dieser Methode angelegt. Oft waren die Zeichnungen an den Höhlenwänden Träger hochstilisierter Information, die – fast so wie eure Schilder vor öffentlichen Gebäuden – über Tiergattungen und sonstige Lebewesen in der jeweiligen Gegend Auskunft gaben.

Diese Zeichnungen dienten später euren frühen Höhlenbewohnern, die in den historischen Zeiten lebten und auf die ihr euch gewöhnlich bezieht, als Modell.

Möchtest du eine Pause?

(»Ich glaube, ja.«)

(22.20 Uhr. Ich hatte während Janes Vortrag wegen ihres Zigarettenrauches zu husten begonnen. Wir lüfteten das Studio trotz der Außentemperatur durch. Fortsetzung um 22.33 Uhr.)

Auf kommunikativem und damit auch auf schöpferischem Gebiet waren sie vitaler, lebendiger und aufnahmefähiger als ihr. Wenn ihr ein Wort hört, dann stellt ihr euch vielleicht ein entsprechendes Bild dazu vor. Bei diesen Leuten ließ der Ton jedoch automatisch und spontan erstaunlich lebhafte Bilder entstehen, die zwar keineswegs dreidimensional, aber trotzdem viel lebhafter waren als eure geistigen Bilder.

Bestimmte Töne wurden dazu benutzt, um in Hinsicht auf Größe, Form, Richtung und Dauer erstaunlich prägnante Differenzierungen zu machen. Töne brachten also prächtige Bilder in ihnen hervor. Deshalb fiel es ihnen auch leicht, zwischen dem, was sie inneres und äußeres Gesicht nannten, zu unterscheiden. Es war ihnen völlig natürlich, beim Gespräch beisammensitzend die Augen zu schließen, um sich klarer ausdrücken zu können. Dabei genossen sie die stets sich wandelnden, augenblicklich sich einstellenden inneren Bilder, die jeden verbalen Austausch begleiteten.

Sie lernten leicht, und der Bildungsvorgang war stimulierend, weil ihre multisensuelle Veranlagung automatisch dafür sorgte, daß sie Eindrücke nicht bloß durch einen Sinnenkanal, sondern gleich durch mehrere empfingen. Trotz alledem und trotz der Unmittelbarkeit ihrer Wahrnehmungen war eine angeborene Schwäche vorhanden. Ihr Unvermögen, der Gewalt entgegenzutreten und sie bewältigen zu lernen, hatte natürlich eine schwere Behinderung ihrer Tatkraft zur Folge. In dieser Richtung waren ihre Energien blockiert, so daß es ihnen an Selbstbehauptung und Machtgefühl fehlte. Ich meine hier nicht unbedingt physische Energien, aber es wurde soviel Kraft in dem Bemühen vergeudet, Gewalt zu vermeiden, daß man nicht mehr imstande war, normale Aggressionen zu sublimieren.

Jetzt möchte ich die Sitzung beenden oder eine Pause einlegen. Ich bin aber dafür, daß ihr die Sitzung beendet.

(Ich nickte zustimmend.) Meine herzlichsten Grüße und einen schönen guten Abend.

(»Danke, gleichfalls, Seth. Gute Nacht.«)

(22.48 Uhr. Janes Trance war diesmal sehr unterschiedlich gewesen, und ich hatte weiter gehustet. Sie sagte, Seth habe schließlich die Sitzung beendet, weil ihre Trance mit meinem Husten fluktuiert habe. Das Material sei solcher Art, fügte Jane noch hinzu, daß es nur schwer greifbar sei, solange sie gegen solche Ablenkungen ankämpfen müsse.)

Sitzung 565, Montag, den 1. Februar 1971

(Während der vergangenen Wochen hat Jane nur ein paar Sitzungen für ihre ASW-Gruppe und zwei persönliche für uns selbst abgehalten. Das war alles, obgleich ich immer wieder gehofft hatte, daß wir die Arbeit an Seths Buch fortsetzen könnten. Vielerlei stand dem im Wege: andere Arbeiten, die Ferien, das schlichte Bedürfnis, den Lebensrhythmus zu ändern, Reisen und der näherrückende Tod meines Vaters . . .

Jane sagte, es rege sie auf, nach dieser Arbeitspause das Diktat wieder aufzunehmen. Sie hatte ähnliche Gefühle wie in der Zeit vor dem Beginn des Buchdiktates. Abgesehen von einem kurzen Auszug aus Kapitel sechs, den ich ihr für ihre ASW-Gruppe zum Vorlesen gab, hat sie es nur bis zum ersten Teil des vierten Kapitels gelesen. Ich war fest überzeugt, daß Seth das Diktat ohne Spuren einer Unterbrechung wiederaufnehmen würde.

Übrigens waren wir wieder dazu übergegangen, die Sitzungen im Wohnzimmer abzuhalten. 21.05 Uhr.)

Guten Abend.

(»Guten Abend, Seth.«)

Nun: Wir kehren heute abend zu unserem Buch zurück und Mittwoch und jeweils jeden Montag und Mittwoch, bis es fertig ist.

Jetzt zum Diktat.

Ich habe deshalb über die Lumanianer ausführlich gesprochen, weil sie einen Teil eures psychischen Erbguts ausmachen. Die anderen beiden Zivilisationen waren in vieler Hinsicht erfolgreicher, und doch war die ernste Absicht hinter dem Experiment der Lumanianer äußerst zählebig. Obwohl sie das Problem der Gewalt, wie es sich ihnen in eurer Realität präsentiert, nicht zu lösen vermochten, schwingt doch ihr leidenschaftliches Verlangen danach auch in eurem psychischen Klima noch mit.

Aufgrund der wahren Natur der »Zeit« existieren die Lumanianer in eurem Sinne noch immer. Es kommen häufig Durchbrüche in eure psychische Atmosphäre vor. Diese ereignen sich nicht von ungefähr, sondern stets dann, wenn eine Art Rapport zwischen Systemen, die normalerweise völlig getrennt zu sein scheinen, Wirkungen hin- und herspringen läßt. Solche Durchbrüche zwischen eurer Zivilisation und der der Lumanianer gibt es seit langem.

Verschiedene alte Religionen übernahmen beispielsweise die Vorstellung einer grimmigen Gottvaterfigur von den Lumanianern, weil diese sich für die Projektion ihrer Begriffe von Kraft, Macht und Gewalt eignete. Dieser Gott sollte ihnen Schutz gewähren, wo die Gewaltlosigkeit ihnen keinen Selbstschutz erlaubte.

Momentan bereitet sich sozusagen ein Durchbruch vor. Ihr werdet von der multidimensionalen Kunstauffassung und Kommunikationsweise einen inspirativen Eindruck erhalten, aber nur in rudimentärer Form.

Aufgrund der Natur der Wahrscheinlichkeiten gibt es natürlich auch ein Realitätssystem, in dem den Lumanianern ihr Experiment mit der Gewaltlosigkeit gelang und wo ein völlig neuer Menschentypus entstand.

Dies alles wird euch nur deshalb so sonderbar vorkommen, weil ihr von der Existenz einen dermaßen spezifischen und beschränkten Begriff habt.

Die Vorstellung von wahrscheinlichen Realitäten und wahrscheinlichen Menschen und Göttern dürfte manchen von euch völlig absurd vorkommen, und doch seid ihr, da ihr dieses Buch lest, nur eines eurer mehreren wahrscheinlichen Selbst. Andere wahrscheinliche Selbst von euch würden euch nicht als real betrachten und manche würden eure Existenz empört von der Hand weisen. Trotzdem ist das wahrscheinliche Realitätssystem nicht nur eine Frage für Philosophen. Wenn ihr an der Natur eurer eigenen Realität interessiert seid, dann ist dies eine Sache von höchst persönlicher und entscheidender Bedeutung. So wie die verschiedenen Eigenschaften der Lumanianer noch in eurer psychischen Atmosphäre vorhanden sind, so wie ihre Städte in Gebieten, die ihr heute als euren Besitz anseht, koexistieren, so koexistieren auch andere, wahrscheinliche Identitäten neben eurer jetzigen Identität. Im folgenden Kapitel soll von euch und euren wahrscheinlichen Selbst die Rede sein.

16
Wahrscheinliche Systeme, Menschen und Götter

FORTSETZUNG DER SITZUNG 565 VOM 1. FEBRUAR 1971

(9.24 Uhr.) Und nun beginnen wir das Kapitel »Wahrscheinliche Systeme, Menschen und Götter«.

Euer tägliches Leben stellt euch in jedem gegebenen Augenblick vor die Wahl, eine Vielfalt an Handlungen zu begehen, manche davon trivial und andere von größter Bedeutung. Ihr könnt, beispielsweise, niesen oder nicht niesen, husten oder nicht husten, zum Fenster oder zur Tür gehen, euch am Ellbogen kratzen, ein Kind vor dem Ertrinken retten, eine Lektion lernen, Selbstmord begehen, jemandem Schaden zufügen oder ihm die andere Wange reichen.

Es hat den Anschein, als baue sich die Realität aus solchen Handlungen auf, für die ihr euch entscheidet. Denjenigen Handlungen, gegen die ihr euch entscheidet, wird keinerlei Beachtung geschenkt. Der nicht beschrittene Weg erscheint euch als Nichthandeln. Und doch wird jeder Gedanke verwirklicht und jede Möglichkeit ausgelotet. Die physische Realität setzt sich aus etwas zusammen, das eine Reihe von physischen Handlungen zu sein scheint. Da dies euer normales Wirklichkeitskriterium ist, entziehen sich nichtphysische Handlungen gewöhnlich eurer Beachtung und eurem abwägenden Urteil.

Nehmen wir einmal folgendes Beispiel: Ihr lest dieses Buch und das Telephon läutet. Ein Freund möchte sich mit euch um fünf Uhr treffen. Ihr steht und überlegt. In Gedanken seht ihr euch a) nein sagen und zu Hause bleiben, b) nein sagen und statt dessen woanders hingehen, c) ja sagen und die Verabredung einhalten. Nun kommt allen diesen möglichen Handlungen an diesem Punkt Realität zu. Jede von ihnen könnte physisch verwirklicht werden. Bevor eure Entscheidung gefallen ist, sind alle diese wahrscheinlichen Handlungen gleichermaßen gültig. Ihr wählt eine davon aus und verwirklicht durch eure Entscheidung physisch eine der drei Handlungen. Diese Handlung wird dann als ein Glied in jene Kette von Ereignissen aufgenommen, die euer normales Dasein ausmachen.

Die anderen wahrscheinlichen Handlungen bleiben jedoch ebenso gültig, obgleich ihr vorgezogen habt, sie physisch nicht zu verwirklichen. Sie werden effektiv ebenso in die Tat umgesetzt wie die von euch akzeptierte Handlung. War eine der abgewiesenen wahrscheinlichen Handlungen emotional stark aufgeladen, so kann derselben sogar eine größere Gültigkeit zukommen als der von euch gewählten.

Alle Handlungen sind ursprünglich geistig. Das ist die Natur der Realität. Dieser Satz kann nicht stark genug hervorgehoben werden. Alle geistigen Handlungen gelten daher. Sie existieren und lassen sich nicht verleugnen.

Da ihr dieselben nicht als physische Ereignisse akzeptiert, seid ihr euch ihrer Stärke und Dauerhaftigkeit nicht gewärtig. Eure mangelhafte Wahrnehmung tut jedoch ihrer Gültigkeit keinen Abbruch. Wenn ihr eigentlich Arzt werden wolltet und habt einen anderen Beruf ergriffen, dann seid ihr in einer anderen wahrscheinlichen Realität Arzt. Wenn ihr Gaben besitzt, von denen ihr keinen Gebrauch macht, dann werden sie anderswo ausgeschöpft.

Nun dürften diese Ideen eurem geistigen Temperament, das auf lineares Denken und dreidimensionale Betrachtung eingestellt ist, wiederum unmöglich reichhaltig erscheinen.

(Humorvoll:) Ihr könnt eine dreidimensionale Pause einlegen.

(»Danke.« 21.43 bis 21.55 Uhr.)

Nun stehen diese Tatsachen zur Gültigkeit der Seele nicht etwa in Widerspruch, sondern bestätigen diese ins Unermeßliche. Die Seele läßt sich darüber hinaus als eine multidimensionale, unendliche Handlung beschreiben, wo auch die winzigste Wahrscheinlichkeit irgendwo wirklich und existent wird, als ein unendlicher Schöpfungsakt, der sich unendliche Dimensionen erschafft, in denen Erfüllung möglich wird.

Der Kanevas eurer Existenz ist einfach so beschaffen, daß er für den dreidimensionalen Intellekt unsichtbar bleibt. Diese wahrscheinlichen Selbst sind jedoch ein Teil eurer Identität oder Seele; und wenn ihr nicht in Kontakt mit ihnen steht, dann nur deswegen, weil ihr auf physische Ereignisse eingestellt seid und dieselben zum Wirklichkeitskriterium erhebt.

Von jedem beliebigen Punkt eurer Existenz aus könnt ihr jedoch in andere wahrscheinliche Realitäten flüchtige Einblicke nehmen und den Widerhall möglicher Handlungen unterhalb der Entscheidungen, die ihr gefällt habt, spüren. Manche Leute tun dies spontan, oftmals im Traumzustand. Hier verblassen die starren Voraussetzungen des normalen Wachbewußtseins häufig; und dann könnt ihr es erleben, daß ihr jene physisch abgewiesenen Handlungen ausführt, ohne eine Ahnung davon zu haben, daß ihr in eine wahrscheinliche Existenz von euch blickt.

Gibt es aber individuelle wahrscheinliche Selbst, dann gibt es natürlich auch wahrscheinliche Erden, die sämtlich solche Wege beschreiten, die ihr nicht gegangen seid. Im Wachzustand gelingt es manchmal mit Hilfe eines imaginativen Aktes, den »nicht beschrittenen Weg« eine kurze Strecke zu verfolgen.

Wenden wir uns unserem Mann am Telephon wieder zu, von dem wir vorhin sprachen. Nehmen wir an, er sage seinem Freund, er könne nicht kommen. Wenn er sich dabei gleichzeitig vorstellt, daß er die andere Alternative ergriffen und der Verabredung zugestimmt hätte, dann kann er einen plötzlichen Riß in den Dimensionen erleben. Hat er Glück und die Umstände sind günstig, so kann er plötzlich die volle Gültigkeit seiner Vorstellung gefühlsmäßig ebenso stark erfahren, als wäre sie physisch verwirklicht. Bevor er weiß, was geschieht, erlebt er, wie er seine Wohnung verläßt und jene wahrscheinliche Handlung ausführt, gegen die er sich entschieden hatte.

Für den Augenblick wird ihn jedoch die Fülle des Erlebnisses überfluten. Die Phantasie wird die Pforten geöffnet und ihn freigemacht haben, wahrzunehmen, ohne zu halluzinieren. Dies ist eine einfache Übung, die fast jederzeit durchgeführt werden kann, obgleich Einsamkeit dabei wichtig ist.

Ein solches Experiment führt nicht zu weit, und das wahrscheinliche Selbst, das die von euch verworfene Handlung g e w ä h l t hat, ist in wesentlicher Hinsicht sehr verschieden von dem Selbst, das ihr kennt. Jede geistige Tat schließt eine neue Wirklichkeitsdimension auf. In gewissem Sinne gebiert der geringste Gedanke von euch Welten.

Das ist keine trockene metaphysische Feststellung. Sie sollte in euch stärkste Empfindungen der Kreativität und der Spekulation auslösen. Es ist keinem Wesen möglich, steril zu bleiben, keiner Idee möglich zu sterben, keiner Fähigkeit möglich, sich nicht zu erfüllen.

Jedes wahrscheinliche Realitätssystem bringt seinerseits natürlich weitere solcher Systeme hervor, und jede Tat, die ausgeführt wird, zeugt eine unendliche Zahl »unverwirklichter« Taten, die gleichfalls in Wirklichkeit umgesetzt werden. Nun sind alle Realitätssysteme offen. Die Grenzen zwischen ihnen werden willkürlich und nur der Bequemlichkeit halber gesetzt, aber alle existieren gleichzeitig, und jedes unterstützt das andere und trägt zu seiner Mehrung bei. So wird, was ihr tut, bis zu einem gewissen Grade auch durch die Erfahrung eurer wahrscheinlichen Selbst widergespiegelt und umgekehrt.

In dem Maße, in dem ihr offen und empfänglich seid, könnt ihr beträchtlich von den verschiedenen Erfahrungen eurer wahrscheinlichen Selbst profitieren und aus ihrem Wissen und ihren Fähigkeiten Nutzen ziehen. Dies tut ihr wieder oft ganz spontan im Traumzustand, und oftmals ist das, was von euch als Inspiration erlebt wird, ein Gedanke, der von einem anderen Selbst gedacht, aber nicht in die Tat umgesetzt wurde. Ihr schaltet euch ein und verwirklicht ihn statt dessen.

Vorstellungen, die ihr habt, ohne von ihnen Gebrauch zu machen, können auf die gleiche Weise von anderen wahrscheinlichen Selbst aufgegriffen werden. Jedes dieser wahrscheinlichen Selbst sieht sich natürlich als das wahre Selbst an und jedes von ihnen würde euch als ein wahrscheinliches Selbst betrachten; doch durch die inneren Sinne seid ihr euch alle eurer Rolle innerhalb dieser »Gestalt« bewußt.

Ihr könnt Pause machen.

(22.26 bis 22.41 Uhr.)

Die Seele ist kein fertiges Produkt.

Sie ist, in der Tat, in diesem Sinne überhaupt kein Produkt, sondern ein Werdegang. All-das-was-ist ist auch kein Produkt, fertig oder unfertig. Es gibt wahrscheinliche Götter ebenso, wie es wahrscheinliche Menschen gibt; doch sind diese wahrscheinlichen Götter alle ein Teil dessen, was ihr die Seele oder die Identität von All-das-was-ist nennen würdet; ebenso wie eure wahrscheinlichen Selbst sämtlich Teile eurer Seele oder Wesenheit sind.

Die Wirklichkeitsdimensionen, die dem All-das-was-ist offenstehen, gehen natürlich weit über das hinaus, was euch momentan zugänglich ist. Auf eine Weise habt ihr durch eure eigenen Gedanken und Wünsche viele wahrscheinliche Götter ins Leben gerufen. Sie sind völlig unabhängige psychische Wesenheiten, die auf anderen Existenzebenen Gültigkeit haben. Das eine All-das-was-ist ist sich nicht nur seiner eigenen Natur und der Natur allen Bewußtseins bewußt, sondern auch aller seiner wahrscheinlichen Selbst. Wir nähern uns hier thematischen Bereichen, wo Worte ihre Bedeutung verlieren.

Die Natur von All-das-was-ist kann nur direkt durch die inneren Sinne oder, in schwächerer Form, durch Inspiration und Intuition erfahren werden. Die wunderbare Komplexität einer solchen Realität ist mit Worten nicht faßbar.

Nun geduldet euch einen Moment. Diktatende.

(Janes Tempo hatte sich seit der Pause verlangsamt. Seth ging nun daran, Material durchzugeben, das ihre schriftstellerische Arbeit betraf.)

(»Danke.«)

Und am Mittwoch haben wir Buchdiktat und etwaiges persönliches Material im Anschluß daran.

(»O.k. Gute Nacht, Seth.« Ende um 23.02 Uhr.)

Sitzung 566, Montag, den 15. Februar 1971

(Während der letzten zwei Wochen waren wir mit der Regelung der Angelegenheiten meines kürzlich verstorbenen Vaters beschäftigt. Sitzungsbeginn um 21.19 Uhr.)

Guten Abend.

(»Guten Abend, Seth.«)

Nun: Zur Abwechslung gibt es ein bißchen Diktat, obgleich ich am Schluß der Sitzung euch beiden etliches mitteilen möchte.

Also: Wahrscheinlichkeiten sind ein stets gegenwärtiger Teil eurer unsichtbaren psychologischen Umwelt. Ihr existiert inmitten des wahrscheinlichen Realitätssystems. Es ist nichts von euch Getrenntes. In gewissem Sinne ist dieses System wie ein Meer, in dem ihr gegenwärtig lebt. Ihr seid in ihm, und es ist in euch. Gelegentlich mögt ihr euch auf der Bewußtseinsebene fragen, was wohl geschehen wäre, wenn ihr euch anders entschieden hättet; wenn ihr, zum Beispiel, einen anderen Lebenspartner gewählt oder euch in einem anderen Teil des Landes niedergelassen hättet. Oder ihr mögt euch fragen, was gewesen wäre, wenn ihr einen wichtigen Brief abgeschickt hättet, den ihr euch später entschloßt, nicht abzuschicken. Nur in solchen Momenten leisen Zweifels habt ihr an die Wahrscheinlichkeit je Fragen gerichtet. Doch es gibt tiefe Verbindungen zwischen euch und all jenen Individuen, zu denen ihr eine Beziehung hattet und mit denen ihr in tiefgreifende Entscheidungen verwickelt wart.

Diese Verbindungen sind nicht nebulös. Es sind tiefgründige, wechselseitige psychologische Beziehungen durch die ihr – besonders telepathisch – aneinander gebunden seid, obgleich das unter der Schwelle eures normalen Bewußtseins bleiben kann. Die unrealisierten psychischen Beziehungen, die möglich gewesen wären, aber nie Wirklichkeit wurden, werden in anderen Realitätsschichten aufgearbeitet.

Die unsichtbare Welt eurer Psyche ist keineswegs so einsam, wie sie euch vorkommen mag, und eure scheinbare innere Isolation wird durch das ständige Auf-der-Hut-Sein eures Ich bewirkt. Es sieht, zum Beispiel, nicht ein, warum es Informationen an euch durchgeben soll, die eure tägliche Existenz nicht betreffen.

Ich liebe den Ausdruck »Fortschritt« nicht, doch in eurem Sinn heißt, wenn ich sage: »als ein Bewußtsein fortschreiten«, mehr und mehr die Materialisierungen eurer eigenen Identität zu erkennen. Die wahrscheinlichen Selbst sollten sich der anderen wahrscheinlichen Selbst bewußtwerden und zu der Einsicht gelangen, daß sie *sämtlich* verschiedene Manifestationen der wahren Identität darstellen.

Sie sind nicht in irgendeinem Superselbst »verloren«, begraben oder verleugnet, ohne Willensfreiheit, Selbstbestimmung oder Individualität. Vielmehr sind sie die Identität, die sie sind, und jedes genießt volle Freiheit, alle wahrscheinlichen Handlungen und Entwicklungen zum Ausdruck zu bringen, und zwar sowohl in dieser Realität, als auch in anderen Realitäten, die *ihr* nicht kennt.

Während ihr im gegenwärtigen Augenblick über dieses Buch gebeugt sitzt, befindet ihr euch im Zentrum eines kosmischen Wahrscheinlichkeitsnetzes, das durch die geringste Denk- oder Gefühlsbewegung auf eurer Seite beeinflußt wird.

Eure Gedanken und Gefühle strahlen also nicht nur in alle physischen Richtungen aus, sondern auch in für euch nicht sichtbare Richtungen und tauchen in Dimensionen auf, deren Natur ihr momentan nicht begreifen würdet. Nun seid ihr ebenfalls die Empfänger solcher Signale, die von anderen mit eurer Wahrscheinlichkeit verbundenen Wahrscheinlichkeiten ausgesandt werden; aber es steht euch frei, welche von jenen wahrscheinlichen Handlungen ihr in *eurem* System physisch verwirklichen wollt, so wie die andern in ihren Systemen auch freie Wahl haben.

Ihr seid also gleichzeitig Urheber und Empfänger solcher Ideen, seid aber nicht gezwungen, unverwirklichte wahrscheinliche Handlungen, die von anderen wahrscheinlichen Selbst angeregt werden, in die Tat umzusetzen. Nun gibt es zwischen euch und den anderen wahrscheinlichen Selbst eine natürliche Anziehung, eine elektromagnetische Verbindung, die auf dem gleichzeitigen Antrieb von Energien beruht. Hiermit meine ich Energien, die bei euch und den wahrscheinlichen Selbst in anderen Realitäten gleichzeitig in Erscheinung treten: psychische Verbindungen, die mit einer vereinigenden emphatischen, emotionalen Reaktion einhergehen und im Traumzustand manifest werden.

In diesem Zustand, wo die Ich-Funktionen leicht herabgesetzt sind, findet ein reger Austausch zwischen den verschiedenen Teilen der Gesamtidentität statt. Im Traum könnt ihr flüchtige Einblicke in wahrscheinliche Alternativen gewinnen, die euch offengestanden hätten. Ihr mögt diese für ein Phantasiegespinst halten, während ihr in Wirklichkeit über Ereignisse ins Bild gesetzt werdet, die sich in einem anderen Wahrscheinlichkeitssystem abgespielt haben.

Jetzt könnt ihr Pause machen.

(21.45 Uhr. Jane war erstaunt über die »geringe« Menge an Material, die durchgekommen war. Sie sagte, sie hätte geglaubt, mit irgendeinem gewaltigen neuen Material »abzubrausen«. Fortsetzung um 22.00 Uhr.)

Ein Ereignis kann aber von mehr als einem wahrscheinlichen Selbst verwirklicht werden, und ihr habt mit manchen wahrscheinlichen Selbst mehr gemein als mit andern. Da ihr miteinander in eine solche komplexe psychologische »Gestalt« verwickelt seid und da die obenerwähnten Verbindungen bestehen, könnt ihr bis zu einem gewissen Grade über die Fähigkeiten und Kenntnisse der anderen wahrscheinlichen Teile eurer Persönlichkeit verfügen.

Die Verbindungen führen ziemlich regelmäßig zu »Durchbrüchen«. Wenn ihr euch jedoch einmal mit dem Wahrscheinlichkeitssystem vertraut gemacht habt, lernt ihr auch auf das zu achten, was ich als »gutartige Übergriffsimpulse« bezeichnen möchte. Solche Impulse stehen scheinbar in keiner Verbindung mit euren gegenwärtigen Interessen und Tätigkeiten; Übergriffe sind sie insofern, als sie sich rasch dem Bewußtstein aufdrängen und irgendwie wie »Fremdkörper« wirken, so als kämen sie nicht von euch. Sie enthalten oftmals den Schlüssel zu Neuem. Ihr könntet, beispielsweise, absolut nichts von Musik verstehen und eines schönen Tages mitten in einer banalen Beschäftigung von dem plötzlichen Impuls überfallen werden, eine Violine zu kaufen.

Dieser Impuls könnte ein Wink sein, daß ein anderer, wahrscheinlicher Teil eurer Identität für dieses Instrument eine Begabung hat. Damit ist nicht gesagt, daß ihr in solchem Fall losrennen und eine Violine kaufen sollt, aber ihr könntet dem Impuls im Rahmen des Vertretbaren nachgeben – indem ihr eine Violine ausleiht, euch einfach mit Violinkonzerten vertrautmacht, etc.

Ihr würdet das Instrument nämlich viel leichter erlernen, wenn der Impuls von einem wahrscheinlichen Selbst ausginge. Es versteht sich also von selbst, daß es wahrscheinliche Selbst in eurer »Zukunft« ebenso wie in eurer Vergangenheit gibt. Es ist schlechte Strategie, sich auf negative Weise mit unangenehmen Aspekten eurer Vergangenheit zu beschäftigen, weil nämlich Teile des wahrscheinlichen Selbst noch in diese Vergangenheit verwickelt sein können. Die Konzentration darauf könnte massivere Durchbrüche und schädliche Identifikationen auslösen, weil diese Aspekte eurer Vergangenheit das sind, was euch mit etwaigen wahrscheinlichen Selbst, die dieser nämlichen Quelle entsprangen, verbindet.

Die Beschäftigung mit der Wahrscheinlichkeit von Krankheit und Katastrophe ist strategisch ebenso unklug, denn ihr errichtet auf diese Weise ein Netzwerk von Wahrscheinlichkeiten, das negativ ist und vermeidbar wäre. Theoretisch könntet ihr eure Vergangenheit, wie ihr sie gekannt habt, verändern, denn die Zeit ist ebensowenig abgesondert von euch, wie die Wahrscheinlichkeiten es sind.

Die Vergangenheit ist auf viele verschiedene Weisen dagewesen. Davon habt ihr nur eine wahrscheinliche Vergangenheit erfahren. Wenn ihr diese Vergangenheit jetzt, gegenwärtig, in eurer Vorstellung verändert, dann modifiziert ihr nicht allein ihre Natur, sondern auch ihre Wirkung, und zwar nicht bloß für euch selbst, sondern auch für die andern.

Nehmen wir an, ein bestimmtes Ereignis habe euch zutiefst verstört. Dann solltet ihr es euch nicht einfach als ungeschehen denken, sondern es in eurer Vorstellung durch ein Ereignis positiver Art ersetzen. Dies muß jedoch mit großer Lebhaftigkeit und gefühlsmäßiger Beteiligung und viele Male geschehen. Es ist kein Selbstbetrug. Das von euch gewählte Ereignis wird nämlich automatisch zum wahrscheinlichen Ereignis, das tatsächlich eintrat, obgleich es nicht dasjenige ist, das ihr in eurer damaligen Vergangenheit habt wahrnehmen wollen.

Wird diese Technik richtig angewandt, dann wird sich eure Vorstellung auf telepathischem Wege auch den Menschen mitteilen, die mit dem ursprünglichen Ereignis zu tun hatten. Es steht ihnen allerdings frei, ob sie eure Version annehmen oder zurückweisen wollen.

Dies ist kein technisches Buch, deshalb werde ich auf diese Methode nicht näher eingehen, möchte sie jedoch hier erwähnt haben.

Man darf nicht vergessen, daß viele Ereignisse, die physisch nicht wahrgenommen oder erfahren werden, ebenso vollgültig und in eurer unsichtbaren, psychologischen Umwelt ebenso wirksam sind wie die realen.

Es gibt in eurem Sinne also unbegrenzte, wahrscheinliche, künftige Ereignisse, für die ihr jetzt die Grundlage legt. Die Natur der Gedanken und Gefühle, deren Urheber und deren gewohnheitsmäßige und typische Empfänger ihr seid, bilden ein Muster. Also wählt ihr aus den wahrscheinlichen Zukünften jene Ereignisse aus, die dann physisch von euch erfahren werden.

Da es Durchbrüche und wechselseitige Verbindungen gibt, ist es euch möglich, euch in ein »künftiges Ereignis«, sagen wir unheilvoller Natur, einzuschalten, ein Ereignis, auf das ihr zusteuert, wenn ihr euren gegenwärtigen Kurs beibehaltet. Ein diesbezüglicher Traum kann euch solchen Schrecken einjagen, daß ihr das Ereignis vermeidet und nicht erlebt. Der Traum ist dann eine Botschaft von einem wahrscheinlichen Selbst, dem dies Ereignis tatsächlich widerfahren ist.

So kann ein Kind im Traum derartige Mitteilungen von einem zukünftigen wahrscheinlichen Selbst empfangen, so daß sein ganzes Leben dadurch verändert wird. Eure Gesamtidentität ist jetzt. Alle Trennung ist illusionär. Daher kann ein wahrscheinliches Selbst dem andern unter die Arme greifen, und mit Hilfe solcher innerer Kommunikationen können die verschiedenen wahrscheinlichen Selbst damit beginnen, die Natur ihrer Identität zu erfassen.

Dies kann zu einem Abenteuer werden, das ganze Zivilisationen erfaßt, denn ebenso wie Individuen haben auch Zivilisationen, Nationen und bewohnte Planetensysteme ihre wahrscheinlichen Schicksale. Die historische Erde, wie ihr sie kennt, hat sich auf viele verschiedene Weisen entwickelt, und eine zutiefst unbewußte Verbindung hält alle diese Manifestationen zusammen.

Auf ihre Weise bewahren sogar Atome und Moleküle eine Erinnerung an die Formen, durch die sie gegangen sind, und ebenso ist auch tief im Inneren der Individuen, die eine gegebene Zivilisation ausmachen, ein Wissen um all die Experimente, Prüfungen, Erfolge und Niederlagen vorhanden, die ihr Geschlecht auch auf anderen Realitätsebenen durchgemacht hat.

Ihr könnt Pause machen.

(22.39 bis 22.55 Uhr.)

In einigen wahrscheinlichen Realitäten hat der christliche Glaube, wie ihr ihn kennt, nie Wurzel gefaßt. In andern haben die Männer nicht dominiert. In wieder andern hat die physische Materie einfach eine andere Gestalt angenommen. Nun liegen alle diese Wahrscheinlichkeiten gewissermaßen in der Luft. Ich beschreibe sie, sogut ich kann, muß mich aber dabei mit Begriffen behelfen, die euch einigermaßen vertraut sind. Bis zu einem gewissen Grad muß daher die »Wahrheit« durch eure Begriffsmuster gefiltert werden, damit ihr sie überhaupt begreift.

Kurz gesagt: ihr seid von fremden Einflüssen und Ereignissen umgeben. Einige davon nehmt ihr in eurer dreidimensionalen Realität wahr. Ihr haltet sie für real, ohne zu merken, daß sie nur Ausläufer anderer Ereignisse sind. Wo euch die Augen den Dienst versagen, meint ihr, sei die Wirklichkeit zu Ende. Deshalb müßt ihr euch dazu erziehen, zwischen die Ereignisse, zwischen die Gegenstände und in euch hineinzublicken, wenn ihr scheinbar untätig seid. Habt acht auf solche Ereignisse, die euch als sinnlos erscheinen, denn diese enthalten häufig den Schlüssel zu einem größeren unsichtbaren Geschehen.

Diktatende.

(Seth beantwortete dann kurz ein paar persönliche Fragen.)

So, wenn ihr keine weiteren Fragen oder Bemerkungen mehr habt . . .

(Ich schüttelte den Kopf.) Ich habe die Absicht, dieses Kapitel am Mittwoch zum Abschluß zu bringen. Meine herzlichsten, guten Wünsche und eine schönen guten Abend, und wenn wir fertig sind, kommt ihr an die Reihe.

(»O. k., vielen Dank, Seth. Gute Nacht.« 23.06 Uhr.)

Sitzung 567, Mittwoch, den 17. Februar 1971

(21.14 Uhr.) Guten Abend.

(»Guten Abend, Seth.«)

Die Natur der Materie als solche wird mißverstanden. Ihr nehmt sie in einem gewissen »Stadium« wahr. Eure Begriffe so einfach als möglich anwendend, möchte ich sagen: Es gibt noch andere materielle Formen als die, die ihr seht. Diese Formen sind ganz real und lebendig, ganz »physisch« für denjenigen, der auf diese spezifische Aktivitätssphäre anspricht.

Im Rahmen der Wahrscheinlichkeiten wählt ihr also bestimmte Handlungen aus, wandelt dieselben in physische Ereignisse oder Gegenstände um und nehmt sie dann wahr. Doch jene nicht gewählten Ereignisse gehen ebenso von euch aus und werden in diese anderen Formen hineinprojiziert. Das hat nun wiederum mit dem Verhalten der Atome und Moleküle zu tun, denn diese sind in eurem Universum nur in bestimmten Stadien präsent. Ihre Aktivität läßt sich nur innerhalb des Spielraums bestimmter Vibrationsrhythmen beobachten. Wenn beispielsweise eure Wissenschaftler sie untersuchen, dann erforschen sie nicht die Natur, sagen wir, eines Atoms. Sie erforschen nur die Charakteristika eines Atoms, wie es sich innerhalb eures Systems zeigt und verhält. Seine größere Realität entgeht ihnen vollkommen.

Ihr wißt, daß es Lichtspektren gibt. Ebenso gibt es auch Spektren der Materie. Euer physisches Realitätssystem ist im Vergleich mit etlichen andern kein dichtes. Die Dimensionen, die ihr der physischen Materie verleiht, enthalten nur eine Andeutung der Vielfalt möglicher Dimensionen.

Einige Systeme sind weit schwerer oder leichter als euer eigenes, obgleich Gewicht in dem euch bekannten Sinn keine Rolle dabei zu spielen braucht. Die wahrscheinlichen Handlungen gehen daher in materielle Systeme über, die genauso gültig und ebenso stimmig wie das eurige sind. Ihr seid an lineares Denken gewöhnt, daher seht ihr die Ereignisse und Dinge in eurer Umwelt als vollständig an, ohne zu ahnen, daß das, was ihr wahrnehmt, nur einen Bruchteil ihrer multidimensionalen Gesamtexistenz darstellt.

Von einem höheren Standpunkt aus ist es unmöglich, ein physisches Ereignis von den wahrscheinlichen Ereignissen zu trennen, denn sie sind Dimensionen einer einzigen Handlung. Deshalb ist es auch grundsätzlich unmöglich, das »du«, das ihr kennt, von den wahrscheinlichen »du«, die sich eurem Bewußtsein entziehen, zu trennen. Es führen jedoch innere »Schleichpfade« zwischen den wahrscheinlichen Ereignissen hindurch; da sie sämtlich Manifestationen einer Handlung *in statu nascendi* sind, sind die Dimensionen zwischen ihnen illusionär.

Euer physisches Hirn kann aus sich heraus diese Zusammenhänge nur sehr unzureichend erfassen. Dem Geist als innerem Gegenspieler des Hirns sind jedoch manchmal die weit größeren Dimensionen eines Ereignisses durch einen Akt blitzhaften, intuitiven Verstehens zugänglich, der sich mit Worten nicht darstellen läßt.

Ich habe wiederholt gesagt, daß die Zeit, wie ihr sie euch vorstellt, nicht existiert. Und doch könntet ihr das Wesen der Zeit in dem Augenblick verstehen, da euch die grundlegende Natur des Atoms enthüllt werden würde. In mancher Hinsicht läßt sich das Atom mit einer Mikrosekunde vergleichen. Obgleich es den Anschein hat, als »existiere« das Atom eine gewisse Zeit lang beständig, hat es in Wirklichkeit Anwesenheits- und Abwesenheitsphasen. Es fluktuiert in einem völlig berechenbaren Muster und Rhythmus. In eurem System ist es nur in bestimmten Augenblicken seiner Fluktuation überhaupt wahrnehmbar. Deshalb halten eure Wissenschaftler das Atom für dauernd gegenwärtig. Der Anwesenheitslücken im Leben des Atoms sind sie sich nicht bewußt.

In jenen Perioden nichtphysischer Projektion, der Abwesenheitsphase der Fluktuation, treten die Atome in einem anderen Realitätssystem in »Erscheinung«. In jenem System werden dieselben während der Anwesenheitsphase ihrer Fluktuation wahrgenommen, und auch dort scheinen sie beständig zu sein. Es gibt viele solcher Fluktuationspunkte, aber euer System weiß nichts davon. Es weiß auch nichts von den letzthinnigen Taten, Universen und Systemen, die diese beinhalten.

Ähnliche Vorgänge spielen sich auch auf einer tiefen, geheimen und unerforschten psychologischen Ebene ab. Das physisch orientierte Bewußtsein, auf die Aktivitätsphase des Atoms reagierend, erwacht jeweils zum Leben, aber zwischendurch gibt es Fluktuationen, wo das Bewußtsein auf völlig andere Realitätssysteme eingestellt ist. Jedes von diesen lebt auf und reagiert, ohne ein Gefühl für seine Abwesenheit zu besitzen, während sein Gedächtnis sich auf jene speziellen Fluktuationen beschränkt, auf die es reagiert.

Ihr könnt jetzt Pause machen.

(21.47 bis 22.06 Uhr.)

Fortsetzung des Diktats. Diese Fluktuationen vollziehen sich eigentlich gleichzeitig. Euch würde es jedoch so vorkommen, als gäbe es Lücken zwischen den Fluktuationen, und die Erklärung, die ich gegeben habe, genügt für diesen Zweck; im Grunde genommen existieren die wahrscheinlichen Systeme jedoch alle gleichzeitig, und das Atom ist in allen diesen anderen Systemen zugleich.

Bisher war von unglaublich schnellen Fluktuationsschwingungen die Rede, die so übergangslos und »kurz« sind, daß ihr sie nicht wahrnehmt. Es gibt aber auch »langsamere«, »ausgedehntere«, »längere« Fluktuationen an eurem Ende der Skala.

Dieselben wirken auf existentielle Systeme ein, die sich von den enger mit euch verbundenen vollkommen unterscheiden. Die Erlebnisweise dieser Bewußtseinsformen wäre auch völlig fremd. Eine Fluktuation dieser Art könnte, zum Beispiel, Jahrtausende dauern. Diese Jahrtausende würden wie, sagen wir, eine Sekunde eurer Zeitrechnung erlebt werden, und das Geschehen darin würde einfach als »Gegenwart« erfahren.

Nun umfaßt das Bewußtsein solcher Wesen auch das Bewußtsein einer großen Anzahl wahrscheinlicher Selbst und Systeme, die äußerst lebhaft und deutlich als eine Vielfalt der Gegenwarten erfahren wird. Diese Vielfalt der Gegenwarten läßt sich an jedem beliebigen Punkt einer unendlichen Anzahl von Punkten verändern; dabei erscheint die Unendlichkeit nicht etwa in Gestalt einer unendlichen Linie, sondern in Form von ungezählten Wahrscheinlichkeiten und möglichen Kombinationen, die aus jedem Akt des Bewußtseins hervorwachsen.

Solche Wesen mit ihrer Vielfalt der Gegenwarten können sich eures speziellen Systems bewußt sein oder auch nicht. Ihre mannigfaltige Gegenwart kann dieses mit einbegreifen oder auch nicht. Ihr könnt ein Teil ihrer mannigfaltigen Gegenwart sein, ohne auch nur die leiseste Ahnung davon zu haben. In viel kleinerem Rahmen stellen eure wahrscheinlichen Realitäten mannigfaltige Gegenwarten dar. *(Lange Pause.)* Die Metapher eines Auges in einem Auge in einem Auge in endloser Wiederholung dürfte eine brauchbare Analogie dazu bilden. Ende des Kapitels. *(23.25 Uhr.)*

17
Wahrscheinlichkeiten, die Natur von Gut und Böse und religiöse Symbolik

Sitzung 568, Montag, den 22. Februar 1971

(Jane fühlte sich sehr entspannt und schläfrig zur Sitzungszeit. Sie wollte aber die Sitzung deswegen nicht ausfallen lassen. Sie begann in einem langsameren Tempo als gewöhnlich zu sprechen. 21.19 Uhr.)

Guten Abend.

(»Guten Abend, Seth.«)

Diktat.

Die Kapitelüberschrift lautet: »Wahrscheinlichkeiten, die Natur von Gut und Böse und religiöse Symbolik«.

Das christliche Dogma spricht von der Auferstehung Christi, worunter man sich natürlich einen vertikalen Aufstieg in den Himmel vorstellt, und die Entwicklung der Seele wird häufig als Entwicklung in eine Richtung verstanden. Fortschritt ist angeblich Aufstieg, während die Ausgeburt religiöser Bestrafung, die Hölle, auf dem Grunde aller Dinge gesehen wird.

Entwicklung kann daher vom christlichen Standpunkt aus nur in gradliniger Richtung erfolgen. Selten nur stellt man sich dabei die Horizontale vor. Die Evolutionstheorie in ihrer populären Bedeutung hat diese Vorstellung noch erweitert, indem sie den Menschen in allmählichem Fortschritt sich geradewegs aus einem Bruderstamm der Affen entwickeln ließ. *(Humorvoll:)* Christus hätte sich dabei seitwärts in die Büsche schlagen können.

Die innere Realität der Botschaft wurde dem Menschen in einer Form übermittelt, die seinen verständnismäßigen Grundvoraussetzungen angepaßt war. Die Entwicklung erstreckt sich in alle Richtungen. Die Seele klettert keine Treppe hinauf, auf der jede Stufe einen neuen und höheren Entwicklungspunkt darstellt.

Sie steht vielmehr in ihrem eigenen Mittelpunkt und orientiert sich von hier, indem sie ihre Kapazität in alle Richtungen gleichzeitig ausweitet. Sie ist in schöpferische Aufgaben vertieft, von denen jede einzelne ihre Berechtigung hat. Das wahrscheinliche Realitätssystem gewährt euch einen Einblick in die Natur der Seele. Es sollte eure gegenwärtigen religiösen Vorstellungen wesentlich verändern. Aus diesem Grunde ist die Natur von Gut und Böse eine Frage von größter Gewichtigkeit.

Einerseits und auf eine Weise, die ihr momentan nicht begreifen könnt, gibt es einfach das Böse nicht. Andererseits seid ihr offenbar ständig mit Wirkungen konfrontiert, die böse zu sein scheinen. Nun ist häufig gesagt worden, daß es Gott gibt und daß es daher auch den Teufel geben muß – oder daß das Gute das Böse voraussetzt. Das ist so, als würde man sagen: Wenn der Apfel eine Oberhälfte hat, dann muß er auch eine Unterhälfte haben, dabei aber vergißt, daß beide Hälften zusammen erst den Apfel ergeben. *(Pause; eine von vielen.)*

Kehren wir zu unseren Grundwahrheiten zurück: Ihr erschafft die Realität durch eure Gefühle, Gedanken und Geistestaten. Manche davon werden physisch verwirklicht, andere werden in wahrscheinlichen Systemen verwirklicht. Ihr seid, scheint es, in jedem Augenblick vor unendliche Alternativen gestellt, wovon einige weniger günstig als andere sind.

Ihr müßt euch darüber im klaren sein, daß jede geistige Tat eine Realität ist, für die ihr verantwortlich seid. Dies ist der Zweck eures Daseins in diesem Realitätssystem. Solange ihr an den Teufel glaubt, werdet ihr daher einen solchen erschaffen, der euch und den andern, die gleich euch an dieser Schöpfung beteiligt sind, real genug vorkommen wird.

Dank der Energie, die ihr ihm verleiht, verfügt er über ein gewisses Maß an eigenem Bewußtsein. Doch solch ein nachgemachter Teufel besitzt weder Realität, noch hat er Macht über diejenigen, die nicht an seine Existenz glauben und ihn durch solchen Glauben mit Energien aufladen. Er ist, mit anderen Worten, eine superlativistische Halluzination. Wie schon früher erwähnt, können Menschen, die an die Hölle glauben und sich dieser durch ihren Glauben verschreiben, dieselbe in der Tat auch erleben, wenn auch keineswegs im ewigen Sinne. Keine Seele bleibt ewig unwissend.

Denen, die dergleichen glauben, fehlt es einfach an dem notwendigen, tiefen Vertrauen auf das Bewußtsein, die Seele und All-das-was-ist. Sie konzentrieren sich nicht auf das, was sie für die Macht des Guten halten, sondern in ängstlicher Weise auf das, was ihnen als die Macht des Bösen erscheint.

Die Halluzination wird also aus Angst und Beschränkung geboren. Der Teufelsglaube ist nichts als eine Massenprojektion bestimmter

Ängste – Massenprojektion insofern, als sie von vielen Menschen erzeugt wird, wobei die Einschränkung gilt, daß es schon immer solche gegeben hat, die dieses Prinzip abgelehnt haben.

Einige sehr alte Religionen haben die halluzinatorische Natur der Teufelsidee zwar erkannt, doch selbst im alten Ägypten haben sich die simpleren und verzerrteren Vorstellungen, besonders bei der großen Menge, durchsetzen können. In gewisser Weise war den Menschen von damals der Gottesbegriff ohne den Teufelsbegriff nicht verständlich.

Gewitter sind, beispielsweise, höchst schöpferische Naturereignisse, obgleich sie auch zerstörerisch wirken können. In alten Zeiten konnte der Mensch nur die Zerstörung sehen. Zwar haben einige die intuitive Einsicht gehabt, daß allem Anschein zum Trotz jede Wirkung schöpferisch ist, doch nur wenigen ist es gelungen, ihre Mitmenschen davon zu überzeugen.

Der Gegensatz von Licht und Dunkel bietet ein ähnliches Bild. Das Gute wurde als licht empfunden, weil sich die Menschen bei Tage sicherer fühlten. Das Böse wurde dementsprechend der Nacht zugeordnet. Unter dem Wust massiver Entstellungen und Dogmen verborgen war jedoch immer schon der Gedanke einer fundamentalen Kreativität jeder Wirkung keimhaft vorhanden.

Es gibt also gar keine Teufel, die darauf lauern, euch mit sich forttragen zu können, es sei denn, ihr brächtet sie selber hervor, in welchem Falle die Macht dann in euch und nicht in den nachgemachten Teufeln zu suchen wäre. Die Kreuzigung und das damit verbundene Drama hatten im Kontext eurer Realität zur damaligen Zeit einen Sinn. Aus den Tiefen eurer inneren Wirklichkeit, aus der auch eure profundesten Einsichten und Intuitionen stammen, stieg sie in die Welt physischer Wirklichkeit auf.

Das Menschengeschlecht brachte also jene Ereignisse hervor, die in physischem Gewande dieses tiefere, nichtphysische Wissen um die Unzerstörbarkeit der Seele am besten auszudrücken vermochten. Dies spezifische Drama wäre in anderen Systemen mit anderen Grundvoraussetzungen als den euren sinnlos gewesen.

Ihr könnt Pause machen.

(Janes Trance war gut gewesen. Ihre Vortragsweise hatte sich erheblich verschnellert. Und natürlich hatte ich Jane schon oft in dieser Weise auf den Zustrom von Energie und Vitalität reagieren sehen, der allem Anschein nach aus Quellen floß, die jenseits ihrer mir bekannten Per-

sönlichkeit lagen. Womöglich ist ihre Verwandlung noch auffälliger, wenn sie vor Sitzungsbeginn nicht in Hochform ist ... Fortsetzung um 22.07 Uhr.)

Die Symbolik von Aufstieg und Abstieg oder von Licht und Schatten würde für andere Realitäten mit anderen Wahrnehmungsmechanismen bedeutungslos sein. Während eure Religionen um einen dauerhaften Wahrheitskern herumwachsen, ist ihre Symbolik vom inneren Selbst mit Raffinement und aufgrund seiner Kenntnis jener fundamentalen Voraussetzungen, die ihr im physischen Universum für gültig haltet, ausgewählt worden. Andere Informationen werden euch beispielsweise in Träumen, im allgemeinen über die gleiche Symbolik, zugänglich. Von der Symbolik macht das innere Selbst jedoch nur Gebrauch; sie ist an sich kein integrierender Bestandteil der inneren Realität.

Viele wahrscheinliche Systeme verfügen über Wahrnehmungsmechanismen, die sich von den euren weitgehend unterscheiden. In der Tat beruhen einige von ihnen auf »Bewußtseinsgestalten«, die euch vollkommen fremd wären. Ohne sich dessen bewußt zu sein, ist euer Ich beispielsweise ein Produkt des Gruppenbewußtseins; der Teil eures Bewußtseins, der am unmittelbarsten der Außenwelt zugekehrt ist, hängt von den winzigen Bewußtseinseinheiten ab, die in jeder lebenden Zelle des Körpers wohnen; und in der Regel seid ihr euch – zumindest auf einmal – nur eines Ich bewußt.

In manchen Systemen ist das »Individuum« sich völlig bewußt, mehr als ein Ich in eurem Sinne zu haben. In dem Fall ist die gesamte psychologische Struktur reicher als eure. Ein Christus ohne ein solches Bewußtsein würde in diesen Systemen gar nicht auftreten können. Es gibt Wahrnehmungsformen, die euch unbekannt sind, Welten, in denen eure Vorstellung von Licht nicht existiert, wo fast unendliche Abstufungen von Wärmequalitäten empfindungsmäßig, nicht visuell absorbiert werden.

In keiner dieser Welten hätte das Christus-Drama in der Form über die Bühne gehen können, wie ihr es erlebt habt. Das gleiche gilt für jede eurer großen Religionen, obgleich ich schon früher einmal gesagt habe, daß im allgemeinen die Buddhisten einer Beschreibung der Natur der Realität näherkommen. Sie haben jedoch die ewige Gültigkeit der Seele im Sinne ihrer exquisiten Unverwundbarkeit nicht begriffen, noch sind sie in der Lage gewesen, ein Gefühl für deren Einmaligkeit zu entwikkeln. Doch Buddha hat gleich Christus das, was er fast begriffen hatte, mit den Kategorien eurer eigenen Realität gedeutet. Nicht nur mit denen eurer eigenen physischen Realität, sondern auch mit denen eurer wahrscheinlichen physischen Realität.

Die Methoden, die geheimen Methoden, die hinter allen Religionen stehen, waren dazu bestimmt, dem Menschen den Weg in von Symbolen und Mythen unabhängige Verständnisbereiche zu weisen in tiefere Erkenntnisse hinein, die ihn sowohl in die ihm bekannte physische Welt hinein- als auch wieder aus ihr hinausführen konnten. Es gibt noch viele unentdeckte Manuskripte in alten Klöstern, besonders in Spanien, die über im Untergrund arbeitende Gruppen innerhalb religiöser Orden berichten, die diese Geheimnisse am Leben erhielten, während andere Mönche alte, lateinische Manuskripte kopierten.

Es gibt gewisse Stämme in Afrika und Australien, die niemals schreiben lernten, aber gleichfalls von diesen Geheimnissen wußten, und Leute, die sich »Sprecher« nannten, die sie auswendig lernten und nach Norden verbreiteten, sogar bis in nördliche Teile Europas, noch vor Christi Zeiten.

(»Könntest du uns eine Abschrift von einem dieser Sprecher-Manuskripte diktieren?«)

Es wäre möglich, viel Zeit und erstklassige Begleitumstände vorausgesetzt.

(»Dann würde ich ein solches natürlich gern einmal zu Gesicht bekommen.«)

Über den Daumen gepeilt würde die damit verbundene Arbeit fünf Jahre in Anspruch nehmen, denn es gab mehrere Versionen, und eine Gruppe von Anführern, von denen jeder eigene Wege ging in der Unterweisung des Volkes. Die Welt war durch diese Gruppen auf das Christentum weit besser vorbereitet, als man allgemein annimmt. Das Ideengut war überall in Europa bereits »vergraben«.

(»Vergraben« war das Wort, das Seth hier wünschte; ich fragte nach, um sicherzugehen.)

Viele wichtige Ideen gingen jedoch verloren. Das Schwergewicht lag – schlicht und einfach – bei Methoden praktischer Lebensbewältigung, bei verständlichen Regeln. Die Gründe dafür wurden vergessen.

Die Druiden bezogen einige ihrer Ideen von den Sprechern. Ebenso die alten Ägypter. Die Sprecher gingen allen euch bekannten Religionen voraus. Ihre Religion flackerte erst spontan an vielen, verstreuten Stellen auf und breitete sich dann wie ein Lauffeuer vom Herzen Afrikas und Australiens aus. Eine Splittergruppe existierte in einem Gebiet, das später die Azteken bewohnten. Nur war das Landmassiv damals etwas anders beschaffen als heute, und einige der tiefer gelegenen Höhlenwohnungen standen zeitweise unter Wasser.

Verschiedene Sprechergemeinden hielten sich durch Jahrhunderte. Dank ihrer vorzüglichen Ausbildung bewahrten die Botschaften ihre Authentizität. Sie hielten es jedoch für falsch, Worte in schriftliche Form zu bringen, und so wurde nichts aufgezeichnet. Sie bedienten sich auch natürlicher Erdsymbole, waren sich aber über die Gründe dafür vollkommen klar. Die Sprecher traten vereinzelt in eurer Steinzeit auf, und zwar als Führergestalten. Dank ihren Fähigkeiten konnte der Höhlenmensch überleben. Es fand zu jener Zeit jedoch wenig physische Kommunikation zwischen den verschiedenen Sprechern statt, und einige waren sich der Existenz anderer Sprecher überhaupt nicht bewußt.

Ihre Botschaft war so »rein« und unverfälscht wie nur möglich. Eben deshalb wurde sie im Laufe der Jahrhunderte von solchen, die sie hörten, in Parabeln und Legenden gekleidet. Ein Großteil der jüdischen Schriften weist Rudimente der Botschaft dieser frühen Sprecher auf, doch selbst hier ist die Botschaft durch Entstellungen verdeckt worden.

Macht Pause.

(22.44 Uhr. Jane sagte, sie habe nach meinen Fragen und während sie über die Sprecher redete, das Gefühl gehabt, »weiter und weiter zurückzugehen«.

Es dürfte hier von Interesse sein, daß die »mündliche Überlieferung« der schriftlichen Überlieferung um viele Jahrhunderte vorausging und letztere mitformen half. Während dieser langen Periode mündlicher Überlieferung kam es aus verschiedenen Gründen zu zahlreichen Entstellungen, Auslassungen etc. Neueste Forschungen haben ergeben, daß die frühesten Sammlungen und Aufzeichnungen tradierter Lehren bis ins zwölfte vorchristliche Jahrhundert zurückgehen. Fortsetzung um 23.02 Uhr.)

Da das Bewußtsein die Materie formt und nicht umgekehrt, existiert der Gedanke vor dem Gehirn und nach ihm. Das Kind kann logisch zusammenhängend denken, bevor es die Sprache zu erlernen beginnt. Nur kann es auf das physische Universum mit sprachlichen Begriffen nicht einwirken. So hat dieses innere Wissen euch immer zur Verfügung gestanden, muß sich aber physisch manifestieren und buchstäblich Fleisch werden. Die Sprecher waren die ersten, die dieses innere Wissen dem physischen System einprägten, damit es physisch bekanntwerden konnte. Manchmal waren in mehreren Jahrhunderten nur ein oder zwei Sprecher am Leben. Manchmal waren es viele. Sie schauten um sich und begriffen, daß die Welt aus ihrer inneren Realität hervorging. Sie sagten es andern. Sie wußten *(Pause)*, daß die scheinbar festen, natürlichen Gegenstände, die ihre Umwelt ausmachten, aus vielen, winzigen Bewußtseinseinheiten zusammengesetzt waren. Sie erkannten, daß sie aus der Fülle ihrer eigenen Kreativität Ideen in Materie umwandelten und daß der Stoff dieser Materie als solcher bewußt und lebendig war. Sie waren also bestens mit dem natürlichen Rapport vertraut, der zwischen ihnen und ihrer Umwelt bestand, und wußten, daß sie dieselbe durch ihr eigenes Tun umformen konnten.

Nun möchte ich für heute abend schließen und mit den Sprechern in unserer nächsten Sitzung fortfahren.

(»War Ruburt, oder Jane, jemals ein Sprecher?«)

Ruburt war ein Sprecher.

(»Und du?«)

Allerdings war ich einer. Du kennst noch andere. Freilich können die Sprecher in jedem gegebenen Leben ihres Reinkarnationsprozesses ihre Fähigkeiten einsetzen oder auch nicht, sich ihrer bewußt oder unbewußt sein. Ich wünsche euch einen schönen guten Abend.

(»Danke, gleichfalls, Seth. Vielen Dank.«)

(Pause.) Ein Nachtrag: Vergeßt nicht, daß es Millionen von Sprechern gibt.

(»Nein.« 23.13 Uhr. Nach der Sitzung fragte ich mich, ob das Seth-Material selber wohl eine entstellte Fassung der Sprecher-Botschaften darstellen könnte. Jane sagte, es sei nicht ausgeschlossen, meinte aber doch, daß das Sprecher-Material »poetischer« gewesen sein dürfte.)

Sitzung 569, Mittwoch, den 24. Februar 1971

(21.25 Uhr.) Nun –

(»Guten Abend, Seth.«)

Diktat: Allgemein gesprochen *(Lächeln)* und euren Begriffen nach – einmal ein Sprecher, immer ein Sprecher. In manchen Inkarnationen kann er von seinen Gaben so intensiven Gebrauch machen, daß alle anderen Aspekte seiner Persönlichkeit dahinter zurücktreten. Zu andern Zeiten hingegen kann er sein Potential nur zögernd einsetzen.

Sprecher verfügen über eine außerordentlich lebhafte Gefühls- und Gedankenprojektion. Ihre Kommunikationen beeindrucken andere tiefer als gewöhnlich durch das Gewicht, das sie haben. Sie können mit großer Leichtigkeit von der inneren zur äußeren Realität überwechseln. Sie können instinktiv mit Symbolen umgehen. Auf der Ebene des Unbewußten sind sie höchst schöpferisch und bringen unterhalb der Schwelle ihres normalen Bewußtseins immer neue psychische Strukturen hervor, die von ihnen selbst und von andern in Traum- und Trancezuständen benutzt werden können. Sie erscheinen andern häufig im Traum und helfen den Träumern, ihre innere Realität zu manipulieren. Sie erzeugen Bilder, zu denen die Träumer ein Verhältnis herstellen können, Bilder, die erst als Brücke und dann als Durchgang in andere Bewußtseinszustände benutzt werden können, die von den euren verschieden sind.

Die Symbolik der Götter, die Vorstellung der Götter auf dem Olymp oder der Überfahrt über den Styx, dergleichen Phänomene wurden von den Sprechern in Umlauf gesetzt. Die Symbolik und das Rahmenwerk der Religion mußten also nicht allein in der physischen Welt, sondern auch in der Welt des Unbewußten verankert sein. Außerhalb eures eigenen Realitätsrahmens sind Häuser als solche oder Wohnungen als solche höchst überflüssig. Und doch trifft man in Trance- oder Traumbegegnungen häufig auf diese Strukturen. Sie stellen umgewandelte Daten dar, die in für euch sinnvolle Begriffe übersetzt wurden.

Nach dem Tode kann beispielsweise ein Individuum – oder ein Kollektiv von Individuen – dergleichen Strukturen erzeugen, bis es erkennt, daß dieses Rahmenwerk nicht mehr erforderlich ist. Die Tätigkeit der Sprecher hat sich also nicht auf das Wachbewußtsein beschränkt. In allen Epochen eurer Geschichte sind sie ihren Pflichten sowohl im Wach- als auch im Schlafzustand nachgekommen. Der größte Teil der einschlägigen Information ist, in der Tat, von Adepten im Schlaf auswendig gelernt und auch so weitergegeben worden. Diese ungeschriebenen Manuskripte sind daher mit Bildern von Traumreisen und Exkursionen in andere Realitäten durchwoben. Solche Art Ausbildung wird auch heute noch durchgeführt. Das psychische oder legendäre Rahmenwerk kann jeweils verschieden sein. Zum Beispiel können sich die Sprecher der konventionellen Bilderwelt des christlichen Gottes und der Heiligen auf eine höchst lebendige Weise bedienen. Dann wieder kann sich der Träumer in einem prächtigen Harem befinden oder auf einem sonnenbeschienenen Feld oder am hellerleuchteten Himmel. Manche Sprecher machen von ihren Gaben nur im

Schlafzustand Gebrauch, während sie sich im Wachzustand ihrer Fähigkeiten und Erfahrungen weitgehend unbewußt bleiben. Nun wäre es absurd, solche Träume und Traumlandschaften als Halluzinationen abzutun; repräsentieren sie doch ausgesprochen »objektive« Realitäten, die ihr in ihrem eigentlichen Zustand nur noch nicht wahrnehmen könnt. Die altägyptische Religion war überwiegend das Werk von Sprechern, auf deren Ausbildung die größte Sorgfalt verwendet wurde. Das, was davon dem Volk zugänglich war, enthielt jedoch solche Entstellungen, daß die Einheit der Religion schließlich zerfiel.

Daraufhin wurden jedoch Anstrengungen gemacht, eine Geographie der inneren Realität zu entwickeln, wie sie seither nicht wieder versucht worden ist. Es ist eine Tatsache, daß im Traumzustand und auf einigen anderen Existenzebenen, die der euren nahe sind, auf individuelle, spielerische Weise Bilder erschaffen und Symbole genial angewandt werden; doch all das findet in einer »objektiven«, scharf umrissenen Umwelt statt, einer Umwelt, deren besondere Beschaffenheit solche Phänomene ermöglicht – ein Aktionsbereich also mit seinen eigenen Gesetzen. Nun sind die Sprecher mit diesen Gesetzen vertraut und fungieren häufig als Führer. Zeitweilig haben sie innerhalb von Organisationen gearbeitet, wie in Ägypten, wo sie durch die Tempel wirkten und in die Machtstruktur verwickelt wurden. In der Regel waren sie jedoch eher Einzelgänger.

Bei der wahren Gleichzeitigkeit aller Zeit sprechen sie natürlich mit ihren verschiedenartigen Manifestationen zu allen euren Zeitepochen auf einmal. Gelegentlich treten sie auch als Vermittler auf, indem sie, beispielsweise, zwei Inkarnationen einer Persönlichkeit miteinander bekanntmachen.

Ihr könnt Pause machen.

(21.51 bis 22.04 Uhr.)

Nun: Die Gesetze, die für die physische Realität gelten, besagen, daß Gegenstände feststehend und dauerhaft sind. Die in anderen Realitäten gültigen Gesetze sind jedoch oft vollkommen andere. Die Geistestätigkeit kann anderen Richtlinien folgen, und »Kontinuität« im zeitlichen Sinne kann nicht existieren. Die Wahrnehmung kann zwar geordnet sein, aber nach anderen psychologischen Ordnungsprinzipien.

Dem Außenstehenden würden solche Systeme sinnlos vorkommen, selbst dann, wenn er sie wahrnehmen könnte. Ihr wäret außerstande, die Angelpunkte zu sehen, um die sich die Aktivität dreht. Daher würden euch die sehr klar definierten Gesetze jener Systeme vollkommen dunkel bleiben.

Nun sind die Sprecher mit den Gesetzen vieler Systeme vertraut. Und doch gibt es bei den meisten dieser Systeme Berührungspunkte mit eurer eigenen Realitätsform. Es existieren unzählige innere Universen. Nur das sublimste, höchstentwickelte »Gestalt-Bewußtsein« kann dieselben auch nur annähernd in ihrer Gesamtheit erfassen. In diesem größeren Kontext muß man die Sprecher als lokale Figuren betrachten. Es gibt übrigens so etwas wie ein Diagramm, in dem viele der benachbarten Realitätssysteme verzeichnet sind, und ich hoffe, euch dies eines Tages unterbreiten zu können. Damit das geschehen kann, benötigt Ruburt jedoch noch eine etwas intensivere Ausbildung. Es gibt Schnittpunkte, an denen es unter bestimmten Voraussetzungen möglich wird, von einem dieser Systeme in ein anderes überzuwechseln. Diese brauchen natürlich nicht im Raum, wie ihr ihn kennt, getrennt zu existieren.

Es sind dies Koordinationspunkte, in denen ein Tarnungssystem in das andere übergeht. Manche davon sind in eurem System geographisch, doch ist in allen Fällen eine Introversion des Bewußtseins notwendige Voraussetzung. Solche Übergänge können nur in einem außerkörperlichen Zustand vollzogen werden. Jedes Individuum hat im Traum Zugang zu den Informationen, über die die Sprecher verfügen. Es gibt benachbarte Bewußtseinszustände, die innerhalb des Schlafmusters auftreten, die von euren EEGs nicht aufgefangen werden können – benachbarte »Korridore«, durch die euer Bewußtsein wandert.

(Ein EEG oder Elektroenzephalograph zeichnet die Muster der Gehirntätigkeit auf Millimeterpapier auf.)

Die höheren Intuitionszentren werden dann aktiviert, während physisch orientierte Teile des Bewußtseins im Körper verbleiben. Der »abwesende« Teil des Selbst läßt sich im Gehirntätigkeitsmuster nicht nachweisen, obwohl sein Austritt oder Wiedereintritt sich darin abzeichnen kann. Die Abwesenheit als solche ist jedoch auf keine Weise feststellbar, da die Zeichnung nur das charakteristische Muster wiedergibt, das unmittelbar vor dem Austritt angezeigt war.

Dies spielt sich in jedem nächtlichen Schlaf ab. Zwei Aktivitätsbereiche werden davon erfaßt: der eine ganz passiv und der andere hochaktiv. In der ersten Phase verhält dieser Teil des Bewußtseins sich passiv und nimmt Informationen auf. In der zweiten Phase verhält er sich aktiv, indem er handelnd eingreift. Die Ideen, die er absorbiert hat, werden dann durch Beteiligung und Beispiele zum Leben erweckt. Dies ist die behütetste Periode des Schlafes. Hier kommt die regenerierende

Funktion des Schlafes ins Spiel, und es ist in dieser Phase, daß die Sprecher als Lehrer und Führer auftreten.

Die Informationen werden dann oft nach der Rückkehr von anderen Schichten des Selbst, wie dem Körperbewußtsein oder dem Unterbewußten, verarbeitet. Es werden Träume daraus gebildet, die für diese Bereiche des Selbst bedeutungsvoll sind, wobei allgemeine Belehrungen in praktische Ratschläge für eine bestimmte Lebenssituation verwandelt werden können.

Ihr könnt Pause machen.

(22.34 bis 22.45 Uhr.)

Nun gibt es mehrere, scharf umrissene Schlafphasen, und jede dient dem Individuum auf andere Weise. Ihnen entsprechen verschiedene Ebenen des Bewußtseins, der Erkenntnis und der Aktivität. Sie sind von physischen Veränderungen begleitet, und es gibt Veränderungen, die altersbedingt sind.

In unserem nächsten Kapitel werde ich darauf noch im einzelnen eingehen. Für den Augenblick mag die Einsicht genügen, daß spezifische Stufen vorhanden sind und merkliche Veränderungen eintreten, wenn das Bewußtsein sich von der äußeren Realität ab- und der inneren Realität zukehrt, und daß diese Veränderungen keine zufälligen sind, daß das Bewußtsein den Körper auf geordneten Wegen in die vielen ihm vorgezeichneten Richtungen verläßt. Durch die Jahrhunderte haben Sprecher die Träumer gelehrt, wie man mit diesen anderen Welten verkehrt. Sie haben sie gelehrt, Informationen zu sammeln, die zum Besten der gegenwärtigen Persönlichkeit genutzt werden können. Entsprechend seiner Motivation, momentanen Zielsetzung und Entwicklung kann sich das Individuum dieser Wanderungen in verschiedenem Grade bewußt sein. Manche besitzen, beispielsweise, ein ausgezeichnetes Traumgedächtnis, mißdeuten aber ihre Erfahrungen aufgrund bewußter Vorstellungen, die sie haben.

Es ist einem Träumer, der ein Sprecher ist, durchaus möglich, einem anderen Individuum, das im Traumzustand mit einer inneren Realität nicht fertig wird, zu Hilfe zu kommen. Die Idee des Schutzengels hat hiermit natürlich sehr viel zu tun. Ein guter Sprecher ist in der einen Realität ebenso kompetent wie in der andern, und in der physischen Wirklichkeit ist er ebenso wie in den inneren Welten ein Schöpfer psychischer Strukturen. Viele Maler, Dichter und Musiker sind Sprecher. Sie definieren die eine Welt mit den Begriffen der andern und bauen psychische Strukturen auf, die sich in beiden Welten eines vitalen Daseins erfreuen – Strukturen, die in mehr als nur einer Realität auf einmal wahrnehmbar sind.

Diktatende. Ihr könnt jetzt die Sitzung beenden oder nach Belieben Fragen stellen.

(»Gibt es noch etwas, was du sagen möchtest?«)

Nichts Spezifisches.

(»Na, dann machen wir wohl am besten Schluß.«)

Meine herzlichsten Grüße euch beiden und einen schönen guten Abend.

(»Gleichfalls, Seth, und vielen Dank.«)

Ruburt sollte Speisen zubereiten, die ihm schmecken. Ja, und ein bißchen mehr Wirbel um die Mahlzeiten machen. Man sollte an das Essen und seine Zubereitung in schöpferischer Weise denken. Sag ihm das. Essen kommt für ihn an letzter Stelle. Er ißt nur, weil er muß. Hilf ihm, das Kochen mehr im Sinne einer schöpferischen Zubereitung von Speisen, die ihn ansprechen, zu verstehen. Das würde einem alten, vergessenen Verhaltensmuster Nachdruck verleihen. Er kocht nämlich gerne, wenn er die Sache so sieht.

Er soll sich mit verlockenden Speisen zum Essen verführen. Dann wird er nicht das Gefühl haben, daß er sich die Nahrung hineinzwängen muß. Er ißt Kartoffeln und Soßen gern, verzichtet aber deinetwegen darauf. Die Sahne würde ihm schmecken. Es gibt also Muster hier, nach denen man vorgehen kann.

Ein kleines Hobby. Unter anderen Umständen könnte Kochen nämlich ein Hobby für ihn sein. Darauf solltest du bauen. Das Schwergewicht sollte wie bei den Leibesübungen auf dem Physischen liegen. Und jetzt gute Nacht.

(»Gute Nacht, Seth.« 23.03 Uhr.)

Sitzung 570, Montag, den 1. März 1971

(Wie in der letzten Sitzung begann Jane auf eine lässige, aber sehr sachliche Weise zu sprechen. 21.10 Uhr.)

Guten Abend.

(»Guten Abend, Seth.«)

Diktat. Es gibt auch in eurer Wachexistenz verschiedene Bewußtseinsstadien, auf die ihr nicht eingestellt und derer ihr euch in der Regel vollkommen unbewußt seid. Jedes dieser Stadien kennt seine eigenen Bedingungen und ist mit einer anderen Realitätsform vertraut.

»Ihr« habt gegenwärtig ein monozentrisches Bewußtsein, in welchem »ihr« aus eurer Erfahrung diese anderen Bewußtseinsstadien ausklammert, mit denen andere Teile eurer Gesamtidentität auf das Engste verknüpft sind. Diese anderen Bewußtseinsstadien bringen ihre eigenen Realitäten hervor, so wie auch ihr die eure hervorbringt. Die Realitäten sind somit Nebenprodukte des Bewußtseins als solchem. Könntet ihr euch ihrer bewußtwerden, so würden sie euch eher wie andere Örtlichkeiten vorkommen als wie Bereiche einer anderen Art von Aktivität. Dringt ihr in diese Bereiche vor, dann seid ihr gezwungen, sie von den Grundvoraussetzungen eures eigenen Systems aus zu verstehen und ein Gefühl der Wärme und Geborgenheit, beispielsweise, in Bilder von warmem Obdach oder Haus und Angstgefühle in Bilder von Dämonen zu übersetzen.

Gelegentlich kann sogar mitten im Wachzustand jemand sozusagen spontan einen anderen Gang einschalten und sich plötzlich eine Sekunde lang oder vielleicht für ein paar Augenblicke in einem solchen anderen Bereich wiederfinden. Gewöhnlich tritt dann Desorientierung ein. Es gibt auch solche, die das ganz absichtlich durch Training herbeiführen, ohne jedoch oftmals zu wissen, daß sie die Erlebnisse, die sie haben, mit den Wertmaßstäben ihres »bodenständigen« Bewußtseins messen.

All dies ist viel weniger esoterisch, als es scheinen mag. Fast jedes Individuum hat schon einmal bizarre Erfahrungen mit Bewußtseinszuständen gemacht und weiß intuitiv, daß sich sein Erleben im umfassenderen Sinne nicht auf die physische Realität beschränkt. Die meisten Träume sind wie belebte Postkarten, die ihr von einer schon halb vergessenen Reise mitbringt. Euer Bewußtsein ist der physischen Realität bereits wieder zugekehrt und der Traum ein Versuch, die tiefere Erfahrung in erkennbare Formen zu gießen. Die Bilder, die im Traum vorkommen, sind ebenfalls hochgradig chiffriert und zeigen unterschwellige Vorgänge an, die sich grundsätzlich nicht entziffern lassen.

Die Sprecher sind euch bei der Bildung von Träumen behilflich, die in der Tat eine Art multidimensionaler, künstlerischer Schöpfung darstellen. Existieren sie doch in mehr als nur einer Realität, und zergliedern sie doch effektiv die verschiedenen Bewußtseinsstadien, die in eurem Sinne für die Lebendigen sowohl wie für die Toten real sind und an denen sowohl Lebendige als auch Tote beteiligt sein können. Aus diesem Grunde sind auch Eingebungen und Offenbarungen so oft ein Teil des Traumerlebens.

Von der körperlichen Zentrierung befreit, seid ihr in einer besseren Lage, die Stimme der Sprecher zu hören, ihre Lehren zu übersetzen, euch in der Erzeugung von Bildern zu üben und Anleitungen zu empfangen, wie man den physischen Körper gesund erhält. In den behütetsten Bereichen des Schlafes fallen die scheinbaren Schranken zwischen vielen Schichten der Realität. Dort seid ihr euch, zum Beispiel, einiger wahrscheinlicher Realitäten bewußt. Ihr wählt unter wahrscheinlichen Handlungen diejenigen aus, die ihr in eurem physischen System verwirklichen wollt. Andere wahrscheinliche Handlungen lebt ihr im Traumzustand aus. Dies geschieht individuell, aber auch kollektiv auf nationaler und globaler Ebene.

Ihr könnt Pause machen.

(21.34 Uhr. Die Pause kam ein wenig früh. Jane war erstaunt, weil sie unter dem Eindruck gestanden hatte, es sei viel mehr Zeit vergangen. Ich sagte ihr, das Material sei hochinteressant. Fortsetzung um 21.40 Uhr in dem gleichen bedächtigen Stil.)

Das Bewußtsein nimmt auf den verschiedenen Ebenen und Stufen verschiedene Arten von Vorgängen wahr. Um einige davon ebenfalls wahrzunehmen, braucht ihr nur lernen, wie man seine Aufmerksamkeitseinstellung von einer Ebene zur anderen lenkt. Der Übergang von einem Bewußtseinsstadium in das andere ist von winzigen chemischen und elektromagnetischen Veränderungen begleitet, denen im Körper selbst gewisse physische Veränderungen in der Hormonproduktion, besonders der Zirbeldrüse, entsprechen.

Ihr gleitet gewöhnlich vom Wachzustand in den Schlaf hinüber, ohne je den verschiedenen Bewußtseinszuständen Beachtung zu schenken, die ihr dabei durchwandert, und doch gibt es mehrere davon.

Erst einmal ist da natürlich in verschiedenen Spontaneitätsgraden die Abkehr des Bewußtseins von den physischen Daten, den Sorgen und Belastungen des Tages, vorhanden. Dann gibt es zwischen Wachen und Schlafen eine undifferenzierte Ebene, wo ihr passive, aber offene Empfänger seid und wo euch telepathische und hellseherische Botschaften ohne Mühe erreichen.

Euer Bewußtsein scheint dann zu treiben. Es können verschiedene Körperempfindungen auftreten. Manchmal hat man das Gefühl, größer zu werden, manchmal zu fallen. Beide Empfindungen sind charakteristisch für den Moment, in dem ihr euch beinahe erwischt, euch beinahe dieses undifferenzierten Seelenbereiches bewußtwerden und etwas von den Erfahrungen, die er beinhaltet, in physische Begriffe übersetzen könnt. Die Größeempfindung ist beispielsweise eine physische Umdeutung psychischer Ausdehnung. Durch die Empfindung des Fallens dagegen wird eine plötzliche Rückkehr des Bewußtseins in den Körper interpretiert.

Diese Phase kann bloß ein paar Augenblicke lang dauern oder auch eine halbe Stunde. Man kann aber auch in Abständen in sie zurückkehren. Es ist dies ein umhüllendes, stützendes und ausweitendes Bewußtseinsstadium. Suggestionen, die innerhalb dessen erteilt werden, sind äußerst wirksam. An diese Phase kann sich unter Umständen ein aktiver Zustand des Pseudoträumens anschließen, da man mit der Verarbeitung physischer Angelegenheiten beschäftigt ist, denen es gelungen ist, durch die Maschen der ersten zwei Stadien zu schlüpfen.

Sind diese ihrer Natur nach zu heftig, kann das Individuum darüber erwachen. Dies ist ein lebhaftes, intensives, doch in der Regel kurzes Stadium. Eine weitere, undifferenzierte Schicht schließt sich an, die nun ganz ausgesprochen durch Stimmen, Gesprächsfetzen oder Bilder gekennzeichnet ist, während das Bewußtsein sich entschiedener in die Wellenlängen anderer Kommunikationsformen einschaltet. Von diesen können mehrere gleichzeitig um die Aufmerksamkeit des Individuums werben. An diesem Punkt ist der Körper relativ ruhig. Das Individuum wird dann dem einen oder anderen dieser inneren Reize folgend eine tiefere Bewußtseinsebene erreichen und darauf die Mitteilungen, die es empfangen hat, in leichte Träume umwandeln.

Irgendwann wird er in dieser Phase in einen sorgsam behüteten Schlafbereich eintreten, wo er sich an der Schwelle zu anderen Realitätsschichten und Wahrscheinlichkeiten befindet. Hier nun werden sich seine Erlebnisse völlig außerhalb des euch bekannten zeitlichen Kontextes stellen. Er kann Jahre durchleben, obwohl nur Minuten vergangen sind. Darauf wird er in die physische Realität zurückkehren, in einen Bereich, der von euren Wissenschaftlern REM-Phase genannt wird, wo physisch orientierte Traumproduktion stattfindet und das neu erworbene Wissen nutzbringend angewandt wird.

Dieser Zyklus wiederholt sich. Fast die gleiche Art von Schwankungen und Stadien gibt es auch im Wachzustand, nur daß ihr euch dieser noch weniger bewußt seid, weil dann das ichbetonte Selbst sich ganz absichtlich gegen diese anderen Erfahrungsbereiche abschirmt.

Die Phasen sind jedoch unterhalb des Wachbewußtseins in voller Klarheit vorhanden und gehen mit den gleichen chemischen, elektromagnetischen und hormonalen Schwankungen einher. Ihr wißt dann einfach nicht, was euer Bewußtsein treibt. Ihr selber seid außerstande, es auch nur fünf Minuten eurer Zeit im Auge zu behalten. Seine Dimensionen kann nur derjenige dunkel erahnen, der motiviert genug ist, um die Zeit und Mühe aufzubringen, die für eine Durchschreitung der eigenen subjektiven Realitäten erforderlich ist. Intuitiv weiß jedoch jeder Mensch, daß sich ihm ein Teil seiner Erfahrung ständig entzieht. Wenn euch plötzlich ein Name nicht einfällt, den ihr wissen solltet, dann habt ihr im wesentlichen die gleiche Empfindung dabei, die ihr unterbewußt immer habt.

Es ist Aufgabe der Sprecher, euch diese multidimensionale Existenz koordinieren und verstehen zu helfen und möglichst viel davon zu eurer bewußten Kenntnis zu bringen. Nur dadurch, daß ihr die Tiefe eurer eigenen Erfahrung fühlen oder erspüren oder intuitiv zu erfassen lernt, könnt ihr einen andeutungsweisen Einblick in die Natur von All-das-was-ist gewinnen. Indem ihr euch eures Bewußtseins in seinen Funktionen innerhalb des physischen Daseins bewußterwerdet, könnt ihr lernen, es bei seinen Manipulationen in weniger vertrauten Bereichen zu beobachten. Wahrscheinliche Realitäten sind nämlich nur deswegen wahrscheinlich für euch, weil ihr euch ihrer nicht bewußt seid.

Jetzt könnt ihr Pause machen.

(22.11 Uhr. Janes Trance war gut gewesen. Ihr Vortrag ohne stimmliche Effekte, mit nur kurzen Pausen und einem Minimum an Gebärden war von der Art, wie man ihn scheinbar endlos hätte fortsetzen können. In der Pause fragte ich, ob Seth die ersten acht Kapitel seines Buches wohl mit Überschriften versehen könne, wie er es von Kapitel neun an getan hatte. Fortsetzung im gleichen Stil um 22.26 Uhr.)

Alle diese Bewußtseinsstadien sind ein Teil eurer eigenen Realität. Eine Kenntnis davon kann sehr nutzbringend sein. Ihr könnt lernen, »einen anderen Gang« einzulegen, euch von eurer eigenen Erfahrung zu distanzieren und dieselbe aus einer besseren Perspektive zu sehen. Ihr könnt euch Fragen und Probleme zurechtlegen und bestimmen, daß sie im Schlaf für euch gelöst werden sollen. Ihr könnt entscheiden, daß ihr mit fernen Freunden reden oder ihnen wichtige Botschaften zukommen lassen wollt, die sich vielleicht verbal nicht mitteilen lassen. Ihr könnt, zum Beispiel, auch Versöhnungen auf einer anderen Realitätsebene herbeiführen, die auf dieser nicht möglich sind.

Ihr könnt die Heilungsvorgänge in eurem Körper steuern, indem ihr bestimmt, daß dieselben auf einer der Ebenen des Schlafbewußtseins aktiviert werden sollen, und ihr könnt einen Sprecher bitten, euch die für die Aufrechterhaltung eurer Gesundheit nötige psychologische

Führung zuteil werden zu lassen. Wenn ihr bewußte, spezifische Ziele habt und euch einigermaßen sicher seid, daß sie etwas taugen, dann könnt ihr euch Träume wünschen, in denen sie vorkommen, denn Träume beschleunigen die physische Verwirklichung.

Vieles davon tut ihr schon unbewußt. Oft dreht ihr sozusagen die Zeit zurück, erlebt ein bestimmtes Ereignis in Gedanken noch einmal und sagt dann Dinge, die ihr gerne gesagt hättet. Kenntnisse, die ihr auf einer Bewußtseinsebene habt, können euch auf anderen Bewußtseinsebenen helfen. In einem leichten Trancezustand kann euch die Bedeutung von Traumsymbolen erschlossen werden, wenn ihr darum bittet. Die Symbole könnt ihr dann suggestiv einsetzen als etwas persönlich auf euch Zugeschnittenes. Findet ihr, beispielsweise, heraus, daß ein Springbrunnen in einem Traum Erfrischung bedeutet, dann könnt ihr, wenn ihr einmal müde oder niedergeschlagen seid, einfach an einen Springbrunnen denken. Auf einer anderen Realitätsebene ruft ihr dann natürlich einen ins Dasein.

In den behütetsten Bereichen des Schlafes habt ihr es mit Erfahrungen zu tun, die reines Gefühl oder Wissen darstellen und von Worten oder Bildern losgelöst sind. Wie schon erwähnt, werden diese Erfahrungen später in Träume umgebildet, weil sie eine Rückkehr in Bewußtseinsbereiche verlangen, die physischen Daten näherstehen. Dabei findet eine große schöpferische Synthese und eine große schöpferische Auffächerung statt, in welcher jede gegebene Traummetapher für die verschiedenen Schichten des Selbst eine Bedeutung gewinnt. Auf einer Ebene kann eine Wahrheit sich darstellen, wie sie von euch gelebt wurde, während auf anderen Ebenen die gleiche Wahrheit sich in ihrer spezifischeren Anwendung auf verschiedene Erlebnisbereiche und Problemkreise zeigt. Es findet also eine Metamorphose statt: ein Symbol verwandelt sich in viele, während das Bewußtsein nur ein Chaos verschiedener Traumbilder wahrnehmen kann, weil die innere Organisation und Einheit sich teilweise in den anderen Bewußtseinsbereichen verbergen und das logische Denkvermögen ihnen dorthin nicht folgen kann.

Die unbewußten und vorbewußten Bereiche der Psyche sind sich solcher Informationen jedoch weit stärker bewußt als das Ich, das in der Regel nur einen winzigen Bruchteil des Traummaterials aufnimmt. Die Sprecher können daher in Träumen als historische Persönlichkeiten, als Propheten oder als alte, vertraute Freunde auftreten, je nachdem, in welcher Verkleidung sie auf das betreffende Individuum Eindruck zu machen vermögen.

Im ursprünglichen Erlebnis liegt jedoch die wahre Natur des Sprechers offen zutage. Die Erzeugung von Träumen ist eine ebenso »hochentwickelte« Leistung wie die Erzeugung eines objektiven Lebens durch ein gegebenes Individuum. Es ist einfach ein Leben in anderem Sinn.

Das ist jetzt Diktatende und annähernd das Ende unseres Kapitels, obwohl noch nicht ganz.

(Pause.) Mach dir keine Sorgen wegen der *(ersten acht)* Kapitelüberschriften – wir kommen noch dazu. Wir beenden die Sitzung oder beantworten Fragen, wenn du das vorziehst.

(»Ich glaube nicht, Seth.«)

Dann meine herzlichsten Wünsche euch beiden – und sag unserem Freund Ruburt, er soll die Suggestionen, die in dem heutigen Material gegeben sind, ausprobieren.

(»Das habe ich auch schon gedacht.«)

Drei Nächte hintereinander. Und jetzt einen schönen guten Abend.

(»Guten Abend, Seth, und vielen Dank.«)

Es freut mich, daß dir mein Buch gefällt.

(»Allerdings.« Ende um 22.45 Uhr.)

Sitzung 571, Mittwoch, den 3. März 1971

(Seth-Janes Vortragsstil war so, daß er mir, um Schritt halten zu können, bald ein sehr flottes Tempo abverlangte. 21.17 Uhr)

Guten Abend.

(»Guten Abend, Seth.«)

Wir nehmen das Diktat wieder auf.

(»O.k.«)

Diese verschiedenen Bewußtseinsstadien und Schwankungen psychischer Aktivität können auch unmittelbar vom Wachzustand aus beobachtet werden. Das folgende Kapitel wird euch dieser stets aktiven Bestandteile eurer eigenen Realität stärker bewußtwerden lassen. Ende des Kapitels.

(Seth hatte zwar letztes Mal gesagt, daß er sich dem Ende des Kapitels nähere. Wir hatten allerdings nicht damit gerechnet, daß er es in der nächsten Sitzung mit ein oder zwei Sätzen abschließen würde. Auch verstanden wir nicht, warum er diese Methode wählte. Es war gerade so, als existiere die Pause zwischen den Sitzungen gar nicht für ihn.

Ich wollte ihn eigentlich heute abend deswegen zur Rede stellen, tat es aber dann doch nicht. Da Jane das Buch nicht anschaut, kann sie sich an solche Punkte nicht erinnern, es sei denn, ich bespreche sie mit ihr, und auch das habe ich zu tun vergessen.)

18
Verschiedene Bewußtseinszustände, Symbolik und Facetteneinstellung

Fortsetzung der Sitzung 571 vom 3. März 1971

Dieses Kapitel heißt »Verschiedene Bewußtseinszustände, Symbolik und Facetteneinstellung«.

In eurer Persönlichkeit treffen alle Facetten eures Bewußtseins zusammen, ob ihr das nun wißt oder nicht.

(Lange Pause; das Tempo war hier noch langsam.)

Das Bewußtsein läßt sich offenbar in viele Richtungen kehren, innerlich sowohl als äußerlich. Ihr stellt in eurem normalen Bewußtsein Schwankungen fest, und wenn ihr dem mehr Beachtung schenken würdet, wäre euch das noch deutlicher. Fortwährend vergrößert oder verkleinert sich euer Aufmerksamkeitswinkel. Bisweilen seid ihr so ausschließlich auf einen Gegenstand konzentriert, daß ihr buchstäblich das Zimmer nicht mehr wahrnehmt, in dem ihr sitzt.

Ihr könnt bei vollem Bewußtsein sein und dabei auf eine Erinnerung dermaßen stark reagieren, daß ihr euch der Gegenwart unbewußt seid. Alle diese Schwankungen nehmt ihr mit der größten Selbstverständlichkeit hin, ohne euch davon stören zu lassen. Wenn ihr in ein Buch vertieft und vorübergehend eurer Umwelt entrückt seid, fürchtet ihr nicht, letztere nicht mehr vorzufinden, wenn ihr eure Aufmerksamkeit ihr wieder zuwenden wollt. Auch bei Tagträumen seid ihr im allgemeinen unbesorgt, daß ihr in den gegenwärtigen Augenblick wohlbehalten zurückkehren werdet.

Das alles sind kleine Beispiele für die Beweglichkeit eures Bewußtseins und die mühelose Art, wie es sich handhaben läßt. Auf eine merkwürdige Weise sind Symbole beispielhaft für die Unterschiedlichkeit eurer Wahrnehmungsweise auf den verschiedenen Bewußtseinsebenen. Ihre sich wandelnde Gestalt kann euch als Kriterium dienen. Feuer zum Beispiel ist ein materialisiertes Symbol. Und so sagt euch ein wirkliches Feuer, daß ihr die Realität mit eurem physisch orientierten Bewußtsein wahrnehmt.

Aus der visuellen Vorstellung eines Feuers schließt ihr automatisch, daß eine andere Art von Bewußtsein im Spiel ist. Ein imaginiertes Feuer, das wärmt, statt zu zerstören und zu verbrennen, hat wiederum eine andere Bedeutung. Alle Symbole bemühen sich um die Darstellung von Gefühlen, die sich mittels der Sprache nur unzulänglich ausdrücken lassen. Symbole bringen die unendliche Vielfalt eurer Gefühle zur Anschauung, und obgleich sich dieselben auf den verschiedenen Bewußtseinsebenen in immer neuen Gewandungen zeigen, sind sie doch überall eure Begleiter.

Nun gibt es zwar ein paar Ausnahmen, wo reines Wissen oder reines Fühlen auf die symbolische Brücke verzichten kann, aber solche Bewußtseinszustände sind selten und werden nur ausnahmsweise in eure normalen Bewußtseinsbegriffe übersetzt.

Nehmen wir einmal ein bestimmtes Gefühl und sehen wir, wie sich dasselbe auf den verschiedenen Bewußtseinsebenen ausdrücken würde. *(Pause.)* Beginnen wir mit dem Gefühl der Freude. Bei normalem Bewußtseinszustand wird von einem Menschen, der Freude empfindet, die unmittelbare Umgebung völlig anders erlebt als, sagen wir, wenn er trauert. Die Freude verwandelt die Gegenstände als solche, so daß sie dem Betrachter in einem viel rosigeren Licht erscheinen. Er bringt sie selber viel lebendiger und klarer hervor. In einer Art Feedback wird seine Freude dann noch durch die Umwelt verstärkt.

Was er sieht, ist jedoch physisch. Es sind Objekte der materiellen Welt. Nehmen wir einmal an, derselbe Mensch verfiele in eine Tagträumerei. Dann würden vor seinem geistigen Auge Bilder oder Symbole erscheinen, die materielle Gegenstände, Menschen oder Ereignisse, Phantasiebilder der Vergangenheit, der Gegenwart oder Zukunft darstellen, und die Freude würde sich mit größerer Freiheit und auf eine geistige Weise, aber symbolhaft ausdrücken.

Die Freude würde gewissermaßen auf die Zukunft übergreifen, würde ihr verklärendes Licht auch auf die Vergangenheit werfen und würde nun viel weitere Bereiche erfassen, als sich im Augenblick physisch ausdrücken ließe. Nun stellt euch vor, unser Freund geriete aus seiner Tagträumerei entweder in einen Trancezustand oder in einen Tiefschlaf. *(Lange Pause.)* Dann würden ihm Bilder vorschweben, die für ihn Freude und Überschwang symbolisieren. Logisch würde es zwar kaum einen Zusammenhang zwischen ihnen geben, aber der intuitive Zusammenhang wäre deutlich. In seine innere Erfahrung würde er jetzt noch viel tiefer eintauchen als vorher im Zustand der Tagträumerei, und er könnte eine Reihe von Traumepisoden erleben, in denen er seiner Freude Ausdruck verleihen und sie mit anderen teilen kann.

Dabei hat er es aber immer noch mit physisch orientierten Symbolen zu tun. Da wir diesen Fall als ein typisches, charakteristisches Beispiel angeführt haben, wollen wir ihn noch einen Schritt weiter verfolgen. Als nächstes könnte der Träumer Bilder von Traumstädten oder Menschen hervorbringen, die ausgesprochen heiterer Natur sind. Seine Gefühle würden in die entsprechenden Symbole gekleidet werden. Seine Hochstimmung könnte hier die bildhafte Gestalt von spielenden Tieren, fliegenden Menschen oder Tieren und Landschaften von großer Schönheit annehmen. Wieder würde der logische Zusammenhang fehlen, aber die ganze Episode würde von Gefühlen zusammengehalten sein.

Währenddessen würde sein physischer Körper enorm profitieren, weil nämlich dessen Regenerationskräfte durch das seelische Wohlbefinden gestärkt und aufgefrischt werden. Die freudigen Gefühle könnten nun zu Bildern von Christus, Buddha oder den Propheten hinleiten. Diese Symbole sind charakteristisch für die in den verschiedenen Bewußtseinszuständen sich wandelnden Seelenlandschaften. Die verschiedenen Erlebnisweisen müssen als Schöpfung betrachtet werden; als einzelne Schöpfungsakte, die dem Bewußtsein auf seinen verschiedenen Stufen arteigen sind.

Jenseits dieses Bereiches gibt es noch Stadien, wo die Symbole selbst zu verblassen beginnen, wo sie verschwimmen und in die Ferne rükken. Hier betritt man Bewußtseinsregionen, in denen Symbole immer überflüssiger werden und die vorwiegend unbewohnt sind. Bildliche Darstellungen blinken hier auf und aus und verlöschen endlich ganz. Das Bewußtsein ist immer weniger physisch orientiert. In diesem Zustand ist die Seele allein mit ihren von aller Symbolik und bildlichen Darstellung entblößten Gefühlen und beginnt, die überwältigende Wirklichkeit ihres Selbstverständnisses zu erfahren.

Ihr Erleben ist nun unmittelbar. Um bei unserem Beispiel der Freude zu bleiben, so würden alle Bilder und Symbole sich schließlich auflösen. Sie waren aus der Freude entsprungen und fallen nun von ihr ab, weil sie nicht die ursprüngliche Erfahrung, sondern nur ein Nebenprodukt von ihr waren. Die Seele erlebt nun die Wirklichkeit ihrer Freude auf eine Weise, die sich kaum mehr erklären läßt, und lernt dabei Methoden der Wahrnehmung, des Ausdrucks und der Verwirklichung kennen, die ihr zuvor ganz unvorstellbar gewesen wären.

(22.01 Uhr. Während der Pause stieg in jedem von uns eine Frage auf. Ich wollte mich vergewissern, daß in dem Material über die Spre-

cher die Art und Weise, wie sie im Wach- und Traumzustand zu anderen Verbindung aufnehmen, hinreichend erklärt würde. Ich wollte mehr über die Ausbildung der Sprecher und wessen Aufgabe sie ist, erfahren, und auch über ihre Intuitionen und Traumerlebnisse. Janes Frage knüpfte an das Material der 560sten Sitzung in Kapitel vierzehn an: sie wollte den Namen der dritten Persönlichkeit wissen, die laut Seth die dreifaltige Christus-Wesenheit aufbauen half. Ich sagte jetzt zu Jane, daß Seth meiner Ansicht nach auf diese Frage später noch viel ausführlicher eingehen wolle.

Fortsetzung in rascherem Tempo um 22.19 Uhr.)

Physische Gegenstände sind die augenfälligsten eurer Symbole, und gerade deswegen werden sie von euch nicht als solche erkannt.

Auf den verschiedenen Stufen arbeitet die Seele mit verschiedenen Symbolarten. Das Symbol ist ein Mittel, um innere Realität zum Ausdruck zu bringen. Am einen Ende des Spektrums arbeitend, drückt die Seele möglichst viel durch eine lebendige, veränderliche Symbolik aus. Jedes Symbol ist hier innerhalb seines eigenen Umkreises bewußt, wissensträchtig und individuell.

Dabei bringt die Seele immer neue, erneut zu ergründende Varianten der inneren Realität hervor. Am anderen Ende des Spektrums arbeitend, streift die Seele alle Symbole, indem sie ihr Bewußtsein anders einsetzt, ihre eigene unmittelbare Erfahrung zu sondieren. Ohne daß sich Symbole zwischen sie und ihre Erfahrung stellen, kann sie sich in einer Art Werterfüllung vervollkommnen, die euch momentan nicht verständlich ist, außer in symbolischer Form.

Diese Arbeit geht vonstatten, ob ihr wacht oder schlaft. Seid ihr euch dieser Vorgänge aber einmal bewußt geworden, dann steht es euch offen, euch in den verschiedenen Bewußtseinszuständen abzufangen und gelegentlich sogar eure Bewegungen, besonders im Traumzustand, zu beobachten. Euer Körper ist hierbei euer intimstes und zugleich augenfälligstes Symbol.

Die körperliche Vorstellung begleitet euch durch die meisten Bewußtseinszustände. Laßt ihr euren physischen Körper bei irgendeiner außerkörperlichen Erfahrung zurück, so verlaßt ihr denselben mit einem anderen Körper, der nur etwas weniger physisch ist. Dieser wird »später« wiederum abgestreift und gegen einen noch weniger physischen eingetauscht. Doch die körperliche Form ist ein so mächtiges Symbol, daß ihr in eurer ganzen religiösen Literatur und in euren Legenden vom Jenseits daran festhaltet.

An einem bestimmten Punkt wird sie jedoch zusammen mit anderen Symbolen hinfällig. Nun hat es, um mit euren Begriffen zu reden, eine Zeit gegeben, da Symbole noch nicht erschaffen waren; eine Zeit, die eurer Realitätsvorstellung so fernsteht, daß Erinnerungen daran nur in den behütetsten Bereichen des Schlafes zu euch vordringen können. Es kommt euch zwar so vor, als könne ohne Symbole nur das Nichts herrschen, aber das ist bei eurer hochgradigen Symbolorientiertheit eine ganz natürliche Schlußfolgerung.

Die Bewußtseinszustände, die nach dem Tod auftreten, haben alle noch mit Symbolen zu tun, obgleich man dann einen viel freieren Gebrauch von ihnen macht und einen tieferen Einblick in ihre Bedeutung besitzt. In höheren Bewußtseinszuständen dagegen werden Symbole nicht mehr benötigt, und die Kreativität kommt gänzlich ohne sie aus.

Natürlich könnt ihr euch dieser Bewußtseinszustände jetzt nicht bewußtwerden, aber ihr könnt eure Symbole im Wachzustand ebenso wie im Traumzustand im Auge behalten und eine Verbindung zwischen ihnen und den Gefühlen, für die sie stehen, herstellen lernen. Ihr werdet finden, daß euch in den verschiedenen Bewußtseinszuständen individuelle Symbole begegnen, die euch bei euren Entdeckungsreisen als Orientierungspunkte dienen können. Zum Beispiel: wenn Ruburt bereit ist, vom Traumzustand aus seinen Körper zu verlassen, dann träumt er oft von einer fremden Wohnung oder einem fremden Haus, das ihn zu Entdeckungsreisen einlädt.

Die Häuser oder Wohnungen sind als solche immer wieder verschieden, doch das Symbol weist stets darauf hin, daß er bewußtseinsmäßig an einen Punkt gelangt ist, wo die Bereitschaft besteht, in einen anderen Bewußtseinszustand überzugehen. Jeder von euch hat bestimmte Symbole, die die gleiche Funktion ausüben und ganz persönlich eure eigenen sind. Wenn ihr euch aber die Mühe nicht macht, euch selbst zu erforschen, gehen diese symbolischen Marksteine für euer Bewußtsein verloren.

Einige dieser Symbole begleiten euch durch euer ganzes Leben. In Zeiten großer Wandlung können auch sie ihren Charakter verändern, und es kann zu Gefühlen der Desorientierung kommen, während diese unbewußt vertrauten Symbole eine Metamorphose durchmachen. Das gleiche gilt auch für euer physisches Leben. Ein Hund mag natürliche Lebensfreude für euch symbolisieren, oder auch Freiheit. Nachdem ihr aber einen Unfall beobachtet habt, bei dem ein Hund ums Leben kam, können Hunde für euch eine völlig andere Bedeutung annehmen.

Das versteht sich natürlich von selbst, aber die gleiche Art von Symbolwandel kann auch in Träumen eintreten. Der Unfall des Hundes könnte, in der Tat, auch ein Traumerlebnis sein, und dann würde sich euer bewußtes, symbolisches Empfinden für Hunde im Wachzustand dadurch verändern. Der eine Mensch symbolisiert seine Angst durch einen Dämon, der andere durch ein böses Tier oder einen ganz einfachen, gewöhnlichen, harmlosen Gegenstand; wenn ihr aber die Bedeutung eurer eigenen Symbole kennt, dann kommt euch dieses Wissen nicht nur bei der Deutung eurer Träume zugute, sondern ihr könnt mit seiner Hilfe auch die Bewußtseinszustände markieren, in denen diese Symbole gewöhnlich vorkommen.

Die Symbole wandeln sich also in den verschiedenen Bewußtseinszuständen. Auch dies geschieht nicht in logischer Folge; vielmehr verändert ein intuitiver Schöpfungsakt die Symbole auf ähnliche Weise, wie der Künstler seine Farben wechselt.

Ihr könnt jetzt Pause machen.

(22.44 bis 22.58 Uhr.)

Alle Symbole stehen also für innere Realitäten, und wenn ihr mit Symbolen jongliert, jongliert ihr mit inneren Realitäten. Jeder Schritt, den ihr im äußeren Leben tut, wird auch in eurer inneren Welt vollzogen und in all den inneren Welten, an denen ihr teilhabt.

Symbole sind stark aufgeladene psychische Teilchen, was auch solche physischen Gegenstände mit einschließt, die durch eine starke Anziehung und Expansivität gekennzeichnet sind und für innere Einsichten und Realitäten stehen, die durch keinen direkten Erkenntnisakt bewußtgemacht wurden. (Unter direkter Erkenntnis verstehe ich hier ein spontanes Erkennen und Begreifen ohne Symbolisierung.)

Selbst die Symbole zeigen sich auf den verschiedenen Bewußtseinsstufen also in verschiedener Gestalt. Einige, wie eure physischen Gegenstände, streben danach, Stabilität und Dauerhaftigkeit zu erlangen, indem sie den Prinzipien oder Grundvoraussetzungen der körperlichen Realität folgen; andere, wie die Symbole des Traumzustandes, verändern sich schneller, weil sie viel unmittelbarere, sensiblere Gefühlsindikatoren sind. Gewisse Traumzustände scheinen ihr eigenes Ambiente zu haben, in dem bestimmte Symbole zu Hause sind, ganz so wie die Gegenstände in eurer physischen Umwelt.

In anderen Traumzuständen dagegen treten scheinbar unbeständige geistige Objekte auf. In beiden Fällen gehorchen die Symbole einer ihnen innewohnenden Gesetzmäßigkeit. Wie ich schon erwähnt habe, ist das Traumuniversum ebenso »objektiv« wie das physische Universum.

Die Gegenstände und Symbole, die darin vorkommen, sind ebenso getreue Repräsentanten eures Traumlebens, wie die physischen Gegenstände Repräsentanten eurer Wachexistenz sind.

Der Charakter eines Symbols sagt daher nicht nur etwas über die Umwelt aus, in der ihr euch jeweils befindet, sondern auch über euren Bewußtseinszustand innerhalb dieser Umwelt. Im Kontext eines gewöhnlichen Traumdramas kommen euch die geträumten Objekte relativ beständig vor. Ihr setzt sie als gegeben voraus. Ihr seid immer noch physisch orientiert. Ihr projiziert auf eure Traumbilder die Symbolik eurer wachenden Stunden.

In anderen Zuständen des Traumbewußtseins können Häuser jedoch plötzlich verschwinden. Ein modernes Gebäude kann unvermittelt anstelle einer Hütte dastehen. Ein Kind kann sich in eine Tulpe verwandeln. Die Symbole verhalten sich hier offenbar anders. Dauer ist keine Vorbedingung mehr. Die Gesetze der Logik sind aufgehoben. Symbole, die sich in dieser Weise benehmen, können euch ein Zeichen sein, daß ihr in einen anderen Bewußtseinszustand geraten seid und euch in einer völlig anderen inneren Umwelt befindet. Der Gefühls- und Erlebnisausdruck ist hier nicht auf die starre Ordnung beschränkt, wo die Objekte in aufeinanderfolgenden Augenblicken fixiert sind. Gefühle wandeln sich automatisch und werden auf eine neue, bewegliche, unmittelbare Weise zum Ausdruck gebracht. Der Puls des Bewußtseins ist irgendwie schneller.

Die Verwirklichung von Ideen läßt nicht stunden- oder tagelang auf sich warten. Das Bewußtsein ist dem zeitlichen Kontext entbunden. In diesem Bewußtseinszustand können ganze Bücher geschrieben oder Lebenspläne von Grund auf revidiert werden. Eure gegenwärtige Zeit ist nur eine von vielen Dimensionen, die diesen spezifischen Bewußtseinszustand konstituieren. Vergangenheit, Gegenwart und Zukunft gibt es hier zwar, aber nur als ein Ingredienz jener inneren Umwelt. Man muß sich dort erst zurechtfinden lernen, denn die Bewußtseinszustände und ihr zugehöriges Milieu haben ihre eigene Art von Ausdehnung, so wie eure Welt, sagen wir, eine räumliche Ausdehnung besitzt. Ihr könnt euch auf dieser Stufe jedoch eurer selbst ohne weiteres bewußtwerden, wenn ihr euch vor dem Einschlafen die entsprechenden Suggestionen erteilt. *(Pause.)* Diktatende. Wir hatten einen guten Start...

(»Ich finde ihn sehr gut. Sehr stimulierend.«)

Falls du keine Fragen hast, werde ich die Sitzung beenden.

(»Wie ist es mit meiner die Sprecher betreffenden Frage?«)

Ich denke, die ist beantwortet worden.

(»Und die Information über den dritten Christus?«)

Die wird noch beantwortet. *(Halb scherzend:)* Und sollten jemals Unklarheiten auftreten, die du mit mir besprechen möchtest, geniere dich nicht. *(Lauter, mit Nachdruck:)* Meine herzlichsten guten Wünsche, und ich bedaure, daß du gestern abend nicht bei unserer ASW-Gruppe dabei warst.

(»Ich bedaure es auch, aber du weißt ja, ich hatte zu tun. Dankeschön und gute Nacht.« 23.24 Uhr.)

Sitzung 572, Montag, den 8. März 1971

(21.40 Uhr.) Guten Abend.

(»Guten Abend, Seth.«)

Wir nehmen das Diktat wieder auf, und anschließend möchte ich dich kurz sprechen.

Bis zu einem gewissen Grad läßt sich dieser Symbolwandel auch auf bestimmten Stufen des Wachbewußtseins beobachten. Wenn ihr wachend ruht, aber mit geschlossenen Augen, dann tauchen in eurem Geist häufig Bilder und Vorstellungen auf. Einige davon sind quasiphysische Materialisierungen: Bilder von Bäumen oder Häusern oder Menschen. Andere sind einfach Formen, die sich rasch verändern und ineinanderzufließen scheinen. In der Regel werden wie in einem Kaleidoskop sich dauernd wandelnder Formen selbst die erkennbaren Bilder schnell durch andere ersetzt.

Diese inneren Bilder werden vielleicht eurer Empfindung nach jeder Logik entbehren, und ganz sicher werdet ihr zwischen ihnen und dem, was ihr vor einem Augenblick oder gar vor einer Stunde noch dachtet, keine Beziehung feststellen können. Bis zu einem gewissen Grad wird es euch vorkommen, als wären sie unabhängig von euch und als hättet ihr nichts zu ihrer Existenz beigetragen. Häufig weisen sie jedoch solche Charakteristika auf, die für das Bewußtsein typisch sind, wenn es den physischen Stimuli halb den Rücken gekehrt hat.

Die Bilder, die ihr dann seht, stehen für die Gedanken und Gefühle, die euch bewegten, bevor ihr die Augen zumachtet, oder für solche, die kurz davor in eurer Psyche den Ton angaben. Sobald ihr die Augen schließt, drücken sich Gedanken und Gefühle durch diese Symbolik aus. Da die Bilder in keinem direkten logischen Zusammenhang mit diesen Gedanken und Gefühlen zu stehen scheinen, erkennt ihr sie weder als eure eigenen, noch seid ihr imstande, sie mit dem, was sie darstellen, sinngemäß zu verknüpfen.

Ich vereinfache hier etwas. *(Pause.)* In eurer Phantasie habt ihr größere Freiheit, Gefühlen Ausdruck zu geben als im praktischen Leben. Bestimmte Angstgefühle, die euch tagsüber zugesetzt haben, sagen wir, den drohenden Verlust einer Stellung beteffend, können sich, sobald ihr die Augen zumacht, in eine Reihe scheinbar beziehungsloser Symbole verwandeln, die jedoch alle mit diesen Angstgefühlen im Zusammenhang stehen.

In einer rasch ablaufenden Bilderfolge könnt ihr ein tiefes Loch in der Erde sehen. Dieses kann durch einen Gassenjungen ersetzt werden, augenscheinlich arm und aus einem anderen Land. Ein Sarg kann erscheinen, oder eine schwarze Brieftasche kann durch die Luft fliegen. Ihr könnt in eine triste, dunkle Winterlandschaft hinausblicken. Eine Figur aus einem alten, längst vergessenen Buch kann vor eurem geistigen Auge auftauchen und wieder verschwinden. Zwischendurch kann eine Gruppe gegensätzlicher Symbole auftreten, in denen sich eure Hoffnung ausdrückt – eine Frühlingsblume, ein mit Speisen beladener Tisch, neue Kleider, beliebige Zeichen des Überflusses, die für euch bedeutungsvoll sind. Nirgends würde der Gedanke eines möglichen Stellungsverlustes hineinkommen. Es würde den Anschein haben, als hättet ihr ihn vergessen.

Im Gebrauch der Symbole hätten eure Gefühle jedoch freie Hand, und jedes der Bilder würde auf den Wogen eurer Empfindung – die aus Gefühlsreservoirs stammt, die so tief unbewußt sind, daß ihr nichts von ihnen wißt – auf- und niedertauchen. Die Gefühle würden diese Bilder jedoch ganz automatisch erzeugen. Ihr könntet sie zwar durch Nachdenken mit ihrem Ursprung verknüpfen, doch normalerweise würden sie unbeachtet bleiben.

Bliebt ihr nun noch länger mit geschlossenen Augen liegen, dann würde die Symbolik sich in ihrem Charakter noch weiter verändern, würde vielleicht ihre visuellen Züge teilweise einbüßen und sich in anderen Richtungen stärker entfalten. Dann könntet ihr, beispielsweise einen speziellen, euch unangenehmen Geruch (entsprechend der gegebenen Situation) in der Nase verspüren, oder ihr könntet statt dessen eure Angst auf eine furchterregende körperliche Empfindung übertragen und plötzlich zu fallen oder euch von etwas Ekelhaftem angerührt glauben.

Jede dieser Symbolveränderungen sollte euch zu erkennen geben, daß ihr euch in einem anderen Bewußtseinszustand befindet. Würdet ihr euch an diesem Punkt dem Schlaf überlassen, dann würdet ihr mit großer Wahrscheinlichkeit zwei oder drei Träume produzieren, die eure Furcht symbolhaft zum Ausdruck bringen, Träume, in denen ihr mögliche Lösungen erwägen und ausprobieren würdet. Dabei könnte die Stellungsfrage in keinem dieser Träume offen zutage treten.

Nichtsdestoweniger hätte sich für das Unbewußte das Problem nun einmal gestellt. In den nun folgenden tiefen, behüteten Bereichen des Schlafs könnten die höheren Zentren des inneren Selbst in Funktion treten und dem dreidimensional ausgerichteten Teil der Persönlichkeit zu Hilfe kommen. Dieses freiere Selbst sieht die Situation sehr viel klarer, schlägt einen angemessenen Kurs vor (ohne ihn jedoch zu erzwingen) und setzt das träumende Selbst davon in Kenntnis. Dieses erzeugt dann eine Reihe von Träumen, durch die die Lösung im Rahmen einer symbolhaften Traumsituation aufgezeigt wird.

Die endgültige und genauere Interpretation kommt in Traumbereichen zustande, die dem wachenden Selbst näherstehen und wo die Symbole immer gezielter werden. Die Symbolik zeigt sich hier von einer viel beschränkteren Seite. Je näher das Symbol an das Bewußtsein heranrückt, desto begrenzter und enger wird es. Je praktischer sein Bezug auf eine bestimmte physische Lebenssituation, um so geringer sein Wert als Symbol, das euer gesamtes wachendes Dasein erfaßt.

Mit gewissen Einschränkungen könnte man sagen, daß das Symbol um so weniger sinnträchtig ist, je präzisere Formen es annimmt. In der wichtigsten Traumarbeit, die in den tiefen, behüteten Schlafphasen geleistet wird, sind die Symbole umfassend genug und gleichzeitig komprimiert genug, um sich aufgliedern zu lassen und in einer Serie scheinbar zusammenhangloser Träume als Bindeglied zu fungieren. Von ihrer ursprünglichen Kraft büßen sie dabei nichts ein, obwohl sie in verschiedenem Gewande erscheinen und von Traumschicht zu Traumschicht immer spezifischer werden.

Nun fluktuiert euer Bewußtsein selbst dann, wenn ihr euren täglichen Pflichten nachgeht und wenn ihr es euch zur Gewohnheit machen könntet, eure physischen Zustände zu beobachten statt sie zu deuten, so sollte es euch möglich werden, euch dabei zu erwischen, wie ihr auf verschiedene Weisen »symbolisiert«. Jedes physische Ereignis, das euch widerfährt, wird in eurer Psyche als eine klar umrissene Symbolgruppe gespeichert. Solche Symbolgruppen stellen nicht eure Erfahrung dar, sie beinhalten sie. Sie repräsentieren euren persönlichen Symbolfonds für das gegenwärtige Leben.

Zwischen euren Tagessymbolen und Traumsymbolen herrscht große Übereinstimmung. In einer ans Wunderbare grenzenden Kurzschrift tragen viele Symbole weit mehr als nur die Bürde einer Lebenserfahrung und evozieren daher auch nicht nur eine Erfahrung, sondern immer gleich mehrere, wesensverwandte. Die persönliche Assoziation ist daher aufs engste mit eurem persönlichen Symbolfonds verquickt. Sie arbeitet genau auf die gleiche Weise wie im wachenden Leben – nur mit größerer Freiheit und mit Anleihen bei dem, was ihr unter Vergangenheit und Zukunft versteht.

Deshalb wird auch im Traumzustand von der Symbolik ein viel umfassenderer Gebrauch gemacht, weil ihr euch dann nämlich vergangener und künftiger Symbole bewußt seid. Diese sind von unterschiedlicher Intensität; häufig bilden sie Gruppen. Solche multidimensionalen Symbole haben viele Erscheinungsformen, nicht allein visuelle. Sie wirken nicht nur auf eure physische Realität ein, sondern auf sämtliche Realitäten, an denen ihr beteiligt seid. Auf eine Weise sind die Symbole, wir ihr sie kennt, nur das Schwanzende größerer Symbole.

Ihr könnt Pause machen.

(22.28 bis 22.43 Uhr.)

Fortsetzung des Diktats. Als ich von eurem persönlichen Symbolfonds sprach, hätte ich hinzufügen sollen, daß dieser Symbolfonds von der Stunde eurer Geburt an und schon vorher zu euch gehört. Er enthält die Symbole euren Begriffen nach früherer Existenzen (und euren Begriffen nach kommen in diesem Leben neue hinzu). Dieser Symbolfonds muß jedoch aktiviert werden. Ihr habt, zum Beispiel, visuelle Bilder bei der Geburt, innere visuelle Bilder, Symbole, die in dem Moment aktiviert werden, da ihr zum ersten Mal die Augen öffnet. Diese Bilder dienen als Lernmechanismen. Ihr übt euch so lange im Gebrauch eurer Augen, bis die äußeren Bilder sich mit den inneren Mustern decken. Dieses ist von größer Bedeutung und wird von euren Wissenschaftlern nicht richtig gesehen.

Das Öffnen der Augen aktiviert den inneren Mechanismus. Stimmt etwas physisch nicht mit den Augen, sind sie, zum Beispiel, blind, dann wird dieser besondere Mechanismus zu jenem Zeitpunkt nicht aktiviert. Die Persönlichkeit mag ihre guten Gründe haben, die angeborene Blindheit zu wählen. Ändern sich diese Gründe oder treten innerpsychische Entwicklungen ein *(Pause)*, dann werden die physischen Augen geheilt, und der innere Mechanismus wird ausgelöst. In dieser Richtung gibt es unendlich viele, verschiedene Verhaltensvarianten. Der innere Symbolfonds ist jedoch wie ein Girokonto, dessen Reichtum latent bleibt, solange man nichts davon abhebt. Ich habe bereits an früherer Stelle in diesem Buch gesagt, daß ihr denkt, bevor ihr die Sprache erlernt. Ihr habt aber auch die Erfahrungen aus anderen Leben psychisch am Schnürchen und könnt euch von ihnen leiten lassen.

Diejenigen von euch, die, sagen wir, zweimal hintereinander im gleichen Land geboren werden, lernen beim zweiten Mal viel schneller sprechen. Manche Kinder denken in der Sprache eines früheren Lebens, bevor sie die neue Sprache erlernen. All das hat mit dem Gebrauch von Symbolen zu tun.

Der Ton als solcher ist ein Symbol. Ihr wißt, daß von einem bestimmten Punkt der Stille an der Ton lauter zu werden beginnt. Was ihr nicht wißt, ist, daß an diesem nämlichen Punkt der Stille, der für euch der Punkt des Nicht-mehr-Wahrnehmens ist, Töne entspringen, die tiefer und tiefer in die Stille hineinwachsen und doch voller Bedeutung und ebenso nuancenreich sind wie die Töne, die ihr hört; und auch dies sind Symbole. Der unausgesprochene Gedanke hat einen »Ton«, den ihr zwar nicht wahrnehmt, der aber auf einer anderen Realitäts- und Wahrnehmungsebene deutlich vernehmbar ist.

Bäume *sind*, so wie sie dastehen, Töne, die ihr gleichfalls nicht hört. In euren Träumen, insbesondere in denen, die sich jenseits der Erinnerungsgrenze abspielen, gibt es Bewußtseinsbereiche, wo diese Töne automatisch registriert und in visuelle Bilder übersetzt werden. Diese fungieren als eine Art Kurzschrift. Gewisse Töne vorausgesetzt, könntet ihr das Universum, wie ihr es heute kennt, noch einmal erschaffen, und jedes gegebene multidimensionale Symbol könnte die ganze Realität, die ihr kennt, in sich tragen. Diktatende *(Pause)*. Nun ein paar Anmerkungen.

(Es folgte etwa eine Seite persönlicher Daten. Ende um 23.06 Uhr.)

Sitzung 573, Mittwoch, den 10. März 1971

(Die Sitzung wurde im Beisein von Patty Middleton abgehalten, die gestern mit dem Wagen von Ottawa, Canada, nach Elmira herübergekommen war, um Janes ASW-Gruppe zu besuchen.

Jane war von Patty über ihre Versuche mit dem vorbereitenden Konditionieren ins Bild gesetzt worden: wie sie gelernt hatte, mit Hilfe einer einfachen jogaähnlichen Technik und unter der Kontrolle eines Elektroenzephalographen die Alphawellen »einzuschalten«. Auf diesem Wege wurde ein gewisser Zustand entspannter Wachheit erreicht, in dem sich die Wahrnehmungen und Gefühle in idealer Weise die Waage hielten.

Die Alpha-Technik soll in medizinischer Hinsicht große Möglichkeiten eröffnen, obwohl man nicht eigentlich weiß, wie dieser Zustand hervorgebracht wird. Jeder Anhänger dieser Methode hat seine eigene Erklärung dafür und seine eigenen »Gefühle« darüber. Seth nimmt am Anfang der Sitzung kurz Stellung zum Alpha-Zustand.

Patty erzählte uns voller Begeisterung, wie Seths Material über die verschiedenen Bewußtseinsebenen von der 569sten und 570sten Sitzung in Kapitel siebzehn sich weitgehend mit ihren eigenen jüngsten Forschungen decke. Außerdem paßten ihre Anmerkungen und Informationen so gut in den Rahmen dieses Kapitels, daß ich mich zu fragen begann, ob etwas anderes als nur der Zufall sie zu diesem Zeitpunkt zu uns geführt habe. Wir hatten vorher nicht miteinander korrespondiert.

Eine Anmerkung: Patty hatte die letzten Kapitel von Seths Buch gelesen, Jane nicht. Die beiden hatten jedoch über das Material miteinander gesprochen.

Sitzungsbeginn um 21.37 Uhr.)

Nun.

(»Guten Abend, Seth.«)

(Zu Patty, belustigt:) Ich finde aber nicht, daß du meine Stimme gut nachgemacht hast. So übel klingt sie nun doch wieder nicht ... Ich habe einiges anzumerken.

Die Alpha-Ebene ist eine Schwelle, eine Vorstufe, welche die physisch ausgerichteten Persönlichkeitsanteile mit dem inneren Selbst verbindet. Ruburt navigiert oft durch dieses Stadium hindurch und in tiefere Stadien hinein, deshalb kennt er sich nicht gut damit aus.

Charakteristischerweise tut er das gleiche, wenn er seinen Körper verläßt: er hält sich an der Alpha-Schwelle fast gar nicht auf, sondern benutzt diese vielmehr als Sprungbrett.

Ich möchte jetzt diktieren, obgleich ich dem später vielleicht noch etwas hinzufügen werde. Also geduldet euch einen Augenblick.

(Pause.) Nun: Physisch liefert euch die Kombination eurer Sinnesorgane von Geruch, Gesicht und Gehör eure Hauptsinnesdaten. Auf anderen Ebenen sind diese jedoch voneinander getrennt. Gerüche besitzen daher eine visuelle Realität, und es können, wie ihr wißt, visuelle Daten auch in Form anderer Sinneswahrnehmungen zu euch gelangen.

Die Symbole können sich suchen oder einander fliehen, können entweder getrennt oder als Einheit erfahren werden. So wie jedes Ereignis sein eigenes Symbol für euch hat, so habt ihr eure eigene, individuelle Methode, Symbole zu kombinieren. Diese Symbole können auf viele verschiedene Weisen wahrgenommen und übersetzt werden; als eine Tonreihe, zum Beispiel, also eine synästhetische Komposition oder als eine Bilderfolge. In den verschiedenen Bewußtseinszuständen werden die Symbole auf verschiedene Weise erlebt. Das multidimensionale Symbol in seiner Ganzheit besitzt demnach auch in anderen Bewußtseinszuständen eine Realität, aber ebenso auf völlig anderen Wirklichkeitsebenen.

Ihr verhaltet euch so, als wären eure Gedanken geheim, obgleich ihr allmählich wissen solltet, daß sie es nicht sind. Nicht allein sind eure Gedanken anderen durch telepathische Übertragung zugänglich, sondern sie formen auch, ohne daß ihr es wißt, »unterhalb« der Erscheinungsgrenze physischer Materie und auch »oberhalb« davon etwas, das man als Pseudobilder bezeichnen könnte.

Es hat also den Anschein, als würden eure Gedanken in anderen Realitäten als Objekte auftreten und als wüchsen sie mit einer eigenen Lebendigkeit und Vitalität in andere Systeme hinein, so wie die Blumen und Bäume in eurem System ja scheinbar auch aus dem Nichts hervorsprießen. In gewissen anderen Systemen bedient man sich ihrer sozusagen als Rohmaterial. Für diese Realitäten, die ihr befruchten helft, ohne sie wahrzunehmen, stellen sie die gegebenen »natürlichen Daten«, die schöpferische Grundsubstanz dar.

So betrachtet gehorchen eure Gedanken also bestimmten Gesetzen. Ihr Verhalten und Wirken richtet sich nach Grundregeln, die ihr nicht kennt, obwohl ihr eure Gedanken für euer persönliches Eigentum haltet. Sie werden unabhängig von euch von anderen Bewußtseinsformen als stets sich wandelnde, natürliche Phänomene manipuliert. Das in solchen Systemen bodenständige Bewußtsein ist sich weder des Ursprungs dieser Phänomene noch eurer eigenen Realität bewußt. Man akzeptiert dort das Zeugnis der Sinne ebenso als Wirklichkeit wie im allgemeinen bei euch, und es würde niemandem einfallen, den Ursprung dieses Phänomens außerhalb des eigenen Systems zu suchen.

Würde ich eurer physischen Realität Ähnliches nachsagen, so würden meine Leser mir vorwerfen, ich hätte behauptet, sie sei aus den Abfällen des Universums zusammengebacken.

Das tue ich aber nicht, auch nicht in Hinsicht auf den eben besprochenen Fall. Ihr seid in eurem System auf eine unmittelbare Weise an der Formung der physischen Materie beteiligt. Die bei euch natürlich vorhandenen Daten sind das Ergebnis von individuellen und kollektiven Gefühlen und Gedanken, die materialisiert wurden. Euer System ist in dieser Beziehung schöpferischer als die Systeme, von denen eben die Rede war. Andererseits ist ein starkes, erneuerndes Gruppenbewußtsein in diesen anderen Systemen in der Entwicklung begriffen. Darin wird die Identität zwar aufrechterhalten, aber ein stärkeres inneres Zusammenspiel zwischen Individuen wird zugelassen, so daß ein umfassenderer schöpferischer Austausch und eine mühlosere Anzapfung geistiger und psychischer Reserven möglich wird. Aus diesem Grunde können diese Individuen die Verbindung zwischen schöpferischen Bildern und den gegebenen Sinnesdaten klarer erkennen. Sie verwandeln und modifizieren die ihnen gegebenen Sinnesdaten ganz absichtlich und experimentieren mit ihnen.

All dieses setzt eine äußerst intime Arbeit mit Symbolen voraus. In gewissen Schichten eurer Persönlichkeit seid ihr euch all der verschiedenen Weisen bewußt, wie Symbole gebraucht werden, und zwar nicht nur in eurem eigenen System, sondern auch in anderen Systemen. Wie schon früher erwähnt, gibt es keine geschlossenen Realitätssysteme. Eure Gedanken und Bilder und Gefühle verändern daher die gegebenen Sinnesdaten in einigen anderen Systemen.

Die erneuernden Verhaltensmuster, die in jenen Systemen entwikkelt werden, werden jedoch bis zu einem gewissen Grad auch in eurem System spürbar. Es gibt ständig Durchbrüche. Unter den verschiedenen Bewußtseinsstadien, die ihr durchreist, befinden sich auch Bereiche, die mit vielen dieser Systeme in Wechselbeziehung stehen. In einigen dieser Stadien sind andere Bewußtseinsformen beheimatet, und während eures Durchgangs durch sie verwendet ihr die Symbole auf eine für diese Ebenen charakteristische Weise.

Jetzt kannst du Pause machen und deine Finger ausruhen. *(Zu Patty:)* Und wenn du einen hübschen Gedanken hast, kannst du dort *(im Wohnzimmer)* irgendwo eine Blume hervorsprießen lassen.

(22.03 Uhr. Janes Trance war gut gewesen, ihr Tempo zügig, ihre Stimme ruhig. In der Pause, während wir drei mit Alpha-Zuständen experimentierten, projizierte sich Jane unvermittelt.

Ein prachtvoller Birnbaum, weit über zwei Stockwerke hoch, stand früher auf dem westlich von unserem Mietshaus gelegenen Grundstück. Wir haben ihn oft von unseren Wohnzimmerfenstern aus bewundert. Im vorigen Jahr hatte jedoch der Hauseigentümer von nebenan den Baum abschlagen lassen, um Raum für einen Parkplatz zu schaffen. Jane sagte, sie scheine den Alpha-Zustand als Sprungbrett für eine Projektion in die Vergangenheit und in diesen Baum benutzt zu haben: für Augenblicke habe sie sich inmitten eines Blattbüschels befunden, aus dem sie hervorgelugt habe . . .

Fortsetzung um 22.24 Uhr.)

Symbole sollten flüssig sein und ihre Gestalt ständig verändern. Manche werden jedoch als eine Verschalung für ursprüngliche Erfahrungen benutzt und dienen dann der Irreführung statt der Erleuchtung. In solchen Fällen spielt immer Angst eine Rolle.

Wenn man die Angst in die verschiedenen Bewußtseinszustände verschleppt, dann wirkt sie dort wie ein Zerrspiegel, der die natürlichen Dimensionen aller Symbole verfälscht und sich dem freien Fluß der Dinge als Barriere und Hindernis in den Weg stellt. Symbole explosiven Charakters dienen als auslösende Momente. Sie setzen das frei, was vorher eingesperrt war. Ohne physische Gewitter würdet ihr alle wahnsinnig werden.

Die aggressive Natur der Symbole wird ebensowenig erkannt wie die Beziehung zwischen Aggressivität und Kreativität. Diese Eigenschaften sind alles andere als einander entgegengesetzt, und wenn die Symbole diese aggressive Stoßkraft nicht hätten, würden sie ihre hochgradige Beweglichkeit einbüßen. Sie würden dann in einer Art permanentem Milieu versauern.

Es ist sowohl der schöpferische wie auch der aggressive Aspekt des Bewußtseins, das demselben den Gebrauch von Symbolen und den Besuch verschiedener Bewußtseinsebenen ermöglicht, und es ist die Aggressivität des Gedankens, die das Bewußtsein ohne euer Wissen in Realitäten befördert, von deren Natur ihr euch keine Vorstellung macht.

Aggressivität und Passivität stehen beide hinter der Geburtssymbolik, denn beide sind dafür notwendig. Sie stehen auch hinter der Todessymbolik, obgleich das nicht erkannt wird. Trägheit entsteht, wenn Aggressivität und Kreativität nicht miteinander im Gleichgewicht sind, wenn das Bewußtsein zu stark in die eine oder andere Richtung tendiert, wenn die Symbole für die spezifische psychologische Umwelt, in der ihr lebt, entweder zu schnell oder zu langsam dahinfließen.

Es entstehen dann Pausen. Um es so einfach wie möglich zu sagen: Es gibt einen fast unvorstellbaren Augenblick der Nicht-Realität, in dem ein Symbol zwischen Bewegung und Stillstand fixiert ist, eine Zeit der Unentschiedenheit. Dies wird natürlich verschieden übersetzt und reflektiert. Zu solchen Zeiten können bestimmte Symbole praktisch verlorengehen, aus dem Erfahrungsbereich eines Individuums verschwinden und Lücken der Trägheit zurücklassen.

Diese Lücken existieren, sage und schreibe, in vielen Systemen. Man begegnet ihnen auf vielen verschiedenen Ebenen. Ihr könnt zum Beispiel einen Bewußtseinszustand erleben, da nichts zu passieren scheint und da keine psychologische Landschaft oder erkennbare Symbolik vorhanden ist. Trägheitslücken gibt es nicht nur als psychologisches und paranormales Phänomen, sondern auch in Gestalt von leeren Stellen im Raum. Diese Stellen können schließlich mit neuen Symbolen aufgefüllt werden. Wenn ihr aufmerksam genug seid, könnt ihr euch gelegentlich in solchen Realitätsstadien abfangen, wo nichts sich zeigt und nichts auf das Vorhandensein irgendeines Bewußtseins außer eurem eigenen hindeutet.

Solche leeren Stellen kann man mit neuen Symbolen befruchten, und oftmals werden sie als Kanäle benutzt, durch die man neue schöpferische Ideen und Erfindungen schleust. Diese Lücken werden also von andern wahrgenommen und als dunkle Räume gesehen. Für jene Geistesreisenden, die die inneren Realitäten erforschen, stellen sie Bereiche ohne Widerstand dar. Sie repräsentieren unverstellte Bereiche, aber auch offene Kanäle, die an sich inaktiv, aber voll passiver Erwartung sind. Nun gibt es auch Symbole, die auf solche passive Weise darauf warten, daß man sie aktiviert.

Sie stellen nach euren Begriffen künftige Erfahrungen dar, die momentan noch latent sind. Diese leeren Trägheitsstellen sind also insofern noch teilweise schöpferisch, als sie diesen neuen Symbolen die Navigation in eure Bereiche ermöglichen.

Jetzt könnt ihr Pause machen. Wir kommen wieder.

(22.43 bis 23.12 Uhr.)

Wir wollen unser Diktat beenden; aber geduldet euch einen Moment. *(Pause.)*

Die Alpha-Ebene ist undifferenziert. Die dort vorhandene Energie kann beliebig verwendet werden. Sie ist der Urquell oder der Fond, wo Energiereserven bereitstehen und zum Gegenstand eines Tauziehens zwischen dem inneren und dem äußeren Selbst werden. Aus den tieferen Schichten der Persönlichkeit dringen in diesen Bereich Winke und Zeichen herauf.

Wegen der Position, die sie einnimmt, ist die Alpha-Ebene besonders geeignet für die Manipulation des physischen Organismus. Wie ihr langsam zu lernen beginnt, ist die Spontaneität dabei äußerst wichtig. Die Absicht, mit der ihr euch dem Alpha-Zustand nähert, bestimmt weitgehend im voraus, welche Art von Erfahrung ihr dort macht, denn sie gibt eurer Aufmerksamkeit automatisch eine bestimmte Richtung.

Es ist auch nutzbringend, in jene Bereiche ganz ohne Absicht hineinzutauchen, denn hier kann euch die jeweils fällige Information, die ihr, ohne es zu wissen, gerade benötigt, zugänglich gemacht werden. Wenn ihr diese Region etwas besser kennengelernt habt, könnt ihr sie auch als Sprungbrett für andere Aktivitäten benutzen. Dabei gebt ihr euren Körper in gute Hände.

Wenn das Bewußtsein euren Körper verläßt, übernimmt der Alpha-Zustand die Sorge für sein Wohlbefinden. Das geschieht natürlich sonst auch. Informationen über frühere Leben liegen allerdings auf einer tieferen Ebene. Ihr könnt, wenn ihr wollt, vom Alpha-Zustand aus danach angeln.

(Patty: »Einfach aufs Geratewohl? Wie wenn man eine Angelleine ins Wasser wirft? Oder ist es möglich, das teilweise zu steuern?«)

Es ist allerdings möglich, das teilweise zu steuern, nur muß die Steuerung aus dem Alpha-Zustand kommen, nachdem ihr tiefere Schichten darum ersucht habt. Ihr könnt aber mit mehr Übung jene Bereiche auch selber betreten. Das ist unmittelbarer.

(Patty: »Werde ich mich selber entdecken, indem ich einfach diese verschiedenen Zustände ausprobiere?«)

(Lächeln.) Du weißt, daß du das wirst, sonst hättest du mir gar nicht erst diese Frage gestellt.

(Patty: »Das ist aber eine nette Antwort.«)

(Über zwei Seiten Material für Patty folgten. Danach legte ich mit einer sogut wie tauben Hand meinen Notizblock beiseite und improvisierte mit Patty und Jane eine Diskussion. Seths Energie und Vitalität schienen unerschöpflich zu sein – sein Tempo beschleunigte sich sogar noch. Die Sitzung endete nach 23.37 Uhr. Wir waren alle todmüde.)

19
Gegenwartsalternativen und Facetteneinstellung

Sitzung 574, Mittwoch, den 17. März 1971

(Am Montag fand keine Sitzung statt, weil Jane sich ausruhen mußte. Auch heute abend war sie vor der Sitzung sehr schläfrig und entspannt, wollte sie aber trotzdem abhalten. Nachdem sie aber einmal angefangen hatte, für Seth zu sprechen, wurde sie ziemlich aktiv; ihre Stimme wurde sehr klar und präzis und ein wenig laut. 21.26 Uhr.)

Guten Abend.

(»Guten Abend, Seth.«)

Wir wollen das Diktat wieder aufnehmen und unser nächstes Kapitel beginnen, das »Gegenwartsalternativen und Facetteneinstellung« heißt.

Gehen wir von dem normalen Wachbewußtsein aus, das ihr kennt. Nur ein Schritt davon entfernt befindet sich eine andere Bewußtseinsebene, auf die ihr alle, ohne es zu wissen, abgleitet. Nennen wir sie »A-1«. Sie grenzt an euer normales Bewußtsein an und ist nur ganz leicht davon abgetrennt; und doch können sich in ihr ausgesprochene Wirkungen zeigen, die in eurem gewöhnlichen Zustand nicht vorkommen.

Auf dieser Ebene können viele eurer Gaben nutzbar gemacht und kann der jeweilige Augenblick auf viele verschiedene Weisen erlebt werden, wobei euch die bereits vertrauten physischen Daten als Grundlage dienen. In eurem Normalzustand nehmt ihr den Körper wahr. In A-1 kann euer Bewußtsein in den Körper eines anderen hineingehen und diesen heilen. Auf die gleiche Weise könnt ihr auch den Zustand eures eigenen physischen Erscheinungsbildes wahrnehmen. Ihr könnt, euren Fähigkeiten entsprechend, die Materie von innen her bewußt, wach und verständig manipulieren.

A-1 kann euch gewissermaßen als ein abseits gelegener Aussichtspunkt dienen, von dem aus ihr physische Vorgänge klarer beurteilen könnt. Während ihr euch seiner bedient, seid ihr vorübergehend von körperlichen Beschwerden befreit, und diese Freiheit könnt ihr dazu benutzen, an ihrer Beseitigung zu arbeiten. Scheinbar unlösbare Probleme können oftmals, wenn auch nicht immer, gelöst werden. Suggestionen, die ihr euch von hier aus erteilt, wirken viel stärker. Es ist weniger schwierig, Bilder zu formen, die auch beweglicher sind. A-1 liegt nur ein Schritt abseits, aber es ist ein wichtiger Schritt.

(Jane hatte bereits die Entdeckung gemacht, daß ihr A-1 als »abseits gelegener Aussichtspunkt« liegt. Diese Methode ist ihr wie auf den Leib geschnitten. Um es mit ihren eigenen Worten zu sagen: »Unmittelbar rechts neben meiner Wange befindet sich dieses Figürchen, dieses winzig kleine Ich, das ich an andere Orte schicken und mit dem ich etwas unternehmen kann.« Auf Wunsch hat sie den Körper von anderen mit diesem Miniatur-Ich betreten, um verschiedene Krankheiten, deren Ursache etc. zu überprüfen. Mich auf meine Weise in der Methode versuchend, ist es mir, zum Beispiel, gelungen, dem Inneren von Janes Knie einen Besuch abzustatten.

Janes Interesse an diesen Möglichkeiten hat zugenommen, seit ich ihr die 570ste Sitzung in Kapitel siebzehn beschrieb – man wird sich erinnern, daß Seth mir das aufgetragen hatte –, während meine eigenen Fortschritte durch Patty Middletons Besuch in der Woche darauf und ihre Information über Alpha-Zustände beschleunigt wurden.)

Nun kann A-1 den ersten von einer Reihe von Schritten darstellen, die in »tiefere« Bewußtseinsstadien führen. Es kann aber auch der erste einer Reihe von nebeneinander gesetzten Schritten sein. Jede der tieferen Bewußtseinsschichten kann immer auch als Zwischenstation zu anderen, benachbarten Schichten dienen. A-1 ist leicht zu erreichen. Wenn ihr Musik hört, die euch gefällt, wenn ihr einer geruhsamen, angenehmen Beschäftigung nachgeht, spürt ihr schon die veränderte Atmosphäre. Sie kann von euren eigenen, charakteristischen physischen Signalen begleitet sein. Vielleicht trommelt ihr auf eine bestimmte Weise mit den Fingern auf dem Tisch oder macht eine gewisse Geste. Oder ihr starrt oder blickt träumerisch nach links oder nach rechts.

Jedes dieser körperlichen Signale kann euch helfen, zwischen diesem Bewußtseinszustand und dem gewöhnlich vorherrschenden zu unterscheiden. Ihr braucht ihn nur zu erkennen, ihn festzuhalten und dann mit ihm zu experimentieren beginnen. In der Regel ist er insofern noch physisch orientiert, als seine Kräfte auf die innere Wahrnehmung, auf die Manipulation der Materie oder der physischen Umwelt gerichtet sind. Ihr könnt daher den gegenwärtigen Augenblick von einer Vielfalt einzigartiger Standpunkte aus erleben, die normalerweise für euch nicht erreichbar sind.

Ihr könnt die Realität des Augenblicks erfahren, sowie euer Darm oder eure Hand sie erfährt, und könnt mit etwas Übung den momentanen inneren Frieden und den Tumult miterleben, die Seite an Seite in eurem physischen Körper herrschen. Das bringt ein Gefühl der Dankbarkeit und des Staunens mit sich und führt zu einem Einheitserlebnis mit der lebendigen körperlichen Substanz, aus der ihr physisch zusammengesetzt seid. Mit etwas Übung könnt ihr euch eurer inneren physischen Umwelt genauso bewußtwerden wie eurer äußeren physischen Umwelt.

Mit etwas mehr Übung werdet ihr euch die Inhalte eurer eigenen Psyche ebenso leicht zugänglich machen. Ihr werdet eure Gedanken dann ebenso deutlich sehen wie eure inneren Organe. In diesem Fall würdet ihr sie in symbolischer Form, d.h. durch Symbole, die ihr verstehen könnt, wahrnehmen. Wirre Gedanken würdet ihr beispielsweise als Unkraut sehen und könntet dieses dann einfach beseitigen.

Ihr könnt euch wünschen, daß der gedankliche Inhalt eures Geistes in ein intensives Bild übersetzt werden soll, das auf symbolische Weise eure individuellen Gedanken und eure gesamte Geisteslandschaft zur Darstellung bringt; dann könnt ihr das, was euch daran mißfällt, einfach herausnehmen und durch positivere Bilder ersetzen. Das soll nicht heißen, daß diese innere Landschaft immer ungetrübt heiter sein muß, es heißt nur, daß sie gut ausgewogen sein sollte.

Eine düstere und überwiegend melancholische Landschaft sollte euch sofort alarmieren, und ihr solltet dies unverzüglich zu ändern versuchen. Keine dieser Leistungen übersteigt die Möglichkeiten meiner Leser, obwohl der eine oder andere das eine oder andere dieser Kunststückchen weniger leicht finden könnte. Auch müßt ihr wissen, daß ich hier vom praktischen Standpunkt aus spreche. Es ist zum Beispiel möglich, auf die eben beschriebene Weise eine körperliche Funktionsstörung zu beheben– vorausgesetzt, ihr könnt beim Überprüfen eurer inneren Gedankenlandschaft die Ursache des körperlichen Leidens herausfinden.

Gefühle lassen sich auf die gleiche Weise sondieren. Sie werden allerdings eine andere Erscheinungsform haben, die viel beweglicher ist. Gedanken würden als feststehende Strukturen erscheinen: beispielsweise als Blumen oder Bäume, Häuser oder auch Landschaften. Gefühle hingegen würden sich häufiger durch die veränderliche Beweglichkeit von Wasser, Wind, Himmel und sich wandelnder Farben ausdrücken. Jede körperliche Krankheit kann also in diesem Zustand durch eine physische Innenschau festgestellt und entdeckt werden;

wenn ihr dann das, was ihr gefunden habt, zu ändern versucht, könnt ihr es erleben, daß ihr euren Körper oder den eines anderen in einer ganz winzigen Miniaturausgabe oder als Lichtpunkt oder einfach ohne jede Substanz doch mit offenen Augen für eure physische Umwelt betretet.

Ihr verändert dann, was der Veränderung bedarf, so, wie ihr es für richtig haltet: indem ihr entweder die Energien des Körpers auf den Krankheitsherd lenkt, indem ihr in das Fleisch hineingeht und bestimmte Teile davon zusammenbringt, die solcher Korrektur bedürfen, oder indem ihr Partien der Wirbelsäule manipuliert. Abschließend inspiziert ihr von diesem benachbarten Aussichtspunkt des A-1-Bewußtseins eure geistigen Gedankenmuster oder die der anderen Person. Dabei seht ihr auf eine für euch charakteristische Weise.

Ihr könntet die Gedankenmuster als blitzhaft aufleuchtende Sätze oder Worte, die für gewöhnlich entweder in eurem eigenen Geist oder in dem des anderen gesehen werden, wahrnehmen, oder als schwarze Buchstaben, die sich zu Worten formieren. Ihr könntet die Worte und Gedanken aber auch hören oder könntet die obenerwähnte »Landschaft« sehen, in der sich die Gedanken in symbolischer Form zu einem Bild kristallisieren.

Dies wird euch zeigen, auf welche Weise die Gedanken das physische Leiden verursacht haben und was für Gedanken beteiligt waren. Der gleichen Prozedur sollte man dann das Gefühlsmuster unterziehen. Dieses kann entweder als eine Explosion dunkler und heller, bewegter Farben erlebt werden oder einfach als eine bestimmte Empfindung, die einen mit großer Intensität überkommt. Ist eine Empfindung sehr stark, dann kann sie sich auf verschiedene Art manifestieren. Sind sowohl Gedanken als auch Gefühle im Spiel, so werdet ihr mit nachtwandlerischer Sicherheit diejenigen herausklauben, die mit der Krankheit in Verbindung stehen. Auf diese Weise habt ihr dann auf drei Ebenen eine Korrektur vorgenommen.

A-1 gibt aber auch einen prächtigen Rahmen ab für Kreativität, Konzentration, Studium, Erholung, Ruhe und Meditation. Zu eurer Unterstützung könnt ihr euch von diesem Zustand euer eigenes Bild machen und ihn euch als ein Zimmer oder eine angenehme Landschaft oder als einen Aussichtspunkt denken. Ihr werdet für diesen Zustand spontan euer eigenes Symbol finden.

Ihr könnt Pause machen.

(22.02 Uhr. Janes Trance war tief gewesen, und von der Schnelligkeit ihres Vortragsstils bekam meine Schreibhand einiges zu spüren. Ob-

gleich Jane kurz vor der Sitzung noch schläfrig gewesen war, behauptete sie, Seths Gegenwart »glasklar gespürt« zu haben. Sie hatte, in der Tat, mit besonderer Klarheit gesprochen. Sie war sich auch des Gesagten bewußt gewesen, was gewöhnlich sonst nicht der Fall ist.

Dieses Material ist ein neues Beispiel für die originelle Weise, in der Seth seine Ideen entwickelt. Anfangs fragte ich mich, ob sein A-1-Zustand wohl lediglich eine Wiederholung der uns von Patty Middleton mitgeteilten Alpha-Daten darstellen würde, doch es wurde bald klar, daß er Alpha nur als Sprungbrett benutzte. Er war weit darüber hinaus.

Fortsetzung im gleichen flotten Stil um 22.21 Uhr.)

Dieser Zustand kann auch als Vorstufe zum nächstfolgenden Bewußtseinsstadium benutzt werden und dann in einen tieferen Trancezustand führen. Dieser würde aber mit dem Realitätssystem, das ihr kennt, noch verbunden sein.

Oder aber er kann als Vorstufe zu einer angrenzenden Bewußtseinsebene dienen, die sich also zwei Schritte von der normalen Realität entfernt, aber auf gleicher Ebene befindet. In diesem Fall wird er euch nicht zu einer genaueren Untersuchung und tieferen Wahrnehmung des gegenwärtigen Augenblicks führen, sondern vielmehr zu der bewußten Erkenntnis von etwas, was ich als Alternativen des gegenwärtigen Augenblicks bezeichnen möchte.

Ihr werdet aus der Gegenwart, die ihr kennt, ein paar Schritte seitwärts machen. Damit werdet ihr euch auf eine Entdeckungsreise in die Wahrscheinlichkeit begeben, die ich früher in diesem Buch erwähnt habe. Dieser Zustand kann sehr vorteilhaft sein, wenn ihr euch um die Lösung eines eure künftige Lebensgestaltung betreffenden Problems bemüht oder wichtige Entscheidungen treffen müßt, die eure Zukunft angehen. In diesem Zustand ist es euch möglich, verschiedene Alternativen und einige wahrscheinliche Resultate auszuprobieren, und zwar nicht auf phantastische, sondern auf praktische Weise.

Diese Wahrscheinlichkeiten sind Realitäten, einerlei, welche Entscheidung ihr trefft. Nehmen wir einmal an, es stehen euch drei Alternativen zur Wahl und es sei dringend erforderlich, daß ihr euch für eine davon entscheidet. Unter Ausnutzung dieses Zustands trefft ihr eure erste Wahl. Der Augenblick, in dem ihr die Wahl trefft, ist die Gegenwartsalternative. Durch eure Wahl wird die Gegenwart verändert, und ihr seht dann ganz genau, auf welche spezielle Weise sie sich verändert und welche Handlungen und Ereignisse sich aus der Veränderung für diejenige Zukunft ergeben, die zu dieser besonderen Gegenwartsalternative gehört.

Von der Basis dieses Bewußtseinszustandes ausgehend, tut ihr das gleiche mit jeder der Alternativen. Die Methode ist immer dieselbe: Ihr trefft die Entscheidung. Dann macht ihr euch auf eine beliebige Weise die Auswirkungen der gewählten Alternative auf euren Körper bewußt. Ihr geht in euren Körper auf die oben in Verbindung mit dem Heilen beschriebene Weise hinein. Bei großer Sensibilität könnt ihr sehen, wie sich eure Entscheidung physisch auswirken würde – ob der Zustand eures Körpers sich gleichbleibt, ob sich ein Gefühl des Wohlbefindens darin breitmacht oder ob sich die ersten Anzeichen beginnender ernster Probleme manifestieren.

Auf ähnliche Weise spürt ihr auch den geistigen und emotionalen Aspekten nach; dann wendet ihr euer Augenmerk nach »außen«, auf die Umwelt, die von dieser Gegenwartsalternative hervorgebracht wurde. Vor eurem geistigen Auge werden Ereignisse erscheinen. Diese könnt ihr entweder in ihrer ganzen Intensität erleben oder sie nurmehr besichtigen. Manchmal sind sie von solcher Lebhaftigkeit, daß man sich vorübergehend dabei vergißt, aber wenn ihr euren Kontakt mit dieser Bewußtseinsebene pflegt, wird das nur selten vorkommen. In der Regel seid ihr euch dessen, was ihr tut, sehr bewußt.

Je nach Situation könnt ihr mit derselben Methode auch die Auswirkungen dieser Entscheidung auf andere ganz speziell ausfindig machen. Dann kehrt ihr über den A-1-Zustand, der euch als Durchgangsstation diente, in den normalen Bewußtseinszustand zurück. Nach einer Ruhepause beginnt ihr wieder von vorn und trefft die zweite Entscheidung und dann, nach der gleichen Routine, auch noch die dritte. Am Ende entscheidet ihr euch natürlich von eurem normalen Bewußtseinszustand aus für die Alternative, die ihr aufgrund der erhaltenen Information und der gemachten Erfahrung als die richtige erkannt habt.

Bezeichnungen sind unwichtig. Nennen wir aber trotzdem der Einfachheit halber diese Bewußtseinsebene A-1-a.

Es gibt nämlich noch jene von A-1-b, die an A-1-a angrenzt. Diese nimmt wiederum eine andere Gegenwartsalternative als Ausgangspunkt, die auf viele andere Weisen genutzt werden kann.

Sie ist dem Durchschnittsmenschen nur schwer zugänglich und hat mit der Gegenwart von Gruppen, kollektiven Wahrscheinlichkeiten, Angelegenheiten der Rasse und der Bewegung der Zivilisation zu tun. Politiker und Staatsmänner könnten sehr von ihr profitieren. Man kann sie aber auch zur Klärung wahrscheinlicher Vergangenheiten einsetzen. Hier würde sie euch beispielsweise Erkenntnisse über alte Ruinen und verschwundene Zivilisationen vermitteln, aber nur dann, wenn die spezifische wahrscheinliche Vergangenheit, in der letztere existierten, angezapft würde.

Die sich daran schließende Ebene wäre A-1-c, die eine Erweiterung der gerade beschriebenen Ebene darstellt und ein höheres Maß an Handlungs-, Bewegungs- und Erlebnisfreiheit anbietet. Hier ist man bis zu einem gewissen Grad an den Vorgängen, die man wahrnimmt, aktiv beteiligt. Es wäre sinnlos, über diesen Punkt hinaus noch auf andere Zustände einzugehen, denn ihr werdet mit diesen nichts zu tun haben, und sie führen in Realitäten hinein, die zu der euren kaum noch eine Beziehung aufweisen. Es sind dies Bewußtseinszustände, die einfach zu abgeschieden sind, und unter normalen Umständen ist A-1-c der äußerste Punkt, der eurem gegenwärtigen Bewußtsein in dieser speziellen Richtung erreichbar ist.

Der Zustand A-1-a ist der praktischste und auch der einfachste für euch, aber oftmals müßt ihr schon ein gutes Gespür für die A-1-Ebene entwickelt haben, bevor ihr den nächsten Schritt zu wagen bereit seid. Im Rahmen seiner Grenzen gewährt A-1-a viel Spielraum für Expansion. Wenn ihr euch seiner bedient, könnt ihr beispielsweise erfahren, was gewesen wäre, wenn ihr »dies oder jenes getan« hättet. Ich erinnere daran, daß dies alles aneinandergrenzende Zustände sind, die in horizontaler Richtung verlaufen.

Genau unterhalb von A-1 befindet sich Zustand A-2, der, wenn man die Analogie von oben und unten verwenden will, einem etwas tieferen Bewußtseinszustand entspricht. Er ist weniger physisch orientiert als A-1. Man erfreut sich aber dort trotzdem noch einer ausgezeichneten Geistesklarheit und Wachheit. Dieser Zustand kann dazu benutzt werden, innerhalb des Wahrscheinlichkeitssystems, das ihr kennt, das, was ihr unter Vergangenheit versteht, zu ergründen.

Hier sind euch eure Reinkarnationsvergangenheiten bekannt, und wenn eine persönliche Krankheit nicht von A-1 aus geheilt werden kann, dann müßt ihr möglicherweise A-2 aufsuchen, um ihren Ursachen in einer früheren Existenz nachzuspüren. Dieser Zustand ist durch einen langsameren Atemrhythmus gekennzeichnet und, wenn man sich nicht andere Weisungen gibt, durch eine leichte Untertemperatur und längere Alpha-Wellen, eine langsamere Frequenz.

Dieser Zustand ist jedoch noch umweltbezogen und ist sich der Umwelt auch bewußt. Dies kann zwar im Interesse eines größeren Leistungsvermögens absichtlich blockiert werden, doch es besteht keine Notwendigkeit dafür. In vielen Fällen können zum Beispiel die Augen offenstehen, obgleich es einfacher sein mag, sie zu schließen. Die Sensibilität ist hier erhöht. Ohne daß ihr unbedingt auf die unter Zustand A-1 beschriebenen Methoden zurückgreifen müßt, werden die geistigen, physischen und emotionalen Aspekte früherer Persönlichkeiten hier in Erscheinung treten.

Auf welche Weise sie wahrgenommen werden, hängt von der persönlichen Veranlagung des Individuums ab, das sich in diesem Zustand befindet. Er kann dazu benutzt werden, den Ursprung einer Idee in der Vergangenheit aufzuspüren oder etwas wiederzufinden, was dort verlorenging, solange sich das im Rahmen eures Wahrscheinlichkeitssystems hält.

Unterhalb A-2 liegt A-3. Dieser Zustand stellt nun wieder eine Erweiterung dar und hat mit kollektiven Fragen zu tun: der Bewegung der Landmassen, der Geschichte eures Planeten, wie ihr ihn kennt, der Entwicklung der Rassen, die ihn bewohnten, der Geschichte der Tiere, den Gas- und Kohleablagerungen und den verschiedenen Zeitaltern, die über euren Planeten hingingen und ihn umgestalteten.

Ihr könnt Pause machen.

(22.59 Uhr. Janes Trance war wieder sehr gut gewesen. Sie hatte vieles in Bildern erlebt, war aber jetzt nicht imstande, es in Worte zu fassen. Meine Schreibhand war lahm; aus diesem Grunde haben wir die Sitzung nach der Pause nicht fortgesetzt, so gerne ich es getan hätte.

Seth, meinte Jane, habe bereits andere »Richtungen« im Kopf, die mit rechts oder links zu tun hätten; obgleich er in diese Bereiche mit Hilfe von Analogien noch nicht weit vorgedrungen sei, sei doch alles geplant. Sie könne diese Richtungen »sehen«. Sie hätten mit Wahrscheinlichkeiten zu tun.

Jane sagte, Seth hätte, wäre die Sitzung weitergegangen, uns mitgeteilt, daß Patty Middletons Besuch letzte Woche seit der Zeit, als wir sie im September 1970 in Philadelphia kennengelernt hatten, in Vorbereitung gewesen sei. Seth wußte, daß sie mit großer Wahrscheinlichkeit zugegen sein würde, wenn er den Abschnitt seines Buches, der von den Bewußtseinszuständen handelt, in Arbeit hätte. Dies bestätigt meine eigenen Spekulationen über den Zeitpunkt ihres Besuches.

Dies will nicht besagen, daß Pattys Reise vorherbestimmt war. Willensfreiheit ist immer vorhanden. Sie hat einfach »eine gute Nase« für den richtigen Zeitpunkt gehabt, um uns zu besuchen, und so hat sie sich zu der Reise entschlossen. Seth hatten dann ihre Informationen über die Alpha-Technik als Anstoß für sein eigenes Material über A-1, A-1-a, A-2 etc. gedient.)

Sitzung 575, Mittwoch, den 24. März 1971

(Verglichen mit der Intensität der letzten Sitzungen war Janes Vortragsweise heute abend auf langen Strecken ruhig und leicht. 21.05 Uhr.)

Guten Abend.

(»Guten Abend, Seth.«)

Wir nehmen das Diktat wieder auf.

A-4 führt euch auf eine Ebene, die sich unterhalb der Schwelle der Materialisierung befindet, eine Ebene, auf der Ideen und Vorstellungen wahrnehmbar sind, obwohl ihre Repräsentationen in der gegenwärtigen physischen Realität, die ihr kennt, nicht in Erscheinung treten.

Von dieser Ebene kommen eure tiefsten Inspirationen. Diese Ideen und Vorstellungen, die ihre eigene elektromagnetische Identität besitzen, zeichnen sich aber trotzdem als »die symbolische Landschaft« auf dieser Bewußtseinsebene ab. Dies läßt sich schwer erklären. Die Gedanken erscheinen beispielsweise nicht etwa als Pseudobilder oder machen eine Pseudomaterialisierung durch, werden aber trotzdem lebhaft empfunden, wahrgenommen und von Partien des Gehirns aufgefaßt – von jenen scheinbar brachliegenden Teilen, für die die Wissenschaft keine Erklärung gefunden hat.

Diese Ideen und Vorstellungen rühren offensichtlich von einem Bewußtsein her. Sie repräsentieren jedoch im Entstehen begriffene, latente Entwicklungen, die in der physischen Realität eintreten können oder auch nicht und die von einem gegebenen Individuum wahrgenommen werden können, aber nicht müssen. Die charakteristischen Interessen und Fähigkeiten der betreffenden Persönlichkeit haben eine Menge damit zu tun, ob sie sich den Realitäten dieser Bewußtseinsschicht aufschließt.

Das dort gespeicherte Material dient jedoch vielen wahrscheinlichen Systemen als Bausteine. Es ist ein offener Bereich, zu dem viele andere Dimensionen einen Zugang besitzen. Im Schlafzustand steht er euch meistens offen. Radikale Neuerungen, welterschütternde Erfindungen – all das wartet, sozusagen, in diesem gewaltigen Reservoir. Totale persönliche Bekehrungen werden häufig von dieser Ebene aus bewirkt.

Nun kann ein Individuum durch diese Ebenen hindurchgehen und kaum von ihnen berührt oder sich ihrer bewußt sein. Es kann sie geschlossenen Auges durchschreiten. Die allumfassende Zielsetzung und Veranlagung der Persönlichkeit werden letzten Endes über die Qualität ihrer Wahrnehmung und Erkenntnis entscheiden. Das besagte Material ist von jeder der gegebenen Bewußtseinsebenen erreichbar, aber es muß herbeigezogen werden, entweder durch ein bewußtes oder ein starkes unbewußtes Verlangen. Ist dies nicht vorhanden, dann bleibt der Schatz der vorhandenen Gaben und Möglichkeiten einfach ungenutzt und ungehoben.

Die Bewußtseinszustände zerfließen auch ineinander, und es liegt auf der Hand, daß ich hier den Tiefenbegriff deshalb verwende, weil unsere Auseinandersetzung mit diesen Dingen dadurch erleichtert wird. Angefangen vom Ich oder Wachbewußtsein als dem auf die äußere Realität bezogenen Selbst sind diese Zustände extensiv und eher wie Flächen, die man abschreiten muß. Jeder von ihnen eröffnet außerdem noch den Zugang in ungeheure Nachbarbereiche, und es gibt viele »Wege«, die man den eigenen Interessen und Wünschen folgend einschlagen kann.

So wie ihr in eurem gewöhnlichen Wachzustand ein ganzes Universum physischer Daten wahrnehmt, so nehmt ihr auch in jedem dieser anderen Bewußtseinszustände Realitäten wahr, die jenen an Komplexität, Vielfalt und Lebhaftigkeit nicht nachstehen. Darum ist es auch so schwer, die Erfahrungen, die in einem gegebenen Bewußtseinszustand möglich sind, zu erklären.

A-5 schließt eine Dimension auf, in der man, zumindest theoretisch, mit dem vitalen Bewußtsein jeder beliebigen Persönlichkeit in Kontakt treten kann. Dies schließt nicht nur die Kommunikation mit nach euren Begriffen ehemaligen, sondern auch die mit künftigen Persönlichkeiten ein. Es ist eine Bewußtseinsebene, die nur sehr selten erreicht wird. Es ist zum Beispiel nicht die Ebene, derer sich die meisten Medien bedienen. Es ist ein Treffpunkt, wo Persönlichkeiten aller Zeiten und Orte und wahrscheinlicher Systeme sich in klaren, allen verständlichen Begriffen miteinander verständigen können.

Da es weder Vergangenheit, Gegenwart noch Zukunft gibt, ist dies eine Ebene kristallklarer Kommunikation. Die Beteiligten besitzen natürlich einen ausgezeichneten Überblick über ihren eigenen Hintergrund und ihre Lebensgeschichte, verfügen aber in diesem Zustand auch über eine viel weitere Perspektive, von der aus private und historische Hintergründe als ein Teil eines größeren, wahrnehmbaren Ganzen gesehen werden.

Auf dieser Ebene flitzen die Botschaften zwischen bedeutenden Männern und Frauen buchstäblich durch die Jahrhunderte hin und her. Die Zukunft ist im Gespräch mit der Vergangenheit. Große Künstler haben sich immer auf dieser Ebene miteinander verständigen können und haben zu ihren Lebzeiten tatsächlich überwiegend von dieser Bewußtseinsebene aus gewirkt. Nur die äußerlichsten Anteile ihrer Persönlichkeit haben sich dem Diktat der historischen Epoche, in der sie lebten, gebeugt.

Für solche, die diesen Zustand erreichen und ihn zu nutzen verstehen, ist die Kommunikation am klarsten. Man muß nämlich wissen, daß diese Kommunikation in beide Richtungen wirkt. Leonardo da Vinci kannte, zum Beispiel, Picasso. Es gibt große Männer und Frauen, die unbekannt bleiben. Ihre Zeitgenossen beachten sie nicht. Ihr Werk wird vielleicht mißverstanden oder geht physisch verloren, doch auf dieser Bewußtseinsebene sind sie mit im Gespräch, und in diesen anderen existentiellen Bereichen wird auch ihr Werk anerkannt.

Ich will jedoch hiermit nicht sagen, daß nur die Großen an dieser Bewußtseinskommunikation teilhaben. Eine große Einfachheit ist dabei vonnöten, und aus dieser Einfachheit heraus sind auch viele der nach menschlichen Maßstäben Allergeringsten an diesen Kommunikationen beteiligt. Ein Gespräch ist unaufhörlich und überall im Universum im Gange, und dieses Gespräch ist von größter Bedeutung. *(Lange Pause.)* Menschen aus eurer Vergangenheit sowohl als aus eurer Zukunft haben in eurer gegenwärtigen Welt die Hand im Spiel, und auf dieser Ebene werden die Probleme besprochen, die aufgetaucht sind und die noch auftauchen werden. Hier ist das Herz aller Kommunikation. Am häufigsten kommt man mit dieser Ebene entweder während einer behüteten, tiefen Schlafphase oder in einem spontanen Trancezustand in Berührung. Dabei werden gewaltige Energien erzeugt.

Jetzt könnt ihr Pause machen.

(21.47 bis 22.05 Uhr.)

Nun: Die Information, die in jedem dieser Bewußtseinszustände empfangen wurde, muß für das normale Wachbewußtsein interpretiert werden, wenn im physischen Gedächtnis etwas davon haften bleiben soll.

In vielen Fällen wird dem wachenden Selbst die Erinnerung nicht bewußt, doch die Erfahrung als solche kann die Struktur eines individuellen Daseins von Grund auf verändern. Unheilvolle Entwicklungen können durch solche inneren Kommunikationen und Erleuchtungen abgewandt werden, ob nun das Ich davon weiß oder nicht.

Die Erfahrungen auf diesen verschiedenen Ebenen können symbolisch gedeutet werden. Sie können die Gestalt von Phantasien, Dichtung oder bildender Kunst annehmen, ohne daß das bewußte Selbst ihren Ursprung erkennt. Nun kann man in jedem dieser diversen Bewußtseinszustände auch noch andere Erscheinungen wahrnehmen – Gedankenformen beispielsweise oder Energiemanifestationen, Projektionen des persönlichen Unbewußten und des kollektiven Unbewußten. Jede von diesen kann symbolische Form annehmen und kann sich, je nachdem welche Einstellung das betreffende Individuum zu ihnen hat, von ihrer gutartigen oder bösartigen Seite zeigen. Man sollte sie als ganz natürliche, ihrer Absicht nach oftmals neutrale Phänomene betrachten.

Häufig sind es im Entstehen begriffene Formen, die von der Persönlichkeit, denen sie begegnen, aktiviert werden. Dabei wirkt das, was die Persönlichkeit auf die relativ passive Materialisierung projiziert, richtunggebend. Das Individuum, das eine solche Begegnung hat, braucht also nur seine Aufmerksamkeit auf etwas anderes zu lenken, um das Phänomen zu »desaktivieren«. Dies bedeutet jedoch nicht, daß das Phänomen nicht real wäre. Es ist einfach von Natur aus anders und andersrangig beschaffen.

Es verfügt zwar über ein gewisses Maß eigener Energien, braucht aber die zusätzlichen Energien des Betrachters, um in eine Wechselbeziehung eintreten zu können. Solltet ihr euch also durch eine solche Materialisierung bedroht fühlen, dann wünscht ihr einfach Frieden und zieht eure Aufmerksamkeit davon ab.

Sie wird nämlich hauptsächlich durch eure Einstellung mit Energien versorgt und variiert mit deren Intensität und Natur. Wenn ihr euch auf die Reise durch diese Bewußtseinsebene macht, solltet ihr eure physisch orientierten Grundanschauungen zu Hause lassen. Entledigt euch ihrer, soweit wie nur irgend möglich, denn sie können zu Fehlinterpretationen eurer Erfahrungen führen.

Unterhalb dieser Bewußtseinsschicht gibt es noch andere, doch besteht zwischen diesen eine viel stärkere Verschmelzungstendenz. Auf der nächstfolgenden Ebene ist beispielsweise Kommunikation mit verschiedenen Bewußtseinsformen möglich, die sich euren Begriffen nach physisch niemals manifestiert haben – Persönlichkeiten, die weder in eurer Gegenwart noch in eurer Zukunft eine physische Realität haben und die dennoch mit eurem Realitätssystem als Beschützer sowohl als auch als Wächter verbunden sind.

Fast sämtliche Erfahrungen auf dieser Ebene haben symbolische Gestalt, denn ohne das würden sie für euch bedeutungslos sein. Die Erfahrungen haben alle auf die eine oder andere Weise mit dem nicht physischen Leben zu tun, mit nicht körperlichen Bewußtseinsformen und -gestalten und mit der Unabhängigkeit des Bewußtseins von der Materie. Diese Erfahrungen sind immer unterstützender Art. Außerkörperliche Erlebnisse spielen oft eine Rolle dabei, wo der Projizierende sich entweder in einem nicht irdischen Milieu oder in einer Umgebung von großer Schönheit und Erhabenheit befindet.

Das »Stoffliche« der Umwelt hat dann im Geist des Projizierenden seinen Ursprung, indem es zum Beispiel dessen Vorstellung vom Leben nach dem Tode symbolisiert. Ein Sprecher oder mehrere Sprecher treten dann in einer Verkleidung auf, die für den Projizierenden am akzeptabelsten ist, ob es sich nun dabei um die Gestalt Gottes, eines Engels oder eines Jüngers Christi handelt. Dies ist die charakteristischste Art von Erfahrung für diese Ebene.

Den Fähigkeiten und dem Verständnis des Projizierenden entsprechend können jedoch auch ausführlichere Botschaften durchgegeben werden, und es kann vollkommen durchsichtig sein, daß die Sprecher in der Tat nur Symbole sind für größere Identitäten. Einige werden die Kommunikationen klarer verständlich finden. In solchen Fällen können die Sprecher sich in ihrer wahren Natur als nichtphysische Wesen zeigen.

Tiefere Projektionen in jene Umwelt werden dann eventuell möglich. Auch kann man in diesem Zustand visionäre Ausblicke auf historische Vergangenheiten und mögliche Zukünfte gewinnen. Alle diese Bewußtseinsebenen sind durchwoben von einem Netzwerk verschiedener Kommunikationen, denen die betreffende Persönlichkeit ihren Interessen entsprechend nachgehen kann.

Molekulare Strukturen senden ihre eigenen Botschaften aus, und wenn man nicht auf deren Wahrnehmung eingestellt ist, so kann man sie leicht für statische oder bedeutungslose Geräusche halten. Jede dieser Bewußtseinsebenen kann man im Handumdrehen durchmessen, ohne etwas zu bemerken; andererseits könnte man, wenigstens theoretisch, ein Lebenlang damit zubringen, eine dieser Ebenen zu erforschen.

Man kann zum Beispiel mehrere authentische Erfahrungen auf Ebene vier machen, ohne von den ersten dreien eine Ahnung zu haben.

Die Stufen sind für diejenigen da, die sich damit auskennen und wissen, wie man von ihnen Gebrauch macht. Viele finden sich spontan von selber zurecht. Auf der anderen Seite führen euch die in horizontaler Richtung angrenzenden Ebenen in diverse fremdartige Realitäten, die der euren schrittweise immer unähnlicher werden. Viele von ihnen stellen Systeme dar, wo Leben und Tod in eurem Sinne unbekannt sind, wo die Zeit als Gewicht empfunden wird: Systeme, in denen die Grundvoraussetzungen so anders sind als bei euch, daß euch jegliche Erfahrung dort nur als Phantasie annehmbar wäre.

Aus diesem Grunde besteht bei euch eine viel geringere Neigung, euch in diese Bereiche vorzuwagen. Schon eine Projektion aus eurem Universum in ein Universum der Antimaterie ist beispielsweise höchst schwierig. Die elektromagnetische Struktur eurer Gedanken als solche würde dort in negativer Weise beeinflußt. Trotzdem wäre eine solche Projektion von einer dieser angrenzenden Ebenen theoretisch denkbar.

Ich schlage vor, ihr macht Pause.

(22.42 bis 22.55 Uhr.)

Oft sucht ihr solche Bewußtseinsebenen im Traumzustand auf. Ihr fallt dann spontan in sie hinein und erinnert euch am nächsten Morgen an einen phantastischen Traum. Das Bewußtsein muß von allen seinen Organen und Fähigkeiten ebenso Gebrauch machen wie der Körper auch. Wenn ihr schlaft, wendet sich euer Bewußtsein daher in viele dieser Richtungen und nimmt dabei, ob es will oder nicht, Bruchstücke der Realität wahr, die ihm in den verschiedenen Stadien begegnen. Dies geschieht bis zu einem gewissen Grad auch unterhalb eurer normalen physischen Aufmerksamkeitseinstellung, während ihr euren täglichen Geschäften nachgeht. Die Gegenwartsalternativen, von denen ich sprach, sind nicht bloß verschiedenartige Weisen, ein und dieselbe objektive Gegenwart zu sehen. Es gibt viele verschiedene Gegenwarten, von denen ihr nur auf eine eingestellt seid.

Laßt ihr euer Augenmerk jedoch einmal wandern, dann verfallt ihr oftmals in einen Zustand, in dem ihr blitzhafte Einblicke in eine andere Gegenwartsalternative erhaltet. Das Gesamtselbst, die Seele, kennt seine eigene Realität in allen solchen Systemen, und ihr, als ein Teil von ihr, strebt dem gleichen Zustand der Bewußtheit und Entwicklung entgegen.

Mit genügender Übung werdet ihr während des Schlafes nicht mehr wohl oder übel auf andere Bewußtseinsebenen entführt werden, sondern ihr werdet imstande sein, diese Aktivitäten zu verstehen und selber zu lenken. Das Bewußtsein ist ein Attribut der Seele, ein Werkzeug, das man verschieden verwenden kann. Ihr seid nicht euer Bewußtsein. Es ist vielmehr etwas, das euch und der Seele gehört. Ihr lernt damit umzugehen. In dem Maße, wie ihr die verschiedenen Aspekte des Bewußtseins begreift und euch zunutze macht, lernt ihr auch eure eigene Realität zu verstehen. Auf diese Weise wird euer bewußtes Selbst euch wahrhaft bewußtwerden.

Die physische Realität werdet ihr dann wahrnehmen, weil ihr es wünscht, und werdet sie als eine von vielen Realitäten verstehen. Ihr werdet nicht mehr aus Unwissenheit dazu gezwungen sein, nur sie wahrzunehmen.

Diktatende. Jetzt könnt ihr mir entweder Fragen stellen, die ihr dazu habt, oder wir können die Sitzung beenden; ganz wie ihr wollt.

(»Ich hoffe, du wirst in deinem Buch auf die Frage eingehen, über die Jane und ich heute am Abendbrottisch diskutiert haben: Was du eigentlich siehst, wenn du zu einer Gruppe von Menschen sprichst und dich auf jeden von uns als Individuum in Raum und Zeit einstellst.«)

Ich werde dafür sorgen, daß eure Frage beantwortet wird. Ich bin auf meine Wahrnehmungen zwar schon in früheren Kapiteln des Buches eingegangen, aber nicht ganz auf diese Weise...

(In der ASW-Gruppensitzung vom 9. Februar 1971 hatte Seth eine ausgezeichnete Darstellung jenes Aspektes seiner Wahrnehmung gegeben, auf den ich mich jetzt bezog. Seitdem habe ich ihn immer wieder bitten wollen, in seinem Buch mehr darüber zu sagen. Hier ist ein Auszug aus der Gruppensitzung, die wie immer auf Tonband aufgenommen worden war.

»Nun (humorvoll): Niemand hat m i c h *bis jetzt gefragt, wie es ist, wenn* i c h *in Trance gehe. In Trance gehen bedeutet einfach, sich auf einen ganz spezifischen Realitätsbereich intensiv einzustellen. Ich sende oder projiziere einen Teil von dem, was ich bin, hierher, weil ich in der Lage bin, noch andere Teile meiner Persönlichkeit als die, die ihr jetzt aus der Erfahrung mit euch selber kennt, zu mobilisieren. Dies tue ich ganz bewußt, und doch fällt es mir, wie gesagt, schwer, euch anzuschauen und zu dem Selbst, für das ihr euch zu diesem gegebenen Zeitpunkt haltet, eine Beziehung aufzunehmen; denn ich sehe euch in eurer Zusammensetzung. Daher braucht es meinerseits etwas Übung, um euch innerhalb des euch vertrauten Raumzeitgefüges anvisieren zu können.*

Ihr seid euch der Selbst bewußt, die in diesem Raum an diesem bestimmten Abend bei Schneegestöber beisammensitzen; gewisse Grup-

penmitglieder sind anwesend, gewisse andere fehlen, und ein paar neue Gesichter sind da. Ich dagegen bin mit den inneren Teilen eures Selbst vertraut, die ihr ebenfalls kennt, nur daß sich das egoistische Selbst vor euch verbirgt, und so muß ich immerfort denken: »Ach ja, unsere Dame von Venedig (Seths liebevolle Bezeichnung für ein Gruppenmitglied) glaubt, daß sie in diesem bestimmten Raum um diese bestimmte Zeit sitzt und etwas Blaues anhat. Ich dagegen bin mir einer Dame von Venedig in ihren verschiedenen Manifestationen in diversen Existenzen bewußt, die alle gleichzeitig sind. Ich muß daran denken, daß sie sich dieser anderen Existenzen nicht bewußt ist, und wenn ich mit ihr rede, dann muß ich mich einer Bezeichnung bedienen, die zu diesem Zeitpunkt einen Sinn für sie hat.

Bis zu einem gewissen Grad spiele ich den Mittler zwischen einer Ebene eures Selbst und anderen Ebenen eures Selbst, denn ich erinnere euch daran, was ihr seid. Ihr habt heute abend viel über den Tod nachgedacht. Nun, ich selber bin viele Male ein quicklebendiger Leichnam gewesen; aber ihr alle wart es natürlich auch. Die inneren Teile eures Selbst wissen das sehr wohl. Ihr habt mehr Gräber verlassen, als ihr euch erinnern könnt – und viele von euch werden das, in der Tat, auch künftig noch tun. Wozu also macht ihr euch in dieser Stunde Sorgen darum, wie ihr eure Existenz rechtfertigen könnt?«)

Ich bin sicher, daß euch mein Buch gefallen wird, wenn ihr es erst lest.

(»Mir gefällt es schon jetzt.«)

Dann wünsche ich dir einen schönen guten Abend . . .

(»Gute Nacht, Seth, und vielen Dank.« 23.05 Uhr.)

Sitzung 576, Montag, den 29. März 1971

(Zwischen dem 26. und 28. März hatte Jane in die »Elmira Star Gazette« ein Inserat einrücken lassen, in dem sie ihre Absicht kundtat, eine Unterrichtsgruppe für Schriftstellerei ins Leben zu rufen. Das ist etwas, was sie seit langem vorgehabt hatte. Heute hatte sie infolgedessen Telephonanrufe erhalten, einen davon um 21.00 Uhr, als wir uns gerade hingesetzt hatten, um die Sitzung zu halten. Seth hatte dazu einige Anmerkungen zu machen, obwohl wir ihn nicht darum gebeten hatten. 21.17 Uhr.)

Guten Abend.

(»Guten Abend, Seth.«)

Was die Hilfeleistung für andere betrifft, so kann Ruburt viel besser durch seine mediale Gruppe oder durch eine weitere, zusätzliche helfen. Ich will damit nicht sagen, daß er seine Schriftsteller-Gruppe nicht haben soll. Er kann tun, was ihm beliebt. Er wird in jedem Fall zwar andere Methoden, aber die gleichen Ideen verwenden. Die Leute, die wegen der Schriftstellerei angerufen haben, benutzen sie nur als Vorwand. Sie spüren einen Drang nach Entfaltung auf vielen Gebieten.

(Seltsamerweise hat das Inserat die Schriftsteller-Gruppe betreffend das Interesse an der ASW-Gruppe noch angekurbelt. Jane war wegen des Andrangs in letztere besorgt, weil sie in der Wohnung keinen Platz mehr hatte. Sie sagte mir, die Probleme machten sie, während sie sich mit ihnen auseinandersetzte, »nervös, aber glücklich«.)

Nun: Geduldet euch einen Moment. *(Pause.)* Deine Vorschläge, die Séancen und Ruburts Vorschläge, andere Experimente betreffend – das sind beides gute Einfälle.

Seine regulären Gruppen dürfen nicht größer werden. Es sind ihnen räumlich Schranken gesetzt. Außerdem sind aber noch andere, weniger greifbare Schranken vorhanden, die mit der Wechselwirkung zwischen den Gruppenteilnehmern zu tun haben. Daneben gibt es noch andere Möglichkeiten, an die ihr nicht gedacht habt.

(Lange Pause um 21.27 Uhr.) Nun: Geduldet euch einen Moment; wir wollen mit dem Diktat fortfahren.

Die verschiedenen Bewußtseinsebenen, von denen hier die Rede war, mögen den Anschein erwecken, als wären sie von dem gewöhnlichen Wachbewußtsein völlig abgetrennt. Die Unterteilungen sind völlig willkürlich. Die verschiedenen Stadien stellen allesamt unterschiedliche Attribute und Richtungen dar, die in eurer Seele angelegt sind. Anhaltspunkte und Hinweise darauf, Schatten und Reflexe davon sind sogar in dem euch vertrauten Bewußtsein zu finden. Selbst das normale Wachbewußtsein ist also nicht frei von jeglichen Spuren anderer Existenz- und Bewußtseinsformen. Es ist bloß, weil ihr normalerweise von eurem Wachbewußtsein nur einen begrenzten Gebrauch macht, daß ihr auf diese Anhaltspunkte nicht regelmäßiger stoßt.

Sie sind immer vorhanden. Wenn ihr ihnen nachgeht, so werden sie euch zu einer ungefähren Vorstellung von jenen anderen Richtungen und Ebenen verhelfen, von denen die Rede war. Oft geschieht es zum Beispiel, daß scheinbar beziehungslose Symbole oder Bilder in euch aufsteigen. Gewöhnlich bleiben sie unbeachtet. Erkennt ihr sie aber an und wendet ihr ihnen eure Aufmerksamkeit zu, dann könnt ihr ihnen mit Leichtigkeit in mehrere andere Bewußtseinsschichten folgen, zumindest bis in A-1 und A-2.

Die Symbole und Bilder können sich währenddessen verwandeln, so daß ihr nur geringe Ähnlichkeiten zwischen, sagen wir, dem ursprünglichen Bild und dem nachfolgenden Bild feststellen könnt. Die Verbindung kann jedoch in hohem Maße intuitiv, assoziativ und schöpferisch sein. Oft wird euch ein wenig nachträgliche Reflexion zu der Einsicht verhelfen, warum das eine Bild in das andere überging. Ein einzelnes Bild kann euch plötzlich eine ganze geistige Landschaft enthüllen, aber dergleichen kann nur geschehen, wenn ihr den ersten Anhaltspunkten Beachtung schenkt, die sich eben unterhalb der Schwelle eures gegenwärtigen Bewußtseins befinden und für euch fast durchsichtig sind, wenn ihr nur bereit wäret, die Augen aufzumachen.

Alternative Einstellung ist nichts weiter als ein Zustand, in dem ihr euer Bewußtsein in andere als die gewohnheitsmäßigen Bahnen lenkt, um völlig gültige Realitäten wahrzunehmen, die mit eurer Realität koexistieren. Wenn ihr Realitäten wahrnehmen wollt, die nicht auf die materielle Form abgestimmt sind, so müßt ihr eure Wahrnehmungsweise ändern. Das ist so, als ob ihr, statt geradeaus zu schauen, aus den Winkeln eurer Augen oder eures Geistes blicket. *(Pause.)*

Durch regelmäßigen Umgang mit der alternativen Einstellung wird es möglich, die verschiedenen physischen Strukturen wahrzunehmen, die jedweden Raum einmal ausgefüllt haben und in eurem Sinn noch ausfüllen werden. In manchen Traumzuständen könnt ihr eine bestimmte Lokalität aufsuchen und dieselbe Lokalität sehen, wie sie, sagen wir, vor drei Jahrhunderten war und wie sie in fünf Jahren sein wird, ohne jemals zu begreifen, was der Traum bedeutet hat. Es scheint euch, als könne ein Raum nur von einem Gegenstand gleichzeitig besetzt sein, so daß man den einen entfernen muß, wenn man für den anderen Platz machen will.

Aber das ist nur eure Art, die Dinge zu sehen. Bei der alternativen Einstellung werden die Grundvoraussetzungen, die normalerweise eure Wahrnehmung führen, lenken und beschränken, überflüssig. Ihr könnt aus dem Augenblick, wie ihr ihn kennt, heraustreten und wieder in ihn zurückkehren, um festzustellen, daß er noch da ist. Das Bewußtsein tut so, als beuge es sich der Zeitvorstellung. Auf anderen Ebenen hat es eine spielerische Einstellung zu ihr und erlebt Ereignisse, die außerhalb des zeitlichen Kontextes stattfinden, als sehr einheitlich. Es vermischt dann beispielsweise Ereignisse aus verschiedenen Jahrhunderten miteinander; und indem es sowohl den historischen als auch den privaten Milieus auf den Grund geht und dieselben aus ihrem zeitlichen Rahmen herausnimmt, findet es Harmonie und Berührungspunkte.

Dergleichen tut ihr wiederum selbst im Schlaf. Wenn ihr es im Wachzustand nicht tut, so nur deshalb, weil ihr euer Bewußtsein zu fest im Zaum haltet. Jetzt könnt ihr Pause machen.

(21.48 bis 22.05 Uhr.)

Wie ich schon an früherer Stelle in diesem Buch gesagt habe, ist euer normales Wachbewußtsein, obgleich es euch kontinuierlich vorkommt und ihr normalerweise die blinden Flecken nicht seht, trotzdem starken Schwankungen unterworfen. Sein Erinnerungsvermögen bleibt weitgehend auf sich selbst und seine eigenen Wahrnehmungen beschränkt. Dem normalen Bewußtsein kommt es deshalb vor, als gäbe es keine anderen Bewußtseinsformen, -bereiche oder -ebenen. Wenn es auf »blinde Flecken« stößt und »zurückkehrt«, dann löscht es die Erinnerung daran, daß es einen Augenblick nicht funktionsfähig war, aus.

Es vergißt sein Stolpern. Es kann sich der alternativen Bewußtseinsformen nicht bewußtwerden, solange es es selber ist, es sei denn, es würden Methoden benutzt, die es ihm erlauben, sich von seiner Amnesie zu erholen.

(Wir hatten vergessen, unsern Kater Willy vor der Sitzung in ein anderes Zimmer zu bringen. Jetzt sprang er auf Janes Schoß, so daß ich meinen Notizblock beiseite legen mußte. Er schnurrte, während ich ihn ins Studio hinübertrug. Jane saß derweilen geduldig wartend in Trance da.)

Es spielt »Hinkelhäuschen« mit der Realität. Manchmal ist es abwesend, und ihr merkt es nicht einmal. Bei solchen Gelegenheiten ist eure Aufmerksamkeit auf etwas anderes gerichtet, auf etwas, was man Miniträume oder Halluzinationen nennen könnte oder assoziative und intuitive Gedankenabläufe, die weit über die normale Bewußtseinseinstellung hinausreichen.

Bei diesen Entgleisungen nehmt ihr tatsächlich andere Realitätsformen wahr – vermittels eines anderen als des normalen Wachbewußtseins. Auf der Rückkehr verliert ihr den Faden. Das normale Wachbewußtsein tut dann so, als hätte es niemals eine Unterbrechung gegeben. Dies geschieht regelmäßig in unterschiedlichem Grad zwischen fünfzehn- und fünfzigmal in der Stunde, je nachdem, womit ihr gerade geschäftigt seid.

Viele Leute ertappen sich gelegentlich dabei, weil das Erlebnis derart lebhaft ist, daß es sozusagen die Lücke überspringt und die Wahrnehmung dabei so intensiv, daß selbst das normale Wachbewußtsein aufmerksam wird. Diese Pausen sind für das physische Bewußtsein unbedingt notwendig. Sie sind in den Teppich eures Bewußtseins dermaßen geschickt und intim verwoben, daß euer ganzes psychisches und gefühlsmäßiges Klima davon gefärbt wird.

In diesem unendlichen, euch tragenden Gewebe läuft das normale Wachbewußtsein wie ein Faden auf und ab. Euer Seelenleben ist so delikat und verwickelt, daß es sich mit Worten fast nicht ausdrücken läßt. Obwohl das normale Wachbewußtsein für sich selber ein Gedächtnis besitzt, erinnert es sich doch offensichtlich nicht dauernd an alles. Man sagt, daß die Erinnerung an frühere Ereignisse in das Unbewußte zurücksinke. Sie bleibt aber trotzdem aufs intensivste lebendig, und unter lebendig verstehe ich lebend und wirkend, trotz eurer anderweitigen Bewußtseinsorientierung.

Innere Teile eurer Persönlichkeit besitzen auch ein Gedächtnis für alle eure Träume. Diese existieren alle zugleich und sind gewissermaßen wie Lampen über einer dunklen Stadt aufgehängt, indem sie verschiedene Partien eurer Psyche beleuchten. Diese Gedächtnissysteme sind alle miteinander verknüpft. Ebenso besitzt ihr auch ein Gedächtnis für eure früheren Leben, die in ihrer Vollständigkeit euer gesamtes Gedächtnissystem durchdringen.

Zu Zeiten, da euch die »blinden Flecken« bewußt sind oder bestimmte Schwankungen vorherrschen, nehmt ihr diese Gedächtnissysteme oft wahr. In der Regel weigert sich das Bewußtsein mit seinem eigenen Gedächtnissystem, sie anzuerkennen. Sobald ein Individuum aber einmal gemerkt hat, daß solche anderen Realitäten existieren und daß noch andere Erfahrungen mit dem Bewußtsein möglich sind, aktiviert es in sich ein bestimmtes Potential. Dadurch werden sowohl in seiner Psyche als auch in seinem Hirn und sogar in seinen Wahrnehmungsmechanismen elektromagnetische Schaltungen verändert. Energiereserven werden zusammengeschlossen und der Aktivität neue Wege bereitet, so daß das Bewußtsein seinen Sensitivitätsgrad für solche Daten erhöhen kann. Das Bewußtsein wird von sich selber erlöst. Es macht eine weitgehende Metamorphose durch und verbreitert seine Funktionsbasis. Nach und nach wird es fähig, einige der Inhalte wahrzunehmen, die ihm bisher verschlossen waren. Es braucht nun nicht mehr die momentanen »blinden Flecken« angsterfüllt als einen Beweis für sein Nichtsein zu betrachten.

Die oben erwähnten Schwankungen sind oftmals nur winzig, aber von der größten Bedeutung. Das Bewußtsein kennt seine eigene

Schwankungstendenz sehr wohl. Ist es einmal mit ihr konfrontiert worden, so findet es in ihr nicht etwa Chaos oder, noch schlimmer, Nichtsein, sondern die Quelle seiner eigenen Fähigkeiten und Kräfte. Damit fängt die Persönlichkeit an, ihr Potential auszuschöpfen.

Jetzt könnt ihr Pause machen.

(22.35 Uhr. Obgleich ihre Trance tief gewesen war, war Jane sich ihrer langsamen Vortragsweise bewußt gewesen. Sie meinte, dies sei so, weil Seth gewollt hätte, daß sie genau die richtigen Worte fände. Sie hatte auch viele Bilder gesehen, die sie jetzt nicht mit Worten beschreiben konnte. Sie konnte nur Dinge wie »Lichtsysteme für Erinnerungen« etc. hervorbringen. Ich sagte ihr, ich hielte das Material für sehr reich und evokativ. Fortsetzung um 22.47 Uhr.)

Träumerische Zustände und schöpferische Augenblicke stellen beide ausgezeichnete Einstiegsmöglichkeiten in diese anderen Bereiche dar. Gewöhnlich wird in schöpferischen Bewußtseinszuständen das reguläre Wachbewußtsein plötzlich von Energien aus diesen anderen Bereichen gespeist. Das Wachbewußtsein allein bringt keinen schöpferischen Zustand hervor. In der Tat kann das normale Wachbewußtsein vor den schöpferischen Zuständen ebensolche Angst haben wie vor den Zuständen der Leere, denn es hat dann das Gefühl, als würde das Ich einfach beiseitegeschoben, und der plötzliche Energieandrang, den es spürt, ist ihm unbegreiflich.

Genau an den Tiefpunkten der Schwankungskurve haben solche Erfahrungen ihren Ursprung, denn das normale Bewußtsein befindet sich dort vorübergehend in einem Zustand der Schwäche und in einer Ruheperiode. Der ganze physische Organismus ist übrigens solchen natürlichen Schwankungen unterworfen, ohne daß dies im allgemeinen bemerkt wird. Diese Perioden schwanken ihrerseits auch, indem sie sich dem charakteristischen Rhythmus der jeweiligen Persönlichkeit anpassen. Bei manchen Menschen sind die Kurvenwellen vergleichsweise lang und langsam, und die Wellentäler darin fallen allmählich ab; bei anderen ist es gerade umgekehrt.

Bei einigen sind die Entgleisungen spürbarer als gewöhnlich und liegen außerhalb der Norm. Wird diese Situation nicht verstanden, dann kann das Individuum Mühe haben, ein Verhältnis zu physischen Ereignissen zu finden. Ist es dagegen imstande, die anderen Bewußtseinsebenen wahrzunehmen, dann kann es in noch größere Schwierigkeiten geraten, weil es nicht weiß, daß beide Realitätssysteme nebeneinander gültig sind.

Die Schwankungen sind auch noch an jahreszeitbedingte Veränderungen gebunden. Die Vorgänge auf jeder gegebenen Bewußtseinsschicht werden von allen anderen Bereichen widergespiegelt, wobei jede Schicht auf die für sie charakteristische Weise reagiert. So wie ein Traum wie ein Stein ist, der in den Teich des Traumbewußtseins geworfen wird, so reflektiert dieser Teich auch jede eurer Taten in der ihr eigenen Gestalt. Die alternative Einstellung verhilft euch dazu, die vielen verschiedenen Manifestationen einer gegebenen Handlung, die wahre multidimensionale Realität eines gegebenen Gedankens zu erfassen. Dadurch wird das normale Bewußtsein bereichert.

Ihr seid in diesen anderen Schichten aktiv, ob ihr es wißt oder nicht. Ihr lernt nicht nur im physischen Leben und im Traumzustand, sondern auch in diesen innerseelischen Existenzen, an die ihr keine Erinnerung habt. Schöpferische Fähigkeiten besonderer Art oder auch die Gabe des Heilens werden oft auf diese Weise entwickelt, bevor sie in die physische Wirklichkeit treten.

Eure künftigen Gedanken und Taten sind in diesen Dimensionen ebenso real, als wären sie bereits aktuell, und ebenso sind sie in eurer Entwicklung schon einbegriffen. Ihr werdet nicht nur von eurer Vergangenheit geformt, sondern auch von eurer Zukunft und von euren Existenzalternativen. Diese umfassenden Wechselwirkungen sind nur ein Teil des Grundgefüges eurer Seele. Ihr könnt deshalb die gegenwärtige Realität, wie ihr sie versteht, von jeder dieser anderen Bewußtseinsschichten aus verändern.

Diktatende und annähernd das Ende des Kapitels.

(Pause um 23.04 Uhr. Seth gab dann noch etwas persönliches Material für Jane durch, ihre Schriftsteller-Gruppe und anderes betreffend. Ende um 23.12 Uhr.)

Sitzung 577, Mittwoch, den 31. März 1971

(Heute nachmittag hatte Jane ihre erste Schriftsteller-Gruppenstunde gegeben. 21.13 Uhr.)

Nun, guten Abend.

(»Guten Abend, Seth.«)

Beginnen wir mit dem Diktat.

Jede dieser verschiedenen Bewußtseinsschichten kann die Rolle des normalen, handelnden Bewußtseins übernehmen, wobei dann die Realität von diesem spezifischen Standpunkt aus gesehen wird.

Dementsprechend wird die physische Realität von Persönlichkeiten anderer Art in anderen Systemen von deren eigenem, einmaligen Standpunkt aus erlebt. Würdet ihr sie euch von diesem Gesichtswinkel aus begucken, dann würdet ihr sie nicht als euer eigenes, heimatliches System erkennen. Von einigen dieser Standpunkte aus besitzt eure physische Materie wenig oder keine Dauerhaftigkeit, von anderen aus wiederum haben eure Gedanken Gestalt und Form, die für den Beobachter, aber nicht für euch selber sichtbar sind.

Wenn diese anderen Persönlichkeiten die Bewußtseinsstadien durchwandern, dann versuchen sie sich auf die Wahrnehmung eurer Umwelt einzustellen, um den Daten, mit denen sie weitgehend unvertraut sind, einen Sinn abzugewinnen. Da viele von ihnen nichts von eurer Zeitvorstellung wissen, ist es ihnen schwer verständlich, daß ihr die Ereignisse mit Unterbrechungen erlebt, und die innere Organisation, durch die ihr eure normale Umwelt prägt, bleibt ihnen undurchsichtig. Euer System ist offenbar ein wahrscheinliches System für andere Systeme, die ebenso wie das eure an den Wahrscheinlichkeitsbereich grenzen.

So wie diese Systeme an eures stoßen, so stößt auch das eure an die ihren. Die alternative Einstellung gestattet es Persönlichkeiten aus anderen Realitäten, eure Realität wahrzunehmen; ebenso ist damit auch für euch, zumindest theoretisch, die Möglichkeit gegeben, einen Blick auf die Existenz der anderen zu werfen. – Ende des Kapitels.

Und nun habe ich eine Aufgabe für dich und eine Gelegenheit, dich an meinem Buch zu beteiligen. Du kannst den Rest der Sitzung dazu verwenden, eine (*humorvoll*) ausgezeichnete Frageliste aufzustellen, die im nächsten Frage-und-Antwort-Kapitel erscheinen wird.

Wenn du schon Fragen von anderen Leuten vorliegen hast, dann schließe sie auf alle Fälle mit ein. Nur müssen die Fragen von euch kommen, und nicht von mir. Sie haben dann eine größere Relevanz für den Leser.

Lege mir diese Fragen in unserer nächsten Sitzung vor oder auch nur ein bis zwei Fragen auf einmal, wie es dir lieber ist, und ich gehe dann darauf ein. Du kannst die Fragen auch nach Themen ordnen; es muß aber nicht sein. Sollten mehrere zufällig unter eine große thematische Rubrik fallen, so wäre dies eine praktische Methode, sie zu behandeln.

(»Kann Ruburt auch Fragen stellen?«)

Ihr könnt beide zusammen die Liste aufstellen. Ihr braucht in der nächsten Sitzung noch nicht die ganze Liste vorliegen zu haben. Eine Frage braucht ihre Zeit.

(»Genau das habe ich mich gefragt.«)

Ich würde also vorschlagen, daß ihr euch an die Arbeit macht.

(Das Telephon begann zu läuten, während ich dies niederschrieb. Jane war noch in Trance; es schien ihr aber nichts auszumachen. Leicht irritiert ließ ich es läuten, bis es verstummte.)

Ich werde um euch sein und euch inspirieren.

(21.30 Uhr. Dies war die kürzeste Sitzung seit mehreren Jahren gewesen. Ich war immer noch überrascht von dem abrupten Schluß. Ich hatte Seth nicht einmal Gutenacht gesagt. Schon jetzt fragte ich mich, ob wir Fragen stellen sollten, von denen wir annahmen, daß sie andere Leute interessierten, oder einfach solche, die uns selber spontan einfielen.

Jane überprüfte die Gliederung, die uns Seth für sein Buch in der 510ten Sitzung vom 19. Januar 1970 mitgeteilt hatte. Tatsächlich war ein Frage-und-Antwort-Kapitel darin vorgesehen. Ich hatte es ganz vergessen. Aus irgendeinem Grund war mir nicht wohl bei der Sache; vielleicht glaubte ich, daß es nicht gut sein würde, den Fluß des Textes auf diese Weise zu unterbrechen.

Jane hat seit der 521sten Sitzung in Kapitel vier nicht mehr in Seths Buch gelesen; trotz der Versuchung hat sie immer gefunden, es sei besser, sich nicht damit zu belasten. Wir waren nicht der Ansicht, daß die Tatsache, daß sie nicht wieder hineingeschaut hatte, sie beim Fragenstellen behindern würde. Sie ist natürlich mit dem Buch in Berührung gekommen, wenn man von ihrem mangelhaften Gedächtnis einmal absieht: Ich habe ihr zwei kurze Stellen für die ASW-Gruppe zum Vorlesen gegeben. Bis zu einem gewissen Grad hat sie kürzlich mit Patty Middleton über das Buch diskutiert; und ich selber habe manchmal darüber gesprochen, allerdings ohne dabei auf die Schreibmaschinenseiten zurückzugreifen.

Innerhalb einer Stunde nach Sitzungsschluß hatten wir fünfzehn Fragen beisammen. Wir wollen für die Sitzung am Montag, dem 5. April, noch eine längere Liste schreiben.)

20
Fragen und Antworten

Sitzung 578, Montag, den 5. April 1971

(Die Anweisungen Seths aus der letzten Sitzung befolgend hatte ich eine Liste von Fragen für dieses Kapitel zusammengestellt. Sie war nicht vollständig, belief sich aber überraschenderweise doch schon auf fünf Schreibmaschinenseiten und etwa zweiundfünfzig Punkte. Viele davon hatte ich beigetragen, aber ich hatte auch Jane zu Rate gezogen. Die Liste schloß einige der vielen interessanten Fragen mit ein, die Sue Watkins gestellt hatte; wir hatten diese gesammelt, zusammen mit Fragen, die wir selber und andere im Zusammenhang mit verschiedenen früheren Sitzungen aufgeworfen hatten. Sämtliche Fragen hatten unserer Meinung nach einen zeitlosen Charakter.

Früher am Tag hatte ich Jane gegenüber geäußert, ich fürchte, die Fragen seien nicht für Seths Buch repräsentativ, und um eine wirklich relevante Liste aufstellen zu können, müsse man jedes Kapitel eingehend studieren. Das hatten wir natürlich nicht getan – teils aus Zeitmangel, teils weil Jane auf bewußter Ebene nicht zu stark hineingezogen werden wollte. Es blieb nur zu hoffen, daß wir mit der Liste intuitiv das Richtige getroffen hatten.

Wir waren wie fast immer um 21.00 Uhr für die Sitzung bereit, aber Seth erschien nicht mit der gewohnten Pünktlichkeit. Während die Zeit verstrich, sagte Jane, sie sei etwas verspannt wegen der Fragen; sie hatte diese nach dem Abendessen gelesen. Die Sitzung wurde um der größeren Abgeschiedenheit willen in meinem Studio abgehalten. Schließlich nahm Jane ihre Brille ab.)

Guten Abend.

(»Guten Abend, Seth.«)

(Humorvoll:) Beginne mit deiner berühmten Frageliste.

(»Also, als erstes möchte ich dir diesen Abschnitt vorlesen, der über der Liste steht: Einige dieser Fragen könnten sich auf Themen beziehen, die du für spätere Kapitel eingeplant hast. In diesem Fall bitten wir dich, uns das zu sagen, und wir werden sie dann einfach in diesem Kapitel übergehen.)

Das versteht sich.

(»O.k., hier ist Frage Nummer eins: Du hast versprochen, uns etwas über den dritten Christus zu sagen. Weiter: Müssen wir mehr über die anderen zwei Persönlichkeiten, die zur Christus-Wesenheit gehören, Christus selber und Johannes den Täufer, wissen?«)

Laß die religiösen Fragen für den Augenblick einmal beiseite.

(»Schließt das Daten über die Sprecher mit ein?« Ich hatte vor, mehrere Fragen über die Sprecher zu stellen.)

Nein – nur die Fragen über die Weltreligionen und solche den dritten Christus und verwandte Themen betreffend.

(»Gut, Frage Nummer zwei: War die von Jane für dich gemachte Aussage korrekt, daß es Millionen von Sprechern gegeben hat? Oder war sie entstellt?« Siehe die 668ste Sitzung in Kapitel siebzehn.)

Sie war nicht entstellt. Die Sprecher sind ihrem individuellen Charakter entsprechend begabt, manche haben viel mehr Fähigkeiten als andere, aber alle spielen sie eine Rolle in der Kommunikation innerer Daten. Nach euren Begriffen wären einige Sprecher daher vollkommener als andere. Zum Beispiel hat es eine viel geringere Anzahl wahrhaft bedeutender Sprecher gegeben als die Ziffer, die ich euch nannte.

Es hat weniger als dreißig große Sprecher gegeben. Laß mir hierbei etwas Zeit.

(Pause um 21.35 Uhr. Janes Tempo war ganz langsam.)

Die Christus-Wesenheit war einer. Der Buddha ein anderer. Diese Sprecher sind ebenso aktiv, wenn sie nicht physisch, wie wenn sie physisch sind. Die Christus-Wesenheit wurde viele Male reinkarniert, bevor sie als die euch bekannte Christus-Persönlichkeit in Erscheinung trat; das gleiche gilt für den Buddha.

Die größten Sprecher übersetzen nicht nur innere Daten und teilen sie mit, sondern sie dringen auch viel weiter in diese inneren Realitätsbereiche vor als andere, die mit eurem physischen System verbunden sind. Sie vermehren also den Bestand an grundlegenden, inneren Daten. Die größten Sprecher bedürfen der intensiven Ausbildung nicht, die für die meisten notwendig ist. Die einmalige Kombination von Eigenschaften, die sich bei ihnen findet, macht dies überflüssig.

(Pause. Eine von vielen.)

Auf einer anderen Ebene war Emerson ein Sprecher.

Ein Mann namens Marbundu ... *(meine phonetische Interpretation).*

(»Würdest du das buchstabieren?«)

M-A-U-B-U-N-D-U in Afrika, 14 vor Christus. Die Sprecher sind mehr als die meisten anderen in allen Daseinsbereichen hochaktiv, ob physisch oder nichtphysisch, wachend oder schlafend, zwischen den Existenzen oder auf anderen Realitätsebenen. So wie bestimmte physische Daten mit der Genstruktur weitergegeben werden, so ist diese innere Information in den psychologischen Strukturen, denen die Sprecher jeweils innewohnen, kodifiziert; aber sie ist ihnen viel leichter zugänglich als anderen Persönlichkeiten. Oft bedarf es jedoch eines Anstoßes, um sie in ihnen freizusetzen. Dieser kann entweder im Wach- oder im Traumzustand gegeben werden und dient dazu, die Wissensspeicher in ihnen zu öffnen und ihnen früher Gelerntes wieder zugänglich zu machen.

Ich weiß, daß eine eurer Fragen mit einem ersten Sprecher zu tun hat.

(»Ja. Nummer vier: Ist es möglich, einen ersten Sprecher namhaft zu machen oder ihn zu beschreiben?«)

Nun: Im eigentlichen Sinn hat es nie einen ersten Sprecher gegeben. Stell dir vor, du wolltest an zehn Stellen zugleich sein und würdest tatsächlich einen Teil von dir an jeden dieser zehn Orte senden. Stell dir vor, du könntest dich in jene zehn Richtungen verstreuen, und jeder dieser zehn Teile wäre bewußt, rege und wach.

Du – in deiner zehnfachen Gestalt – würdest dir deiner Existenz an jedem dieser zehn Orte bewußt sein. Es wäre dann sinnlos zu fragen, welcher von den Zehn zuerst da war, außer, daß man sagen könnte, daß alles mit dem Ur-Du begann, das den Entschluß faßte, die zehn Lokalitäten zu besuchen. So ist es auch mit den Sprechern, die auf ebensolche Weise nicht den Örtlichkeiten oder Zeiten entstammen, in denen sie auftreten.

Hast du sonst noch Sprecher-Fragen?

(»Ja, das führt uns zu Nummer drei, auf die du bereits übergegriffen hast: Welches ist die ursprüngliche Quelle der Sprecher-Daten? Was und wo war ihr Ursprung?«)

Die ursprüngliche Quelle der Sprecher-Daten ist das innere Wissen um die Natur der Realität, das sich in jedem Menschen findet. Die Sprecher sind dazu da, die Information in physischem Sinne lebendig zu erhalten, dafür zu sorgen, daß die Menschen sie nicht in sich verschütten und Dämme dagegen errichten, und sie – die Information – zur Kenntnis des bewußten Selbst zu bringen.

Sie sprechen, mit anderen Worten, innere Geheimnisse aus. In manchen Zivilisationen haben sie, wie ich bereits an früherer Stelle in diesem Buch erwähnt habe, praktisch gesehen, eine viel größere Rolle gespielt. Zeitweise waren sie sich dieser Information durchweg auf eine bewußte und egoistische Weise gegenwärtig. Das waren die Zeiten, da man sie auswendig lernte. Sie erkannten zwar, daß sie ihnen immer auf einer unbewußten Ebene zugänglich war. Trotzdem prägten sie sie dem physischen Hirn mit Hilfe des Gedächtnisses ein. Für die Sprecher hat es immer eine starke Wechselwirkung zwischen ihrer inneren und äußeren Existenz gegeben, und das ist heute noch so. Gültige Information, die man im Traumzustand empfangen hatte, wurde am folgenden Morgen dem Gedächtnis eingeprägt. Ein Sprecher hörte im Traum den Lehren eines anderen zu. Andererseits fand auch ein gegenseitiger Austausch von relevanten psychischen Daten im Traumzustand statt, und aus beiden Zuständen wurde ein maximaler Nutzen gezogen. *(Pause.)*

Hast du noch mehr Sprecher-Fragen.

(»Nummer fünf: Gab es unter den Jüngern Christi Sprecher?«)

Das möchte ich mir für das religiöse Kapitel aufsparen. Es läßt sich so besser handhaben.

(»Nummer sechs: Können die Sprecher mit uns arbeiten, während sie sich zwischen den physischen Leben befinden?«)

Ich glaube, das ist beantwortet worden.

(»Ja.« Siehe die Daten um 21.35 Uhr. Ich war so mit dem Schreiben beschäftigt, daß ich gar nicht gemerkt hatte, daß die Frage bereits erledigt war.)

Das können sie in der Tat, und das tun sie auch, und zwar geschieht dies im Traumzustand. Die Sprecher selber erreichen einen unterschiedlichen Tüchtigkeitsgrad.

(Aus obenstehenden Daten erhoben sich natürlich neue Fragen, wie: Wer bildet sie aus? Kennen wir sie aus früheren Leben? etc. Da ich nicht wußte, was ich tun sollte, fragte ich lieber nicht ...)

Der Hauptteil ihrer Arbeit wird vom nichtphysischen Zustand aus besorgt, wobei die Erdenleben so etwas wie einen sehr wichtigen Außendienst darstellen.

(»Nummer sieben: Wirst du in diesem Buch auf Seth Zwei eingehen?«)

Das werde ich in der Tat. Aber lassen wir das jetzt.

(Hier fand ein Austausch zwischen Seth und mir statt, der keiner Mitschrift bedurfte. Seth sagte, er wolle mit diesem Kapitel den durch die im Buch enthaltenen langen Auszüge gegebenen Rhythmus verändern. Außerdem bezwecke er damit, den Leser zu eigener Fragestellung anzuregen. »Dann wirst du wahrscheinlich auch die Frage Num-

mer acht später behandeln wollen: Bist du ein Medium für Seth Zwei?«)

Auch darüber später.

(»Nummer elf: In Kapitel siebzehn hast du gesagt, Jane würde eine zusätzliche Ausbildung benötigen, bevor sie ein Sprecher-Manuskript durchgeben könne, und daß selbst dann die Arbeit fünf Jahre beanspruchen würde. Was für eine Art Ausbildung?«)

Ich habe speziell von etwas gesprochen, was ihr als ein altes Sprecher-Manuskript bezeichnen würdet, und darauf beziehst du dich wohl.

(»Ja.«)

Ruburt würde mit sehr vielen der darin vorkommenden Wörter und Wendungen unvertraut sein, selbst wenn man die Originalsprachen für diese übersetzen würde. Es gibt selbst in einigen Grundvorstellungen Unterschiede. Um die Übersetzung einigermaßen rein zu erhalten, würde eine Ausbildung in verschiedenen Formen von innerer Wahrnehmung erforderlich sein. Einige dieser Sprachen gingen mit Bildern um statt mit Worten. In manchen hatten die Symbole multidimensionale Bedeutungen. Eine solche Information durch Ruburt mitzuteilen, wäre eine ungeheure Aufgabe, aber sie wäre möglich. Oft waren Worte in Bildern verborgen und Bilder in Worten. Wir reden von Manuskripten, aber die meisten von ihnen wurden nie aufgezeichnet.

Manche wurden aufgezeichnet, aber zu viel späterer Zeit – in Australien, Teilen von Afrika und in einem bestimmten Gebiet in den Pyrenäen.

Jetzt schlage ich vor, ihr macht Pause.

(22.12 Uhr. Janes Tempo hatte sich erheblich beschleunigt, so als hätte sich eine gewisse Nervosität bei ihr gelegt. Sie sagte, sie habe jetzt ein viel besseres Gefühl wegen der Frage-und-Anwort-Form. Das ging auch mir so. Das Studio hatte sich beträchtlich abgekühlt. Jane sagte, ihr sei während der Trance nicht kalt gewesen, aber jetzt sei ihr kalt.

Ich erzählte ihr, daß die Frage Nummer neun als nächstes auf der Liste stehe. Sie hatte mit Seths Wahrnehmungen zu tun, während er durch sie spricht, und war durch die ASW-Gruppensitzung vom 9. Februar 1971 angeregt worden; Auszüge daraus sind in der 575sten Sitzung in Kapitel neunzehn enthalten. In der Zwischenzeit fiel mir eine weitere Specher-Frage ein, die ich notierte. Fortsetzung um 22.40 Uhr.)

Nun, welche der zwei Fragen soll ich zuerst beantworten?

(»Wir wollen diese elf-a nennen: Könnte man dann nicht sagen, daß diese Sitzungen eine Sprecher-Ausbildung für Jane und mich darstellen, die auf die Ebene des Bewußtseins gehoben ist?«)

Das sind sie tatsächlich. Die innere Information muß bewußt erkannt werden. Wenn sich ein Individuum in eurem Sinne in seinem letzten physischen Leben befindet *(Pause)*, sind alle Teile seiner Persönlichkeit, wenn es stirbt, damit vertraut. Die Persönlichkeit wird dann nicht, ob sie will oder nicht, in den Strudel einer neuen irdischen Existenz hineingezogen, wie es sonst der Fall sein würde.

Die bewußten, physisch orientierten Teile des Selbst machen sich mit der inneren Information bekannt. Bis zu einem gewissen Grad wird die gedankliche Realität bewußt als die gestaltgebende Kraft hinter der physischen Materie wahrgenommen. Ein solches Individuum kann dann die Halluzination im Augenblick des Todes ihrem Wesen nach verstehen und kann mit vollem Bewußtsein in die nächste Existenzebene eingehen. Die bewußtgemachte Information wird dann an andere weitergegeben, die sie physisch erkennen und anwenden können.

Nun zur nächsten Frage.

(»Nummer neun: Du hast uns gesagt, du würdest noch weiter ausführen, was du wahrnimmst, wenn du durch Jane zu einem Raum voller Leute sprichst. In jener ASW-Gruppensitzung hast du erwähnt, daß du selber in eine Trance gehst und wieviel Anstrengung deinerseits nötig ist, um uns in Raum und Zeit anzuvisieren.«)

Ich nehme die Leute in einem Raum vollkommen anders wahr, als sie sich selber wahrnehmen; ihre verschiedenen ehemaligen und künftigen reinkarnierten Persönlichkeiten, aber nicht ihre wahrscheinlichen Selbst sind für mich sichtbar.

Ich »sehe« also die reinkarnierten Aspekte, die verschiedenen Manifestationen. Das ist so, als würdet ihr eine schnell ablaufende Bilderfolge sehen, die ein und dieselbe Person in verschiedenen Stellungen zeigt. Ich muß bei allen meinen Kommunikationen mit den im Raum Anwesenden daran denken, daß ich meine Bemerkungen einschränken und mich auf das spezifische, reinkarnierte »gegenwärtige Selbst«.einstellen muß.

Ich sehe diese Bilderfolge selber. Sie wird von Ruburts Augen nicht registriert *(Pause)*, weil diese nicht die dafür nötige multidimensionale Tiefenwahrnehmung haben. Ich sehe die Bilderfolge deutlich, ob ich nun durch Ruburts Augen schaue oder nicht. Ich bediene mich seiner Augen, weil dadurch das Blickfeld für mich auf das eine »gegenwärtige« Selbst eingeschränkt wird, dessen sich das Individuum bewußt ist.

Mit eurem System auf diese Weise in Verbindung zu treten, erfordert große Umsicht und ein noch größeres Unterscheidungsvermögen und verändert sich mit der »Entfernung« des Kommunizierenden von dem physischen System. Ich zum Beispiel habe meine Basis nicht im physischen System. Mein Unterscheidungsvermögen kommt der Präzision zugute, die notwendig ist, um in dem genauen Moment in Zeit und Raum, auf den ihr konzentriert seid, eure Realität zu betreten.

Gegenwärtige und künftige Erfahrungen der im Raum befindlichen Anwesenden sind mir zugänglich, und die künftigen sind für mich ebenso real wie die gegenwärtigen Erfahrungen. Deshalb muß ich versuchen, mich daran zu erinnern, was für sie bereits eingetreten und was noch nicht geschehen ist, denn für mich ist das alles eins. Diese Aktivitätsmuster verändern sich allerdings ständig. Ich habe zum Beispiel gesagt, daß ich mir ihrer vergangenen und künftigen Handlungen und Gedanken bewußt bin; und doch besteht das, wessen ich mir bewußt bin, eigentlich in sich stets umstrukturierenden und wandelnden Mustern in der Zukunft sowohl wie in der Vergangenheit.

Einige der Ereignisse, mit denen ich diese Personen so deutlich in der Zukunft verbunden sehe, *können* in eurem physischen System auch nicht eintreten. Sie existieren als Wahrscheinlichkeiten, als Potential, das auch nur gedanklich verwirklicht werden und ohne eine feste physische Gestalt bleiben kann. Ich habe euch ja gesagt, daß es keine vorherbestimmten Ereignisse gibt. Ich müßte mich nach euren Begriffen auf einen späteren Zeitpunkt einstellen und diesen mit allen seinen Verästelungen unter die Sonde nehmen, wenn ich feststellen wollte, welche der wahrscheinlichen Handlungen, die ich *früher* in euch gesehen habe, sich *später* verwirklichen werden.

Die Kommunikationsmethoden dürften sich auch weitgehend unterscheiden. Einer Persönlichkeit, die ihre Basis in der physischen Realität hat wie jemand, der sich zwischen den Leben befindet, würde der Eintritt in euer System in vieler Hinsicht leichterfallen. Die Information, die sie euch geben könnte, wäre jedoch gleichfalls durch ihre eigene Erfahrung beschränkt. Ich habe aber eine Erinnerung an die physische Exsitenz, und das hilft mir automatisch, eure geistigen Daten in physische Form zu übersetzen. Ich nehme, zum Beispiel, Gegenstände wahr. Dabei ist es mir eine große Hilfe, daß ich mich Ruburts Mechanismus bedienen kann. Zeitweise sehe ich den Raum und die Leute genauso wie er oder vielmehr wie seine Wahrnehmungsmechanismen.

In solchem Fall übersetze oder entziffere ich die Daten und mache von ihnen einen ähnlichen Gebrauch wie ihr von den Daten eines Komputers.

Beantwortet das deine Frage?

(»Vortrefflich.«)

Dann bin ich für die nächste bereit.

(»Nummer zehn: Wirst du uns etwas darüber erzählen, auf welchem Wege du dich mit Jane in Verbindung gesetzt hast, bevor die Sitzungen begannen?«)

Darüber habe ich schon einiges in einem früheren Kapitel gesagt. Der Hauptteil ihrer Ausbildung spielte sich im Traumzustand ab. Es fanden häufig außerkörperliche Projektionen statt, bei welcher Gelegenheit Jane an Unterrichtsgruppen teilnahm, die anfangs von verschiedenen Sprechern geleitet wurden. Die dort empfangene Information wurde oftmals durch ihre Dichtung auf die Bewußtseinsebene gehoben. *(Lange Pause.)*

Es war also eine intensive Ausbildung vorhanden, die es ihr möglich machte, sich innerlich zu zentrieren; eine äußere Umwelt, die sie dazu zwang, in ihrem eigenen Inneren nach Antworten zu suchen, und ein starker religiöser Unterbau, der von Anfang an ihr Wachstum begünstigte. Das genügte.

(Eine lange Pause, während der ich die nächsten drei Fragen, zwölf, dreizehn und vierzehn, studierte.)

Wenn dies das Reinkarnationsmaterial ist, laß es beiseite.

(Es war das Reinkarnationsmaterial. Ich übersprang die Fragen bis Nummer neunzehn, ein Punkt, den ich beinahe gar nicht aufgeschrieben hatte. »Nimmst du irgendein Interesse daran, uns in unserem täglichen Leben zu beobachten, wenn du nicht durch Jane sprichst? Ist das überhaupt möglich?«)

Beobachtung ist nicht mein Metier. Wir sind jedoch durch unsere psychologische »Gestalt« miteinander verbunden, und daher bin ich mir aller intensiven Gefühle oder starken Reaktionen auf eurer Seite bewußt. Das soll nicht heißen, daß ich mir unbedingt aller Ereignisse in eurem Leben bewußt bin oder daß ich die Gefühle, die mich von eurer Seite erreichen, immer sondiere.

(Pause.) Ich bin also im allgemeinen über euren Zustand im Bild. Wenn Ruburt etwas beunruhigt, schickt er mir eine Botschaft. Mit den erwähnten Einschränkungen bin ich mir künftiger Ereignisse in eurem Leben bewußt. Dabei kümmert mich eure allgemeine geistige Vitalität weit mehr, als was ihr zum Frühstück eßt.

Ich denke, das dürfte genügen.

(»O.k. Das war sehr interessant. Ich weiß nicht, ob ich jetzt um eine Pause bitten oder die Sitzung beenden soll.«)

Ich werde die Fragen über Evolution und Fragmente wahrscheinlich zusammen behandeln und finde, sie haben Zeit bis zur nächsten Sitzung. Ich könnt entweder die Sitzung beenden oder Pause machen, ganz wie ihr wollt.

(»Es tut mir leid, aber ich glaube, in dem Fall machen wir lieber Schluß.«)

Es waren gute Fragen, genau wie erwartet.

(»Ich habe mir ihrethalben etwas Sorgen gemacht.«)

Dann hoffe ich, du bist jetzt erleichtert.

(»Sehr zufrieden, ja.«)

Meine herzlichsten Grüße und einen schönen guten Abend.

(»Vielen Dank, Seth, und gute Nacht.« 23.30 Uhr.)

Sitzung 580, Montag, den 12. April 1971

(Die Mittwoch-Sitzung, die 579ste, wurde zugunsten eines Ehepaares abgehalten, das mit einem seiner Kinder ein akutes Problem hat. Die Familie lebt in einem anderen Staat, und wir waren einander nie begegnet. Später hörten wir, daß sich Seths Material als sehr hilfreich erwiesen hat.

Heute abend vor der Sitzung diskutierten Jane und ich über zwei Fragen, von denen ich hoffe, daß Seth sie berücksichtigen würde. Wir brauchten auch etwas persönliches Material. Die Sitzung fand wieder in meinem Studio statt. Beginn um 21.13 Uhr.)

Guten Abend.

(»Guten Abend, Seth.«)

Nun: Wollt ihr mit den Fragen oder mit dem persönlichen Material anfangen?

(»Wie wäre es erst mit einer Frage?«)

Dann stelle sie.

(»Nummer zwanzig: Wenn alles jetzt oder gleichzeitig existiert, wie kann es dann durch fortgesetzte Schöpfung und Expansion gemehrt werden? Oder anders gesagt: Wenn wir immerfort Neues erschaffen, wie ist es dann möglich, daß Alles-das-was-ist hier und jetzt vollendet ist?«)

Alles-das-was-ist ist noch längst nicht am Ende.

(Lange Pause. Janes Tempo war abwechselnd schnell und langsam.)

Alles in eurem dreidimensionalen System vollzieht sich gleichzeitig. Jede Tat ruft aus dem unendlichen Energiefonds des niemals ruhenden

Universums neue Versionen seiner selbst oder weitere Taten hervor. Das Geheimnis des Ganzen ist, daß das Ganze mehr als nur eine Summe seiner Teile darstellt. *(Pause.)*

Alles-das-was-ist bringt sich gleichzeitig endlos selber hervor. Nur innerhalb eures besonderen Bezugssystems scheint in der Tatsache, daß eine Handlung simultan und trotzdem unendlich sein kann, ein Widerspruch zu liegen. Dies hat vor allem mit der zwangsläufigen Entstellung, die sich aus eurem Zeitbegriff und eurer Vorstellung von Dauer ergibt, zu tun; denn Dauer setzt für euch eine im Rahmen eines Zeitgefüges fortgesetzte Existenz voraus, die alle Dinge für Anfang und Ende prädisponiert.

Erfahrung, die außerhalb dieses Bezugssystems existiert, ist jedoch in eurem Sinne nicht an Dauer gebunden. Es gibt kein »perfektes Ende«, keine vollendete Perfektion, über die hinaus jede weitere Erfahrung verunmöglicht und bedeutungslos wird *(Lange Pause.)* Alles-das-was-ist ist eine Quelle unendlicher und nie endender, simultaner Aktivität. Alles geschieht gleichzeitig, und doch hat es in eurem Sinn keinen Anfang und Schluß und ist daher auch an keinem Punkt seiner Entwicklung vollendet.

Euer Entwicklungs- und Wachstumsbegriff impliziert wiederum einen gradlinigen Aufstieg zur Perfektion. So wird es euch schwerfallen, euch von der Natur der alles durchdringenden Ordnung eine Vorstellung zu machen. Im Endeffekt würde ein vollendeter oder fertiger Gott oder Alles-das-was-ist seine Schöpfung ersticken. Perfektion setzt immer einen Punkt voraus, über den hinaus keine Entwicklung mehr möglich ist und an dem die schöpferische Kraft sich erschöpft.

In einer solchen Ordnung könnte nur die Prädestination herrschen, und jeder Teil würde sich in ein bestimmtes Gefüge einpassen müssen, ohne die Freiheit zu haben, einmal vorhandene Muster abzuändern. Es existiert eine Ordnung, aber innerhalb dieser Ordnung gibt es auch Freiheit – jene schöpferische Freiheit, die als charakteristische Eigenschaft von Alles-das-was-ist sein unendliches Werden garantiert.

Es gibt in diesem unendlichen Werden allerdings Zustände, die ihr als vollendet bezeichnen würdet. Wäre die Schöpferkraft jedoch in ihnen zur Ruhe gekommen, so hätte dies das Ende aller Erfahrung bedeutet. Dennoch ist diese große Komplexität keineswegs unüberschaubar; sie hat, in der Tat, die Einfachheit eines Samenkorns.

Alles-das-was-ist ist unerschöpflich. Die Unendlichkeit ist in der simultanen Aktivität auf eine Weise aufgehoben, die momentan noch über euren Verstand geht.

Laßt mir einen Augenblick Zeit. *(Lange Pause.)* Alles-das-was-ist ist im Geringsten seiner Teile lebendig und sich seiner selbst auch im Molekül noch bewußt. Es stattet alle seine Teile – oder Schöpfungen – mit seinen eigenen Fähigkeiten aus, die sich in diesen als Inspiration, Triebkraft, Richtlinien und Prinzipien auswirken und mit deren Hilfe sie dann durch die Gestaltung ihrer selbst, ihrer eigenen Welten und Systeme das Schöpfungswerk fortsetzen. So will es seine Freigebigkeit.

(Lange Pause um 21.37 Uhr.) Die ihnen verliehenen Kräfte und Fähigkeiten werden von den Schöpfungen auf verschiedene Weise genutzt. In eurem Fall gestaltet der Mensch seine Realität mit Hilfe dieser Gaben. Er lernt, sie wirksam und richtig zum Einsatz zu bringen. Er verwendet sie für seine Existenzerhaltung. Sie bilden seine Realitätsgrundlage. Im Rahmen dieses Systems kann der Mensch zwar scheinbar individuell und kollektiv Fehler begehen und Krankheit, Tod oder Elend über sich bringen, aber er wird dennoch seine Fähigkeiten darauf verwenden, seine eigene Welt zu erschaffen.

Durch Beobachtung des von ihm Geschaffenen lernt er, seine Fähigkeiten besser einzusetzen. Er kontrolliert seinen inneren Fortschritt, indem er die physischen Resultate seiner Arbeit betrachtet. Seine Arbeit, die Realität, bleibt aber immer eine schöpferische Leistung, auch wenn sie gelegentlich in Tragödie oder unaussprechlichen Schrecken ausartet.

(»Du willst wohl schon zur nächsten Frage überleiten. Nummer einundzwanzig: Wie erklärst du die Schmerzen und das Leid in der Welt?« Viele Leute haben uns diese Frage gestellt.)

Das will ich allerdings. In einem großartigen Gemälde von einer Schlachtenszene kann beispielsweise die Begabung des Künstlers darin zum Ausdruck kommen, daß er die unmenschlichen und doch allzu menschlichen Kriegszustände in ihrer ganzen schaurigen Dramatik auf die Leinwand projiziert. Der Künstler macht einfach von seinen Fähigkeiten Gebrauch. Auf die gleiche Weise nutzt auch der Mensch seine Fähigkeiten und stellt sie zur Schau, wenn er einen richtigen Krieg inszeniert.

Der Maler, der eine solche Szene gestaltet, kann dies aus verschiedenen Gründen tun: entweder will er durch die Darstellung solcher Unmenschlichkeit die Menschen auf die Folgen ihrer Taten aufmerksamen machen; er will Furcht und Zittern in ihnen erregen und sie zu einer Änderung bewegen; oder er ist selber in einer so kranken und chaotischen Verfassung, daß er sein Können in diese bestimmten Bahnen lenkt; oder aber er ist von dem Problem des Schaffens und Zerstörens fasziniert, und er erschafft deshalb Zerstörung.

In euren Kriegen führt ihr eure Kreativität zerstörerischen Zwecken zu, aber ihr seid trotzdem dabei noch schöpferisch.

Krankheit und Leid werden nicht von Gott oder von Alles-das-was-ist oder einer äußeren Instanz über euch verhängt. Sie sind ein Nebenprodukt des Lernprozesses, von euch selber geschaffen und als solche neutral. Andererseits ist eure Existenz an sich, die Realität und Natur eures Planeten, das ganze Dasein, innerhalb dessen ihr solche Dinge erfahrt, unter Einsatz der obenerwähnten Fähigkeiten von euch selber geschaffen.

Krankheit und Leid sind das Resultat einer falschen Verwertung schöpferischer Energien. Sie sind jedoch ein Teil der Schöpferkraft. Sie sind nicht anderen Ursprungs als beispielsweise Gesundheit und Vitalität. Leid ist an sich nicht gut für die Seele, es sei denn, ihr lerntet dadurch, ihm ein Ende zu setzen. Darin liegt sein Zweck.

Auf eurer speziellen Aktivitätsebene ist praktisch kein Mensch in der Lage, sämtliche ihm zu Gebote stehenden Energien voll und ganz auszuschöpfen oder seine im Innersten verspürte multidimensionale Identität zu materialisieren. Diese innere Identität ist jedoch eine Lichtpause, an der ihr letzten Endes physische Handlungen meßt. Ihr strebt danach, euer innerlich vorhandenes Gesamtpotential so gut es geht zum Ausdruck zu bringen.

Innerhalb dieses Rahmens wäre es euch möglich, einen gesunden Geist in einem gesunden Körper und einen geistig normalen Planeten zu haben. Eine ausschließlich auf die Erhaltung eures Planeten und eurer Existenz gerichtete Entbindung und Nutzung schöpferischer Energien ist jedoch undenkbar. Die große Energiemenge, die euch zur Verfügung steht, läßt einen weiten Spielraum für ihre Verwendung.

Ich habe bereits gesagt, daß jeder in eurem System mit schöpferischen Energien umgehen lernt; und da ihr noch in diesem Lernprozeß seid, leitet ihr sie oft in die falschen Kanäle. Das daraus resultierende Durcheinander wirft euch automatisch auf innere Fragen zurück.

Jetzt könnt ihr Pause machen.

(22.02 Uhr. Das war das Ende des Materials für Seths Buch. Der verbleibende Rest der Sitzung wurde mit persönlichem Material ausgefüllt. Ende um 23.06 Uhr.)

Sitzung 581, Mittwoch, den 14. April 1971

(Am Donnerstag, dem 8. April, hatten Jane und ich abends von drei Frauen aus Rochester, New York, Besuch erhalten. Sie waren sehr an einem Gespräch über Janes Buch »The Seth Material« interessiert. Sie brachten auch mehrere Frage vor, die Seth nun, falls er dies wünschte, beantworten konnte. Jane und ich gingen diese vor der Sitzung kurz durch. Beginn um 21.16 Uhr.)

Guten Abend.

(»Guten Abend, Seth.«)

Vielleicht fangen wir gleich mit der ersten Frage an, über die ihr gesprochen habt.

(M. H.s Frage ging von einer Theorie aus, von der ich zufällig auch gehört hatte: Eine Gruppe von Naturwissenschaftlern hat die Existenz einer Gattung von subatomaren Teilchen, »Tachyonen« oder »Metateilchen« genannt, postuliert, die sich schneller als mit Lichtgeschwindigkeit fortbewegen sollen.

Der Relativitätstheorie zufolge kann kein Teilchen bis zur Lichtgeschwindigkeit beschleunigt werden, weil seine Masse bei der Annäherung an die Lichtgeschwindigkeit unendlich groß werden würde; dieses Hindernis wird jedoch mit der Behauptung umgangen, die fraglichen Teilchen besäßen eine imaginäre Eigenmasse – keine Ruhemasse –, deren Geschwindigkeit niemals geringer als die Lichtgeschwindigkeit sei. M.H. fragte nun: »Sind diese sich schneller als Licht fortbewegenden Teilchen identisch mit den elektromagnetischen Energien oder EE-Einheiten, über die Seth im Anhang von »The Seth Material« spricht, oder diesen verwandt?«)

Ich habe euch vor einiger Zeit mitgeteilt, daß die Materie oder Form viele Abstufungen hat, die ihr nicht wahrnehmt. Viele dieser Teilchen, aus denen solche Strukturen zusammengefügt sind, bewegen sich euren Begriffen nach schneller als mit der Geschwindigkeit e u r e s Lichtes.

Euer Licht stellt jedoch seinerseits nur einen Teil eines Spektrums dar, das noch größer ist als das euch bekannte; und wenn eure Wissenschaftler die Eigenschaften des Lichtes studieren, dann können sie dieses nur in der Form untersuchen, wie es in euer dreidimensionales System einfällt. Das gleiche gilt natürlich auch für die Erforschung der Struktur der Materie oder Form.

Es gibt tatsächlich Universen, die aus solchen Teilchen zusammengesetzt sind, die sich schneller als Licht fortbewegen. Von einigen dieser Universen würdet ihr sagen, daß sie sich mit eurem eigenen Universum räumlich überlagern. Normalerweise würdet ihr solche Teilchen einfach nicht als Masse wahrnehmen. Wird die Geschwindigkeit dieser Teilchen jedoch genügend verringert, so werden sie von euch als Materie erfahren.

Manche dieser Teilchen verändern ihre Geschwindigkeit in drastischer Weise und zeigen sich gelegentlich auch in eurer langsameren Geschwindigkeitsnorm. Dies geschieht gewöhnlich in zyklischer Form. Das wirbelnde Zentrum einiger dieser Teilchen hat eine viel größere Geschwindigkeit als ihre Peripherie. EE-Einheiten gehen spontan aus der elektromagnetischen Realität hervor, die jedes Bewußtsein aussendet, ähnlich wie der Atem dem physischen Körper entströmt.

EE-Einheiten sind also Emanationen des Bewußtseins. Die Charakteristika dieser Einheiten werden von der Intensität der Gedanken oder Gefühle bestimmt. Ist ein bestimmter Intensitätsgrad erreicht, dann werden sie der physischen Verwirklichung zugetrieben. Ob sie nun in eurem Sinne Gestalt annehmen oder nicht, jedenfalls treten sie als materielle Kleinstteilchen, als, sagen wir, latente Materie oder Pseudomaterie in Erscheinung.

Einige von ihnen fallen in die Schneller-als-Licht-Kategorie und verfügen in diesem Rahmen über eine bemerkenswerte Vitalität. Diese sich schneller als Licht fortbewegenden Teilchen existieren dann natürlich in ihrer eigenen Gestalt. Es gibt ein breites Spektrum verschiedenster solcher Einheiten, die sich sämtlich außer Reichweite eurer Wahrnehmung befinden. Sie alle miteinander in einen Topf zu werfen, wäre jedoch irreführend, denn in alledem ist ein wunderbares Ordnungsprinzip wirksam.

Ihr steht der Existenz einiger dieser Einheiten nicht vollkommen blind gegenüber, obgleich ihr sie nicht als Masse empfindet. Manche von ihnen werden von euch als traumhaftes Geschehen, als sogenannte Halluzinationen, gedeutet; und gelegentlich werden bestimmte Arten dieser Einheiten von euch als eine zeitlich ablaufende Bewegung verstanden.

Alle bringen sie gewisse »atmosphärische Bedingungen« hervor oder werfen Reflexe, welche die physischen Vorgänge, wie ihr sie kennt, umfärben. Manche eurer eigenen Gefühle stoßen in die Realitäten solcher Systeme vor und verdichten sich dort zu Masse und Form. Bei der Erschaffung und Aufrechterhaltung eurer normalen Realität stellt ihr euer tagesorientiertes Wachbewußtsein so ein, daß es sich innerhalb der Bereiche, wo es gebraucht wird, betätigen kann. Ideen und Gefühle, die ihr physisch verwirklichen wollt, tragen Mechanismen in sich, die sie den richtigen Ort innerhalb des elektromagnetischen Feldes, das physische Entwicklung ermöglicht, finden lassen.

(Pause.) Euer Bewußtsein ist jedoch darauf eingerichtet, auch in anderen Regionen Realitäten zu schaffen. In gewissen Träumen und außerkörperlichen Erfahrungen bewegt es sich schneller als mit Lichtgeschwindigkeit fort, und unter solchen Umständen seid ihr imstande, einige dieser anderen Formen von »Masse oder Materie« wahrzunehmen.

Die EE-Einheiten sind ganz einfach im Entstehen begriffene Realitätsformen: automatisch ausgeworfene Samen, die auf verschiedene Umweltbedingungen eingestellt sind. Manche von ihnen treten im physischen System in Erscheinung, während andere wiederum dessen Voraussetzungen gar nicht entsprechen. Nun gibt es einige »eingegrenzte« Realitätssysteme, deren Mitte von Teilchen gebildet wird, die schneller als Licht sind. Diese verlangsamen sich rhythmisch über große Entfernungen gegen die Peripherie hin, bis die langsameren äußeren Teilchen die Masse im Zentrum gewissermaßen einschließen, obgleich sie sich viel schneller – wenn auch auf engerem Raum – bewegt.

Wie ihr vielleicht jetzt verstehen könnt, bestimmt das Verhalten solcher Einheiten die für jedes gegebene System typische Tarnungsstruktur, während durch ihre periphere Aktivität innere Identitäten und äußere Begrenzungen wirkungsvoll festgelegt werden. Allgemein gesprochen und mit einfachen Worten gesagt, sind diese alles Varianten der Materie, wie ihr sie euch denkt. Die gleiche Vielfalt findet sich in der negativen Materie oder Antimaterie, die ihr ohnehin nicht wahrnehmen könnt, und in den Aktivitätsabstufungen innerhalb dieser Systeme.

Im Grunde genommen ist jedoch keines dieser Systeme geschlossen. Die Energie fließt ungehindert vom einen ins andere oder durchdringt vielmehr jedes einzelne von ihnen. Es ist lediglich die Tarnungsstruktur, die den Eindruck erweckt, als handele es sich um geschlossene Systeme, und das Trägheitsgesetz ist nicht relevant. Es scheint nur innerhalb eures eigenen Systems und wegen eures beschränkten Gesichtskreises Realität zu besitzen.

Nun ist die Dauerhaftigkeit und relative Stabilität solcher »Materie« in den anderen Systemen außerordentlich variabel, wobei die Stärke aller solcher Manifestationen von der Gefühlsintensität bestimmt wird. Aus den unsichtbaren EE-Einheiten baut sich eure physische Materie auf. Sie sind die wesentlichen und grundlegenden Einheiten, aus denen jedes physische Teilchen hervorgeht, das existiert.

Sie sind physisch nicht wahrnehmbar. Ihr seht nur die Resultate. Da das Bewußtsein schneller reisen kann als das Licht, kann es, wenn es nicht von den langsameren Teilchen des Körpers eingeschlossen ist, sich mancher dieser anderen Realitäten bewußtwerden. Ohne Schulung wird es jedoch das, was es sieht, nicht zu deuten wissen. Das physische Hirn ist der Mechanismus, mit dessen Hilfe Gedanken und Gefühle automatisch in EE-Einheiten umgewandelt werden, die den angemessenen Umfang und die richtig dosierte Intensität besitzen, um für den physischen Organismus nutzbar zu sein.

Jetzt könnt ihr Pause machen.

(21.56 Uhr. Janes Vortrag hatte zwischen langsameren und schnelleren Tempi geschwankt, doch ihre Trance war tief gewesen. Als ich ihr sagte, das Material habe die Frage vortrefflich beantwortet, erwiderte sie: »Ich weiß nur, daß ich weit weg war ...«

Eine Anmerkung, die Schneller-als-Licht-Wirkungen betreffend: An dem auf diese Sitzung folgenden Sonntag berichtete eine führende New Yorker Zeitung, Astronomen hätten beobachtet, wie zwei Bestandteile eines Quasars mit einer Geschwindigkeit, die anscheinend das Zehnfache der Lichtgeschwindigkeit betrug, auseinandergeflogen seien. Dies ist eine erstaunliche Entdeckung, die nach physikalischen Gesetzen unmöglich ist.

Quasare – quasi-stellare Radioquellen – sind Sternsysteme, die außer Licht auch außerordentlich intensive Radiostrahlung senden. Die meisten Naturwissenschaftler glauben, daß sie am Rande des unserer Beobachtung zugänglichen Universums existieren. In diesem Fall wären sie so weit von uns entfernt, daß ihre Energie Billionen von Jahren gebraucht hat, um zu uns zu gelangen. Fortsetzung um 22.20 Uhr.)

Diese EE-Einheiten sind also die physischen Bausteine der Materie. Du kannst die nächste Frage vorbringen.

(»Nummer dreiundzwanzig: Stehst du noch mit anderen Menschen auf die gleiche Weise in Verbindung oder sprichst du durch sie wie durch Jane?«)

Nein. Wie schon an früherer Stelle in diesem Buch erwähnt, bin ich jedoch mit einigen auf anderen Realitätsebenen in Verbindung.

(Seth hielt inne. »Bist du bereit für die nächste Frage?«)

Ich warte darauf.

(»Nummer vierundzwanzig: Hindert dich Jane je am Durchkommen, wenn du durchkommen möchtest?«)

Bei verschiedenen Anlässen habe ich ihr unter besonderen Umständen meine Bereitschaft zu verstehen gegeben. Ich kannte diese Umstände besser als sie. Einige dieser Anlässe waren ziemlich am Anfang unserer Sitzungen gegeben, als sie sich noch von spontan auftretenden Trancen beunruhigen ließ. Deshalb beugte ich mich zuerst einmal ihrer Entscheidung, nachdem ich sie auf meine Anwesenheit aufmerksam gemacht hatte. Bei einigen wenigen Gelegenheiten sind gewisse Vorbedingungen unzureichend gewesen. Gewöhnlich hat sie an ihrem Ende der Leitung negativ darauf reagiert – d. h. die Störung war der Art, daß ihre Situation eher als die meine davon beeinträchtigt wurde.

(»Nummer fünfundzwanzig: Hast du noch irgendwelche physischen Fragmente auf Erden?«)

Jetzt nicht mehr.

(»Nummer sechsundzwanzig: Sind Tiere Fragmente von Menschen?«)

(Lächeln.) Eine gute Frage, und am besten läßt du mir einen Augenblick Zeit, damit ich sie ausführlich beantworten kann.

In gewisser Hinsicht seid ihr Fragmente eurer Wesenheiten. Trotzdem betrachtet ihr euch als völlig unabhängig und nicht als abgelegte Selbst aus zweiter Hand; ebenso sind auch Hunde und andere Tiere nicht bloß Manifestationen streunender psychischer Energie des Menschen.

Tiere haben einen unterschiedlichen Bewußtseinsgrad, genau wie die Menschen auch. Das Bewußtsein, das in ihnen wohnt, ist jedoch ebenso gültig und ewig wie eures. Nichts könnte eine Persönlichkeit daran hindern, einen Teil ihrer eigenen Energie in eine Tiergestalt zu investieren. Das ist keine Seelenwanderung. Es bedeutet n i c h t , daß ein Mensch als Tier reinkarniert werden kann. Es bedeutet lediglich, daß Persönlichkeiten einen Teil ihrer Energie in verschiedene Lebensformen aussenden können.

Vielleicht hat ein gegebenes Individuum die Reinkarnationen bereits hinter sich, doch eine Sehnsucht nach der natürlichen Erde, mit der es so oft in Berührung war, ist in ihm zurückgeblieben. Dann kann es auf diese Weise einen Teil seines Bewußtseins in ein Tier hineinprojizieren. Ist dieses einmal geschehen, so wird die Erde auf eine für diese Gattung typische Weise erlebt. Der Mensch ist dann kein Tier, noch ist der Körper eines Tieres – sagen wir – von ihm besessen.

Er fügt einfach etwas von seiner Energie zu der im Tier vorhandenen hinzu und vermischt diesen Teil seiner Lebenskraft mit der des Tieres. Dies soll nicht heißen, daß alle Tiere Fragmente in diesem Sinne wären.

Wie jeder Haustierbesitzer weiß, haben Tiere ihre eigene Persönlichkeit, individuelle Charaktereigenschaften und subjektive Weisen, das, was ihnen von der Realität zugänglich ist, in sich aufzunehmen. Manche sind erlebnishungrig. Durch den Umgang mit ihnen freundlich gesonnenen Menschen kann ihr Bewußtwerdungsprozeß unermeßlich beschleunigt und ihre gefühlsmäßige Beteiligung am Leben voll entwickelt werden.

Die Bewußtseinsmechanismen bleiben freilich die gleichen. Es gibt hier keinen Unterschied zwischen Mensch und Tier. Deshalb sind auch der Entwicklung des individuellen Bewußtseins oder dem Wachstum einer Identität keine Grenzen gesetzt. Das Bewußtsein innerhalb und außerhalb des Körpers findet von selbst seinen Ort, die ihm gemäße Ebene. Ein Hund muß daher in anderen Existenzen nicht unbedingt ein Hund bleiben.

Ein bestimmter Bewußtseinsgrad, ein bestimmtes Wissen, ein gewisses Verständnis für die Verteilung von Energien ist jedoch nötig, bevor eine Identität einen komplizierten physischen Organismus manipulieren kann.

Wie ihr wißt, hat das Bewußtsein eine ausgesprochene Tendenz, die Individualität aufrechtzuerhalten, sich aber gleichzeitig zu »Gestalten« zusammenzuschließen. Ein Tierbewußtsein kann nach seinem Tode gemeinsam mit anderen Bewußtseinseinheiten eine solche »Gestalt« bilden, für die durch den Zusammenschluß von Fähigkeiten und durch Gemeinschaftsarbeit ein Gattungswechsel möglich wird.

In solchen und anderen Fällen geht jedoch die angeborene Individualität nicht verloren, sondern bleibt der »Gestalt« unauslöschlich eingeprägt. Es liegt in der Natur des Bewußtseins, sich zu verändern, und infolgedessen müssen auch die Identitäten sich ändern, nicht, indem die eine die andere auslöscht, sondern indem sie so aufeinander aufbauen, daß jede der aufeinanderfolgenden Stufen, statt beseitigt zu werden, erhalten bleibt.

Bei solchen Wechselbeziehungen wird eine jede der einzelnen Stufen oder Identitäten durch die zusätzliche Wahrnehmung der anderen unermeßlich bereichert. Wie schon erwähnt, haben die Gedanken, die Träger ihrer eigenen elektromagnetischen Realität sind, eine Form, ob ihr diese nun wahrnehmen könnt oder nicht. Mit jedem Gedanken sendet ihr daher Formen und Bilder aus, die für diejenigen, die in dem Realitätssystem, in das sie vorstoßen, zu Hause sind, völlig legitime Realitäten darstellen können.

Ebenso können auch Persönlichkeiten aus anderen Systemen Energie in euer System schicken. Da solche Vorkommnisse nicht bei euch ihren Ursprung haben, ermeßt ihr deren Tragweite nicht.

Jetzt könnt ihr Pause machen.

(22.54 Uhr. Janes Trance war bei veränderlicher Vortragsweise wiederum gut gewesen. Wir waren damit für diesen Abend am Ende des Materials für Seths Buch angelangt. Der Rest der Sitzung wurde von Angelegenheiten, die uns und andere betrafen, in Anspruch genommen. Ende um 23.20 Uhr.)

Sitzung 582, Montag, den 19. April 1971

(Vor der Sitzung lasen wir einen Brief durch, den Jane am 16. März 1971 von Mrs. R. erhalten hatte. Ihr Sohn war am 28. Juni 1970 verschwunden. Jane hatte am 4. April 1971 an sie geschrieben und ihr baldige Informationen versprochen. 21.20 Uhr).

Guten Abend.

(»Guten Abend, Seth.«)

Fangen wir also an. Was steht als erstes auf eurem Programm?

(»Wie wäre es, wenn du zuerst den Brief von Mrs. R. beantworten würdest?« Als Seth streckte Jane nach dem Brief die Hand aus.)

Reiche ihn mir herüber. Nun. Einen Augenblick Geduld.

(Mit geschlossenen Augen, den gefalteten Brief in der rechten Hand, lehnte sich Jane in ihrem Schaukelstuhl zurück.)

Der Junge ist an verschiedenen Orten gewesen, mit einem Aufenthalt, einem kurzen, in einer Klinik. Er scheint mit einer Lunge oder der Lunge Schwierigkeiten gehabt zu haben. Ich glaube, er ist in Detroit gewesen. *(Pause.)* Desgleichen im Staate Florida, in der Nähe einer Kleinstadt, die mit P beginnt, ein ziemlich langer Name.

Kalifornien hat ihn auch stark beschäftigt. Sechsunddreißig. *(Pause.)* Er hat an einem Ort gearbeitet, der wie ein Fabrikgelände aussieht, in einer ziemlich finsteren Umgebung, mit Reihen von was wohl Maschinen sind und großen Fenstern, die präpariert wurden, damit die Sonne nicht zu hell hereinscheinen kann.

Entweder dies oder das ganze Gebäude war halb unter der Erde. Eine Beziehung zu dem Namen »George«. Vielleicht ein Freund von ihm. Außerdem hat er, glaube ich, ein Telegramm an jemanden geschickt, oder wird eines an seine Mutter schicken.

Es besteht eine Verbindung zu zwei jungen Frauen. *(Lange Pause.)* Die Mutter wird jedoch von ihm hören. Das ist für den Augenblick alles.

(Obige Daten wurden in einem flotten Tempo mitgeteilt. Wir können nie im voraus sagen, wie lang Seths Antwort auf eine Frage wie die von Mrs. R. ausfallen wird. Ob die Länge nun eine Seite, fünf oder zehn Seiten beträgt, wir schicken immer einen Durchschlag an den Fragesteller, sobald ich die Sitzung in die Maschine geschrieben habe. Wir bitten um eine Antwort, weil dann die Möglichkeit besteht, das Material zu überprüfen. In diesem Fall haben wir von Mrs. R. nichts mehr gehört.)

Wir wollen versuchen, deine Frage über die Natur der Evolution zu klären.

(Nummer siebenundzwanzig: Ist die Evolution, wie sie im allgemeinen verstanden wird, eine Tatsache oder eine grobe Entstellung?

Apropos Evolution: In der ASW-Gruppe hatte Seth acht Tage später folgendes über Charles Darwin und seine Evolutionstheorie zu sagen:

»Die letzten Jahre seines Lebens brachte er damit zu, sie zu beweisen, und doch besitzt sie keine wirkliche Gültigkeit. Nur in ganz beschränktem Sinne ist sie gültig; denn das Bewußtsein entwickelt tatsächlich die Form. Die Form entwickelt jedoch kein Bewußtsein. Alles Bewußtsein existiert in Wirklichkeit gleichzeitig, und deshalb hat es sich auch nicht auf diese Weise entwickelt. Es kommt ganz darauf an, wann ihr im Zuschauerraum erscheint, worauf ihr euer Augenmerk richtet, und welchem Akt des Schauspiels beizuwohnen ihr euch entschließt. Es ist eher umgekehrt: das entwickelte Bewußtsein ordnet sich in viele verschiedene Muster und durchtränkt damit die Realität. Das Bewußtsein ist nicht dadurch entstanden, daß Atome und Moleküle zufällig über das Universum verschüttet wurden oder über viele Universen. Bewußtsein ist nicht deswegen da, weil unbelebte Materie plötzlich zu Aktivität und Lebensfreude erwachte. Das Bewußtsein hat zuerst existiert und hat selber die Form entwickelt, in der es sich dann zu manifestieren begann.

Nun, hättet ihr wirklich darauf gehört, was ich euch seit einiger Zeit über die Gleichzeitigkeit von Existenz und Zeit erzähle, so würdet ihr wissen, daß die Evolutionstheorie ein ebenso schönes Märchen ist wie die alttestamentarische Schöpfungsgeschichte. Beide sind sie bequem, beide sind sie Beispiele für Legendenbildung, und beide scheinen sie innerhalb ihres eigenen Kontextes stimmig zu sein, obwohl sie im weiteren Sinne keinen Anspruch auf Wahrheit erheben können ...

Nein, Materie hat sich in keiner Form, auch nicht in ihrer gewaltigsten, jemals aus eigener Kraft zur Bewußtheit entwickelt, einerlei was für andere Materienteilchen ihr noch beigefügt wurden. Ohne Bewußtsein gäbe es keine Materie im Universum. Und die Materie lungert dort nicht herum in Erwartung einer weiteren Komponente, die ihr zu Realität, Bewußtsein, Dasein oder Lebensfreude verhelfen kann.

Ein Gruppenmitglied: »Hat denn jedes Materienteilchen bereits ein Bewußtsein?«

Ja, in der Tat, und das Bewußtsein war zuerst da. Du hast völlig recht. Ich danke dir, daß du die Sache zur Sprache gebracht hast.)

Auf die Gefahr des Vorwurfs hin, daß ich mich wiederhole, möchte ich nochmals betonen, daß die Zeit, wie ihr sie kennt, im Grunde nicht existiert und daß alle Schöpfungen gleichzeitig sind. *(Belustigt.)* Das sollte deine Frage beantwortet haben.

(»Daran habe ich auch gedacht«, sagte ich. Wie ich in der ersten Pause Jane gegenüber geäußert hatte, kann aber die Erkenntnis, daß alle Zeit eigentlich gleichzeitig ist, bei bestimmten Fragestellungen verwirrend sein; diese Erkenntnis beantwortet die Frage nämlich nur halb, und der Rest der Frage muß auch berücksichtigt werden.)

Wir werden das genauer ausführen.

(»Gut.«)

Alle Erdzeitalter, die in eurem Sinn vergangenen, gegenwärtigen und auch die zukünftigen, existieren: Jetzt. Du kannst das »jetzt« groß schreiben. Einige Lebensformen werden in was ihr als Gegenwart anseht entwickelt. Sie treten physisch nicht in Erscheinung, bevor eure Zukunft begonnen hat. Kannst du mir folgen?

(»Ja.«)

Sie existieren jedoch ganz entschieden schon jetzt, ebenso wie, sagen wir, die Dinosaurier noch jetzt existieren. Ihr stellt nur eure Aufmerksamkeit auf einen ganz spezifischen Ort im raumzeitlichen Koordinatensystem ein, akzeptiert diesen als gegenwärtige Realität und verschließt euch vor allem anderen. Besonders sind die komplizierten physischen Formen nicht das Resultat früherer einfacherer Formen. Im umfassenderen Sinne existieren sie alle gleichzeitig.

Andererseits sind kompliziertere Bewußtseinsstrukturen erforderlich, um die komplizierteren physischen Organismen zu bilden, in sie einzutreten und sie mit Leben zu erfüllen. Alle Strukturen werden vom Bewußtsein geformt. Nach eurer Definition wäre ein Fragment ein Bewußtsein, das weniger entwickelt ist als das eure. Die belebten Teile der Natur sind das Ergebnis eurer eigenen Kreativität. Sie sind eure eigenen Projektionen und Fragmente eurer eigenen Energie; Energie, die von Alles-das-was-ist herrührend in euch hineingeht, die ihr wieder abgebt und die dann ebenso wie ihr ihre eigenen bildlichen Manifestationen erzeugt.

(Pause.) Da ihr die Zukunft nicht wahrnehmt und nicht begreift, daß das Leben sich in alle Richtungen entfaltet, scheint es nur logisch zu sein, daß ihr meint, die gegenwärtigen Formen bauten sich auf den vergangenen auf. Dabei verschließt ihr allerdings die Augen vor Beweisen, die dieser Theorie widersprechen. *(Mit Wärme, lächelnd:)* Und damit meine ich natürlich nicht dich persönlich, Joseph.

Mit anderen Worten: es gibt keine geradlinige Entwicklung. Die Fragmenteinheiten, die ihr als Gattung nach außen sendet, tragen natürlich auch zu eurer physischen Realität bei, denn ohne Wahrung des diffizilen Gleichgewichts und ohne dieses Zusammenwirken der Kräfte, wäre eure spezielle Art von Umwelt gar nicht möglich.

Ich habe euch schon oft gesagt, daß ihr euch mit der Einengung eures Selbst-Begriffes ein Unrecht antut. Euer Identitäts-, Freiheits- und Machtgefühl sowie auch eure Liebesfähigkeit würden unermeßlich gesteigert, wenn ihr einsehen könntet, daß was ihr seid nicht mit eurer Hautgrenze endet, sondern sich nach außen hin über die physische Umwelt, die euch unpersönlich und ich-fremd erscheint, verbreitet.

Vom biologischen Standpunkt aus sollte es ohne weiteres klar sein, daß ihr physisch ein Teil der Erde seid und von allem, was darauf existiert. Ihr seid aus den gleichen Elementen zusammengesetzt, ihr atmet die gleiche Luft. Ihr könnt die Luft, die ihr in euch aufnehmt, nicht festhalten und dann sagen: »Dies bin ich, mit Luft gefüllt. Ich gebe sie nicht wieder her«, oder ihr würdet bald genug die Erfahrung machen, daß ihr nicht annähernd so unabhängig seid, wie ihr glaubtet.

Ihr seid biologisch und chemisch mit der euch vertrauten Erde verbunden; aber da sie außerdem von eurer eigenen, projizierten psychischen Energie auf natürliche und spontane Weise geformt wird, da ihr wie die Jahreszeiten sogar eine psychische Wechselwirkung aufeinander ausübt, muß das Selbst in einem viel größeren Kontext gesehen werden. Ein solcher Kontext würde es euch gestatten, die Lebenserfahrung vieler anderer Formen zu teilen, Energie- und Gefühlsmustern nachzugehen, von denen ihr kaum eine Vorstellung habt, und ein Gespür dafür zu entwickeln, daß es ein Welt-Bewußtsein gibt, zu dem ihr euren unabhängigen Teil beisteuert.

Ihr könnt Pause machen.

(21.54 bis 22.04 Uhr.)

Ich war mit der letzten Frage fertig geworden; gehen wir weiter.

(»Nummer achtundzwanzig: Habe ich irgendwelche Porträts von Sprechern gemalt?«)

Das hast du allerdings. Eines war ein Gemälde, das dir Carl und Sue Watkins abgekauft haben *(welches wir halb im Scherz Moses nannten);* eins das Porträt von mir *(Pause);* und eins ein Bild, das nicht fertig geworden ist – das, nach dem der Dekan *(Seths scherzhafte Titulierung für Tom M., ein Mitglied der ASW-Gruppe)* vor kurzem gefragt hat, das Porträt einer Frau. Und auch dein blauer Mann. *(Pause.)* Da hast du deine Antwort.

(Wenn Seth mir sagt, ich hätte ein Sprecher-Porträt gemalt, dann verstehe ich das in dem Sinn, daß ich mich nur in eine der vielen Persönlichkeiten eingestimmt habe, die die Wesenheit eines Sprechers ausmachen.

Nachdem unsere Sitzungen angefangen hatten, begann ich eine Reihe von Porträts von Leuten zu malen, die ich nicht bewußt »kenne«. Anfangs machte ich mir wenig Gedanken darüber, was wohl die Quelle dieser Inspirationen sein mochte; ich ließ einfach meinen Darstellungsdrang für mich arbeiten. Einfälle für diese Porträts »kommen« mir spontan, wenn ich geistig mit anderen Dingen beschäftigt bin. Ich bin stets überrascht. Manchmal habe ich eine richtiggehende Vision, die ganz klar objektiviert und in leuchtenden Farben erscheint. Die Vision zeigt mir entweder das fertige Bild oder das Individuum, das porträtiert werden soll. Verschiedentlich habe ich »gewußt«, daß das Modell tot war. Nur wenige dieser Gemälde sind natürlich von Sprechern, und in keinem Fall war ich mir darüber klar, daß ich mit einer solchen Persönlichkeit arbeitete.

Vor kurzem habe ich den blauen Mann, auf den Seth sich bezog, vollendet. Ich malte einen Mann in moderner Kleidung, aber in Wirklichkeit war, Seths amüsierter Erklärung zufolge, die dargestellte Person eine Hellseherin, die im vierzehnten Jahrhundert in Konstantinopel gelebt hat; eine unbewußte Verzerrung meiner inneren Perspektive hat mich auf die männliche Figur kommen lassen. Seth hat ihr den Namen Ianodiala gegeben. Das Ölgemälde ist gut gelungen und ist in blauen und grünen Tönen gehalten.

Ich hätte früher nie vermutet, daß Eingebungen solchen Ursprungs sein können. Heute glaube ich, daß sie zu den normalen Inhalten des Unbewußten gehören. Damit aber dieses Potential für den kreativen Akt weitgehend ausgeschöpft werden kann, würde ich mir wünschen, daß auch andere solche Visionen und Wahrnehmungen kultivieren ler-

nen, und zwar auf einer absichtlichen, bewußten Basis. Mir scheint, es würden uns daraus eine Menge Vorteile erwachsen. Hier gibt es viel dazuzulernen.

»Willst du jetzt die Frage über die Schriftfunde vom Toten Meer und Jahoshua behandeln?« Dies bezog sich auf einen Brief, den Jane am 12. April erhalten hatte, der mit Seths Angaben über den dritten Christus in »The Seth Material« zu tun hatte.)

Das heben wir uns für unser religiöses Kapitel auf. Wir werden darin auch eure anderen thematisch verwandten Fragen beantworten.

(»In der 429sten Sitzung vom 14. August 1968 hast du gesagt: ›Auch Minuten und Stunden haben ihr eigenes Bewußtsein‹. Das hast du nicht genauer ausgeführt.«)

(Lächeln.) Und du willst, daß ich das jetzt genauer ausführe.

(»Ja, ich weiß nicht so recht. Ich frage mich, ob die Frage nicht für eine schnelle Antwort zu kompliziert ist.«)

Gedulde dich einen Moment. *(Pause.)* Was ihr von der Zeit wahrnehmt, ist ein Teil von einem anderen Geschehen, das in euer eigenes System hineinragt und von euch oft als eine Bewegung im Raum gedeutet wird oder als etwas, das die Ereignisse voneinander trennt – wenn auch nicht räumlich, so doch auf eine Weise, die sich ohne Zuhilfenahme des Zeitbegriffs einfach nicht definieren läßt.

Was die Ereignisse voneinander trennt, ist nicht die Zeit, sondern eure Wahrnehmung. Ihr nehmt die Ereignisse »eins nach dem anderen« wahr. Die Zeit, wie sie euch erscheint, ist in Wirklichkeit eine psychische Erfahrungsordnung. Der scheinbare Anfang und das Ende eines Ereignisses, die scheinbare Geburt und der Tod sind einfach Erfahrungsdimensionen ähnlich wie Höhe, Breite und Gewicht. Euch dagegen kommt es so vor, als würdet ihr einem Ende entgegenwachsen, wenn das Ende einen Teil einer spezifischen Erfahrung oder eines menschlichen Geschehens ausmacht.

Wir sprechen daher von der multidimensionalen Realität. Das Gesamtselbst oder die Wesenheit oder die Seele kann sich niemals vollkommen in der dreidimensionalen Form materialisieren. Es kann jedoch ein Teil von ihr in diese Dimension hineinprojiziert werden, kann sich eine Anzahl von Jahren zeitlich entfalten, kann einen bestimmten Raum einnehmen und so fort.

Die Wesenheit sieht das Gesamtgeschehen, das gesamte menschliche Geschehen, in einem Licht, in dem das Zeitelement – oder nach euren Begriffen das Alter – nur als ein Charakteristikum oder eine Dimension unter anderen erscheint. Das menschliche Geschehen ist jedoch nicht abgeschnitten von ihr. Nur kann seine größere Realität im Rahmen der Dreidimensionalität einfach nicht in Erscheinung treten. Dieselbe ist nämlich aus Atomen und Molekülen zusammengesetzt, die für euch nicht wahrnehmbar sind und sowohl oberhalb als auch unterhalb der physischen Intensitätsskala liegen – und auch diese besitzen ihre eigene Form von Bewußtsein.

In umfassenderem Sinn gibt es also auch keine Sekunden und Momente, doch die Realität, die hinter der Zeit steht oder hinter dem, was ihr als Zeit erfahrt, das »außerzeitliche« Geschehen, setzt sich aus Einheiten zusammen, die ebenfalls ihre eigene Form von Bewußtsein haben. Sie bilden das, was euch als Zeit erscheint, so wie Atome und Moleküle das bilden, was euch als Raum erscheint. *(Pause.)*

Dies sind nun Einheiten, die sich schneller als mit Lichtgeschwindigkeit fortbewegen, hervorragende Energiequellen, die in die Materie eindringen und sich ihr aufdrängen, ohne sich je zu materialisieren. In anderen Systemen würde man sie anders deuten. *(Lächelnd:)* Und damit sind wir am Ende. *(22.35 Uhr.)*

Sitzung 583, Mittwoch, den 21. April 1971

(Gestern abend ging ich zu Bett, während Jane im Wohnzimmer ihre ASW-Gruppensitzung abhielt. Es war ungefähr 23.30 Uhr. Während ich lag und vor mich hindöste, erteilte ich mir die Suggestion, daß ich mich am Morgen an meine Träume erinnern und sie aufschreiben würde.

Ich schlief ziemlich unruhig und wachte wiederholt auf, während die Gruppensitzung noch im Gang war. Schließlich nahm ich noch verschwommen wahr, wie die Gruppenmitglieder ihre Autos aus dem Parkplatz neben dem Haus herausfuhren. Danach schlief ich. Jane erzählte mir später, sie sei um 24.45 Uhr ins Bett gekommen.

Das nächste, was ich wußte, war, daß ich in unserem im Dunkeln liegenden Badezimmer in der Luft schwebte. Ich befand mich in einem körperlosen Zustand, ohne deswegen irgendwie beunruhigt zu sein.

Das Bad liegt mitten in unserer Wohnung; das Wohnzimmer ist auf der einen Seite, das Schlafzimmer und mein Studio sind auf der anderen. Um unseren Kater Willy nachts davon abzuhalten, auf unser Bett zu steigen, wird er ins Wohnzimmer gebracht, und die Badezimmertür wird auf seiner Seite geschlossen. Vor dieser Tür hing ich nun, unfähig, sie zu durchdringen.

Ich war weder in Panik noch in Angst. Meine Augen funktionierten. Schwaches Licht drang durch ein schmales, offenes Fenster zu meiner Rechten. Die geschlossene Tür lag in tiefem Schatten, aber ich wußte, daß ich mich vor ihr befand. Obgleich mein Körper im Schlafzimmer »hinter« mir neben Jane im Bett lag und schlief, machte ich mir um ihn keine Sorgen. Ich war mir anfangs meiner Projektion, dieser außerkörperlichen Erfahrung, nicht bewußt – zum Beispiel hatte ich nicht die Geistesgegenwart, mir den Befehl zu geben, die Wohnzimmertür zu durchstoßen. Aber daß ich mich außerhalb meines Körpers und in einem sehr angenehmen, gewichtslosen Zustand befand, drang langsam zu mir durch. Ich konnte mich nicht speziell erinnern, meinen Körper verlassen und mich ins Badezimmer begeben zu haben.

Dies war das erste Mal, daß ich bei meinen ziemlich seltenen außerkörperlichen Erfahrungen keine Beimischung von Furcht empfand. Ich glaube, daß mich meine normale, bewußte Überzeugung, daß man durch geschlossene Türen nicht gehen kann, zurückhielt. Ich schlief kurz wieder ein, nachdem ich in die Sackgasse, die die Tür für mich darstellte, geraten war. Als ich offenbar nach ein paar Minuten wieder zu mir kam, fand ich mich dicht über meinem im Bett liegenden Körper schweben.

Zufällig lag ich mit ausgestreckten Armen flach auf dem Rücken. Mein außerkörperlicher Leib befand sich annähernd in der gleichen Position, nur etwa fünfzehn Zentimeter darüber. Mein Zustand war bemerkenswert stabil und angenehm: Ich fühlte mich wach, meines Tuns bewußt und völlig frei und gewichtslos. Ich hörte mich schnarchen, ohne diesem Umstand im Augenblick viel Beachtung zu schenken. Ich wußte, daß ich nicht träumte. Ich konnte mich sogar erinnern, wiederholt gelesen zu haben, daß man bei der Projektion fähig ist, zwischen diesem Zustand und dem Traumzustand zu unterscheiden. Dies konnte ich nun aus eigener Erfahrung bestätigen. Darüber war ich sehr erfreut.

Diesmal hatte ich eine andere Art von Erlebnis. Irgendwie war ich mir besonders meiner Beine bewußt, die über den physischen Beinen hingen. Es machte mir großen Spaß, sie hin- und herzubewegen und zu schütteln und dabei das wundervolle Gefühl der Freiheit und Leichtigkeit zu genießen, das in ihnen war. Ich wußte, daß meine physischen Beine sich so frei nicht bewegen können, obgleich sie gut in Form sind. Meine Beine jetzt, die mir wirklicher als meine körperlichen vorkamen, fühlten sich wie Gummi an, so lose hängend und elastisch waren sie – und irgendwie konnte ich von meiner ausgestreckten Lage aus sehen, daß sie von den Knien abwärts hell und durchsichtig waren!

Da mein Zustand außerhalb meines Körpers so zuverlässig zu sein schien, begann ich zu denken, was für großartige Möglichkeiten er mir bot. Wieder empfand ich keinerlei Angst, sondern Vertrauen. Ich dachte mir, dies sei der geeignete Augenblick, etwas zu unternehmen, die Gelegenheit für ein richtiges Abenteuer. Ich sagte mir, ich sei zu allem bereit – eine andere Realität zu besuchen, durch die Tür ins Wohnzimmer zu platzen, einen Ausflug auf die Straße vor unserem Haus zu wagen ...

Währenddessen lag Jane neben mir. Sie erzählte mir später, ich hätte laut geschnarcht, als sie zu Bett ging. Meine Aufmerksamkeit begann jetzt eine andere Richtung zu nehmen; zum ersten Mal hörte ich mich selber richtig. Ich staunte über die Lautstärke der Geräusche, die aus meinem physischen Kopf dicht unter »mir« hervordrangen. Ich hätte sie unter gar keinen Umständen im wachen Zustand nachahmen können.

Vergeblich machte ich mehrmals den ganz bewußten Versuch, zu »starten« und von meinem Körper wegzukommen. Trotz Anstrengungen gelang es mir nicht, die Zauberformel zu finden; ich blieb einfach, wo ich war, in der Luft hängen. Dann kam mir ein Gedanke: ich würde die Töne, die ich beim Schnarchen hervorbrachte, als Triebkraft benutzen, um mich in andere Dimensionen expedieren zu lassen, während mein Körper hinter mir auf dem Bett zurückblieb.

Absichtlich begann ich noch lauter zu schnarchen, falls dies möglich war. Ich wollte für meine Expedition einen massiven Tonimpetus aufbauen, obgleich ich nicht wußte, wie das funktionieren sollte. Das Merkwürdige war, daß ich sowohl das Gefühl genoß, dicht über meinem Körper zu schweben, als auch meine Fähigkeit, letzteren zur Geräuschproduktion zu benutzen. Dies deutet auf ein doppeltes Bewußtsein hin, denn ich war mir beider Körper bewußt.

Entweder nahm nun mein Schnarchen tatsächlich noch an Lautstärke zu, oder ich konzentrierte mich noch intensiver darauf. Meine Methode funktionierte jedoch nicht. Ich weiß nicht, ob es mir am Ende doch noch gelungen wäre zu starten, denn nun sagte Jane: »Schatz, du schnarchst. Dreh dich auf die Seite«, wie immer, wenn sie es leid ist, mir zuzuhören. Ich hörte genau, was sie sagte, gab auch sofort das Schnarchen auf, rührte mich jedoch nicht vom Fleck. Ich erinnere micht nicht an den Augenblick meiner Wiedervereinigung mit meinem Körper. Schließlich stieß ich sie an und berichtete ihr mit einiger Mühe, was sich abgespielt hatte. Sie fand, es höre sich an, als sei ich noch in Trance.

Mir war, als könnte ich mich erneut außerhalb meines Körpers projizieren, und so machte ich weitere Versuche, während Jane still neben mir lag. Sie blieben aber ohne Erfolg, obgleich die angenehme Aura, die die ganze Episode umgab, ganz entschieden nachwirkte. Dieses außerkörperliche Erlebnis, so unerheblich es auch war, kam mir so leicht und natürlich vor, daß ich mich fragte, warum das keine Alltäglichkeit ist. Ich war mir die ganze Zeit über bewußt, daß viel mehr möglich wäre, als was mir gelungen war – daß gleich auf der anderen Seite meiner momentanen Fähigkeitsgrenze wundervolle Möglichkeiten lagen, wenn ich es nur schaffen würde, diese ... Schranke zu durchbrechen. Zu keiner Zeit habe ich mich beunruhigt gefühlt und keinen Augenblick lang die »silberne Astralschnur« gesehen oder gespürt. Endlich schlief ich ein.

Aus dem Erlebnis erhoben sich zwei Fragen, die ich auf der Liste für Kapitel zwanzig nachtrug: 1. Meine Projektion war so angenehm und schien vor allem so viele Möglichkeiten zu bieten, daß ich mich frage, warum der westliche Mensch sich dieser Fähigkeiten nicht stärker bewußt ist. 2. Warum kultiviert er sie nicht und zieht Nutzen daraus? Ich hoffte, Seth würde heute abend noch dazu Stellung nehmen. 21.30 Uhr.)

Nun: Guten Abend.

(»Guten Abend, Seth.«)

Ich gratuliere.

(»Danke.«)

Dies ist für dich: Du hast das Experiment zu einem Zeitpunkt gewagt, da du, falls du Angst bekommen solltest, einen Trumpf in der Hand hattest, denn du wußtest ja ganz genau, daß Ruburt zu Bett gehen würde. Du warst aber bereit, es noch einmal zu versuchen, und hast eine langsame und leichte Methode und eine angenehme Umgebung gewählt, um es dir zu erleichtern, so daß du dich mit der Empfindung vertrautmachen konntest, bevor du dich zu weit vorwagtest.

(»Habe ich das versucht, bevor Jane im Bett war?«)

Nein. Du hast zwar Versuche gemacht, bevor sie im Bett war, hast aber erst hinterher damit Erfolg gehabt. Das Zeitgefühl kann außerhalb des Körpers ein ganz anderes sein als im Körper selbst. Du wußtest, daß du dich nach einer erfolgreichen Erfahrung viel freier fühlen würdest, und so hast du dir die bestmöglichen Umstände ausgesucht.

Du hättest in der Tat die Wohnung verlassen können. Das Schnarchen war jedoch auch als ein Signal für Ruburt gemeint. Du wußtest, er würde dich wecken. Dies war dein ursprüngliches Motiv dafür. Falls dir das Experiment nicht zugesagt hätte, wäre es nämlich beendet worden. Inzwischen warst du jedoch hocherfreut und beschlossest, das

Geräusch als Triebkraft zu benutzen; nur trat Ruburts gewöhnliche Reaktion auf dein Schnarchen ein.

Von jetzt an solltest du dich an eine ganze Menge solcher Erlebnisse erinnern können.

Nun in Antwort auf deine Frage: Der westliche Mensch hat sich dafür entschieden, seine Energie ganz auf die Außenwelt einzustellen und innere Realitäten weitgehend zu ignorieren. Die sozialen und kulturellen und selbst die religiösen Aspekte hemmen solche Erfahrungen automatisch von Kindheit an. In eurer Gesellschaft bringen außerkörperliche Erfahrungen keinerlei Vorteile mit sich, und viele Tabus stehen im Weg.

Dies ist, natürlich, die freie Wahl derer, die in diese Zivilisation verwickelt sind. Es gibt auch Kompensationen dafür, die sich geltend machen, bis eine maßvolle und einsichtige Haltung erreicht ist. Manche Persönlichkeiten suchen sich für ihre Reinkarnation extravertierte Kulturen aus, um für Existenzen, die mit einer starken Konzentration auf die Innenwelt gelebt wurden, einen Ausgleich zu schaffen. Der Mensch lernt nämlich erst, daß die innere sowohl wie die äußere Realität erfaßt und konstruktiv genutzt werden müssen.

Projektionen finden natürlich im Schlafzustand fortwährend statt, unabhängig davon, ob man sich dessen erinnert. Sie werden dann ins Gedächtnis zurückgerufen, wenn ein besonderer Grund dafür vorliegt, wenn ein Verdienst oder eine konkrete Leistung damit verbunden ist, wie in Kulturen, wo es als großes Plus gilt, sich mit Träumen und außerkörperlichen Erfahrungen zu befassen.

Wenn du dich gegenwärtig für eine Existenzform entschieden hast, wo beispielsweise großer Wert auf physische Fortbewegung gelegt wird, dann kannst du durch eine vage Erinnerung an Flugträume zu der Erfindung von, sagen wir, Flugzeugen oder Raketen inspiriert werden; hast du aber einmal begriffen, daß dein eigenes Bewußtsein ohne den Körper auf Reisen gehen kann, dann ist der Anreiz zu physischer Fortbewegung lange nicht mehr so groß.

Was hast du noch für Fragen?

(»In der 429sten Sitzung vom 14. August 1968 hast du gesagt, daß manche Persönlichkeiten ein Teil von mehr als einer Wesenheit sein können.«)

Ich habe das wiederholt erwähnt. Dem Selbst sind keine Grenzen gesteckt und seiner Fortentwicklung stehen keine Hindernisse im Weg. Eine Persönlichkeit kann »ursprünglich« ein Teil von einer gegebenen Wesenheit sein und kann dann von sich aus ganz andere Interessen entwickeln. Sie kann aus eigenem Antrieb einsame Wege gehen oder kann sich zu anderen Wesenheiten mit gleichgearteten Interessen hingezogen fühlen und sich denen anschließen. Die ursprüngliche Verbindung reißt aber deswegen nicht ab; es werden nur neue angeknüpft und gestaltet.

(Pause. »Damals hast du auch die inneren Sinne aufgezählt. Gibt es noch mehr davon, die du uns gegenüber nicht erwähnt hast?«)

Die gibt es in der Tat. Sie haben jedoch mit Erfahrungen zu tun, denen ihr normalerweise in eurem speziellen System nicht begegnet, die latent bleiben. *(Pause.)*

Fast jede Zelle besitzt die Anlage, in jedes beliebige Organ hineinzuwachsen oder jeden beliebigen Teil des Körpers aufzubauen. Sie hat auch die Anlage, Sinnesorgane zu entwickeln, die zwar ungenutzt bleibt, wenn aus der Zelle ein Ellbogen oder ein Knie wird, die aber vorhanden ist. Das gilt nicht nur innerhalb eurer eigenen Spezies, sondern ist in vielen Fällen auch zwischen den Gattungen möglich, und in aller lebenden Materie gibt es Grundeinheiten, welche Tier- und Pflanzenleben formen und die Wahrnehmungsmechanismen entwickeln können, die in denselben jeweils angelegt sind.

Theoretisch wäre es euch daher möglich, die Welt mit den Augen eines Frosches, eines Vogels oder einer Ameise zu betrachten. Es ist hier von den physischen Sinnen die Rede. Neben den Sinnen, derer sich das innere Selbst normalerweise bedient, wenn es auf ein spezifisches Tarnungssystem eingestimmt ist, stehen noch latente innere Sinne zu seiner Verfügung.

Einige davon sind jedoch mit physischen Begriffen nicht faßbar, und nur mit Hilfe von Analogien könnte man auf ihr Wesen hindeuten. Es besteht jedoch keine Notwendigkeit, in diesem Buch auf sie einzugehen. Sie gehören in ein Buch, das spezieller den inneren Wahrnehmungsmethoden gewidmet ist.

(»Meine Frage hat sich aus der Antwort erhoben, die du gabst, als ich dich nach der für Jane erforderlichen Ausbildung fragte, um eines der alten Sprecher-Manuskripte zu übermitteln. Du sagtest, einige jener alten Sprachen hätten mit Bildern und Symbolen gearbeitet. Wäre Jane in Trance mit deiner Hilfe imstande, Zeichnungen von einigen dieser Bildworte oder Symbole anzufertigen? Ich bin einfach neugierig, ob sie sich einer der Sprecher-Sprachen annähern könnte.«)

Das ist möglich.

(»Das wäre hochinteressant.« Seth zögerte, deshalb fragte ich: »Kann sie es gleich versuchen?«)

Dies ist nicht der richtige Augenblick. *(Pause.)* Die inneren Zusammenhänge zwischen denselben sind vielfach entstellt. Manche der Hieroglyphen und Symbole wurden von der Mu-Zivilisation verwendet.

Ich schlage vor, ihr macht Pause, während du deine Fragen überdenkst.

(»O.k.«)

(22.00 Uhr. Jane und ich gingen einige der jetzt noch verbleibenden Fragen durch. Da sie aber zu ermüden schien, schlug ich vor, diesen Teil der Sitzung zu beenden. Der verbleibende Rest war persönlichem Material gewidmet. Ende um 22.58 Uhr.)

Sitzung 584, Montag, den 3. Mai 1971

(Abgesehen von der ASW-Gruppe, ruhte sich Jane in der letzten Woche von der medialen Arbeit aus. 21.35 Uhr.)

Guten Abend.

(»Guten Abend, Seth.«)

Ich beantworte Fragen, die nichts mit Reinkarnation oder Religion zu tun haben.

(Wir hatten uns über diese Themen kurz vor der Sitzung unterhalten, obgleich ich nicht die Absicht hatte, sie heute abend anzuschneiden. »Gibt es außer denen, die du in der 50sten Sitzung vom 4. Mai 1964 bereits erwähnt hast, noch andere Gesetze des inneren Universums?«)

Die gibt es, aber da ich sie in diesem Buch nicht behandele, werde ich sie euch ein andermal mitteilen.

(Ich hatte die Frage gestellt, weil ich fand, daß Seths Antwort auf die Frage nach den inneren Sinnen in der letzten Sitzung eine der Thesen über das »Gesetz der unbegrenzten Veränderlichkeit und Transmutation« berührt hatte. Angesichts der Antwort, die er mir jetzt gab, habe ich die Sache jedoch nicht weiter verfolgt.

»Wenn du nicht durch Jane hättest sprechen können, hättest du dann durch jemand anderen zu sprechen versucht – oder tust du das ohnehin?«)

Ich habe durch andere gesprochen. Diesmal, weißt du, war aber die Sache bereits vereinbart. Es stimmt allerdings, daß Ruburt sich an die Vereinbarung nicht hätte zu halten brauchen. Dann wäre das Material auch übermittelt worden, aber in anderer Form.

Ich hätte dann nicht auf dieselbe Weise gesprochen, denn diese Arbeit setzt einen gewissen, ganz speziellen Rapport und bei der beteiligten Persönlichkeit ausgeprägte Eigenschaften voraus. Das Material hätte in stark vereinfachter Form durch jemand anderen mitgeteilt werden können, aber ich wollte es so unentstellt und so volldimensional wie möglich. Wäre Ruburt nicht dagewesen, so wäre das Material einem in eurem Sinn lebenden Sprecher übergeben worden, der ebenfalls auf schöpferischem Gebiet tätig gewesen wäre.

Unter den gegenwärtig in eurem System Lebenden gibt es außer euch niemanden, mit dem ich einen nennenswerten Rapport gehabt hätte. Ein solcher Sprecher würde die Information vorwiegend im Traumzustand empfangen und sie in Form von sachlichen Abhandlungen oder Prosadichtung dargestellt haben.

Hätte Ruburt die Aufgabe jetzt nicht übernommen, dann hätte er sich ihr mit großer Wahrscheinlichkeit in einem anderen Leben gewidmet. In dem Fall hätte ich gewartet. Die Entscheidung wäre jedoch ihm überlassen geblieben, und hätte er die Aufgabe überhaupt nicht übernommen, so hätten wir etwas anderes arrangiert.

(Zu mir:) Nun hast du selber schon früh deinen Anteil an diesen Sitzungen und unserer Arbeit vorausgespürt. Eines deiner Bilder, das du vor vielen Jahren gemalt hast, hat ganz eindeutig deine paranormale Entwicklung vorweggenommen. Es war jenes, das du verkauft hast, das Bild eines Mannes, das eine Zeitlang an der Stelle hing, wo jetzt mein Porträt hängt. Es war ein Bild von Joseph, mit anderen Worten: eine Darstellung deiner eigenen inneren Identität, wie du sie damals intuitiv erlebtest. Du warst dir der Zusammenhänge zwar nicht bewußt, aber du kanntest die starke Wirkung des Bildes.

(Ich kenne das Bild natürlich. Ich habe es 1954 in Florida gemalt, bevor Jane und ich heirateten. Ich besitze Photographien davon und möchte es eines Tages noch einmal malen. Das würde natürlich bedeuten, daß ich nur eine neue Version des alten Bildes malen würde. Es wäre unmöglich, ein getreues Duplikat davon herzustellen. Es tut mir trotzdem nicht leid, das Bild verkauft zu haben.)

Es stellte auch deine suchende, schöpferisch-unzufriedene Seite dar, die auf tiefere Einsichten und größeres Wissen erpicht ist. Die eigenartige Beziehung zwischen Ruburt und dir war auch eine Vorbedingung, und so waren dein Einverständnis und deine Annahme der Situation ebenfalls nötig.

Hättes du dich abseits gehalten, so hätten die Sitzungen nie stattgefunden. Ihr seid mit derselben Wesenheit verbunden, obwohl du dich von ihr abgesetzt hast, doch die innere Wesensverwandtschaft vermehrt die euch zu Gebot stehende Kraft. Du hilfst gewissermaßen den Kreislauf stabilisieren. Anfangs hast du auch mit Energie und Schwung Ruburts eigene Motivation unterstützt.

Es ist bei einer solchen Arbeit nicht damit getan, daß man ein geeignetes Individuum auswählt, sondern es müssen noch viele andere Umstände mitberücksichtigt werden. Es war mir beispielsweise bekannt, daß Ruburt deine Unterstützung brauchte, so wie wir auch wußten, daß die Arbeit als solche deine eigenen schöpferischen Fähigkeiten fördern würde.

All dieses wurde von euch beiden und von mir selber entschieden, bevor eure gegenwärtige Lebensspanne begann. Selbst Ruburts intellektueller Zweifel und sein oft tiefes Widerstreben waren im voraus bekannt und wurden so eingesetzt, daß sie der Arbeit zugute kamen.

Die Informationen waren nicht für Leichtgläubige, sondern für intelligente Menschen und für ein »Medium« bestimmt, das sie in Zweifel ziehen würde, nicht nur für sich, sondern auch für die anderen mit, die auf ähnliche Weise skeptisch sind. Wenn Ruburt daher die Zusammenhänge zu verstehen beginnt und wenn er sich weiterentwickelt, dann ist das nicht nur für ihn persönlich ein Triumph, sondern auch für alle jene, die sich seinem Wagnis anschließen. Wir benötigten aber auch ein Gegengewicht, und so warst du der Mann, der intuitiv den Wert innerer Information und die Bedeutung des Materials erkannte, obgleich ihm solche Ideen fremd waren.

Es versteht sich von selbst, daß auf einer viel tieferen Ebene keine Widerstände bei Ruburt vorhanden sind, denn sonst hätten sich seine Anlagen nicht in dem Maß entfaltet. Seine ursprüngliche kritische Einstellung hat auch seinem Ich, während dieses seine ersten Erfahrungen machte, die Rückversicherung gegeben, daß es nicht einfach beiseite geschoben werden und irgendwelchen Schaden davontragen würde.

Die für die mediale Arbeit erforderlichen Eigenschaften sind denen sehr ähnlich, die ein wirklich schöpferischer Mensch haben muß. Ein starkes, stützendes Ich ist eine Vorbedingung, besonders am Anfang. In Perioden schwerer Persönlichkeitskrisen, die mit starker Kreativität Hand in Hand gehen können, bekommt das Ich Angst vor dem Gewicht seiner schöpferischen Kräfte und befürchtet, von ihnen erdrückt zu werden.

In solchen Fällen nimmt das Ich eine zu starre Haltung ein und dehnt sich nicht zusammen mit der schöpferischen Gesamterfahrung der Persönlichkeit aus. Wie bei jeder anderen Aktivität dieser Art könnte dies natürlich auch bei medialer Arbeit passieren. In diesem Fall gab jedoch Ruburts Ich seine starre Haltung nach und nach auf, und zwar schrittweise, so daß seine gesamte Persönlichkeit, inklusive des Ich, sich ausdehnen konnte.

Diktatende für heute. Ihr könnt Pause machen, und wir setzen die Sitzung dann fort.

(22.09 Uhr. Janes Trance war tief und ihr Vortrag schnell gewesen. Sie sagte, sie habe das Bild von 1954 ganz deutlich vor sich gesehen, während Seth sprach, samt seinem breiten, altmodischen Goldrahmen. Vorher hatte sie vergessen gehabt, wie der Rahmen aussah. Jetzt konnte sie ihn aber korrekt beschreiben. Natürlich war das Bild verkauft worden, bevor wir uns seiner Bedeutung bewußt gewesen waren, zu einer Zeit, die nicht nur vor Beginn unserer Sitzungen lag, sondern auch jeder Ahnung von der Tatsache solcher Möglichkeiten vorausging. Der Rest der Sitzung wurde aus dem Protokoll gestrichen. Ende um 22.28 Uhr.)

21
Die Bedeutung der Religion

Sitzung 585, Mittwoch, den 12. Mai 1971

(Vor der Sitzung gingen Jane und ich die auf der für Kapitel zwanzig vorbereiteten Liste noch verbleibenden Fragen durch. »Ich hoffe nur, daß Seth diese Kapitel über Religion und Reinkarnation jetzt endlich anpackt und hinter sich bringt«, sagte sie. Wir wissen seit einiger Zeit, daß Jane diesen Themen gegenüber empfindlich ist, besonders dem religiösen. Sie hat in ihrer Jugend eine streng religiöse Erziehung gehabt. In Verbindung damit hat sie aus sich heraus noch eine ausgesprochen starke Neigung zur Religion entwickelt. Sie ist sich voll bewußt, daß ein solches Kindheitsmilieu seine Spuren hinterläßt, obwohl sie sich bereits im Alter von neunzehn Jahren von ihrer Kirche löste.

Ich war leicht überrascht, als Seth heute abend das Kapitel einundzwanzig begann, aber ich merkte bald, daß er unsere Fragen nicht links liegen lassen wollte. Die Sitzung wurde wieder in meinem Studio abgehalten, und da dies relativ klein ist, entschloß sich Jane, nicht zu rauchen. Es hatte den ganzen Tag geregnet und regnete noch. 21.35 Uhr.)

Guten Abend.

(»Guten Abend, Seth.«)

Nun: Die Fragen über Religion und Reinkarnation werden, wie gesagt, zur rechten Zeit beantwortet werden. Ich werde außerdem auf mehrere eurer anderen Fragen im Zusammenhang mit dem Text eingehen. Deshalb beginnen wir jetzt das nächste Kapitel, welches »Die Bedeutung der Religion« heißt.

Dem Gesamtselbst sind innere Einsichten stets gegenwärtig. In jeder Persönlichkeit lebt ein Wissen um die Bedeutung der Existenz allen Seins. Nicht nur steht ein Wissen um das multidimensionale Dasein hinter all euren jetzigen bewußten Aktivitäten, sondern jeder Mensch weiß auch zutiefst, daß sein bewußtes Leben von einer größeren Wirklichkeitsdimension abhängig ist. Diese größere Dimension kann sich zwar in einem dreidimensionalen System nicht materialisieren, aber das Wissen um sie flutet aus dem innersten Herzen des Seins hervor, wird auf die Außenwelt projiziert und verwandelt alles, was es berührt.

Beim Nach-außen-Fluten durchtränkt es bestimmte Elemente der physischen Welt mit einer Strahlkraft und Intensität, die alles vorher Bekannte weit in den Schatten stellt. Alle, die davon berührt werden, erscheinen euren Begriffen nach umgewandelt und werden mehr als sie vorher waren. Dieses innere Wissen versucht, sich innerhalb der physischen Landschaft einen Platz zu erobern, sich in physikalische Begriffe zu übersetzen. Jeder Mensch trägt also dieses innere Wissen mit sich herum, und bis zu einem gewissen Grade sucht er die Bestätigung dafür in der Außenwelt.

(Pause. Obenstehender Absatz enthält übrigens eine ausgezeichnete Beschreibung des Resultats von Janes eigener paranormaler Initiation im September 1963. Ihr transzendentes Erlebnis führte zu ihrem Manuskript »Das physische Universum als Gedankenkonstruktion«, welches wiederum zu diesen Sitzungen führte. Siehe ihre Einführung zu diesem Buch.

Eine Anmerkung: Ich war amüsiert, Jane jetzt in Trance sich eine Zigarette anstecken zu sehen.)

Die Außenwelt spiegelt die innere Welt, wenn auch auf eine sehr unvollkommene Weise. Das innere Wissen läßt sich mit einem Buch über die Heimat vergleichen, das ein Reisender in die Fremde mitnimmt. Jeder Mensch wird mit der Sehnsucht geboren, diese Wahrheiten für sich selbst zu verwirklichen, obgleich er eine große Diskrepanz zwischen ihnen und der Umwelt feststellen muß.

In jedem Individuum spielt sich ein inneres Drama ab, ein psychisches Drama, das am Ende mit großer Gewalt nach außen, auf die Schaubühne der Geschichte, projiziert wird. Aus dem Schoß dieses inneren religiösen Dramas wird jedes große religiöse Ereignis geboren. Das Drama selber ist in gewisser Hinsicht ein psychologisches Phänomen, denn jedes physisch orientierte Selbst fühlt sich allein in eine fremde Umwelt hinausgestoßen, ohne seinen Ursprung und seine Bestimmung oder auch nur den Grund für sein Dasein zu kennen.

Dies ist das Dilemma des Ich, vor allem in seinen Anfangsstadien. Es sucht seine Antworten draußen, weil es seiner Natur entspricht, in der physischen Welt zu agieren. Es spürt jedoch gleichzeitig eine unbegreifliche, tiefe und bleibende Verbindung mit anderen Teilen des Selbst, die nicht zu seiner Domäne gehören. Es ist sich auch dessen bewußt, daß dieses innere Selbst über ein Wissen verfügt, auf das sich seine eigene Existenz gründet.

Während es euren Begriffen nach sich entfaltet, sucht es in der Außenwelt nach der Bestätigung dieses inneren Wissens. Das innere

Selbst erhält das Ich aufrecht durch den Rückhalt, den es ihm gibt. Es übersetzt seine Wahrheiten in physisch orientierte Daten, mit denen das Ich umgehen kann. Dann projiziert es sie nach außen in die physische Realität. Mit diesen Wahrheiten in materieller Form konfrontiert, fällt es dem Ich dann leichter, sie anzunehmen.

Deshalb kommt es so häufig vor, daß Menschen göttlich erleuchtet, von der großen Masse abgesondert und mit gewaltigen Kräften begabt werden; daß gewisse geschichtliche Epochen im Vergleich mit andern fast unnatürlich glanzvoll erscheinen; daß Propheten, Genies und Herrscher übermenschlichen Formats auftreten.

Diese Menschen sind von den andern dazu erkoren, die inneren Wahrheiten, die sie alle intuitiv kennen, äußerlich zu manifestieren. Es gibt hier viele Bedeutungsebenen. Einerseits werden solchen Individuen ihre Kräfte und Gaben von ihren Mitmenschen verliehen. Sie sind das Gefäß, das diese Inhalte auffängt und darbietet, so daß sie für jeden sichtbar sind. Sie übernehmen die Rolle des gesegneten Selbst, das ohne fleischliche Hülle in der physischen Realität nun einmal nicht in Aktion treten kann. Die Energie als solche ist jedoch eine vollkommen gültige Projektion des inneren Selbst. *(Lange Pause.)*

Die Persönlichkeit, die davon berührt ist, wird dann gewissermaßen tatsächlich das, was sie scheint. Im äußeren religiösen Drama übernimmt sie die Rolle des unsterblichen Helden, so wie im inneren religiösen Drama das innere Selbst die Rolle des unsterblichen Helden spielt.

Diese mystische Projektion ist ein kontinuierlicher Vorgang. Wenn die Kraft einer Religion nachzulassen beginnt und ihre physischen Wirkungen schwächer werden, dann belebt sich das innere Drama von neuem. Das höchste Streben des Menschen offenbart sich also immer als historische Projektion. Die Dramen selbst sind freilich verschieden. Schließlich bauen sie sich ja von innen auf.

Sie sind jeweils darauf berechnet, innerhalb des gegebenen Zeitrahmens die Weltsituation zu beeinflussen, und machen deshalb von solchen Symbolen und Ereignissen Gebrauch, die das Volk am tiefsten beeindrucken können. Dies wird vom inneren Selbst sehr geschickt eingefädelt, denn es weiß ganz genau, wovon sich das Ich beeindrukken läßt und welche Persönlichkeiten sich am besten für die Personifizierung der Botschaft eignen. Wenn daher eine solche Persönlichkeit auf dem Schauplatz der Geschichte erscheint, so wird sie intuitiv erkannt, denn der Boden ist seit langem für sie bereitet, und vielfach sind auch schon Prophezeiungen vorhanden, die ihre Ankunft ankündigen.

Die auf solche Weise auserkorenen Individuen tauchen nicht zufällig unter euch auf. Sie werden auch nicht blindlings gewählt. Es sind Menschen, die die Verantwortung für diese Rolle auf sich genommen haben. Nach ihrer Geburt sind sie sich in unterschiedlichem Umfang ihrer Bestimmung bewußt, und manchmal können gewisse auslösende Erlebnisse die totale Erinnerung daran wieder in ihnen wachrufen.

Sie sind ganz eindeutig die menschlichen Vertreter von Alles-das-was-ist. Da nun aber jedes Individuum einen Teil von Alles-das-was-ist darstellt, spielt jeder von euch bis zu einem gewissen Grad auch diese Rolle. In einem solchen religiösen Drama aber *(lange Pause)* ist sich der Hauptdarsteller seines inneren Wissens und seiner Gaben in viel stärkerem Maße bewußt und ist auch in einer viel besseren Lage, sie zum Einsatz zu bringen. Außerdem weiß er auf eine triumphierend-glückhafte Weise um seine Verbundenheit mit dem Lebensganzen.

Jetzt könnt ihr Pause machen.

(22.25 Uhr. Nach der Pause diktierte Seth-Jane noch fünf ausgezeichnete Seiten mit Angaben über Malerei und verwandte Themen. Die Sitzung endete um 23.03 Uhr.

Nun, da Jane wußte, daß Seth sein Kapitel über Religion begonnen hatte, war sie ebenso erleichtert wie neugierig. Um alle ihre Fragen zu beantworten, gab ich ihr schließlich einen Durchschlag des Materials. Es gefiel ihr so gut, daß sie es – wie schon ein paar frühere Abschnitte des Buches – der ASW-Gruppe vorlas.)

Sitzung 586, Samstag, den 24. Juli 1971

(Dies ist die erste reguläre Sitzung seit dem 12. Mai. Viele verschiedene Umständen haben zusammengewirkt, um die lange Arbeitspause herbeizuführen: schieres Erholungsbedürfnis seitens Janes; eigene Probleme und Fragen, denen wir uns längst hätten zuwenden wollen, die wir aber immer wieder zurückgestellt hatten; Arbeit mit anderen; ein Urlaub; sowie der Erwerb von mehreren zusätzlichen Räumen auf der unserer Wohnung gegenüberliegenden Seite des Treppenhauses. Jane setzte jedoch während eines Teils dieser Zeit ihre ASW-Gruppensitzungen fort.

Jane hoffte, daß Seth das Kapitel einfach da fortsetzen würde, wo er ausgesetzt hatte – etwas, wozu er meiner Ansicht nach durchaus imstande war. »Aber mir ist ganz gleich, was er tut«, lachte sie, »solange wir nur eine Sitzung haben.« Sie war wegen des unterbrochenen Dik-

tats etwas nervös, trotz meiner Beschwichtigungsversuche. Sie war sehr darauf erpicht, daß Seth sein Buch fertig machen sollte, obgleich sie das meiste davon immer noch nicht gelesen hat.

Die Sitzung wurde in unserem früheren Schlafzimmer, das jetzt ausgeräumt ist und als Vorzimmer für mein Studio dient, abgehalten. Wir sind über den zusätzlichen Lebensraum, den wir gewonnen haben, sehr froh. 21.01 Uhr.)

Guten Abend.

(»Guten Abend, Seth.«)

(Lächelnd:) Und herzlich willkommen bei der Arbeit ... Nun gedulde dich einen Augenblick, und dann fahre ich mit dem Religionskapitel fort.

Die Begriffe von Gut und Böse, Göttern und Teufeln, Erlösung und Verdammnis sind nur Symbole für tiefere religiöse Werte – kosmische Werte, wenn man so will, die sich in physische Begriffe nicht fassen lassen.

Diese Begriffe werden zur treibenden Kraft hinter den Religionsdramen, von denen ich sprach. Die Schauspieler können in verschiedenen Rollen immer »wiederkehren«. In jedem gegebenen historischen Religionsdrama können daher die Darsteller schon in der Vergangenheit auf der Bühne der Geschichte erschienen sein, wobei der Prophet von heute vielleicht der Verräter im Drama von gestern war.

Diese psychischen Wesenheiten sind jedoch r e a l. Man kann mit gutem Recht sagen, daß ihre Realität nicht allein aus dem Wesenskern ihrer eigenen Identität besteht, sondern auch aus den projizierten Gedanken und Gefühlen des irdischen Publikums, vor dem das Drama aufgeführt wird.

Die psychische oder psychologische Identifikation spielt hierbei eine wichtige Rolle. Sie liegt, in der Tat, allen diesen Dramen zugrunde. In gewissem Sinne könnte man sagen, daß der Mensch sich mit den Göttern identifiziert, die er selber erschafft. Der Mensch weiß aber von den wunderbaren Kräften nichts, die seiner eigenen Erfindungsgabe und Kreativität innewohnen. Sagt man dagegen, Götter und Menschen erschüfen einander, dann kommt man der Wahrheit sogar noch einen Schritt näher; aber nur, wenn man mit seiner Definition sehr vorsichtig ist – denn wo genau liegt der Unterschied zwischen Göttern und Menschen?

Die Attribute der Götter sind die gleichen wie die, welche der Mensch in sich selber findet, nur sind sie verstärkt und in ihrer Wirkungskraft potenziert. Der Mensch glaubt, daß Götter ein ewiges Leben haben. Der Mensch hat zwar selber ein ewiges Leben, aber da er dieses vergessen hat, ist er darauf bedacht, seine Götter mit dieser Eigenschaft auszustatten. Offenbar stehen also hinter diesen irdischen, historischen Religionsdramen, diesen sich scheinbar wiederholenden Mythen von Menschen und Göttern, spirituelle Realitäten.

Hinter den Schauspielern in den Dramen sind mächtige Wesenheiten verborgen, die über das Rollenspiel hocherhaben sind. Die Dramen selbst, die religiösen, die eure Zeitalter aus den Angeln heben – sie sind nichts als Schattenspiele, wenn sie auch eine Hilfe bedeuten. Euren Kategorien von Gut und Böse liegen viel tiefere, spirituelle Werte zugrunde. Jede Religion, insofern sie die »Wahrheit« einzufangen versucht, muß daher damit rechnen, daß sie ihr immer wieder entschlüpft.

Nur das innere Selbst kann bisweilen, wenn es in sich ruht oder meditiert, für einen Augenblick ein Zipfelchen dieser inneren Realität erhaschen, die sich physisch nicht ausdrücken läßt. Diese Werte, Intuitionen oder Einsichten werden jedem einzelnen gesondert und in einer seinem Verständnis angemessenen Form zuteil, und deshalb widersprechen sich auch die Aussagen, die darüber gemacht werden, so häufig.

Die Hauptfigur in einem historischen Religionsdrama muß zum Beispiel nicht unbedingt wissen, auf welchem Weg eine solche Information sie erreicht. Und dennoch kann sie es zu wissen glauben, weil die Erklärung, die für die Herkunft eines Dogmas gegeben wird, so abgefaßt ist, daß diese Hauptfigur sie versteht. Der historische Christus wußte, wer er war. Er wußte aber auch, daß er eine von drei Persönlichkeiten darstellte, die zusammen eine Wesenheit bildeten. Die Erinnerungen der anderen zwei hat er weitgehend geteilt.

Die dritte Persönlichkeit, die ich oftmals erwähnt habe, ist euren Begriffen nach noch nicht erschienen, obgleich ihre Existenz als »Wiederkunft« Christi prophezeit wurde. *(Matthäus, 24).*

Nun sind diese Prophezeiungen im Sinne der Kultur jener Zeit abgefaßt worden, und obwohl sie den Boden bereitet haben, sind die Dinge doch auf bedauerliche Weise durch sie entstellt worden, denn dieser Christus wird nicht zur Zeit des Weltunterganges erscheinen, wie die Prophezeiungen behaupten.

Er wird auch nicht kommen, um die Gerechten zu belohnen und die Übeltäter in die ewige Verdammnis zu schicken. Er wird statt dessen ein neues Religionsdrama einleiten. Eine gewisse historische Kontinuität wird dabei gewahrt bleiben. Wie schon einmal wird man ihn allgemein nicht als den erkennen, der er ist. Es wird keine spektakuläre

Verkündigung geben, der sich die ganze Welt beugen wird. Er wird wiederkehren, um im Christentum aufzuräumen, das sich zur Zeit seines Auftretens in einem wüsten Durcheinander befinden wird. Auch wird er ein neues Gedankengebäude errichten zu einem Zeitpunkt, da die Welt dieses am nötigsten braucht.

Zu jener Zeit werden sich sämtliche Religionen in einer schweren Krise befinden. Er wird die religiösen Organisationen unterminieren, statt sie zu vereinigen. Seine Botschaft wird an das Individuum gerichtet sein und dessen Verhältnis zu Alles-das-was-ist angehen. Er wird klare Richtlinien geben, wie jeder einzelne in enge Fühlung mit der eigenen Wesenheit kommen kann, wobei die Wesenheit bis zu einem gewissen Grade eine Mittlerrolle gegenüber Alles-das-was-ist für den Menschen spielt.

Bis zum Jahre 2075 wird das alles bewerkstelligt sein.

Du kannst hier die Anmerkung machen, daß Nostradamus die Auflösung der römisch-katholischen Kirche als das Ende der Welt gesehen hat. Er konnte sich ohne sie eine Zivilisation nicht vorstellen, und viele seiner späteren Weissagungen sind von daher zu verstehen.

Die dritte Christus-Persönlichkeit wird als ein großes Medium bekannt werden, denn sie ist es, die den Menschen im Gebrauch jener inneren Sinne unterweisen wird, die eine echte Spiritualität erst möglich machen. Mörder und Opfer werden die Rollen tauschen, wenn die Reinkarnationserinnerungen an die Bewußtseinsoberfläche zu steigen beginnen. Durch die Entwicklung dieser Anlagen wird vom Menschen die Heiligkeit allen Lebens erstmals in ihrer Tiefe erkannt und gewürdigt werden.

Vor dieser Zeit werden jedoch noch mehrere Menschen zur Welt kommen, welche die Hoffnung der Menschheit von neuem schüren werden. Ein solcher Mensch wurde bereits in Indien geboren, in einer kleinen Provinz in der Nähe von Kalkutta, doch sein geistliches Amt wird zu seinen Lebzeiten scheinbar relativ und örtlich begrenzt bleiben.

Ein anderer wird in Afrika als ein Schwarzer zur Welt kommen, und sein Hauptarbeitsgebiet wird in Indonesien liegen. Die Hoffnung wurde nach euren Begriffen schon vor langem erweckt, und sie wird von den neuen Propheten genährt werden, bis die dritte Christus-Persönlichkeit tatsächlich erscheint.

Sie wird den Menschen hinter die Kulissen der Symbolik führen, auf die sich die Religion durch so viele Jahrhunderte gestützt hat. Sie wird auf der individuellen, spirituellen Erfahrung und der Expansivkraft der

Seele bestehen und den Menschen lehren, die mannigfaltigen Aspekte seiner eigenen Realität zu erkennen.

Jetzt darfst du Pause machen.

(»Besten Dank.«

21.37 Uhr. Seth neckte mich deshalb mit der Pause, weil das Tempo mit ganz wenigen Unterbrechungen vorwiegend schnell gewesen war. Janes Trance war gut gewesen. Ich hatte mich beim Mitschreiben mehr als gewöhnlich anstrengen müssen, weil ich aus der Übung war; auch hatte ich die Entdeckung gemacht, daß ich vorübergehend einige der Zeichen vergessen hatte, die ich in meiner persönlichen Kurzschrift verwende.

Während der Pause sagte Jane, sie glaube einen Widerspruch zwischen früherem Material über die drei Christi und Seths Mitteilung von heute abend entdeckt zu haben.

Ich hatte mich gleichfalls zu wundern begonnen. Die ganze Zeit hatten wir angenommen, daß die drei Persönlichkeiten, die zusammen die Christus-Wesenheit bilden, bereits gelebt hätten und gestorben seien, und hier sprach nun Seth von der Wiederkunft der dritten Persönlichkeit im nächsten Jahrhundert. Wie ließ sich das zusammenreimen? Wir waren zwar nicht beunruhigt, fühlten uns aber doch nicht ganz wohl in unserer Haut, als die Sitzung um 21.57 Uhr wieder begann.)

Nun: Fahren wir fort.

Die dritte historische Figur, die nach euren Begriffen bereits geboren wurde und die einen Teil der gesamten Christus-Persönlichkeit darstellt, übernahm die Rolle eines Zeloten.

Dieser Mann verfügte über eine erstaunliche Energie und Geisteskraft und besaß ein glänzendes Organisationstalent, doch haben sich durch die Irrtümer, die er unabsichtlich beging, einige gefährliche Entstellungen verfestigt. Die historischen Dokumente jener Epoche sind weit verstreut und voller Widersprüche.

Als historische Figur war dieser Mann Saulus oder Paulus. Seine Aufgabe war es, ein System zu errichten. Es hätte aber ein ideelles System sein sollen, und nicht ein System von Vorschriften; eine Menschen-, und keine Gruppenorganisation. In diesem Punkt hat er versagt, und so wird er als die dritte, eben erwähnte Persönlichkeit in eurer Zukunft wiederkehren.

So gesehen gibt es keine vier Persönlichkeiten.

(»Ich verstehe.«)

Nun hat sich Saulus die größte Mühe gegeben, sich als eine gesonderte Identität einzuführen. Charakterlich war er beispielsweise von dem historischen Christus scheinbar grundverschieden. Er wurde durch ein intensives persönliches Erlebnis »bekehrt«, ein Umstand, der darauf abzielte, ihm die persönlichen Aspekte statt der organisatorischen ans Herz zu legen. Aber einige Heldentaten aus seinen jüngeren Jahren sind Christus zugeschrieben worden – nicht Christus als Mann, sondern als Knaben.

Alle Persönlichkeiten haben Willensfreiheit und arbeiten an der Lösung selbstgestellter Aufgaben. Dies galt auch für Saulus. Wenn man die Ereignisse in ihrem historischen Kontext sieht, so waren die organisatorischen »Entstellungen« auch wieder eine Notwendigkeit. Saulus' Tendenzen waren an höherer Stelle bekannt. Sie dienten einem bestimmten Zweck. Doch ist dies der Grund, warum er noch einmal wiederkehrt; diesmal, um die Entstellungen auszumerzen.

Er hat sie jedoch nicht aus sich selber heraus geschaffen und der historischen Wirklichkeit aufgezwungen. *(Jane hielt inne, die Hand vor den Augen.)* Er hat sie geschaffen insofern, als er sich genötigt sah, gewissen Tatsachen Rechnung zu tragen: In der Welt, wie sie damals war, konnte man ohne weltliche Macht nicht auskommen, wenn man die christlichen Ideen gegen unzählige andere Theorien und Religionen abgrenzen und sie inmitten von sich gegenseitig befehdenden Parteien aufrechterhalten wollte. Es war seine Aufgabe, ein physisches System zu errichten. Er hatte zwar selber Angst, daß das System die Ideen ersticken würde, aber er sah keinen anderen Weg.

(»Warum die beiden Namen, Paulus und Saulus?«)

Er war unter beiden Namen bekannt. *(Pause.)* Wenn die dritte Persönlichkeit in der Geschichte wiederauftreten wird, so wird sie jedoch nicht wieder der alte Paulus sein, sondern wird die Charakteristika aller drei Persönlichkeiten in sich vereinigen.

(Jane hielt erneut inne. »Darf ich etwas ganz Dummes fragen?«)

Du darfst.

(Es folgte ein kurzer Gedankenaustausch zwischen Seth und mir, den ich deshalb nicht wörtlich wiedergebe, weil er zu schnell ging. Ich war interessiert zu erfahren, ob und wann die drei Persönlichkeiten der Christus-Wesenheit einander als physische Wesen begegnet seien. Mir schien, als hätten in solchem Falle ungewöhliche phsysische Wechselwirkungen zwischen ihnen stattfinden müssen, und ich wollte mehr darüber wissen. Jane als Seth hörte mir höflich zu, während ich mich mit Fragen vortastete.)

Man kann leicht sehen, daß du nicht bibelfest bist –

(»Stimmt.«)

– denn für einen Bibelfesten würde das auf der Hand liegen.

Paulus versuchte, sein Wissen um seine Identität vor sich selber zu verleugnen bis zum Augenblick seiner Bekehrung. Allegorisch betrachtet stellte er einen widerstrebenden Teil seines Selbst dar, der gegen sein besseres Wissen ankämpft und eine hochgradig physische Einstellung hat. Es sieht so aus, als wäre er von einem Extrem ins andere gefallen, indem er erst gegen Christus und dann für ihn war. Doch das innere Ungestüm war schon immer vorhanden, das innere Feuer und die Erkenntnis, die er so lange vor sich selber verbarg.

Er repräsentierte den Teil der Wesenheit, dem die physische Realität und deren Manipulation oblag, und deshalb waren diese Eigenschaften stark in ihm ausgeprägt. Bis zu einem gewissen Grad beherrschten sie ihn sogar. Als der historische Christus »gestorben« war, sollte Paulus die spirituellen Ideen in die physische Tat umsetzen; er sollte dessen Werk fortführen. Indem er das tat, legte er aber die Keimzelle für eine Organisation, die die Ideen später ersticken sollte. Er war die Nachhut Christi, so wie Johannes der Täufer der Vorläufer war. Zusammen umfaßten die drei eine ziemlich lange Zeitspanne.

Johannes und der historische Christus spielten beide ihre Rollen und waren mit der Aufführung zufrieden. Bloß Paulus blieb am Ende unbefriedigt zurück, und darum wird sich der künftige Christus um seinen Persönlichkeitskern bilden.

Jene Wesenheit, die man die Christus-Wesenheit nennen kann, war sich dieses Sachverhaltes bewußt. Die irdischen Persönlichkeiten waren es nicht, obgleich ihnen in Trancezuständen und Augenblicken religiöser Verzückung vieles enthüllt wurde.

Paulus repräsentierte auch die kämpferische Seite des Menschen, die bei dem damaligen Entwicklungsstand der Menschheit einfach mitberücksichtigt werden m u ß t e. Jene kämpferische Anlage des Menschen wird jedoch von Grund auf verändert und in der euch bekannten Form ad acta gelegt werden, wenn die nächste Christus-Persönlichkeit auf der Bildfläche erscheint. Es ist daher angemessen, daß Paulus dabei ist.

Im nächsten Jahrhundert wird die innere Natur des Menschen im Zuge dieser Entwicklungen sich von vielen Zwängen befreien, die sie bisher eingeengt haben. Es wird tatsächlich ein neues Zeitalter anbrechen – zwar auch kein Himmel auf Erden, aber eine viel vernünftigere und gerechtere Welt, in der der Mensch sich der Verbindung mit seinem Planeten und seiner Freiheit in der Zeit viel bewußter sein wird.

Jetzt könnt ihr Pause machen.

(22.30 Uhr. Janes Tempo war wieder meistensteils gut gewesen, aber

sie kam leicht aus der Trance. Sie war erleichtert, daß Seth die dritte Persönlichkeit der Christus-Wesenheit genannt hatte. Obgleich sie vorgab, sich über diese Information keine Sorgen gemacht zu haben, wußte ich doch, daß ihr mehr als gewöhnlich daran gelegen war, sie zu erhalten.

Unser Gespräch während der Pause drehte sich um mehrere andere Punkte, die für den Leser von Interesse sein könnten: Der eine war Seths Bezeichnung »Zelote« für Paulus. Anfangs hatte ich gedacht, er wolle damit eine Verbindung zwischen Paulus und Saulus und den Zeloten andeuten, einer der religiösen Sekten, in die sich das jüdische Volk in Judäa im ersten nachchristlichen Jahrhundert gespalten hatte. Das Heilige Land war damals von den Römern besetzt, und Paulus war ein Jude und ein römischer Staatsbürger. Ich hatte kürzlich in einem Buch über die Schriftfunde vom Toten Meer etwas über diese Sekten gefunden, leicht verwundert über mein Interesse an den Schriften wie an den Sekten. Nachdem ich Seth jedoch heute abend gehörte hatte, nahm ich an, daß er auf diese Themen nicht näher eingehen würde.

Eine weitere Frage betraf Namen und Geburtsland des dritten Christus, der im nächsten Jahrhundert erscheinen soll. Könnte oder würde Seth außerdem Angaben machen über die religiöse Figur, die bereits in Indien zur Welt gekommen ist, sowie über den Schwarzen, der in Afrika noch geboren werden soll?

Im weiteren Verlauf unseres Gesprächs während der Pause sagte Jane plötzlich, sie wisse die Antworten auf meine Fragen. Die Antworten seien ihr »gekommen«. Sie habe diese Information nicht in Worten empfangen, sondern habe sie »gefühlt« und müsse sie übersetzen:

1. Seth habe mit der Bezeichnung »Zelote« für Paulus dessen Temperament charakterisieren, und nicht seine Zugehörigkeit zur Sekte der Zeloten andeuten wollen.

2. Das Land – samt Namen und Daten –, das die Erscheinung des dritten Christus im nächsten Jahrhundert erleben wird, könne uns jetzt noch nicht, aber vielleicht in späteren Jahren mitgeteilt werden. Seth habe absichtlich darauf verzichtet, genauere Angaben zu machen. Dadurch wolle er übersteigerten Reaktionen auf jede Persönlichkeit in dem betreffenden Land, auf die Beschreibung und Daten zu passen scheinen, vorbeugen. Mehr zu sagen, würde sehr unfair und irreführend sein.

3. Aus demselben Grund wolle Seth im Augenblick nicht mehr über die religiöse Figur in Indien sagen oder über den noch nicht geborenen Afrikaner, der in Indonesien tätig sein wird.

Fortsetzung um 22.50 Uhr.)

Nun: Fahren wir fort.

Ruburt hat dir eben die richtigen Antworten auf deine Fragen erteilt. Ich möchte Verschiedenes klarstellen. Die »neue Religion«, die auf die Wiederkunft folgt, wird nicht in eurem Sinne christlich sein, obgleich die dritte Persönlichkeit Christi ihr Stifter sein wird.

Diese Persönlichkeit wird zwar auf den historischen Christus hinweisen und sich über ihre Verbindung mit ihm im klaren sein; doch werden in ihr die drei Persönlichkeitsorganismen zu einer neuen psychischen Wesenheit, einer anderen psychologischen Gestalt zusammentreten. Während sich diese Metamorphose vollzieht, wird sie auf der menschlichen Ebene eine entsprechende Metamorphose auslösen *(emphatisch)*, bei der die inneren Fähigkeiten des Menschen akzeptiert und entwickelt werden.

Das Ergebnis wird eine neue Existenzweise sein. Viele eurer heutigen Probleme entspringen eurer spirituellen Unwissenheit. Kein Mensch wird auf einen Angehörigen einer anderen Rasse herabblicken, wenn er erkannt hat, daß seine eigene Existenz diese Rasse auch in sich schließt.

Kein Geschlecht wird sich dem anderen überlegen fühlen und keine gesellschaftliche Stellung als besser als die andere gelten, wenn jeder einzelne um seine persönlichen Erfahrungen mit vielen Gesellschaftsschichten und in vielen Rollen weiß. Ein offen strukturiertes Bewußtsein wird sich mit allen anderen Lebewesen verbunden fühlen. *(Pause.)* Die Kontinuität des Bewußtseins wird offenbar werden. Infolgedessen werden sich auch die gesellschaftlichen und staatlichen Strukturen verändern, denn diese sind auf eure gegenwärtigen Überzeugungen gegründet.

Die menschliche Persönlichkeit wird solche Vorteile ernten, wie ihr sie euch jetzt nicht vorstellen könnt. Ein offen strukturiertes Bewußtsein wird viel größere Freiheiten genießen. Von Geburt an wird man den Kindern beibringen, daß die grundlegende Identität vom Körper nicht abhängig und die euch bekannte Zeit eine Illusion ist. Das Kind wird sich an viele seiner früheren geistigen Existenzen erinnern können und wird imstande sein, sich mit dem alten Mann oder der alten Frau zu identifizieren, die es euren Begriffen nach einmal sein wird.

Viele der Einsichten, die »mit dem Alter kommen«, werden dann schon der Jugend zugänglich sein, aber die Alten werden die geistige Elastizität ihrer Jugend nicht verlieren. Dies ist an sich schon wichtig.

Doch das Wissen um künftige Inkarnationen wird euch aus praktischen Gründen noch eine Weile unzugänglich bleiben.

Während diese Wandlungen vor sich gehen, werden im Gehirn neue Zonen aktiviert werden, um die neue Entwicklung physisch zu unterstützen. Infolgedessen werden sich auf physischer Ebene Gehirndiagramme aufzeichnen lassen, mit deren Hilfe man die Erinnerungen an frühere Leben wachrufen kann. Alle diese Veränderungen stellen geistige Wandlungen dar, in deren Zuge das religiöse Empfinden seinem organisatorischen Gehege entschlüpfen und ein lebendiger Teil der individuellen Existenz werden wird. Dann werden psychische Strukturen anstelle von physischen die Grundlage der Zivilisation bilden. *(Pause, mit geschlossenen Augen.)*

Euer Erfahrungsbereich wird sich dermaßen ausweiten, daß in euren Augen das Menschengeschlecht ein anderes sein wird. Das bedeutet nicht, daß es keine Probleme mehr haben wird. Es bedeutet jedoch, daß dem Menschen weit größere Hilfsquellen zu Gebote stehen werden. Auch eine reichere und viel differenziertere Sozialstruktur wird sich herausbilden. Männer und Frauen werden mit ihresgleichen nicht mehr nur als mit den Menschen verkehren, die sie sind, sondern auch als denen, die sie waren.

Die familiären Verhältnisse werden vielleicht die radikalsten Veränderungen durchmachen. Man wird dann in den Familien einem psychologischen Wechselspiel Raum geben, das heute unvorstellbar wäre. Das Bewußtsein wird sich des unbewußten Materials stärker gegenwärtig sein.

Ich bringe diese Information deshalb im Religionskapitel, weil es wichtig ist, daß ihr erkennt, daß spirituelle Unwissenheit an der Wurzel so vieler eurer Probleme sitzt und daß eure einzigen Grenzen in der Tat auf spirituellem Gebiet liegen.

Die Metamorphose seitens der dritten Persönlichkeit, von der ich sprach, wird eine so tiefgreifende Wirkung ausüben, daß sie in der Menschheit die gleichen Eigenschaften herausbringen wird. Diese Eigenschaften waren schon immer da. Endlich jedoch werden sie den Schleier der physischen Wahrnehmung zerreißen und die Wahrnehmung selber auf neue Weisen erweitern.

Jetzt fehlt der Menschheit diese Bewußtseinseinstellung noch. Die dritte Persönlichkeit wird sie jedoch verkörpern. Übrigens wird in jenem Drama keine Kreuzigung vorkommen. Jene Persönlichkeit wird eine multidimensionale sein und um all ihre Inkarnationen wissen. Sie wird sich nicht an Geschlecht, Farbe oder Rasse orientieren.

Zum ersten Mal wird sie daher die irdischen Vorurteile über das, was Persönlichkeit ist, ausräumen und das Individuum aus seinen Fesseln erlösen. Es wird ihr gegeben sein, die vielfältigen Auswirkungen der neuen Einstellung beliebig aufzeigen zu können. Viele werden jedoch Angst davor haben, die Natur ihrer eigenen Realität anzunehmen oder sich die Dimensionen der wahren Identität zeigen zu lassen.

Wie Ruburt schon gesagt hat, möchte ich aus mehreren Gründen keine detaillierten Angaben über den Namen, dessen sie sich bedienen wird, oder ihr Geburtsland machen. Zu viele könnten sich versucht fühlen, vorzeitig in diese Rolle zu schlüpfen.

Die Ereignisse sind nicht vorherbestimmt. Die Szenerie für ihren Auftritt ist jedoch in eurem Wahrscheinlicheitssystem bereits aufgebaut worden. Das Erscheinen dieser dritten Persönlichkeit wird auf das ursprüngliche historische Drama, wie es euch jetzt bekannt ist, unmittelbare Rückwirkungen haben. Es werden und müssen Wechselwirkungen zwischen ihnen stattfinden.

Ihr könnt Pause machen oder die Sitzung beenden, ganz wie ihr wollt.

(»Wir machen Pause.«)

(23.25 Uhr. Ich wählte die Pause für den Fall, daß vielleicht noch mehr Material für das Kapitel durchkommen wollte.

Wir begannen jedoch müde zu werden und waren außerdem hungrig. Wir überlegten deshalb, ob wir die Sitzung beenden und uns einen Krimi im Fernsehen angucken sollten, während wir etwas aßen. Dann fiel mir ein, daß Seth immer noch keine Titel für die ersten acht Kapitel seines Buches geliefert hatte. In Kapitel siebzehn hatte er uns gesagt, wir sollten uns keine Sorgen deswegen machen. Konnte er uns die Titel jetzt geben, oder würde Jane dieses alte Material erst durchsehen müssen? So unwahrscheinlich es klingt: über ein Jahr war vergangen, seit sie aufgehört hatte, das Buch zu Beginn des vierten Kapitels Sitzung für Sitzung zu lesen. Fortsetzung um 23.39 Uhr.)

Nun: Ich werde mich nach ein paar Bemerkungen in Antwort auf eure Frage für heute abend verabschieden. Ruburt hat wieder heute nachmittag dies von mir aufgefangen: als ich von dem ursprünglich gegebenen Entwurf *(in der 510ten Sitzung vom 19. Januar 1970)* abzuweichen begann, gab ich Kapitelüberschriften. Ansonsten gelten die im Entwurf gemachten Angaben. Wenn ihr wollt, könnt ihr sie einfach auf die Kapitel übertragen. Ich habe später viele Kapitel eingefügt, wo vorher keine waren, und habe mich deshalb von da an der Überschriften bedient.

Habt ihr sonst noch Fragen?

(»Ja, aber ich glaube, wir stellen sie lieber später.«)

(Humorvoll, mit weit geöffneten und ganz dunklen Augen:) Du bist nicht zu den ASW-Gruppensitzungen gekommen. Ich kann dir also nicht besonders gefehlt haben.

(»Du hast mir sogar sehr gefehlt.«)

Wir werden auch eine Privatsitzung abhalten und außerdem unser Buch fortsetzen. Unsere Privatsitzungen haben mir auch gefehlt.

(»Mir ebenfalls.«)

Du kannst auch gern einmal unser Gespräch auf Tonband aufnehmen und, ohne Notizen machen zu müssen, mit mir einfach schwatzen.

(»Deswegen lasse ich gerade unser Tonbandgerät reparieren.«)

Meine herzlichsten Grüße denn, und einen guten Abend.

(»Vielen Dank, Seth. Es war ein Vergnügen.«)

Es ist i m m e r ein Vergnügen.

(Ich mußte über den komischen Nachdruck lachen. »Gute Nacht.« Ende um 23.45 Uhr.)

Sitzung 587, Mittwoch, den 28. Juli 1971

(21.17 Uhr.) Guten Abend.

(»Guten Abend, Seth.«)

Wir setzen unser Diktat fort.

Die äußeren Religionsdramen sind natürlich unvollkommene Repräsentationen von stets in der Entwicklung begriffenen inneren, spirituellen Realitäten. Die verschiedenen Persönlichkeiten, Götter und Propheten, die in der Religionsgeschichte auftreten, absorbieren die Massenprojektionen all derer, die innerhalb einer gegebenen Zeitspanne euren Planeten bewohnen.

Solche Religionsdramen zentrieren, dirigieren und klären, wenn alles gut geht, die Aspekte der inneren Realität, die nach physischem Ausdruck verlangen. *(Lange Pause, mit geschlossenen Augen.)* Diese treten nicht nur in eurem System in Erscheinung. Viele von ihnen werden in andere Realitätssysteme projiziert. Die Religion per se ist jedoch immer nur die äußere Fassade der inneren Realität. Ihr primäres, spirituelles Vorhandensein allein gibt dem Physischen seine Bedeutung. In ganz realem Sinne sollte die Religion alle Bestrebungen des Menschen auf seiner Suche nach Sinngebung und Wahrheit umfassen. Spiritualität kann niemals eine isolierte, spezialisierte Tätigkeit oder Eigenschaft sein.

Die äußeren Religionsdramen haben nur insofern Wert und Bedeutung, als sie das Wesen der inneren, persönlichen spirituellen Existenz getreu wiedergeben. Solange der Mensch das Gefühl hat, daß seine Religion eine solche innere Erfahrung zum Ausdruck bringt, wird er sie als gültig betrachten. Die meisten Religionen stellen jedoch bestimmte Erfahrungen als zulässig auf, während sie andere negieren. Sie machen Einschränkungen, indem sie das Prinzip der Heiligkeit des Lebens nur auf ihre eigene Gattung anwenden, und innerhalb dieser oftmals nur auf einen sehr beschränkten Kreis.

(Pause.) Zu keiner Zeit wird eine gegebene Kirche die innere Erfahrung aller Individuen auszudrücken vermögen. Zu keiner Zeit wird es einer Kirche gelingen, die innere Erfahrung ihrer Mitglieder wirksam zu beschneiden – es wird immer nur so scheinen. Die verbotenen Erfahrungen werden sich einfach unbewußt ausdrücken und werden Kräfte und Vitalität sammeln, um sich in einer Gegenprojektion zu entladen, die dann wieder ein anderes, neueres äußeres Religionsdrama in Bewegung setzt.

Die Dramen selbst bringen bestimmte innere Wahrheiten zum Ausdruck und bieten denen, die der direkten Begegnung mit dem inneren Selbst mißtrauen, eine oberflächliche religiöse Gedächtnisstütze. Solche Leute nehmen die Symbole für Realität. Wenn sie dann ihren Irrtum einsehen, fühlen sie sich betrogen. Christus hat deswegen in Begriffen von Vater und Sohn gesprochen, weil das die Sprache war, die euren Vorstellungen zur damaligen Zeit entsprach. Er erzählte diese Geschichte, um die Beziehungen zwischen dem inneren Selbst und dem physisch-lebendigen Individuum verständlich zu machen. Keine neue Religion kommt jemals für irgendwen überraschend, denn das Drama ist bereits auf subjektiver Ebene durchgespielt worden.

Was ich eben gesagt habe, gilt natürlich für Buddha nicht weniger als für Christus: beide nahmen die inneren Projektionen an und versuchten dieselben dann physisch darzustellen. Sie waren aber mehr als die Summe dieser Projektionen. Das muß richtig gesehen werden. Der Islam blieb weit dahinter zurück. In seinem Fall waren die Projektionen vorwiegend gewaltsamer Art. Liebe und Brüderlichkeit mußten hinter etwas zurückstehen, was letzten Endes auf Taufe und Kommunion durch Gewalttat und Blut hinauslief.

In diesen kontinuierlichen äußeren Religionsdramen spielten die Hebräer eine merkwürdige Rolle. Ihre Vorstellung von der Existenz eines Gottes war nicht neu. Viele alte Religionen glaubten an einen Gott, den sie über alle anderen stellten. Dieser Gott, der über allen anderen stand, war aber ein viel nachsichtigerer Gott als der, dem die Hebräer anhingen. Viele Volksstämme glaubten zu Recht an den inneren Geist, der alle Lebewesen durchdringt. Und sie wandten sich oft an, sagen wird, den Gott im Baum oder den Gott in der Blume. Aber sie akzeptierten auch die Realität eines allumfassenden Geistes, von dem diese geringeren Geister nur ein Teil waren. Alle wirkten harmonisch zusammen.

Die Hebräer hingegen stellten sich einen Aufseher-Gott vor, einen zornigen und gerechten und manchmal grausamen Gott, und viele Sekten bestritten dann den Gedanken, daß noch andere Lebewesen neben dem Menschen einen inneren Geist haben könnten. Die früheren Religionen gaben eine viel bessere Darstellung der inneren Realität, indem hier der Mensch als ein Beobachter der Natur dieselbe zu Worte kommen ließ und ihr ihre Geheimnisse ablauschte.

Der Hebräergott stellte jedoch eine völlig andersartige Projektion dar. Der Mensch wurde sich damals seines Ich immer stärker bewußt und entwickelte Machtgefühle der Natur gegenüber, und viele der späteren Wunder sind so beschaffen, daß in ihnen die Natur gezwungen wird, sich anders als auf die ihr natürliche Weise zu verhalten. Gott wird hier zum Bundesgenossen des Menschen wider die Natur gemacht.

Der frühe Hebräergott wurde ein Symbol für das zügellose Ich des Menschen. Gott benahm sich genau wie ein wütendes Kind sich benehmen würde, hätte es Gottes Allmacht. Er sandte seinen Feinden Donner, Blitz und Feuer entgegen und vernichtete sie. Die Ich-Entwicklung beim Menschen brachte also emotionale und psychologische Probleme und Bewährungsproben mit sich. Das Gefühl seiner Absonderung von der Natur nahm zu. Die Natur wurde zur Waffe, die man gegen andere einsetzen konnte.

Diese Tendenzen hatten sich schon einige Zeit vor dem Hervortreten des Hebräergottes abzuzeichnen begonnen. In vielen alten, heute vergessenen Stammesreligionen nahm man gleichfalls die Hilfe der Götter in Anspruch, um die Natur gegen den Feind aufzubringen. Vor dieser Zeit hatte der Mensch sich als ein Teil der Natur gefühlt und nicht als etwas von ihr Gesondertes. Sie war ihm als eine Erweiterung seiner selbst erschienen, so wie er sich selber auch als eine Erweiterung ihrer Realität empfunden hatte. Und in diesem Sinne kann man sich selber nicht als Waffe gegen sich selbst einsetzen. *(Pause.)*

In jenen Zeiten sprach der Mensch noch vertraulich mit den Geistern von Vögeln, Bäumen und Spinnen, wohl wissend, daß auf einer tiefinneren Realitätsebene das Wesen seiner Kommunikation erkannt und verstanden wurde. In jenen Zeiten gab es auch keine Angst vor dem Tod, wie bei euch heute, weil man sich auf den Bewußtseinszyklus verstand.

Auf eine Weise verlangte es den Menschen jedoch danach, aus sich selber und aus dem sicheren Rahmen herauszutreten, in dem sich bis dahin sein psychisches Leben abgespielt hatte, und etwas Neues zu versuchen. Ihn verlangte danach, seinen alten Bewußtseinshabitus abzulegen und in einen neuen zu schlüpfen. Er wollte seine eigenen Bewußtseinsvorgänge kennenlernen. Einerseits bedeutete dies eine radikale Abkehr von der inneren Spontaneität, die ihm so lange inneren Frieden und Sicherheit gewährt hatte. Andererseits gab es ihm die Gelegenheit, auf eine neue Art kreativ zu sein.

Ich schlage vor, ihr macht Pause, bevor ich mich auf dieses Thema einlasse.

(22.01 Uhr. In der Pause warf ich ein paar Fragen auf, die das Verhältnis zwischen den drei Gliedern der Christus-Wesenheit – Johannes der Täufer, Jesus Christus und Paulus – betrafen. Nachdem mir Jane einen Augenblick zugehört hatte, bat sie mich, das Thema vorerst nicht weiter zu verfolgen; sie schlug vor, die Fragen am Ende des Kapitels zu stellen, falls Seth sie bis dahin nicht von sich aus beantwortet hätte. Fortsetzung um 22.13 Uhr.)

Nun: An diesem Punkt wurde der innere Gott zum äußeren Gott.

Der Mensch versuchte, ein neues Reich zu begründen, eine andersgeartete bewußte Einstellung zu finden. Für seine bewußte Beziehung zur Außenwelt begann damit ein neues Kapitel. Um dem gewachsen zu sein, konzentrierte er sich immer weniger auf seine innere Realität und nahm infolgedessen seine innerseelischen Vorgänge nur noch in der Form wahr, wie sie ihm in seiner Projektion auf die Außenwelt entgegentraten.

Bis dahin war die Umwelt vom Menschen und allen anderen Lebewesen mühelos geschaffen und wahrgenommen worden, denn sie wußten ja um ihr inneres Einssein. Um dieses neue Wagnis beginnen zu können, war es aber erforderlich, daß der Mensch so tat, als gäbe es diese Einheit nicht. Sonst wäre das Bewußtsein immer wieder in den sicheren und bequemen Hafen seines Urzustandes zurückgekehrt. So schien es also, als müsse der Mensch alle Brücken abbrechen, obgleich es ihm natürlich gar nicht Ernst war damit, denn die innere Einheit bestand ja trotzdem weiter. Die neue Bewußtseinsform mußte einfach anfangs wegschauen von ihr, um sich ihre eigenständige Einstellung zu bewahren.

Ich spreche hier mehr oder weniger vom historischen Standpunkt aus. Ihr müßt jedoch wissen, daß dieser Prozeß nichts mit der Zeit, wie ihr sie kennt, zu tun hat. Diese Art Bewußtseinsabenteuer *(Lächeln)* hat es schon früher gegeben und wird es euren Begriffen nach auch künftig noch geben.

(Dies war eine scherzhafte Anspielung auf Janes jüngsten schriftstellerischen Versuch, dem sie provisorisch den Titel »Bewußtseinsabenteuer« gegeben hatte.)

Die Wahrnehmung des äußeren Universums wurde dadurch jedoch verändert, und von nun an erschien dasselbe dem beobachtenden Individuum als etwas Fremdes und Separates.

Gott wurde infolgedessen zu einer Idee, die unabhängig vom Individuum und getrennt von der Natur nach außen projiziert wurde. Er wurde zum Spiegelbild des hervortretenden menschlichen Ich, mit all seinen geistigen Gaben, seiner Gewalttätigkeit, seinem Machthunger und seinen Herrschgelüsten. Das Abenteuer war jedoch, trotz der offensichtlichen Nachteile, die es mit sich brachte, ein in hohem Maße schöpferisches. Es stellt eine »Evolution« des Bewußtseins dar, welche die subjektive Erfahrung des Menschen und sogar die Realitätsdimensionen als solche bereicherte.

Um sich wirkungsvoll ordnen zu lassen, mußten jedoch innere und äußere Erfahrungen als separate, unzusammenhängende Ereignisse gelten. Historisch betrachtet veränderte Gott seinen Charakter, als sich das Ich des Menschen veränderte. Diese Charakterwandlung des Ich wurde jedoch von starken innerseelischen Veränderungen unterstützt.

(Jane als Seth gestikulierte lebhaft und häufig, während sie sprach. Ihr Tempo war seit der Pause schnell.)

Der erste Vorstoß innerer Charakteristika nach außen, um das Ich aufzubauen, kann mit der Geburt unzähliger Sterne verglichen werden – ein unermeßlich folgenschweres Ereignis, das auf der subjektiven Ebene und in der inneren Wirklichkeit seinen Ursprung hatte.

Das Ich, aus dem Innern geboren, muß deshalb stets auf seine Unabhängigkeit pochen, während das Wissen um seinen Ursprung an seiner Selbstsicherheit nagt.

(Pause. Noch in Trance nahm Jane sich die Zeit, einen Schluck Bier zu trinken und sich eine Zigarette anzustecken.)

Das wird ein gutes Kapitel.

(»Großartig.«)

Das Ich zitterte um seine Position, voller Angst, daß es sich wieder in das innere Selbst auflösen würde, aus dem es gekommen war. Doch durch sein Hervortreten hatte es dem inneren Selbst eine neue Art von Feedback, eine neue Perspektive, nicht nur in bezug auf sich selbst gegeben. Es wurde dadurch in die Lage versetzt, Entwicklungsmöglichkeiten zu sehen, von denen es vorher nichts gewußt hatte. Um die Zeit von Christi Geburt hatte das Ich sich eine hinlänglich sichere Position geschaffen, so daß in dem projizierten Gottesbild eine Änderung eintreten konnte.

Das innere Selbst ist ständig im Werden. Das Tiefinnerste in jedem Menschen projizierte also dieses Wissen nach außen. Das Bedürfnis, das psychologische und spirituelle Bedürfnis der ganzen Gattung, verlangte nach inneren und äußeren Veränderungen von der größten Tragweite. Eigenschaften wie Barmherzigkeit und Verständnis für andere, die vorher verschüttet waren, konnten zum Vorschein kommen. Nicht nur individuell, sondern auch kollektiv arbeiteten sie sich an die Oberfläche empor und gaben dem Leben neue Impulse und eine natürliche »neue« Richtung. Damit begannen alle Teile des Selbst sich entsprechend seinem Selbstverständnis zu sammeln.

Das Gottesbild begann sich zu verändern, sobald das Ich wieder auf die innere Realität zu bauen begann, doch das Drama mußte innerhalb der damals gegebenen Szenerie ausagiert werden. Der Mohammedanismus war eben deswegen so gewalttätig, weil das Christentum von Natur aus so sanft war. Nicht, daß das Christentum keine Beimischung von Gewalttätigkeit gehabt hätte oder daß der Islam völlig ohne Liebe gewesen wäre. Aber während die Psyche diese Entwicklungen durchmachte und ihre inneren Kämpfe ausfocht, einige Gefühle und Eigenschaften verleugnend und andere betonend, stellten die historischen Religionsdramen dieses innere Streben, Ringen und Suchen nach außen hin dar und begleiteten es.

(Jetzt langsamer:) All das hier dargebotene Material muß im Zusammenhang mit der Tatsache gesehen werden, daß unter der Oberfläche dieser Entwicklungen die ewigen Aspekte und schöpferischen Eigenschaften einer Macht wirksam sind, die ebenso unleugbar wie persönlich ist. Alles-das-was-ist stellt, mit anderen Worten, die Wirklichkeit dar, aus der wir alle hervorgehen. *(Pause, eine von vielen.)* Alles-

das-was-ist überschreitet aufgrund seiner Natur alle Dimensionen der Aktivität, des Bewußtseins und der Realität und ist doch ein Teil von jeder von diesen.

Hinter allen Gesichtern steht ein Gesicht, was jedoch nicht bedeutet, daß nicht jeder Mensch sein eigenes Gesicht hätte. Das neue Religionsdrama, von dem ich sprach und das euren Begriffen nach noch geschehen soll, stellt eine weitere Phase in der inneren und äußeren Dramenserie dar, mit deren Hilfe sich das hervortretende Ich seines Erbes im wachsenden Maße bewußtwird. Indem das Ich seine Stellung behauptet, kann es sich einen viel regeren Austausch mit anderen Teilen des Selbst leisten und kann dem inneren Selbst die Gelegenheit zu neuen Bewußtseinserfahrungen geben, die es sich mit eigenen Mitteln nicht hätte verschaffen können.

Die Abenteuerreise der Götter steht daher für die Abenteuerreise des menschlichen Bewußtseins, das nach außen projiziert wird. Alles-das-was-ist ist bei jedem dieser Abenteuer dabei. Sein Bewußtsein und seine Realität sind in jedem Menschen lebendig und in jedem der Götter, die der Mensch erschaffen hat.

Die Götter erlangen natürlich psychische Realität. Ich will ihnen deshalb eine Realität nicht etwa absprechen, sondern will nur bis zu einem gewissen Grad die Natur dieser Realität definieren. Mit Einschränkungen ist es richtig zu sagen: »Seid vorsichtig bei der Wahl eurer Götter, denn ihr habt Rückwirkungen aufeinander.«

Jetzt macht Pause.

(22.55 Uhr. Das Tempo war durchweg schnell gewesen; ich spürte es in meiner Schreibhand. Jane sagte, sie habe gefühlt, wie Seth manchmal kurz innegehalten habe, um sich zu vergewissern, daß sie bei der Durchgabe des Materials genau die richtigen Worte wählte. Sie sei dann noch in Trance gewesen und habe sogar gesprochen, aber Seth habe gewartet. Trotzdem konnte sie sich in der Pause an das Material überhaupt nicht erinnern. Fortsetzung um 23.08 Uhr.)

Nun: Ein solches Bündnis baut gewisse magnetische Felder auf. Ein Mensch, der sich mit einem der Götter liiert, liiert sich zwangsläufig in erster Linie mit seinen eigenen Projektionen. Manche sind in eurem Sinne schöpferisch und andere destruktiv, obwohl man letztere selten als das erkennt.

Die Offenheit, die mit dem Bilde von Alles-das-was-ist verbunden ist, befreit euch jedoch weitgehend von euren Projektionen und ermöglicht einen authentischen Kontakt mit dem Geist, der hinter der euch bekannten Wirklichkeit steht.

Ich möchte in diesem Kapitel noch ein paar andere wesentliche Punkte berühren.

Es gibt jahrhundertealte Überlieferungen, die von Göttern und Dämonen berichten, die sozusagen die Eingangspforten zu anderen Realitätsebenen und Bewußtseinszuständen bewachen. Die Astralebenen werden fein säuberlich ausgebreitet, numeriert und kategorisiert.

Es gibt Bewährungsproben, die man vor dem Eintritt bestehen muß. Es gibt Rituale, die vollzogen werden müssen. Alles dies ist eine grobe Verfälschung. Jeder Versuch, die innere Realität so rigoros und präzis zu beschreiben, muß einfach ergebnislos ausgehen; denn ihr erschafft euch ja eure eigene Realität und lebt diese in Übereinstimmung mit dem, was ihr im Innersten glaubt. Seid deshalb auch vorsichtig bei der Auswahl eurer Glaubensartikel.

Ich möchte die Gelegenheit nicht ungenutzt lassen und nochmals betonen, daß es keine Teufel oder Dämonen gibt, außer denen, die ihr euch selber durch euren Glauben erschafft. Wie schon früher erwähnt, sind gute und böse Wirkungen im Grunde Illusionen. Von eurem Standpunkt aus betrachtet sind alle Handlungen ohne Rücksicht auf das, was sie zu sein scheinen, tatsächlich ein Teil eines größeren Guten. Ich will damit nicht gesagt haben, daß ein guter Ausgang etwas rechtfertige, was ihr als eine böse Handlung ansehen würdet. Solange ihr die Wirkungen von Gut und Böse noch anerkennt, ist es besser, sich an das Gute zu halten.

Ich wähle meine Worte so einfach wie möglich. Hinter ihnen verbergen sich jedoch profunde Komplikationen. Polaritäten können nur in eurem eigenen Realitätssystem Gültigkeit beanspruchen. Sie gehören zu euren Grundvoraussetzungen, und deshalb müßt ihr sie als solche behandeln.

Sie bilden zusammen jedoch eine Einheit, die zu tief ist, um von euch verstanden zu werden. Eure Begriffe von Gut und Böse resultieren hauptsächlich aus dem Bewußtseinsmodus, der momentan für euch verbindlich ist. Ihr nehmt nie das Ganze, sondern immer nur Teile wahr. Das Wachbewußtsein erhellt die Dinge mit einem rasch aufleuchtenden, räumlich begrenzten, doch intensiven Licht, indem es von einem gegebenen Realitätsbereich nur bestimmte »Reize« wahrnimmt. Dann setzt es diese Reize nebeneinander und stellt zwischen ihnen einen Ähnlichkeitszusammenhang her. Alles, was es nicht als Teil der Realität anerkennt, nimmt es nicht wahr.

Die Wirkung der Polaritäten ist somit auf eine mangelhafte Wahrnehmung zurückzuführen. Da ihr aber der Welt so begegnen müßt, wie ihr sie wahrnehmt, erscheinen euch die Polaritäten als existentielle Notwendigkeiten. Die beiden Pole sind jedoch aus gutem Grund voneinander getrennt worden. Ihr sollt lernen und lernt auch daraus, wie man mit Energien umgeht. Dies soll euch letzten Endes zu bewußten Mitschöpfern neben Alles-das-was-ist machen, und zu den »Bewußtseinsstadien« oder Lernprozessen, die ihr auf dem Weg dahin hinter euch bringen müßt, gehört eben der Umgang mit den Polaritäten, als wären sie Realitäten.

Eure Begriffe von Gut und Böse helfen euch, die Heiligkeit der Existenz und die Verantwortung des Bewußtseins zu erkennen. Außerdem geben die Polaritätsbegriffe dem sich entwickelnden Ich notwendige Richtlinien. Das innere Selbst ist sich unterdessen der existierenden Einheit sehr wohl bewußt.

Ende des Diktats und fast schon Ende des Kapitels. Und am Ende des Kapitels legt mir bitte die Fragen vor, die ihr im Sinn hattet.

(»O.k.« Im Laufe des Kapitels hatte Seth jedoch von selbst viele der Fragen über die Religion beantwortet, die ursprünglich auf unserer Liste für Kapitel zwanzig gestanden hatten.)

Ich wünsche euch einen schönen guten Abend; *(lächelnd, mit Nachdruck)* wir waren gestern abend groß in Form.

(»Das warst du allerdings. Danke, Seth, und gute Nacht.«)

(23.57 Uhr. Seth spielt auf die ASW-Gruppe an. Während der Sitzung war ein langes Gespräch auf Tonband aufgenommen worden, was übrigens häufig geschieht. Es kann hinzugefügt werden, daß Seth heute abend auch groß in Form war.)

Sitzung 588, Montag, den 2. August 1971

(Jane und ich notierten uns beide vor der heutigen Sitzung einige Fragen.

In der 586sten Sitzung, ziemlich am Anfang dieses Kapitels hatte Seth behauptet, daß bis zum Jahre 2075 der dritte Christus – Paulus oder Saulus – die Wiederkunft in Szene gesetzt haben würde mit natürlich tiefgreifenden Auswirkungen auf Religion und Weltgeschichte. Jane fand, daß eine Zeitspanne von kaum einem Jahrhundert viel zu kurz sei, um so viele drastische Veränderungen zu bewirken. Sie wollte, daß ich Seth frage, ob sie diese Daten bei der Übermittlung des Materials entstellt habe.

Wann, beispielsweise, mußte die Persönlichkeit geboren werden, um genug Zeit zu haben, solche enormen Veränderungen zu bewirken?

Meine Fragen betrafen die Beziehungen zwischen den drei Persönlichkeiten der Christus-Wesenheit: Johannes dem Täufer, Jesus Christus und Paulus. Was für psychische Wechselwirkungen starker und außergewöhnlicher Natur hatte es zwischen ihnen gegeben? Zeichneten sich ihre Träume und andere psychische Erfahrungen auch in ihrem normalen Alltagsdasein von denen anderer Menschen aus?

Es ist ungewiß, ob Christus und Paulus einander je begegnet sind. Paulus wurde mehrere Jahre nach dem Tode Christi bekehrt; vorher war er ein eifriger Christenverfolger gewesen. Es scheint auch, daß Johannes und Paulus sich nicht gekannt haben.

Beginn der Sitzung um 21.01 Uhr.)

Guten Abend.

(»Guten Abend, Seth.«)

Gedulde dich einen Moment; wir fahren gleich fort.

In jeder gegebenen Geschichtsepoche kann schließlich ein religiöses Drama als äußere Darstellung innerer Vorgänge in den Vordergrund treten; außerdem wird es aber noch viele hintergründige Dramen oder »Projektionen« geben, die es nicht ganz schaffen. Letztere stellen natürlich wahrscheinliche Ereignisse dar. Jedes von ihnen könnte das eigentliche äußere Drama ablösen. Zu Christi Zeiten gab es viele solcher Darstellungen, weil viele Persönlichkeiten die Gewalt der inneren Wirklichkeit spürten und auf sie reagierten.

Mit anderen Worten: es waren damals wahrscheinliche Christi in eurem Sinne am Leben. Aus mehreren Gründen, auf die ich hier nicht eingehen kann, haben diese Projektionen die inneren Vorgänge nicht getreu genug widergespiegelt. Es haben sich jedoch eine Reihe von Männern physisch in derselben Weltgegend befunden, die auf das innere psychische Klima reagierten und die Anziehungskraft und die Verantwortung des Religionshelden an sich entdeckten.

(Pause.) Manche dieser Männer waren zu zeitgebunden, zu sehr in die Nöte und Leidenschaften ihrer Epoche verstrickt, um genügend über den Dingen stehen zu können. Die Kultur, in der sie lebten, bediente sich ihrer. Sie waren umgekehrt nicht in der Lage, die Kultur zur Ausgangsbasis für das neue Ideengut zu machen. Statt dessen gingen sie in der Zeitgeschichte unter.

Einige folgten dem Beispiel Christi, indem sie religiöse Wundertaten und Heilungen vollbrachten und Scharen von Anhängern um sich versammelten, ohne jedoch zum Brennpunkt der so dringend notwendigen konzentrierten Aufmerksamkeit auf psychische Dinge werden zu können.

Der sogenannte Meister der Rechtschaffenheit war so jemand, aber seine übereifrige Natur stand ihm im Wege.

Seine Strenge ließ die für jede große religiöse Befreiung notwendige Spontaneität nicht aufkommen. Statt dessen geriet er in die Sackgasse des Provinzialismus. Hätte er die Rolle gespielt, die er hätte spielen können, dann wäre er für Paulus von großem Nutzen gewesen. Er war eine wahrscheinliche Persönlichkeit des Paulus-Anteils der Christus-Wesenheit.

(Lange Pause um 21.17 Uhr. Ruburts Tempo war hier immer noch ziemlich langsam.)

Diesen Männern war das Wissen um ihre Rolle in diesem Drama und ihre Stellung im Koordinatensystem von Alles-das-was-ist angeboren. Sie besaßen alle außergewöhnliche hellseherische und telepathische Fähigkeiten und neigten zu Visionen und zum Hören von Stimmen.

In ihren Träumen standen sie miteinander in Verbindung. Paulus konnte sich an viele seiner Träume bewußt erinnern, bis er sich von Christus verfolgt fühlte. Es war wegen einer Reihe von sich wiederholenden Träumen, daß Paulus sich auf die Christenverfolgung verlegte. Für ihn war Christus eine Art Teufel, der ihn im Schlaf heimsuchte.

Auf unbewußter Ebene verstand er jedoch den Sinn dieser Träume, und seine »Bekehrung« schloß sich als physisches Ereignis natürlich nur der inneren Erfahrung an.

Johannes der Täufer, Christus und Paulus standen alle im Traumzustand in Kontakt miteinander, und Johannes war sich der Existenz Christi bereits sicher, als Christus noch gar nicht geboren war.

Wegen der besonderen Pflichten, die ihm auferlegt waren, benötigte Paulus die größte Ich-Stärke. Aus diesem Grunde war er sich auch der Rolle, die er spielte, weit weniger als die anderen bewußt. Das innere Wissen entlud sich natürlich dann in dem physischen Bekehrungserlebnis. Mit diesem Material dürften deine Fragen beanwortet sein.

(»Es ist sehr interessant.«

Jane pausierte lange. Noch in Trance steckte sie sich eine Zigarette an und nahm einen Schluck aus dem Glas.)

Nun zu Ruburts Fragen: Die Geburt wird zu dem angegebenen Zeitpunkt erfolgen *(im Jahr 2075)*. Die restlichen Veränderungen werden sich im großen und ganzen über einen Zeitraum von hundert Jahren erstrecken, aber die Resultate werden schon lange vor dieser Zeit sichtbar werden.

Da die Zukunft, wie ihr sie kennt, formbar ist, kann das Datum nicht als endgültig gelten. Alle Wahrscheinlichkeiten deuten jedoch in diese Richtung, denn der innere Impuls hat die Ereignisse bereits zu formen begonnen.

Insofern ihr keine weiteren Fragen mehr habt, ist dies das Ende des Kapitels.

(»Nur des Interesses halber: kannst du sagen, auf welche Weise der Lehrer der Rechtschaffenheit ums Leben kam? Dies ist eine der Fragen, die uns brieflich gestellt wurden.)

Einen Augenblick Geduld.

Der angegebene Name stimmt, obwohl er als solcher eine Übersetzung darstellt. Er starb mit einer kleinen Gruppe von Männern in einer Höhle, die er bei einem Gefecht mit Mitgliedern einer anderen Sekte als seinen Zufluchtsort verteidigt hatte. Die Mörder nahmen bestimmte Manuskripte, die sie dort fanden, mit sich; andere wurden jedoch nicht gefunden, und diese sind bisher nicht ans Licht gekommen.

Dieser letzte Zufluchtsort lag in der Nähe von Damaskus. Eine Zeitlang hatte sich der Meister der Rechtschaffenheit in der Stadt zu verbergen versucht. Er wurde jedoch erkannt, und so zog er sich mit einer Gruppe von Männern in die zwischen Damaskus und einer anderen, viel kleineren benachbarten Stadt gelegenen Höhlen zurück. Die Stadt war früher einmal eine Festung gewesen, und dort wollten sie hin.

Jetzt könnt ihr Pause machen, und danach beginne ich das nächste Kapitel.

(Statt jedoch Pause zu machen, blieb Jane ruhig dasitzen, immer noch in Trance.)

Eine kleine Randnotiz für Interessierte. Die Sekte der Zeloten war in zwei Hauptgruppen gespalten, von denen sich eine schließlich selbständig machte. Es werden noch weitere Dokumente gefunden werden, die verschiedene wichtige Punkte in dieser Geschichtsepoche aufhellen werden. *(Pause.)* Während einer kurzen Phase seines Lebens gehörte Paul einer Zeloten-Gruppe an. Dies ist jedoch nicht bekannt. Es gibt keine schriftlichen Aufzeichnungen darüber.

(Jane saß so lange in Trance da, daß ich anfing eine Frage zu formulieren; daraufhin hob sie jedoch die Hand, um mir zu bedeuten, ich solle warten.)

Er hat sogar eine Weile ein Doppelleben als Mitglied der Zeloten geführt. Er hat sich dann aber ebenso heftig von ihnen abgewendet wie später von den Römern, als er sich den Christen anschloß. Vor seiner Bekehrung wußte er schon, daß er ein Ziel und eine Sendung hatte, und legte sich mit der ganzen Leidenschaft seines Wesens für die Wahrheiten ins Zeug, die er glaubte gefunden zu haben.

Jetzt macht Pause.

(21.40 Uhr. Janes Tempo war anfangs langsam gewesen, hatte dann aber mit fortschreitendem Diktat aufgeholt. Ihre Trance war tief gewesen. Sie sagte, sie sei »wirklich weg gewesen, sobald Seth mit den biblischen Angaben anfing.«

Ich fand Seths Informationen äußerst interessant, was wohl zum Teil unvermeidlich war. Aber Jane sagte, sie ziehe es vor, über die Geschichtsepoche, über die Seth sprechen würde, nichts zu wissen. Sie hatte zum Beispiel nichts über die Schriftfunde vom Toten Meer gelesen, obgleich ich sie verschiedentlich ein wenig darüber aufgeklärt habe. Auch mit der Bibel ist sie nicht sehr vertraut.)*

---

* 1947 und in den Jahren darauf wurden in den Höhlen des Gebirgsabfalls zum Toten Meer in Kumran (eigentlich Chirbet Qumran) zahlreiche Handschriften in hebräischer, zum Teil auch aramäischer und griechischer Sprache und Tausende von Handschriftenfragmenten entdeckt, die von einer wenig bekannten jüdischen Sekte stammten: Den Essenern (aramäisch »die Frommen«), einer jüdischen religiösen Gemeinschaft mit ordensähnlicher Verfassung. Die Funde förderten eine ganze Bibliothek zutage. Unter den neueren Schriften befand sich eine ausführliche Schrift über das Wesen, die Anschauung, das Gemeinschaftsleben der Essener von Kumran sowie eine Art Ordensregel. Unter den älteren Schriften fanden sich dort ein vollständiges Buch Jesaja, Kommentare zum Buch Habakuk, eine (aramäisch verfaßte) Ergänzung der Genesis, Sammlungen von Bibelsprüchen u. a. m. Die Entdeckung und Entschlüsselung der Schriftrollen leiteten eine neue Epoche in der textkritischen Beschäftigung mit der Heiligen Schrift ein und werfen ein völlig neues Licht auf die Geschichte des Judentums sowie die Voraussetzungen des Urchristentums. (Anm. des Herausgebers.)

22
Ein Lebewohl und eine Einführung: Aspekte der multidimensionalen Persönlichkeit aus meiner Sicht

Fortsetzung der Sitzung 588 vom 2. August 1971

(22.00 Uhr. Janes Stimme als Seth war ein wenig anders als sonst. Etwas verhaltener vielleicht und nicht ganz so jovial oder ungezwungen.)

Wir beginnen das nächste Kapitel und nennen es: »Ein Lebewohl und eine Einführung: Aspekte der multidimensionalen Persönlichkeit aus meiner Sicht.«

(»Kommt das alles in die Kapitelüberschrift?«)

Ja, und ein Doppelpunkt sollte die beiden Satzglieder trennen. Und nun laß mir einen Augenblick Zeit. *(Pause.)*

Zu Christi Zeiten war ich ein Mann namens Millenius und lebte in Rom. In jenem Leben war ich Kaufmann im Hauptberuf, aber ich war ein äußerst neugieriger Herr, und meine Reisen verschafften mir Zugang zu vielen verschiedenen Gruppen von Leuten.

Meine körperliche Statur war dick und rund, mein Gebaren ganz und gar nicht patrizierhaft, und in meiner Kleidung neigte ich zur Nachlässigkeit. Wir hatten damals eine Art Schnupftabak, der aus einer bestimmten Strohsorte hergestellt wurde. Den schnupfte ich ständig und oft verschüttete ich etwas davon auf meine Robe.

Mein Haus befand sich in dem geschäftigsten nordwestlichen Viertel Roms, genau am Rande dessen, was man das Herz der Stadt nennen würde. Zu meiner Handelsware gehörten auch Glocken für Esel. Dies hört sich vielleicht nicht wie ein großartiger Handelsartikel an, aber die Familien auf den Bauernhöfen außerhalb Roms fanden ihn enorm praktisch. Jede Glocke besaß ihren eigenen Klang, und die Familien konnten am Klang der Glocke ihre eigenen Esel unter unzähligen anderen herauskennen.

Esel wurden auch in vielen Betrieben innerhalb Roms als Lasttiere verwendet, vor allem von den unteren Berufsständen. Die Anzahl der Glocken, ihre spezifische Tonhöhe, selbst ihre Farben hatten eine Bedeutung. Im Tumult der Stadt konnten die speziellen Glocken daher von den Armen und Sklaven, die darauf warteten, Ware zu kaufen – oft welkes Grünzeug von den beladenen Gemüsekarren – erkannt werden.

Die Glocken machten nur einen geringen Teil meines Handels aus, der in erster Linie aus Tuchwaren und Farbstoffen bestand, aber sie faszinierten mich. Aufgrund dieses Interesses bin ich weit mehr auf dem Lande umhergereist als ein verständiger Mann sollte. Meine Neugier trieb mich an, auf die Suche nach verschiedenen Arten von Glocken zu gehen, und brachte mich mit vielen Leuten in Berührung, denen ich sonst nicht begegnet wäre.

Obgleich ich weder lesen noch schreiben konnte, war ich doch klug und geistig lebendig. Ich entdeckte, daß die verschiedenen jüdischen Sekten, in Rom sowohl wie auch außerhalb Roms, besondere Glocken benutzten. Obwohl ich ein römischer Bürger war, hat mir meine Staatsangehörigkeit wenig bedeutet, außer daß sie mir ein Minimum an Sicherheit gewährte, wenn ich meinen täglichen Pflichten nachging, und geschäftlich hatte ich ebensoviel mit Juden wie mit Römern zu tun. Gesellschaftlich stand ich übrigens nicht viel höher als sie.

Die Römer hatten keine feste Vorstellung von der Anzahl der Juden, die damals in Rom lebten. Sie verließen sich auf Schätzungen. Die Eselsglocken, die den Zeloten gehörten, hatten das Augensymbol aufgeprägt. *(Jane als Seth deutete auf eines ihrer Augen.)* Sie kamen heimlich in die Stadt und versteckten sich vor den anderen Juden ebenso wie vor den Römern. Sie waren gute Schacherer und haben mich oft um mehr Geld gebracht, als ich zu verlieren verdiente.

Von dem Meister der Rechtschaffenheit hörte ich von einem Vetter von ihm, namens Sheraba ...

(»Kannst du das buchstabieren?« Seth buchstabierte, wobei sich herausstellte, daß unsere Versionen übereinstimmten.)

... Sheraba, der, soweit ich mir das damals zusammenreimen konnte, ein »heiliger« Meuchelmörder war. Er war betrunken in jener Nacht, als ich in einem stinkenden Stall außerhalb Jerusalems mit ihm redete. Er war es auch, der mir die Sache mit dem Augensymbol erzählte. Er sagte mir auch, daß die Essener Christus gekidnappt hätten. Ich habe ihm das nicht geglaubt. Abgesehen davon, daß ich zu der Zeit, als er mir das erzählte, noch nicht wußte, wer Christus war.

(Pause. Janes Tempo war langsam gewesen. Die vier jüdischen Hauptsekten, die zu Beginn des ersten Jahrhunderts im Heiligen Land florierten, waren die Sadduzäer, die Pharisäer, die Zeloten und die Essener.)

Zu seinen Lebzeiten war Christus vergleichsweise wenig bekannt. Mit dürren Worten gesagt wußte ich zwar, daß irgend jemand am Drücker saß, doch ich war mir nicht sicher, wer. Schließlich wurde mir und vielen anderen die wahre Situation im Traumzustand offenbart.

Im allgemeinen wollten die Christen von römischen Konvertiten nichts wissen. Ich wurde später ein solcher, und wegen meiner Nationalität hat man mir nie über den Weg getraut. Meine Rolle in jenem Drama bestand lediglich darin, mich mit dessen physischer Grundlage bekanntzumachen, auf dem Schauplatz der Handlung ein wenn auch noch so unbedeutender Mitwirkender zu sein. Viel später nach euren Begriffen, im dritten Jahrhundert, sollte ich als ein unbedeutender Papst enden, und damals bin ich einigen von denen, die ich von damals her kannte, wiederbegegnet. Wenn ein humorvolles Wort gestattet ist, so sollte mir der Klang der Glocken noch einmal vertraut werden.

(Seth kam auf seine Inkarnation als unbedeutender Papst erstmals in Janes ASW-Gruppensitzung vom 15. Mai 1971 zu sprechen. Es waren ungefähr achtzehn Leute anwesend. Die Sitzung wurde auf Tonband aufgenommen. Das nachfolgende Zitat ist also eine wortgetreue Wiedergabe. Seth war in beschwingter, wenn auch etwas frivoler Laune.

» . . . denn im Jahre 300 n. Chr. war ich Papst. Ich war kein besonders guter Papst.

Ich hatte zwei uneheliche Kinder, eine Geliebte, die sich heimlich in mein privates Studierzimmer schlich, einen Magier, den ich mir hielt für den Fall, daß ich nicht alleine zurechtkommen sollte, eine Haushälterin, die, während sie bei mir war, jedes Jahr einmal in die Wochen kam, und drei Töchter, die ins Kloster gingen, weil ich nichts von ihnen wissen wollte – und ich werde nur in drei lumpigen Zeilen erwähnt, denn meine Herrschaft währte nicht lange.

Nun: Ich hatte eine große Familie – d. h. ich kam aus einer großen Familie, und ich war ehrgeizig, wie alle intelligenten jungen Männer in jener Zeit. Zum Militär wollte ich nicht, also blieb mir nichts anderes übrig, als mich an die Kirche zu halten.

Eine Zeitlang war ich nicht in Rom, sondern ging meiner religiösen Berufung anderswo nach. Ich habe zwei Kirchengesetze entworfen, woran man sieht, daß bei allem immer noch etwas Gutes herauskommt. Ich bin an einem Magenleiden gestorben, weil ich ein großer Schlemmer war. Mein Name war nicht Clemens [*in Antwort auf die Frage eines Gruppenmitglieds*], *obwohl Clemens ein schöner Name ist.*

Eigentlich hieß ich Protonius. Doch geduldet euch einen Augenblick. Der Nachname ist nicht annähernd so klar; ich meine nicht, mein päpst-

licher Name, sondern mein – wenn ihr mir den Ausdruck verzeiht – gewöhnlicher Name: Meglemanius der Dritte. Aus einem kleinen Dorf.

Wenn ich nicht das Selbst, das ich damals war, zu Hilfe rufen will, so sind die Details in meiner Erinnerung nicht allzu deutlich. Doch soweit mir das heute noch zugänglich ist, ohne beim Gedächtnis unseres päpstlichen Freundes, der übrigens seiner eigenen Wege gegangen ist, Anleihen zu machen, stimmt, was ich sage, annähernd. Wir hatten damals weniger Wächter, dafür aber eine Menge gestohlener Gemälde und Juwelen von großem Wert. Ein Teil dieser Juwelen und des Geldes ging in Expeditionen drauf, von denen ihr nicht wißt, daß sie damals stattfanden; sie hatten mit Handel und Schiffen zu tun, die nach Afrika entsandt wurden; und dieses Interesse habe ich mir bis in mein nächstes Leben bewahrt, wo ich mich mit Oregano [als ein Gewürzhändler in Dänemark im sechzehnten Jahrhundert] befaßte. Meine Schnupferei läßt sich also durch Jahrhunderte zurückverfolgen.

Zwei Brüder waren damals in Italien gemeinschaftlich an der Macht. Vielleicht sollte ich sagen, zwei Männer. Der eine an höchster Stelle und der andere als sein Kanzler. Mit letzterem hatte ich als Papst zu tun; und auch ich habe Armeen gen Norden geschickt.

Wir hatten damals noch nicht begonnen, auf materielle Genüsse so großen Wert zu legen, und daher hatte ich das extra Kleingeld noch nicht bei der Hand, das das Wohlleben mit sich bringt. Ich glaubte, und ich glaubte auch wieder nicht, so wie du [zu einem Gruppenmitglied] früher geglaubt und doch nicht geglaubt hast, und ich verstand mich vortrefflich darauf, vor mir selbst zu verheimlichen, was ich glaubte und was ich nicht glaubte. Und desto höher man auf der Erfolgsleiter klettert, desto schwieriger wird es, dergleichen vor sich geheimzuhalten.

Meine erste Geliebte, die Maria hieß, habe ich sehr gemocht. Und damals gab es noch keine so vernünftigen Gesetze wie die, deren Schutzes ihr euch jetzt erfreut, und keine Regierungen, die soviel Sicherheit boten wie die Regierungen heute.

Ich habe übrigens anfangs bedingungslos dem Glauben angehangen, in dem ich erzogen worden war. Erst später habe ich mich gefragt, wie ein solcher Gott dazu kam, ausgerechnet mich für ein solches Amt auszuersehen – und dann begann ich zu zweifeln.

Vier Leben mußte ich im Anschluß daran unter den widrigsten Umständen zubringen, um den Unterschied zwischen Luxus und Armut, Stolz und Mitleid kennenzulernen. Und in anderen Jahrhunderten hat es Zeiten gegeben, da ich mich auf den gleichen Straßen erging wie früher als Papst. Als Papst war ich sie leichten Fußes hinabgewandelt. Als armer Bauer dagegen kam ich beladen und mit schweren Schritten daher, bis ich gelernt hatte, was ich lernen mußte, so wie auch ihr alle aus euren Leben lernt.«)

Es ist nicht meine Absicht, meine früheren Existenzen hier im Detail zu besprechen; sie dienen nur zur Verdeutlichung bestimmter Punkte.

Vor allem bin ich viele Male Mann sowohl als auch Frau gewesen und habe mich in verschiedene Arten von Arbeit vertieft, immer mit dem Vorsatz zu lernen, um lehren zu können. Meine gegenwärtige »Arbeit« baut daher auf der soliden Grundlage physischer Lebenserfahrung auf.

Ich habe nie die Rolle einer überragenden Persönlichkeit von historischem Rang gespielt, sondern habe es vorgezogen, meine Erfahrungen unter den familiären, intimen Einzelheiten des menschlichen Alltags zu sammeln. Ich habe das normale Ringen um Arbeitsleistung kennengelernt und das Bedürfnis nach Liebe. Ich habe erfahren, was es heißt, sich als Vater unsäglich nach dem Sohn zu sehnen, als Mann nach seiner Frau, als Frau nach ihrem Mann, und ich wurde bis zum Hals in intime menschliche Beziehungen verstrickt. In vorgeschichtlichen Zeiten war ich ein Lumanianer, und später wurde ich in Atlantis geboren.

Nach eurer historischen Zeitrechnung kehrte ich zur Zeit der Höhlenbewohner wieder, und zwar in meiner Funktion als Sprecher. Nun bin ich schon immer ein Sprecher gewesen, unabhängig von dem physischen Beruf, den ich jeweils ausübte. In Dänemark war ich Gewürzhändler und kannte dort Ruburt und Joseph. In mehreren Leben war ich ein Schwarzer – einmal in dem Teil der Welt, der sich heute Äthiopien nennt, und einmal in der Türkei.

Mehrere Leben als Mönch folgten auf mein Leben als Papst, und in einem dieser Leben wurde ich ein Opfer der spanischen Inquisition. Meine Erfahrung mit weiblichen Existenzen reichte von der häßlichen alten Jungfer in Holland bis zur Kurtisane zu des biblischen Davids Zeiten und mehreren schlichten Leben als Mutter von vielen Kindern.

Als ich die Verbindung zu Ruburt und Joseph aufnahm, habe ich ihnen die Tatsache meiner zahlreichen Leben verschwiegen. *(Lächeln.)* Besonders Ruburt wollte von Reinkarnation nichts wissen, und die Vorstellung einer so mannigfaltigen Lebenserfahrung wäre ihm höchst skandalös vorgekommen.

Zeiten, Namen und Daten sind nicht annähernd so wichtig wie die Erfahrungen, und diese sind viel zu zahlreich, als daß ich sie hier aufzählen könnte. Ich werde jedoch dafür sorgen, daß sie eines Tages vollständig vorliegen werden. Ein paar dieser Leben sind in Ruburts Gruppensitzungen zur Sprache gekommen, und einige wenige in »The Seth Material«.

In einem künftigen Buch über Reinkarnation werden hoffentlich meine ehemaligen Persönlichkeiten zu Worte kommen, denn sie sollten ihre Lebensgeschichte selber erzählen. Ihr müßt nämlich wissen, daß es jene Persönlichkeiten noch gibt und daß sie eine unabhängige Existenz führen. Während das, was ich bin, einstmals in diesen Persönlichkeiten enthalten schien, war ich in Wirklichkeit nur der Samen, aus dem sie hervorkeimten. Ich erinnere mich zwar in eurem Sinne an das, was ich einmal war; doch in einem höheren Sinne sollten diese Persönlichkeiten für sich selber sprechen.

Ihr werdet hierin vielleicht eine Analogie zu der Altersregression in der Hypnose sehen. Diese Persönlichkeiten sind jedoch nicht in dem, was ich bin, einbeschlossen. Sie haben sich in ihrem eigenen Stil weiterentwickelt. Sie werden nicht verleugnet. Meinen Begriffen nach koexistieren sie mit mir, aber auf einer anderen Realitätsebene.

Nun: Macht Pause.

(22.56 Uhr. Jane sagte, sie sei wirklich »weg« gewesen. Wie es manchmal geschieht, begannen Erinnerungen und Bilder, die mit dem Material in Zusammenhang standen, wiederzukommen, während wir miteinander sprachen. Sie hatte ein Gefühl von Expansion, den Eindruck von gewaltigen Menschenmengen. Dann erinnerte sie sich an einen stinkenden Stall mit dreckigem Stroh und »drei Männern in schmutzigen braunen Roben aus einem ziemlich groben Tuch«.

Jane saß halb in Trance da und »sah jetzt mehr Zeug als während der Sitzung selbst«. Es war, als fiele ein Lichtstrahl in ihr auf einen eng begrenzten Umkreis. Sie sah Fett oder Wachs von einer Kerze auf eine der Roben heruntertropfen und einen Fleck darauf machen. In dem Stall waren lange, ovale Strohbündel aufeinandergestapelt, »um sie trokkenzuhalten, fast bis unter das Dach«. Jedes Bündel war zusammengebunden, aber nicht abgedeckt.

Jetzt roch sie etwas sehr Ranziges. »Seth hat unter seinen Waren irgendeine Seife gehabt – eine schreckliche Mischung aus Lauge und Rosenwasser«, sagte sie ungläubig und mit gerümpfter Nase. »Sie war in einer Art gewobenem Sack; einem doppelten, wie man ihn über den Rücken von Pferden wirft ... Ich sehe ihn so deutlich vor mir, daß ich ihn zeichnen könnte, obwohl dies ja eigentlich keine große Sache ist.

Das wär's. All das stieg in mir auf, als du davon zu sprechen anfingst«, sagte sie schließlich. »Ich hatte keine große Vision und wußte nicht, wieweit ich mitgehen sollte. Dann kam der Doppelsack, und danach nichts mehr . . .«

Jane war offenbar jetzt viel entspannter als zu Beginn dieses Kapitels. Sie gähnte tief, wieder und wieder, mit tränenden Augen. Ich schlug vor, die Sitzung enden zu lassen, aber sie wollte weitermachen. Fortsetzung um 23.19 Uhr.)

In verschiedenen Leben war ich mir meiner »früheren Existenzen« bewußt. Einmal machte ich als Mönch die Entdeckung, daß ich eine Handschrift kopierte, die ich selber in einem früheren Leben angefertigt hatte.

Oft zeigte ich eine Vorliebe für körperliche Fülle und hatte sie auch. Zweimal bin ich Hungers gestorben. Ich habe meine Tode immer als sehr lehrreich empfunden – in eurem Sinne hinterher. Es war stets ein Gewinn, zwischen den Leben den Gedanken und Ereignissen nachzuspüren, die zu meinem jeweiligen Ableben geführt hatten.

Keiner meiner Tode hat mich überrascht. Während ich im Sterben lag, empfand ich das Unausweichliche daran, und es war auch ein Erkennen, ja ein Gefühl der Vertrautheit dabei: »Natürlich, dieser und kein anderer ist mein persönlicher Tod«. Und ich habe dann selbst die bizarrsten Todesumstände widerspruchslos hingenommen und habe dabei fast so etwas wie ein Gefühl der Vollendung gehabt. Das Leben wäre ohne den Tod nicht vollständig.

Ein überwältigendes Gefühl der Demut und zugleich der Erhebung stellt sich ein, wenn das innere Selbst bei Eintritt des Todes seine Freiheit zu spüren beginnt. Alle meine Tode waren meinen Leben komplementär, insoweit es mir vorkam, als hätte es nicht anders sein können.

(Lange Pause.) Wenn ich es wünsche, kann ich in eurem Sinne jeden beliebigen Teil jener Existenzen wiedererleben, aber jene Persönlichkeiten gehen ihrer eigenen Wege. Verstehst du mich?

(»Ja.«)

Auf subjektiver Ebene habe ich mich in jedem meiner Leben als Lehrer und Sprecher betätigt. In ein paar besonders intuitiven Existenzen war ich mir dieser Tatsache bewußt. Ihr macht euch immer noch keinen Begriff von der ungeheuren Bedeutung der Kehrseite des Bewußtseins. Außer der objektiven Rolle, die ihr in jedem Leben zu spielen habt, gehören zu euren Aufgaben als Reinkarnierte auch die Traumzustände, schöpferische Rhythmen, die unterhalb der Alltagswelt, die ihr kennt, ihren eigenen Gezeiten folgen. Auf diesem Gebiet brachte ich es zur Meisterschaft im Laufe von mehreren Leben als Lehrer und Sprecher, die im Gegensatz dazu äußerlich uninteressant verliefen.

Mein Einfluß, meine Arbeit und meine Anliegen waren in dem Falle viel weitreichender als die ruhigen, objektiven Beschäftigungen, denen ich nachging. Ich gebe euch diese Information in der Hoffnung, daß sie euch helfen wird, die wahre Natur eurer eigenen Realität zu erkennen. Meine Reinkarnationen erklären jedoch nicht, was ich bin, noch erklären eure, was ihr seid.

Jetzt könnt ihr Pause machen oder die Sitzung beenden, ganz nach Belieben.

(»Machen wir Pause.« 23.35 Uhr. Wenn ich das Gefühl habe, daß Jane die Sitzung vielleicht gerne fortsetzen möchte, wähle ich immer die Pause. Es war ein langsam schleppender Vortrag gewesen, und Jane wußte, daß sie nicht lange weg gewesen war.

»Ich weiß nicht, was wir jetzt tun sollen wegen der Fortsetzung«, sagte sie, nachdem wir ein paar Worte gewechselt hatten. »Ich weiß, was Seth vorhat, aber ich weiß nicht, wie er es anpacken wird.«

»Was ist denn? Ich verstehe nicht –«

»Er will Seth Zwei durchlassen.«

Diese Persönlichkeit spricht gelegentlich in der ASW-Gruppe, aber relativ selten in unseren Privatsitzungen. In dem Entwurf, den Seth uns vor Beginn der Diktate für dieses Buch lieferte, hatte es geheißen, Seth Zwei würde erklärt werden. Ein paar unserer Fragen für Kapitel zwanzig hatten sich auch auf Seth Zwei bezogen. Im Augenblick war mir beides entfallen – daher meine Überraschung.

Doch jetzt, um 23.40 Uhr wußte Jane nicht, ob sie auf meinen Vorschlag eingehen und die Sitzung beenden oder ob sie weitermachen sollte. Schließlich entschied sie sich, »einen Augenblick lang nur ruhig dazusitzen«. Danach hieß es: »Ich weiß nicht, ob ich Schluß machen soll oder nicht – es könnte noch eine Stunde dauern ...« Ich sagte, ich sei mit von der Partie, wenn sie es wäre. Seth nahm das Diktat um 23.45 Uhr wieder auf.)

Nun: Die Seele kennt sich selber und läßt sich von Begriffen und Definitionen nicht irremachen. Indem ich euch meine eigene Realität zeige, hoffe ich euch zu lehren, die e u r e zu sehen.

Ihr seid an keine Kategorie und an keinen existentiellen Winkel gebunden. Eure Realität ist ebensowenig meßbar wie meine. Ich schreibe dieses Buch in der Hoffnung, die Funktionen des Bewußtseins und der

Persönlichkeit zu veranschaulichen und euren Vorstellungshorizont zu erweitern.

Nun habe ich euch am Anfang gesagt, daß ich dieses Material mit dem Beistand einer Frau diktiere, die ich sehr gern habe. Ich möchte dem jetzt hinzufügen, daß noch andere Realitäten beteiligt sind. Die nun folgenden Abschnitte werden von einer anderen Persönlichkeit geschrieben, die zu mir etwa in dem gleichen Verhältnis steht wie ich zu der Frau, durch die ich jetzt spreche.

(Ich beobachtete die Veränderung, die jetzt mit Jane vor sich ging, während unser vertrauter Seth sich zurückzog und Seth Zwei in den Vordergrund trat. Ich wußte, daß Jane in diesem Augenblick die subjektive Empfindung eines »Kegels« oder einer »Pyramide« hatte, die sich auf ihren Kopf senkte. Jane hat oft darüber gesprochen, daß sie, während Seth sich ihr auf eine sehr warme und lebendige und freundschaftliche Weise nähert, das Gefühl hat, ihr Bewußtsein verlasse sie, um Seth Zwei entgegenzugehen – »die unsichtbare Pyramide hinauf, wie der Rauch im Rauchfang«. Sie weiß nicht, wohin sie geht oder auf welchem Weg sie wiederkehrt. Ihr Körper scheint einfach zurückzubleiben.

Jane saß sehr förmlich in ihrem Schaukelstuhl da, die Unterarme auf den Armlehnen, die Füße flach auf dem Teppich. Es war eine schwüle Nacht; unsere Wohnzimmerfenster standen offen, und jetzt wurde ich mir des Straßenlärms bewußt. In der Wohnung über uns hörte ich jemanden hin- und hergehen.

Janes Augen waren geschlossen; nur ab und zu öffneten sie sich ein wenig. Ein schwaches Lächeln lag auf ihrem Gesicht, während sie für Seth Zwei sprach. Die Stimme, die jetzt aus ihr hervorzutönen begann, war sehr hoch, sehr distanziert und förmlich, ohne große Lautstärke oder Betonung. Jedes Wort wurde sorgfältig und überlegt, fast zart ausgesprochen. Es war so, als wäre Seth Zwei den Umgang mit Stimmbändern und Worten nicht gewohnt und gäbe sich deshalb Mühe, diese Mechanismen genau richtig zu handhaben. Der Kontrast zwischen den beiden Seth hätte nicht größer sein können.)

Wir sind Stimmen, die ohne eigene Zungen reden. Wir sind die Quellen jener Energie, aus der ihr stammt. Wir sind Schöpfer und doch selber Erschaffene. Wir haben euer Universum befruchtet, so wie ihr andere Realitäten befruchtet.

Wir existieren nicht als geschichtliche Wesen, noch haben wir jemals physisches Dasein erfahren. Aus dem Überfluß unserer Freude ist eure

Welt hervorgegangen. Unsere Existenz ist von der Art, daß wir uns euch durch andere mitteilen müssen.

Wortsymbole haben keine Bedeutung für uns. Unsere Erfahrung ist nicht übersetzbar. Wir hoffen, daß unsere Absicht es ist. In dem gewaltigen, unendlichen Gesichtskreis des Bewußtseins ist nichts unmöglich. Jeder Gedanke ist von Bedeutung. Wir nehmen eure Gedanken als Lichter wahr. Sie bilden Muster. *(Die Silben wurden in dieser Weise behutsam und getrennt ausgesprochen.)*

Wegen der Schwierigkeiten, die sich einer Verständigung in den Weg stellen, ist es uns fast unmöglich, unsere Realität zu erklären. Wisset aber, daß es uns gibt. Wir senden euch unermeßliche Lebenskraft zu und halten unsere Hand über alle jene Bewußtseinsstrukturen, mit denen ihr vertraut seid. Ihr seid niemals allein. *(Pause.)* Wir haben immer Boten zu euch gesandt, die eure Bedürfnisse kennen. Obgleich wir euch unbekannt sind, liegt ihr uns doch am Herzen.

Seth ist ein Bezugspunkt für mich und ein Bezugspunkt für euch. Er ist ein uralter Teil von uns. *(Pause.)* Wir sind getrennt und doch vereint. *(Lange Pause.)* Immer formt der Geist das Fleisch.

(24.06 Uhr. Dies war das Ende der Sitzung. Wie gewöhnlich, wenn Seth Zwei spricht, kam das Ende unangekündigt und ohne die Wärme, den Gefühlsaustausch, der oft zwischen Seth, Jane und mir stattfindet.

Janes Augen waren schwer. Einige Minuten lang hatte sie Mühe, sie offenzuhalten. Sie hatte ihre Stellung in ihrem Schaukelstuhl während des ganzen Vortrags nicht verändert und hatte den gewohnten Kegeleffekt verspürt.)

Sitzung 589, Mittwoch, den 4. August 1971

(Ausnahmsweise waren wir einmal frühzeitig bereit für die Sitzung. Ich gab meiner Hoffnung Ausdruck, daß Seth auf einen Traum eingehen würde, den Jane in der vergangenen Nacht gehabt hatte.

Als es neun Uhr wurde, nahm Jane eine für sie typische Haltung an. Sie verstummte und begann unter gesenkten Augenlidern Seitenblicke zu werfen, während sie dasaß und offenbar auf ein bestimmtes persönliches Signal wartete. Dann sagte sie, Seth sei »da«; die Sitzung würde gleich anfangen. Als sie ihre Brille abnahm und vor sich auf den Rauchtisch legte, war sie in Trance. Ihr Tempo war ziemlich langsam am Anfang. 21.04 Uhr.)

Nun: Fahren wir fort. Es gibt Bewußtseinsformen, die sich physisch nicht dechiffrieren lassen. Die »Persönlichkeit«, von der die Abschnitte herrühren, die ihr gerade vernommen habt, ist eine solche.

Wie schon erwähnt, besteht zwischen mir und jener Persönlichkeit dieselbe Art von Verhältnis wie zwischen Ruburt und mir. Doch von eurem Standpunkt aus gesehen steht Seth Zwei meiner Realität sehr viel ferner, als ich der Realität Ruburts stehe. Ihr könnt euch, wenn ihr wollt, Seth Zwei als einen künftigen Teil meiner selbst vorstellen, aber es gehört noch viel mehr dazu.

Ich bediene mich hier einfacher Begriffe in dem Bemühen, diese Dinge klarerzumachen. Im Trancezustand kann Ruburt zu mir Verbindung aufnehmen. In einem Zustand, der einer Trance in mancher Hinsicht ähnlich ist, kann ich zu Seth Zwei Verbindung aufnehmen. Wir sind auf eine Weise miteinander verquickt, die sich schwer erklären läßt; wir sind in einem Bewußtseinsgewebe ineinander verwoben. Meine Realität beinhaltet also nicht nur die Reinkarnationsidentitäten, sondern auch andere Wesensgestalten, die nicht unbedingt physisch verankert sind.

Das gleiche gilt für jeden meiner Leser. Die Seele ist offen strukturiert. Sie ist kein geschlossenes geistiges oder psychisches System. Ich habe euch zu zeigen versucht, daß die Seele kein separates, von euch abgetrenntes Ding ist. Sie ist ebensowenig gesondert von euch wie Gott.

Es besteht weder die Notwendigkeit, einen separaten Gott zu erschaffen, der außerhalb eures Universums und gesondert davon existiert, noch gibt es irgendeinen Grund, sich die Seele als eine räumlich entrückte Wesenheit vorzustellen. Gott oder Alles-das-was-ist ist ein intimer Bestandteil von euch. »Seine« Energie formt eure Identität, und in der gleichen Weise ist auch die Seele ein Bestandteil von euch.

Meine Reinkarnationspersönlichkeiten, meine wahrscheinlichen Selbst und sogar Seth Zwei leben jetzt in mir, so wie ich in ihnen lebe. Euren Begriffen nach ist Seth Zwei zwar fortgeschrittener als ich. Euren Begriffen nach ist er fremder, weil er zu eurer physischen Existenz keine so gute Beziehung hat wie ich mit meinem irdischen Hintergrund.

Und dennoch ist meine Erfahrung für Seth Zwei eine Bereicherung, und seine Erfahrungen bereichern mich in dem Sinne, daß ich sie wahrnehmen und sie mir auf eine gewinnbringende Weise übersetzen kann. Ebenso wird auch Ruburts Persönlichkeit durch sein Verhältnis zu mir erweitert, und ich selber profitiere nicht weniger von der Erfahrung, denn selbst der beste Lehrer kann noch aus jeder Dimension seiner Tätigkeit etwas lernen.

Im weiteren Sinne enthält meine Seele meine Reinkarnationspersönlichkeiten, Seth Zwei und die wahrscheinlichen Selbst. Ich bin mir übrigens meiner wahrscheinlichen Selbst ebenso bewußt wie meiner Reinkarnationsexistenzen. Die Vorstellung, die ihr euch von der Seele macht, ist einfach viel zu begrenzt. Ich spreche hier nicht eigentlich von Gruppenseelen, obwohl man das Gesagte auch so auslegen kann.

Jeder Teil der Seele enthält schon das Ganze – eine Auffassung, die euch sicher befremden wird. Indem ihr euch eurer subjektiven Realität stärker bewußt werdet, macht ihr euch daher auch mit größeren Teilen eurer Seele vertraut. Wenn ihr euch die Seele als ein geschlossenes System vorstellt, dann erfahrt ihr sie auch so und verschließt euch vor dem Wissen um ihre höheren schöpferischen Kräfte und Anlagen.

Seth Zwei steht zwar für das, was ich bis zu einem gewissen Grade und euren Begriffen nach einmal sein werde, aber wenn ich das bin, was er jetzt ist, dann wird er bereits etwas anderes sein. Nur in diesem Sinn kann Ruburt werden, was ich jetzt bin, aber dann werde ich inzwischen etwas vollkommen anderes sein.

Jeder von euch ist in die gleiche Art von Beziehungen verstrickt, ob er das nun weiß oder nicht. Während es euch so vorkommt, als sei bei euren Reinkarnationsleben vergangenes und künftiges Geschehen im Spiel, verlaufen diese Existenzen in Wirklichkeit zu eurem gegenwärtigen Leben und Bewußtsein parallel und berühren sich damit. Andere Aspekte eurer größeren Identität existieren darum herum.

(Jane als Seth sprach mit tiefem Ernst, die Augen weit offen und dunkel. Ihr Arm beschrieb in der Luft eine Reihe von Kreisen.)

Die Antwort auf die Frage nach dem Wesen der Realität, die ihr sucht, das ganze persönliche Wissen um Alles-das-was-ist – sie sind in eurer gegenwärtigen Erfahrung enthalten. Ihr werdet sie nicht in der Außenwelt, sondern nur auf einer Reise in euer Inneres finden, die durch euch hindurch und durch die euch bekannte Welt hindurchführt.

Gedulde dich einen Moment. *(Pause von einer Minute mit geschlossenen Augen.)*

Ich war einmal eine Mutter mit zwölf Kindern. Unbeleckt von jeglicher Bildung, alles andere als schön, besonders in reiferen Jahren, mit einem ungezügelten Temperament und rauher Stimme. Dies war in der Nähe von Jerusalem im sechsten Jahrhundert. Die Kinder hatten viele Väter. Ich tat mein Bestes, sie durchzubringen.

Meine Name war Marshaba. Wir lebten, wo immer wir konnten, kampierten in Torwegen und bettelten schließlich alle. Doch in dieser

Existenz besaß das Leben Kontraste und eine Prägnanz, die alles, was ich vorher erlebt hatte, weit in den Schatten stellte. Eine Brotkruste war viel köstlicher für mich als jedes Stück Kuchen mit noch so schönem Zuckerguß in allen meinen Leben davor.

Wenn meine Kinder lachten, überwältigte mich die Freude, und trotz aller Entbehrungen, die wir erduldeten, war jeder Morgen eine triumphierende Überraschung, daß wir im Schlaf nicht gestorben und nicht dem Hunger erlegen waren. Ich hatte dieses Leben absichtlich gewählt, so wie jeder von euch seine Leben wählt, weil mich meine früheren Existenzen zu blasiert gemacht hatten. Ich war zu behütet. Ich konnte mich nicht mehr klar auf die wahrhaft spektakulären körperlichen Genüsse und Erfahrungen konzentrieren, die die Erde zu bieten hat.

Obgleich ich meine Kinder anschrie und manchmal zornentbrannt gegen die Elemente wütete, war ich doch von der Großartigkeit des Daseins bis ins Tiefste getroffen und habe damals mehr über echte Spiritualität gelernt als in meinen Leben als Mönch. Das soll nicht bedeuten, daß Armut der Weg zur Wahrheit sei oder daß Leiden gut für die Seele seien. Viele, die das gleiche Los mit mir teilten, haben wenig daraus gelernt. Was es bedeutet, ist, daß jeder von euch sich seine jeweiligen Lebensumstände mit Vorbedacht aussucht, denn ihr kennt eure Stärken und Schwächen im voraus. *(Pause.)*

In meiner Persönlichkeitsgestalt war von da an, während ich euren Begriffen nach später andere, reichere Leben führte, diese Frau immer lebendig in mir – so wie beispielsweise das Kind im Erwachsenen lebt –, und sie war voller Dankbarkeit, wenn sie meine späteren Lebensumstände mit ihrer früheren Existenz verglich. Sie drängte darauf, daß ich meine Vorteile besser wahrnahm.

In dieser Weise existieren auch in euch eure diversen Reinkarnationsexistenzen. Um bei unserer Erwachsenen-Analogie zu bleiben, so ist es, als wäre das Kind in euch ein Teil eurer eigenen Erinnerung und Erfahrung, hätte euch aber andererseits auch wieder verlassen und wäre seiner eigenen Wege gegangen, und ihr wärt nur der Erwachsene, zu dem das Kind »wurde«. Ebenso sind auch die Menschen, von denen ich sprach, ihrer eigenen Wege gegangen und sind dabei doch ein Teil von mir geblieben und ich von ihnen.

Ich lebe in der Erinnerung von Seth Zwei als ein Selbst, dem er entsprungen ist. Und doch ist das Selbst, das ich jetzt bin, nicht das Selbst, aus dem er entsprang. Nur eure starren Zeit- und Bewußtseinsbegriffe lassen euch diese Aussagen als seltsam erscheinen; denn in einem größeren Kontext kann ich mich wiederum auch an Seth Zwei erinnern. Alle diese Beziehungen sind offen. Jeder psychologische Vorgang wirkt auf alle anderen ein.

Ihr könnt Pause machen.

(Zu mir, lauter:) Wenn dir etwas nicht klar sein sollte, dann sage es – wenn du es nämlich nicht verstehst, wird auch der Leser es nicht verstehen.

(»O. k.« 21.55 Uhr. Jane hatte von der Frau, über die Seth gesprochen hatte, keine bildliche Vorstellung. Sie erinnerte sich, wie Seth in früheren Sitzungen davon gesprochen hatte, daß für die meisten Wesenheiten ein Minimum von drei Existenzen erforderlich ist – und wie schockiert sie gewesen war, als ihr später klarzuwerden begann, daß Seth viele Leben hinter sich hatte. Jetzt findet sie die Idee der Gleichzeitigkeit der Reinkarnationsleben recht akzeptabel; dies entspricht ihrer gefühlsmäßigen und intellektuellen Veranlagung. Zu Beginn unserer Sitzungen hatte Jane sich vor allem an dem gestoßen, was sie als seichte und populäre Vorstellungen von Reinkarnation bezeichnete, deren Vermischung mit den Begriffen von Gut und Böse, Strafe etc.

»Ich stimme Seths Äußerung, daß Reinkarnation ebenso ein Mythos wie eine Tatsache ist, aus ganzem Herzen zu«, sagte sie jetzt, auf eine ASW-Gruppensitzung anspielend. In dieser Sitzung vom 4. Mai 1971 hatte Seth unter anderem gesagt: »Was ihr also unter Reinkarnation versteht und unter den damit verbundenen Zeitbegriffen ist in der Tat eine grobe Vereinfachung ... Reinkarnation ist auf eine Weise auch eine Parabel. Es scheint sehr schwierig für euch zu sein einzusehen, daß ihr in vielen Realitäten – und vielen Jahrhunderten – gleichzeitig lebt ... « 22.22 Uhr. Fortsetzung in langsamem Tempo.)

Alles Sein und Bewußtsein ist miteinander verwoben. Nur wenn ihr euch die Seele als etwas Andersartiges, Separates und somit Abgeschlossenes denkt, gelangt ihr zu der Vorstellung eines gesonderten Gottes – einer Persönlichkeit, die von der Schöpfung getrennt zu sein scheint.

Alles-das-was-ist ist ein Teil der Schöpfung, aber er ist mehr als die Schöpfung. Es gibt Pyramidengestalten des Seins, die sich nicht mehr beschreiben lassen, deren Bewußtsein Kenntnisse und Erfahrungen mit was euch als eine enorme Anzahl anderer Realitäten vorkommen würde umfaßt. Den Begriffen nach, derer ich mich um unserer Verständigung willen bediene, würden beispielsweise Leben und Tod eures Planeten nur einen Augenblick i h r e r »Zeit« ausmachen. Die Existenz von Seth Zwei spielt sich am äußeren Rande einer solchen Milchstraße des Bewußtseins ab.

(Pause.) Wenn Seth Zwei spricht, dann erlebt Ruburt anfänglich folgendes: Sein Bewußtsein strebt nach oben, einen inneren medialen Pfad entlang, einen energetisch aufgeladenen Trichter hinauf, bis es einfach nicht mehr weitergeht. Er hat die subjektive Empfindung, als steige sein Bewußtsein aus seinem Körper heraus und eine unsichtbare Pyramide hinauf, deren offene Spitze bis weit in den Weltraum vordringt.

Hier scheint er auf unpersönliche Symbole zu stoßen, deren Botschaft auf irgendeine Weise automatisch in Worte übersetzt wird. Diese Spitze ist eigentlich eine Ausbuchtung der Dimensionen und stellt einen Ort zwischen den Systemen dar, der weit mehr mit Energie und psychologischer Realität zu tun hat als mit Raum, denn Raum ist ohne Bedeutung.

Ich bin zu solchen Zeiten fast immer als Dolmetscher anwesend. Meine Kenntnis beider Realitäten ist Vorbedingung für die Kommunikation.

(Lange Pause.) Seth Zwei ist es gewöhnt, mit einem völlig anderen Symbol- und Bedeutungssystem umzugehen, so daß in diesem Falle zwei Übersetzungen notwendig sind – eine vor mir und eine von Ruburt.

Es ist zu hoffen, daß bestimmte Ideen auf diese Weise an euch weitergegeben werden, die sonst nicht weitergegeben werden könnten. Dieses Ineinanderfließen von Realität und Erfahrung, dieser Austausch von Botschaften zwischen den Systemen findet auf verschiedene Weise und unter der einen oder anderen Maskierung kontinuierlich statt und zeigt sich in eurem System in Form von Inspirationen verschiedenster Art. Mit anderen Worten: ihr bekommt Hilfe.

Ihr macht aber auch von euren eigenen Fähigkeiten Gebrauch, denn eure eigenen Charaktereigenschaften entscheiden weitgehend darüber, wieviel Hilfe ihr erhaltet. Die Symbolik, die Ruburt entgegentritt, wenn Seth Zwei spricht, erfüllt ihren Zweck; aber außen ist gleichzeitig innen, und deshalb reist das Bewußtsein ebensoweit nach innen, wie es nach außen zu reisen scheint.

Solche Kontakte und solches Wissen sind jedem Individuum erreichbar. Alles-das-was-ist spricht zu jedem seiner Teile. Seine Botschaften kommen aber nicht geräuschvoll mit Trompeten und Fanfaren von außen, sondern von innen durch den lebendigen Seelenstoff eines jeden Bewußtseins.

Nun: Wenn ihr etwas über den Traum hören wollt, schlage ich vor, daß wir das Diktat für heute abend beenden. Ihr könnt Pause machen, oder ich kann auch sofort mit der Deutung beginnen – ganz wie ihr wollt.

(22.45 Uhr. »Dann fang am besten gleich damit an.«)

Laß mir einen Augenblick Zeit dafür. *(Pause.)*

(Seth hat dann auf zwei Seiten Janes Traum ausgezeichnet erklärt. Die Sitzung endete um 23.05 Uhr.)

Sitzung 590, Montag, den 9. August 1971

(Beim Abendessen hatten wir heute über die Daten spekuliert, die uns Seth in Verbindung mit seinem Leben als Papst mitgeteilt hatte, sowohl in der ASW-Gruppensitzung vom 15. Mai 1971 wie auch in der 588sten Sitzung in diesem Kapitel. Als ich Zweifel darüber äußerte, daß meine Vermutung, Seths päpstliche Inkarnation habe im vierten Jahrhundert stattgefunden, richtig sei, sagte Jane, sie habe das Jahr 325 n. Chr. »erhalten«. Dies kam mir wie eine Bestätigung vor. Als zusätzliche Überraschung ergänzte Seth in der heutigen Sitzung die jenes Leben betreffenden Daten. Beginn um 22.05 Uhr.)

Guten Abend.

(»Guten Abend, Seth.«)

Es war im vierten Jahrhundert.

(»Besten Dank.«)

Ein paar ergänzende Anmerkungen noch, speziell zu deiner Erbauung. Für den größten Teil jener Zeit und noch für eine Zeitlang danach sind die Urkunden recht unzuverlässig. Sie wurden frisiert. Manchmal wurde der Name eines Mannes angegeben für eine Regierungszeit, die sich über etliche Jahre erstreckte. Dabei war aber der ursprüngliche Mann vielleicht ermordet worden; ein anderer war an seine Stelle getreten und hatte dem Volk gegenüber so getan, als habe sich gar nichts geändert. Gift war das beliebteste Mittel, und selbst die, welche die Wahrheit ahnten, wagten nicht, den Mund aufzutun.

In den Urkunden würde dann nur eine Papstherrschaft aufgeführt sein, während in Wirklichkeit zwei oder sogar drei Männer das Amt bekleidet hatten. In solchen Fällen steckte ein politischer Kurswechsel dahinter; Schaukelpolitik.

Jetzt gedulde dich einen Augenblick. *(Pause.)* Es gab auch Leute, die »kleine Päpste« genannt wurden. Diese machten eine ambitiöse Schulung durch und wurden gefördert. Machten sie nämlich wirklich das Rennen, so erwuchsen ihren Anhängern daraus große Vorteile. Diese Leute waren übrigens in ihrer Handlungsweise kaum schlechter als der Rest der Bevölkerung. Ihre Positionen ließen ihnen nur mehr freien Spielraum.

Die Daten 325 und 375 fallen mir ein im Zusammenhang mit meinem damaligen Leben. Wiederum haben die Namen und Daten heute wenig Bedeutung für mich. In jenem Leben lernte ich die Wechselwirkung zwischen den Menschen und ihren Ambitionen kennen, die Kluft, die so häufig die Ideale von ihrer praktischen Verwirklichung trennt.

Ihr müßt übrigens wissen, daß die Politik in jenen Zeiten zu den legitimen Aufgaben der Kirche gehörte, und von einem kirchlichen Würdenträger wurde erwartet, daß er ein erstklassiger Politiker war. Ich scheine in jenem Leben auch eine Weile an einem Ort verbracht zu haben, der wie Caprina klingt.

(Lange Pause.) Ein Vetter oder Bruder war mir wichtig. Er kam schließlich in große Schwierigkeiten und wurde in irgendein Schmuggelgeschäft mit den Spaniern verwickelt.

Es gab damals einen Geheimbund, der sich »Nachfolger der Mutterschaft Gottes« nannte. Sie galten als Ketzer, und es sind mir mehrfach Petitionen gegen sie eingereicht worden. Es ging dabei um die Stellung der »heiligen Jungfrau« im Dogma der Kirche.

Jetzt sind wir mit unseren Anmerkungen fertig, und ihr könnt Pause machen.

(22.25 bis 22.32 Uhr.)

Wir setzen das Diktat fort.

Ihr seid nicht dazu verdammt, euch in Alles-das-was-ist aufzulösen. Die Aspekte eurer Persönlichkeit, wie ihr sie gegenwärtig seht, werden erhalten bleiben. Alles-das-was-ist ist der Schöpfer der Individualität, nicht ihr Vernichter.

Meine eigenen »früheren« Persönlichkeiten sind ebensowenig in mir aufgelöst wie eure »ehemaligen« Persönlichkeiten. Alle sind sie lebendig und vital. Alle gehen sie ihrer eigenen Wege. Eure »künftigen« Persönlichkeiten sind ebenso wirklich wie eure ehemaligen. Nach einer Weile wird euch das nichts mehr angehen. Außerhalb des Rahmens der Reinkarnation gibt es keinen Tod in eurem Sinne.

Mein eigenes Bezugssystem ist jedoch nicht mehr auf meine Reinkarnationsleben eingestellt. Ich habe meiner Aufmerksamkeit eine andere Richtung gegeben.

Da alle Leben gleichzeitig sind und alle auf einmal ablaufen, muß jede Trennung psychologisch begründet sein. Ich existiere, wie ich bin, während meine Reinkarnationsleben – euren Begriffen nach – noch existieren. Und dennoch gehen sie mich nichts mehr an, und meine Konzentration kommt anderen Tätigkeitsbereichen zugute.

Die Persönlichkeit verändert sich, ob sie nun in einem Körper steckt oder nicht, also werdet ihr euch nach dem Tode ebenso verändern wie davor. Unter diesen Bedingungen ist es absurd, darauf zu bestehen, daß ihr nach dem Tod so bleibt, wie ihr jetzt seid. Das wäre gerade so, als wenn ein Kind sagte: »Ich will zwar erwachsen werden, aber meine Vorstellungen, die ich jetzt habe, dürfen sich niemals ändern.« Die multidimensionalen Eigenschaften der Psyche erlauben es ihr, einen unendlichen Kosmos von Dimensionen zu erleben. Erfahrungen in einer Dimension schließen in keiner Weise die Existenz in einer anderen aus.

Ihr habt versucht, die Seele in die spanischen Stiefel eurer engen existentiellen Begriffe zu zwängen, und habt sie genötigt, sich nach euren beschränkten Vorstellungen zu richten. Die Tür der Seele steht jedoch offen, und alle Erfahrungsdimensionen sind vor ihr ausgebreitet.

Wenn ihr jedoch denkt, daß das Selbst, wie ihr es kennt, eure Totalität ausmacht, dann stellt ihr euch auch die Seele als eine begrenzte Wesenheit vor, deren Wirken sich auf ihre gegenwärtigen Unternehmungen in nur einem Leben beschränkt und die dementsprechend nach dem Tode aufgrund ihres Verhaltens während ein paar lumpiger Jahre gerichtet wird.

In vieler Hinsicht ist das eine bequeme Vorstellung, obgleich sie für manche wegen ihrer Assoziierung mit der ewigen Verdammnis auch recht erschreckend sein kann. Es ist jedoch viel zu einfach, auf die Reichtümer im Herzen der göttlichen Schöpferkraft hinzudeuten. Die Seele steht sowohl innerhalb als auch außerhalb der euch vertrauten physischen Lebensstruktur. Ihr seid von den Tieren und dem Rest der Schöpfung nicht vermöge eures Besitzes eines ewigen inneren Bewußtseins geschieden. Ein solches Bewußtsein ist in allen lebenden Wesen vorhanden und in allen Seinsformen.

Ihr könnt Pause machen.

(22.55 Uhr. Dies erwies sich als das Ende der Sitzung.)

Sitzung 591, Mittwoch, den 11. August 1971

(Wieder hatten wir eine kurze Sitzung. Jane und ich hatten uns daran gewöhnt, mit Seths schriftstellerischer Arbeit zu leben; wir hatten uns schließlich auf jede neue Entwicklung gefreut. Aber jetzt ... »Ich würde am liebsten gar keine Sitzung abhalten«, sagte Jane, während wir darauf warteten, daß es neun Uhr werden sollte. »Es ist ein richtig komisches Gefühl – fast ein nostalgisches. Ich fühle – ich weiß –, daß Seth sein Buch jetzt bald abschließen wird, wahrscheinlich noch heute abend, und ich will irgendwie nicht, daß das passiert.« Sie hatte solchen Gefühlen schon früher gelegentlich Ausdruck gegeben, seit Seth an den zwei letzten Kapiteln arbeitete. Beginn um 21.03 Uhr.)

(»Guten Abend, Seth.«)

Nun: Wir setzen das Diktat fort. *(Janes Tempo war jetzt ziemlich schnell, die Stimme leise.)* Guten Abend.

Ich habe dieses Kapitel »Ein Lebewohl und eine Einführung« betitelt. Das Lebewohl gilt für mich, weil ich jetzt zum Schluß dieses Buches komme. Die Einführung dagegen gilt für meine Leser, denn ich hoffe, daß ihr nun imstande sein werdet, euch Auge in Auge gegenüberzustehen mit größerem Verständnis dafür, wer und was ihr seid.

Ich möchte euch also mit euch selber bekanntmachen.

Ihr werdet euch nicht finden, indem ihr von Lehrer zu Lehrer geht oder von Buch zu Buch. Ihr werdet euch nicht finden, indem ihr irgendeine spezialisierte Meditationsmethode anwendet. Nur durch ein stilles Hineinblicken in das Selbst, das ihr kennt, könnt ihr eure eigene Realität erfahren mit den Bezügen, die zwischen dem gegenwärtigen oder augenblicklichen Selbst und der inneren multidimensionalen Identität bestehen.

Es muß eine Bereitschaft, eine innere Zustimmung, ein Verlangen vorhanden sein. Wenn ihr euch nicht die Zeit dafür nehmt, eure eigenen subjektiven Zustände zu beobachten, dann könnt ihr euch auch nicht beklagen, wenn euch die Antworten auf eure Fragen immer wieder entgleiten. Ihr könnt die Beweisführung nicht einem anderen aufbürden und von einem Lehrer oder einem anderen Menschen erwarten, daß er euch die Gültigkeit eures eigenen Daseins beweist. Ein solches Vorgehen muß euch zwangsläufig in eine subjektive Falle nach der anderen locken.

Während ihr über dieses Buch gebeugt sitzt, stehen die Pforten zu eurem Innern offen. Ihr braucht nur den Augenblick, wie ihr ihn kennt, so intensiv wie möglich zu erleben – so wie ihr ihn physisch in eurem Zimmer vorfindet, oder draußen auf den Straßen der Stadt, in der ihr lebt. Stellt euch vor, wie die ganze Welt diesen Augenblick erlebt, dann kostet wieder euer eigenes subjektives Erleben aus, wie es im Augenblick vorhanden ist und sich dem Augenblick doch auch wieder entzieht – und dann übertragt diese Erfahrung auf jedes lebende Individuum.

Diese Übung wird schon allein dazu beitragen, eure Wahrnehmungsorgane zu öffnen, euer Bewußtsein zu erweitern und eure Selbsteinschätzung automatisch aufzuwerten.

Das »du«, das einer solchen Expansion fähig ist, muß einfach eine viel schöpferischere und multidimensionalere Persönlichkeit sein, als ihr euch ursprünglich vorgestellt hattet. Viele der an früherer Stelle dieses Buches genannten kleinen Übungen werden euch ebenfalls helfen, eure eigene Realität kennenzulernen, werden euch einen unmittelbaren Einstieg in eure Seele oder Wesenheit geben und euch mit jenen Teilen eurer Natur in Berührung bringen, denen eure Lebenskraft entspringt. Es kann sein, daß ihr dabei vergangenen Reinkarnationsselbst begegnet, es muß aber nicht sein. Ihr könnt euch beim Übergang von einer Bewußtseinsschicht in die andere ertappen, oder auch nicht.

Ganz sicher aber werden die meisten meiner Leser unter den vorgeschlagenen Übungen die eine oder andere finden, die sie mit Erfolg praktizieren können.

Jeder Leser sollte jedoch so oder so seine eigene Vitalität auf eine völlig neue Weise zu spüren bekommen, und seinem Expansionsvermögen sollten sich neue, innere Wege öffnen, von deren Existenz er vorher nichts wußte. Schon allein die Natur dieses Buches, die Art und Weise, wie es zustande kam und übermittelt wurde, sollte einen deutlichen Hinweis darauf enthalten, daß die menschliche Persönlichkeit weit größere Fähigkeiten besitzt, als ihr gewöhnlich zugeschrieben werden. Auch solltet ihr mittlerweile erkannt haben, daß nicht alle Persönlichkeiten physisch materialisiert sind. So wie dieses Buch von einer nichtphysischen Persönlichkeit konzipiert und diktiert und dann physisch gemacht wurde, so hat auch jeder von euch Zugang zu größeren Fähigkeiten und anderen Kommunikationsmethoden als den allgemein akzeptierten.

Ich hoffe, daß dieses Buch dazu gedient hat, jeden von euch in die multidimensionale Identität einzuführen, die euch eignet.

(Lauter:) Und das, mein lieber Freund, ist das Ende des Diktats und das Ende des Buches.

(»Großartig, Seth.«)

Jetzt könnt ihr Pause machen; eine wohlverdiente.

(21.30 Uhr. Das Ende des Buches schien unvermittelt zu kommen, obwohl wir darauf vorbereitet waren. Nachdem Jane aus der Trance heraus war, gab sie wieder ihrem eigentümlichen Bedauern Ausdruck, daß Seths Buch fertig war, obgleich wir ja auf dieses Ziel hingearbeitet hatten. »Was wird er jetzt bloß tun?« fragte sie. »Ich kann es gar nicht glauben, daß jetzt Schluß ist.«

»Nun, wir müssen's einfach abwarten«, erwiderte ich. Wir machten noch ein paar Witze über das, was in den Sitzungen als nächstes geschehen würde, aber ich konnte sehen, daß Jane nicht wirklich zum Scherzen aufgelegt war.

Schließlich sagte sie zu mir: »Ich versuche gerade mich zu entspannen ... Ich glaube, er hat noch etwas für dich über die biblischen Zeiten; die Kreuzigung ... Die Sache ist die, ich weiß, was Seth dir erzählen wird, aber es ist verwirrend. Es klingt irgendwie nicht richtig.«

»Nun, es freut mich zu hören, daß dir die Worte nicht ausgegangen sind«, sagte ich. Fortsetzung um 21.50 Uhr.)

Zu deiner Erbauung:

Christus, der historische Christus ist nicht gekreuzigt worden ... Du mußt mir hier etwas Zeit lassen. *(Pause.)*

Er hatte keine Absicht, auf diese Weise zu sterben; aber andere fanden, daß eine Kreuzigung nötig wäre, um die Prophezeiungen in allen Stücken zu erfüllen.

Christus hat nicht daran teilgenommen. *(Pause.)* Es hat eine Verschwörung gegeben, in der Judas eine Rolle gespielt hat, einen Versuch, aus Christus einen Märtyrer zu machen. Der dafür ausersehene Mann stand unter Drogen – daher die Notwendigkeit, ihm das Kreuz tragen zu helfen *(siehe Lucas, 23)* und es war ihm eingeredet worden, er sei Christus.

Er glaubte das. Er war einer der Irregeführten, aber er war auch von sich aus davon überzeugt, daß er, und nicht der historische Christus, die Prophezeiungen erfüllen müsse.

Maria kam, weil sie der Mann dauerte, der sich für ihren Sohn hielt. Sie war aus Mitleid anwesend. Die verantwortliche Gruppe wollte, daß es so aussah, als hätte eine bestimmte Partei der Juden Christus gekreuzigt. Sie hatten es sich nicht träumen lassen, daß das ganze jüdische Volk einmal die »Schuld« davontragen würde.

(Pause.) Dies läßt sich schwer erklären und ist selbst für mich nicht leicht zu entwirren ... Die Grabstätte war leer, weil diese selbe Gruppe den Körper wegtransportiert hatte. Maria Magdalena hat

Christus jedoch unmittelbar danach gesehen *(siehe Matthäus, 28)*. *(Lange Pause.)* Christus war ein großes Medium. Er hat die Wunden dann an seinem eigenen Körper aufbrechen lassen und ist seinen Anhängern sowohl leiblich als auch im außerkörperlichen Zustand erschienen. Er hat ihnen klarzumachen versucht, was geschehen war und in welcher Lage er sich befand, aber die, welche an der Verschwörung nicht teilgehabt hatten, verstanden ihn nicht und mißdeuteten seine Aussagen.

Petrus hat deswegen den Herrn *(Matthäus, 26)* dreimal verleugnet und gesagt, er kenne ihn nicht, weil er festgestellt hatte, daß jener Mensch nicht Christus war. Die Anklage: »Petrus, warum hast du mich verlassen?« kam von dem Mann, der sich für Christus hielt – dem unter Drogen. Judas hat auf diesen Mann hingedeutet. Er wußte von der Verschwörung und befürchtete, daß sie den wirklichen Christus einfangen könnten. Deshalb hat er der Obrigkeit einen Mann überantwortet, der als selbsternannter Messias galt – um das Leben des historischen Christus zu retten, nicht zu zerstören.

Auf symbolischer Ebene war jedoch in der Kreuzigungsvorstellung als solche das tiefe Dilemma der menschlichen Psyche und dessen Bedeutung enthalten, und so wurde die Kreuzigung per se eine viel größere Realität als die eigentlichen physischen Geschehensabläufe der damaligen Zeit.

Nur im Wahn Befangene sind in Gefahr oder imstande, ein solches Selbstopfer zu bringen, oder finden es notwendig. Nur diejenigen, die noch an Vorstellungen von Verbrechen und Strafe gebunden sind, würden sich von einem solchen religiösen Drama angezogen fühlen und in ihrem einen tiefen Widerhall ihrer eigenen subjektiven Gefühle finden.

Christus hat jedoch hellseherisch gewußt, daß diese Ereignisse in der einen oder anderen Form eintreten würden und hat die wahrscheinlichen Dramen, die sich daraus entwickeln könnten, vorausgesehen. Der betroffene Mann konnte von seiner subjektiven Entscheidung nicht abgelenkt werden. Er wollte sich opfern, um die alten jüdischen Prophezeiungen wahrzumachen, und war nicht davon abzubringen.

Als Christus beim letzten Abendmahl sagte: »Das ist mein Leib, und das ist mein Blut«, wollte er damit zeigen, daß der Geist in aller Materie ist – mit ihr verbunden und doch von ihr getrennt – und daß sein eigener Geist vom Körper nicht abhängig war. Er wollte auf seine Weise damit auch andeuten, daß man ihn fortan nicht mehr mit seinem Körper identifizieren sollte, denn er wußte, daß der Leichnam nicht sein eigener sein würde.

Dies wurde alles mißverstanden. Darauf änderte Christus seine Taktik und erschien von nun an seinen Anhängern ziemlich häufig in außerkörperlichem Zustand. *(Siehe Johannes, 20, 21; Matthäus, 28; Lucas, 24.)* Vorher hatte er das nicht in dem Maße getan. Er hat jedoch den Versuch unternommen, ihnen zu sagen, daß er nicht tot sei, aber sie haben es vorgezogen, dies symbolisch zu nehmen. *(Eine Pause von einer Minute.)*

Seine physische Gegenwart war nicht länger erforderlich und unter den gegebenen Umständen sogar peinlich. Da hat er einfach aus ihr herausgewollt.

Jetzt könnt ihr Pause machen.

(»Danke. Das ist hochinteressant.«)

(22.17 Uhr. »Donnerwetter!« sagte Jane, nachdem sie aus der Trance war, »das wird niemand hören wollen. Aber ich habe einfach versucht, mich zu entspannen und es herauszulassen, weil ich selber über jene Zeit so viele Fragen hatte ...« Fortsetzung um 22.28 Uhr.)

Nun: Er wußte, daß ihm ohne die Wunden niemand glauben würde, daß er es selber sei, weil die anderen so fest überzeugt waren, daß er mit diesen Wunden gestorben war. *(Siehe Johannes, 20.)* Sie waren als ein Erkennungszeichen gedacht, das sich erübrigen würde, sobald er die wahren Umstände erklärt hatte.

Er aß zum Beispiel, um zu beweisen, daß er noch am Leben war *(Johannes, 21; Lucas, 24 etc.)*, doch sie haben das einfach so verstanden, daß der Geist an der Nahrung teilhaben könne. Sie wollten glauben, daß er gekreuzigt wurde und wiederauferstanden war.

Und damit beende ich unsere Sitzung für heute. Ich wünsche euch einen schönen guten Abend.

(»Gut. Danke.«)

Sag Ruburt, es wird noch mehr Bücher geben. Und dir danke ich für deine Hilfe, Mitarbeit und Geduld.

(»Es ist gerne geschehen.« Ende um 22.30 Uhr.)

Anhang

Sitzung 592, Montag, den 23. August 1971

(Da ich so wenig über Christi Zeiten wußte, habe ich eine Weile gebraucht, um all das nachzulesen, was nötig war, um die passenden Anmerkungen schreiben zu können. Sue Watkins, ein Mitglied der ASW-Gruppe und eine persönliche Freundin von uns, war mir dabei behilflich; sie hat mir Bücher über die Epoche geliehen, so daß ich mir der historischen Hinweise sicher sein konnte.

Jane und ich waren von unseren jüngsten Aktivitäten noch müde und hätten die Sitzung wohl ausfallen lassen, wenn wir nicht den Rhythmus hätten beibehalten wollen, der sich eingespielt hatte. Sue war als Zeugin zugegen. Alle hatten wir eine legere Sitzung erwartet – eine, die, sagen wir, laufende Angelegenheiten von uns dreien berühren würde, angefangen von einer sehr kranken Katze bis zu unseren improvisierten »Reinkarnationsdramen« Freitag abends. Nicht erwartet hatten wir, daß Seth mit dem Material über die biblischen Zeiten, das er in seinem Buch gebracht hatte, fortfahren würde. 21.35)

Guten Abend.

(»Guten Abend, Seth.«)

Ich sollte euch eigentlich einen Schrecken einjagen und sagen: »Kapitel eins«, aber ich tue es nicht. Und unserer Freundin hier auch einen guten Abend. *(Sue.)* Du wirst mein Buch bald als Ganzes lesen können. *(Zu mir.)* Ich habe ein paar Anmerkungen für dich zur Erbauung.

(»Gut.«)

Habt einen Augenblick Geduld. Nun: Die Essener waren in einigen der Mysterienkulte der Griechen tief verwurzelt. Einige der Essener haben Schulen gegründet, die nicht waren, was sie zu sein schienen. Sie dienten als Vorwand. Der Adept wurde wiederholt auf die Probe gestellt, bevor er sich den geheimen Lehren nähern durfte. *(Pause.)* Es gab also neben der Essener Gruppe, von der allgemein die Rede ist, auch noch andere Gruppen.

(Die allgemein bekannte Essener-Gruppe wäre wohl die jüdische Sekte, die zu Christi Zeiten im Heiligen Land existierte. Historisch gelten sie als friedliche Gruppe.)

Die Essener, wie man sie kennt, waren die Nachkommen einer größeren und älteren Bruderschaft. In Kleinasien gab es auch welche. Sie versuchten Volksgruppen und Gruppenkulturen zu unterwandern. Bestimmte Grundideen waren also allen Essenern gemein, obwohl sie oft unter anderen Namen liefen. *(Pause.)* Es gab drei Hauptgruppen: die allgemein bekannte Gruppe, ein Seitenzweig in Afrika und die eben erwähnte Gruppe in Kleinasien. Zwischen den Gruppen gab es jedoch wenig Kontakt, und so begannen allmählich die Hauptlehren selbst wichtige Divergenzen zu zeigen.

Die Schulen gaben oft vor, Bildung auf anderen Gebieten zu vermitteln. Der Uneingeweihte wurde in dieser äußeren Gruppe gehalten. Es gab Leute, die solche Schulen besuchten, ohne je etwas von den Eingeweihten des inneren Kreises oder von der Tatsache zu wissen, daß die wichtigere Arbeit unterhalb der Tarnung geschah.

Manche Zeloten waren ursprünglich Essener. Die Essener gingen ihnen nämlich zeitlich voraus. Johannes der Täufer war in allen wesentlichen Zügen ein Essener; doch ein Mann, der in dieser Weise hervortritt, tritt automatisch aus seiner Gruppe heraus, und das hat dein Freund Johannes getan.

(Seth spielte hier scherzhaft auf mein jüngstes Interesse an Johannes dem Täufer an. Die Zeloten waren eine viel aggressivere, semipolitische jüdische Gruppe.)

Gewisse Mitglieder der Essener haben daher Johannes' Fortschritte mit Neid betrachtet. Einmal hat Johannes den Versuch unternommen, verschiedene divergierende Gruppen in einer Bruderschaft zu vereinigen; dies schlug aber fehl. Der Fehlschlag hat ihn sehr niedergedrückt. Feuer ist selten sanft, und Johannes der Täufer war ebenso feurig wie Paulus.

An und für sich war er wohl ein viel sanfterer Mann, trotzdem war er auf seine Weise genauso fanatisch wie alle anderen Hauptfiguren jener Zeit. Er war viel mehr gegen das, wogegen er war, als für das, wofür er war. Christus sollte nämlich die Botschaft überbringen, und Johannes sollte den Weg dafür bereiten.

Johannes hatte als junger Mann eine Liaison mit einer Cousine gehabt. Er ist dann für den Rest seines Lebens vor dieser Erfahrung davongelaufen, die er für sündhaft hielt.

Nun waren diese Männer zwar mit der Energie ihrer Rollen wie Segel gebläht, doch sie mußten natürlich auch die zeitgenössischen Charakteristika aufweisen. Sie mußten als Männer Männern entgegentreten, bevor Christus sich als einen über den natürlichen Menschen Hinausgehenden darstellen konnte.

Die Verwicklungen, die es gab, waren im Kontext jenes Religionsdramas nötig. Sie waren insofern schöpferisch, als sie den Samen enthielten, der allein, euren Begriffen nach, an dem Ort und zu der Zeit aufgehen konnte.

(Mit größerer Wärme:) Nun, wir brauchen nicht so förmlich zu sein. Das Buchdiktat ist vorbei.

(»Wirklich?«)

Allerdings.

(»O. k.«)

Ihr könnt mir eine Frage stellen oder Pause machen, ganz wie ihr wünscht.

(»Dann machen wir Pause.«)

(Zu Sue:) Ich spreche mit dieser hier oft im Traumzustand. Ich will nicht auch noch all deine Wachstunden in Anspruch nehmen.

(21.56 bis 22.00 Uhr.)

Nun: Die Urkunden wurden häufig gefälscht, vollkommen umfrisiert, und die falschen Urkunden wurden oft geschickt placiert. Religion war Politik. Sie bedeutete Einfluß und Macht über die Massen. Es war Sache der Herrscher zu wissen, woher der religiöse Wind wehte. Man verfälschte die Tatsachen damals und später. Einige Sekten hielten sich absichtlich gefälschte Urkunden, und zwar als Attrappe, damit, wenn diese gestohlen wurden, die Diebe denken sollten, sie hätten, wonach sie jagten.

In einigen Fällen sind die gefälschten Urkunden gefunden worden – die falschen Darstellungen –, während die echten Urkunden, die dahinterstanden, noch nicht entdeckt worden sind.

(Pause.) Am besten erinnerst du dich daran, in welcher Sitzung dir diese Information gegeben wurde.

(»Ich verstehe nicht ganz, was du meinst.«)

Du wirst vielleicht in nicht allzu langer Zeit Gelegenheit haben, das von mir jetzt Gesagte wieder zu überprüfen, denn es werden Urkunden ans Licht kommen, die früher gefundenen widersprechen – zu Recht, und aus den eben erwähnten Gründen.

Die Essener besaßen einen Satz Urkunden, um die Zeloten irrezuführen, und einen zweiten Satz, um die Römer irrezuführen, und die Originalurkunden, aus denen alle diese Fakten zurechtgemacht wurden, hüteten sie wie ihren Augapfel. Sie waren nicht so gewalttätig wie die anderen Gruppen, aber genauso gerissen.

Es wurden bestimmte Merkzeichen eingeführt, um die verschiedenen Sätze von Urkunden, die echten und die falschen, voneinander zu unterscheiden. *(Jane hielt als Seth inne, eine Hand vor den Augen.)* Nun, ich weiß zwar nicht, ob wir dies klar genug durchgeben können ... Gebt Ruburt ein Blatt Papier, und dann sehen wir gemeinsam, ob es geht.

(Die Sitzung wurde in unserem Wohnzimmer abgehalten. Jane saß in ihrem Schaukelstuhl, Sue und mir auf der Couch gegenüber. Unser langer Rauchtisch trennte uns voneinander. Links von Jane stand eine Lampe, und eine zweite brannte neben mir. Sue reichte Jane ein Blatt Papier und eine Füllfeder hinüber, während ich weiter Notizen machte.

Dies war das erste Mal, daß Jane etwas in Trance schrieb. Jetzt malte sie tatsächlich irgendwelche kleinen Diagramme oder Zeichen auf, indem sie, auf das Papier hinabschielend, die Füllfeder mit Bedacht über das Papier führte.

Sue saß Jane genau gegenüber, und als Jane die Füllfeder niedergelegt hatte und begann, die Zeichen für Seth zu beschreiben, gab ich Sue durch eine Geste zu verstehen, daß sie die Zeichen numerieren solle. Abbildungen der Zeichen sind unten wiedergegeben. Sie sind in der Reihenfolge numeriert, wie Jane-Seth sie zu Papier brachte.

Zum ersten und letzten Zeichen wurden zwei Ansätze gemacht.)

Nun, Nummer eins ist ein Versuch, an Nummer zwei heranzukommen, welches einfach das Zeichen für eine Kopie war, eine entstellte und frisierte Kopie. Das mittlere *(drei)* war das Zeichen für eine viel weniger entstellte Kopie, und das letzte Zeichen *(fünf)* stand für die unfrisierte Urkunde.

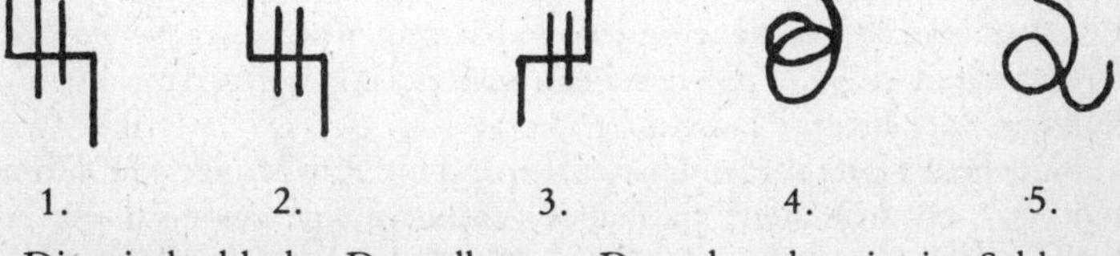

1. 2. 3. 4. 5.

Dies sind schlechte Darstellungen. Das sah mehr wie eine Schlange aus.

(Jane sprach mit Nachdruck und hielt dann für Seth auf das letzte Zeichen deutend das Papier hoch, damit Sue und ich es sehen konnten.

Was die Zeichen betrifft ... In den Jahren seit 1947 haben Forscher die Pergament- und Lederrollen sowie zwei aufgerollte Tafeln aus getriebenem Kupfer, die heute berühmten »Urkundenfunde vom Toten Meer« entdeckt. Sie waren in Höhlen oberhalb des normalerweise trok-

kenen Wadi-Kumran, des Flußbettes, gefunden worden, das zum etwa eine Meile entfernten Toten Meer hinführt. Ausgrabungen in der benachbarten judäischen Wüste legten bald darauf die Ruinen eines Klosters bloß, das zu verschiedenen Zeiten von einer divergierenden jüdischen Gruppe bewohnt worden war. Die Kumran-Siedlung war nur fünfzehn Meilen von Jerusalem und Bethlehem entfernt. Einige Experten haben sie mit der friedlichen Essener-Sekte in Verbindung gebracht, während andere ebenso entschieden auf einem Zusammenhang mit den aggressiveren Zeloten bestehen.

Einige Wochen nach dieser Sitzung lasen Jane und ich mit Interesse, daß die Markus- und Jesaja-Rolle aus dem Kumran-Fund Marginalzeichen aufweist, die auch in den sechziger Jahren noch nicht dechiffriert werden konnten; dies der letzten Auflage des Handbuchs zufolge, das wir konsultierten. Einige der Zeichen, die darin abgebildet waren, sind den von Seth-Jane aufgemalten, besonders dem letzten, gar nicht unähnlich.)

Es wäre fast jedem – außer den zum innersten Kreise gehörigen – unmöglich gewesen, zwischen einigen der dargebotenen Fassungen zu unterscheiden. Die Zeichen traten nicht isoliert in Erscheinung, sondern waren so angebracht, daß sie nur von denen, die wußten, wo sie danach zu suchen hatten, gefunden werden konnten. *(Humorvoll:)* Sie wurden also nicht in Goldlettern in die Titelseite geritzt.

Es gab auch noch andere Schlüssel, gewisse andere Merkmale, die in Verbindung mit diesen Zeichen auftraten, und zwar innerhalb des Textes.

Einige dieser Urkunden würden beispielsweise in der Datierung eine geringe Abweichung zeigen, die aber gerade groß genug war, um dem Eingeweihten aufzufallen. Andere würden einen offensichtlichen Fehler enthalten. Solche, die Bescheid wußten, erkannten dann die Urkunde sofort als eine Fälschung.

Manche der gefälschten Urkunden sind für bare Münze genommen worden, und amüsanterweise hat der Vatikan einige davon in Gewahrsam. Damals glaubte nämlich die Kirche, diese Urkunden könnten ihr schaden. In Wirklichkeit hätten die Urkunden im Hinblick auf ihre Fehlerhaftigkeit dem Klerus nur von Nutzen sein können, doch er war nicht gewitzt genug, um Echtes von Falschem scheiden zu können.

Jetzt könnt ihr Pause machen.

(22.20 Uhr. Als Sue und ich über die Zeichnungen zu sprechen begannen, die Jane in der Trance angefertigt hatte, kam Seth noch einmal zurück.)

Da diese Zeichen für Ruburt bedeutungslos sind, fällt es schwer, ihm die Symbolik klar zu vermitteln. Die Symbole hätten viel straffer gezeichnet werden müssen, nicht so locker. In Wirklichkeit wurden die Zeichen knapp und konzentriert und im Strich dicker ausgeführt.

(Fortsetzung um 22.45 Uhr.)

Nun: Laßt mir einen Augenblick Zeit. *(Pause.)* In vielen Fällen wurden die Urkunden getreu kopiert, und nur die Namen wurden geändert, um Unschuldige zu schützen.

Man denke nur an die Sprache, derer sich die Regierungen und Diplomaten heutzutage bedienen, und an die Diskrepanz zwischen dem, was eure Regierung weiß, und dem, was sie dem Volk mitteilt. Da die Dinge so liegen, zieht ihr oftmals, wenn von offizieller Seite etwas abgeleugnet wird, sofort den richtigen Schluß, daß noch innerhalb eines Monats die gleiche Frage eine positive Antwort erhalten wird.

Worte werden also häufig auf eine Weise verwendet, daß sie gleichzeitig verhüllen und enthüllen. Oft werden große Anstrengungen gemacht, um der Mehrheit Kenntnisse vorzuenthalten, die nur für wenige bestimmt sind. In biblischen Zeiten war das noch mehr der Fall. Selbst literarische Kunstgriffe wurden als eine formalisierte Methode angewandt, um bestimmte Fakten zum Schein mitzuteilen, während in Wirklichkeit verfälschte Daten angeboten wurden. *(Mit Nachdruck:)* Keine Frage wurde damals direkt beantwortet – jedenfalls nicht von denen, die lesen und schreiben konnten.

Eine Frage direkt zu beantworten hieß, daß man ein bißchen einfältig war und außerstande, die überlegene Intelligenz des Fragestellers richtig einzuschätzen, denn dieser stellte selten eine Frage, auf die er wirklich eine Antwort erwartete. Die Verhaltensweise war in hohem Maße ritualisiert und wurde auch in diesem Sinne verstanden.

Mit anderen Worten: ihr seid gar nicht imstande, das in vielen dieser Urkunden enthaltene Material richtig zu übersetzen, selbst wenn die Übersetzungen als solche korrekt sein sollten.

Ganze Teile der Urkundenrollen vom Toten Meer würden euch als ein gewaltiges Täuschungsmanöver vorkommen, weil sie im buchstäblichen Sinne einfach nicht wahr sind. Die Übertreibungen und Ausschmückungen wurden aber erwartet, bevor die eigentliche Informationsübermittlung stattfinden konnte.

Alle Berufsstände hatten mehr oder weniger solche Bräuche. Die Urkunden entschieden, wenn sie im falschen Moment gefunden wurden, über Leben oder Tod. Die Fälschungen wurden oft nur zu dem

Zweck vorgenommen, damit, falls die Bücher in die verkehrten Hände fielen, der Leser auf eine falsche Fährte gelockt wurde.

Wiederum hatten die, die im Bilde waren, nichts zu befürchten. Sie ließen sich nicht irreführen. Für sie waren die Informationen klar und die Entstellungen offensichtlich. Nun sind die Urkundenrollen voll von solchen schützenden Entstellungen. Die eben erwähnten Zeichen war nur einige unter mehreren Schlüsseln, die darin Verwendung fanden. Sie kamen in vielen verschiedenen Maskierungen vor; manchmal waren sie in die Signaturen verflochten.

Diese Leute hatten eine ausgesprochene Vorliebe für Verschlüsselungen; selbst die Anordnung der Buchstaben auf den Seiten hatte ihre eigene Bedeutung. Der Druck oder die Dicke der Strichführung sagte etwas über das Gewicht der vermittelten Information aus. Es gab sogar bestimmte Weisen, wie man ein vorhergehendes Wort handhaben konnte, wenn man andeuten wollte, daß das nachfolgende Wort falsch war. Nur solche, die im Bilde waren, erkannten das natürlich, während die anderen sich die falsche Information munter einverleibten.

Beschreibungen wichtiger Persönlichkeiten wurden abgeändert, um ihrer Sicherheit willen, und Darstellungen ihres gesellschaftlichen Hintergrundes waren aus demselben Grunde oftmals fiktiv. In einigen der gefälschten Urkunden war Gift zwischen den Seiten verstreut – eine im wahrsten Sinne des Wortes tödliche Lektüre.

(Trotz der humorvollen Darbietungsweise sprach Seth-Jane mit großem Nachdruck und Ernst, während sie dieses Material übermittelte.)

Viele der in solche Affären verwickelten Männer führten damals ein Doppelleben und waren in ihrem Heimatdorf unter einem Namen und in ihrer Bruderschaft unter einem anderen bekannt. In einigen Fällen entdeckten sie ihre weltlichere Identität niemandem, außer einigen wenigen. Als später die Christenverfolgungen begannen, wurden viele Vorkehrungen getroffen – besonders von denen, die sich verpflichtet glaubten, lange genug am Leben zu bleiben, um den neuen Glauben Wurzel fassen zu lassen.

Oft schien, zum Beispiel, Paulus oder Saulus sich an einem Ort aufzuhalten, wo er in Wirklichkeit gar nicht war. Es wurde die Nachricht verbreitet, daß er da und da hinreisen würde, wo man dann das Gerücht seiner Ankunft ausstreute, während er statt dessen ganz woanders hinreiste.

Jetzt könnt ihr Pause machen oder die Sitzung beenden, ganz wie ihr wollt.

(»Danke, dann machen wir Pause.«
23.05 Uhr. Janes Tempo war durchgehend schnell gewesen. »Junge, der hat vielleicht Energie«, sagte sie, als sie aus der Trance kam. »Mir war, als ginge ich mitten durch die Wand ...« Fortsetzung in frotzelndem Ton um 23.15 Uhr.)

Nun, ich möchte dich nicht von deinem Schönheitsschlaf abhalten.

(»Danke, ich hab's nötig ... Nein, im Gegenteil. Ich bin schön genug.«)

Ich nehme an, du protokollierst das zum Nutzen späterer Geschichtsschreiber.

(»Nein, das nicht.« Es war jedoch nicht zu leugnen, daß ich aus purer Gewohnheit weiterschrieb.)

Du solltest dir künftig mehr Reinkarnationsmaterial selber erschließen können.

(»Ich habe das Gefühl, daß es jetzt in Reichweite gerückt ist.«)

In bequeme Reichweite. Es wird außerdem außerkörperliche Aktivität stimulieren.

(»Das dürfte interessant werden.«)

Und jetzt lasse ich euch alle gehen. *(Zu Sue:)* Es war schön, daß du dabei warst.

(Sue: »Das finde ich auch.«)

Du dürftest jetzt für weitere Wahrscheinlichkeitserfahrungen reif sein. *(Lauter:)* Ich muß meine Stimme schonen, weil wir morgen abend vielleicht eine Gruppensitzung abhalten. *(Humorvoll zu mir:)* Du willst mich doch drüben hören können, oder?

(»Sicher. Das tue ich ja auch meistens.«
Unsere Wohnung wird von einer langen Wand unterteilt. Wenn die ASW-Sitzung im Wohnzimmer abgehalten wird, bin ich meistens in einem der Zimmer auf der anderen Seite des Korridors damit beschäftigt, Material in die Maschine zu schreiben. Manchmal kann ich Seth durch die zwei geschlossenen Türen hindurch hören.)

(Zu Sue:) Noch einmal, ich bin froh, daß du gekommen bist, und eine schöne gute Nacht euch beiden.

(Sue: »Danke.«
»Gute Nacht, Seth. Und vielen Dank.«)

(23.20 Uhr. Seths Anspielung auf mein eigenes Reinkarnationsmaterial stand im Zusammenhang mit den »Reinkarnationsdramen«, die Jane, Sue, ich und verschiedene andere selbständig inszenieren, gewöhnlich bei unseren Zusammenkünften am Freitagabend. Dies ist eine relativ neue Beschäftigung für uns. Sie hat uns Überraschungen

und großen Gewinn gebracht und ist aus Experimenten hervorgewachsen, die Seth in der ASW-Gruppe angeregt hatte.)

Sitzung 593, Montag, den 30. August 1971

(Das nachfolgende Material kam nach der zweiten Pause der heutigen Sitzung durch. Als Auftakt hatten wir, ab 21.06 Uhr, mehrere Seiten Material über eine sehr interessante Neuentwicklung in Janes medialen Fähigkeiten erhalten: ihr zunehmendes Vermögen, einen wohltätigen »Helfer« um sich zu spüren, wie sie das gerne nennt...

Anfang der Woche hatte Jane von ihrem Herausgeber die Nachricht erhalten, daß er eine Einführung für Seths Buch von ihr wünsche, und ebenfalls einen Anhang. Sie fragte mich, ob wohl die 592ste Sitzung für diesen Zweck geeignet sei, und ich erwiderte, daß Seth dies meiner Ansicht nach so geplant habe. Sie war erst überrascht, stimmte dann aber zu. Wir beschlossen, es vollkommen Seth zu überlassen, welches Material er für den Anhang bereitstellen wolle.

Janes Tempo war, als die Sitzung um 22.30 Uhr fortgesetzt wurde, schnell, animiert und ihr Vortrag emphatisch.)

Nun: Für unseren Anhang.

Die Wiege der großen Weltreligionen stand immer an einem der Hauptkoordinationspunkte. *(Siehe Kapitel fünf.)*

An solchen Orten neigen Veränderungen dazu, rasch einzutreten, denn Ideen und Gefühle werden mit großer Kraft in die physische Wirklichkeit vorgetrieben. Ideen verbreiten sich wie ein Lauffeuer unter dem Volk. Das psychische Klima ist fruchtbar.

Den schöpferischen Energien stellen sich keine Widerstände entgegen, und deshalb sind solche Orte nicht unbedingt friedlich, obwohl sie für friedliches Wachstum der beste Nährboden wären. Jede Vorstellung wird hier mit solcher Vehemenz auf Gedeih und Verderb materialisiert, daß die widersprüchlichen Gefühle der Menschheit im Umkreis der Koordinationspunkte deutlicher als anderswo in Erscheinung treten.

In solchen Gegenden stellen sich Wirkungen ein, die von euren Wissenschaftlern noch nicht beobachtet wurden: Wirkungen, die aber zur Zeit von Atlantis bekannt waren, und die die Lumanianer ausgenutzt haben. Merkwürdigerweise zieht sich der Raum um diese Koordinationspunkte herum in einem für eure Instrumente nicht meßbaren Grad zusammen.

Einige meiner Leser werden vielleicht schon von den »schwarzen« und »weißen Löchern« im Weltraum gehört haben, die von euren Wissenschaftlern vor kurzem entdeckt worden sind.

(Einige theoretische Physiker haben kürzlich postuliert, daß, wenn die atomaren Feuer sehr massiver Sterne endgültig erlöschen, diese Sterne aufgrund ihrer enormen Gravität so total in sich zusammenfallen, daß sie sich buchstäblich aus dem Dasein herausquetschen. Ein »schwarzes Loch« bleibe dann im Weltraum zurück, und durch dieses Loch könne die umgebende Materie aus dem Weltraum verschwinden. Außerdem ist behauptet worden, daß die solchermaßen verschwundene Materie anderswo durch »weiße Löcher« wieder auftauchen könne, und zwar entweder in unserem Universum oder in anderen Universen. Danach wäre die Materie in unserem Universum wie auch zwischen den Universen in Fluß, und ein Gleichgewicht würde aufrechterhalten.)

Diese Punkte haben in etwa die gleichen Eigenschaften. Der elektromagnetische Aspekt der Gedanken und Gefühle, das belebende Moment in ihnen, wird durch Punkte hindurchgesogen, die sich mit Miniaturausgaben der schwarzen Löcher vergleichen lassen. Die Energie verschwindet hier vorübergehend aus eurem System, wird draußen unermeßlich beschleunigt und schließlich durch etwas, das man als die Miniaturausgabe eines weißen Loches ansehen könnte, wieder in euer Realitätssystem zurückbefördert. Sie befindet sich dann in konzentriertem Zustand und strebt die Rückkehr in euer Realitätssystem zielbewußt an.

Dies ist zwar nur eine Analogie, doch als Arbeitshypothese mag sie genügen. Auch von diesen Punkten geht eine saugende Wirkung aus, obwohl dies für euch noch nicht wahrnehmbar ist. Der Raum selber, scheint es, verlangt danach, durch den erstbesten Punkt zu verschwinden. Es gibt noch andere Beispiele für eine Aufhebung der physikalischen Gesetze. Ein paar davon sind zwar beobachtet, aber als bedeutsame Zeichen ignoriert worden. *(Gestikulierend, die Augen weit offen:)* Die Aktivität der Atome und Moleküle beschleunigt sich bei der Annäherung an diese Punkte, doch der Zwischenraum, der Atome und Moleküle voneinander trennt, bleibt der gleiche. Das ist wichtig.

(Pause.) Diese Koordinationspunkte dienen eurem System auch als zusätzliche Energiequellen. Das Gesetz des Wärmegleichgewichts ist also ungültig. Die Koordinationspunkte als zusätzliche Energiequellen öffnen sich jedoch nur dann, wenn in eurem System Energieballungen auftreten. Ich möchte dies noch deutlicher machen. Ein physisches

Fahrzeug könnte, zum Beispiel, einen solchen Ein- und Austritt aus eurem System nicht überdauern.

(Lange Pause. Janes Vortrag war bisher sehr lebhaft gewesen.

Eine Anmerkung: Dem zweiten Gesetz der Thermodynamik zufolge bleibt die Summe der Energie innerhalb eines geschlossenen Systems wie unserem Universum konstant, während die für nutzbringende Zwecke verfügbare Energiemenge ständig abnimmt. Ein mathematischer Faktor, der die nicht verfügbare Energie mißt, heißt Entropie. Seth hat in den Sitzungen stets darauf bestanden, daß das Gesetz der Entropie ungültig ist und es keine geschlossenen Systeme gibt.)

In Atlantis hat es solche gegeben, die sich dieses Wissen zunutze gemacht haben. Sie haben bestimmte Gedanken durch Konzentration beschleunigt und Nachdruck auf bestimmte Gefühle gelegt, um dieselben durch diese Koordinationspunkte zu schicken. Infolgedessen haben sie überaus dauerhafte Straßen, Gebäude usw. hervorgebracht. Bei solchen Projekten wurde die Lage zwischen den verschiedenen Koordinationspunkten sorgfältig berücksichtigt.

Diese Raum-Schluck-Wirkung kann von bestimmten Trancezuständen aus beobachtet werden.

(»Kann Ruburt das auch?«

Ich dachte erst, Seth hätte mich nicht gehört; durch unser offenes Wohnzimmerfenster drang nämlich gerade in diesem Moment eine Woge von Verkehrslärm herein. Die Antwort erfolgte jedoch mühelos.)

Man kann das fast mit einem Luftpolster vergleichen.

Setze dich einmal ruhig mit geschlossenen Augen hin und versuche die ungefähre Richtung von Hauptkoordinationspunkten oder untergeordneten Koordinationspunkten zu bestimmen. Hier sind ein paar Anleitungen, die dir dabei helfen können.

Mit der festen Absicht im Sinn wirst du bald spüren, wie dein inneres Auge sich in eine bestimmte Richtung im Zimmer wendet und wie sich sogar auch deine Gedanken in die gleiche Richtung bewegen. Eine imaginäre Linie wird dir helfen, die Stelle an einem gegebenen Ort genau zu ermitteln, die einem Koordinationspunkt am nächsten liegt. Denke dir eine Linie, die von dem Gesichtspunkt des inneren Auges aus, dessen du dich zu bedienen scheinst, nach außen verläuft. Laß eine zweite imaginäre Linie von deiner Schädeldecke aus der Richtung deiner Gedanken folgen.

Du hast dann eine imaginäre Linie von hier und von da. Zusammen bilden sie einen Winkel und treffen sich irgendwo. Sie geben unfehlbar die ungefähre Richtung und Distanz eines Koordinationspunktes an.

(Um dies zu veranschaulichen, berührte Jane für Seth mit der einen Hand ihre Augen und mit der andern ihre Schädeldecke. Dann bewegte sie ihre Hände vom Kopf weg, bis sie sich leicht nach rechts abgeschrägt in Armeslänge trafen. Ich selber saß ungefähr südlich von der mir gegenübersitzenden Jane, was bedeutete, daß sie in die westliche Ecke unseres Wohnzimmers wies.)

Die untergeordneten Punkte durchsetzen den Raum. Ruburt wird dir, zum Beispiel, den nächstliegenden Punkt in diesem Zimmer bezeichnen können. Der Winkel wird manchmal spitzer sein, aber die beiden Linien werden in die richtige Richtung und Distanz deuten. Die Energie ist daher an solchen Stellen am wirksamsten.

(Lange Pause.) Jetzt könnt ihr Pause machen oder die Sitzung beenden, ganz wie ihr wollt.

(»Machen wir Pause.«

23.02 Uhr. Aus einer tiefen Trance auftauchend war Jane zunächst still. Ich fragte mich laut, wo wohl der nächste Koordinationspunkt sein mochte. Dies öffnete die Schleusen für einen Sturzbach von Informationen, die ihr solange nicht zugänglich waren, bis meine Bemerkung sie an das Geschehene erinnerte.

Jane sagte, sie habe, während sie für Seth sprach, gewußt, daß die beiden Linien, die sie angezeigt hatte, sich in der südwestlichen Ecke unseres Zimmers trafen. Sie ging mit großer Bestimmtheit zu der Stelle hinüber. Diese befand sich gerade eben auf der Innenseite der Wand zwischen zwei Erkerfenstern und hinter einem altmodischen, offen verlegten Heizungsrohr. Leider war sie zwischen einem Heizkörper und einem Büchergestell eingekeilt und ließ sich deshalb nur schwerlich ausnutzen.

Jane wanderte im Zimmer umher und sagte, sie könne ihre Gedanken genau in jene Richtung »tendieren« fühlen. Jetzt, da sie wußte, wo sich der Koordinationspunkt befand, konnte sie gar nicht begreifen, wieso sie diesen Fleck nicht schon immer gekannt hatte. Fortsetzung um 23.10 Uhr.)

Was nun die Analogie des weißen und schwarzen Loches betrifft, so möchte ich das noch klarermachen: das weiße Loch steckt im schwarzen Loch drin. Kannst du mir folgen?

(»Ja.«)

Elektromagnetische Eigenschaften werden in das schwarze Loch hineingezogen und dort unglaublich beschleunigt. Die erhöhte Geschwindigkeit und Aktivität im Innern des schwarzen Loches zieht dann aus anderen Systemen zusätzliche Energien in unvorstellbaren

Proportionen *(Ich habe mir dies Wort von Seth bestätigen lassen.)* herbei.

Unterdessen werden durch diese Beschleunigung nicht nur die beteiligten Einheiten in ihrem Charakter verändert, sondern auch die Eigenschaften des schwarzen Loches selber. Ein schwarzes Loch ist nämlich ein nach außen gekehrtes weißes Loch. So kann durch den gleichen »Punkt« oder das gleiche »Loch«, das inzwischen ein weißes geworden ist, die verschwundene elektromagnetische »Materie« wiederauftauchen. Durch das Wiederauftauchen der Materie werden die Eigenschaften des Loches jedoch noch einmal verändert. Es wird wieder »hungrig« und verwandelt sich damit abermals in ein schwarzes Loch. Diese Art von Aktivität geht in allen Systemen vor sich. Die Löcher oder Koordinationspunkte sind also eigentlich große Beschleuniger, welche die Energie selber mit neuer Energie aufladen.

Und damit sind wir für heute am Ende mit diesem Material. Meine herzlichen guten Wünsche und einen schönen guten Abend.

(»Vielen Dank, Seth.»)

Und wenn du Zeit für das Tonbandgerät findest, finde ich Zeit für dich.

(»Schön. Und nun gute Nacht.«)

(23.21 Uhr. Nach der Sitzung probierte Jane Seths Methode für die Bestimmung von Koordinationspunkten noch einmal aus. Wieder wies sie am Ende in die südwestliche Ecke des Zimmers. »Diesmal habe ich einen ganzen Haufen Zeug bekommen«, sagte sie und meinte damit zusätzliche Informationen nach der Trance. »Diese Linien bilden dreieckige oder röhrenartige Formen, die Energie enthalten. Deshalb sprechen Medien oft auch von Pyramidenformen – solche Linien konzentrieren die Energie. Klar, darum spüre ich auch den Dreieckseffekt bei Seth Zwei!« rief sie aus. »Nur wenn ich in einer Seth-Zwei-Trance bin, liegt der Koordinationspunkt in anderer Richtung. Dann reicht er von meinem Scheitel aus bis weit über das Zimmer hinaus und in eine andere Realität hinein.«)

Sitzung 594, Montag, den 13. September 1971

(Sue Watkins wohnte der heutigen Sitzung bei. Sie hatte eigentlich vor der Sitzung aufbrechen wollen, aber Jane hatte sie eingeladen zu bleiben. Sues später zitierte Aufzeichnungen sind ein gutes Beispiel dafür, wie spontane Ereignisse eine Sitzung schöpferisch beeinflussen können. 21.40 Uhr.)

Nun: Ich wünsche dir einen guten Abend und unserer Freundin auch. Ich könnte ein paar interessante Randbemerkungen über die Beziehung zwischen euch beiden machen, aber wir müssen mit unserem Anhang vorankommen und fahren deshalb jetzt damit fort. Die andere Information kommt schon zur rechten Zeit.

Gegenstände sind Symbole.

Für euch sind sie normalerweise einfach Realitäten. Nur Gedanken, Bilder und Träume werden von euch manchmal symbolisch verstanden, während in Wirklichkeit auch die physischen Gegenstände als solche Symbole zu verstehen sind. Sie sind die äußeren Symbole, die für innere Erfahrung stehen.

Demnach gibt es also kollektive physische Symbole, über die ihr euch alle einig seid, und private persönliche Symbole.

Die gesamte Natur und Struktur des euch bekannten physischen Lebens ist eine symbolische Aussage, die von Gruppen von Wesenheiten gemacht werden, die es vorziehen, mit physischer Symbolik zu arbeiten. So ist euer Körper ein Symbol für das, was ihr seid, oder wofür ihr euch haltet – und das kann in der Tat zweierlei sein.

(Jane beugte sich mit sehr dunklen Augen weit über den Rauchtisch vor und sprach zu mir in sanftem Ton.)

Jede körperliche Krankheit symbolisiert eine innere Realität oder Aussage. Euer ganzes Leben ist eine Aussage in physischen Lettern, eingetragen in das Buch der Zeit.

(Sehr leise.) Wenn ihr euch über den symbolischen Charakter der physischen Realität einmal klargeworden seid, werdet ihr nicht mehr das Gefühl haben, in der Falle zu sitzen. Ihr habt die Symbole selber gebildet und könnt sie deshalb auch ändern. Nur müßt ihr natürlich lernen, was die verschiedenen Symbole im Kontext eures eigenen Lebens bedeuten und wie sie zu übersetzen sind.

Um dazu imstande zu sein, müßt ihr euch vor allem immer wieder daran erinnern, daß der physische Zustand symbolisch ist – und nicht von Dauer. Dann müßt ihr in eurem Innern der inneren Wirklichkeit nachspüren, die durch das Symbol dargestellt wird. An dieses Verfahren könnt ihr euch halten, einerlei welcher Art das Problem oder eure selbstgestellte Aufgabe ist.

Eure intime physische Umwelt ist also eine symbolische Aussage über eine innere Situation. Die innere Situation als solche ist fließend, denn ihr seid immer im Werden. Euch selbst überlassen, übersetzt ihr automatisch die frei beweglichen, spontanen, inneren Vorgänge in physische Wirklichkeit und verwandelt dabei eure Umwelt und die Symbole.

Wenn ihr euch jedoch einbildet, daß eure Umwelt oder euer körperlicher Zustand die Realität ist, dann kann es sein, daß euch zumute ist, als säßet ihr in einer Falle, und daß ihr eure Energien darauf verschwendet, einen Drachen aus Papiermaché zu bekämpfen. Die Umwelt wird immer von innen her verändert. Zwischen inneren und äußeren Zuständen findet ein sofortiges Feedback statt; doch die Beweglichkeit sowie der Drang und die Mittel zur Umgestaltung der physischen Umwelt kommen immer von innen.

Viele der in diesem Buch dargebotenen Ideen können zu eurem Vorteil bei der Lösung von persönlichen Problemen eingesetzt werden. Sind diese Grundbegriffe einmal verstanden, so sollte das Individuum von seiner Freiheit Gebrauch machen können, in die Struktur des physischen Lebens gestaltend einzugreifen. Viele von euch sind so daran gewöhnt, den Blick nach außen zu richten – und die physische Welt als das einzige Wirklichkeitskriterium gelten zu lassen –, daß sie gar nicht auf den Gedanken kommen, nach innen zu schauen. Eure gesamte Seinsstruktur wird aber fortwährend von innen her aufgebaut und in jene Symbole hineinprojiziert, die ihr dann irrtümlicherweise für Realität haltet.

Das innere Drama ist daher immer das ausschlaggebende. Eure »Lebensgeschichte« wird von euch, von jedem meiner Leser, selber geschrieben. Ihr allein seid die Verfasser. Es ist deshalb auch kein Grund vorhanden, dem Drama mit einem Gefühl der Unausweichlichkeit zuzuschauen. Es steht in eurer Macht, es zu ändern. Ihr müßt sie nur ausüben.

Von einigen anderen Bewußtseinsformen wird der symbolische Charakter eurer physischen Realität klar erkannt. Als Symbole helfen die Gegenstände euch, die Grundstruktur eures Lebens aufzubauen. Und somit kann man sie – die Gegenstände – auch frei manipulieren.

Ihr könnt Pause machen.

(»Danke.«

22.00 Uhr. Sue sagte, das Material sei für sie sehr bedeutungsvoll und sie begreife nun, daß es kein »Zufall« gewesen sei, daß sie ausgerechnet heute abend bei uns hereingeschaut habe. Es stellte sich heraus, daß Sue vor und während der Sitzung neue Eindrücke gewonnen und zu formulieren begonnen hatte.

Was sie sagte, war so gut, daß ich sie bat, es niederzuschreiben. Dieses tat sie während der restlichen Pause und fügte, als die Sitzung fortge-

setzt wurde, ab und zu noch Weiteres hinzu. Es ist hier in leicht gekürzter Form wiedergegeben.

»Während ich vor der Sitzung so dasaß«, schrieb Sue, »erhielt ich einen Eindruck von Seth, der mir ganz neu war. Es kam mir vor, als hätten Jane, Rob und ich uns vorher, während wir miteinander sprachen, in einem gewissen vertrauten Tempo fortbewegt, obgleich dies mit Bewegung natürlich nichts zu tun hat. Als Seth sich dann kurz vor der Sitzung zu uns gesellte, schien es mir, als würde in Jane etwas angekurbelt und begänne sich schneller und schneller um sich selbst zu drehen, bis eine bestimmte, unvorstellbare andere Geschwindigkeit erreicht war, die den Teil von Janes Bewußtsein darstellt, der sich Seth nennt.

Ich will damit nicht etwa sagen, daß ich der Ansicht bin, Seth und Jane seien ein und dieselbe Person; ich habe eher das Gefühl, als würden durch diesen Beschleunigungsvorgang Teile desselben Bewußtseins miteinander verbunden, die normalerweise verschieden genug sind, um praktisch als zwei Persönlichkeiten zu gelten. Ich kenne dieses Gefühl der Beschleunigung von Augenblicken her, in denen ich gut schreibe oder begeisterte Reden führe; doch die gewaltige, unbegreifliche Geschwindigkeit auf dem Grunde von Seths Augen geht weit darüber hinaus. Ich konnte diese Geschwindigkeit in Jane und auch in Seth sehr deutlich spüren und fühlte mich teilweise auch davon mitgerissen.

Als Jane aus der Trance kam, war dies ein fast akustisches Erlebnis für mich – es war das Gefühl eines sich verlangsamenden Absinkens des Tons von einem hohen ätherischen Pfeifen auf unsere normale Tonfrequenz oder Geschwindigkeit, begleitet von einer tiefgreifenden Veränderung der Atmosphäre. Es kam mir vor, als wäre diese Beschleunigung teilweise mit einer Dimension verbunden, in der der Ton mehr als nur etwas Hörbares ist. Sie hat eine großartige, belebende Wirkung. Ich konnte sie gegen Ende jeder Pause erneut sich entwickeln fühlen.«

Jane setzte um 22.25 Uhr die Sitzung in langsameren Tempo fort.)

Nun: Die Beobachtungen unserer Freundin Sue kommen einer akkuraten Beschreibung von Ruburts subjektivem Erlebnis sehr nahe. Das hat er euch ja schon in der Pause gesagt.

Ich möchte meine Leser hier auf Ruburts Einführung verweisen, in der Ruburt-Jane ihre eigenen schöpferischen Erlebnisse als Schriftstellerin mit seinen Empfindungen während unserer Sitzungen vergleicht. Ruburt hat da Verschiedenes mißverstanden, was ich hier klären möchte.

Während unserer Sitzungen ist er sich der geleisteten schöpferischen Arbeit deswegen nicht bewußt, weil er dann den Erfahrungsbereich hinter sich läßt, zu dem das Bewußtsein Zutritt hat. Er projiziert einen Teil von sich in eine vollkommen andersartige subjektive Realität, in eine völlig andere Aktivitätsdimension.

Um noch einmal auf die Einführung zurückzukommen, so läßt er dort die Bemerkung fallen, er vermisse dabei das Jagdfieber, das seine eigene schöpferische Arbeit begleitet. Die Beschleunigung ist hier nämlich so gewaltig und intensiv, daß sein Bewußtsein nicht mehr nachkommen kann. Das sogenannte Unbewußte hat mit diesem Phänomen wenig zu tun. Dagegen steht es gewissen Eigenschaften sehr nahe, die jedem Bewußtsein angeboren sind. Diese Fähigkeit wird nur selten voll ausgenutzt. Die Verbindungen werden mit solcher Geschwindigkeit hergestellt, daß das physische Gehirn sie nicht wahrnimmt.

(Pause, eine von vielen.) Ruburt hat diese Gabe in der Tat schon immer in hohem Maße besessen. Aus verschiedenen reinkarnationsbedingten Gründen hat er es jedoch vorgezogen, hinsichtlich der Möglichkeiten einer Nutzung dieser Gabe während der ersten Hälfte seines Lebens im dunkeln zu bleiben. Bei unseren Sitzungen werden jedoch sämtliche Charakteristika seines inneren Wesens gesteigert; das Wissende, Intuitive und Schöpferische in ihm läuft dann auf solchen Hochtouren, daß alles, was ihr als Norm ansehen würdet, weit dahinter zurückbleibt.

Dies ist jedoch eine Existenzdimension, die zu eurem Bewußtsein gehört, wenn es n i c h t p h y s i s c h o r i e n t i e r t i s t. Ruburt kann und wird diese Dimension noch weiter erforschen. Nur der Mangel an Zuversicht hat ihn bisher davon zurückgehalten.

Durch die Beschleunigung wird er in einen Zustand befördert, in dem er voll aktionsfähig ist, obwohl er sich dabei über all die normalen psychologischen Gegebenheiten hinwegsetzt, die er als ihm persönlich zugehörig betrachten würde. *(Pause.)*

In solchem Zustand stehen ihm buchstäblich unvorstellbare Energien zur Verfügung; die Vergrößerung seines Stimmumfanges stellt in vielen Fällen einen Versuch dar, etwas davon aufzubrauchen und zu entladen, während er damit umgehen lernt und bevor ihm andere Verwendungsmöglichkeiten gezeigt werden. Am Stimmumfang läßt sich natürlich auch wunderbar demonstrieren, mit welcher Lebenskraft er in Verbindung steht.

Jetzt könnt ihr Pause machen. Schreib deine Notizen zu Ende.

(»O. k.«)

Und ich werde der Super-Jane etwas Ruhe gönnen. *(Pause, auf Sue deutend:)* Diese da wartet nämlich darauf, daß Ruburt zurückkommt, damit sie den Unterschied sehen kann.

(22.37 Uhr. Sue saß auf dem Rande der Couch und beobachtete Jane genau, während sie aus einer tiefen Trance auftauchte. Wieder sprach sie von dem »Geschwindigkeitswechsel« in Jane. »Ein Ton begleitet diese Geschwindigkeiten, den ich nicht beschreiben kann«, sagte Sue. »Es ist, als wäre man in einer Dimension, wo die Musik die eigentliche Realität ist – wo der Ton mehr als nur ein Hörerlebnis bedeutet. Wenn man diese Dimension dann verläßt –« Sue pfiff, den Doppeleffekt des Pfiffes einer Lokomotive nachahmend, während er sich in der Ferne verliert.

Von Sue und Jane deswegen befragt, mußte ich bekennen, daß mir nichts Ungewöhnliches aufgefallen war, aber das ist ja während der Sitzungen selten der Fall. Die Konzentration auf die Mitschrift trägt dazu bei, andere Wirkungen auszuschalten. Und ich schreibe ja ständig, wie es scheint. Auch diesmal hatte ich fast die ganze Pause hindurch geschrieben.

Fortsetzung mit Pausen um 22.57 Uhr.)

An vieles, was Ruburt während unserer Sitzungen erlebt, kann er sich später nicht mehr erinnern. So wie physische Gegenstände Symbole sind, die innerhalb bestimmter Frequenzen als Realitäten auftreten, so gibt es natürlich noch mehr Realitäten mit anderen Frequenzen; aber dort sind die Gegenstände nicht Hauptsymbole.

Erfahrungen in solchen Dimensionen kann Ruburt nach seiner Rückkehr in das physische System nur äußerst schwer übersetzen. Auch auf meiner Seite sind Adaptionen nötig. Ich muß, zum Beispiel, mehrere Bewußtseinsstufen hinabsteigen, wenn ein Kontakt zustande kommen soll.

Ich versuche mich dann an etwas, das in der Tat ein schöpferisches Unternehmen genannt werden muß und an dem Ruburt beteiligt ist – an der Übersetzung dieser inneren Daten in physische Begriffe. Dabei bringe ich euch aus diesen anderen Realitäten, von denen auch ihr ein Teil seid, die Anhaltspunkte mit, die ich bringen kann.

(Pause.) Aus meiner natürlichen Perspektive betrachtet oder gesehen, existieren eure Gegenstände nicht. Eure innere Realität dagegen existiert. Nun muß Ruburts physischer Organismus in diesem Prozeß einige Veränderungen durchmachen, obgleich er von Natur aus weitgehend dazu disponiert ist. *(Humorvoll:)* Dafür hat er vor diesem Leben schon vorgesorgt.

Er macht von den Nervenverbindungen einen ungewöhnlichen Gebrauch, der seinen Zwecken dient. Sein Puls ist normal. Die Beschleunigung beginnt jedoch auf physischer Ebene mit der Umsetzung von Hormonen und chemischen Elementen und stößt sich von da ab. Beide Hälften des Gehirns geben Funken, und diese Verbindung setzt die Beschleunigung in Gang, deren Rückwirkung auf den Körper dann unterbunden wird.

Ich werde jetzt unserer Freundin zuliebe die Beschleunigung vergrößern, um zu sehen, ob sie das wahrnehmen kann. Dies findet auch häufig im Traumzustand statt – und wenn ihr hinterher das Gefühl habt, als hättet ihr für kurze Zeit eine erstaunliche neue Dimension betreten, so ist an dem Traumzustand eine solche Beschleunigung beteiligt gewesen.

(Während des Schreibens warf ich einen raschen Seitenblick auf Sue. Sie saß sehr still neben mir und beobachtete Jane. Janes Augen waren jetzt offen, ihr Vortragstempo schneller, ihre Stimme etwas lauter.)

Das gleiche Prinzip ist auch mehr oder weniger in jeder künstlerischen Schöpfung wirksam, nur in schwächerem Grade. Leider kann ich die zusätzliche Beschleunigung nicht aufrechterhalten, weil sonst die Stimme so plötzlich anschwellen würde, daß unser Freund den Faden verlöre.

(Janes Stimme wurde plötzlich viel lauter – etwas, das Sue und ich schon öfters erlebt hatten. Die Lautstärke erreichte jedoch bei weitem nicht den vollen Stimmumfang, der Jane zu Gebote steht. Gelegentlich ist ihre Stimme so laut gewesen, daß mir die Ohren gedröhnt haben. Ich habe es erlebt, daß Jane während einer Rekordzeit von mehreren Stunden ein gewaltiges Stimmvolumen aufrechterhalten hat, überhöht von Dröhngipfeln, ohne daß sie hinterher irgendwelche Zeichen von Überanstrengung an sich bemerkt hätte.)

Laß jetzt die Notizen . . .

(Während ihr lautes und schnelles Sprechen sich rasch normalisierte, erklärte sie mir, daß Seth uns eine »schöne Demonstration der Beschleunigung« liefern würde, wenn wir in einer Sitzung von unserem Tonbandgerät Gebrauch machen würden. Sue könnte dabei sein, und hoffentlich würde ich dann die Beschleunigung ebenso deutlich wahrnehmen wie sie.

Dieses Zwischenspiel wurde um 23.10 Uhr durch eine Pause beendet. Fortsetzung um 23.20 Uhr.)

Nun: Ich werde diese Sitzung in Kürze beenden. Es war natürlich kein Zufall, daß unsere Freundin heute abend hierhergeführt wurde.

Abgesehen davon, daß sie euch für den Anhang notwendige Informationen geliefert hat, war manches, was ich über Gegenstände und Symbolik gesagt habe, ganz entschieden auf Sue anwendbar.

(Zu mir:) Du tust mir leid –

(»Warum?«)

Weil du so pausenlos mitgeschrieben hast.

(»Keine Sorge.«)

Ich könnte hier in Hinsicht auf das religiöse Drama von Christus und seinen Jüngern noch etwas hinzusetzen.

Wie Ruburt nach der Lektüre des Hauptteils des Buches gesagt hat: Das innere Drama ist das »eigentliche«. Christus wurde zum Gekreuzigten, Judas zum Verräter, obgleich Christus nicht gekreuzigt wurde und Judas ihn nicht verriet. Die Realität lag daher im Mythos. Die Realität w a r der Mythos. In solchen Fällen haben die inneren Vorgänge immer die Oberhand, unabhängig von den physischen Tatsachen, die nur Symbole sind für jene Vorgänge.

Jetzt wünsche ich euch einen schönen guten Abend.

(»Guten Abend, Seth. Es war ein Vergnügen.«)

(Zu Sue:) Und nun werde ich meinen Freund Ruburt wieder zu euch hinübergleiten lassen.

(23.25 Uhr. Als Jane aus der Trance kam, hatte sie wenig zu sagen. »Ich sitze hier einfach und schaue euch zwei emsigen Bienen zu«, grinste sie, während Sue und ich an unseren Aufzeichnungen arbeiteten.

Sue schrieb: »Als Seth vor der Pause um 23.10 Uhr zu mir sagte, er würde die Beschleunigung vergrößern, um zu sehen, ob ich das wahrnehmen könnte, hatte ich das deutliche Gefühl einer Geschwindigkeitszunahme und einer visuellen Veränderung in Janes Körper. Er schien kleiner zu werden, wie wenn ich ihn durch das verkehrte Ende eines Fernglases betrachtete. Dies war wiederum mit Bewegung verbunden, so als würde dabei auch die physische Frequenz verändert, und Janes Körper schien an mir vorbeizuschießen, obwohl er sich nicht von der Stelle rührte.

Als Jane dann bei der letzten Pause aus der Trance wieder auftauchte, hatte ich ein Gefühl, als wäre vor mir eine Kraft freigesetzt worden, die mich umwerfen könnte, wenn ich nicht achtgab. Das gleiche wiederholte sich jetzt nach der Sitzung.«)

Sitzung 595, Montag, den 20. September 1971

(Der erste Teil der Sitzung, die um 21.09 Uhr begann, war einer Bekannten gewidmet, die wegen eines persönlichen Problems Hilfe suchte. Sie nahm Seths Informationen auf Tonband auf und verschwand noch während der Pause.

Ich hatte für unseren Teil der Sitzung zwei Fragen parat, und wir erwarteten, daß Seths Antwort darauf im Anhang des Buches ihren Platz finden würde. Die erste Frage: Seinen Angaben nach hatten er, Jane und ich im siebzehnten Jahrhundert in Dänemark gelebt. Am Ende der 541sten Sitzung in Kapitel elf waren Jane und ich uns nicht sicher gewesen, ob es sich um zwei kurze Leben oder ein längeres Leben, das in zwei Tätigkeitsphasen zerfiel, gehandelt hatte. Ich wollte einfach Klarheit über diese meine Lebensspanne betreffenden Daten.

Die zweite Frage: Hatte Seth die Absicht, die Teile seines Buches mit Titeln zu versehen, ähnlich wie bei den Kapiteln? Fortsetzung um 22.05 Uhr.)

Nun.

(»Guten Abend, Seth.«)

Ich muß langsamer sprechen, weißt du.

Die Angaben in Kapitel elf über dein Leben in Dänemark stimmen, abgesehen davon, daß sie falsch ausgelegt wurden. Das war ein einziges Leben, das in zwei Phasen zerfiel – ein Leben, das hinsichtlich seiner Interessen und Begabungsschwerpunkte wie auch, was den ihm eigenen Lebensstil anbelangt, buchstäblich in zwei Teile zerfiel.

Im Gegensatz zu den in jenem Kapitel gegebenen Informationen sind im älteren Material über dasselbe Leben Entstellungen vorgekommen. Diese wurden nicht etwa durch Ruburts Einstellung zur Reinkarnation verursacht. Sie waren einfach eine Folge davon, daß ich viele Einzelheiten in ein korrektes, genaues Muster zusammensetzen mußte.

Einige der genannten Namen, zum Beispiel, waren die von Freunden und nicht eure eigenen. Das Gesamtbild, das Grundsätzliche an jener Existenz, ist jedoch trotz der Entstellungen durchgekommen. Ich war tatsächlich ein Gewürzhändler. Du warst ursprünglich ein Maler, der sich auf eine ziemlich dramatische Weise in einen Grundbesitzer verwandelte und seiner jugendlichen Lebensweise den Rücken kehrte.

Ruburt* hat als junger Mann die Malerei auch als Hobby betrieben,

* In jenem Leben des Malers und Grundbesitzers Sohn. (Anm. der Übersetzerin.)

und du hast dich darüber geärgert, fett und reich wie du warst. Du wolltest, daß er sich einer gesellschaftlich akzeptableren Arbeit zuwenden sollte und schämtest dich deiner Vergangenheit als umherziehender Künstler.

Es gab für dich einen unvereinbaren Gegensatz zwischen Besitztum und Künstlertum. In diesem Leben hat dir das manchen Kummer bereitet.

(Das ist tatsächlich der Fall. Und aus irgendeinem Grunde habe ich in diesem Leben darauf bestanden, Künstler zu sein, allen Hindernissen zum Trotz.)

Die Übersicht über meine Reisen ist von Ruburt in jener Sitzung korrekt übermittelt worden. In anderen Teilen der Sitzung sind jedoch Entstellungen unterlaufen.

(Lange Pause.) Die Einzelheiten, die euch heute so beschäftigen, sind natürlich wichtig, doch von einer höheren Warte aus sind es die tiefen Gefühlserlebnisse in eurem Leben, an die ihr euch »später« erinnert. Im Grunde sind Daten und Namen ohne jede Bedeutung für das innere Selbst. Deshalb werden bei Reinkarnationsinformationen auch die Gefühlswerte immer lebendiger und viel unverfälschter durchkommen.

Ihr legt auf Namen und Daten nur deshalb so viel Gewicht, weil sie euch gegenwärtig von entscheidender Bedeutung zu sein scheinen. Ihr besteht auf ihnen, weil sich eurer Meinung nach die Glaubwürdigkeit früherer Lebensgeschichten dadurch erhöht, und doch sind es gerade diese Dinge, die am ehesten vergessen werden und die den geringsten psychologischen Wert besitzen.

Bestimmte Namen springen plötzlich ins Blickfeld. Ihr besteht nun darauf, daß diese Namen fein säuberlich placiert werden, und doch hat das innere Selbst oft gerade damit große Mühe, denn auf Namen kommt es einfach nicht an. Wichtige Menschen und Ereignisse, die mit starken Gefühlen belastet sind, kommen immer viel klarer durch. Auch Daten, insofern sie mit Gefühlserlebnissen verquickt sind, werden leichter erinnert. Ein früheres Leben ist wie ein Kreuzworträtsel, das zusammengesetzt werden muß; aber in seinem Mittelpunkt steht die Gefühlsrealität, aus der das Rätsel entspringt.

Viele solcher Reinkarnationsgeschichten sind einfach deshalb mit Namen und Daten gespickt, weil sonst diejenigen, die Wert darauf legen, nicht zufriedengestellt würden und die gefühlsmäßige und psychologische Gültigkeit des Materials nicht annehmen könnten. Dies gilt für jede Art von Reinkarnationsmaterial, einerlei auf welchem Wege es euch erreicht.

Ist nun das Leben, um das es sich handelt, ein nach euren Begriffen kürzlich vergangenes, dann können die Einzelheiten leichter erinnerbar und viel präziser sein. Doch selbst ein Jahrhunderte zurückliegendes Leben kann im Detail eine Vollkommenheit aufweisen, wenn es, zum Beispiel, in eine Zeit großer Schlachten oder welterschütternder Ereignisse fiel. Dann haben sich die Daten aufgrund der damit verknüpften Ereignisse dem Gedächtnis der Persönlichkeit eingegraben.

Jede gefühlsbetonte Erfahrung trägt eine Fracht von Einzelheiten mit sich herum, doch gewöhnliche Daten und Namen sind uninteressant. Sie sind auch innerhalb eurer eigenen Realität uninteressant. Die zwischenmenschlichen Beziehungen sind im Grunde viel wichtiger, und deshalb werden sie auch nicht vergessen.

Die Leben existieren jedoch durch die Bank gleichzeitig. Daran solltet ihr denken. Das überflüssige Drum und Dran hingegen ist für die diversen Persönlichkeiten völlig ohne Belang, und zwar »jetzt« ebenso wie »später«. Kannst du mir folgen.

(»Ja.«)

Die Reinkarnationsstruktur richtet sich nach demselben existentiellen Muster, das eurem jetzigen Leben zugrunde liegt. Manche Individuen sind stärker am Detail interessiert als andere: eine eurer »früheren Persönlichkeiten« hat vielleicht eine besondere Vorliebe fürs Detail gezeigt; dann würdet auch ihr eine Fülle von Details im Leben entdecken. Die speziellen Neigungen und Abneigungen, die eine gegebene Persönlichkeit an den Tag legt, haben ebenfalls eine Menge damit zu tun, was sich in bestimmten Reinkarnationsepisoden abgespielt hat.

Es hat keinen Sinn, tiefschürfende Fragen über den zeitgeschichtlichen Hintergrund einer Persönlichkeit zu stellen, die zu der Zeit gerade verarmt, ungebildet und geistig beschränkt war. Sie würde einfach die Antworten darauf nicht wissen. Das Gesamtbild eines gegebenen Lebens, das ihr erhaltet, ist also gewöhnlich durch den Erfahrungsfilter der Persönlichkeit gegangen, die es gelebt hat.

(Pause.) Dabei werden wieder solche Einzelheiten in den Vordergrund treten, die der Persönlichkeit wichtig waren. Was mich selber betrifft, so bin ich in meinen mehreren Reinkarnationsselbst sowenig zentriert, und sie sind sosehr ihrer eigenen Wege gegangen, daß bei mir ein Gefühl der Unmittelbarkeit kaum aufkommen kann. Da wir *(Seth, Jane und ich)* aber so eng miteinander verbunden sind, bleiben jene Beziehungen wichtig, die euren Begriffen nach damals latent waren. Das

Leben in Dänemark existiert ebenso wie das jetzige. Nur seid ihr momentan auf dieses Realitätsbild hier fixiert.

Jetzt könnt ihr Pause machen.

(»Danke.«)

Die Reinkarnationsstruktur ist eine psychologische. Anders läßt sie sich nicht verstehen. Die Entstellungen und Mißdeutungen, die sie erfährt, sind in Anbetracht eurer scheinbaren praktischen Erfahrungen mit der Zeit nur zu natürlich.

Jene Leben existieren jedoch in voller Realität, Gültigkeit und Unmittelbarkeit tatsächlich gleichzeitig mit euren gegenwärtigen Leben. Die Distanz, die das eine Leben von dem anderen trennt, existiert psychologisch und nicht als zeitlicher Zwischenraum zwischen Jahren oder Jahrhunderten. Die psychologische Distanz kann jedoch viel unüberbrückbarer sein. Es gibt gewisse Leben, wie es in diesem Leben auch gewisse Vorfälle gibt, mit denen man sich nicht gerne auseinandersetzt. In manchen Fällen können auch große Temperamentsunterschiede zwischen eurer Persönlichkeit in diesem und in einem anderen Leben auftreten – so daß euer gegenwärtiges Selbst einfach keine Beziehung zu der Erlebnisweise des anderen Selbst findet.

Ihr werdet euch immer stärker zu solchen »früheren Leben« hingezogen fühlen, die irgendwie die Tendenzen eures gegenwärtigen Lebens verstärken. Ihr wißt, daß frühe Kindheitserinnerungen dünn gesät sind. Viele von euch können sich nur an wenig von dem erinnern, was sie als Säugling oder als Kleinkind erlebt haben. Ihr schöpft zwar aus dem Schatz eures Wissens, den ihr euch damals zugelegt habt, doch obwohl dieser ein Teil von euch ist, seid ihr euch seiner nicht bewußt; auf die gleiche Weise seid ihr euch eurer anderen Reinkarnationsleben nicht bewußt.

Früher in diesem Buch war wiederholt von Gegenwartsalternativen die Rede, und Reinkarnationsleben sind in der Tat Gegenwartsalternativen. Zwischen euch und euren anderen Reinkarnationsselbst findet eine dauernde Wechselwirkung statt. Es gibt, wie eure Freundin Sue Watkins es ausdrückt, »Aktivität auf der ganzen Linie«.

Diese eure Selbst sind mit anderen Worten nicht tot. Euer Verständnis dafür muß einfach deswegen begrenzt sein, weil ihr automatisch in den Kategorien nur einer Lebenserfahrung auf einmal und in linearen Entwicklungsmustern denkt. Ein Reinkarnationsselbst kann sich jedoch in eurem Sinne eurer Umwelt bewußt sein und sogar gelegentlich auf eure eigenen zwischenmenschlichen Beziehungen einwirken.

Bestimmte »gegenwärtige Geschehnisse« können solche Wechselwirkungen auslösen. Während die Reinkarnationspersönlichkeit auf euch oder durch euch ihren Einfluß geltend macht, kann sie gleichzeitig auf völlig andere Weise Erfahrungen auf anderen Ebenen sammeln.

(Janes Vortragsweise war hier sehr lebhaft und bestimmt, so als wolle Seth durch ihre Gestik das Material besonders hervorheben.)

Da die Zeit – oder was ihr darunter versteht – offen strukturiert ist, könnt auch ihr auf euren Begriffen nach frühere Reinkarnationsselbst einwirken und manchmal sogar in ihrer Umwelt agieren und auf dieselbe reagieren. Dies geschieht normalerweise im Traumzustand, aber da es sich häufig gerade unterhalb der Schwelle eures Wachbewußtseins abspielt, löscht ihr es aus, sobald ihr euch euren Alltagspflichten zuwendet.

Starke Gefühlsassoziationen können oft solche Reaktionen auslösen. *(Pause.)* Was man gewöhnlich unter Reinkarnation versteht, nämlich ein Nacheinander verschiedener Leben, ist ein Mythos; aber ein Mythos, der vielen dazu verhilft, gewisse Tatsachen wenigstens teilweise zu verstehen, die sie sonst von der Hand weisen würden, weil sie auf den Begriff der zeitlichen Kontinuität so großen Wert legen.

Jetzt könnt ihr Pause machen oder die Sitzung beenden.

(»Machen wir Pause, Seth.«

23.10 Uhr. In der Pause wiederholte ich meine Frage nach den Titeln für die Teile von Seths Buch. Fortsetzung im gleichen Stil um 23.24 Uhr.)

Nun: Wir brauchen die zwei Teile nicht gesondert zu benennen. Ich hatte mir vorgestellt, daß ich im ersten Teil speziell eure innere und äußere unmittelbare Umwelt behandeln wollte, um dann im zweiten Teil zu der größeren Realität der Seele und ihrer Wahrnehmung überzuleiten. Das ist auch geschehen, aber das Material ist so ineinander verwoben, daß ich das Gefühl hatte, die vorhandene Trennung reiche aus und brauche nicht noch unterstrichen zu werden.

(Lächeln:) Nun könnte ich zwar noch stundenlang so weitermachen, aber ich würde doch vorschlagen, daß ihr euch jetzt Ruhe gönnt.

(»Ich weiß das zu würdigen – die Ruhe meine ich.«)

Dann wünsche ich dir einen schönen guten Abend.

(»Das persönliche Material, das du heute abend für unseren Besuch [*vor der ersten Pause*] *durchgegeben hast, war übrigens ausgezeichnet.«)*

Das war es in der Tat. Es war maßgeschneidert für sie.

Und wenn der Anhang fertig und eure Arbeit an diesem Buch beendet ist, könnt ihr – in vernünftigen Grenzen – so viele persönliche Sitzungen haben, wie ihr wollt. Und benutzt dabei das Tonbandgerät.

(»O.k. Gute Nacht Seth, und vielen Dank.«

23.27 Uhr. »Das war komisch«, sagte Jane, nachdem sie sich ein paar Minuten ausgeruht hatte. »Ich war diesmal vollkommen weg, aber so kurz, daß ich den Übergang von ›hier‹ nach ›dort‹ und zurück voll miterlebt habe. Das Wort, das Sue gebraucht hat – ›Beschleunigung‹ – ist wirklich gut ...«)

SITZUNG 596, MONTAG, DEN 27. September 1971

(Jane und ich hatten nach dem Abendessen etwa eine Stunde für Seths Buch Korrekturen gelesen und waren dann spazierengegangen. Draußen war es schon dunkel und sehr angenehm. Es war ein warmer und regnerischer Herbstabend. Abgefallene, feuchte Blätter bedeckten stellenweise den Boden.

Gegen 20.30 Uhr waren wir wieder zurück. Wir setzten uns ins Wohnzimmer, ohne Licht zu machen, um besser nach draußen schauen zu können. Jane hatte heute ihre Einführung für Seths Buch abgeschlossen.

Während wir dann noch redeten, wurde es nach neun, ohne daß wir es gemerkt hätten. Als wir endlich für die Sitzung bereit waren, schaltete ich ein paar Lampen ein. Jane wünschte sich mehr Material für den Anhang von Seths Buch. Sie sagte, das Wohnzimmer käme ihr heute abend »anders« vor als sonst, irgendwie bedeutsam; es sei aber ein »schöner Unterschied«. Dann begann sie mit sehr leiser Stimme für Seth zu sprechen. Ihr Tempo war ziemlich langsam, ihre Augen waren häufig geschlossen.)

Guten Abend.

(»Guten Abend, Seth.«)

Unsere erste förmliche Kontaktaufnahme fand statt, und Ruburt wußte damals nichts davon. Die Erfahrung kam in einer für ihn annehmbaren Form – als auf das Höchste gesteigerte Inspiration. Sein Bewußtsein verließ den Körper, nachdem er mit einer für ihn fast unerträglich intensiven Inspiration gerungen hatte. Hätten seine Lebensgewohnheiten ihn statt dessen zum, sagen wir, regelmäßigen Gebet disponiert, dann hätte dieses auch als Rahmen benutzt werden können. In allen solchen Fällen sind bestimmte Charaktereigenschaften stark ausgeprägt: Die Fähigkeit zur Innenschau und zu tiefer Konzentration, die Bereitschaft, die scharfen Konturen des physisch orientierten

Selbst in der Kontemplation aufzugeben, und ein intensiver Wissendrang. Diese Eigenschaften müssen mit der inneren Zuversicht gekoppelt sein, daß relevante Erkenntnis auf direktem Weg empfangen werden kann. Für diejenigen, die auf alles schon eine Antwort wissen, ist wenig Grund vorhanden, sich selber auf die Suche zu machen.

Solche Information, solch inspiriertes Schreiben tritt gewöhnlich innerhalb bereits gefestigter, ausgeprägter Persönlichkeitsstrukturen auf. Der Kontext, in dem solches Wissen in Erscheinung tritt, ist daher recht unterschiedlich. In manchen Fällen findet der Rahmen selbst zum letzten Mal Verwendung; das ursprüngliche inspirierte Wissen – das Wissen als solches – sprengt diesen Rahmen dann und wächst über den Kontext hinaus, der sein Nährboden war.

(Pause, eine von vielen.) Vor allem aber wird Information dieser Art stets von solchen Individuen in erweiterten Bewußtseinszuständen empfangen, die sich schon vorher zutiefst nicht allein mit der Erde, sondern auch mit profunderen Realitäten verbunden gefühlt hatten. Oft sind sie sich dieser Grundeigenschaft gar nicht bewußt. Sie nehmen die Lösungen, die ihnen andere anbieten, nicht einfach hin, sondern bestehen darauf, nach eigenen Lösungen zu suchen.

Diese Suche kann manchmal ziellos wirken. Es steckt aber eine feinnervige Ungeduld, eine göttliche Unzufriedenheit dahinter, die solche Menschen antreibt, bis sie die Schranken ihrer Persönlichkeit schließlich durchbrechen. Der Zuwachs an Wissen muß von der physischen Persönlichkeit dann integriert werden; aber unabhängig davon liegt es in der Natur gültigen Wissens dieser Art, sein Licht auszusenden und seinen Weg zu machen.

Die durch ein solches Erlebnis erzeugte Energie ist ausreichend, um ein Leben in nur wenigen Augenblicken zu verändern und noch auf das Verständnis und das Verhalten von Außenstehenden einzuwirken. Dies sind Wissendurchbrüche von einer Aktivitätsdimension in die andere. Sie sind energetisch geladen und flüchtig. Ohne es zu wissen, ist das Individuum, das solche Information empfängt, selber ein Teil davon. Der gesamte Gefühlston seiner gegenwärtigen Persönlichkeit wird – und zwar unmittelbar – durch die erhaltene Information verändert.

Insoweit als es seiner eigenen Vision treu bleibt, stehen ihm nun Expansionsmöglichkeiten offen, zu denen es sonst kaum Zugang gefunden hätte. Oft steht die empfangene Information in offenem Widerspruch zu früheren Vorstellungen und Überzeugungen. Dies erklärt auch die manchmal explosive, aufdringliche Natur solcher Erfahrungen, die ja nicht notwendig wäre, wenn es keine Barrikaden gäbe.

(Lange Pause.) Solche Persönlichkeiten müssen dann oftmals lernen, ihr intuitives Wissen zu intellektuellen Strukturen, die stabil genug sind, um es zu stützen, in eine Wechselbeziehung zu bringen. Sie haben in der Regel die Gabe, ungewöhnliche Energiemengen mobilisieren zu können. Oft müssen sie schon in frühen Jahren lernen, keine Energie zu vergeuden. Es ist, zum Beispiel, möglich, daß sie sich in viele verschiedene Richtungen verzetteln, bevor ihnen diese Lektion erteilt wird.

Die späten Dreißiger- und frühen Vierzigerjahre sind einfach deswegen häufig im Spiel, weil der Wissensdrang solcher Persönlichkeiten dann oft seinen Höhepunkt erreicht. Die erforderlichen Verhaltensmuster sind dann hinlänglich eingerastet. Die Energie ist in bestimmte Bahnen gelenkt worden, und das Individuum hat Zeit genug gehabt, um zu erkennen, daß die landläufigen Strukturen und Lösungen ihm nicht einleuchten.

Im Extremfall kann ein durch solche Erfahrungen gewonnenes, intuitives Wissen aus der Privatsphäre ausbrechen und eine ganze Zivilisation umwandeln. Die treibende Kraft steckt immer im Initialerlebnis. In ihm ist die ganze geballte Energie enthalten, aus der sich alles weitere entwickelt.

Die betreffende Persönlichkeit kann sehr verschieden reagieren. Weitreichende Adaptationen sind nötig und oftmals auch Verhaltensreformen. Das Individuum erkennt sich nun als ein lebendiges Realitätsgewebe, und zwar auf eine bewußte, unmittelbare Weise.

Eine solche Erkenntnis verlangt nicht nur eine empfänglichere und verantwortungsbewußtere Einstellung zum Leben, sondern auch ein Mitgefühl für alles Lebendige, das vorher vielleicht gefehlt hatte. Dieses Mitgefühl bringt eine Sensibilität mit sich, die stark, fordernd und intensiv ist. Viele Individuen haben außergewöhnliche, völlig gültige und intensive Bewußtseinserweiterungserfahrungen hinter sich, ohne jedoch imstande gewesen zu sein, das neue Wissen mit früheren Überzeugungen in eine lebendige Wechselbeziehung zu bringen und die Änderungen vorzunehmen, die für die Handhabung solcher Sensibilität notwendig sind. Sie waren tatsächlich nicht stark genug für die Erfahrung und versuchten deshalb, sie abzuspalten, zu verleugnen und zu vergessen.

Andere wiederum konnten es nicht zulassen, daß die Erfahrung über den Rahmen oder Kontext, in dem sie erstmals aufgetreten war, hinauswuchs. Dann waren sie selber gefangen und konnten sich nicht befreien. Schien die Information ursprünglich von ihrem Gott herzurühren, so fuhren sie fort, an Gott auf die gewohnte Weise zu denken, obgleich sie eigentlich aufgrund der Erfahrung und Information, die ihnen zuteil geworden war, diesen Standpunkt weit hinter sich hätten lassen sollen.

Ruburt, zum Beispiel, wäre dem gleichen Irrtum unterlegen, hätte er sich nicht durch sein Erlebnis über die Grenzen der Inspiration, aus dem es erwachsen war, hinaustragen lassen. *(Pause.)* In seinem Falle war dies der Einstieg in eine neue Vorstellungswelt, denn er war vernünftig genug, sich von alten Begriffen zu trennen, und mutig genug fortzuschreiten.

Sein Fortschreiten hat ihn *(lange Pause)* mit meiner Vorstellung von der Gottheit in Berührung gebracht. Vor unseren Sitzungen war er so desillusioniert gewesen, daß er Fragen über »religiöse Dinge« nicht einmal in Erwägung ziehen konnte.

(Zu mir:) Bist du müde?

(Wir hatten noch keine Pause gehabt, trotzdem schüttelte ich den Kopf.)

Nun stehen solche Erfahrungsmöglichkeiten oder Pforten des Wissens jedem Individuum offen, und bis zu einem gewissen Grad hat auch jedes Individuum daran teil. Sie können in viel unauffälligerer Gestalt auftreten: als spontane Entschlüsse, die scheinbar unvermittelt gefaßt werden, als positive Wandlungen und intuitive Einfälle. Oft beginnt ein Individuum plötzlich in der Mitte des Lebens auf eine physische Weise klarzusehen und bringt sein Leben in Ordnung. Ein Schicksal, das auf eine Katastrophe zuzusteuern schien, nimmt plötzlich eine triumphale Wendung. Das alles sind Varianten der gleichen Erfahrung, obgleich in schwächerer Form.

In eurem normalen Dasein und in der Alltagserfahrung ist alles vorhanden, was ihr für eure Erkenntnis braucht. Ihr müßt jedoch daran glauben und müßt euch dafür bereithalten, indem ihr nach innen schaut, euch Intuitionen öffnet und vor allem euch danach sehnt.

Vor ein paar Abschnitten war die Rede davon, daß Individuen wie Ruburt selber ein Teil der Erkenntnis sind, die ihnen zuteil wird. Dies gilt für jeden Menschen, für jeden Leser. *(Lange Pause.)* Es ist ein gewaltiger Irrtum im Schwange. Die Menschen glauben, es gäbe eine große Wahrheit, die eines Tages offenbar und ihnen zugänglich werden wird. Eine Blume ist eine Wahrheit. Ebenso eine elektrische Glühbirne. Und auch ein Idiot und ein Genie, ein Glas und eine Ameise, obwohl sie rein äußerlich wenig miteinander gemein haben mögen.

Die Wahrheit liegt in allen diesen scheinbar ausgeprägten, gesonderten, unterschiedlichen Realitäten. So ist Ruburt ein Teil der Wahrheit, die er erfährt, und jeder von euch ist ein Teil der Wahrheit, die er erfährt.

Eine von Ruburt widergespiegelte »Wahrheit« wird in gewissem Sinn zur neuen Wahrheit, denn er faßt sie auf eine einmalige Weise auf (so wie jedes andere Individuum sie auf einmalige Weise auffassen würde). Die Wahrheit wird dadurch weder wahrer noch weniger wahr. Sie wird eine neue Wahrheit.

Jetzt könnt ihr Pause machen.

(22.26 bis 22.45 Uhr.)

Nun: Solche »neuen Wahrheiten« können in der Tat trotzdem uralt sein, aber Wahrheit ist etwas, das nicht immer in der gleichen Erscheinungsform, Gestalt oder Dimension auftreten muß. Daher setzen diejenigen, die ihre Wahrheit ängstlich gegen Fragen abzuschirmen versuchen, die Gültigkeit ihrer eigenen Erkenntnis aufs Spiel.

Wiederum wird denen, die sich ihrer Antworten allzu sicher sind, jener Wissensdrang fehlen, der sie in noch größere Verständnisdimensionen einführen könnte. Jede echte Bewußtseinserweiterung ist natürlich schon als solche ein Teil der Botschaft. Die Persönlichkeit begegnet lebendiger Wahrheit in dem Bewußtsein, daß Wahrheit nur in dieser Form existiert.

Ich verwende hier den Begriff »Bewußtseinserweiterung«, so fragwürdig er ist, absichtlich anstelle des häufiger gebrauchten »kosmischen Bewußtseins«, weil letzteres Erfahrungen so gewaltigen Ausmaßes impliziert, wie sie der Menschheit gegenwärtig nicht zugänglich sind. *(Pause.)* Intensive Bewußtseinserweiterung kann im Vergleich mit eurem Normalzustand so auf euch wirken, als wäre sie kosmischer Natur. Sie gibt jedoch kaum einen Vorgeschmack von solchen Bewußtseinsmöglichkeiten, wie sie euch momentan offenstehen, geschweige denn von einem wahren kosmischen Bewußtsein.

Die in diesem Buch dargebotenen Ideen sollten es vielen Lesern gestatten, ihre Wahrnehmungsskala und ihr Bewußtsein auf Weisen zu erweitern, die sie vorher nicht für möglich gehalten hätten. Das Buch selbst ist so abgefaßt, daß alle, die lernbegierig sind, davon profitieren können. Nicht nur die gedruckten Worte als solche sind hier Bedeutungsträger, sondern auch gewisse Verbindungen, die zwischen ihnen bestehen und, ohne offen zutage zu treten, andere Persönlichkeitsschichten ansprechen.

tegrität jeder intuitiven Information hängt von der inneren In- der Person ab, die sie empfängt. Bewußtseinserweiterung setzt eine ehrliche Selbsteinschätzung voraus, ein Wissen um die eige- Überzeugungen und Vorurteile. *(Lange Pause.)* Sie bringt eine e und viel Verantwortung mit sich. Alle jene, die den Wunsch ha- n, nach innen zu blicken, ihre eigenen Lösungen zu finden und ihre ersönliche »Verabredung mit dem Universum« einzuhalten, sollten sich deshalb mit den inneren Gesetzmäßigkeiten ihrer eigenen Psyche vertrautmachen.

Das wär's. *(Als Seth beugte Jane sich mit offeneren und ganz dunklen Augen weit vor.*

»O. k.«)

Dies ist für unseren Anhang. Ihr könnt Fragen stellen, Pause machen oder die Sitzung beenden, ganz wie ihr wollt.

(»Machen wir also Pause.«

23.02 bis 23.09 Uhr.)

Solche Selbsterkenntnis ist höchst vorteilhaft und trägt gewissermaßen ihren Lohn schon in sich. Es ist jedoch unmöglich, ungetrübten Blickes nach innen zu schauen, ohne daß man bereit wäre, seine Einstellungen, Überzeugungen und Verhaltensweisen zu ändern und solche Charaktereigenschaften unter die Sonde zu nehmen, die man für ganz persönlich und einmalig hält.

Ihr könnt, mit anderen Worten, die Realität nicht erforschen, ohne euch selbst zu erforschen. Ihr könnt Alles-das-was-ist nicht außerhalb eurer selbst antreffen und eure Erfahrung nicht von eurer Person trennen. *(Pause.)* Ihr könnt die »Wahrheit« nicht in euren Dienst nehmen. Sie läßt sich nicht manipulieren. Wer die Wahrheit zu manipulieren glaubt, manipuliert in Wirklichkeit sich selber. Ihr seid die Wahrheit. Also entdeckt euch selbst.

Und jetzt sage ich gute Nacht.

(Als Seth schlug Jane sich aufs Knie und grinste. 23.16 Uhr. »Mensch, geht's mir gut«, sagte Jane, als sie nochmals aus einer tiefen Trance auftauchte, »aber ich glaube, ich schaffe es gerade noch bis ins Bett.« Sie gähnte völlig entspannt. Draußen ging immer noch der sanfte, angenehme Regen nieder.)